Swiss, made

Swiss, made

Die Schweiz im Austausch mit der Welt

Herausgegeben
von Beat Schläpfer

Scheidegger & Spiess

Swiss, made.
Die Schweiz im Austausch mit der Welt.
Ein Projekt zum 150jährigen Bestehen des Schweizerischen Bundestaates 1998.

Dieses Buch erscheint zur gleichnamigen Ausstellung, die in Genf im Musée d'art et d'histoire, in Zürich im Museum Strauhof und im Museum Helmhaus, in Frankfurt in der Naxos-Halle und in Ligornetto im Museo Vela gezeigt wird.

Das Projekt wird getragen von der Schweizerischen Eidgenossenschaft, vertreten durch das Bundesamt für Kultur, Jubiläumskredit 1998, der Stiftung Pro Helvetia, von Stadt und Kanton Genf, von Stadt und Kanton Zürich, dem Museo Vela, Ligornetto, von Crédit Suisse, Swisscom und der «Zürich»-Versicherungs-Gesellschaft als Hauptsponsoren.

Die französische Ausgabe erschien bei Editions Zoé, Genf

Herausgeber: Beat Schläpfer
Redaktion: Franz Cavigelli
Textbeschaffung, Koordination: Kati Schmid
Übersetzungen: Peter Sidler, Mevina Puorger, Clà Riatsch, Monika Schüpbach
Bildbeschaffung: Catja Loepfe
Graphische Gestaltung, Satz: Guido Widmer
Umschlag: Urs Husmann, Winterthur

ISBN 3-85881-100-9

Inhalt

Flavio Cotti

Zum Geleit

Ein Jubiläum wird üblicherweise zum Anlass genommen, um zurückzublicken und sich dabei der eigenen Errungenschaften, aber auch Versäumnisse bewusst zu werden. Ein Jubiläum scheint mir allerdings dann am besten angelegt, wenn es die Gegenwart nicht ausklammert und den Blick für das Zukünftige öffnet. In diesem Sinn hat der Bund 1996 beschlossen, 1998 der Gründung des Schweizerischen Bundesstaates 1848 mit verschiedenen Aktivitäten zu gedenken.

Es freut mich besonders, dass dieser Beschluss von einer grossen Zahl von Initiativen mit einer Fülle verschiedener Projekte aufgegriffen worden ist. Eines davon ist das Projekt ‹Swiss, made. Die Schweiz im Austausch mit der Welt›, dem das vorliegende Buch und die gleichnamige Ausstellung gelten.

Für die Schweiz ist dieses Jubiläum eine einzigartige Chance, sich ihrer eigenen Identität und der ihr innewohnenden Kräfte zu vergewissern, vielleicht in dem zuversichtlichen und positiven Sinn, wie es der Neuenburger Homme de lettres und schweizerische Vordenker der Europa-Idee Denis de Rougemont 1962 in seinem Vortrag ‹Le Dialogue des Cultures› als Wunsch und Warnung formuliert hat: «Eine Kultur beweist ihre Lebenskraft genau in dem Masse, in dem sie einen dauernden Dialog, das heisst die Offenheit und Neugier zur Anerkennung all dessen, was von aussen kommt, aufrechtzuerhalten vermag. Eine Kultur, die den Dialog verweigert, die glaubt, sich selbst genügen zu können, und die vorgibt, auf alles eine Antwort zu haben, hat ihr Todesurteil bereits unterschrieben.»

Es ist die Überzeugung von der Richtigkeit dieser Art von Offenheit und Neugier, die als geistige Haltung hinter dem Projekt ‹Swiss, made› steht. Buch und Ausstellung gehen den vielen unterschiedlichen Facetten aus der Kultur in der Schweiz der vergangenen 200 Jahre bis in die Gegenwart nach und beleuchten eindrücklich die Vielfarbigkeit und Kohärenz eines kulturellen Mosaiks, wie es für die Schweiz kennzeichnend ist. Anhand von historischen Wegmarken aus den Bereichen der Staatspolitik, der Bildenden Kunst, der Architektur, der Photographie, der Literatur, des Theaters und der Musik wird offensichtlich, in welchem Mass die Schweiz als gebendes und nehmendes Land am kulturellen Dialog über die Grenzen hinweg beteiligt ist. ‹Swiss, made› thematisiert die Chancen des gegenseitigen Austausches über die Grenzen, spricht aber auch die Grenzen des Austausches an und weist auf Versäumnisse und Defizite in der Vergangenheit dieses Landes hin.

Besonders erfreulich ist die Beteiligung einer grossen Zahl anerkannter Fachleute aus der ganzen Schweiz und dem Ausland, die sich dem Projekt als Ratgeber und Ratgeberinnen, Mitarbeiter, Autorinnen und Autoren zur Verfügung gestellt haben. Dass eine Idee wie ‹Swiss, made› als gemeinsames Unternehmen dreier verschiedensprachiger Kantone wie auch des Bundes entstehen und gelingen konnte, erfreut mich in doppelter Hinsicht. Es zeigt die Bereitschaft der Kulturen in der Schweiz, über die Sprachgrenzen hinweg aufeinander zuzugehen, und es beweist, dass dieses Aufeinanderzugehen den Blick nicht vor der Tatsache des umfassenden Bezuges zwischen der Schweiz und den Ländern der Welt verschliessen muss – der Tatsache auch, dass jede Seite auf ihre besondere und ihr eigene Weise von gegenseitigem Wahrnehmen nicht nur wirtschaftlich, sondern auch politisch, kulturell und geistig bereichert werden kann, wenn dies in gegenseitigem Respekt und in Toleranz geschieht. Ich erhoffe mir, dass dieses Beispiel Schule macht. Denn es stellt sich gegen einen gewissen Trend des Auseinanderdriftens der Sprachregionen.

Dass diese Form der Wahrnehmung gerade zum 150-jährigen Jubiläum der Bundesverfassung von 1848, die als Aktion des Aufeinanderzugehens der unterschiedlichsten Kantone und des Abbaus von selbstgeschaffenen Grenzen stattfand, angebracht und sinnvoll ist, braucht sicher nicht weiter betont zu werden.

Danken möchte ich zum Schluss den beiden Projektleitern für ihre Initiative, den Verlagen, den Museen und den Trägern des Projektes in der italienisch-, der französisch- und der deutschsprachigen Schweiz für ihre Entschlossenheit, sich hinter ‹Swiss, made. Die Schweiz im Austausch mit der Welt› zu stellen und dem Projekt zu einem vollen Erfolg zu verhelfen. So wünsche ich diesem Buch wie auch der Ausstellung eine neugierige und gute Aufnahme und eine lange Wirkung beim Publikum.

Bundespräsident Flavio Cotti
Mitglied des Patronatskomitees ‹Swiss, made›

Patronatsmitglieder

Nicolas Bouvier †, Genève
Signor Giuseppe Buffi, Presidente del Consiglio di Stato del Cantone Ticino
Herr Iso Camartin, Zürich
Herr Dieter Chenaux-Repond, Schweizer Botschafter in Bonn
Frau Nina Corti, Zürich
Herr Flavio Cotti, Bundespräsident, Bern
Herr Josef Estermann, Stadtpräsident, Zürich
Herr Rolf Hüppi, «Zürich» Versicherungs-Gesellschaft, Zürich
Herr Christoph Marthaler, Zürich
Herr Peter von Matt, Zürich
Herr Lukas Mühlemann, Credit Suisse, Zürich
Herr Fredy Murer, Zürich
Herr Markus Notter, Regierungsrat, Zürich
Signore Flavio Paolucci, Biasca
Monsieur Gérard Ramseyer, Conseiller d'Etat, République et Canton de Genève
Frau Pipilotti Rist, Zürich
Herr Felix Rosenberg, Swisscom, Bern
Monsieur Jean Starobinski, Genève
Monsieur Alain Vaissade, Conseiller administratif, Genève

Beat Schläpfer

Einleitung

‹Swiss, made› – vom Reichtum einer Kulturlandschaft

«Le violon venait de Genève, la trompette de Zurich ...» In C. F. Ramuz' Beschreibung zum Entstehungsprozess der Sprechoper ‹L'Histoire du Soldat› ist alles genau festgehalten, bis auf die Herkunft der Musiker und ihrer Instrumente bei der Uraufführung 1918. Doch bevor es zur Uraufführung kommen konnte, musste die Oper selbst erst geschaffen werden. Was für die Uraufführung an internationaler Zusammenarbeit geschah, nahm seinen Anfang im nicht weniger spektakulären Zusammenwirken von Künstlern verschiedenster internationaler Herkunft. Strawinsky aus Russland, Ramuz, nach langen Jahren in Paris zurück am Genfersee, und Ansermet, wegen der kriegsbedingten Absage der Ballet-russes-Tourneen erneut in Genf, trafen in René Auberjonois auf den Maler, der die Inszenierung auf kongeniale Weise ausstatten sollte. So eklatant wie das Zusammenspiel von Künstlern derart unterschiedlicher Herkunft sind die auslösenden Begleitumstände: der Hintergrund des Krieges, an dem die Schweiz nicht teilnimmt, das Vorhandensein einer wenn auch bescheidenen Produktionsinfrastruktur mit einem wohlwollenden Gönner in der Person von Werner Reinhart. Typisch ebenso die vorerst schmale Wirkung im eigenen Land: viel Lob und trotzdem vorerst wenige Aufführungen, letzteres auch, weil die spanische Grippe die geplante Tournee durch die Schweiz verunmöglicht.

Was anhand des Beispiels der ‹Histoire› in den beiden Essays von Jean Starobinski und François Hudry beschrieben wird, hat für die Genese vieler kultureller Leistungen mit schweizerischer Beteiligung nahezu paradigmatische Bedeutung. Die ‹Histoire› gibt vor, wie in diesem Land Visionen, Ideen und deren Realisierungen nahezu immer auf einem Austausch mit geistigen und politischen Strömungen ausserhalb der eigenen engen Grenzen zurückgeführt werden können. Im Grunde überraschend ist dies nicht – und trotzdem scheint diese Tatsache im Bewusstsein eines Landes, das bis vor kurzer Zeit einen gewichtigen Teil seiner Identität aus dem isolationistischen Selbstbild der Geistigen Landesverteidigung bezogen hat und in dem noch immer ein grosser Teil der Bevölkerung der Meinung zu sein scheint, die Schweiz habe sich selbst erfunden, nur kärglich verankert zu sein.

Das vorliegende Buch, das zur gleichnamigen Ausstellung erscheint, führt in einem weiten Bogen durch das Mosaik einer vielfarbigen Kultur- und Kunstlandschaft dieses Landes und greift dazu auf Ereignisse der letzten 200 Jahre zurück.

Wie das Komma im Titel andeutet, will es nicht in erster Linie auf autochthon in der Schweiz Entstandenes hinweisen – vielmehr möchte es darstellen, wie sehr die Schweiz ein von aussen beeinflusstes, ein «gemachtes» Land ist.

Das gilt in der Architektur durch das Wirken des europäischen Bau- und Lehrmeisters Gottfried Semper in der Schweiz und, auf eine völlig andere Art, im Mechanismus des Entstehungsprozesses eines nicht wegzudenkenden Teils der Schweizer Literatur, indem den Schriftstellern die Erfahrung des Auslandes zum treibenden Impuls für ihre Literatur wird. Die Texte von Martin Fröhlich und Peter von Matt geraten damit unversehens in eine ganz unvermutete strukturelle Nachbarschaft.

‹Swiss, made› belegt die mannigfaltigen Wechselbeziehungen zwischen der Schweiz und europäischen, aber auch aussereuropäischen Ländern, und wie das Land sich aus diesem osmotischen Verhältnis heraus entwickelt hat. Auf der anderen Seite konnte die Wechselwirkung des Austausches auch bewirken, dass Initiativen aus der Schweiz auf andere Länder ausgestrahlt haben.

Auch wenn man es nicht als besonderes Verdienst verstehen mag: Ästhetik und internationales Wirken, beispielsweise von Le Corbusiers Architektur, wären ohne den Einfluss der schweizerischen Kulturlandschaft, in diesem Fall jener der Suisse romande, ebensowenig denkbar wie Hans Finslers, fast möchte man sagen: unfreiwillig zustandegekommene Wirkung als Lehrer einer ganzen Generation von international tätigen Schweizer Photoreportern. Viele weitere Namen wären anzufügen, sie können nicht alle Platz finden in einem Vorwort, dem nichts ferner liegt, als die Ergebnisse der Forschungen der Autoren vorwegzunehmen.

Der Austausch ist nicht unbegrenzt: Störfaktoren und Behinderungen sind nicht wegzudiskutieren. Neben einer Geschichte der Bereicherungen wäre auch eine Geschichte der Verweigerungen und der misslungenen Begegnungen zu schreiben. Sie wäre nicht weniger vielseitig und nicht weniger lang. Und ebenso sind längst nicht alle Ausstrahlungen ein Ruhmesblatt für die Schweiz. Auf beides wird im folgenden eingegangen, nachzulesen beispielsweise in den Berichten von Gustav Huonker, Walter Labhart und Ronald Roggen.

Das Buch erhebt keinerlei Anspruch auf Vollständigkeit, nicht einmal auf repräsentative Auswahl seiner Themen. Auch dieses Vorwort gibt keinen vollständigen Überblick über den ganzen Kreis dessen, was das Buch enthält: Vielleicht gerade dadurch haben Sie als Leser oder als Leserin die Möglichkeit, sich von einer «promenade individuelle» durch Ihre bevorzugten Themen anziehen zu lassen. ‹Swiss, made› erzählt Geschichten aus dem Bereich der Kultur und der politischen Kultur und berichtet von entscheidenden Ereignissen.

Es stimmt nachdenklich, wie oft es Krisen und Kriege sind, die zum Katalysator von Veränderung und, durch ihre Überwindung, auch von kultureller Bereicherung werden. Wie für die eingangs erwähnte ‹Histoire du Soldat› gilt dies auch für die Einrichtung der Menschenrechte in der Schweiz, für den Hintergrund von Vincenzo Velas Schaffen, für die nur vordergründig amüsante Geschichte von Gustave Courbets Brunnenfigur in La Tour-de-Peilz, für Entstehen und Wirkungsgeschichte eines der berühmtesten Monumentalgemälde von Ferdinand Hodler und sogar für das musikalische Werk einer Assemblage des Schweizer Komponisten Klaus Huber. Auch dies kann nachgelesen werden: in den Beiträgen von Alfred Kölz, Dario Gamboni, Pierre Chessex, Franz-Joachim Verspohl und Kjell Keller.

Ebenfalls ein ständiges Thema sind die individuellen Freiheitsrechte. Ohne den guten Einfluss von jenseits der Grenzen sähe die Schweizer Verfassungswirklichkeit heute auch in dieser Hinsicht wesentlich anders aus: Sei es in den vorerst zurückgebundenen Visionen der Aufklärung im 18. Jahrhundert, sei es bei der kleinen Verfassungsreform von 1874, mittels deren auf französischen, niederländischen und amerikanischen Anstoss die Emanzipation der Schweizer Juden Wirklichkeit wurde, oder im Föderalismus-Modell schweizerischer Prägung, deren denkbarer Nutzen für andere multikulturelle Länder der Essay von Thomas Fleiner anspricht.

Das Potential der Begegnungen verschiedener Kulturen belegt das Buch auf eindringliche Weise. Es weist damit auf Chancen hin, die sich Ländern bieten, deren Identität sich nicht aus der Abgrenzung gegen aussen definiert – ähnliche Chancen, die einem multikulturellen Land innerhalb der eigenen Grenzen offenstehen, wenn es seine Diversität als Gemeinsamkeit auffasst.

Man kann diese Neugier auf das andere, die gleichzeitig auf das Eigene zurückstrahlt, und die dabei anklingende Unsicherheit, die das Wagnis ist, kaum besser ausdrücken, als Robert Frank es getan hat: «I am always looking outside, trying to look inside. Trying to say something that's true. But maybe nothing is really true. Except what's out there. And what's out there is always changing.»

Es ist schön, wenn man zum guten Abschluss der Arbeit danken kann.

Dieser Dank gilt allen Personen und Institutionen, die mit ihrer Unterstützung und Hilfe den Erfolg des Projektes ermöglicht haben. Zuerst möchte ich hier meine beiden Mitarbeiterinnen Kati Schmid und Catja Loepfe sowie Harry Zaugg als Ausstellungsarchitekt und Franz Cavigelli als Redaktor dieses Buches nennen – ihr begeisternder und nimmermüder Einsatz hat die Arbeit zu einem beglückenden und immer wieder bereichernden Erlebnis gemacht. Ebenso geht mein Dank an die Übersetzer wie an den Verleger und den Gestalter des Buches, Heiner Spiess und Guido Widmer. Dann ist an dieser Stelle der Stiftung Pro Helvetia mit ihrem vormaligen Direktor Urs Frauchiger und dem Leiter der Abteilung «Visuelle Künste», Christoph Eggenberger, zu danken – die Stiftung hat die Arbeiten an ‹Swiss, made› zu einem Zeitpunkt ermutigt und gestützt, als noch nicht viel mehr als eine erste Ideenskizze vorlag. Nicht geringerer Dank gilt dem Bundesamt für Kultur mit David Streiff und Urs Staub und der Expertenkommission des Bundes für die Jubiläumsveranstaltungen 1998, deren Unterstützung vertrauensvoll und grosszügig war und die stets für Hilfe und Rat zu haben waren. Im gleichen Atemzug sind die Vertreter und Vertreterinnen der beteiligten Gemeinden und Kantone sowie die Leiterinnen und Leiter der Museen zu nennen, die die Ausstellung in ihre Programme aufgenommen und die Produktion finanziell unterstützt haben. Ein herzlicher Dank geht des weiteren an die unzähligen Leihgeber und Leihgeberinnen, die uns ihre Werke vertrauensvoll und grosszügig zur Verfügung gestellt haben. Wesentlich war die Unterstützung auch von seiten der Wirtschaft, und so freue ich mich, den drei Hauptsponsoren Credit Suisse, ‹Zürich› Versicherungs-Gesellschaft und Swisscom für ihre generöse Unterstützung und die damit verbundene Anerkennung meinen Dank auszusprechen. Der letzte, aber weitaus nicht geringste Dank geht schliesslich an den Präsidenten des Trägervereins, Rechtsanwalt Robert Fürer. Seiner freundschaftlichen Zielstrebigkeit und der souveränen Übersicht auch in turbulenten Situationen ist es zuzuschreiben, dass die Verwirklichung des Projektes nicht nur zu einem guten Ende gekommen ist, sondern auch Spass gemacht hat. Merci!

Beat Schläpfer

Projektleiter ‹Swiss, made›

Adrien Pasquali

Swissmade – in Switzerland?

für Thomas und Cosimo

Wenn man, wie CIORAN sagt, in einer Sprache heimischer ist als in einem Land, wer spricht dann eigentlich, wenn in einem Text von «ich» die Rede ist?
NERVAL: «Ich ist der andere.»
LAUTRÉAMONT: «Wenn ich existiere, bin ich nicht ein anderer.»
RIMBAUD: «Ich ist ein anderer.»
CENDRARS: «Ich bin der Andere.»
FREUD: «Wo es war, soll ich werden.»
Und «ich» fahre fort: «Wo ich bin, sollen wir werden.»
Und «wir» fügen bei: «Wo wir sind, soll die Welt werden – und so weiter.»

Die Schweiz, aber welche Schweiz? Gibt es die *eine* Schweiz, oder sind es mehrere, wie einst, wie heute, wo man Berner, Zürcher, Basler, Neuenburger (aus dem oberen oder unteren Teil), Genfer, Waadtländer, Walliser (aus dem oberen oder unteren Teil) ist, bevor man «Schweizer» ist? Es ist sicher nicht belanglos, dass der Gründungsakt der schweizerischen Eidgenossenschaft von der Geschichte und den Historikern als regionaler Bund dreier «Ur»-Kantone (muss man sie aufzählen?) dargestellt wird, die ihre Kräfte vereinten, um die Schergen des Hauses Habsburg zu verjagen, die dieses strategische Gebiet zwischen Norden und Süden kontrollieren wollten. Und das soll 1291 stattgefunden haben, und erst noch auf dem Rütli? Die Volksseele hatte es nötig, daran zu glauben, und glaubt immer noch daran; aber wichtiger ist, dass dieser (erfundene, dann gedachte) Gründungsakt gefeiert wird als ein Bündnis *gegen* eine von aussen kommende Gefahr. Die Figur von Wilhelm Tell und ihre Accessoires – Gessler, der Hut, der Apfel, der Sohn, die Armbrust, der Sturm auf dem See, sogar Schillers Verse oder Rossinis Musik – sind nur eine vornehme Entsprechung von Asterix' gallischem Dorf und seinen unwiderstehlichen Störenfrieden bei den Römern.

Am Anfang waren die Feinde, dann kam das Bündnis, um sie zu vertreiben und das eigene Überleben und Heil zu sichern. Was die Identität betraf – ob die lokale, regionale oder nationale, die individuelle oder die kollektive –, würde man dann schon sehen, je nach Umständen und jeweiligen Feinden. Die Habsburger, die Herzöge von Burgund, die Herzöge von Savoyen und andere sind freiwillig untergegangen beim Versuch, den Fuss auf den Boden von Schweizer Kantonen zu setzen. Einige Jahrhunderte und eine «Neutralität» à la Pontius Pilatus später war Hitler geschickter: Er überzeugte die Schweiz, dass ihre Unabhängigkeit ihm am Herzen liege, was der beste Weg war, sich, wenn nicht ihre Kollaboration, so doch zumindest ihr Wohlwollen zu sichern; das Land befand sich in einer vielleicht neuen Lage, in der man es mit zwei gestrengen Partnern (den Achsenmächten und den Alliierten), aber keinem erklärten Feind zu tun hatte und aus der man sich mit selektiver Kurzsichtigkeit und salbungsvoll als «Neutralität» bezeichnetem Opportunismus retten konnte. Das *Salus ex nimicis!* der alten Römer wird durch das *Dulce bellum inexpertis* des Erasmus ersetzt, der es allerdings im ironischen Sinne verwendet.

Lange latent und fast unbemerkt, brach der wirkliche Krieg erst *nach* dem Ende der Feindseligkeiten, *nach* der Versöhnung der damaligen kriegführenden Mächte aus. Die Neuverteilung der geopolitischen Karten und die Pseudobefriedung Europas wurden nach dem Fall der Berliner Mauer fortgeführt.

1291, Wilhelm Tell und Konsorten; aber auch eine lokale, dann nationale Fahne, die Carl Spitteler in seiner Zürcher Rede vom 14. Dezember 1914 – der Erste Weltkrieg ist seit einigen Monaten im Gang – in Ermangelung anderer gemeinsamer Nenner der verschiedenen Schweizer Regionen zum Symbol der nationalen Einheit der Schweiz erkürt: «Wir haben nicht dasselbe Blut, nicht dieselbe Sprache, wir haben kein die Gegensätze vermittelndes Fürstenhaus, nicht einmal eine eigentliche Hauptstadt. Das alles sind, darüber dürfen wir uns nicht täuschen, Elemente der politischen Schwäche. Und nun suchen wir nach einem gemeinsamen Symbol, das die Elemente der Schwäche überwinde. Dieses Symbol besitzen wir glücklicherweise. Ich brauche es Ihnen nicht zu nennen: die eidgenössische Fahne.»

Aber was soll man mit dieser roten Fahne mit weissem Kreuz anfangen, wenn man das Gemetzel von Solferino miterlebt hat, wenn man mit leerem Magen und Löchern in den Socken durch Europa geirrt, in Heiden im Kanton Appenzell (Schweiz/Suisse/Svizzera/Switzerland etc.) gestrandet und dort am 30. Oktober 1910 im Spital gestorben ist? Was soll man mit diesem Symbol anfangen, ausser man kehrt es um wie einen Handschuh oder ein Hemd und macht daraus eine weisse Fahne mit rotem Kreuz? Wäre das nicht bei aller Unzulänglichkeit ein möglicher, ein paradigmatischer Gebrauch von allem, was mit der Schweiz und der Geschichte der Schweizer verbunden ist: die Umkehrung der Zeichen und der Farben des Symbols, um so ein anderes zu schaffen, die Kehrseite der Medaille, die andere Seite der Grenze? Ist die Schweiz mit ihrem Mangel an Rohstoffen nicht das Land der Manufaktur, der Verwandlung par excellence?

Eines der Anzeichen in dieser Richtung wäre die Tatsache, dass zwei wesentliche Komponenten des politischen und kulturellen 20. Jahrhunderts von zwei sich ablösenden Protagonisten *auf der Durchreise* in der Schweiz «ausgeheckt» oder «angezettelt» wurden, ohne hier grössere Spuren zu hinterlassen: der Dadaismus, dann der Surrealismus mit Tzara in Zürich und der Bolschewismus, dann der Kommunismus mit Lenins Aufenthalt am Genfersee.

Die «Revolutionen» und das zu Recht vielgepriesene *Schweizer Messer:* Sind das nicht die besten Exportartikel der Schweiz?

Im Innern wurde die Schweiz *gegen* die Aussenwelt gestaltet, ob sich diese nun bedrohlich oder gar wohlwollend oder bloss fordernd verhielt. Aber zur Gestaltung der Schweiz trug auch die Verinnerlichung des Bildes bei, das sich die Ausländer von ihr seit Cäsar und seinen launischen Helvetiern und vor allem seit dem 16. Jahrhundert, nach der Reformation, den Religionskriegen, Gessners Alpenidyllen, der rousseauschen Bergluft und so fort, machten. Im Nebeneinander von Elementen einer eingebildeten Stabilität und Elementen geschichtlicher Unruhen ist die Schweizer Realität auch die Frucht und der Kompromiss von Vorstellungen der anderen; die Schweiz kann auch als «inneres Ausland» der Welt gedacht werden.

Für viele ist die Schweiz ein realer Zufluchtsort, von den französischen Protestanten bis zu Balzac und Madame Hanska, von Paracelsus bis zu Pierre-Jean Jouve oder Balthus. Für andere ist die Schweiz der reale Ort, wo sie, nachdem ihr Werk praktisch vollendet ist, die restlichen Tage ihres Lebens verbringen, von Hesse zu Canetti, von Joyce zu Nabokov.

Für viele andere ist die Schweiz der imaginäre Ort, den man verlassen muss, um weiterzukommen: real von Rousseau zu Honegger, von Constant zu Giacometti; symbolisch von Töpffer zu Bouvier, von Ramuz zu Velan. Der Gerechtigkeit halber muss man aber auch jene Schweizer erwähnen, die infolge widriger politischer Umstände hier eine späte Heimat gefunden haben, von Madame de Staël bis zu Klee.

Die Lektionen der Geschichte und auch unsere gemeinsame Erfahrung zeigen uns tagtäglich, wie mobil und wechselnd die politischen und administrativen Grenzen sind. Die natürlichen Grenzen, die eher Landschaften als Länder begrenzen – Bergketten, Flüsse und Meeresarme, Wüsten und tropische Urwälder –, sind Orte des Übergangs und der Durchreise, der Veränderung und Verwandlung. Was die Sprachgrenzen betrifft, bezeichnen sie semiotische Systeme, die uns selbst innerhalb der gleichen Sprache zu schaffen machen; räumlich gesehen sind sie zwar durchlässig, aber historisch engen sie sich zuweilen ein, wenn beispielsweise veraltete französische Formen in kanadischen Ausdrücken überleben. Wenn die vielfältigen hermetischen Gedankenwelten und später die verschiedenen freudianischen Topoi das Individuum als ein aus den Beziehungen zwischen Bereichen des Seins bestehendes Ganzes beschrieben haben, so fordern uns die Grenzen des Intimen heraus und übersteigen uns gleichzeitig.

In unserer Sicht der Welt wie in unserem analytischen und beschreibenden Vokabular werden die unmittelbaren Gegebenheiten der Erfahrung und des Bewusstseins überwiegend räumlich wahrgenommen. Ob aus Faulheit oder Bequemlichkeit – die Grenze spielt in dieser Hinsicht eine ebenso beachtliche wie zweideutige Rolle.

Wie der Körper, der jedem Subjekt eignet, ermöglicht die Grenze einen identifizierbaren Inhalt: Sie organisiert einen Raum in einem Geflecht von Beziehungen, die durch Zusammenhalt und Homogenität, nicht aber durch Einschliessung und Fixierung gekennzeichnet sind. Die Grenze begrenzt, aber sie teilt nicht, im Gegenteil: Sie erlaubt das Überschreiten und die Öffnung, die Verbindung des Definierten mit dem Undefinierten, der Einheit mit der Vielfalt, des Kontinuierlichen mit dem Diskontinuierlichen, des Homogenen mit dem Heterogenen, der Fülle mit der Leere, des gleichen mit dem anderen, des Stabilen mit der Bewegung, des Bekannten mit dem Unbekannten, des Monologs mit dem Dialog, der Sprache mit dem Schweigen. Eine Türe kann geschlossen sein, aber ihrem Wesen nach ist sie auch ein Ort des Durchgangs und der Kommunikation. Das gilt auch für die Grenze: Sie ermöglicht eine Lokalisierung, einen identitätsstiftenden Rahmen, vor allem aber durchkreuzt sie die Einschliessung. Positiv bezeichnet sie einen *Gesichtspunkt*, und wenn sich das Individuum als unablässiger Dialog von sich zu sich, als zweistimmiger Monolog konstituiert, hebt die Grenze die reine Selbstbespiegelung (oder den Narzissmus) dieses Zwiegesprächs auf, indem sie einen Übergang zum anderen verspricht, wie man auch in der Mathematik gerne *an die Limite* geht.

Da die Grenze relativ und fliessend ist, schliesst sie die für einige Leute verlockende Vorstellung eines einzigartigen Ortes oder Zentrums aus. Aus einer Vielzahl von Zentren kann jeder Ort zu einem gedachten Zentrum werden, das seinerseits in Abhängigkeit von anderen Räumen steht. Ganz allgemein stellt man sich die Mobilität des Einzelnen durch die Zonen der Welt, der Sprache und des Intimen eher als Abfolge denn als Gleichzeitigkeit vor: Aus ökonomischen oder aus Gründen des Selbstschutzes scheint man es im Gegensatz zum Schizophrenen vorzuziehen, nur an einem Ort gleichzeitig zu sein. Doch die Figur des *Paradoxons* ermöglicht es, das Prinzip der Nicht-Widersprüchlichkeit zu unterlaufen, das Positive und das Negative zu verstehen, ohne sie aufzuheben, die Vorder- und die Rückseite der Medaille auszumessen oder, wie Michaux sagt, «auf der Grenze zu wohnen».

Es besteht die Gefahr, dass beim *Ergreifen des Wortes*, ohne das Wort behalten zu wollen, ein zweistimmiger Monolog, wie es jeder Diskurs sein sollte, zum einstimmigen Dialog wird: Da er sich dem «Diskurs des Abwesenden» verschliesst, postuliert und konsumiert er dessen Beiseiteschieben oder gar die Abwesenheit des Diskurses. Die Grenze, die als ausserhalb meiner gedacht werden sollte, damit das Wort den Weg zum anderen finden kann, verinnerlicht sich: Wir sind weniger *uns selbst fremd*, wie man uns glauben machen will, als *fremd in uns selbst;* nicht italienisch (deutsch, romanisch) *von* französischer Sprache, sondern italienisch (deutsch, romanisch) *in* der französischen Sprache.

Jedes Überschreiten einer Grenze, jede Übereinstimmung ist eine Spielform der Liebesbeziehung. Weder spielen noch lügen: Im Augenblick dieser Verlautbarung ist nicht das geringste Misstrauen im Spiel; zu gegebener Zeit werde ich alles wieder formulieren müssen, ohne etwas zu ändern, zu korrigieren oder zu erklären. Aus meinem Ort des Wortes mache ich einen Ort der permanenten Berichtigung des Wortes, und darin liegt das Versprechen meiner Verwandlung. Ich könnte Unwissenheit vorgeben: Mein Brief ruft nach einem nächsten, denn sonst wäre der erste und einzige auch ein Scheidebrief; aber kann man sich von etwas scheiden, was noch nicht eingetroffen ist? Denn wenn wir *korrespondieren*, wenn meine Übersendung zu einem Austausch und zum Geben führt, ohne dass daraus ein bewusster Akt wird, habe ich die Chance, dass sich mir ein Ort und eine Gegenwart öffnen. Im Blick auf den anderen geschrieben, dann an den anderen adressiert, versetzt mich der Brief ins Innere der verschiedenen Diskurse, die mich ausmachen und die der andere mir zu durchlaufen ermöglicht. Wenn ich mich in meinen eigenen Grenzen weiss, erlaubt mir der andere ihr Überschreiten; ohne sie aufzuheben, kann ich über sie setzen, ohne dass sich die Spur der ursprünglichen Sprache und die Anwesenheit des Über-Setzers verwischen; der andere ist dieses «Zwischen-den-Zeilen», wo ich im Festschreiben meines Worts genügend von mir abweiche, damit die bewegende Verschiedenheit der Sprachen und der Diskurse, die mich geprägt haben, darin enthalten ist. Indem ich mich aus dem Zentrum rücke, hält der andere Überraschungen für mich bereit: So kann ich denken, wo ich nicht bin (Montaigne), schreiben, wo ich nicht bin (Butor), lieben, wo ich nicht bin (Barthes).

Der «wundersamen Nichtexistenz» geweiht, zu oft von der «Verzweiflung an meiner Existenz» in Versuchung geführt, schreibe ich als Subjekt «nur an einem Ort und in einer Zeit, wo der Tod schon herrscht. Jedes wahre Schreiben geschieht von jenseits des Grabes» (G. Haddad). Doch das Schreiben im Blick auf den anderen hebt den postumen Charakter alles Schreibens und alles Lesens auf. Das Schreiben im Blick auf den anderen heisst nicht, als *In-fans* wiedergeboren zu werden, seiner Stimme verlustig, einsamer und verlorener als damals: Ganz dem Verlangen hingegeben, kann er nicht mehr zu jemandem sprechen, der seinem Blick entzogen wäre. Das Schreiben im Blick auf den anderen ist eine Auferstehung im Augenblick und in der Dauer: Ich halte die Feder mit meinem ganzen Körper (Thibaudet über Montaigne); wenn mein Körper begrenzt ist, nimmt er doch nie ein Ende und artikuliert damit, «was ich bin und was mir fehlt» (Valéry). Muss man erwähnen, dass dieses UND zum anderen gehört?

Schreiben im Blick auf den anderen ist auch das Versprechen einer Utopie im doppelten etymologischen Sinn von Nicht-Ort und Glück. Besser gesagt, ein Ohne-Ort: So ist jeder Ort vorstellbar, und die Grenze ist bewohnbar, ohne aufgehoben zu sein. Dieses Versprechen verwandelt sich in Evidenz: Von der Erwartung und Hoffnung einer künftigen Verwirklichung befreit, verwirklicht sie unmittelbar eine freie und offene Zukunft.

Der andere bezeichnet meine Grenzen, die mich definieren, ohne mich einzuschliessen. Er ist, was mich erfüllt, durchdringt und verbindet, mich in meiner eigenen Sprache entziffert, mich übersetzt und mein/e *Rede*/Wort in Bewegung setzt, sollte *sie*/es der Versuchung erliegen, zu erstarren. Der andere ist in seinem/r Wort/*Rede,* er ist auch mein (in meinem) Schweigen; zusammen schweigen wir nicht.

I'm Nobody! Who are you?
Are you – Nobody – too?
Then there's a pair of us!
Don't tell they'd advertise – *you know!*

How dreary – to be – Somebody!
How public – like a Frog –
To tell one's *name – the livelong June –*
To an admiring Bog!

(Emily Dickinson, 1861)

Aus dem Französischen von Peter Sidler

Urs Frauchiger

Weltklasse im Aufholen

Die freie Alpenrepublik. Der fröhliche Landmann. Tut recht und scheut niemand, Die gesunde Luft. Die Firne. Die Gletscher, das fallende klare Gletscherwasser, ewig wechselnd. Die Seen, Dampfschiffe auf den Seen. Die Gipfel im Morgen- und Abendrot, Bergbahnen auf die Gipfel. Heidi, Dampfbahn, Heimweh, Heimkehr, Gesundung. Die Trachten. Der Käse. Die Löcher im Käse. Das Wandern. Müller. Meier. Meyer. Die Steine selbst. So schwer sie sind. Das Steinstossen. Das Rütli. Die Offiziere auf dem Rütli. Der Gotthard. Die Schweizer im Gotthard. Das Matterhorn. Die Engländer auf dem Matterhorn. Die Eigernordwand. Die Japaner an der Eigernordwand, baumelnd. Die Jungfrau. Die Stauffacherin. Das Alphorn. Die Uhren. Der Alphornspieler im Bauernwams vor dem Matterhorn auf grüner Matte, die Armbanduhr, die Gemse, das Edelweiss, die Geröllhalde, der Firn, darauf das Abend- und Morgenrot, im Strahlenmeer, die Tanne, der Bergahorn, die Alpenrose. Die Rose. Der Park. Jugendstil. Palace. Bellevue. Bellerive. Schokolade, Schokolade. Schokolade. Konfiserie. St. Petersburg. Borromini. Rom. Einsiedeln. Engelberg. Botta. Tokio. Japaner, Foto. Postkarte. Briefmarken. Pferde. Freiberge. Reiter. Pestalozzi. Volksschule. Volkshoheit. Kantonshoheit. Kultur. Helvetia. Hoch. Eng. Hochkamin. Fleiss, Zuverlässigkeit, Pünktlichkeit. Sauberkeit. St. Gallerspitzen. Nestlé. Sprüngli. Escher von der Lindt. Eisenbahn. Pünktlichkeit. Ovo Sport. Ferdy Kübler. Gottfried Keller. Martina Hingis. Colani. Gotthelf. Emmenthal. Kühe. Greyerzer. Nidle. Meringue. Bahnhofstrasse. Paradeplatz. Manöver. Défilé. Milizsystem. Vaterland. Heimatland. Mein, oh mein. O Land!

* * *

Nichts bringt «den Schweizer» so sehr aus dem Häuschen, wie wenn er sich in Clichés gezwängt fühlt. Ungerecht seien sie, verlogen, Projektionen von aussen, poltert er, damit das Cliché vom aufbegehrenden Stammtischhelden aufs schönste bestätigend. Leicht vergisst er darüber, dass die Schweizer selber es waren, die den andern diese Flöhe ins Ohr gesetzt haben. Bei Bedarf greifen wir noch so gern zum Cliché; Bedarf herrscht, wenn es gilt, die Wirtschaft im allgemeinen und den Tourismus im besonderen anzukurbeln; Bedarf herrscht, wenn wir uns in die Verteidigung gedrängt fühlen, die wir uns offenbar nur als Igelhaltung vorstellen können. Die Werbung, zumal unsere hohe Plakatkunst, kommt ohne das Cliché nicht aus – und sei es nur als Referenzpunkt, von dem man sich spielerisch oder ironisierend entfernt.

Das ist legitim – ob es auch klug ist? Zu häufig verfehlt das Cliché seine propagandistische Wirkung, bietet Anlass zu Missverständnissen oder zu bösartigen, ja hinterlistigen Verdrehungen. Fast immer springen Clichés auf den Schützen selbst zurück, zwingen in Rollen, für die wir weder begabt noch motiviert sind, lähmen uns, so dass wir den nächsten Start wieder verschlafen. Wir blieben schon in manchem Startloch sitzen. Zum Glück sind wir, bis heute wenigstens, Weltklasse im Aufholen.

«Der Schweizer» hat das Schiesspulver nicht erfunden, wohl aber ausgeklügelte Techniken zu seiner Anwendung. Das Geld auch nicht – von Natur ist er eher Tauschhändler –, hingegen gehörte er zu den ersten, die herausfanden, dass man die Illusion wecken kann, es dufte. Das Matterhorn ist gewiss nicht sein Werk, er wiederum wusste es zu einer Weltikone zu erheben. Er blus das importierte Alphorn so treuherzig, dass ihm ein Blues entstieg, noch eh der gar erfunden war. Den Kakao musste er importieren, aber die Schokolade, diese magische Verbindung von Reiz- und Nahrungsmittel, hat er zum Weltkulturgut erhoben. Die Uhr: Wer ausser ihm hat gemerkt, wieviel Zeit – einen der wenigen Rohstoffe des Landes – man sich nehmen muss, um Zeit zuverlässig zu messen? Wer hat das Rokoko durch die Spielautomaten ins Industriezeitalter gerettet und damit feudale Befindlichkeit in die kleinste Hütte getragen? Wer hat gemerkt, dass heile Welt nicht nur Lebenslüge ist, sondern auch ein Grundbedürfnis des Menschen? Dass Nachfrage besteht nach kugelsicheren Verhandlungstischen und Betten?

So ist das Cliché an sich nicht verlogen, vielmehr wird sein Kern verleugnet. Jedes dieser Clichés geht auf einen fleissig erworbenen Mehrwert zurück, den wir unseren Tugenden wie Beharrlichkeit, Zuverlässigkeit, Geduld, mechanisches Geschick, erleuchtete Tüftelei, Pünktlichkeit und Vertrauenswürdigkeit verdanken – und einem hartnäckigen Verantwortungsbewusstsein, das freilich nur auf die Erfüllung des handwerklichen Auftrags gerichtet ist und sich um das Weltganze wenig schert. «Der Schweizer» will vor irdischen Gerichten bestehen können. Das Jüngste Gericht hält er für ein Gerücht.

* * *

Vergessen wir – wir, die Schweizer – nicht, dass innerhalb dieser beschränkten, oft auch verengten Aufgabenstellung staunenswerte Kulturleistungen erbracht wurden, dass wir allenfalls von fremdem Schaden zuweilen fahrlässig profitierten, ihn aber kaum je verursachten. Dass wir zudem auf kleinstem Raum, im Sturm einer Dynamik, die ineinander verschlungene und verklüngelte Kleinkulturen nun einmal entfesseln, eine zwar skurrile, im historischen Umfeld jedoch sensationelle Technik der Auseinandersetzung und der Entscheidungsfindung entwickelt haben. Darauf können, ja müssen wir – ich wäge das Wort – stolz sein.

Gerade das aber können wir nicht: stolz sein. Was andere vielleicht zu virtuos beherrschen, das Auffächern und Vorzeigen farbigen Gefieders, das Wölben der vielleicht nicht gerade heldischen, aber doch präsentablen Brust, kurz: das unverstellte, aber auch ungebluffte Kommunizieren der eigenen Qualitäten, das liegt uns weniger. Es ist auch nicht gestattet. Versuchte es eine oder einer, sie würden unverzüglich in die ausgerichteten Reihen der Duckmäuser zurückkommandiert, nicht von einem Kommandanten freilich, sondern von einem dumpfen, selten artikulierten, geschweige denn festgeschriebenen Willen.

Das wäre zu ertragen, entspränge dieses understatement, die behauptete Bescheidenheit wirklich einem stillen Bescheiden, einer erdhaften Demut. Vielleicht war das einmal der Fall, sicher ist es dies heute nicht. Es ist vielmehr eine Verdrücktheit, ein trotziges In-sich-Gekehrtsein, das heimlich nach Anerkennung lechzt und sich vor Ärger den eigenen Magen auffrisst, wenn sie ausbleibt. So sind Überreaktionen unausweichlich.

Überreaktionen münden in Mythen. Schweizer sind Mythomanen. Das sind andere auch, gewiss, doch andere haben Ironie, Eleganz, Skepsis, analytische Kälte, Zynismus – Eigenschaften, die Mythen relativieren. Wir allein bauen Götzen auf und sinken vor ihnen in die Knie, den Kopf im Sand. Werden unsere Mythen, wie es gerade wieder der Fall ist, in Frage gestellt, antworten wir mit Gegenmythen. Wir schütten das Monster mit dem Bade aus und zeugen ein neues. Alle Schweizer glauben an Mythen, das eint uns. Freilich nicht alle an dieselben, das macht uns uneins. (Oder ist das nun schon mein privater Mythos?)

Sicher ist nichts so schwer wie die Entsorgung von Mythen. Sie müssen behutsam heruntergefahren werden wie lecke Atomreaktoren. Oder aus historischem Schutt herausgebuddelt wie kostbare Vasen von Archäologen. Denn kein Mythos ist wüst und leer. Mythen waren einst zutrauliche Wesen, die wir überzüchtet, hochgeblasen, überdopt haben. Gelänge es doch, den unaufschiebbaren Prozess der Dekonstruktion unserer Mythen so zu gestalten, dass nicht Fetzen und Kadaver übrig bleiben, sondern dass diese Wesen aus Geschichte und Geschichten wieder unsere stillen Gefährten wären!

* * *

Wie ist zum Beispiel der Alpenmythos entstanden, der in Musikantenstadeln, in schweiss- und stumpengeschwängerten Hinterstuben von Vorstadtbeizen zur schmierig-miefigen Fratze verkommen ist? – Da haben doch die Schwaben und andere liebenswürdige Nachbarsleut unsere Sennen verlacht, weil sie in ihren Augen Weiberarbeit verrichteten, wenn sie zum Vieh schauten, Nidle und Ziger schlugen und selbst am Herde stunden. Und wie reagierten unsere Ahnen (die es vermutlich nicht waren, denn wir kamen alle erst viel später)? – Mit einem Wort: stolz. Sie machten die Frauenrolle zum Markenzeichen, kombinierten sie mit Rauschebart und Muskelspiel, sangen herzzerreissend im Falsett und stiessen Steine ins Weite, die die Spötter kaum zu heben vermocht hätten, legten zu nahe tretende Nachbarn mit einem sanften Brienzer rasch auf den flachen Rücken, nicht ohne ihnen anschliessend Staub und Sägemehl mit feminin zärtlicher Geste von demselben zu wischen. Da könnten Zugewanderte und Spätgeborene Stolz und Selbstbewusstsein aus ihren Anfängen her ableiten.

Mythen geraten, wenn man sie dingfest zu machen versucht, leicht zu Kippfiguren, jenen Bildern mit doppelter Bedeutung. Je nachdem, ob das Auge sich auf die hellen oder die dunklen Bildanteile richtet, sieht es Amphoren oder Fratzen, liebliche Frauenprofile oder Totenschädel. Hier wie dort braucht das Umschlagen Zeit, mehr noch das semantic mapping, das Vermessen und Kartographieren des Geschauten mittels der sprachlichen Strukturen und Kategorien, die bei uns nicht immer hochdifferenziert sind. Dieses Nachklappen der Wahrnehmung – meist bedarf es eines äusseren Anlasses, damit es überhaupt zum Klappen kommt – ist einer der Gründe für unseren permanenten cultural lag.

So beim Alpenmythos. Er kann gelesen werden als respektgebietende Kulturleistung oder als schamlose Vermarktung unseres patrimoine, als Sinnstiftung oder als kollektiver Selbstbetrug. Beides ist richtig, beides falsch. Nur wenn es dem Auge gelingt, die Innenspannung so zu halten, dass die Wahrnehmung auf keine Seite kippt, besteht Hoffnung auf Wahrheitsfindung.

* * *

Dasselbe gilt bei der Aufarbeitung unserer Haltung während des Zweiten Weltkriegs. Die einen wollen immer noch Helden gewesen sein, andere flagellantieren sich in zurückeilendem Gehorsam als Schurken. Ein paar heroische Lichtgestalten, ein paar abgründige Schurken mag es gegeben haben: vielleicht je ein halbes Dutzend, statistisch vernachlässigbar. Der Rest war Durchschnitt, in dem sich Angst, Feigheit, Anpassertum, Profitdenken seltsam mischten mit Hilfsbereitschaft, Standfestigkeit, listiger Improvisation, mit aufflakkerndem Mut an Orten und bei Leuten, wo man ihn zuletzt erwartete: Durchschnittsmenschen in ihrem Widerspruch.

Ich habe diese Zeit aus Kinderaugen gesehen, im Emmental. Frauen und Kinder rissen die Bauernbetriebe und das

Kleingewerbe durch, die Männer kamen übers Wochenende heim; ermattet vom eintönigen Dienst, von hastigen Besäufnissen und Puffbesuchen, krampften sie mit und suchten gutzumachen, was gutzumachen war. Ein paar zumeist angegraute Herren blieben da und fuhren mit Autos herum, nach Bern und noch weiter hinaus. Das müsse auch sein, sagten die Leute, die gebückt in den stinkenden Schwaden der Holzvergaser standen.

Nie vergesse ich den breiten ausschwingenden Orgelton durchziehender Bombergeschwader, der von Westen her den Himmel erfüllte, die dunklen Orgelpunkte, über denen der Diskant vorausjagender Kampfflieger flimmerte, das Staccato der Luftabwehr gegen Norden zu und die schweren Einschläge hinterm Rhein. Das war das Eingangsspiel zum grossen Weltgericht, das unausweichlich mit dem Sieg der Guten über die Bösen, der Helden über die Schurken enden würde.

Als dann im wunderschönen Monat Mai die Glocken den Endsieg der Guten verkündeten, glaubten die Älteren uns hinter vorgehaltener Hand zuflüstern zu müssen, dass die Bösen noch weit böser gewesen waren als angenommen, als hätten sie das schon immer gewusst. Doch erst als ich nach und nach inne wurde, dass die Guten so gut nicht waren wie angenommen, brach meine Kinderwelt ganz zusammen. Wie böse die Menschen sind, bleibt einem aufmerksamen Kind nicht lange verborgen; unerträglich ist erst die Erkenntnis, wie wenig gut die Guten sind.

Nun lernen wir, dass wir nicht einfach zu den Guten gehörten, die so gut auch nicht waren. Haben wir uns deshalb schnurstracks den Bösen zuzurechnen? Sprangen wir nicht vielmehr von Trittbrett zu Trittbrett, in kunstvollen und lebensgefährlichen Volten, wir Trittbrettakrobaten? So oder so, wir müssen uns der behutsamen Dekonstruktion unserer Mythen stellen, vielleicht im Sinne von Gottfried Kellers Sonett ‹Die Tellenschüsse›:

Ob sie geschehn? Das ist hier nicht zu fragen;
Die Perle jeder Fabel ist der Sinn,
Das Mark der Wahrheit ruht hier frisch darin,
Der reife Kern von allen Völkersagen.

Giovanni Orelli

In die Schweiz gehen, nach Mailand gehen

Meinungsaustausch zwischen:
S: Schweizer, der in Lugano lebt
I: Italiener, der in Mailand lebt

Unter Beteiligung von:
Francesco De Sanctis, Carlo Cattaneo, Dante, Giovanni della Casa, Giacomo Leopardi, Carlo Linati, Alexis de Tocqueville, Nello Risi, Hans Werthmüller und andern

I: «Bis Mailand?
S: Was willst du? Man reist, um sich neue Ideen anzueignen.
I: Gegenwärtig musst du davon alle Taschen voll haben ...»
S: Träume ich oder bin ich wach? Ich habe das Gefühl, dieses Gespräch schon einmal gehört zu haben.
I: Und du täuschst dich nicht. Es ist Francesco De Sanctis auf der Reise nach Zürich, mit den Gedanken bei Schopenhauer und Leopardi.[1]
S: Ich bin aber nur ein armer Bergler auf dem Weg nach Mailand, wie ein Puertoricaner in New York. Die Literatur von Dante[2] bis Manzoni kennt einige von diesen Berglern, die voller Verwirrung in der Stadt landen.
I: Nicht Dante, sondern ein Dörfler, der mir den Rebberg mähte, verglich den Dörfler, der in eine Grossstadt kommt, mit einem Kalb, das unsicher herumstakend aus dem Stall kommt, vom Licht geblendet. Und im ersten Misthaufen landet.
S: Auch in einem Misthaufen lässt sich vielleicht etwas lernen. Wenig zu lernen gibt's nur, wenn du immer im Dunkeln deines Stalles bleibst. Vincenzo Dalberti, der Präsident der ersten Regierung des Kantons Tessin, und Stefano Franscini, der erste Tessiner Bundesrat, haben ihre ersten Erfahrungen und was für Erfahrungen in Mailand gesammelt. Dort hat Franscini auch Cattaneo[3] kennengelernt.
I: Carlo Cattaneo?
S: Genau den. Das Tessin verdankt Cattaneo vieles: die Streckenführung über den Gotthard bei der Nord-Süd-Eisenbahnverbindung in der zweiten Hälfte des 19. Jahrhunderts, die Trockenlegung der Magadino-Ebene, zukunftsweisende Lösungen im Bildungssystem ...
I: Das ist nicht wenig. Ihr Schweizer habt mehrmals von unserem Unglück profitiert. Von den Verbannten zum Beispiel. Das ehrt euch, das ist keine Schande.
S: Das ist nicht wenig, sagtest du – und es ist nicht alles. Ich könnte, in diesen Zeiten der Auflösung der Nationen, des Stammesdenkens, der Sezessionismen und ähnlicher Übel, an seinen Nationsbegriff erinnern. Der Fast-Tessiner Cattaneo gründet, vor Ernest Renan, seinen Heimatbegriff nicht auf die Sprache, auf die Ethnie oder, noch schlimmer, auf eine Religion. Er gründet ihn auf die Menschen, die sich um den Fortschritt bemühen und sich in ihrem Handeln von der Bemühung um ein Gemeinwohl leiten lassen. Ein Kenner Cattaneos[4] schreibt, dass die Rede von der «Nation der Intelligenzen» darauf hinauslief, «die Menschen zu einem von der Vernunft geleiteten Handeln aufzufordern, denn nur wenn sich die Bürger auf eine rationale Weltanschauung berufen, erlangen die Gemeinschaften in sich jenes Gleichgewicht, das zur Lösung von Konflikten und zum Streben nach besseren Lebensbedingungen unverzichtbar ist».
I: Ich sehe, dass du ein Europa-Befürworter bist.
S: Ich bin es, als Bewunderer von Renan.
I: Optimistisch oder voller Illusionen?
S: Tja. Ich habe einmal in Genua über dieses Thema gesprochen. Ich hatte naiverweise gesagt, dass ich, im Gegensatz zur Mehrheit der Schweizer, für den Europäischen Wirtschaftsraum gestimmt hatte... Gott bewahre. Ich wurde angestarrt wie der Steinerne Gast, wurde zur Zielscheibe von Pfeilen (wie der Heilige Sebastian, der Schutzherr meines Dorfes). Wozu wollt ihr denn zu uns, sagten deine Landsleute, von Italien und von Europa bitter enttäuscht...
I: Trau du den Genovesern. Weisst du, was Dante von ihnen sagt? «Ach, Genoveser, von allen Tugenden / abgewandte Leute und voller Laster, / warum seid ihr nicht von der Erdoberfläche verschwunden?»[5]
S: Und doch dachten sie nicht anders als Cicero. In der Schweiz lebt's sich gut und friedlich: «Patria est ubicumque est bene.» Dies ist der Leitspruch, den sich auch Don Abbondio, der feige Priester aus Alessandro Manzonis ‹Die Verlobten›, zu eigen macht: «Die Heimat ist dort, wo es einem gut geht.»
I: Und die andern Pfeile?
S: Dass Italien ein Schweinestall ist. Dass Europa von der Mark beherrscht sein wird. Den deutschen Bankiers ausgeliefert ...

I: Und was hast du gesagt?

S: Ich habe, mit dem Rücken zur Wand, gesagt, dass man zunächst einen Schritt über die Gemeinplätze hinaus tun muss. Die Gemeinplätze, von denen keiner verschont bleibt. Die Schweizer als Profiteure fremden Unglücks. Die langsamen Berner. Die Schweizer Dickschädel. Die faulen Säcke von Neapolitanern.

I: Danke schön. Samt Giambattista Vico und Benedetto Croce …

S: Zürich-Krysopolis, Mailand-Sahnopolis.

I: Was soll das heissen?

S: Zürich als Krysopolis, Goldstadt, bezeichnet hat der Schriftsteller Guido Morselli[6] (aus Varese), der die Schweiz mochte und sie häufig zum «Schauplatz» seiner Romane gemacht hat. Mailand als Sahnopolis, Sahnestadt, bezeichnet hat der Dichter Ugo Foscolo[7], der zur Zeit Napoleons als erster exilierter Italiener in der Schweiz weilte. «Im Zorn mit den heimischen Gottheiten», also mit einer Stinkwut über seine Heimat, die den Priester und Dichter Parini vor Hunger sterben liess und kastrierte Sänger mit Ehren überschüttete.

I: Wie sie heute, wenn nicht Aristoteles selber, so doch einen seiner Assistenten (fast) verhungern liesse und lässt, während sie einen Fussballer wie den Brasilianer Ronaldo mit Gold eindeckt.

S: Der gut spielt!

I: Sehr gut. Es gibt da aber eine Verzerrung der Werte, die sich nur als provinziell definieren lässt; eine Verzerrung der Werteskala. Wie auch immer, ich sehe, dass du gerne nach Mailand fährst.

S: Klar, dass ich gerne hinfahre, auch wenn viele Mailänder schlecht über ihre Stadt reden. Die Fahrt nach Mailand hilft mir, Vorurteile und Gemeinplätze zu überdenken. In Mailand, wie an vielen Orten in Italien, liegt die Intelligenz auf der Strasse. Ich versuche, etwas davon mitzunehmen.

I: Das scheint mir nicht allzuviel.

S: Es ist viel. Der Grund der Gedanken ist eine Strassenkreuzung: Valéry, oder irre ich mich?

I: Das muss man sich erst mal vorstellen, dass du dich beim Zitieren irrst. Aber ist das alles? Wir waren bei den Strassen.

S: Nein, das ist nicht alles. Da sind zum Beispiel auch die Frauen.

I: Ah, endlich! Das hat ja gedauert, bis wir auf das Thema gekommen sind.

S: Schöne Frauen gibt's überall. Aber ich gehe gern ins Zentrum, in die Via Montenapoleone, wo Stendhal mit Vorliebe flanierte, oder auch in weniger «geschleckte» Strassen, um es mit deinem grossen Lombarden, mit Carlo Emilio Gadda, zu sagen: und zuzuschauen, wie sie vorbeigehen.

I: Und schon leuchten dir die Äuglein, wie einem Italiener.

S: «Die Bewegungen der Glieder und diese Art des Voranschreitens, leicht, federnd, wippend …»

I: Wer ist das?

S: Monsignor Giovanni della Casa, der Autor des ‹Galateo›, hier in einem andern Traktätchen[8], in einem Latein, das, so glaube ich, auch jenen Liebhaber der Renaissance-Kultur (und der Landschaft des Tessins) entzückt haben muss, der Jakob Burckhardt war …

I: Botticelli: Ob Frühling oder Rhetorik, schau nur, wie sie sich kleiden, wie sie dich anschauen,[9] ohne dich anzuschauen. Jemand hat zu Recht bemerkt, dass Italien grosses Theater hat, weil es ein Theater *ist*. Das Paratheater ist hier wichtig.

S: Was ist das: Paratheater?

I: Der Umzug, das Defilee, die Prozession, das Schlendern in der Galerie und an tausend andern Orten, die Lust am Sichzusammenfinden, auch zur Messe, um elf oder abends um sechs, vor dem Aperitif. Giacomo Leopardi hat es exakt photographiert, dieses Paratheater:

«Ganz festlich gekleidet
verlässt die Jugend des Dorfes
die Häuser und ergeht sich in den Strassen,
und sieht und wird gesehen und freut sich im Herzen.»
So lässt sich, in Anlehnung an Giuseppe Verdi, singen:
O Mailand, o Liebes …, o Milano, o cara …[10]

S: Ein bisschen «cara» auch, die Wahrheit zu sagen, im Sinne von «teuer», nicht nur von «lieb», wie im Deutschen unterschieden wird.

I: Wie hast du's, als Schweizer, mit dem Deutschen?

S: Mittelmässig, wie ein mittelmässiger Schweizer. Es war ein Fehler meiner Jugendzeit. Ich hätte mir eine Deutschschweizer Freundin suchen sollen. «L'amour est la plus conversante des passions», sagte Proust, der es wissen musste.

I: Die Schweizer sind grosse Sprachtalente. Ehre, wem Ehre gebührt.

S: Übertreiben wir nicht. Ich rede jetzt vom Standpunkt des italienischsprachigen Schweizers: Während unsereins mit Fleiss und gutem Willen den Miteidgenossen entgegenzukommen versucht und in der Schule Hochdeutsch lernt, entfernen sie sich noch ein wenig mehr, indem sie sich auf zwei Sprachen konzentrieren, eine effiziente und eine private: Englisch und Schwyzerdütsch.

I: Ein Landsmann von dir, ein Romand, hat mir einen Witz aus einer Westschweizer Zeitung erzählt. Die Romands gifteln ein wenig gegen ihre Brüder auf der andern Seite der Saane …

S: Der Witz …

I: «Ein Schweizer trifft einen Schweizer. Er prahlt: Als richtiger Schweizer kann ich Englisch, zwei Arten von Deutsch, zudem Französisch, ein bisschen Italienisch auch, ja sogar ein paar Brocken Romanisch. Der andere fragt ihn: Und in welcher Sprache denkst du? Ach, ich denke doch nicht.»

S: In der Tat, Denken verwirrt nur.

I: Ich geb's zu, dass der Witz ungerecht und fies ist, aber das liegt in der Natur von Witzen.

S: Mit Witzen, wie übrigens auch mit Gemeinplätzen und Vorurteilen, kommt man nicht sehr weit. Ich denke da immer an Orson Welles, für den die Schweizer die Löcher im Käse und die Kuckucksuhren erfunden hatten. Und fertig. Schöne Art, die Augen zu schliessen.

I: So lebe die Neugier. Carlo Linati, der lombardische Schriftsteller, der unter den ersten war, die Italien James Joyce nahebrachten, erinnert daran, dass der Mailänder Dichter Delio Tessa, einer der besten italienischen Dichter des 20. Jahrhunderts, «glücklich war, wenn er in die Schweiz reisen konnte; in Lugano hatte er viele gute Freunde, er liebte diese aufrichtigen, heiteren Leute. Ich erinnere mich, dass ich ihn selber mit dem Auto hinbrachte, und ich erinnere mich an die anregenden Plaudereien auf der Fahrt durchs Grenzgebiet, dem leuchtend blauen Wasser des Sees entlang, auf dem sich Möwen und Ausflügler tummelten.»[11] Tessa fühlte sich so wohl in Lugano, wie sich im 19. Jahrhundert der Bildhauer Vela in Mailand zuhause gefühlt hat.

S: Diese aufrichtigen und heiteren Leute. Das erinnert doch sehr an den Brief des grossen Alexis de Tocqueville an Gobineau vom August 1850: «Ich bewundere diese vernünftige, praxisbezogene Haltung der Schweizer, von der Ihr mir berichtet. Sie ist hundert Mal mehr wert als das, was wir in Frankreich ‹unser Genie› nennen. Die Weisheit dieser kleinen Nationen, die Ihr mir beschreibt, ist in der Tat bewundernswert, und wenn alle Völker sie sich zu eigen machten, wären sie bald einmal die einzigen, die es verdienten, als gross bezeichnet zu werden. Die körperliche Grösse ist ja nicht die entscheidende: sie ist das Ruhmesblatt der Elefanten und der Walfische.»[12]

I: Wenn deine Heimat dieses Lob nur immer verdiente, dem ich meinerseits ohne weiteres dasjenige von Borges hinzufügen könnte: «Sie haben den seltsamen Entschluss gefasst, vernünftig zu sein. Sie haben beschlossen, ihre Unterschiede zu vergessen, und ihre Gemeinsamkeiten unterstrichen.»[13] – Wie Renan sich das vorstellte, mit seinem Nationsbegriff. Ist der grösste Feind dieser vernünftigen Haltung nicht die Abschottung?

S: Der grösste Feind ist die Abschottung. Es ist der dumme Ruf nach Autarkie, der auf einer Überheblichkeit gründet, die so verhängnisvoll ist wie ihr Gegenstück, die Minderwertigkeitskomplexe, die depressive Lähmung. Hinderlich sind auch die chauvinistischen Überdrehungen wie im Sport, die Grenzen, wenn wir sie, im Konkreten wie im Übertragenen, mit Stacheldraht verstärken.

I: Du meinst die Grenzen im Herzen?

S: Im Herzen wie im Kopf. Nimm ein Grenzgebiet wie die Tresa.

I: Was ist die Tresa?

S: Die Tresa ist der Fluss, in dem das Wasser des Luganersees in den Langensee fliesst. Von dort in den Tessin, in den Po, in die Adria, ins Mittelmeer. Die Tresa bildet auch die Grenze zwischen Italien und der Schweiz. Eine verrückte Grenze, in den vierziger Jahren, als ein Bauer auf dieser Seite in Ruhe sein Heu ernten und zu seinem Rebberg schauen konnte, während ein Bauer auf der andern Seite nach Griechenland oder Russland, nach Libyen oder Auschwitz oder sonst wohin – in den Tod? – geschickt wurde. Der Dichter und Regisseur Nello Risi hat ein schönes Gedicht über die Tresa geschrieben:

«Die Tresa hat ein scheues Wasser;
die Abschiedsgrüsse ans andere Ufer
Italien. Es war auf der abschüssigen
Wiese, zwischen Sprudelwasserflaschen
und dem Mitleid geschenkter Zigaretten,
dass wir unsere Seelen auf diese Landschaft
einstimmten, so heimisch, über die Grenze hinaus [...]»[14]

I: Von der andern Seite antwortet ihm ein Basler Dichter, Hans Werthmüller:

Der Luganer See
hat sich hier als Fluss verkleidet
Nur kurz
Auf der andern Seite
steigt mit vergnügtem Lärm
das Land Italien aus dem Wasser

Und frei
schwingt sich ein weisser Sommervogel
von der einen Blüte in der Schweiz
hinüber zu der nächsten
in Italien
Gott sei dir gnädig in der Fremde.[15]

Aus dem Italienischen von Clà Riatsch

1 Die ersten Wortwechsel sind direkt übernommen aus: Francesco de Sanctis, «Schopenhauer und Leopardi», in: *Saggi critici*. Der Dialog wurde 1858 in Zürich geschrieben. Schopenhauer, der ihn 1859 las, spricht in einem Brief vom 23. Februar 1859 voller Bewunderung davon, der italienische Kritiker, der an der ETH Zürich lehrte, hätte sich seine Philosophie «in succum et sanguinem» zu eigen gemacht.

2 Dante, *Purg*. XXVI, 67–69: «Genau so verwundert und verwirrt ist / der Bergler, der alles anglotzt und verstummt, / wenn er wild und ungebildet in die Stadt kommt.» (Vielleicht hast du, Leser, je der Verwirrung eines eben in der Stadt angekommenen Berglers beigewohnt, der finster schweigt und dümmlich überall herumglotzt ...: Paraphrase von V. Sermonti)

3 Vincenzo Dalberti (1763–1849), in Mailand geborener Sohn von Auswanderern aus Olivone (Val Blenio), und Stefano Franscini (1796–1857) müssen gezwungenermassen, um studieren zu können, die kirchliche Laufbahn einschlagen (die Franscini bald wieder verlässt). Aber auch Dalbertis Werdegang verdankt sehr viel der aufklärerischen Kultur Mailands am Ende des 18. Jahrhunderts, das eine wirklich europäische Stadt war, wie die Studien Dante Isellas – auch er unterrichtete an der ETH Zürich – eindrücklich zeigen.
Die Literatur zu Carlo Cattaneo (1801–1869), dem besiegten Vater des italienischen Föderalismus, Freund Franscinis und «Wohltäter» des Tessins, wo er im Exil lebte und starb (man denke nur an seinen erfolgreichen Einsatz zugunsten der Gotthardlinie gegen die Linie vom Piemont zum Bodensee durch den San Bernardino), ist vielfältig: zum Einstieg: G. Armani, *Carlo Cattaneo*, Milano, Garzanti, 1997.

4 Es handelt sich um den in Varese lebenden Luigi Ambrosoli (cf. *Belfagor*, 1997, 1). Bei Ernest Renan denkt man an seinen berühmten Vortrag vom 11. März 1882 an der Sorbonne, den er unter dem Titel «Qu'est-ce qu'une nation?» veröffentlichte.

5 Dante, *Inf*. XXXIIi, 151–153.

6 Zürich = Krysopolis in: Guido Morselli (1912– 1973), *Dissipatio H. G.* [H. G. = Humani Generis], Milano, Adelphi, 1977. Auch in andern, postum veröffentlichten Romanen Morsellis, wie *Rom ohne Papst* (1974) und *Divertimento 1899* (1975), beide Adelphi, steht die Schweiz im Zentrum. Im sehr vergnüglichen *Divertimento 1899* sind Wassen, Göschenen ... die Schauplätze.

7 Zu Ugo Foscolos (1778–1827) Beziehungen zur Schweiz ist zunächst zu konsultieren: Lavinia Mazzucchetti / Adelaide Lohner, *L'Italia e la Svizzera. Relazioni culturali nel Settecento e nell'Ottocento*, Milano, Hoepli, 1943. (Der Name Ulrico Hoeplis könnte dazu ermutigen, über schweizerische Verleger zu reden, die sich in Italien Verdienste erworben haben, Hoepli, Scheiwiller ..., die durch ältere und neuere «Tessiner» – Agnelli, Ruggia, die «Elvetica» aus Capolago – zu ergänzen wären.)
«Im Zorn mit den heimischen Gottheiten» stammt aus Ugo Foscolos *Sepolcri* (‹Gräber›), dem Gedicht, das ins Deutsche übersetzt wurde von Johann Caspar Orelli, der so viel dazu beitrug, die Italiener (Campanella, Foscolo, Manzoni ...) im Norden bekannt zu machen, wie es der Bergeller Scartazzini für Dante, wie es de Sinner für Leopardi taten ...

8 Angespielt wird auf das kleine Traktat (Gegenstand ist die elegante Misogynie der Renaissance) *An uxor sit ducenda* (‹Ob man heiraten soll›, ins Italienische übersetzt vom besten Übersetzer aus dem Lateinischen, Ugo Enrico Paoli, Firenze, Le Monnier, 1943). Dass die Zentralfigur von Botticellis ‹Frühling› die Rhetorik sei, ist eine ganz neue Interpretation.

9 Eine aktuelle Interpretation sieht in der Figur des *Frühlings* von Botticelli die Rhetorik.

10 «Ganz festlich gekleidet ...»: Leopardi, *Il passero solitario* (‹Die Blaudrossel›). «O Mailand, o Liebes ...» ist eine scherzhafte Paraphrase der berühmten Arie aus Verdis *Traviata*: «O Paris, o Liebes ...» («O Parigi, o cara ...»)

11 C. Linati, *Il bel Guido e altri ritratti*, Milano, Scheiwiller, 1982.

12 Der Brief ist Tocquevilles Antwort auf einen Brief Gobineaus vom 11. Juli 1850, in dem dieser die Schweizer unsanft anfasst.

13 Borges, in: *Los conjurados*, Madrid, 1986.

14 Nello Risis Verse in: *Linea lombarda*, hg. von Luciano Anceschi, Varese, 1956.
La Tresa ha un'acqua timida;
gli addii all'altra sponda
Italia. Fu nel prato
in pendio, tra bottiglie di gazosa
e la pietà di sigarette offerte,
che componemmo gli animi al paesaggio
così nostro che dura oltre confine [...]

15 Hans Werthmüller in: *Schweizer Lyrik des zwanzigsten Jahrhunderts*, hg. von B. Jentsch, Zürich-Köln, Benziger, 1977.

Georg Kohler

Wir Indianer

Ein Versuch über das helvetische Lebensgefühl

Die Indianer kamen nie nach Indien. Wir Schweizer schon. Man findet uns an erstaunlich vielen Orten dieser Erde. Und fast immer ist das Schweizerische an den Schweizern auch dort noch unverkennbar gegenwärtig, wo die Schweiz nicht einmal dem Namen nach bekannt ist. Natürlich kann das nur jemand registrieren, der das Schweizerische kennt. Als einer, der vom gleichen Stamm kommt oder wenigstens lange in ihm gelebt hat.

Die Sprache ist das am leichtesten zu fassende Merkmal des Schweizer-Fluidums.[1] Hört man sie unvermutet – zum Beispiel in Kinshasa oder auf Pangkor-Island, vor Ipoh an der Küste Malaysias –, dann weiss man sofort: einer von uns. Und man weiss es als einziger. Wer kann schon Hopi-Indianisch ausser Hopi-Indianern und ein paar Ethnologen? Diese Schweizer Sprache, von der die Sprachwissenschaftler sagen, dass sie nur ein Dialekt sei, ist gleichwohl eine Sprache, das heisst ein umfassendes Medium für das Erscheinen von Wirklichkeit, weil der Dialekt alle, die in ihm aufgewachsen sind, auf eindringliche Weise mit der Welt verbunden hat. Und zwar auch dort, wo (wie in meinem Fall) von Anfang an ebenso andere, sogenannte Hochsprachen, gelernt worden sind.

Das Bild der Welt, erscheinend im Medium von Worten wie «Buuch», «Puur», «Bünzli» und «Bolizei», ist eben ziemlich verschieden von demjenigen, das sich aus Ausdrücken wie «Bauch», «Bauer», «Spiessbürger» und «Polizei» (sprich: -ai) aufbaut. Man braucht, als Deutschschweizer, nur zwei-, dreimal diese Wortreihen hintereinander aufzuzählen, um den grundlegenden Unterschied deutlich zu verspüren.[2]

Allerdings: Was leicht zu spüren ist, ist begrifflich schwer zu fassen.

Klein und Gross

Jedenfalls hat es mit dem Unterschied von «Klein» und «Gross» zu tun. Der Dialekt ordnet uns ein ins Kleine, ins überschaubar Vertraute ebenso wie ins Begrenzte. Er schliesst aus: die Stile, Redeweisen, Gedanken und Auditorien, die wir nur in der Hochsprache besitzen und entwickeln können; und er schliesst – bewahrend – etwas ein: jenes verbindende Zentralgefühl des Anders-Seins, das wir als Schweizer mit dem ersten Kontakt zu den grösseren Sprachen der Welt sofort ausbilden und das uns von diesem Moment an ein Leben lang begleitet und ein bisschen irritiert.

Schweizer-Sein heisst hineingeboren werden in die Dialektik von fremder Weite und eigener Definitheit. Und daraus resultiert die das Schweizerische hervorbringende Urspannung, die freilich in ganz verschiedenen Weisen aufgelöst und/oder manifestiert werden kann: zum Beispiel durch ein rabiat-patriotisches Sonderfallbewusstsein oder durch das melancholische «Unbehagen im Kleinstaat», durch kaltschnäuzige Reduktion aller Idealisierungen und Grössenstrebungen auf benennbare Nützlichkeiten oder, und das ist die souveränste Form, durch die Fähigkeit, beides zu verbinden: Angehöriger des exklusiv Hiesigen und Spieler auf mächtigeren Weltbühnen zu sein.

Friedrich Dürrenmatt ist der exemplarische Vertreter des zuletzt genannten Typus: Konolfinger und Jahrhundertautor, durch und durch geprägt von seiner Herkunft aus dem protestantischen Emmental (das auf jedem zweiten Hoger einen wortkargen Apokalyptiker beherbergt) und zugleich ein überall verständlicher Fortdenker jener Mythen des Menschlichen, die in jeder Sprache Resonanz finden. Die sonst so triftigen Formeln für die Existenz von künstlerischer Produktivität in unserem Land – «Diskurs in der Enge», «Dichter im Abseits» – passen für Dürrenmatts Werke und das Lebensgefühl, das sich in ihnen ausspricht, in keiner Weise. Es ist schweizerisch, aber dadurch niemals handikapiert; kein Schweiz-Asthma beeinträchtigt seinen Ausdruck.

F. D. ist die Ausnahme, die die Regel bestätigt. «Es ist eine Eigentümlichkeit des Schweizers, dass er, sobald er Hochdeutsch spricht, etwas Predigerhaftes bekommt», bemerkt der heute ausserhalb anthroposophischer Zirkel vergessene Albert Steffen (ein Autor, dessen wahrhaft riesige Schreibarbeit rührend unbeirrbar das antimoderne Thema schlechthin umkreist: Wie der Mensch das Böse besiegen kann; Steffen ist das Paradigma des Schweizers als des guten Menschen aus der Provinz[3]). Er notiert es in einem Aufsatz, der das «schweizerische» im Gegensatz zum «deutschen Geistesleben» bestimmen soll, und er meint es durchaus selbstkritisch.

Es wäre nur Zeichen persönlicher Borniertheit, wenn man den beachtlichen Rang, den dieser Dichter der Heilung behaupten darf, nicht anerkennen würde. Aber das zu Freundlich-Gutgläubige, eigentümlich Harmlose seiner lebenslangen Bemühung um humanes Gelingen weist eben doch auf einen Grundzug helvetischer Befindlichkeit, der uns gerade dann als abseits vom Rest der Welt markiert, wenn wir entschlossen sind, daran nicht zu leiden. Ich meine die Überzeugung der seit Jahrhunderten von grossen Kriegen und Radikalkatastrophen immer wieder Verschonten: dass die Übermacht des Schlechten am Ende stets zu bändigen sein wird. Oder in die Ausdrucksform existentieller Gemütlichkeit gebracht: dass es ganz so schlimm am Ende nicht sein wird (wenigstens dann, wenn man in der Schweiz bleibt).

Das ist ein Vorurteil des helvetischen Kollektivbewusstseins, dessen Wirkung gar nicht unterschätzt werden kann. Denn es ist ebenso die Basis unserer positiven Tugenden wie der kaum zu erschütternde Grund der dünkelhaften Seite unseres Wesens. Als Schweizer neigt man nicht zum Alarmismus; das ermöglicht einen von Panik und Hysterie ziemlich ungeplagten Umgang mit den Problemen der superartifiziellen, stets störanfälligen Zivilisationsmaschine; es ermöglicht eine Demokratie mit Sinn für Sachfragen und ohne zuviel Rhetorik, und es gibt uns die Chance zu hoffen, dass die Erde nicht der Seelenkerker ist, als den die Gnostiker sie denken. – Vielleicht nicht zuletzt darum sind weitaus die meisten der stärksten Figuren unserer Kultur (und ich denke an diejenigen, die nicht ausgewandert sind, also an Männer wie Pestalozzi, C.G. Jung, Karl Barth) im Kern Heiler und Künder möglicher Zuversicht gewesen.

Aber unser Fundamentalglaube an die Bewohnbarkeit der Welt (zumindest so, wie sie sich in diesem Alpenumland ausgebildet hat) befördert ebenso die Tendenz zu jenem tranigen Immobilismus, zur defensiven Abkapselung und zur überheblichen Idee, uns könne sowieso nichts passieren und am besten sei es, auf Neues sich gar nicht erst einzulassen, die dafür sorgt, dass wir zu einem Reservat von Besserwissern werden, in dem immer diejenigen die Oberhand behalten, die die Fortsetzung des Gewohnten versprechen.

Willensnation

Die Attitüden der Verschonten, der souveräne Gestus Dürrenmatts, die Leidenden am kleinen Land, die Zuschauer der Weltgeschichte (Jakob Burckhardt!), die Partisanen demokratischer Autarkie usw. – Es gibt, wie gesagt, viele Varianten, die helvetische Basisspannung, das Problem der Vermittlung von offenkundiger Begrenztheit und übergrosser Umwelt in Bewusstseinsformationen zu übersetzen. Gemeinsam, bei aller Differenz, ist die Notwendigkeit, sich irgendwie ins Verhältnis zu setzen zu dem, was man nicht ist; und zur Tatsache, dass dieses Andere inkommensurabel grösser ist als man selber. Mit anderen Worten: Zur Selbstdefinition des Schweizer-Seins gehört unweigerlich ein Stück – irgendwie – bewältigter narzisstischer Verletzung. Das erklärt zum einen die gelegentlich neurotisch anmutende, aber verbreitete Mentalität diskussionsloser Ablehnung jeder Form internationalpolitischer Teilnahme- und Solidaritätsverpflichtung; die Konversion der Kränkung in eigensinnigen Stolz: «Wir sind zwar klein, aber daraus haben wir etwas Einzigartiges gemacht; etwas, was Ihr nie könnt!»

Die Unumgänglichkeit der Erfahrung, klein zu sein, liefert aber auch die Anknüpfung an unsere bemerkenswerte Nüchternheit im Umgang mit den Fantasmen und falschen Idealen völkischer Stärke und historischer Sendung, die zum Beispiel die hiesigen Staatsrituale auszeichnet. Wer gelernt hat, dass er zu einem winzigen Stamm gehört, verwechselt sich a priori nicht mehr mit irgendeinem weltgeschichtlichen Subjekt von menschheitswichtiger Bedeutung.

Solche Ernüchterung eröffnet umgekehrt den Sinn für die Wahrnehmung jener ermässigten Werte und bezahlbaren Ansprüche, die zu weltweitem Marktverkehr und zur mundialen Finanzwirtschaft gehören. Die Neigung der Schweizer zu Handel und Geld ist ja seit langem legendär. «Pas d'argent, pas de Suisses», das durften die Könige nie vergessen, und die Knechte konnten sich dadurch in beidem bestätigt finden: im guten Gewissen, ihre Demokratenehre nicht verraten zu müssen, und in der angenehmen Empfindung, sich teuer genug verkauft zu haben …[4] Und sogleich ist man wieder mitten im Wespennest der Ambivalenzen, die sich der helvetischen Urdialektik von klein und gross verdanken: Wir wissen durchaus, dass wir – «wir als Schweizer» –, gemessen an allen Standards wohlfahrtsökonomischer Vergleichung, reich sind – klein, aber reich –, doch zugleich möchten wir das möglichst verstecken – reich, aber klein –, denn wir kennen die Risiken von Neid und Kapitalbesitz nur allzu genau.

Zum Geniessen und zu exzessivem (oder auch bloss zufriedenem) Genuss finden diese Indianer des Zinses und der Rendite daher höchst selten im Leben. Statt dessen prägt trotz oder vielleicht wegen des Glaubens an die Vermeidbarkeit des Schlimmsten eine untergründige Dynamik der Unruhe das Verhalten. Man sollte etwas tun, immer ist etwas zu tun – das Manko der Kleinheit verlangt es. So gesehen, ist es nichts als konsequent, wenn wir unseren Staat, die «Confoederatio Helvetica» – sicherlich die eigentlich hervorragende Leistung unserer kollektiven Energien –, nicht als selbstverständliche Gabe der Natur, sondern als absichtsvoll Gemachtes verstehen, als «Willensnation» eben.

Der nervöseste Punkt

Womit wir endlich an den nervösesten Punkt der gegenwärtigen Schweiz geraten sind. An den Ort, wo die Widersprüche steif und die Konflikte heiss werden – dorthin, wo die Rückgriffe auf die bewährten Tricks und Vermittlungsmodi der Tradition nicht mehr recht helfen wollen. Denn heute scheint sich die konstitutive Unruhe der Schweizer mit der ebenso tief verwurzelten Neigung zum Verharren im Gewohnten zu verbünden, die «Willensnation» zu einem

Gehäuse erstarrter Kommunikations- und Handlungsformen zu werden und das Stammesdenken zur zuverlässigen Garantie gegenüber jeder Art von Aufbruchstimmung.

Die indes so notwendig wie kaum je wäre. Denn spätestens seit 1989 haben sich die allgemeinen Voraussetzungen der Basisdialektik zwischen unserer Kleinheit und den ihr gegenüberstehenden Grössen der Restwelt grundlegend verändert. Und zwar auf allen Gebieten, die für den Bestand der Willensnation relevant sind. Die internationale Konkurrenz der Wirtschaftsstandorte setzt die Schweiz einem politökonomischen Wettbewerb aus, der fast all ihre lange selbstverständlich geltenden Vorteile verrinnen lässt. Das ist unübersehbar und sozusagen täglich zu lesen. Doch die geeigneten Reaktionen fehlen. Unsere demokratischen Strukturen genügen den Dringlichkeiten rascher Entscheidung und weitreichender Reformaufgaben nicht mehr. Die Sozialpolitik dreht sich im Kreis, statt die nötigen Anpassungen, Umschichtungen und Reduktionen zu vollziehen. Gleiches gilt von der Verkehrspolitik. Dass das höhere Bildungswesen kürzere Abschlüsse, eine striktere Gliederung der Anforderungsstufen und eine übergreifende Koordination der Kompetenzzentren bräuchte, leugnet niemand, der den universitären Betrieb kennt. Doch es bewegt sich wenig in der richtigen Richtung. Die Balancen zwischen Welsch- und Deutschschweiz sind tief gestört, was sich besonders am Verhältnis zur europäischen Integration zeigt. Aber auch die konstruktive Bearbeitung dieses Themas ist völlig blockiert. Unsere Armee ist von Freunden umzingelt, doch die Doktrin der Neutralität darf nicht ernsthaft diskutiert werden usw., usw.

Der generelle Sinn dieser ohne weiteres zu verlängernden Liste ist klar: Das komplizierte Wertesystem, das unser Stammesverhalten zuverlässig bestimmte, der basale Konsens, der die helvetische Dialektik und deren unterschiedliche Synthesen regulierte, indem er die verschiedenen Interessen der vielen Sozialverbände, Politsippen, Freundeshorden, Familienclans, Einflussclubs, Lokalszenen etc. (die es natürlich auch in einem kleinen Stamm gibt) koordiniert hat, dieses gewissermassen anonyme, aber über ein halbes Jahrhundert hocheffiziente Steuerungszentrum schweizerischer Selbsterhaltung, ist zerfallen. «Orientierungslosigkeit auf Basis noch vorhandener Reserven» ist darum seit Anfang der neunziger Jahre die zutreffende Diagnose für die geistige Situation und das aktuelle Lebensgefühl der Alpenumlandindianer.

«Swiss, made» – gewiss …

Wie sich lösen aus solch kritischer Lage? Wo die Haltepunkte finden, die ein neues Selbstbewusstsein der Schweiz und ihrer Möglichkeiten erlauben? – Die Frage stellen heisst ihre Schwierigkeit erkennen. Denn in der Antwort, die man sogleich geben möchte, liegt zugleich der Kern des Problems. Warum?

Die Schweiz ist weder durch die natürliche Geographie des Landes definiert, noch ist sie Kulturnation im eigentlichen Sinn. Sie setzt sich zusammen aus drei bis vier Kulturdialekten, die in ihrem jeweiligen Gesamtkontext keine sehr grosse Ausstrahlungskraft besitzen (können).[5] Das bedeutet: Die Einheit der Schweiz beruht auf der Grundlage einer Geschichte, die vom Streben dieser Kulturdialekte beherrscht war, politisch nicht zur grösseren (deutschen, französischen, italienischen) Herkunftskultur zu gehören. Aus dieser Negativität erwuchs erst der positive Impuls, zu unabhängiger, selbstbestimmter staatlicher Existenz. Das verbindend Eigene der Schweiz ist also im Grunde nichts als die gemeinsame republikanische Staatlichkeit, die es uns erlaubt, klein, aber doch etwas Besonderes zu sein. Und genau hier liegt der Kern des Problems: Für die einen ist dieser Staat nur noch eine lästige Notwendigkeit, für die andern ein Heiligtum, dessen althergebrachte Prinzipien in keiner Weise reformuliert werden dürfen, und für alle etwas, was in Zeiten globalisierter Ökonomien sowieso nur noch von schwindendem Wert sein kann. Kurz: der Boden, oder besser: die fundamentale Übereinkunft, von der her die verlorengegangene Orientierung der Bürger- und Bürgerinnengesellschaft überhaupt erst als eine gemeinsame Sache wieder zu entwickeln wäre, nämlich die Voraussetzung, dass die Schweiz nur existiert, wenn und weil man sie will, diese früher vom Druck der Aussenverhältnisse ganz selbstverständlich garantierte Bedingung, sie ist ziemlich brüchig geworden.

«Swiss, made» – gewiss. Soll heissen: Wir sind – auch – gemacht; ein Produkt der Dialektik zwischen eigenen Absichten und fremden Einflüssen, kleinem Land und grosser Welt, von Selbstbehauptung und erzwungener Anpassung, der Integration in übergreifende Zusammenhänge und anverwandelter Heterogenität. Aber immer gilt: Wenn wir die Schweiz nicht wollen, dann wird sie auch nicht gemacht.

1 Der Stamm der Schweizer ist bekanntlich sprachlich divers. Ich befasse mich zunächst nur mit dem Unterstamm der Deutschschweizer. «*Das* Schweizerische» ist allerdings nicht mit dem *Deutsch*schweizerischen zu identifizieren. Dass dies in der Deutschschweiz ohnehin immer getan werde, ist der gar nicht so geheime Verdacht, den die compatriotes jenseits der Saane schon lange gegen uns hegen. Offensichtlich nicht ganz zu Unrecht, denn sozusagen unterbewusst gilt diese Gleichung schon. Dafür ist meine kleine Eingangsbeobachtung fast schon ein Beleg. Ich möchte sie freilich nicht als Ausdruck alemannischer Arroganz verstanden wissen, sondern als Symptom – für das Deutsch- *und* für das Schweizerische schlechthin: Für dieses deutsch- wie welschschweizerische Grundgefühl, einer sehr kleinen, sehr eigenartigen und intern hochdifferenzierten Stammesgemeinschaft anzugehören. Vgl. auch Anmerkung 2.

2 Womit wir schon wieder beim Problem Welsch- vs. Deutschschweiz angelangt wären (vgl. Anmerkung 1). Wie um Himmels willen soll diese Wahrnehmung über die unterschiedliche Lebenswelterfahrung, die durch die Hochsprache bzw. den Dialekt vermittelt wird, ins Französische oder Italienische, also in andere Landessprachen, übersetzt werden? – Keine Ahnung, ich hoffe auf die Hilfe der Experten. Gleichwohl möchte ich aus *freundeidgenössischen Gründen* auf diese Passage nicht verzichten. Denn auch sie und die übersetzerischen Schwierigkeiten, die sie bietet, sind symptomatisch: Sie zeigen gewissermassen *in actu*, wie kompliziert unser gesamtstamminternes Miteinander ist, und sie demonstrieren unmittelbar das System fussnotenabhängiger Verständigung, das wir benötigen und dauernd fortbilden müssen, um uns wechselseitig als (Gesamt)Schweizer durch unsere mannigfaltigen Partikularismen hindurch identifizieren und anerkennen zu können.

3 Vgl.: Dieter Fringeli, «Der therapeutische Dichter Albert Steffen», in: Dieter Fringeli, *Dichter im Abseits. Schweizer Autoren von Glauser bis Hohl,* Zürich, 1974, pp. 49–63. «Die ‹äusseren› und ‹inneren› Rohheiten der Welt, ja ‹Wolkenwände von Begierden› stellen sich dem Liebeswillen der Steffenschen Figuren entgegen. Ihre hohe Gesinnung wird durch die ‹von allen höheren Seeleneigenschaften› abgeschnürte ruchlose Umgebung in Frage gestellt. Resignation droht sich in den Läuterungsprozess einzuschleichen. Moralische Stabilität gerät durch widrige Lebensumstände unversehens in Gefahr. Die Grundeinsicht aber, dass ‹Mutlosigkeit, Widerwille, Verachtung, Misstrauen ... nur ein Ausfluss innerer Armut› sind, bestärkt Steffens Romanhelden in ihrer Hilfsbereitschaft. Sie erfüllen den Auftrag, ‹göttliche Zärtlichkeit ... in die öden Seelenwohnungen› zu tragen. Wie ihre schönen Schwestern Hannah (in ‹Ott, Alois und Werelsche›, 1907), Klara (in ‹Der rechte Liebhaber des Schicksals›, 1916), Dora (in ‹Die Erneuerung des Bundes›, 1913) und Lucia (in ‹Sibylla Mariana›, 1917) gelobt die grosse Hassüberwinderin Sophie (in ‹Die Bestimmung der Roheit›, 1912): ‹Ich will die tiefsten Bücher lesen, die herrlichsten Kunstwerke in mich aufnehmen und mich durchströmen lassen von den göttlichsten Idealen, will hierauf voll des hohen Inhalts hinuntersteigen in die grause Alltäglichkeit, die so verlogen, hässlich und verseucht ist, ihr darbringend als Opfer mein Schönstes, verschönernd diese dunkle Welt, will wiederum empor zum Licht, um neue Kraft zu sammeln, will leben immerzu in diesem Wellenflug, bis keiner mehr da unten weilt.› Diese versöhnungswilligen und bedingungslos mitleidenden Frauengestalten sind unfähig, ‹in einem Menschen etwas Niedriges zu vermuten›. Über die edle Sophie erfahren wir: ‹So oft sie sich nur ernstlich auf sich selbst besann, sich nur genügend in sich selbst versenkte, kam auch jenes mächtige Seelenvermögen in sie, das alles Schlimme nicht nur verzieh und vergass, nein, das es gar nicht bemerkte.›» Op. cit. S. 54f.

4 Allerdings: So erscheint es vor allem aus historischer Entfernung, d.h. bei getrübtem Blick. «Pas d'argent, pas de Suisses» meint vor allem auch die Zahlungen an die oberen Stände, die die Rekrutierung der überschüssigen Bauernsöhne erlauben mussten. Den letzteren blieb nur die Wahl zwischen dem Schicksal der Armut und dem des Söldner(un)glücks. Mit der Demokratie war es unter den sozialen Bedingungen vorrevolutionärer Epochen, d.h. vor 1800, auch bei uns nicht besonders weit her. Charakteristisch ist aber, dass das unverkennbare Behagen, das die Zitation des Satzes «Pas d'argent ...» fast immer begleitet, von derartigen Relativierungen nicht Notiz nimmt und lediglich die innere Zustimmung des Schweizers zu seinem Händlergeist ausdrückt.

5 Es kann keine schweizerische Literatur geben, wie es eine deutsche Literatur, Philosophie, Musik etc. gibt; bloss Beiträge aus der Schweiz zu den entsprechenden Gesamtkulturen. Insofern ist es immer schief, die «schweizerische» in Gegensatz zur «deutschen» Kulturproduktion zu bringen. Die beiden Bezugsgrössen liegen auf ganz andern Ebenen. Die Differenz lässt sich am Beispiel der Assimilationskraft ablesen. Während grosse Kulturräume wie der deutsch-, der englisch-, der französischsprachige zum Beispiel immer wieder Autoren hervorbringen, die ursprünglich aus andern Sprachkreisen stammen – man denke an Joseph Conrad, E. N. Cioran, Vladimir Nabokov, Paul Celan –, ist das für die Schweiz völlig undenkbar. Hier bürgern sich zwar allenfalls grosse Schriftsteller gelegentlich ein oder lassen sich nieder (Thomas Mann, Hesse, Highsmith, auch Nabokov), aber Vertreter der Schweizer Literatur werden sie niemals; sie könnten so lange hierzulande leben wie nur irgend vorstellbar.

Alberto Nessi

Auf der andern Seite der Mauer*

Ein Spaziergang durch das literarische Tessin des zwanzigsten Jahrhunderts

Wenn es stimmt, dass sich grosse Literatur an das Individuum wendet und per se der Macht und den Institutionen fremd gegenübersteht, wenn es stimmt, dass die Kunst eine private Instanz darstellt, die unsere Einsamkeit ans Licht bringt, wenn es weiter stimmt, dass, nach Emily Dickinson, die Aufgabe des Dichters darin besteht, eine Lampe anzuzünden und zu verschwinden, wenn dies alles nach den Katastrophen des «kurzen Jahrhunderts» auch heute noch seine Gültigkeit hat, dann kann ich eine Reflexion über meinen kleinen Flecken Erde, die Italienische Schweiz, nicht wagen, ohne die Verbindung zwischen dem Wort des Schriftstellers und seiner Umgebung zu berücksichtigen.

Werfen wir einen Blick zurück. In der Geburtsstunde des Kantons Tessin zu Anfang 19. Jahrhunderts wird die Literatur von der Politik durchdrungen. Nachdem das Gebiet durch die Mediationsakte von 1803 seine Unabhängigkeit erreicht hatte, galt es sich vorerst von den Wunden zu erholen, welche die schweizerischen Herren in den drei Jahrhunderten ihrer Herrschaft hinterlassen hatten. In einem Land, das arm und geteilt war, bewohnt von einem rauhen und streitsüchtigen Menschenschlag, musste die Zivilisation – Strassen, Schulen, Industrie, Gemeinsinn – erst von Grund auf entstehen. So kam politischen Reden im Parlament oder in den Zeitungen mehr Gewicht zu als der Novelle und der Poesie.

Der erste namhafte Schriftsteller des Kantons Tessins, Francesco Chiesa, hat in seinen ‹Lettere iperboliche›, Ende des 19. Jahrhunderts in der ‹Piccola Rivista Ticinese› in Lugano erschienen, ein erbarmungsloses Gesellschaftsbild seiner Zeit gezeichnet. Es gefällt mir, meinen kleinen Spaziergang gerade mit diesen geisselnden Seiten zu beginnen, die die Schattenseite des damaligen Tessins beleuchten: das Wüten der Anwälte, der verhasste politische Feind, der «einäugige nationalistische Wahn», die Lust am Etikettieren der Landsleute, journalistische Rhetorik und Oberflächlichkeit. Eine Karikatur, zugegeben, doch gelang es dem jungen Karikaturisten damit, den Finger auf reale Wunden zu legen, die bis zum heutigen Tag nicht geheilt sind.

Es liegt mir fern, an dieser Stelle die Rolle eines kulturhistorischen Cicerone durch das Tessin zu übernehmen. Im vorliegenden kurzen Abriss möchte ich lediglich einen Höhenwanderweg – einen «dorsale pedestre», wie ihn das IRT[1] nennen würde – begehen, auf einige Passagen hinweisen und dabei die Literatur, die nicht in direktem Zusammenhang mit Lyrik, Erzählungen oder Romanen steht, aussparen. Das entspricht einer willkürlichen, für diesen Rahmen aber notwendigen Auswahl. Wer weitere Teile der kulturhistorischen Landschaft des Tessins kennenlernen möchte, muss dafür andere Wege[2] einschlagen.

Als erstes fällt mir – von meinem fiktiven Aussichtspunkt aus – auf, dass die Politik, welche die Tessiner Intelligenz im 19. Jahrhundert geprägt hat, auch in unserem Jahrhundert ihre Spur hinterlassen hat. Betrachten wir Francesco Chiesa, die für unseren Landesteil unausweichliche Referenzfigur. Seine Aktivität als «artefice malcontento», als «unzufriedener Künstler», verbindet sich mit jener des abwägenden, zum Teil verschlossenen Staatsmanns. (Seinem Roman ‹Tempo di marzo› kommt noch heute ein gewisser Aktualitätswert zu, während sein lyrisches Werk, so Emilio Cecchi, nur noch Kopfschmerzen hervorruft.) 1929 beispielsweise, als Chiesa, Rektor des Liceo cantonale und persönlicher Freund von Bundesrat Giuseppe Motta, eine kulturpolitische Schlüsselposition einnahm, verhinderte er den Aufenthalt des Antifaschisten Gaetano Salvemini im Kanton Tessin. Ein weiteres Beispiel ist Giuseppe Zoppi, der für seine Prosa und seine hervorragenden Übersetzungen der Werke Charles Ferdinand Ramuz' gerühmt werden muss, anderseits in eine seiner Anthologien[3] Benito Mussolini aufnimmt, während man nach den Namen von Umberto Saba und anderen grossen italienischen Schriftstellern vergeblich sucht. Nicht zu unterschätzen ist auch die politische Tragkraft der Monumentalanthologie[4], die 1936 von mehreren Verfassern herausgegeben wurde und als Stärkung der Tessiner Identität und des helvetischen Zusammengehörigkeitsgefühls im «braunen» Europa gedacht war.

In den Nachkriegsjahren ändert sich etwas: Da sind Autoren, die der Enge entfliehen, um nicht zu ersticken, zum Beispiel Enrico Filippini, Verfasser grossartiger Prosa, die Feltrinelli 1991 unter dem Titel ‹L'ultimo viaggio› publiziert.

Und die literarischen Strömungen? Für die erste Hälfte dieses Jahrhunderts kann man geradezu von einer Allergie gegen jede Avantgarde sprechen. Kein Futurismus, kein Dadaismus, kein Expressionismus, kein Surrealismus bei uns in der Südschweiz. Unser bester Lyriker, Valerio Abbondio, folgt französischen Vorbildern des 19. Jahrhunderts, in seinen melodischen Versen klingen Impressionismus und Symbolismus nach.

Nun tut sich ein Gefälle auf: Die Sanftheit der Landschaft und das milde Klima unserer Seen verschleiern die expressive Wildheit des Nordens, verleihen dem freiheitlichen Wort des Südens neue Ordnung und dämpfen die Stürme Europas. Während die Literaten Italiens an die Front gehen oder sich mit der totalitären Ideologie messen (einige verfassen Hymnen auf die Schwarzhemden), gehen unsere Dichter in den Grotto, um eine Blume in den Krug zu stecken. Den Geschmack solch gedankenloser Autarkie findet man unter andern in den folgenden Versen von Enrico Talamona, 1933 in der Sammlung ‹Al campanin di ûr› erschienen:

Nèl silenzi	Im Schweigen
Cum l'è bèll a poetà	Wie ist es schön zu dichten
nel silenzi da la sira;	im Schweigen des Abends;
cum l'è bèll fantasticà	wie ist es schön zu träumen
süi trè cord da la mè lira.	auf den drei Saiten meiner Lyra.
L'è un strümentda provincial,	Ein ländliches Instrument ist es,
a la bona ma sincer;	einfach und ehrlich;
mi va disi mia da ball,	ich erzähle keine Flausen
canti güst e canti 'l ver.	besinge Richtiges und Wahres.

Natürlich finden sich bei Tessiner Autoren von damals auch tiefere Ausdruckswerte. Der Bohemien Angelo Nessi aus Locarno beispielsweise, der lange Zeit in Mailand lebte, berichtet in seinem Roman ‹Cip› mit Heiterkeit und Humor über die Abenteuer eines Locarneser Knaben ausgangs des 19. Jahrhunderts. Giuseppe Zoppi besingt und idealisiert in seinem ‹Libro dell'Alpe› die Bergwelt und die Kindheit. Im Nordtessin versucht sich Guido Calgari in Verismus (‹Quando tutto va male›), während sich im Mendrisiotto Pio Ortelli mit der Gesellschaft im Wandel auseinandersetzt (‹La cava della sabbia›). Wer aber liest diese Schriftsteller noch? Oder: Wer liest heute noch Werke von Schriftstellern, die nicht gerade «en vogue» sind und im Regal des Buchhändlers zuvorderst stehen?

Die gefährliche Abkürzung, die ich eingeschlagen habe, verhindert zwar den Blick auf viele Bücher und Veröffentlichungen, beispielsweise die der Bibliothek Patria in Lugano, führt mich aber mitten in die vierziger Jahre, in denen die Sammlungen unseres besten Dialektschriftstellers, Giovanni Bianconi[5] (‹Garbiröö›), zu erscheinen beginnen.

Es ist die Zeit der Erneuerung unserer Literatur. Das Neue strömt aus dem Nachkriegsitalien ein. Der Preis ‹Libera Stampa› [‹Freie Presse›] wird begründet. Angioletti in Lugano und Contini in Fribourg öffnen ihre Tore: Der lethargische Wind der Seen hat sich in einen frischen Luftstoss gewandelt, die Blätter unserer Gegend leuchten in neuem Glanz.

Hier Giorgio Orelli, der uns 1944 ‹*Né bianco né viola*› den Ton moderner Lyrik nahebringt:

Nulla più chiedo.	Ich frage nicht weiter.
Contemplare il cielo	Den Himmel betrachten
che trasfigura la mia terra.	der meine Erde verwandelt.
Lontano	Weit
dagli incantevoli luoghi	von den wunderbaren Orten
di nausea	des Abscheus
dove l'anima è fredda,	wo die Seele erstarrt ist,
simile a un crisantemo	einer Chrysantheme gleich
né bianco né viola.	weder weiss noch violett.

Welten liegen zwischen dem «geblasenen Glas»[6] von Orelli und den «boccali», den Krügen, bei Talamona! Der Blick der Ziegen auf der Schwelle eines Berggasthofs im Bedretto in Orellis ‹Sera a Bedretto›[7] haftet auf uns, etwas Unruhiges und Metaphysisches liegt in ihm. In den späteren Werken spricht der Dichter in seiner gepflegten und ruhigen Art über Alltägliches: In ihm, der einer von uns ist, erkennen wir den Meister der neuen Lyrik.

Der Erneuerer der Prosa ist Felice Filippini. In seinem ‹Signore dei poveri morti›, 1943, wird ein mythisches vom Wind zerzaustes Tessin gezeichnet: Wahn und Wehmut bemächtigen sich der Bellinzoner Grotti.

Und so öffnet sich der Blick meines literarischen Gangs auf unbekanntere Gegenden. In den sechziger Jahren tauchen neue Erzähler auf: ‹Gli Ostaggi› von Giovanni Bonalumi bringen neue Unruhe und Einsicht; andersartige Erzähler wie Giovanni Orelli, Plinio Martini oder Sandro Beretta reihen sich neben den Moralisten Mario Agliati, den Prosaautor Adolfo Jenni oder den ausgezeichneten Stilisten Piero Bianconi mit seinem Meisterwerk ‹Albero genealogico›, in dem vollendete Form und schmerzhaft autobiographischer Inhalt in perfektem Einklang stehen.

Es ist an dieser Stelle nicht möglich, in wenigen Zeilen dem Werk eines Giovanni Orelli, beispielsweise seinem ‹L'anno della valanga› gerecht zu werden oder näher auf die zu Unrecht kaum bekannte Stimme der weniger Privilegierten des Tals, auf Sandro Beretta mit ‹... nato in casa d'altri Gesù› einzugehen. Nur so viel sei festgehalten, dass sich mit diesen Stimmen der Tessiner Schriftsteller zur politisch unbequemen Person, zum Nonkonformisten gewandelt hat. Aus der unterstützenden Kraft der Mächtigen ist eine Instanz kritischen Gewissens geworden.

Nennen wir Plinio Martini, den meistgelesenen Autor der letzten Jahrzehnte. In seinem Romanerstling ‹Il fondo del sacco› wird die Geschichte der Ärmsten des Tals vom Ich-Erzähler, dem Emigranten Gori, geschildert. Das Maggiatal birgt in der Erinnerung der Bauern und Bergler, in den

Archiven und den scharfkantigen Felsgegenden Geschichten, die noch nie erzählt worden sind. Martini tut dies und macht sich so zum Vertreter dieser Gemeinschaft. Darin liegt, neben seinem sprachlichen Können, das Innovative Martinis.

Aus dem Autorenpanorama heben sich markante Frauengestalten ab: Anna Felder mit ‹La disdetta›, Fleur Jaeggy mit ‹I beati anni del castigo› und Alice Ceresa mit ‹Bambine›. Sie leben alle ausserhalb des Tessins, die erste in der deutschen Schweiz, in Mailand die zweite und in Rom die dritte, und vielleicht gehören sie gerade deshalb zu den stärksten Stimmen dieser Generation.

Italienisch-Bünden mit seinen Dichtern (Felice Menghini, Remo Fasani) und seinen Erzählern (Paolo Gir, Grytzko Mascioni) hätte auf meinem literarischen Ausflug einen besonderen Ausblick verdient. Doch die Dämmerung setzt nun meinem Spaziergang ein Ende und macht den steinigen Fussweg vor mir schwer erkennbar.

Damit erreiche ich die Gegenwart der literarischen Szene: Der Weg wird riskanter, das Panorama gedrängter. Pro Jahr erscheinen durchschnittlich zweihundert Bücher und kleinere Publikationen. Meine Sicht trübt sich, und ich verliere die Orientierung, die Wegweiser sind hier verwirrend, postmodern. Die Verschiebung, die ich oben beschrieben habe, ist verschwunden: Wir sind auf dem neusten Stand. Sollte einst an der Grenze die Pulp-Mode aufkommen, dürfen auch wir sicher mit einem kleinen Kannibalen rechnen. Wenn die Lyrik von einer neo-hermetischen oder anderen Neo-Welle ergriffen werden sollte, werden auch unsere Ufer davon bespült werden. Schriftsteller und solche, die sich so nennen, gibt es viele, allein die ASSI [Tessiner Schriftstellerverband] zählt beinahe zweihundert Mitglieder; an dieser Stelle bleibt mir zu wenig Raum, sie aufzulisten, der Leser ist auf die bibliographischen Angaben verwiesen. Nur einige Überlegungen allgemeiner Natur seien erlaubt.

Nördlich der Alpen wird oft die Frage nach der Identität des Tessiner Schriftstellers gestellt. Worin unterscheidet er sich von seinem Kollegen in Italien?

Es gibt darauf verschiedene Anworten. Meiner Ansicht nach muss der Schriftsteller, bevor er Tessiner Schriftsteller ist, Schriftsteller sein. Mein Interesse bei der Lektüre richtet sich nicht nach der Staatszugehörigkeit des Autors, sondern nach der Qualität seines Blicks und seiner Stimme. Bringt er mich zum Nachdenken? Überrascht er mich? Weckt er Emotionen in mir? Bringt er mich zum Träumen? Wie geht er mit der Sprache um?

Die Identität des Tessiner Schriftstellers ist die jedes Schriftstellers: Um – wie Dylan Thomas sagte – nicht «Riese im Schatten des Rathauses und Zwerg in der Sonne der Welt zu bleiben», muss er Herz und Geist des Lesers berühren können. Ein kleines Haus aus Wörtern bauen, in unserem Fall ein Haus aus italienischen Wörtern. Ohne Sprache gibt es keinen Schriftsteller. Darin liegt unsere – nicht erwiderte – Liebe zu Italien. Unerfüllt, denn unsere besten Bücher überqueren, erscheinen sie in Tessiner Verlagen, die Grenzmauer des Ponte Chiasso nicht oder erleben, werden sie in Italien verlegt, kaum Neuauflagen. Von den massgebenden Tessiner Persönlichkeiten werden wir zu wenig beachtet, als dass wir im Ausland bekannt würden, und von Italien werden wir ignoriert. Zwar ist ständig die Rede von grenzüberschreitender Geisteshaltung, von der «Regio Insubrica», doch jenseits der Grenze hat kaum jemand den ‹Albero genealogico› oder ‹… nato in casa d'altri Gesù› gelesen.

Ausserdem ist in unserer literarischen Landschaft eine zentrifugale Bewegung zu beobachten. Die Schriftsteller der italienischen Schweiz leben oft ausserhalb ihres Kantons. Während im ausgehenden 19. und beginnenden 20. Jahrhundert italienische Schriftsteller im Tessiner Exil lebendiges Kulturgut veröffentlichten, wird heute die anspruchsvolle Zeitschrift ‹Idra› von Tessinern in Italien herausgegeben und stellt unter andern auch Schweizer Schriftsteller in Übersetzung vor. (Womit eine unserer spezifischen Aufgabenstellungen umschrieben wäre.)

Vielen fremden Schriftstellern ist das Tessin im Verlauf dieses Jahrhunderts zum Gastland im Herzen Europas geworden, von Hermann Hesse bis Erich Maria Remarque, von Alfred Andersch bis Patricia Highsmith, um nur einige zu nennen. Aber haben wir sie überhaupt wahrgenommen? Und haben sie uns wahrgenommen?

Aus dem Italienischen von Mevina Puorger

* Den Titel habe ich von der kleinen und unbequemen Zeitschrift *Oltre il muro* übernommen, die in unregelmässigen Abständen in Chiasso erscheint und Schriften der «Unbefugten» veröffentlicht.

1 IRT = Italiano regionale ticinese. Vgl. Alessio Petralli, *L'Italiano in un cantone,* Milano, Angeli, 1990.

2 Guido Calgari, *Storia delle quattro letterature della Svizzera*, Firenze, Nuova Accademia, Sansoni 1958; deutsche Ausgabe: Olten, Walter, 1966.
Pio Fontana, *Arte e mito della piccola patria, Milano*, Marzorati, 1974.
AA.VV., *Le quattro letterature della Svizzera nel secolo di Chiesa*, a cura di Mario Agliati, Lugano, 1975.
AA.VV., *Dizionarietto degli scrittori della Svizzera italiana,* a cura di F. Zappa e P. R. Frigeri, Lugano, Ed. Cenobbio 1976.
Alice Vollenweider, «Die italienischsprachige Literatur der Schweiz seit 1945», in: *Kindlers Literaturgeschichte der Gegenwart,* München, Kindler 1974; Neuausgabe: Frankfurt a.M., 1980.
Giovanni Orelli, *Svizzera italiana*, Brescia, La Scuola 1986.
Alberto Nessi, *Rabbia di vento*, Bellinzona, Casagrande [4]1990; deutsche Ausgabe: *Grenzraum*, Zürich 1986.
Giovanni Bonalumi, *Il pane fatto in casa*, Bellinzona, Casagrande 1988.
AA.VV., *Dizionario delle letterature svizzere*, a cura di P. O. Walzer, Locarno, Dadò 1991.
Giovanni Bonalumi, Renato Martinoni, Pier Vincenzo Mengaldo, *Cento anni di poesia nella Svizzera italiana*, Locarno, Dadò 1997.

3 Giuseppe Zoppi, *Antologia della letteratura italiana. Ad uso degli stranieri*, vol. 1, Milano, Mondadori, 1939.

4 A.A.V.V., *Scrittori della Svizzera italiana,* Bellinzona, Istituto Editoriale Ticinese, 1936.

5 Für weitere Dialektschriftsteller sei auf die kürzlich erschienene reichhaltige Anthologie *Le radici ostinate*, herausgegeben vom Dichter Fernando Grignola, Locarno, Dadò, 1995, verwiesen.

6 So bezeichnet von Gianfranco Contini im Vorwort der ersten Gedichtsammlung von Orelli, in der Reihe der ‹Collana di Lugano›, die auch Montale und Saba brachte.

7 Giorgio Orelli, *L'ora del tempo,* Milano, Mondadori, 1962.

Isabelle Rüf

Lob des Nomadentums

Die Schweizer Schriftsteller zwischen Weggang und Rückkehr

Die Schweiz ist zu klein: Das hören wir seit Jahrzehnten immer wieder. Von Ramuz, der an das «Bedürfnis nach Grösse» appelliert, bis zu Max Frisch, der die Enge beklagt, die eine offene Debatte verunmöglicht. Und auf seinen Spuren Paul Nizon, der in seinem «Diskurs aus der Enge» die Deutschschweizer Kulturszene mit einem Büro vergleicht, in dem sich alle Kollegen gegenseitig überwachen und lahmlegen.

Die Schweiz ist zu klein, auch wenn Nicolas Bouvier anmerkt, dass ihre Fläche, würde man die Berge auseinanderfalten, einen grossen Teil Frankreichs einnähme ... Aber da sich die Alpen ebenso schwer einebnen wie abreissen lassen, um freie Sicht auf das Meer zu haben, wie es etwa 1968 gefordert wurde, bleibt den Künstlern hierzulande nichts anderes übrig, als diese Gipfel zu überschreiten, wenn sie den Drang nach Weite verspüren. Ist denn Nicolas Bouvier, der die «nomadische Schweiz» preist, nicht selbst das Sinnbild dieser «Reiseschriftsteller»?

Der junge Mann, der Genf Anfang der fünfziger Jahre verliess, hatte keine künstlerischen Absichten. Aber da war eine Welt voller Verheissungen zu erforschen, und es eilte nicht. Mehr als zwei Jahre, um durch den Balkan, den Iran und Indien zu reisen und an jenen Ort zu gelangen, der damals noch Ceylon hiess. Sehr bedächtig und das Schreiben voll auskostend, bringt Nicolas Bouvier diese Erfahrung in zwei wichtigen Büchern zu Papier: ‹L'Usage du Monde›, erschienen 1963, ist der euphorischen, im Zeichen der Sonne stehenden Reise gewidmet; ‹Le Poisson-Scorpion› stellt 1981, nach zwanzigjähriger Inkubationszeit, die düstere, verwunschene Seite des Aufenthalts auf der Insel dar. Zwischen diese beiden Meisterwerke reihen sich die ‹Chroniques japonaises› ein, dann erscheinen Gedichte, Haikus mit dem bezeichnenden Titel ‹Le dehors et le dedans›. Der Erfolg stellt sich nur langsam ein für ihn, der in übertriebener Bescheidenheit von sich behauptet, er sei bloss ein «Reisender, der schreibt». Erst mit dem unlängst aufgekommenen Mythos des «Reiseschriftstellers» wurde sein einzigartiges Talent erkannt, das Leichtigkeit mit Präzision vereint und die Kunst der Distanz vollendet beherrscht, ob er nun die Irrfahrten des Schweizers Thomas Platter oder das harte Leben der Fischer auf den Araninseln beschreibt.

Gerade in diesem distanzierten Blick liegt der grosse Vorteil einer Reise ins Ausland. Viele unterziehen sich einem solchen Initiationsritus: Robert Walser lässt sich auf Berlin und das Abenteuer Theater ein. Ramuz ist erst einmal von Paris fasziniert, dann kehrt er in die Heimat zurück wie ‹Aimé Pache, peintre vaudois›. In der Auseinandersetzung mit den Härten des Literaturbetriebs und der Lebendigkeit der Sprache Frankreichs findet er zu sich selbst. Er kehrt zurück, um sich einen Stil anzueignen, der anstelle einer Übersetzung in «korrektes» Französisch den Genius loci zum Ausdruck bringt. Blaise Cendrars, der sich aus der kleinkarierten Welt von La Chaux-de-Fonds mit einem Sprung in den Transsibirien-Express rettet, stellt sich die Frage nach der Rückkehr nicht. Sein Weg führt ihn «aus der ganzen Welt ins Herz der Welt». Ob erfunden oder wirklich: Er erschafft Asien, Panama, Brasilien und Kalifornien von neuem. Doch unterschwellig hört Nicolas Bouvier aus Cendrars Gesang einen ihm wohlbekannten Klang heraus, erzeugt von der Zwiespältigkeit des Reisens und von jenem Heimweh, das schon die Söldner befiel, wenn sie an ihre Berge dachten.

Die Schweiz ist zu klein, aber vor allem existiert sie nicht. Das verkündet nicht nur Bens T-Shirt. Es wurde zur Genüge wiederholt: Die Vielsprachigkeit, die unterschiedlichen kulturellen Wurzeln, die Abwesenheit einer Hauptstadt bringen es mit sich, dass man sich in erster Linie als Westschweizer oder Deutschschweizer, Tessiner oder Rätoromane und noch mehr einem Kanton, einer Gegend zugehörig versteht. Ein junger Deutschschweizer Schriftsteller, Peter Weber, schreibt das Generalabonnement der SBB auf seine Fahne und schmiedet sich eine eigene, dialektgefärbte Sprache. Sein Zeitgenosse Urs Richle sucht in der Bergwelt eine Antwort auf die Fragen, die sich die jungen Schweizer über die jüngste Vergangenheit ihres Landes stellen.

Aber wie viele sind es doch neben diesen paar Sesshaften, die im Ausland nach der Eigenheit ihrer Kunst suchen! Als der Erfolg von ‹Stiller› Max Frisch erlaubt, sich von sozialen, familiären und beruflichen Verpflichtungen zu lösen, geht er nach Rom, um sich weiterzuentwickeln, gefolgt von Paul Nizon, der seinerseits mit allem bricht und in den Grossstädten die für seine Form von «autobiographischer Fiktion» notwendige Anonymität und Stimulierung sucht: Rom, Barcelona, vor allem aber Paris, auch wenn er sich dort in einer «Klause» einschliesst, um auch den leisesten inneren Regungen nachzuspüren. In den fünfziger Jahren wählt der junge Hugo Loetscher Portugal, dann entdeckt er als Europabürger, ehe es diesen Begriff überhaupt gab, den Existentialismus in Paris. Später führt ihn sein Beruf als Reporter nach Lateinamerika, nach Asien, nach Kalifornien. Eine kleine Brasilianerin fragt ihn, wer die Schweiz entdeckt habe: Diese Frage ermöglicht es ihm, mit Humor und Distanz die Probleme der nationalen Identität, der «Reinheit» der Rasse, der Angst vor dem Fremden zu relativieren. Er nimmt unsere kleinbürgerlichen Schwächen in köstlichen, erhellenden Texten unter die Lupe: ‹Der Waschküchenschlüssel› beispielsweise ist eine Zusammenfassung der von Feindseligkeiten und Misstrauen geprägten Beziehungen, die unser Alltagsleben beherrschen, und bei Gelegenheit erinnert er daran, dass das Vorgehen der Polizei gegen die Studentendemonstrationen in Zürich aus unserem Land kein zweites Chile macht. Adolf Muschg seinerseits denkt wehmütig an die multikulturelle Schweiz der Jahre 1830 bis 1860 zurück, die Flüchtlinge willkommen hiess, offen für die intellektuelle Bereicherung, und er schlägt diese Schweiz als Alternative zur «schwarzweissen, monokulturellen» Welt vor, wie sie Christoph Blocher, der Leader der extremen Rechten, predigt. Lange Aufenthalte in Japan, der Heimat seiner Frau, haben ihm sicher geholfen, diese Schweiz von aussen und von innen zugleich zu sehen, deren «schlaue Naivität» er anprangert.

Fritz Zorn stirbt an einem Übermass von Isolation und Schweigen. Sein Krebs, so klagt er in ‹Mars› an, ist ein selbstmörderischer Protest gegen die gehobene Bourgeoisie der Zürcher «Goldküste». Um dem Erstickungstod zu entgehen, bricht der Bundesratssohn Thomas Hürlimann nach Berlin auf, wo er während fünfzehn Jahren am Theater arbeitet, dann aber endgültig in die Schweiz zurückkehrt, als er beim Fall der Mauer begreift, dass diese Geschichte nicht die seine ist. Wenn auch seine Bücher zu einem grossen Teil in Berlin entstanden sind, sie kreisen ständig um die Schweiz, jene zur Zeit des Krieges und die heutige Schweiz, die er nicht wiedererkennt und die er in Frage stellt, etwa in der Dialektburleske ‹Der Franzos im Ybrig›, einer humorvollen Schilderung der Kollaboration mit dem Feind in einem von den Franzosen nach der Revolution besetzten Bergdorf. Der äusserst charmante ‹Max› von Matthias Zschokke träumt von Abenteuern. Ein zwielichtiger Geschäftsmann schlägt ihm vor, eine Limousine nach Agasul zu fahren. Doch «Agasul liegt nahe bei Zürich und taugt nicht einmal für ein letztes Kapitel, denn Max ist schon wieder zurück». Die Schweiz ist zu klein, und Matthias Zschokke lebt, schreibt und dreht leider vertrauliche Filme in Berlin.

Für die Westschweizer Schriftsteller war lange Zeit hindurch der traditionelle Anziehungspunkt Paris mit seiner Normsprache, seinen Verlegern, seinen Kritikern und seinen Preisen. Der mit dem Heiligenschein frankophoner Exotik umgebene Jacques Chessex ist der einzige, der – 1973 für den Roman ‹L'Ogre› – mit dem Prix Goncourt ausgezeichnet wurde. Trotz seiner Zugehörigkeit zur Pariser Literaturszene bleibt er fest verwurzelt in der Gegend des Jura und in der Stadt Lausanne, in einem Kulturraum, über den er herrscht als Erbe der protestantischen Tradition eines Gustave Roud, die sich mit einem katholischen Barock vermischt, der Eros und Thanatos vermählt. Wenn Maurice Chappaz kaum je über seine Walliser Heimat hinausgeht, so hat sein Schulkamerad aus Saint-Maurice, Georges Borgeaud, in einigen wenigen Büchern von kristallklarer, schneidender Sprache ein Werk geschaffen, in dem von Paris, Italien und vom ländlichen Frankreich ebensooft die Rede ist wie von der Schweiz. Ob Jean-Marc Lovay sich in einem Walliser Maiensäss, in der Haute-Savoie, in Madagaskar oder in Schottland an die Schreibmaschine setzt oder in seiner Jugend der «Versuchung des Orients» erliegt, er setzt seinen eigenwilligen Weg unbeirrt fort, dieses rauhe und traumhafte Barockwerk, dem nichts Zufälliges anhaftet.

Andere sind mit der französischen Landschaft verschmolzen. Claude Delarues ehrgeizige Romane beziehen die ganze Weltgeschichte ein und entfernen sich mehr und mehr von der eisigen Schweiz, die seine ersten Werke beherrschte. Jean-Luc Benoziglio dient die junge Schweizer Staatsbürgerschaft nur als Ausgangspunkt für die Mäander seiner Autofiktion, doch seine Wurzeln hat er im fernen Adrianopel, aus dem sein Vater stammt. Adrien Pasquali, Sohn eines italienischen Maurers, beginnt mit einem ‹Eloge du migrant› und spickt seinen ersten Text mit Italianismen, bevor er sich seinerseits ein Haus aus Wörtern erbaut, sei es nun in St. Gallen, in Paris oder im Wallis. Etienne Barilier siedelt die Handlung seines letzten Romans in Kalifornien an und macht sich diese Distanz für ein ironisches Porträt der Schweiz zunutze.

Denn der Anziehungspunkt ist nicht mehr nur Paris. Zwar hat Bernard Comment, der von Roland Barthes' Befragungen entzückte jurassische Jüngling, dort seine Sensibilität und Intelligenz entwickelt, aber es ist Italien, das den Rahmen und den kulturellen Kontext seiner ersten Romane ‹L'ombre de mémoire› und ‹Florence, retours› abgibt. Bezeichnenderweise hat er einen Novellenband mit ‹Allées et venues› betitelt. Dass er nun in Paris lebt und die ganze Welt bereist, ermöglicht ihm eine distanzierte, scharfe Beobachtung des Gewimmels der ‹Fourmis de la gare de Berne›: Die Fabel kreist um unsere Beziehungen zum Geld, zur Arbeit, zur Normalität und befragt gleichzeitig die Person Auguste Forels, des grossen Ameisenkenners und notorischen Anhängers der Eugenik, der auf unseren Tausendernoten abgebildet ist. Yves Laplace nimmt eine besondere Stellung ein: In seinen zumeist in Paris veröffentlichten Romanen, Essays und Theaterstücken übt er Kritik von innen heraus. Ob es dabei um die Kulturpolitik, um das proserbische Engagement des Verlags L'Age d'Homme oder den wachsenden Einfluss des Fernsehens auf unser Denken geht, in seinen

Texten ist stets die Verantwortung des Schriftstellers zu spüren.

Daniel de Roulet hat alle seine Bücher in den USA begonnen, die er als Informatiker und als Marathonläufer kennenlernte ... Im Ausland geschrieben, in Frankreich veröffentlicht, haben sie trotzdem fast immer die Schweiz zum Gegenstand. ‹A nous deux Ferdinand›, ‹La ligne bleue› und ‹Bleu siècle› erinnern an die jüngste Vergangenheit unseres Landes und an die Dringlichkeit des Widerstands gegen die Macht des Geldes und die Globalisierung. Dabei fehlt es nicht an augenzwinkernden Anspielungen auf Ramuz, Hodler oder Max Frisch, der ja seinerseits in Amerika lebte, bevor er in eine Schweiz zurückkehrte, vor der ihm graute.

In diesem Hin und Her zwischen Draussen und Drinnen erscheint das Bild des Schweizer Schriftstellers in einem verschwommenen Licht. Inmitten der Stars des Urheberrechts und der Giganten des Verlagswesens droht es im Tumult der Frankfurter Buchmesse unterzugehen. Ausser es beruft sich auf seine Randständigkeit. Daniel de Roulet stellt es fest: «Die Literatur erneuert sich nur von den Rändern her, durch den Beitrag von Völkern, die sich gemischt haben.» Ob von den Antillen, aus dem Maghreb, aus Afrika, Indien oder Lateinamerika: Die neue Weltliteratur ist ein Mischling. Natürlich nehmen sich die Schweizer da wenig exotisch aus! Sie können nicht mehr, wie Ramuz noch glaubte, auf lexikalische und syntaktische Besonderheiten zählen. Aber Bernard Comment zufolge können sie wenigstens, jeder auf seine Art, von einer Vision zeugen, die von den Erfahrungen im Ausland geprägt ist, um so in einer sehr merkwürdigen Mischung aus Vertrautheit und Fremdheit über ihr Land zu sprechen.

Aus dem Französischen von Peter Sidler

Michel Porret

Der Bannstrahl der Zensur in Genf zur Zeit der Aufklärung (1750–1798)[1]

Aufrührerische Schriften, «Bagatellen von Herrn Voltaire» und «Bücher voller Obszönitäten»

Kühne Pamphlete, schlechte Bücher

«Das Druckerhandwerk betrifft so direkt die Religion, die Sitten, die Regierung und die öffentliche Ordnung, dass es zur Erleichterung von prompten Durchsuchungen angezeigt erscheint, die Druckereien auf möglichst engem Raum anzusiedeln.»
Diderot, *Lettre historique et politique [...] sur le commerce de la librairie*, 1763

In Europa brachte die Aufklärung eine soziale und kulturelle Modernisierung mit sich, welche die im Religiösen verankerten moralischen Normen verweltlichte und die politische Bevormundung durch die Eliten des Ancien Régime beseitigte. Über die konfessionellen Grenzen hinaus werden in absolutistischen Staaten wie Frankreich und republikanischen wie Genf die gesellschaftliche Autorität und das auf Geburt oder Günstlingswirtschaft beruhende Machtmonopol von den Anhängern des Sozialvertrags, namentlich von den reformistischen «Philosophen», dem städtischen Bürgertum und von den aufgeklärten Aristokraten angefochten. Von Rousseau 1762 gefordert (‹Über den Sozialvertrag›), von Kant 1784 verteidigt (‹Was heisst Aufklärung?›), ist das Auftauchen dieser moralischen Mehrheit von Individuen, die der Bewegung der Aufklärung Sinn verleiht, namentlich mit dem Untergang der versteckten oder öffentlichen Zensur von Druckerzeugnissen verbunden, die der traditionelle Staat als Garant von Religion und Sitten und im Namen seiner eigenen politischen Legitimität ausübt. Nach Condorcet, der ein damals in der Gelehrtenrepublik universal gewordenes Gefühl beschwört, steht jedem gebildeten Individuum das «natürliche Recht aller Menschen» zu, «nicht nur eine eigene Meinung zu haben, sondern sie auch öffentlich zu verkünden».[2]

Das Wort «Zensur» kommt vom lateinischen *censura* und definiert den öffentlichen Auftrag der für die Kontrolle von Schrifterzeugnissen Verantwortlichen, ebenso das moralische Urteil und das Prüfen einer Idee. Im Frühchristentum steht das Wort für die von der Kirche gegen die Dissidenten ergriffenen Disziplinierungsmassnahmen. Ab Mitte des 17. Jahrhunderts dann bezeichnet «Zensur» die theologische Verdammung eines Gedankens oder einer religiösen Doktrin. Im Laufe des 18. Jahrhunderts schliesslich wird das Wort zu einem Gemeinplatz und bezeichnet die Sanktion, die ein Individuum trifft, das wegen seines abweichenden Verhaltens von der Justiz oder vom Konsistorium «zensiert» wird, und auch die staatliche Kontrolle der Druckerzeugnisse. Als Erbin der inquisitorischen Gepflogenheit des Autodafés ist die religiöse oder politische Zensur seit der Renaissance zumindest in ganz Kontinentaleuropa mit dem Staatswesen des Ancien Régime verbunden.[3] Unter den absolutistischen Regierungen, die sich auf göttliches Recht berufen, trägt sie zur Stärkung der Souveränität des Regenten bei. Dieser hat das Recht, «skandalöse Bücher gegen die Religion», «infame und obszöne Schriften», welche die Sitten gefährden, und «aufrührerische oder diffamierende

Republikanische Visionen aus Frankreich in Allegorien und historischen Darstellungen

Pamphlete», welche ein Individuum oder den Staat angreifen, verbieten zu lassen. Malesherbes (1719–1794), Beamter und Administrator der königlichen Zensur im Jahre 1758, Beschützer der Philosophen und zum Tode verurteilt, weil er 1792 Ludwig XVI. vor dem Konvent verteidigt hat, beanstandet in seinen zwei Memoranden über den Buchhandel und die Pressefreiheit die «vermessenen Pamphlete, die es wagen, unter dem Vorwand der Verteidigung der amtlichen Rechte die heiligen Rechte der Herrschergewalt in Zweifel zu ziehen»[4]. Ein in Genf öffentlich verkündetes Urteil geht in die gleiche Richtung und ordnet 1765 an, dass das «diffamierende Pamphlet» mit dem Titel ‹Avis aux citoyens et Bourgeois›, das «ganz offen zum Aufruhr anzustiften versucht», indem es den unbegründeten Ausschluss eines Beamten vom Posten des Generalstaatsanwalts anprangert, «vom Vollstrecker der hohen Gerichtsbarkeit vor dem Stadthaus zerfetzt und verbrannt werden soll»[5].

Die Buchhandelsdelikte fallen unter die Verfahren von Staatsverbrechen, insbesondere wenn die beanstandeten Werke «die Person oder die Majestät des Königs» oder die formelle Demokratie einer Republik angreifen.[6] Dieses «Pamphlet ist schändlich», verkündet 1770 das vernichtende Urteil über eine «aufrührerische» Broschüre, die in Genf wie in Bern verbrannt wird: Ihr Autor wird «als Staatsfeind [betrachtet], der, indem er sich allem überlässt, was die Raserei der Leidenschaft ihm einflösst, des Verbrechens der Majestätsbeleidigung im höchsten Grade schuldig [ist]», denn er prangert die soziale Ungleichheit der politischen Institutionen der Genfer Republik an.[7] Im 18. Jahrhundert ist diese Kontrolle der «öffentlichen Meinung» in Paris, in Italien, in Genf oder im Wallis, die ab 1750 gegen den geheimen Willen der Beamten durchgesetzt wird, also eine Angelegenheit der Regierung, die auf der Vernichtung «schlechter Bücher» beruht, «zerfetzt und verbrannt» vom Scharfrichter.[8] Einzig die *facta*, die «zur Instruktion der Richter in Zivilprozessen bestimmten Abhandlungen», entgehen der staatlichen Aufsicht und somit der Zensur.[9]

Ob Bern, Basel, Uri, Solothurn oder Zürich: In der Schweiz der Aufklärung entgehen die Deutschschweizer Städte, seien sie nun patrizisch, katholisch oder reformiert, zumindest ab 1720 der polizeilichen Verfolgung «aufrührerischer» oder irreligiöser Schriften nicht. 1740 beispielsweise zensieren die Berner Behörden aufgrund ihres puren Deismus die ‹Lettres sur la religion essentielle à l'homme, distinguée de ce qui n'est qu'accessoire› der Genfer Theologin Marie Huber (1693–1750) und die Basler 1789 die ‹Postumen Werke› Friedrichs des Grossen, während 1791 die ‹Erklärung der Rechte des Menschen und Bürgers›, die den «freien Austausch von Gedanken und Meinungen» als Grundrecht anerkennt, in Solothurn ebenso verboten wird wie bestimmte revolutionäre Zeitungen. Was die aufrührerischen oder «frivolen» Schriften betrifft, bleibt die Zürcher Zensur nicht untätig, denn ab 1735 häufen sich die Verbote von

Pezant: *Die Hoffnung auf das Glück – der Nation gewidmet.* Um 1789. Radierung

Pierre-Gabriel Berthault, nach Jean-Louis Prieur: *Eine Puppe, den Papst darstellend, wird am 6. April 1791 vor dem Palais Royal verbrannt.* Nach 1791. Kupferstich, koloriert

Jean-Baptiste Regnault: *Freiheit oder Tod.* 1794. Öl auf Leinwand

Texten der Aufklärung, namentlich ‹Candide et la Pucelle d'Orléans› von Voltaire, ‹Les Bijoux indiscrets› von Diderot sowie verschiedene Werke politischer Natur.[10]

Die Fackeln der Wahrheit leuchten über die neuen Freiheiten und ihre Helden.

Genf, die Hauptstadt des Buchhandels

Im 18. Jahrhundert beruht in ganz Kontinentaleuropa die staatliche Kontrolle der Druckerzeugnisse auf der polizeilichen Überwachung der Drucker, der Gazettenherausgeber, der Wiederverkäufer von Büchern und natürlich der Buchhandlungen. So zeigt eine 1783 zur Beschlagnahme von Werken Diderots und pornographischer Schriften von Amts wegen angeordnete Durchsuchung in der Buchhandlung von Jean-Samuel Caillé (1740–?) den damaligen literarischen Geschmack der Genfer. Unter etwa hundert gebundenen oder broschierten Büchern identifizieren die Funktionäre die Werke von La Mettrie (1709–1751) und des Arztes Pierre Louis Moreau de Maupertuis (1698–1751), die ‹Lettres philosophiques› von Voltaire oder das ‹Système de la Nature› von Baron d'Holbach. Zu diesen rationalen, materialistischen oder atheistischen Schriften kommen einige Dutzend «philosophische Werke», wie der damalige Buchhändlerjargon für pornographische Schriften lautete, namentlich ‹Les Bijoux indiscrets› von Diderot, die ‹Histoire de Dom Bougre, portier des Chartreux écrite par lui-même›, ‹Margot la Ravaudeuse›, ‹La fille de joie›, ‹La Putain errante›, ‹L'éloge des tétons›, ‹La Nonne éclairée›, eine Sammlung von ‹Chansons gaillardes› oder ‹L'Arétin moderne›. Während der Buchhändler zu vier Tagen Dunkelhaft und zu einer grossen Busse verurteilt wird, werden diese Klassiker der Untergrundliteratur der Aufklärung beschlagnahmt und nach der Übergabe an den Staatssekretär still und heimlich verbrannt.[11]

Marguerite Chatté: *Kalender der freien Frauen.* Kolorierter Stich

Die Frauenbefreiung – eine Vision, die selbst durch die französischen Revolution nicht eingelöst wird.

Als republikanische Insel im Herzen des Absolutismus, die ihre Souveränität nur dem «Wohlwollen» von Versailles verdankt, kommt Genf also nicht um die routinemässige Zensur und Kontrolle der Bücher herum, denn die Stadt ist ein wichtiger Platz für Verleger im Europa der Aufklärung und so etwas wie ein «Anhängsel des französischen Buchhandels».[12] Tatsächlich überschwemmen die Genfer Bücher aus den renommiertesten Häusern (Gebrüder Gabriel und Philibert Cramer, Samuel de Tournes, Jean-Léonard Pellet, Gabriel Grasset) den europäischen Markt, der vom Pressemagnaten Charles-Joseph Panckoucke (1763– 1798) kontrolliert wird.[13] Erwähnt seien unter zahlreichen Titeln die Erstausgabe in zwei Bänden von Montesquieus ‹De l'Esprit des Lois›, 1748 gedruckt bei Jacques François Dabarrillot (1709–1750), Bände der ‹Encyclopédie› von Diderot und d'Alembert, Voltaires Werke, von denen einige beschlagnahmt oder öffentlich zerstört werden (‹Candide› 1759; ‹Dictionnaire

Joseph Strutt, nach Robert Edge Pine: *America*. 1778. Halbtonradierung

Jean Duplessis-Bertaux: *Die französische Revolution*. 1793. Stich nach einer Radierung

philosophique› 1764; ‹La philosophie de l'histoire› 1756; ‹Le recueil nécessaire ou l'Evangile de la raison› 1769), ausserdem Bibeln sowie wissenschaftliche und juristische Werke. Zu dieser hervorragenden literarischen Produktion gesellt sich ungefähr ab 1760 eine wachsende Flut von Broschüren und Pamphleten zu den Genfer Verfassungsdebatten.[14] Diese Kontroverse wird geschürt durch die im Juni 1762 erfolgte Zensierung der «tollkühnen, unvorsichtigen, skandalösen und für die christliche Religion und sämtliche Regierungen destruktiven» Werke von Rousseau (‹Emile› und ‹Du contrat social› werden vom Scharfrichter öffentlich vernichtet). Das Genfer Verbot folgt jenen von Paris und Amsterdam, doch der Philosoph wird in seiner Stadt ausserdem festgenommen, um sich vor Gericht für seine Schriften zu verantworten.

Die in der Presse der Stadt und in politischen, über das obskure Netz von Krämern, Buchverleihern und Hausierern verbreiteten Broschüren entfachte Polemik stellt die «negativen» Bewahrer der formellen Demokratie der Republik, deren Bürgerrat den meisten Stadtbewohnern verschlossen bleibt, den «Repräsentanten» gegenüber. In einer zunächst handschriftlichen, ab 1750 gedruckten Bittschrift plädieren letztere für eine soziale Öffnung der Staatsbürgerschaft und für die Abschaffung der Privilegien des Bürgertums. Bis zur Revolution von 1792, die am 6. Dezember zum Sturz des Genfer Ancien Régime führt, spielt sich diese verlegerische Aktivität in politischen Zirkeln ab, in denen zahlreiche verbotene Texte gelesen werden. Die polemischen Broschüren halten das soziale Bewusstsein einer gebildeten Mittelschicht wach, der der Bürgersinn am Herzen liegt: Es sind Beamte und reformistische Pastoren, Händler, Kleinunternehmer, Handwerker und qualifizierte Arbeiter, insbesondere Uhrmacher und Typographen. Die von den «aufrührerischen Broschüren» geschürte Debatte über eine Erweiterung der Staatsbürgerschaft untergräbt die moralische und politische Autorität der oligarchischen Familien, die die Gremien der Republik monopolisieren, und beschleunigt den Niedergang des Genfer Ancien Régime, stärkt aber zugleich die auf die Druckereien angesetzte Polizei. Gelegentlich reagiert sie auf politischen Druck von aussen: So schickt etwa der Kleine Rat 1772 auf Ersuchen des französischen Residenten in Genf die

Gerichtsvollzieher zu den Buchhändlern der Stadt mit dem Auftrag, ‹Le Gazetier cuirassé ou anecdotes scandaleuses de la cour› (1771) zu beschlagnahmen, einen pornographisch-politischen Bestseller von Charles Théveneau de Morande, der das Königtum entheiligt, indem er Versailles in ein Bordell verwandelt.[15]

In der Stadt Calvins und später Rousseaus geht die staatliche Kontrolle der Druckerzeugnisse auf eine in der Reformation begründete Tradition der Zensur zurück, als eine Vielzahl religiöser Werke erschien, welche den Stempel der souveränen Republik trugen.[16] Jede zum Druck bestimmte Schrift muss den Scholastikern oder dem Kleinen Rat vorgelegt werden; alle Werke benötigen ein «gut zum Druck» der Lehnsherren, bevor sie in den Verkauf gelangen: So steht es in zwei Edikten von 1560 und 1580. Das Gesetz über den Buchhandel bleibt bis ins 18. Jahrhundert unverändert. Die Gesetzgebung, welche aufrührerische Schriften im Namen der moralischen und politischen Einheit der Republik unter Strafe stellt, wird 1762, 1766, 1781 und 1788 erneut bekräftigt: «Die gnädigen Herren», verkündet ein Edikt von 1781, «haben die zahlreichen beleidigenden Schriften, welche im Laufe unserer Zwistigkeiten verbreitet wurden, stets als Nahrung der Zwietracht betrachtet, in denen allein der parteiische Geist und der Hass zum Zuge kommen und die unsere Stadt in den Augen der Ausländer entehren.» 1791 schliesslich wird im ‹Code genevois› bis zur französischen Annektierung von 1798 die «Pressefreiheit» festgeschrieben, die auf der juristischen Haftung der Autoren und Drucker für «jedes diffamierende und beleidigende Buch» beruht: «Jedem Genfer steht das Recht zu, Bücher und Schriften nach eigenem Gutdünken zu drucken, drucken zu lassen und zu veröffentlichen, ohne eine Erlaubnis einholen zu müssen oder einer vorgängigen Zensur unterworfen zu sein.» Dieser verlegerische Liberalismus erlaubt es dennoch, dass Autoren oder Drucker für Werke, die «die Unabhängigkeit des Staats» gefährden, zur Verantwortung gezogen werden können.[17] Beharrung auf dem Willen, den Staat zu schützen, und Bruch mit den Zensurformen des Ancien Régime: Diese europäische Wende in der Kontrolle des Buchhandels kommt auch in der Helvetischen Republik in Gang, die im September 1798 die Massnahmen des Direktoriums zur «Verhinderung der Zirkulierung von aufrührerischen Schriften [...] zum Zwecke des Aufstands und der Irreleitung der Bevölkerung» legitimiert.[18]

Das Ausmass der Zensur

In welchem Ausmass und wie oft werden Verstösse des Buchhandels im Genf des 18. Jahrhunderts juristisch geahndet? Zwischen 1750 und 1798 werden bei insgesamt rund sechstausend Gerichtsakten 128 qualifizierte Delikte in den Bereichen Druckerei und Buchhandel gezählt. Die Zahl von vier verbotenen Druckerzeugnissen im Jahresdurchschnitt zwischen 1760 und 1793 betrifft nur die offenkundigen Gesetzesübertretungen des Buchhandels und besagt nichts über unzulässige Werke, die ohne Wissen der Genfer Behörden zirkulieren oder die in Ballen und Fässern von Händlern ausserhalb der Stadt bei Durchsuchungen beschlagnahmt und ohne weitere Formalitäten vernichtet werden. Wenn eine Druckschrift das Privatleben einer bekannten Persönlichkeit oder einer Genfer Familie «diffamiert», wird es diskret «im Rat vernichtet»[19].

Einige politische und philosophische Werke, die zwischen 1750 und 1790 in Genf und in der Schweiz beschlagnahmt oder zensuriert wurden

Johann Jakob Scheuchzer, *Physica Sacra,* 1720 in Zürich verboten
Jacques-Barthélemy Micheli du Crest, *Les Ecrits,* brûlés à Genève en 1735
Anonyme, *Lettres sur la religion essentielle à l'homme,* 1740 in Bern verboten
Voltaire, *Candide,* confisqué à Genève en 1759
Uriel Freudenberger, *Der Wilhelm Tell, ein Dänisches Mährgen,* 1760 im Kanton Uri vom Scharfrichter verbrannt
Denis Diderot, *Les Bijoux indiscrets,* wegen Pornographie in Zürich verboten
Voltaire, *La pucelle d'Orléans,* als zu frivol in Zürich verboten
Julien Offray de La Mettrie, *L'art de jouir,* als anstössig in Zürich verboten
Jean-Jacques Rousseau, *La Nouvelle Héloïse,* interdit de prêt à Genève en 1761
Johann Kaspar Lavater/Heinrich Füssli, *Der ungerechte Landvogt oder Klage eines Patrioten,* 1762 in Zürich verboten
Jean-Jacques Rousseau, *Du contrat social,* lacéré et brûlé par le bourreau comme téméraire et scandaleux à Genève en 1762
Jean-Jacques Rousseau, *Emile ou de l'éducation,* lacéré et brûlé par le bourreau en 1762, comme « scandaleux et tendant à détruire la religion chrétienne et tous les gouvernements »
Voltaire, *Dictionnaire philosophique portatif,* lacéré par la main du bourreau et brûlé sur le bûcher à Genève en 1764
Jean-Jacques Rousseau, *Lettres de la montagne,* saisi et confisqué à Genève en 1765
Denis Diderot/Jean d'Alembert, *L'Encyclopédie,* interdite par arrêt du Parlement à Genève en 1765
Anonyme, *Mémoire concernant les natifs,* lacéré par les mains du bourreau à Genève en 1767
Johann Heinrich Meister, *De l'origine des principes religieux,* 1769 vom Scharfrichter in Zürich verbrannt
Pierre Goudet, *La Vérité développée,* condamné à être lacéré et brûlé à Genève en 1777
Johannes von Müller, *Die Geschichten der Schweizer,* 1780 trotz Verbot in Bern gedruckt
Paul-Henri Baron d'Holbach, *Histoire critique de Jésus-Christ,* confisqué à Genève en 1780
Anonyme, *Le postillon de la liberté,* brûlé et lacéré à Genève en 1780
Friedrich Schiller, *Die Räuber,* 1782 in Graubünden als anstössig verurteilt
Friedrich II, *Pensées sur la religion,* 1789 in Basel beschlagnahmt und verbrannt
Anonyme, *Ode à M. Necker,* supprimé par le Conseil à Genève en 1789
Déclaration des droits de l'homme et du citoyen, 1791 in Solothurn beschlagnahmt und verboten
Jean-Antoine-Nicolas Marquis de Condorcet, *Die Republik der Franken und die freien Menschen,* 1792 in Zürich beschlagnahmt
Anonym, *Brief eines Deutschen über die politischen Bewegungen im Kanton Zürich,* 1795 in Zürich öffentlich verbrannt

Die Rechtsverfahren lassen sich in vier Kategorien einteilen: An erster Stelle stehen 101 «aufrührerische Schriften» (80% aller Verfahren), denen Staatsgefährdung zur Last gelegt wird. 88 dieser Schriften betreffen Genf und 13 eine verbündete Regierung (Frankreich, Bern oder Fribourg). 1753 beispielsweise werden Pierre Pelet (1697–1771) und Claude Philibert (1709–?) beschuldigt, tausend Exemplare von Werken, welche die französische Monarchie angreifen (‹Moments précieux de la sagesse de nos Rois› und ‹Mémoire touchant l'origine et l'autorité du Parlement de France appelé Judicium Francorum›), anonym gedruckt und bis nach Lausanne und Paris exportiert zu haben. Zur Verurteilung dieser politischen Schriften kommen zwölf Verstösse von Druckereien im Zusammenhang mit einem «philosophischen», materialistischen oder atheistischen Werk. So werden 1770 und 1780 Baron d'Holbachs Werke ‹Système de la Nature› und ‹Histoire critique de Jésus-Christ› von den Gerichtsvollziehern der Republik beschlagnahmt. Das erstgenannte Werk zirkuliert namentlich in einem politischen Zirkel mit Sitz oberhalb des Grand-Collège an der Place Bel Air, zweiteres wird von Gabriel Grasset vertrieben, dessen Bezugs- und Verteilnetz für heimlich gedruckte Bücher sich bis nach Turin, Lyon und Bourg-en-Bresse erstreckt. Für die Verbreitung dieser Werke wird er neben den gewöhnlichen Zensurmassnahmen zu einer Busse von 500 Gulden verurteilt (was rund 250 Taglöhnen eines damaligen Arbeiters entspricht).[20] Im übrigen zählt man noch acht «diffamierende Schriften» gegen Einzelpersonen und ein halbes Dutzend pornographische Texte, wie sie für die heimlich publizierte Literatur der Aufklärung klassisch sind, etwa ‹La vie voluptueuse entre les Capucins et les nonnes, dévoilée par la confession d'un frère de cet ordre›, oder ‹Parnasse Libertin, Nouvelle traduction de la fille de joie›.[21]

Politisch, religiös oder unmoralisch: Die Straftatbestände des Buchwesens vermischen sich, denn nicht jede Beanstandung eines Werkes erfolgt zwangsläufig nach einheitlichen Kriterien. Eine Broschüre, die als aufrührerisch gegenüber dem Kleinen Rat beurteilt wird oder die gegen die Gesetze des Buchhandels verstösst, kann zusätzlich als «diffamierend» gegenüber einer Person oder als «unreligiös» qualifiziert werden, weil sie mit «Zitaten aus dem Alten Testament wenig Respekt vor der Heiligen Schrift bezeugt»[22].

Am härtesten greift die Genfer Zensur zwischen 1760 und 1771 durch, dann 1777 und 1784 (Höhepunkte sind die Jahre 1765, 1767, 1770, 1777 und 1780), entsprechend den Höhepunkten der politischen und institutionellen Krise der Republik nach der «Affäre Rousseau», die sich insbesondere in der Forderung nach dem Bürgerrecht von Genfern, die, obwohl in der Stadt geboren, keinerlei Rechtsstatus geniessen, und in den Polemiken von Gegnern und Befürwortern der Verfassung äussern. Die Legitimierung der öffentlichen Denunziation bei der Fahndung nach Druckern oder Autoren, dann die Vernichtung und Verbrennung von fünfundvierzig gegenüber der Republik als «aufrührerisch oder vermessen» qualifizierten Schriften vor dem Stadthaus sind Bestandteile einer gerichtlichen Routine, deren Typologie und Motive im folgenden erläutert werden.

Zwischen Haussuchung und Verbrennung: die Routine der Zensur

Auf Ersuchen des Staatsanwalts oder einer ausländischen, namentlich einer katholischen[23] Regierung beauftragt der Kleine Rat einen Auditor (Untersuchungsrichter) mit den Nachforschungen über die Existenz eines aufrührerischen Werkes, das einen verbündeten Staat oder eine Schutzmacht wie Frankreich «schmäht» oder «die Genfer Regierung beschimpft», wie es im August 1767 der Historiker Jean-Pierre Bérenger (1740–1807) in seinem ‹Mémoire instructif concernant les natifs› tut. Unter einem Anonym plädiert der Polemiker für die Sache der gebürtigen Genfer, die keinerlei Bürgerrechte besitzen, und verfolgt damit laut der Anklagerede des Generalstaatsanwalts, der die Verbrennung der Broschüre fordert, die Absicht, «Unruhe im Staat zu stiften, indem er die Verfassung der Republik erneuert»[24].

Um die juristische Verantwortung des Druckers oder des Buchhändlers für die Verbreitung «gefährlicher Schriften» zu beweisen, will der Auditor wissen, ob diese «die Bücher vor dem Verkauf gelesen haben». «Wie sehr hätte er gewünscht, es getan zu haben», beteuert 1760 der Buchhändler Isaac-Marc Bardin (1688–1762), der des Verkaufs von fünfzig Exemplaren der ‹Dialogues chrétiens ou préservatif contre l'Encyclopédie› angeklagt ist, die er von einem Drucker aus Lyon erhalten hat: «Er hätte es sogar von sich aus vernichtet, aber da er von Ministern vernommen hatte, es handle sich um Bagatellen von Herrn Voltaire, die das Publikum langweilten, hat er es unterlassen.»[25] Gestützt auf die gesammelten Zeugenaussagen, hat der Magistrat den mutmasslichen Autor der verfolgten Schrift zu identifizieren, den Drucker zu eruieren und die Verteilung zu unterbinden. Nach der Durchsuchung von Läden und Werkstätten beschlagnahmt der Magistrat die verdächtigen Bücher oder vernichtet sie an Ort und Stelle, wenn es sich um pornographische Schriften oder anstössige Stiche handelt. So verschafft sich 1769 ein Auditor Einlass in die Werkstatt des Druckers Nicolas Gallay (1723–1780), der in flagranti ertappt wird beim Drucken von Voltaires brisanter Schrift ‹Recueil nécessaire ou Examen important de Mylord Bolingbroke› (1765) und der ausserdem die pornographische Farce ‹La Nouvelle Messaline› gedruckt hat, die die Aristokratie ins Lächerliche zieht und von den Gerichtsdienern an Ort und Stelle vernichtet wird.[26]

Léonard de France de Liège: *Unter dem Schutz der Minerva*
Ansicht einer Buchhandlung in Lüttich

Als Detektiv des Buchhandels sammelt der Auditor die notwendigen materiellen Indizien zur Überführung der Drucker, die in Genf «für das Drucken politischer Erzeugnisse» bekannt sind. Die Berufsleute des Buchgewerbes müssen nachts oder gar am hellichten Tag Razzien über sich ergehen lassen: Bücherlager, Keller, Estriche, Möbel, Kontobücher, geschäftliche und private Korrespondenz, postlagernde Briefe oder Pakete, vor den Toren der Stadt beschlagnahmte Packen – nichts entgeht den Durchsuchungen der Gerichtsdiener. In den Werkstätten fragen sie die Setzereileiter aus, untersuchen die «verschiedenen Bretter, auf denen die Buchstaben plaziert sind», verlangen einen Abzug von allen Texten, die gesetzt, aber noch nicht gedruckt sind, studieren die Setzkästen, konfiszieren Makulatur für Expertisen und vergleichen die Manuskripte mit den herausgegebenen Broschüren.

Im höheren Interesse des Staates erstreckt sich die Überwachung des Buchhandels auch auf Wiederverkäufer, Hausierer, Strassenhändler oder auch Krämerinnen, die zum üblichen Kreis der Verdächtigen gehören, denen die Gerichtsdiener der Republik bis nach Carouge, Nyon oder Lausanne auf den Fersen sind. In allen Städten des Ancien Régime ist das Kleingewerbe ein effizientes soziales Netz zur Verbreitung von Druckerzeugnissen, denen die Behörden nachspüren. Die berufsbedingte Mobilität der Gewerbetreibenden und die Heterogenität der Lager ermöglichen eine diskrete Verteilung verbotener Broschüren und Bücher. In Genf werden sie regelmässig angehalten, ihre Packen oder Karren überprüft, ihre Läden oder Wohnungen durchsucht. So beschlagnahmen die Gerichtsdiener im März 1765 im Laden der Witwe Noblet, einer Krämerin aus der Oberstadt, unter anderem die Broschüre ‹Lettre d'un solitaire›, die vom Scharfrichter wegen ihrer den Bürgervertretern wohlgesonnenen Thesen zerrissen und verbrannt wird. Solange die Untersuchung in Gang ist, können die Wiederverkäufer eingekerkert werden, vor allem wenn die Gerichtsdiener druckfrische Broschüren aus einer Genfer Druckerei finden. 1777 beispielsweise wird der «Roi des Oiseaux», ein berühmter Strassengaukler, verhaftet, weil er mehrere Dutzend Exemplare einer noch druckfrischen aufrührerischen Broschüre (‹Chanson nouvelle›) in Umlauf gebracht hat, die er vom Drucker Pierre Gallay (1753-?) erstanden hat und die wegen ihrer Angriffe auf die Verfassungsgegner beschlagnahmt wird.

F. L. Steiger: *Flugblattverkäufer.* 1783. Pinselzeichnung

Um die Herkunft eines Druckerzeugnisses mit Sicherheit festzustellen, ordnet der Auditor auch typographische Gesetzesexpertisen an, die von Buchhändlern vorgenommen werden, «welche die Verlage am besten kennen». Unter Eid müssen sie die Typographie einer aufrührerischen Schrift bestimmen, die Herkunft des Papiers aufgrund der Wasserzeichen nachweisen oder sich über Eigenheiten des Satzspiegels äussern. Der Drucker und Buchhändler Jean-Pierre Bonnand (1731–1805) beispielsweise, der 1794 die Genfer Verfassung druckte, sagt 1770 vor Gericht als Experte aus, dass die wegen ihrer Stellungnahme zugunsten der gebürtigen Genfer als «aufrührerisch» beurteilte Broschüre ‹Chanson nouvelle sur l'air: Vous qui passez tout votre temps à boire› mit Buchstaben gesetzt wurde, «wie sie bei allen Druckern in Genf und Lausanne gebräuchlich sind», und dass «das Papier ein von allen Genfer Druckereien verwendetes, gewöhnliches Papier ist». Damit droht Gefahr für die Genfer Buchhändler, denn der Experte kann die Aufmerksamkeit des Auditors auf die städtischen Betriebe lenken, die eine gründliche Haussuchung zu gewärtigen haben. Die Prüfung der Schrifttypen kann aber auch einen Genfer Drucker entlasten und dafür beispielsweise einen Lausanner Betrieb der Auslieferung verbotener Schriften bezichtigen. Im November 1769 beteuert Joseph Boisselier, der Leiter der Druckerei De Tournes, dass die Lettern einer aufrührerischen Broschüre mit dem Titel ‹Chanson nouvelle sur l'air pour passer doucement la vie›, die vom Scharfrichter vernichtet und verbrannt wird, weil sie die soziale Ungleichheit vor der Justiz anprangert, «nach dem Geschmack der Pariser gegossen sind und in Genf nicht existieren, und dass ihm auch das Papier unbekannt ist, weil hierzulande nicht auf graues Papier gedruckt wird». Als Gabriel Grasset 1780 beschuldigt wird,

Wenn eine Broschüre das Leben einer Privatperson diffamiert, wird sie anschliessend an einer Sitzung des Kleinen Rates der Republik zerrissen ,1780. Beweisstück

ATTÉNUATION COMPLETTE DE L'EXPLOIT

Signifié à Sr. Jean Pestre par la Dlle. Fontaine, au sujet d'un Enfant que ladite Dlle. a fait en Avril 1779.

GENÈVE

1780.

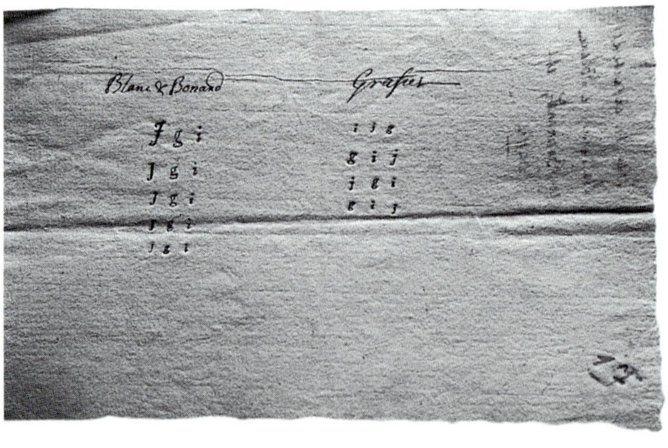

Typographische Schriftmuster, die der Genfer Zensurbehörde zur Identifikation der Druckerei dienten, 1766. Beweisstück

das Buch ‹Histoire critique de Jésus-Christ du baron d'Holbach› gedruckt zu haben, von dem fünfzig verkaufsfertige Exemplare in seinem Laden beschlagnahmt werden, beweist die typographische Expertise die ausländische Herkunft des materialistischen Werkes.

Sind die Buchhändler unter Ausschluss der Öffentlichkeit überführt und manchmal eingekerkert, die Drucksachen bei der Durchsuchung beschlagnahmt oder vernichtet, beurteilt der Generalstaatsanwalt den Tatbestand. In seinem Plädoyer, das die definitive Zensur einer inkriminierten Schrift juristisch begründet, erläutert der Magistrat die den Drucker oder Buchhändler belastenden «Begleitumstände» und erbringt den Beweis, dass «die Vernichtung von absoluter Notwendigkeit ist».[27]

Die Zensur schürt die Neugier der Öffentlichkeit

«Man weiss», schreibt Rousseau in den ‹Lettres écrites de la montagne›, «wie der Rat zum Zeitpunkt der Erscheinung des Werkes gegen mich vorgegangen ist, ohne dass dabei das Konsistorium erwähnt worden wäre. Das Buch von der Post zugestellt zu bekommen, es zu lesen, vor Gericht zu bringen, zu verbrennen und mich zu dekretieren, war eine Sache von acht bis zehn Tagen: Ein zügigeres Vorgehen kann man sich nicht denken.» Ungefähr ab 1760 zeichnet sich die Zensur durch Willkür und politischen Despotismus aus, obwohl sie von den Behörden, die nach ihr rufen, minutiös begründet wird. In Paris, wo die Zensoren der königlichen Bücherei die irrige religiöse oder politische Orthodoxie von 581 zwischen 1723 und 1774 verbotenen Werken anprangern, kann der Polizeileutnant diskrete Massnahmen ergreifen, um die Verbreitung von Büchern nicht privilegierter Autoren, die Anstoss erwecken, zu unterbinden.[28] So wird 1762 Rousseaus ‹Emile› in den Buchhandlungen beschlagnahmt. Darauf ordnet der Staatsanwalt des Pariser Parlamentes als Verteidiger der Kirche, die sich von den religionsfeindlichen Thesen des Genfer Citoyens angegriffen fühlt, die Verbrennung des Werks an. In seiner Geburtsstadt gehören die juristische Beurteilung von Vergehen und die Begründung von Strafen auch zu den Aufgaben des Generalstaatsanwalts der Republik, der die Anklage vor dem Kleinen Rat vertritt, um die Willkür der Urteile in Grenzen zu halten.[29]

Die Plädoyers liefern die juristische und politische Begründung der Zensur von Drucksachen, die auf Ersuchen der Behörden unter die Lupe genommen werden. Gegen einen «vermessenen Text» führt der Magistrat «erschwerende Umstände» ins Feld, die dessen Konfiszierung und Vernichtung legitimieren. Auf der einen Seite geht es dabei um materielle Beanstandungen des Buches wie anonymer Verfasser, Pseudonym, verdächtige oder fehlende Adressangaben des Verlags, fehlendes Ausgabedatum, nicht autorisierter Druck in Genf, Nachahmung der Embleme der Republik. Aber ausschlaggebend für ein Verbot sind vor allem die von aufrührerischen oder materialistischen Werken vertretenen Werte und Ideologien: Atheismus oder Unglaube, «Anstiftung zum sozialen Hass», «Verunglimpfung von Magistraten» oder die Absicht, «gebürtige Genfer und Stadtbevölkerung zum Aufstand gegen die Regierung aufzuwiegeln». Noch schwerwiegender sind die «Demoralisierung» der Öffentlichkeit, die Gleichstellung der Genfer Regierung mit dem härtesten Despotismus oder die «kriminelle» Beleidigung benachbarter Staaten in der Absicht, sie zu einer Intervention gegen Genf zu veranlassen. Der Autor wolle «die Gemüter aufstacheln und in unserer Stadt Unruhe und Verwirrung stiften», notiert 1765 ein Genfer Staatsanwalt, der die Verbrennung einer den Repräsentanten wohlgesinnten Broschüre durchsetzt, um der Pressefreiheit Einhalt zu gebieten.[30] Gestützt auf diese politisch-juristische Argumentation, schliesst der Staatsanwalt seine Anklagerede mit der Forderung nach der Vernichtung der verbotenen Schriften: Alle im Umlauf befindlichen Exemplare sind zu konfiszieren und auf der Staatskanzlei zu deponieren, den Buchhändlern oder Druckern wird eine Busse auferlegt, in gravierenden Fällen wird der Autor eingekerkert. Zudem wird das Buch vom Scharfrichter vor dem Stadthaus zerrissen und verbrannt. «Die Weisheit Eurer Herrlichkeit gebietet es, solche Schriften nicht nur zu vernichten, sondern auch mit aller Schärfe und Wachsamkeit vorzugehen, um den Verkauf zu verhindern und die Autoren ausfindig zu machen, welche die härtesten Strafen verdienen», fügt derselbe Magistrat bei und fordert die Verbrennung der ‹Réponse à l'auteur de la Gazette d'Amsterdam, à la lettre qui lui fut adressée le 13 mars 1765›, die heimlich im Genfer Stadthaus in Carouge verkauft wird.[31]

Während des Ancien Régime hat der für die Auspeitschung oder Erhängung der Verbrecher zuständige Scharfrichter ausserdem illegale Nachahmungen wie Falschgeld zu verbrennen und «abscheuliche» oder «gefährliche» Bücher zu vernichten. Ihre Zerstörung beabsichtigt gleichzeitig die Anprangerung «verhärteter Übeltäter» und die gründliche Heilung von der «Schreibkrankheit, [die] sich bei uns merkwürdig verbreitet»[32]. Indem die Rolle des Zensors dem Scharfrichter übertragen wird, der sonst Diebe und Mörder bestraft, drückt das von Trompetenfanfaren begleitete Ritual des Scheiterhaufens den sakralen Charakter der Justiz aus. Hervorgegangen aus einer Kultur des Verbots und der kirchlichen Exkommunikation, zeugt die Bücherverbrennung als gleichzeitig symbolische und materielle Zensur von der wachsenden Bedeutung, welche den Druckschriften ab etwa 1750 in den Diskussionen um die Ausübung der Herrschaft zukommt. In ihrer Form oder Funktion bestritten, stützt die Regierung ihre Legitimität auf die Verbrennung von «regierungsfeindlichen» oder «aufrührerischen» Schriften, welche «den Argwohn gegen die Obrigkeit mit abscheulichsten Unterstellungen schüren». Ohne die Auswirkungen ihres Vorgehens abzuschätzen, geht die Zensur gegen aufrührerische Absichten vor, seien diese real oder eingebildet, das heisst, die «Absichten des Autors, das Heimatland durch Vatermord zu einem Schreckenstheater zu machen, indem sie in ihrer Forderung nach Freiheit zum Dolch greifen und das Blut der Magistraten vergiessen»[33]. Ist das Eisen des Scharfrichters das Mittel, den Körper eines Gemarterten, beispielsweise eines rückfälligen Diebes, kraft des Gesetzes zu brandmarken, so stellt der Scheiterhaufen ein Gegenfeuer zu den Brandsätzen aufwieglerischer Gedanken dar. Doch kann der Kleine Rat von Genf ignorieren, dass er mit dem Verbrennen von «Brandschriften» zur sozialen Revolte seine eigene moralische Legitimität untergräbt?

Tatsächlich bewirkt die Zensur das Gegenteil einer Neutralisierung der Ideen. Der Generalstaatsanwalt Jean-Robert Tronchin (1710–1792), Rousseaus Zensor im Juni 1762 in Genf, erinnert 1764 an die paradoxe Auswirkung der Indexierung eines Werkes, als er die Verbrennung von Voltaires ‹Dictionnaire philosophique› fordert: «Die Flammen, denen man ein Buch überantwortet, entzünden [...] die Neugier des Publikums; vorher kaum bekannt, wird es von diesem Moment an berühmt werden. Existierten nur wenige Exemplare, wird man bald davon überschwemmt werden; und statt ein ansteckendes Gift im Keime zu ersticken, beschleunigt man sein Umsichgreifen.» Eine «miserable Schmähschrift», die im Streben nach Erfolg auf den Literaturskandal baut, muss «der Vergessenheit anheimfallen, die sie verdient», fügt derselbe Magistrat 1765 bei und verlangt eine diskrete Beschlagnahmung der ‹Lettre d'un citoyen à Jean-Jacques Rousseau›.[34] Missachtung und Stillschweigen würden also genügen, um die «unwürdigen Broschüren» zu neutralisieren, die durch den Scheiterhaufen der Zensur Publizität erlangen.

Die archaisch gewordene Zensur wendet sich gegen die Staatsautorität und produziert einen Bestseller. Die vom Scharfrichter dramatisch in Szene gesetzte Bücherverbrennung führt gleichermassen zur «République des Lettres», wie die Einkerkerung in der Bastille den Autoren im Paris von Ludwig XV. den Status des Philosophen verleiht. Die religiöse oder politische Zensur ist zwar keine Justizwillkür, denn der Staatsanwalt stützt sich bei der Anklage auf Elemente des positiven Rechts, aber sie zeigt die Willkür der politischen Macht, die der intellektuellen Debatte und somit dem Reformismus wenig gewogen ist. Da die aufrührerischen Schriften ihre moralische Legitimierung von der öffentlichen Meinung erhalten, diskreditieren sie die Zensurmassnahmen. Letztere tragen den Autoren die «Ehre des Scheiterhaufens» ein, die Rousseau 1764 für sich reklamiert, wenn er anmerkt, dass die Zensur ihn «erhebt» und «in den Rang jener stellt, die im Namen der Freiheit gelitten haben. Man kann tun, was man will, meine Bücher werden stets für sich selbst sprechen, und was man ihnen angetan hat, wird nur dazu beitragen, Werke von der Missbilligung zu retten, die nach ihnen die Ehre hatten, verbrannt zu werden.»[35] So «glorifiziert» die Zensur den Intellektuellen, den sie treffen will, und verhilft ihm zum Status der «moralischen Mehrheit» oder, nach Kant, zur Freiheit, Staatsangelegenheiten öffentlich zur Diskussion zu stellen. Rousseau sah es 1764 richtig, als er in den ‹Lettres écrites de la montagne›, die 1765 in Genf wegen ihres demokratischen Republikanismus vernichtet wurden, die Zensoren seiner Zeit geisselte, die ideologische Debatten unterbinden wollten: «Das Publikum urteilt, es spricht, das Buch triumphiert oder fällt in Ungnade, und damit endet der Prozess.»

Ab 1760 bezeichnet der sinkende juristische und soziale Konsens zugunsten einer Zensur der Druckerzeugnisse den Niedergang der religiösen Normen bezüglich der Kontrolle von Ideen und des Aufkommens des literarischen Individualismus. Diese Verweltlichung der intellektuellen Debatte führt allmählich zu den «Prinzipien der Pressefreiheit», in denen der politische Freiraum der Demokratie wurzelt. Ihre universalen Werte werden in ganz Kontinentaleuropa mit dem revolutionären Messianismus von 1789 verkündet und verbreitet, der zum Sturz des Ancien Régime führte und die öffentliche Meinung befreite, indem jedem Bürger das Recht zugestanden wurde, «frei zu reden, zu schreiben und zu drucken, ausser er missbraucht diese Freiheit in den vom Gesetz festgelegten Fällen» gemäss dem Artikel XI der ‹Déclaration des droits de l'homme et du citoyen›. Um sich das Wohlwollen der «öffentlichen

Meinung» gegenüber dem Jakobinerstaat zu sichern, legen das Konsulat, das Direktorium und das Empire der politischen Presse trotzdem einen Maulkorb an, indem sie die Zahl der Zeitungen beschränken und den Buchmarkt kontrollieren. Immerhin tolerieren sie wissenschaftliche Publikationen wie die ‹Bibliothèque britannique›, die ab 1796 in Genf im enzyklopädischen und kosmopolitischen Geist der Aufklärung vom Philosophieprofessor Marc-Auguste Pictet (1752–1825), von seinem Bruder und Agronomen Charles Pictet de Rochemont (1755–1824) und dem Botaniker Frédéric-Guillaume Maurice (1750–1826) herausgegeben werden. Paradoxerweise ist es die Restauration, die teilweise an den Liberalismus der Spätzeit der Aufklärung anknüpft, indem sie in die Verfassung von 1814 die Pressefreiheit aufnimmt, deren gesetzliche Beschränkungen nach dem Wunsch von Benjamin Constant (1767–1830) ermöglichen sollen, dass «die Behörde nicht gegen den Bürger vorgeht und die Bürger nicht gegen diese vorgehen».[36]

Aus dem Französischen von Peter Sidler

1 Strafprozesse / Procès criminels (PC), Register des Rates / Registres du Conseil (RC): Die institutionellen Quellen für diesen Text stammen aus den Genfer Staatsarchiven / Archives d'État de Genève (AEG). Für die Identifizierung der in Genf ab 1760 zensierten Broschüren siehe Emile Rivoire, *Bibliographie historique de Genève au XVIIIe siècle*, 2 Bände, Genève 1897; nachstehend *Rivoire*.

2 *Vie de Voltaire* (1790), Paris 1994, p. 37.

3 Georges Minois, *Censure et culture sous l'Ancien Régime*, Paris 1995.

4 *Mémoires sur la librairie* (1758), *Mémoire sur la liberté de la presse* (1788), Paris 1994, herausgegeben von Roger Chartier.

5 RC 1765, Fol. 520, 25. Sept. 1765, *Rivoire* 855.

6 Daniel Jousse, *Nouveau commentaire sur l'Ordonnance criminelle du mois d'août 1670 [...]*, Paris 1763, p. 30.

7 Prozessakten und Urteile (2 Register), 1755–1791, 6. Dez. 1770, Klage gegen das ‹Edit de la République de Genève du 22 février 1770. Avec des notes pour servir d'éclaircissement au présent édit›, 1770, *Rivoire* 1220.

8 Z.B. *Code pénal pour le Bas-Valais*, Sion [1794], XLV, «Des livres scandaleux», p. 57.

9 Für Genf siehe das *Règlement sur les imprimeurs [...] 22 avril 1788*, Art. V, pp. 2–3; für Frankreich siehe Sarah Maza, *Private Lives and Public Affairs. The Causes Célèbres of Prerevolutionary France*, Berkeley [...], 1993.

10 Diese Informationen sind Christoph Guggenbühl (Zürich) zu verdanken.

11 PC 14014, «Impressions et débits d'ouvrages illicites»; zur «philosophischen» Literatur siehe Robert Darnton, *Edition et sédition. L'univers de la littérature clandestine au XVIIe siècle*, Paris 1991; *The Forbidden Best-Sellers of Pre-Revolutionary France*, und zur Identifizierung von Titeln und Autoren verbotener Bücher *The Corpus of Clandestine Literature in France, 1769–1789*, New York 1995, passim.

12 Michel Porret, «Edition et combustion: les circonstances de la censure à Genève au XVIIIe siècle», in: *Annales Benjamin Constant*, 18–19, 1996, pp. 279–290, und «Genève républicaine au XVIIIe siècle: réalité des représentations et représentations de la réalité», in: Mario Buscaglia, René Sigrist et. al. (Hg.), *Charles Bonnet. Savant et philosophe*, Genève 1994, pp. 4–17.

13 Suzanne Tucoo-Chala, *Charles-Joseph Panckoucke et la Librairie française (1736–1798)*, Paris 1977. Zu den Genfer Buchhändlern siehe John R. Kleinschmidt, *Les imprimeurs et libraires de la République de Genève, 1700–1798*, Genève 1948.

14 Von 1760 bis Juni 1798 (französische Annektierung) zählt man 5536 in Genf gedruckte Titel, die sich in zwei Kategorien einteilen lassen: amtliche Publikationen (Gesetze, Erlasse usw.) und politische sowie literarische Broschüren oder Werke; *Rivoire*, passim.

15 RC 1772, Fol. 17: Anlass zu diesen Ermittlungen ist ein Pariser Brief von Jacques Necker, 1776–1781 Minister von Ludwig XVI., der sich im Namen des Königs über den Druck des *Gazetier cuirassé* in Genf beklagt.

16 Catherine Santschi, *La censure à Genève au XVIIe siècle*, Genève 1978.

17 ‹Code genevois approuvé par les Petit et Grand Conseils les 2, 9 et 11 Novembre 1791 et par le Conseil souverain le 14 du même mois›, Genève 1791, Urkunde VI, pp. 174–175.

18 ‹Décret du 5 septembre 1798›, *Bulletin des Lois et Décrets du corps législatif de la république Helvétique*, I. Heft, Lausanne 1798, p. 365.

19 PC 13452, 1780, gegen Thomas Estienne Pestre (1746–1817), Buchhändler und Inhaber eines «bibliographischen Büros», beschuldigt des unangemeldeten Druckes (500 Exemplare) der ‹Atténuation complette de l'exploit signifié à Jean Pestré par la D^{lle} Fontaine, au sujet d'un Enfant que ladite D^{lle} a fait en Avril 1779›, Genève 1780, *Rivoire* 1855.

20 PC 12144, 1770, Durchsuchung beim Bürgervertreter Robert Covelle, «überrascht über seine Inhaftierung», weil er das ‹Système de la Nature› ausgeliehen hat; PC 13440, 1780.

21 Robert Darnton, ‹The Corpus›, *Op. cit.*, Anmerkungen 515 und 713.

22 PC 13452, 1780, cit.

23 Marc Neuenschwander, «Solidaires et complices: les gouvernements de Genève et de Fribourg à la poursuite des séditieux», in: Jean-Daniel und Bernard Lescaze (Hg.), *Cinq siècles d'imprimerie genevoise*, Genf 1981, Bd. II, pp. 157–184.

24 *Rivoire* 981; PC 11629, «Schlussantrag» des eingesetzten Generalstaatsanwalts; Bérenger verfasst im Lausanner Exil eine ‹Histoire de Genève, depuis ses origines jusqu'à nos jours›, [Genf] 1772–1773, 6 Bde.

25 PC 10976.

26 PC 11843; [Claude-François Lambert], ‹La Nouvelle Messaline ou les mémoires de la baronne de *** écrits par elle-même›, La Haye 1740; das Pamphlet wurde bis 1772 mindestens fünfmal neu aufgelegt. Siehe Robert Darnton, *The Corpus*, Anmerkung 470.

27 Alles Vorangegangene: PC 13719, 1781, Schmähschrift: ‹Remarques d'un citoyen sur la réponse du Magnifique conseil du 18e mai 1781›, *Rivoire* 2134; PC 11975, 1770, inkriminierte, zerrissene und verbrannte Schmähschrift: ‹Chanson nouvelle sur l'air: Vous qui passez tout votre temps à boire›, *Rivoire* 1216; PC 11350, 1765, ‹Lettre d'un solitaire›, vertrieben von der vorübergehend eingekerkerten Wiederverkäuferin Noblet, *Rivoire* 827; PC 12930, 1777, ‹Chanson nouvelle. Sur l'air; à la façon de Barbari, etc.›, *Rivoire* 1654; PC 11955, 1769, ‹Chanson nouvelle sur l'air pour passer doucement la vie›, *Rivoire* 1209.

28 Barbara de Negroni, *Lectures interdites. Le travail des censeurs au XVIIIe siècle, 1723–1774*, Paris 1995.

29 Michel Porret, *Le crime et ses circonstances. De l'esprit de l'arbitraire au siècle des Lumières selon les réquisitoires des procureurs généraux de Genève*, Genf 1995 (Prix Montesquieu 1995).

30 PC 11350, 1765, «Schlussantrag» des Generalstaatsanwalts, ‹Lettre d'un solitaire›, *Rivoire* 827.

31 PC 11361, 1765, *Rivoire* 832.

32 PC 12985, 1777, Plädoyer des Generalstaatsanwalts gegen Daniel Pons, den «fehlgeleiteten» Autor einer Broschüre mit dem Titel ‹Avertissement [suivi] de Mémoire remis à Monsieur ...›, *Rivoire* 1649.

33 Prozessakte und Urteile, April 1765, zerrissene und verbrannte Broschüre: ‹Lettre d'un solitaire›, *Rivoire* 827.

34 PC 11296, «Schlussantrag» des Generalstaatsanwalts; RC 1765, Fol. 509, 16. Sept., *Rivoire* 848.

35 *Lettres écrites de la Montagne* (sechster Brief), *Œuvres complètes*, III, Paris 1964, p. 812.

36 *Principes de politique, applicables à tous les gouvernements et particulièrement à la Constitution actuelle de la France* (1815), in: *Ecrits politiques*, herausgegeben von Marcel Gauchet, Paris 1997, pp. 457–460.

Kjell Keller

Der Klang über die Grenzen

Der Globus des Komponisten Klaus Huber

Unter den zeitgenössischen KomponistInnen Europas finden sich wenige, die sich ähnlich konsequent und fruchtbar anderen, auch fremden Kulturen gegenüber geöffnet haben wie Klaus Huber. Diese Öffnung vollzog sich in einem langen Prozess, in verschiedenen Etappen und mündet in den neunziger Jahren in die Integration von klassisch-arabischer Musik sowie arabischen, koreanischen und japanischen Instrumenten.

Klaus Hubers Interesse für nicht-europäische Kulturen wurde überraschend früh, mitten im Zweiten Weltkrieg, geweckt. Am Lehrerseminar in Küsnacht/Zürich, das er besuchte, wirkte ein Geografielehrer, der während zehn Jahren in Sapporo/Japan gelebt hatte und es nun verstand, den Seminaristen fernöstliche Kultur aus eigener Anschauung packend und kompetent näherzubringen. In jener Zeit fing der etwa 18jährige Klaus Huber nach ostasiatischer Musik zu suchen an, und er vertiefte sich mit einer gewissen Leidenschaft in chinesische und japanische Tondokumente.

Dieses Interesse für das Fremde schien dann aber wie ausgeblendet, als er 1947 sein Musikstudium aufnahm. Ins Zentrum seines Denkens und Empfindens rückten die Verarbeitung und die Bewältigung der unmittelbaren Vergangenheit. In einem Gespräch mit Philippe Albèra berichtete Klaus Huber von Lehrern, die am Seminar offen die Nazi-Ideologie propagiert hatten. Und nun, unmittelbar nach dem Krieg, begegneten ihm all die Beschönigungen und Lügen, was das Verhalten der Schweiz während dem Krieg betraf; er erlebte und erlitt die erstickende geistige Enge; im Musikalischen: das Bollwerk von neobarocken, neoklassizistischen und spätromantisch-pathetischen Komponistenklüngeln, die keinerlei Neuansätze aufkommen liessen.

Huber: «Es war für mich wichtig, dieser realen Situation in der Schweiz zu entkommen. Das erreichte ich durch eine innere Öffnung, durch eine Suche nach Tiefe, aber auch durch einige Reisevorhaben aus der Schweiz heraus.» Bei anderer Gelegenheit sprach er von einer Emigration nach innen.

Seine Reisevorhaben – er dachte an ein Studium bei Nadia Boulanger in Paris – zerschlugen sich. Um so intensiver tauchte er in die europäische Mystik ein, in die Schriften etwa von Hildegard von Bingen, Mechthild von Magdeburg, Juan de la Cruz und Jakob Böhme. Anders als in späteren

Jahren bot ihm die Mystik zu jener Zeit in erster Linie einen Fluchtweg aus einer Wirklichkeit, die in ihm Gefühle von Einengung, Angst und Einsamkeit produzierte.

Die Werke seiner ersten kompositorischen Phase in den fünfziger Jahren zeichnen sich auch in Klaus Hubers Selbsturteil durch einen stark introvertierten Charakter aus. Gleichwohl fanden sie in engerem Kreis eine warme Aufnahme. Das gilt besonders für drei Kammerkantaten auf Texte der Mystik (Mechthild von Magdeburg, Johann Georg Alhini, Catharina Regina von Greiffenberg), die zwischen 1956 und 1958 entstanden sind. Mit der mittleren Kantate, ‹Des Engels Anredung an die Seele›, schaffte er 1959 gar den internationalen Durchbruch. Mystische Texte prägten aber nicht einzig Vokalwerke jener Zeit. Auch zwei Kammermusikstücke, die wichtige Etappen seiner kompositorischen Entwicklung markieren, sind mit Mystik aufs engste verbunden. In ‹Noctes intelligibilis lucis› für Oboe und Cembalo (1961) ist es ein Text des spanischen Mystikers Juan de la Cruz, im Streichquartett ‹Moteti-Cantiones› (1962/63) ein Gedicht des deutschen Mystikers Heinrich von Laufenberg, die dem Komponisten gleichsam als Meditationsgrundlage dienten.

Erste Ausbrüche

Dass Klaus Huber einen Weg aus der inneren Emigration gefunden hatte, kündigte sich wenige Jahre später in drei Werken an: im Orchesterstück ‹Tenebrae› (1966/67), im Violinkonzert ‹Tempora› (1969/70) und in ‹… inwendig voller figur …› für Chorstimmen, Lautsprecher, Tonband und grosses Orchester (1970/71). ‹Tenebrae› ist in des Komponisten eigener Deutung «eine Passionsmusik ohne Text, eine ganz und gar profane Auslegung des Kreuzes». Gemeint ist die Verfinsterung des Lebens, die Unterdrückung durch offene wie auch durch strukturelle Gewalt. Klaus Huber zeigt sich hier besonders eng verbunden mit der bedeutenden deutschen Theologin Dorothee Sölle, die das Leiden der Entrechteten, Entmündigten aller Welt in zahllosen Texten immer wieder thematisierte. Und es ist gewiss kein Zufall, dass ‹Tenebrae› und auch ‹Tempora› mit seinem verwandten Gehalt in einer Zeit entstanden sind, als die internationale Friedens- und Anti-Vietnamkrieg-Bewegung mit steigender Intensität die hegemonialen Ansprüche und den atomaren Widersinn der Grossmächte anprangerte.

Mit ‹… inwendig voller figur …› gibt Klaus Huber seiner Urangst vor der Zerstörung des Lebens auf der Erde bekenntnishaft Ausdruck. Apokalyptische Visionen tauchten in der Geschichte der Menschheit immer wieder auf. Seit dem Zweiten Weltkrieg, seit Hiroshima und Nagasaki, ist die Urangst vor der Zerstörung eine andere geworden: eine Angst vor einer durch Menschen inszenierten Selbstzerstörung der Menschheit. Textlich stützte sich Huber in seinem Werk vor allem auf die Johanneische Apokalypse. Prägend war im weitern Albrecht Dürers ‹Traumgesicht› aus dem Jahre 1525: ein Schreckenstraum, den Dürer auf einem Aquarell festgehalten hat. Klaus Huber: «Dürer hat in seinem Aquarell den Atompilz von 1945 um 420 Jahre formal vorweggenommen.» Schliesslich sind an exponierter Stelle Wortfetzen aus den Gesprächen der amerikanischen Bomberbesatzung über Hiroshima eingestreut. (Unter anderen: «put on your glasses!» … «5/4/3/2/1, bomb away!» … «My God, what have we done here!»)

‹... inwendig voller figur ...› entfaltet eine Musik, die zwischen Aufschrei und Verstummen pendelt. Nie zuvor hatte Klaus Huber die Mittel von schockartigen Klangballungen intensiver eingesetzt. Im Zusammenhang mit diesem aufwühlenden Werk hielt er 1971 einen Radiovortrag, der weitherum Beachtung fand: «Ende oder Wende: Wo ist Zukunft? Warum und in welcher Absicht ich engagierte Musik schreibe.» Darin gab er seiner Überzeugung Ausdruck, dass auch er als Komponist «hinhorchen muss auf Elend, Ungerechtigkeit, Unfreiheit, Armut, auf Intoleranz, Grausamkeit, Gewalt, Vergewaltigung der Machtlosen in dieser unserer Gegenwart». Eine radikale Absage an eine selbstgefällige L'art-pour-l'art-Haltung. Und er zitierte Ernesto Cardenal, Priester und Dichter aus Nicaragua, dem er sich im Glauben verwandt fühlt: «Die Politik geht mich immer an. Aber ich sehe sie mit andern Augen als früher. Der Künstler, der Gelehrte und der Heilige sind Mitglieder der Gesellschaft der Zukunft, welche bereits wie im Keim auf dem Planeten existiert.»

Die Welt mit ihren Widersprüchen, ihren Antagonismen zwischen Macht und Ohnmacht, Überfluss und Armut, Nord und Süd, ist tief in Denken und Empfinden von Klaus Huber eingedrungen. Er öffnet sich der Gegenwart, reagiert auf sie mit grosser Sensibilität, als Mensch, als Komponist. Seine intensive Beschäftigung mit andern, auch fremden Kulturen fliesst in sein Schaffen ein, zuerst auf der Ebene von Texten, später auch auf der von Musik. Die Texte: Da finden sich Tagebuchaufzeichnungen aus den brasilianischen Favelas und aus einem US-Gefängnis für Schwarze, Gedichte des Russen Ossip Mandelstam und des Chilenen Pablo Neruda, Zitate des Iraners Mahmoud Doulatabadi und – immer wieder – Ernesto Cardenals. Die Musik: Da finden sich (stark gebrochene) Fragmente von Favela-Liedern und schwarzen Worksongs, klassisch-arabische Improvisationen, Stücke für koreanische und japanische Instrumente.

Ernesto Cardenal

Anfang der siebziger Jahre befasste sich Klaus Huber intensiv mit fernöstlicher Mystik, mit Zen-Buddhismus, was sich in etlichen Werken in der Gestaltung von musikalischer Zeit – gerade für Huber eines der Hauptprobleme heutigen Komponierens – niederschlug (u.a. im Violakonzert ‹... ohne Grenze und Rand ...›, 1976/77). Fast gleichzeitig vertiefte er sich in das Schaffen Ernesto Cardenals. In ihm fand er einen (fast gleichaltrigen) Menschen, Dichter und Priester, der in einer gleichsam urmystischen Tradition steht, einer Tradition, die das Innere nicht vom Äusseren trennt. Meditation ist mit Widerstand (und damit auch mit einer klaren politischen Haltung) verknüpft. Mystik nicht als blosse Flucht in eine innere Welt. Klaus Huber fühlte sich durch Cardenals Werk und Wirken nicht nur bestätigt, sondern auch in dem Sinne getröstet, dass es Zeitgenossen gibt, die in ähnlicher Weise an der Gegenwart leiden und sich mit ihrem Werk exponieren. (Wie viele Anfeindungen musste er entgegennehmen, weil er auch in politischem Sinne immer konkreter Position bezog?)

Zuerst lernte Huber ‹Das Buch von der Liebe› (‹Vida en el amor›) kennen, das Cardenal noch als Novize beim Dichtermönch Thomas Merton verfasst hatte. ‹Armut› ist einer der rund 40 Abschnitte betitelt; diesen Text legte Huber seinem 1978 entstandenen ‹Lazarus› für Violoncello und Klavier anstelle der üblichen Programmnotiz bei.

Ein erster Cardenal-Text tauchte aber bereits 1975 in ‹Senfkorn› für fünf Instrumente und Knabenstimme auf, Ausschnitte aus den ‹Lateinamerikanischen Psalmen› (‹Salmos›). Huber: «Cardenals Nachdichtung des 36. Psalms vermeidet alles Verklärende, bringt im Gegenteil harte, konkrete Aussagen, die der Knabe spricht, nicht singt, unabhängig von einer äusserst zarten, introvertierten Musik.» Diese Texte kombinierte Huber mit Jesaja-Zitaten, die den Frieden der Endzeit verheissen. Das Werk öffnet sich am Ende zu einem «Fenster der Hoffnung». ‹Senfkorn› wird später zu einem Teil des grossangelegten Oratoriums ‹Erniedrigt – geknechtet – verlassen – verachtet …› für Soli, 16 Einzelstimmen, Chor, Orchester, Tonbänder, Video-Tape oder Projektion (1975/78–81/82).

‹Erniedrigt – geknechtet – verlassen – verachtet …›

Das Oratorium nimmt im Gesamtwerk Klaus Hubers ohne Zweifel einen zentralen Platz ein. (Unter dem Titel ‹El pueblo nunca muere› produzierte Mathias Knauer 1983/84 eine Filmversion.) Huber: «Das Zusammenprallen von äusserstem Pianissimo (an der Hörgrenze) und äusserstem Fortissimo (an der Schmerzgrenze) bleibt zentral bedeutend für das ganze Werk, bezeichnet den Raum zwischen Verstummen und Schrei und deutet die Richtung dieser Musik als Passion des ausgebeuteten, erniedrigten Menschen in unserer Zeit.» Unschwer ist der Zusammenhang mit den zitierten früheren Werken ‹Tenebrae›, ‹Tempora› und ‹… inwendig voller figur …› erkennbar, doch sind gerade auf der Textebene die politisch-gesellschaftlichen Aussagen konkreter, unverhüllter als früher. Wie nie zuvor sind es die Ausgebeuteten und Unterdrückten, die zu Worte kommen, vermittelt durch die Poesie Cardenals, aber auch über aufwühlende Selbstzeugnisse. So gilt der zweite Teil des Oratoriums dem Überlebenskampf einer schwarzen Mutter in den Favelas Brasiliens. Huber: «Die Tagebuchaufzeichnungen von Carolina Maria de Jesus, welche die Passion der entrechteten Frau in ihrem täglichen Kampf gegen Hunger, Durst, Ungerechtigkeit, die ständige Sorge um das Überleben der Kinder festhalten, stehen hier als unnachgiebige Anklage im Vordergrund. Teil III exponiert die Konsequenzen einer totalen Isolation am Beispiel des schwarzen amerikanischen Strafgefangenen George Jackson. Sein Monolog, in sich hineingefressen, zwischen Aufschrei und Verstummen, wird aufgebrochen durch mehrfach durchsickernde Bruchstücke: Fragmente einer Folterszene, fast erstickt, wie hinter Mauern, die Worte zwei Gedichten Cardenals entnommen.»

Die Ausgebeuteten und Unterdrückten artikulieren sich hier aber nicht nur über ihre Texte, sondern auch über ihre eigene musikalische Kultur – ein für Klaus Huber neues Phänomen. Das gilt für die Singstimme der Carolina Maria de Jesus ebensosehr wie für jene George Jacksons. Im einen Falle sind es Gesänge aus dem Sertão, den nordostbrasilianischen Trockenlandschaften, und aus den Favelas, im andern Worksongs von schwarzen US-Gefangenen, die Klaus Huber als Grundmaterialien wählte. Sie erscheinen aber nicht plakativ-vordergründig aufgesetzt, sondern sind vielfältig in konstruktivistischem Sinne verarbeitet, sind, so Klaus Huber, «in meine eigene Sprache hinein verlängert».

In Zusammenhang mit dem Oratorium und dem späteren Schaffen verwies Max Nyffeler auf Klaus Hubers «enorme Integrationskraft, die das Erbe europäischer Traditionen ebenso wie Elemente anderer Kulturen unter dem Signum einer konsequent modernen Musiksprache zusammenfasst. Hubers Fähigkeit, sich in andere Kulturen, andere Wahrnehmungsperspektiven hineinzuversetzen, schlägt sich im Werk als ein Prozess der mehrfachen Spiegelung nieder: als Oszillieren zwischen zwei Polen, zwischen Eigenem und Fremdem.»

‹Die Erde bewegt sich auf den Hörnern eines Ochsen›

Dieses Oszillieren zwischen Eigenem und Fremdem offenbart sich einige Jahre später in einer völlig andern, neuartigen Form: in ‹Die Erde bewegt sich auf den Hörnern eines Ochsen – Assemblage für vier arabische und zwei europäische Musiker mit Tonband› (1992/93), einem weiteren Beleg für Klaus Hubers radikale und risikofreudige Offenheit, sein stetes Suchen nach neuen kompositorischen Ansätzen.

Zur Entstehung des Werkes notierte er: «Unmittelbar ausgelöst durch den Golfkrieg, dessen verheerende Auswirkungen im Bewusstsein vor allem der jungen Generation ich mit Recht befürchtete (umfassende Remilitarisierung ihres Denkens und Fühlens) und der meine Kreativität beinahe zerbrach, hatte ich das starke Bedürfnis, mich einer Kultur zuzuwenden, die in den Augen der Neuen Weltordnung zur Vertreterin des Bösen schlechthin geworden war.» Gemeint ist die Kultur des Islam.

Klaus Huber begann ein intensives Studium der klassisch-arabischen Musik. Sein besonderes Interesse galt dabei der überaus reichen Musiktheorie, wie sie speziell in der Zeit zwischen dem 9. und dem 15. Jahrhundert entwickelt worden ist. Er wurde sich der Bedeutung einer Musikkultur bewusst, die «die abendländische Musikentwicklung ganz entscheidend geprägt, wenn nicht überhaupt ermöglicht hat. Eine für mich neue Welt nicht chromatisch temperierter Intervalle führte mich Schritt für Schritt zu einem neuen Verständnis meiner Musikkultur, meine eigene Musik eingeschlossen. Ich lernte in vielem umdenken, was eine produktive Öffnung nach sich zog.» Huber entdeckte nicht nur den kulturellen, auch musikalischen Reichtum im arabischen mittelalterlichen Spanien, sondern auch die weitgehende Toleranz Andersgläubigen gegenüber, das fruchtbare Zusammenwirken von islamischen, christlichen und jüdischen Kulturschaffenden und Wissenschaftlern. Mit ‹Die Erde bewegt sich auf den Hörnern eines Ochsen› schuf er mithin in Erinnerung an meist verschüttete, vergessene historische Gemeinsamkeiten von europäischer und arabischer Musiktradition ein Werk, das Berührungsfelder zwischen beiden Kulturen aufbaut, eine Begegnung, eine Wiederbegegnung auf der Basis der Gleichwertigkeit.

Das Werk hat als konkreten Ausgangspunkt einen ebenso verzweifelten wie engagierten Text, den der grosse iranische Schriftsteller Mahmud Doulatabadi 1992 auf einem internationalen Schriftstellerkongress in München gehalten hat. Die schier hoffnungslose Situation der iranischen Kultur, der iranischen Menschen insgesamt, wird thematisiert: eingezwängt zwischen reaktionärem Fundamentalismus und neo-imperialistischer «Neuer Weltordnung», bleibt der iranischen Kultur nur die Möglichkeit des Verstummens. «Ich komme vom Rande der Salzwüste», heisst es bei Doulatabadi. «Unser Land wird täglich verschlissener, das Volk täglich hoffnungsloser. Die Bereitschaft zur Selbstzerstörung wird grösser. Wehe der Zeit, in der es keine Hoffnung auf Arbeit und keine Liebe zum Leben gibt.» Auszüge aus Doulatabadis Text in persisch sowie in arabischer, deutscher und französischer Übersetzung bilden das sprachliche Grundmaterial für eine sechskanalige Klangmontage auf Tonband, die Klaus Huber im Konzert live aussteuert. Die Texte auf Tonband sind gesungen oder gesprochen und mit arabisch-instrumentalen Improvisationen gemischt. (Eine Annäherung der beiden Kulturen findet sich also bereits auf der Ebene des Tonbands mit der elektronischen Vermischung der Sprach-, Klang- und Geräuschelemente: einerseits die arabischen Improvisationen, anderseits der westliche High-Tech.)

Diese Tonbandmontage mit ihren elf Sequenzen in Bogenform schafft den akustischen Raum für die live auf dem Podium musizierenden Interpreten: in der Mitte der Sufi-Sänger mit den drei arabischen Instrumentalisten, links und rechts aussen Bratschist und Gitarrist. Während die Parts der europäischen Instrumente weitgehend auskomponiert sind, entfalten der Sänger, das Qanun (arabische Zither), Ney (eine an beiden Seiten offene Längsflöte aus Bambus- oder Schilfrohr) sowie Riqq/Mazhar (Schellen- bzw. Rahmentrommel) ihre Musik improvisatorisch auf Grundlage der Maqamat (Modi) aus der klassisch-arabischen Musik, rhythmisch zum Teil frei, zum Teil gebunden auf Grundlage der komplexen rhythmischen Zyklen.

Mit dem Ensemble Al-Kindi fand Klaus Huber den idealen Partner für sein Werk. Julien Jalal Eddin Weiss, Gründer des Ensembles, ist ein Meister des Qanun. Franzose von Geburt, mit einer Mutter schweizerischer Nationalität, studierte er zuerst europäische Musik, bevor er sich bei besten Lehrmeistern der klassisch-arabischen Musik ausbilden liess. Dass er für einen Brückenschlag zwischen Orient und Okzident besonders legitimiert ist, liegt auf der Hand. Zwei weitere hochqualifizierte Instrumentalisten, der syrische Ney-Spieler Ziad Kadi Amin und der ägyptische Perkussionist Adel Shams Eddin, wirkten bei den bisherigen Aufführungen von Hubers ‹Assemblage› mit, neben dem Sufi-Sänger Sheik Hamza Chakour, Oberhaupt der Drehenden Derwische von Damaskus.

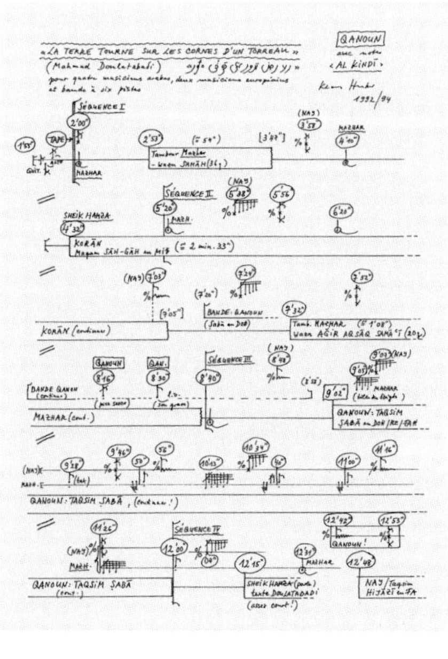

Klaus Huber: Partitur *Die Erde dreht sich auf den Hörnern eines Ochsen*, überschrieben mit Werktitel französisch/arabisch – Qanoun avec notes ‹Al Kindi›. 1992/94.
Eine Art Particell für den Qanun-Spieler, mit Stichnoten respektive Einsatzzeiten für alle vier arabischen Musiker.
Angabe der melodischen modi (Maqamat) für Sufi-Sänger, Qanun und Nay sowie der rhythmischen modi (Auzan) für die Perkussion, als Grundlage der Improvisation

Mahmud Doulatabadi, Autor des persischen Textes, den Klaus Huber für sein Werk *Die Erde dreht sich auf den Hörnern eines Ochsen* verwendet hat

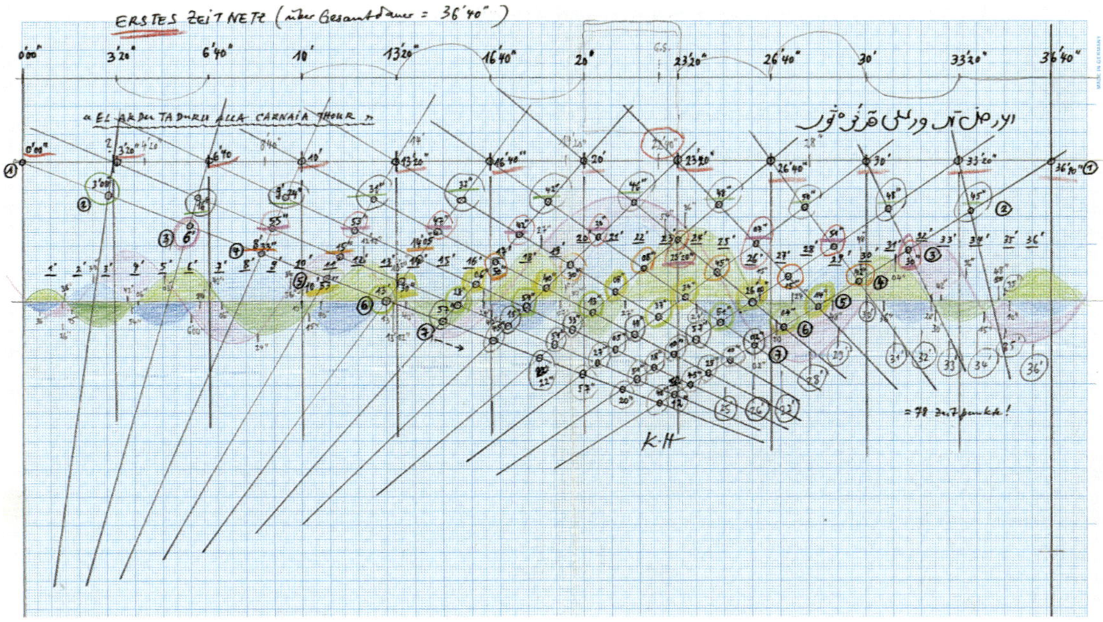

Klaus Huber: Früher Entwurf eines *Zeitnetzes,* das die Grossform – eine Bogenform – andeutet: Innerhalb der elf Sequenzen (mit einer Zeitdauer von je 3'20") verdichtet sich die Musik und erreicht in der siebten Sequenz ihren Höhepunkt. Um 1992. Millimeterpapier

Klaus Huber war sich im klaren, dass er in seinem europäisch-arabischen Werk einen radikal neuen Weg beschritt, der ihn bis an die Grenzen der Selbstaufgabe als autonom komponierendes abendländisches Subjekt führte. Die klassisch-arabische Musik ist während Jahrhunderten mündlich tradiert worden. Huber konnte sich bei seinen Studien der arabischen Musik nicht auf die Analyse von notierten Kompositionen stützen. Was er an schriftlichem Kulturgut erforschen konnte, das waren die Traktate mit der reich ausformulierten Musiktheorie, dem spekulativen Musikdenken. Im weitern war sich Huber im klaren, dass die arabischen Musiker, die er einzusetzen gedachte, keineswegs Spezialisten für neue Musik im westlichen Sinne waren. Folglich strebte er an, primär auf ihr reiches Wissen und Können in ihrer ureigenen musikalischen Sprache zu rekurrieren. Er wollte Raum schaffen für ihre freie Entfaltung. So schrieb er für Qanun und Ney bestimmte Maqamat (Modi) vor, in denen sie ihre Improvisationen entwickeln konnten. Ähnlich bestimmte er für rhythmisch fixierte Passagen arabische Zyklen, die den Al-Kindi-Musikern natürlich vertraut waren. Die Hauptverantwortung von Klaus Huber als Komponisten liegt in der Gestaltung der Makro-Zeit, und selbstverständlich in der ganzen Dramaturgie.

‹Lamentationes de fine vicesimi saeculi›

Die Kenntnisse und Erfahrungen, die Klaus Huber mit ‹Die Erde bewegt sich auf den Hörnern eines Ochsen› erworben hatte, setzte er fast gleichzeitig in einem Werk für Orchester in vier Gruppen (mit einem Sufi-Sänger ad libitum) um, in ‹Lamentationes de fine vicesimi saeculi› (1992–94). Die partielle Selbstaufgabe als autonomer Komponist (in der europäisch-arabischen Assemblage) bewirkte eine Gegenreaktion: «Mein Selbsterhaltungstrieb sagte mir, ich müsste Rückwege nach Europa offenhalten.» Auch wenn er sich in den ‹Lamentationes› im Melodischen und Rhythmisch-Metrischen auf arabische Elemente stützte, ist er hier vom ersten bis zum letzten Ton als Komponist verantwortlich, in einer

Musik, die keinerlei traditionelle Formvorstellungen reproduziert, weder europäisch-sinfonische noch klassisch-arabische.

Klaus Huber wählte eine vierteltönige Notierung, mit der er recht nahe an die arabischen Tonstufen herankam. Vielfältig gestufte Klangräume und -schichten breiten sich aus, mit neuartigen harmonischen Klangbildungen, die – ein wichtiges Fazit für Huber – nichts mit einer superchromatischen Vierteltönigkeit gemein haben. Die mehrheitlich stille Musik – «sehr wenig Klang, aber jeder Ton eine unterdrückte Klage» – belegt ein weiteres Mal seine aussergewöhnliche Meisterschaft, Fremdes in eigenem Musikdenken und -empfinden zu integrieren.

Mit ‹Black Plaint› nach Japan

In ‹Die Erde bewegt sich auf den Hörnern eines Ochsen› und den ‹Lamentationes› fand Klaus Huber (dank den arabischen Maqamat) einen Weg aus der gängigen, omnipräsenten temperierten Stimmung. (Diese Omnipräsenz, die zahlreiche Musiktraditionen in ihrem innersten Kern zu zerstören droht, schreibt er u.a. dem weltweiten Export des Klaviers zu.) Schon in früheren Werken zeigte er Ansätze, diesem System zu entweichen. So treten in ‹Alveare vernat› für Flöte und 12 Solostreicher (1965) neben Viertel- auch Dritteltöne auf. Seit dem Streichtrio ‹Des Dichters Pflug› (1989) beschäftigt sich Huber mit grosser Intensität und Konsequenz mit der Dritteltönigkeit. Er liebt ihren weichen Klang. Eine Frucht dieser Beschäftigung ist auch eines seiner jüngsten Werke, das wiederum in engster Verbindung mit einer fremden Kultur und einem fremden Instrument steht: ‹Black Plaint› für Shô in dritteltöniger Stimmung und Schlagzeuge, 1995 komponiert, 1996 in Japan uraufgeführt. (Drei Jahre früher entstand ein anderes kurzes Stück für ostasiatische Instrumente, ‹Rauhe Pinselspitze› für die koreanische Zither Kayagum in dritteltöniger Stimmung und die Zweifelltrommel Buk, zum 75. Geburtstag des grossen koreanischen Komponisten Isang Yun.)

Vom Gehalt her zeigt ‹Black Plaint› eine grosse Nähe zu ‹... inwendig voller figur ...›: Es geht auch hier um die Apokalypse, um Hiroshima. Die musikalische Ausformulierung ist freilich eine gänzlich andere. Schreckte ‹... inwendig voller figur ...› mit zahlreichen schockartigen Klangballungen auf, so nimmt sich ‹Black Plaint› extrem zurück. Kommentar des

Qanun: Zither mit 78 Saiten und einer Brücke, auf fünf Fischhäuten ruhend; zahlreiche bewegliche Sättel erlauben bis zu elf Mikro-Intervalle in einem Ton

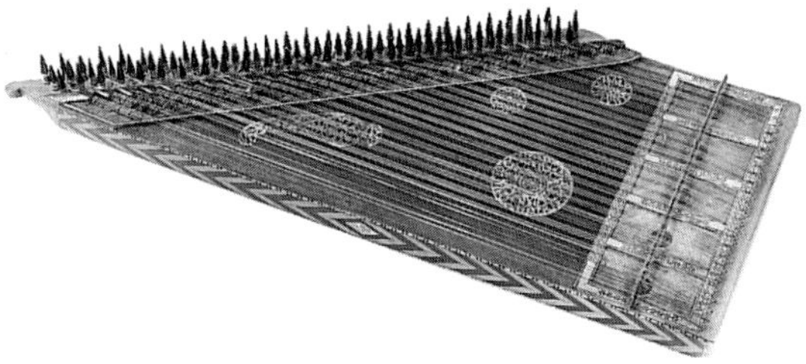

Nay: Flöte, bevorzugtes Instrument einiger Sufi-Riten, u.a. der Tanzenden Derwische; einziges Blasinstrument der gehobenen arabischen Musik

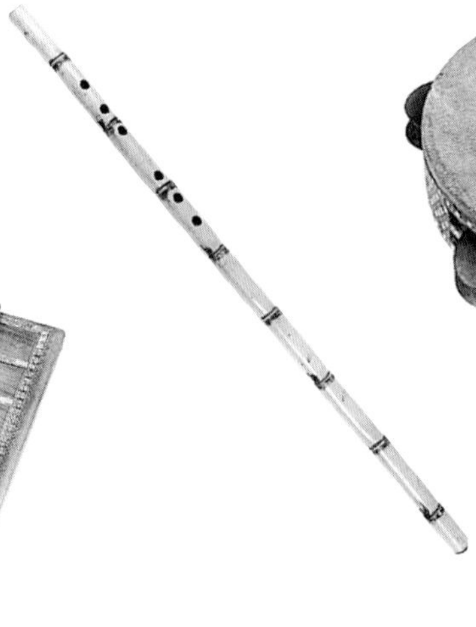

Riqq (oder Tar): Schellentrommel, das raffinierteste der arabischen Perkussionsinstrumente: ein Tamburin von 22 cm Durchmesser, mit einer Fischhaut bezogen und mit fünf Doppelpaaren von Schellen versehen

Al Kindi/Hamza Chakour – europäische und arabische Musiker spielen die Assemblage *Die Erde bewegt sich auf den Hörnern eines Ochsen*

Komponisten in der Partitur: «... sehr leise, verschwiegene Musik, auftauchend aus dem Schatten jahrtausendealter Hintergründe, geworfen in die Barbarei unseres Jahrhunderts. – Fünf Sequenzen des Shô entfalten einen dritteltönigen Klangraum in ständig sich wandelnden Fünf- und Sechsklängen. Vermittelnd oder dazwischentretend Schlagzeuge, als Geräuschfolie zwischen Erklingen und Verstummen. Versagen muss jede Stimme beim Erzählen der Apokalypse von Hiroshima.»

Sein ehemaliger japanischer Kompositionsschüler Toshio Hosokawa hatte ihm das Buch ‹Schwarzer Regen› von Masuji Ibuse, eine Nachzeichnung der Ereignisse von Hiroshima, gegeben.

Huber, bei der Lektüre im Innersten getroffen, war gleich klar, dass sich Ibuses Text nicht vertonen lässt. Er fand eine ebenso ungewohnte wie sensible Lösung: Er lässt den (japanischen) Schlagzeuger Ibuse-Textfragmente und einzelne Wörter in japanischen Schriftzeichen kaum hörbar in die Instrumente einritzen, als «Engramme des Nicht-Vergessens». Einzelne Sätze, auch Ausschnitte aus ManÕyoshu-Klagegedichten (8. Jahrhundert), flüstern die Shô-Spieler oder der Schlagzeuger.

Klaus Huber hat ‹Black Plaint› für die grossartige Shô-Spielerin Mayumi Miyata geschrieben, die früher schon mit renommierten westlichen Komponisten wie John Cage und Helmut Lachenmann zusammengearbeitet hatte. Sie erläuterte ihm gründlich die Eigenschaften ihres Instruments, des Shô, einer Mundorgel mit 17 Pfeifen, die in der japanischen Hofmusik Gagaku eine wichtige Funktion einnimmt. Dass es einem Sakrileg gleichkommt, das traditionsreiche Shô entfremdet dritteltönig einzusetzen, war sich Klaus Huber bewusst. Dass das Shô nach Hiroshima aber nicht mehr gleich klingen kann wie früher, davon ist er überzeugt. Das japanische Publikum realisierte bei der Uraufführung, dass sich da ein europäischer Komponist höchst empfindsam mit ihrem Trauma auseinandergesetzt hatte.

Umgang mit fremden Kulturen

Wenn sich Klaus Huber in seiner über 45jährigen Entwicklung als Komponist mehr und mehr für andere, auch fremde Kulturen geöffnet hat, so war und ist er sich bewusst, dass solche Öffnungen auch ihre problematischen Seiten haben. Allzu oft kam es in der Geschichte der europäischen Musik (und gleichermassen in andern Künsten) zu fragwürdigen Usurpationen fremden Kulturgutes. Diese Übernahmen sind – eine klare Aussage Hubers – nichts anderes als Diebstahl. (Auch die heutige «Weltmusik» zeichnet sich oft durch einen unsensiblen Umgang mit Traditionen jeglicher Herkunft aus.) Respekt fremden Werten gegenüber ist unabdingbar, das Bewusstsein, vom andern, Fremden in der Rolle eines Schülers, eines Anfängers zu lernen. Eine Form von Unterordnung tut gut, meint Klaus Huber, freilich nicht in devotem Sinne – das bringt auch der fremden Kultur nichts. Der trockene Respekt dem Fremden gegenüber reicht aber nicht aus. Entscheidend ist – hier zeigt sich Klaus Hubers umfassender Humanismus – die Liebe zum Menschen, zum Mitmenschen, und eben diese Liebe, auch zum fremden Mitmenschen, bedingt die Zu-Neigung zur fremden Kultur.

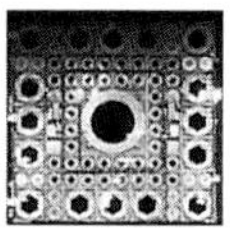

Die wichtigsten Quellen

Klaus Huber. Dossier Musik, Zürich, Pro Helvetia/Bern, Zytglogge, 1989

Klaus Huber, *Ecrits*, Genève, Editions Contrechamps, 1991

«Klaus Huber», Themenschwerpunkt der Zeitschrift *MusikTexte*, Nr. 51, Köln, 1993

Kjell Keller, *Aspekte der Musik von Klaus Huber*, Diss. Bern, 1976 (Ms.)

Gespräche des Autors mit Klaus Huber, 12.3.1997 in Bremen

Klaus Huber

Geboren in Bern am 30.11.1924

Gymnasium in Basel, Lehrerseminar Küsnacht/Zürich

1947–49 Musikstudium Konservatorium Zürich, Abschluss Violine bei Stefi Geyer und Schulmusik

1947–55 Theorie- und Kompositionsstudien bei Willy Burkhard

1950–60 Lehrer für Violine am Konservatorium Zürich

1955/56 Studium bei Boris Blacher, Berlin

1959 UA ‹Des Engels Anredung an die Seele› in Rom: 1. Preis für Kammermusik im Kompositionswettbewerb der IGNM Italien

1960–63 Lehrtätigkeit am Konservatorium Luzern

1961 UA ‹Noctes› für Oboe und Cembalo in Darmstadt

1961–72 Lehrtätigkeit an der Musikakademie Basel, ab 1968 Leiter der Meisterklasse für Komposition

1969 Gründung des Internationalen Komponistenseminars Boswil

1970 Beethovenpreis der Stadt Bonn für ‹Tenebrae›

1973–90 Leiter der Kompositionsklasse und des Instituts für Neue Musik Freiburg i. Br.

1975 Komponistenpreis des Schweizerischen Tonkünstlervereins

1978 Kunstpreis der Stadt Basel

1983 Erste Reise nach Nicaragua, Treffen mit Ernesto Cardenal

1983 UA der Gesamtfassung von ‹Erniedrigt – geknechtet – verlassen – verachtet ...› bei den Donaueschinger Musiktagen

Seit 1965 zahlreiche Kompositionskurse, Gastprofessuren, Vorträge, unter anderem in Brasilien, Nicaragua, Kanada, Italien, Japan, IRCAM Paris, Polen und Schweden

1990 Rücktritt als Leiter der Staatlichen Hochschule für Musik in Freiburg i. Br.
Neben seinem Komponieren führt Klaus Huber seine Lehrtätigkeit in freier Form weiter, so 1990 in Helsinki, 1991 in London und Genève, 1992 in Berlin, 1992/93 in Milano, 1994 in Graz, 1996 in Japan, 1997 in Sarajevo und Venezuela. Composer in Residence: 1992 in Strasbourg, Basel und Huddersfield, 1993 in Avignon und Toronto, 1994 in Luzern.
Helsinki/Finnland, Royal Academy of Music London, Conservatoire de Genève, Milano/Italien, Graz/Österreich, Berlin. Composer in Residence in Strasbourg, Basel, Huddersfield, Avignon, Toronto, Luzern usw.

Ehemalige KompositionsschülerInnen u.a.: Gerald Bennett, Elisha Davidsson, Reinhard Febel, Brian Ferneyhough, Helmut Flammer, Ulrich Gasser, Toshio Hosokawa, Michael Jarrell, Thomas Lauck, Vivienne Olive, Younghi Pagh-Paan, André Richard, Wolfgang Rihm, Uros Rojko, Zvi Snunit, Jukka Tiensuu, Hans Wüthrich, Manbang Yi

Klaus Huber lebt in Bremen und Panicale (Perugia)

Werke (Auswahl)

‹Des Engels Anredung an die Seele›, Kammerkantate (1957)

‹Noctes intelligibilis lucis› für Oboe und Cembalo (1961)

‹Moteti–Cantiones›, Streichquartett (1962/63)

‹Soliloquia›, Oratorium (1959/64)

‹Tenebrae› für grosses Orchester (1966/67)

‹Tempora› für Violine und Orchester (1969/70)

‹... inwendig voller figur ...› für Chorstimmen, Lautsprecher, Tonband und grosses Orchester (1970/71)

‹Im Paradies oder Der Alte vom Berge›, Oper (1973/75)

‹Senfkorn› für Knabenstimme und fünf Instrumente (1975)

‹... ohne Grenze und Rand ...› für Viola und kleines Orchester (1976/77)

‹Erniedrigt – geknechtet – verlassen – verachtet ...› für Soli, 16 Einzelstimmen, Chor, Orchester, Tonbänder, Mikrophone und Projektion (1975/78–81/82)

‹... von Zeit zu Zeit ...›, 2. Streichquartett (1984/85)

‹Cantiones de Circulo Gyrante› für drei Gruppen und fünf Einzelspieler (1985)

‹Spes contra spem› für fünf Singstimmen, fünf Sprecher-Schauspieler/innen, grosses Orchester, Tonbänder und digitale Zusatzgeräte (1986–89)

‹Des Dichters Pflug›, Streichtrio (1989)

‹La Terre des Hommes› für Sing- und Sprechstimmen und 17 Instrumentalisten (1987–89)

‹Die umgepflügte Zeit› für Soli, Sprecherin, 2 gemischte Ensembles, Chorstimmen und Instrumente (1990)

‹Die Erde bewegt sich auf den Hörnern eines Ochsen›, Assemblage für vier arabische und zwei europäische Musiker (1992/93)

‹Lamentationes de fine vicesimi saeculi› für Orchester in vier Gruppen mit Sufi-Sänger ad lib. (1992–94)

Kammerkonzert (‹Intarsi›) für Klavier und Ensemble (1993/94)

‹Black Plaint› für Shô und Schlagzeuge (1995)

‹Leçons pour six chanteurs, théorbe et cor de basset› (1995/97)

Giorgio Zanchetti

«Und nur als Bildhauer können wir tapfer sein»

Ein Bild des Risorgimento von Vincenzo Vela

«... an edlen Herausforderungen des Schicksals und des nationalen Willens»

«Junge Bildhauer, das Schicksal eröffnet euch ein Feld der Kunst, das noch ungenügend erforscht ist: das Feld des Gefühls, des Ausdrucks, der Wahrheit. Wenige Grosse schweiften in diesem Feld umher; ihr könnt darin noch reiche Ernte machen. Die Bildhauerkunst erwartet von euch, dass Gefühl, Ausdruck, Wahrheit, nicht die genaue Wiedergabe des Brauches, die Figuren auszustatten, den Grad der Malerei erreichen. Und gerade ihr, junge Piemonteser, ihr vom Schicksal Begünstigten, die ihr seit mehreren Jahren eine äusserst liberale Verfassung geniesst, macht Gebrauch von der Freiheit der Gedanken, indem ihr sie in eure Werke einfliessen lässt.»[1]

Vincenzo Vela, eben erst auf den Lehrstuhl für Bildhauerkunst der neu eröffneten Akademie Albertina[2] berufen, ermunterte im Oktober 1856 mit diesen Worten den künstlerischen Nachwuchs der savoyischen Hauptstadt. Gleichzeitig skizzierte er in groben Zügen sein Ideal einer neuen Bildhauerkunst, fähig, die Poetiken des Wahren und des für diese Zeit charakteristischen bürgerlichen Gefühls der Rückeroberung zu vereinen, ganz nach dem reifen Vorbild der Geschichtsmalerei. Dieser Aufforderung liess er eine Kritik an der offensichtlichen Unangemessenheit der traditionellen Sprache der Kunst folgen, die unfähig sei, sich gänzlich zum Interpreten neuer, immer dringlicherer Ideologien zu machen. Diese Kritik hatte er bereits im ersten Entwurf des Manuskripts seiner Antrittsvorlesung umfassend entwickelt: «Ihr seid frei, aber was nützt euch die Gedankenfreiheit, wenn ihr keine Gedanken habt? Ihr seid zu den edlen und hohen Disziplinen gekommen, nicht in Zeiten misstrauischen Absolutismus', der kaum den verschleierten Gedanken an mythologische Anspielungen tolerierte, sondern in einer ruhmreichen Zeit von Freiheit, unter einer Regierung, die den Hoffnungen der Jungen keine Hindernisse in den Weg stellt und kein Monopol der Ehre errichtet; sie gefällt sich im Gegenteil darin, die Männer, die sich der weltlichen Kunst geweiht haben, aufzunehmen und zu ermutigen. Ich, der ich dieses Land schon als den begünstigtsten Teil meines unglücklichen Vaterlandes liebte, ich, der ich jetzt gezwungen bin, ihn mit bewundernder Zuneigung zu verehren und als Heiligtum der gemeinsamen Hoffnungen zu verteidigen; ich also würde die neue und schwierige Aufgabe nicht erfüllen, die ich mit diesem unverhofften Wohlwollen übernommen habe, sagte ich euch nicht frei heraus, o junge Piemonteser, dass es der Kunst hier an edlen Herausforderungen des Schicksals und des nationalen Willens fehlt. Seit acht Jahren leben wir in Freiheit, seit acht Jahren leidet Italien vor unseren Augen und warten wir auf den geeigneten Moment, uns für unser Land zu opfern. In diesen acht Jahren scheint die piemontesische Bildhauerkunst nicht gemerkt zu haben, dass Italien in allen Physiognomien einen Ausdruck, in allen Taten eine Enthüllung sucht. Ich spreche nicht von den vereinzelten Auftragsmotiven, die ein vaterländisches Thema zum Gegenstand haben: Ich spreche von den Motiven der freien Wahl, die noch immer gleichgültig mythologisch sind oder, schlimmer noch als mythologisch, die derjenigen Bildhauerei angehören, die ich Genre- und Launen-Bildhauerei nennen will. Diese scheint ihre Themen unter den ornamentalen Gegenständen der Kabinette oder den Pendulen auszuwählen. Sagt nicht, es fehlten die Themen, die Zeit sei prosaisch, unser Staat sei klein und geizig. [...] Schaut euch besser um: Seht dies leidende Volk, diesen Kummer, [...] diesen berückenden Glanz der Hoffnung, diese Abgründe des Gedankens und der Leidenschaft, diese Welt, die sich dem Abgrund des unendlichen Mysteriums zuneigt, und behauptet dann, es fehle an zu behandelnden Gegenständen und auszudrückenden Leidenschaften.»[3]

Es sind viele, etwas verworrene Gründe, die Vela Anfang der 1850er Jahre nach Turin führen und ihn in wenigen Jahren vom jungen, demokratischen, revolutionären, gegenüber den Vorschriften der Hochschulen gleichgültigen Künstler zum Verfechter der Kulturpropaganda der savoyischen Monarchie werden lassen oder besser, dieser gewissenlosen, mässig liberalen Aristokratie, die in der Herausbildung Italiens eine entscheidende Rolle spielt.

Für ihn, den Grenzsoldaten zwischen der Schweizerischen Eidgenossenschaft und Lombardei-Venetien, verkörpert die anti-österreichische Reaktion seit 1848 einen eher unbestimmten Geist nationaler Unabhängigkeit. Möglicherweise ist dieser, wenn auch nur auf ideologischer Ebene, bereits mit demokratischen Fermenten durchsetzt und vom Traum einer

Pierre Henri Théodor Tetar van Elven: *Das Atelier von Vincenzo Vela in Turin/Studio dello scultore Vela.* Um 1858. Aquarell

übernationalen Selbstbestimmung der Völker erfüllt. Die Entwicklungsschwierigkeiten dieser wahrhaft demokratischen Ansätze während des italienischen Einigungsprozesses zeigen sich in ihrer vollen Grösse beim Übergang von der Phase der Verschwörungen, der Utopien und der Unruhen zu politischer Aktivität und zum Einsatz des Militärs, angeführt vom Piemont savoyischer Abkunft, beschützt von der langen Hand Frankreichs.

Vincenzo Vela: *Die Betrübnis/La Desolazione.* Grabmal für Carlo und Maria Ciani. 1850. Gips

Genau so schwierig wird es für Vela gewesen sein, auf einem Mythos des «artista engagé», des engagierten Künstlers herumzureiten, der in Wirklichkeit nicht immer konsequent war: der Mythos des neuen[4] Menschen ist, bei genauer Betrachtung, beinahe immer ein Mythos der sozialen Integration.

Auch wenn die Bildhauerkunst ein wahrhaft «volksnahes» Gefühl besitzt, kann sie nur durch Aufträge mit der öffentlichen Initiative oder mit einer stark beschränkten «élite» verbunden bleiben. Durch Ausstellungen und die Gründung von Fördervereinen bildet sich gerade in diesen Jahrzehnten ein neues und breiteres Publikum heraus, wodurch sich diese eindeutige Zuordnung der gossen Bildhauerkunst als Vorurteil entpuppen muss. Von allem Anfang an gilt Velas grösste Sorge – zuerst in Mailand, danach mit weniger Intensität auf der neuen Piazza von Turin – der Identifikation oder sogar der Konstitution eines Auftraggebers, wofür er die enthusiastische Antwort des breiteren Publikums und der Kritiker eben dieser Ausstellungen herausstreicht. Nicht zufällig entspricht dieser Auftraggeber einer Gruppe der meist beachteten Familien der aufgeklärten Aristokratie Mailands: die Litta, die d'Adda, die Borromeo, die Crivelli, die Ciani, die Clerici. All diese Familien haben sich schon seit 1830, schon seit den Tumulten von 1821 in erster Linie oppositionell gegen die österreichische Militärherrschaft formiert und sind durch Blutsverwandtschaft und Exilerfahrung mit dem Adel der «verbrüderten Länder» des Piemont eng verbunden.

Vor diesem Hintergrund muss Velas ganze Aktivität als patriotischer Bildhauer gelesen werden, angefangen bei den unvergleichlichen Vorfahren wie der ‹Preghiera del mattino›, der ‹Desolazione› und vor allem der populären Ikone des ‹Spartaco› bis hin zu der seine Karriere beschliessenden Phase des ‹Garibaldi› für Como, des Mailänder Monuments ‹Agostino Bertani› und der ‹Vittime del lavoro›: eine breitgefächerte Arbeit, gerade in der Turiner Zeit, so der ‹Alfieri›, der ‹Tommaso Grossi› in der Brera, ‹Italia riconoscente alla Francia›, der ‹Murat› in Bologna, das Grab von Rosmini in Stresa und das Grabmal von Donizetti in Bergamo, die Büsten von Garibaldi, Vittorio Emanuele, Cavour, D'Azeglio, La Marmora und Manin.

Der Meissel und die Büchse. Der ‹Spartaco› und der Feldzug von 1848

Der Umfang dieser Arbeit verbietet es, sich über das komplexe Problem der Entstehung, der Datierung und der Quellen eines Werks wie des ‹Spartaco› auszubreiten. Angesetzt wird dieses üblicherweise, durch Aussagen Velas selbst und seiner ersten Biographen gestützt, zwischen 1847 (Ausführung des Gipsmodelles) und 1850 (dessen Übertragung in Marmor).[5] Das Problem ist einerseits verknüpft mit der Aufnahme, welche die ‹Preghiera del mattino› an der Ausstellung in der Brera 1846 gefunden hat, andererseits mit der Studienreise nach Rom, die Vela im darauffolgenden Jahr unternimmt, sowie mit seiner Teilnahme an den Feldzügen von 1847/48.

Der Begeisterung für die «kühne Neuheit», für die Fähigkeit Velas, den Marmor auf Kosten der klassizistischen Formeln in «etwas Pulsierendes und Lebendiges»[6] zu verwandeln, stellt sich eine Polemik der Schule entgegen: «Die Akademiker», erinnert sich Vela in seinen ‹Cenni biografici›, «obwohl sie die Vollendung dieses Meisterwerkes anerkannten, verbreiteten sie die Meinung, der Bildhauer, eines Aktes unfähig, hätte dieses Mädchen aufgrund seiner schamhaften Schlauheit mit einem Hemd bedeckt. Daraufhin entwarf Vela, von derartig missgünstiger Bissigkeit in seinem Innersten verletzt, den Plan des Spartakus-Aktes.»[7] Demnach wäre das Gipsmodell in Rom entstanden, «wo es unbemerkt blieb, da Vela es nur einigen Freunden zeigte, unter anderen Tenerani, der sich sehr anerkennend darüber äusserte»[8]. Die Datierung des Romaufenthaltes erfolgte unterschiedlich zwischen Ende 1846 und 1847.[9] Man muss jedoch bedenken, dass Vela seit Anfang 1847 mit der Umsetzung der eigenen Statuettenmodelle ‹San Pamptius› und ‹San Valente› beschäftigt ist; diese sind für die Spitzsäulen Pestagallis am Mailänder Dom bestimmt, werden aber erst zu Jahresende geliefert und entlöhnt. Die Reise scheint also von der Jahresmitte bis Anfang November 1847 gedauert zu haben. Als der Sonderbundskrieg ausbrach, «schickte er den eingewickelten Gips-Spartakus nach Mailand, tauschte den Meissel gegen die Büchse und trug sich in die Liste der freiwilligen ‹compagnia dei Bersaglieri di Lugano› ein. Er legte die Waffe erst nieder, nachdem er als, zwar freiwilliger, Soldat im Lombardei-Krieg 1848 gekämpft hatte.»

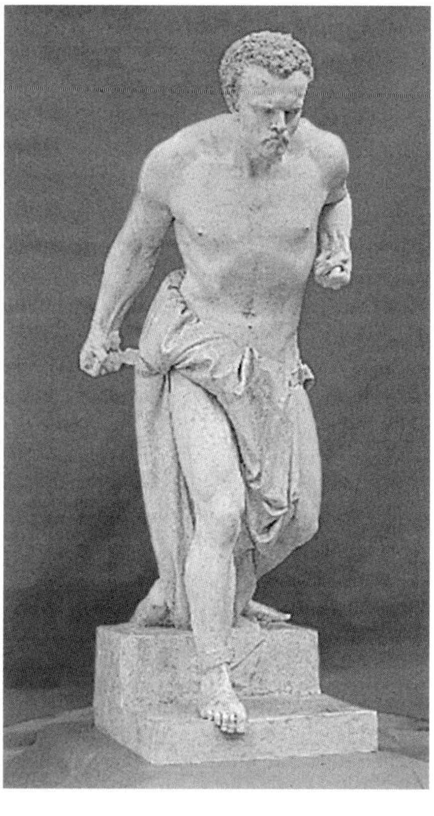

Vincenzo Vela: *Spartacus/ Spartaco.* 1847–1850. Gips

Die Widersprüchlichkeit vieler früher Zeugnisse erschwert die genaue Rekonstruktion von Velas Einsatz im Lombardeifeldzug.[10] Sein tatsächliches Eingreifen während der «Cinque Giornate di Milano» kann man allem Anschein nach ausschliessen. Viel wahrscheinlicher ist seine Teilnahme an den Gefechten, die unmittelbar vor und nach der Aufgabe der österreichischen Garnison Como (22. März) stattfanden. Er kämpfte in den Reihen der freiwilligen Tessiner und Lombarden, die unter dem Befehl von Hauptmann Arcioni standen und von Giacomo Ciani unterstützt wurden. Nach dem Fall der Porta Tosa versammelte sich der Zug Arcioni mit anderen Freiwilligen aus dem Piemont und der Lombardei in Mailand, um den feindlichen Truppen nach Osten zu folgen, löste sich jedoch Ende April durch den Übertritt Arcionis zur Verteidigung Roms auf. Anlässlich der Polemik, die seinen Plan eines Monuments für Manin in Venedig zunichte machte, bezeugte Vela selbst, nicht ohne eine Prise verständlichen Stolzes, seine Teilnahme an der unmittelbar an den Konflikt anschliessenden Phase, die wenigstens bis Ende Mai, bis zur Einnahme Peschieras, gedauert hatte: «Ich gehörte zum Zuge der ‹Carabinieri Svizzeri e Lombardi› unter dem Regiment von (Vicari), Ramella und Simonetta, und [...] bei Peschiera hatte ich die Ehre, dem Bombenhagel, der von der Festung herniederprasselte, bis zur Kapitulation der Oesterreicher standzuhalten.»[11] Die Bindung an Francesco Calloni, der mit Vincenzo bereits seit den gemeinsamen Studien an der Brera befreundet und in Somma Campagna am 24 Juli gefallen war, würde den freiwilligen Kriegsdienst Velas – den ersten Biographen zufolge[12] – bis zum Ende des Konflikts und zur österreichischen Besetzung Mailands Anfang August verlängern.

Nach dem Waffenstillstand von Salasco war unser Künstler gezwungen, wieder zu den Dingen der Kunst zurückzukehren. Man muss jedoch betonen, dass es uns die Kürze seines Aufenthalts in Rom[13] erlaubt, deren Wichtigkeit für Velas Werdegang objektiver zu beurteilen.[14] Es ist wahrscheinlich, dass Vela in dieser Episode eine selbstverständliche Vollendung seines künstlerischen «*iter*» sah, dass er jedoch den Plan, jedenfalls auf stilistischer und formaler Ebene, eines grossen veranschaulichenden Werkes vor Augen hatte, gedacht vor allem zu Ehren der argwöhnischen Akademie: den Akt des ‹Spartaco›. Wichtiger als der allzu offensichtliche Michelangelismus und der Berninismus, wichtiger als die Verbindung mit Canova, wofür der Aufenthalt in Rom eine festigende und anregende, nicht aber eine neuartige oder entdeckende Rolle gespielt haben kann, scheinen einige viel tiefer in der lombardischen Kultur verwurzelte Quellen zu sein: Stellvertretend für alle stehe die Abkunft vom ‹Sansone› des Hayez, gewissenhaft ausgeleuchtet von der neueren Kritik.[15] Neben diesem 1842 in der Brera ausgestellten Bild verdient ein sonderbarer und unsicherer thematischer Umstand erwähnt zu werden: Es existiert kein sicheres Indiz dafür, dass Vela davon wusste, aber die Herkunft des bedeutsamsten Vorgängers in der symbolischen Verwendung der Person Spartakus', verbunden mit der nationalen Rückeroberung Italiens, ist trotzdem eindrucksvoll. Dieser Einfluss findet sich nicht in der internationalen römischen Umgebung, sondern unmittelbar in den Mailänder Kreisen um den Autor der ‹Promessi sposi›, in dem Kreise also, in dem Vela durch die Stimme des Volkes und durch die direkte Teilnahme Hayez' nicht umhin kam, wenigstens einen schwachen Reflex zu spüren. Manzoni selbst hatte im fernen 1821 (gerade in den Monaten vor und nach den Tagen von 1848 erfuhr die patriotische Lyrik Manzonis eine grosse Verbreitung) seine Aufmerksamkeit dem Projekt einer dritten Tragödie gewidmet, dem ‹Spartaco› eben, für die er bereits das bibliographische Material gesammelt und ein geschichtliches und dramaturgisches Gerüst entworfen hatte.[16]

Es ist nicht möglich, ein Werk wie den ‹Spartaco› auf rein technischer und anschaulicher Ebene auf eine persönliche Schulpolemik zu reduzieren (oder auf eine gänzlich kunstinterne Debatte). Ebenso wenig kann man es auf eine flache politische Verkündigung eines Barrikadenkünstlers beschränken, dem mit der Büchse wohler ist als mit Meissel und Spachtel.[17] Alles spricht dafür, dass Vela 1848 und darüber hinaus eine tiefgreifende Revision und eine fast vollständige Neuformulierung eines möglicherweise in Rom entwickelten Studienmodells ausgearbeitet hat. Das würde sowohl die überaus lange Umsetzungszeit in Marmor (ausgeführt im Auftrag von Antonio Litta vor dem September 1850) als auch die inhaltliche, gänzlich risorgimentale Spannung des vollendeten Werks erklären. Wie entscheidend diese Spannung für das Werkverständnis des zeitgenössischen Publikums war, zeigt – mehr noch als die Kritik in den Zeitschriften, die ihre opportunistische Bewertung auf die formalen Aspekte beschränkte – auch das übliche Aufkommen poetischer Kompositionen, die der neuen Ikone gewidmet wurden, zum Teil auf heimliche Art und Weise, oft geprägt von stolzem Patriotismus: «Wohlan, hinweg, sagt nur, ihr spöttischen Ungeheuer / dass die Tugenden Italiens verloschen sind / und wir nur noch als Bildhauer tapfer sein können. / Aber fürchtet euch, um Gottes Willen, denn die Erde, die in dieser Form entsteht / sie schläft nicht ewig / und was wird mit euch geschehen, wenn sie erwacht?»[18]

Ausgesprochen interessant ist ein Teil der Beurteilung Rovanis, sonst nicht knauserig mit Kritik an Vela und an diesem Werk ganz besonders. Er verbindet die Reflexion über das Thema mit der über den Stil, indem er den ‹Spartaco› als ersten Schritt in Richtung einer grundlegenden und konsequenten Neuerung der «scultura celebrativa» versteht: «Vela kann nicht genug dafür gelobt werden, dass er die Aufgabe der monumentalen Bildhauerkunst mit dem Versuch erfasst hat, eine Statue zu schaffen, die alle hohen Bestrebungen einer starken und grossen Vergangenheit hervorrufen soll, und dass er diesen Versuch mit einer Ausführungsstärke und einem Stil vollbracht hat, der, von einigen Ausnahmen abgesehen, über die üblichen Mittel hinausgeht. [...] Die monumentale Bildhauerkunst ist die Bildhauerkunst schlechthin. Wenn sie das aber ist, dann äussert sie ihre wahre Wichtigkeit in der Unterstützung der Geschichte. Bildhauerkunst, die in die Enge der Kabinette und der Privaträume eingeschlossen wird, die Gruppen und aphrodisische, von der Sünde aufgeblasene Statuen formt, ist eine Kunst, die keine andere Absicht hat, als die körperliche Schönheit herauszustellen. Seine Venusstatuen, seine Grazien und seine Psychen allein, Kompositionen von anakreontischer Süsse, aber von schwachem Konzept, hätten Canova niemals zu Ruhm gereicht. Um einer der grössten Bildhauer seiner Zeit zu sein, benötigte er das Monument für Papst Rezzonico, jenes für Maria Cristina und andere. Die monumentale Bildhauerkunst ist diejenige, die die Begabung des ‹plasticatore› am härtesten auf die Probe stellt.»[19]

«Kunstauffassung». Von Mailand nach Turin

Nach dem Erfolg des ‹Spartaco› ist Vela nun der bekannteste Künstler, das Lieblingskind der aristokratischen und intellektuellen Auftraggeber, von welchen bereits gesprochen wurde. An diesem Punkt seiner Karriere kann die Anerkennung derjenigen Akademie nicht fehlen, die ihn auf seinen ersten Schritten begleitet hat, die ihn durch einige wichtige Professoren, besonders durch Hayez und Benedetto Cacciatori, immer noch ermutigte und ihn nun zum «Socio d'Arte» wählt. Die durch diese Wahl ausgelöste Krise und der anschliessende Fortgang Velas aus Mailand waren nicht vorhersehbar. In der gleichen Sitzung vom 14. Mai 1852, in der er mit grosser Mehrheit für die Aufnahme Velas stimmte, dachte der Rat der Königlich-Kaiserlichen Akademie daran, auch den Generalfeldmarschall Radetzky, den Gouverneur Strassoldo und den Generalkommandeur der Lombardei zu Ehrenmitgliedern zu wählen. Diese schwierige Lage führte die drastische Antwort des patriotischen Künstlers auf die öffentliche Mitteilung der ihm zuteil gewordenen Ehre herbei, die erst im Juli durch den Präsidenten der Brera erfolgte (offensichtlich aufgrund einer Verzögerung der nötigen Genehmigung seitens der politischen Behörden). Vela schreibt: «Der Unterzeichnende drückt dieser verehrungswürdigen Akademie der Schönen Künste seine Dankbarkeit für die Ehre aus, die jene ihm mit der kurzentschlossenen Wahl zum ‹Socio d'Arte› und der Urkunde zukommen liess. Der Unterzeichnende sieht jedoch davon ab, einem Institut beizutreten, das eine andere Kunstauffassung vertritt als er selber. Indem er denen neuerlich seine Dankbarkeit für die Ehre ausdrückt, die ihn auszeichnen wollten, schickt er die Urkunde an Ihre Exzellenz zurück, ohne dieser illustren Akademie beizutreten.»[20] Die Absage verläuft nicht ohne Aufsehen zu erregen, denn Vela ist gezwungen, Mailand noch vor dem August desselben Jahres zu verlassen und in Ligornetto Unterschlupf zu suchen, bevor er sich dann endgültig in Turin niederlassen wird.

Vincenzo Vela: *Der Fähndrich/Alfiere.* 1856/59. Gips

«Die Ereignisse überstürzen sich, es ist Zeit zu handeln. Ich bitte Sie deshalb, Oberst Fogliardi zu schreiben und ihn nach Turin zu rufen, damit ich mit ihm verhandeln kann. Da der Uferweg möglicherweise beobachtet wird, könnte er über Moncenisio kommen.» So schreibt Cavour am 22. April 1859 an Vela, der mittlerweile zum Protagonisten der Kunstwelt der savoyischen Hauptstadt geworden ist. Bequem niedergelassen an der Spitze der Bildhauerschule der Akademie Turins, ist er jedoch noch immer, und zwar nicht nur in Gedanken, in die Bestrebungen und Verschwörungen verwickelt, die zur anti-österreichischen Rückeroberung der Lombardei führen werden. Aus dem Briefwechsel mit dem Tessiner Agostino Fogliardi, auf den Cavour anspielt, scheint hervorzugehen, dass Vela direkt in eine Waffensammlungsaktion entlang der Grenze verwickelt war. In einem Brief vom 25. April aus Luzern eröffnet Fogliardi dem Bildhauer, nach der Besprechung der politischen Verbindungen zwischen dem Piemont und der Schweiz sowie der Notwendigkeit, eine klare politische Haltung einzu-

Vincenzo Vela: Die Statue des Generals *Giuseppe Garibaldi* in Como. 1888/89. Bronze. Aktuelle Photographie

nehmen, das Angebot eines geheimen Gönners von hundert Karabinern aus Vicennes für den Unabhängigkeitskrieg Italiens.

In einem früheren Brief an Vela vom 15. April hatte Fogliardi, bestimmt nicht ohne Absicht, auf die kurz vorher gefeierte Inauguration eines Monuments von Vela angespielt, des ‹Monumento all'Alfiere dell'Esercito Sardo›. Das Monument war ein Geschenk der Mailänder Patrioten an die Stadt Turin gewesen, offiziell als Zeichen der Anerkennung der geleisteten Dienste im Krieg von 1848[21], aber sehr viel wahrscheinlicher als Tribut und Ermutigung zur neuen, entscheidenden politischen Linie der Regierung mit Cavour, mit seiner Annäherung an Frankreich, der Teilnahme am Krimkrieg und mit dem anschliessenden Pariser Kongress[22], verkörpert in der «Società Nazionale».

Der tiefgreifende ideelle Wechsel in den Jahren 1848 bis 1859 könnte nirgendwo deutlicher sichtbar gemacht werden als in der Gegenüberstellung des ‹Spartaco› und des ‹Alfiere›, einem weiteren «manifesten» Werk Velas. Die Veränderung ist explizit in der Rolle Velas selbst verkörpert: zuerst romantisch-«utopistischer» Kämpfer für die verwandten Heimatländer, verbannt und flüchtig; danach eingeschworener Vertreter einer aristokratisch-reformistischen Gesellschaft, einer Monarchie und einer Herrschaft, die sich als weit weniger liberal entpuppten, als sie sich zu Beginn dargestellt hatten; endlich, als sich eine wirkliche, national einheitliche Strukur zu festigen begann, wurde er beiseite geschoben oder durch sich selbst isoliert. Letzteres eher im Namen einer allgemeinen Unduldsamkeit eines opportunistischen, wiederum kodifizierten Systems als auf den Grundlagen einer bestimmten ideologischen Haltung.

In einer späten Kämpferfigur ist dieser Unterschied noch deutlicher, im ‹Monumento a Garibaldi›, zwischen 1888 und 1889 für die Stadt Como gehauen.[23] Energisch, aber nicht befriedigt verkörpert der Held hier das dramatische und antirealistische Gegenteil der zahlreichen prunkvollen, schwülstigen Garibaldis, unbeweglich geworden in all den Jahren, in denen sie die Plätze Italiens bereits bevölkern[24]: angespannt, müde und noch nicht (oder nicht mehr) Sieger. Vela entscheidet sich, ihn in ausgesprochen volksnaher Weise zu lesen, er ist kein ruhmreich dargestellter Held der Gründung und der Vereinigung, sondern ein Held der Befreiung, der Wiedererlangung des garibaldischen Ideals in sozialer Hinsicht. So hatte ihn sich Giuseppe Grandi vorgestellt, als er 1848 an dem Wettbewerb um das Monument für Mailand teilgenommen hatte, oder so ihn sich Medardo Rosso für die Wettbewerbe von Pavia (Oktober 1882) und Mailand gedacht.[25]

In diesem letzten und grossartigen Abschnitt seiner Karriere erreicht Vincenzo Vela eine höchste Verbindung des Geistes seines Werkes und der Inszenierung einer neuen Sprache. Der ausdrucksvolle, beinahe «expressionistische» Gebrauch schwerer Schraffierungen, von sich drastisch gegenübergestellten Oberflächen, oft mit lebendigen Kanten sogar in den Gesichtszügen, schwülstiger Details wie die unglaublichen Rundungen der Augenbrauen oder des Ansatzes der Nasenlöcher. Der Gebrauch all dieser Mittel gehört zu einer Tradition der extremen Hervorhebung und der Deformation, die berühmte Vorfahren und Parallelen besonders in der Bildhauerei auf der anderen Seite der Alpen hat. In Italien triumphiert er in den Ausführungen der jungen Meister des Verismus und des sozialen Realismus, wie beispielsweise in Cecioni oder D'Orsi, ihrerseits beeinflusst von den dramatischen Umbrüchen und von der analytischen Virtuosität Velas.

Velas ‹Garibaldi› scheint uns eines der höchsten und überzeugendsten Resultate der Umsetzungen des Mythos aus dem Risorgimento, gleichzeitig aber auch die endgültige Überwindung des heroischen Ideals zu sein: Im Relief der ‹Resa della caserma di S. Francesco› zieht sich Vela als Zeuge zurück, er, der anlässlich eben dieses Ereignisses (22. März 1848) in Como als Soldat gekämpft hatte. So als wolle er den Aussagewert dieses Ereignisses hervorheben, denunziert er jedoch die genaue und unausfüllbare geschichtliche Distanz dieser Akteure und dieser Szene im Vergleich mit einer radikal veränderten Gegenwart.

Aus dem Italienischen von Monika Schüpbach

1 Bundesarchiv, Bern (BB), J.I.110, 6: Vincenzo Vela, *Prolusione ai corsi dell'Accademia Albertina*, Turin, 1856, Handschrift, endgültige Fassung, S. 3

2 Für die neue Ordnung der Albertina, geführt von Ludovico di Breme, vgl. Barbara Cinelli, «L'Accademia alle Promotrici», in: *Cultura figurativa ed architettonica negli Stati del Re di Sardegna. 1773–1861*, Enrico Castelnuovo und Marco Rosci (Hg.), (Katalog der Ausstellung, Palazzo Reale/Palazzo Madama/Palazzina della Promotrice, Turin, Mai – Juni 1980), Turin, 1980, Bd. II, S. 683–684.

3 BB, J.I.110, 6: V. Vela, *Prolusione ai corsi dell'Accademia Albertina*, Turin, 1856, Handschrift, erste Fassung, Entwurf, S. 17–20.

4 Neu an Vela ist sein schwindelerregender sozialer Aufstieg aus den einfachsten Verhältnissen, mehrfach von einer erbaulichen Biographietradition gepriesen – an Stelle aller konsultiere man Michele Lessona, *Volere è potere*, Florenz, G. Barbèra, 1869, S. 364–371 (vgl. auch Nancy J. Scott, *Vincenzo Vela 1820–1891*, Dissertation Ph. D., Departement of Fine Arts – Graduate School of Arts and Science, New York University, Juni 1978, New York / London, Garland Publishing, 1979, S. 2–3) –, aber noch mehr sein Charakter des Oppositionskünstlers, bereit, auf die Barrikaden zu gehen und Beruf und Anerkennung aufs Spiel zu setzen, um sich nicht der unterdrückenden Regierung unterwerfen zu müssen.

5 Zu diesem Thema beachte man zumindest: N. J. Scott, *Vincenzo* ..., 1979, S. 18–20, 28–31; Barbara Cinelli, «scheda», in: *Hayez*, Maria Cristina Gozzoli und Fernando Mazzocca (Hg.), Ausstellungskatalog (Palazzo Reale – Sala delle Cariatidi, Akademie, Pinakothek, Bibliothek der Brera, Mailand, November 1983 – Januar 1984), Mailand, Electa, 1983, S. 303–304, Kat. 159.

6 So Carlo Tenca, «Esposizione di Belle Arti nell' I. R. Palazzo di Brera», in: *Rivista Europea*, September 1846, S. 340.

7 BB, J.I.110, 1: *Cenni biografici su Vincenzo Vela*, 1864, Handschrift, S. 3.

8 ebd.

9 Vgl. N .J. Scott, *Vincenzo* ..., 1979, S. 18–20.

10 Vgl. die lückenhafte und viele Fragen offenlassende Rekonstruktion von Scott (ebd, S. 21–28).

11 BB, J.I.110, 3 Bd 48: V. Vela, Kopie des Briefes an Carlo Pisani, Lorgnetto, 14. Mai 1870.

12 Vgl. besonders: Innocenzo Regazzoni, «Vincenzo Vela. Reminiscenze postume», Auszug aus dem *Almanacco manuale della provincia di Como*, prov. Typ. F. Ostinelli di C.A., Como, 1892, S. 12; und Romeo Manzoni, *Vincenzo Véla. L'Homme – Le Patriote – L'Artiste*, Mailand, Hoepli, 1906, S. 86–88.

13 Der Aufenthalt beschränkt sich auch nach Aussage eines frühen Biographen Velas auf wenig mehr als sechs Monate: Augusto Guidini, «Vincenzo Vela. Vita e lavori», in: Giulio Cesare Marchi Castellini, *Antonio Allegri detto il Correggio, Vincenzo Vela, Luigi Asioli*, Correggio, Fratelli Palazzi Tipografi Editori, 1880, S. 164.

14 Ich denke, um ein in der nachfolgenden Literatur weitverbreitetes Beispiel zu nennen, an den entscheidenden Wechsel, den Rovani darin sehen möchte; er behauptet, der junge Künstler «si rifece tutto quanto» [«machte sich gänzlich neu»] in Rom und versichert ohne halbe Worte – im Namen einer falschverstandenen Poetik der Inhalte –, «zwischen der ‹Preghiera del mattino› und dem ‹Spartaco› sind die Unterschiede so gross, dass es schwerfällt zu glauben, die beiden Stücke seien von ein und demselben Künstler». Giuseppe Rovani, «Vincenzo Vela», in: *Storia delle lettere e delle arti in Italia, giusta le reciproche loro rispondenze ordinate nelle vite e nei ritratti degli uomini illustri dal secolo XIII fino ai nostri giorni, a cura di G. Rovani*, Mailand, Francesco Sanvito, 1855–1858, Bd IV, 1858, S. 508–509. Rovani erschien die ‹Desolazione› viel aussagekräftiger als die ‹Preghiera›, erstere 1850 für das Grabmal der Eltern von Filippo und Giacomo Ciani entstanden. Obwohl er, in unumgänglichem Vergleich mit Bartolini, den realistischen Gebrauch der symbolischen Figur «in camiciola e sottanino» («in Hemdchen und Soutänchen») belächelt, kommt der Kritiker nicht umhin, den Ausdruck heimatlicher Klage zu vernehmen, die sowohl von der expressiven Emphatisierung der ikonographischen Quelle Hayez' hervorgehoben wird als auch von der Gelegenheit und den offenkundig revolutionären Anstrengungen der Auftraggeber (vgl. ebd, S. 511–512; I. Regazzoni, *Vincenzo* ..., S. 13–17; B. Cinelli, *scheda*, in: *Hayez*, 1983, S. 238–239, Kat. 115).

15 Vgl. N.J. Scott, *Vincenzo* ..., 1979, S. 128–129; B. Cinelli, *scheda*, 1983, S. 303–304.

16 Zwischen den Autographen in der Sala Manzoniana der Brera (Dossier XIV, 8) finden sich eine Sammlung der Quellen, eine kurze Seite der *Marce e stazioni di Spartaco dalla storia*, und zwei verschiedene *Divisioni cronologiche in epoche prinicipali*. In einem Brief an Fauriel vom 3. November 1821 spielt Manzoni auf sein Projekt an, und erhebt es sogar auf die Ebene seines zukünftigen Romans: «[...] après je me metterai à mon roman, ou à une tragédie de Spartacus, selon que je me trouverai plus disposé à l'un de ces deux travaux.» Für die Wichtigkeit der vorangegangenen geschichtlichen Untersuchung und für die Vielzahl der darin verknüpften Thematiken konsultiere man die *Note* von Fausto Ghisalberti zur kritischen Ausgabe von A. Manzoni, *Tutte le opere*, Mailand, Mondadori, 1957, Bd I, S. 783–796, 1104–1114.

17 In diese Rolle passte vielleicht besser der arme Pietro Magni, Studienkollege Velas und Träger künftigen Ruhms in der lombardischen Bildhauerkunst. Als einziger der vielen heimkehrenden Künstler, zurück von der Verteidigung Roms, fühlte er sich «väterlich» von Benedetto Cacciatori, Professor für Bildhauerei an der Akademie, aufgefordert, «den Meissel wegzulegen und zum Säbel zurückzukehren». Dieser hat somit die traditionelle Rhetorik der Versöhnung und der Abrüstung beissend in ihr Gegenteil verkehrt. Vgl. G. Rovani, «Pietro Magni», in: *Storia* ..., 1855–1858, IV, S. 528; Eva Quajotto, «Artisti italiani dell'Ottocento. Lo scultore Pietro Magni», in: *Rassegna d'istruzione artistica*, Urbino-Roma, Jg. III, Nr. 3, Mai 1832, S. 124; Francesco Tedeschi, *Pietro Magni scultore (1816–1877)*, Tesi di Specializzazione in Storia dell'Arte, Università Cattolica del Sacro Cuore, Mailand, Jg. 1992–1993, S. 34, Nr.10.

18 Das Sonett ‹Spartaco› findet sich, gemeinsam mit dem ‹La preghiera› gewidmeten Gedicht, von Gian Jacopo Pezzi unterzeichnet, in: BB, J.I.110, 4.

19 G. Rovani, *Vincenzo* ..., 1855–1858, IV, S. 509, 512. Die zu starke Betonung der «Geschichte» auf Kosten der ästhetischen Überlegungen verleitet Rovani zu nicht immer akzeptablen Unterscheidungen. So beispielsweise, wenn er die Genialität der Synthese von Michelangelos ‹Mosè› unterstreicht, dem ‹David› dagegen nur eine marginale Rolle einer «stupenda accademia» zuteilt. (ebd, S. 510). Man muss die Übereinstimmungen zwischen Rovanis Angriff gegen die Kunst der Kabinette und dem in Velas Begrüssungsrede *(Prolusione ...)* hervorheben, wenn auch in einem Kontext der Neubewertung einer Bildhauerei mit bürgerlichem Engagement.

20 ASAB, Mailand, Carpi C II 34, *Soci onorari. Vela Vincenzo (1852)*, handschriftlicher Brief an den Vorsitz der Akademie, Mailand, 13. Juli 1852. Der Maler Angelo Rossi, gleichzeitig mit Vela gewählt, schloss sich dessen Entscheidung an, die vom akademischen Stab als «abstossende Neuheit» und «sonderbare und beleidigende Angelegenheit» angeprangert wurde. (vgl. ebd: Carpi A III 13, *Consigli Accademici. Adunanze. 1850–1854*, Art. 3, *Processo verbale della sessione tenutasi dal Consiglio Academico il 14 Luglio 1852*, Mailand).

21 Ein, wie man weiss, nicht entscheidender Beitrag, im Gegenteil, während der Übergabe und des Waffenstillstandes von Salasco von den Lombarden als Verrat durch Carlo Alberto erlebt.

22 Für einen ausführlicheren Bericht über das ‹Monumento all'Esercito Sardo› vgl.: B. Cinelli / Mimita Lamberti, «scheda», in: *Fantasmi di bronzo. Guida ai monumenti di Torino 1808–1937*, Turin, Martano, 1978, S. 66–69, Kat. 16; N.J. Scott, *Vincenzo* ..., 1979, S. 282, 284–286; B. Cinelli, «Un monumento ottocentesco e il suo pubblico: l'Alfiere di Vincenzo Vela nella Torino sabauda», in: *Notiziario dell'Istituto Storico della Resistenza in Cuneo e Provincia*, Nr. 28, II. Semester, 1985.

23 Zu diesem Monument vgl. G. Zanchetti, *L'eroe in controforma. Il Monumento a Giuseppe Garibaldi e alle Giornate Comasche del marzo 1848 di Vincenzo Vela*, (Casa d'Artisti, 2), Ligornetto, Museum Vela – Eidgenössisches Amt für Kultur, 1997.

24 Vgl. Sandra Pinto (Hg.), *Garibaldi. Arte e Storia*, Katalog der Ausstellung (Museo del Palazzo Venezia – Museo centrale del Risorgimento, Rom, 23. Juni – 31. Dezember 1982), Centro Di, Florenz, 1982, Bd. II, S. 262–272.

25 Vgl. Luciano Caramel, *Mostra di Medardo Rosso*, Palazzo della Permanente, Mailand, 1979, S. 48, 129.

Dario Gamboni

Phidias in Ligornetto

Das letzte Vierteljahrhundert von Vincenzo Vela

Vela, ein Künstler von 1848

1969 schrieb Peter Bichsel in ‹Des Schweizers Schweiz›, die Geburt der Schweiz gehe auf 1848 zurück und nicht auf 1291, sie habe ihre Freiheit viel eher den Liberalen des 19. Jahrhunderts zu verdanken als Tell oder Winkelried, aber man beziehe sich immer auf den Geist von 1291, weil er einzig nach Unabhängigkeit strebte, während das Beispiel von 1848 zum Staat und zur Öffnung verpflichte.[1] Man ist versucht anzunehmen, dass Vincenzo Velas geringer Bekanntheitsgrad in der Schweiz auch damit zu tun hat, dass er ein Künstler von 1848 und nicht von 1291 ist.

Sicher denkt man auch an andere Gründe: die Bedeutung Italiens für seine Karriere und seine Ikonographie, den Misskredit, unter dem die Bildhauerkunst des vergangenen Jahrhunderts lange gelitten hat, die periphere Lage des Tessins. Selbst Richard Kissling, der wichtigste Bildhauer des schweizerischen Nationalmythos, ist nicht vom Verblassen seines Ruhmes verschont geblieben, wofür namentlich seine Originalgipse büssen mussten, die nach seinem Tod in den Zürichsee geworfen wurden.[2] Das Zelebrieren der nationalen Identität war übrigens auch Vela nicht fremd: 1853 offerierte er der Bundesregierung eine Freiheitsstatue für das neue «Bundes-Ratshaus»; 1856, in Anerkennung der Unterstützung, die der Bundesstaat dem unter der österreichischen Blockade leidenden Kanton Tessin gewährte, errichtete er in Lugano eine bemerkenswerte Wilhelm-Tell-Statue, wichtigster Vorläufer von Kisslings berühmtem Monument in Altdorf; 1875 entwarf er «ein Monument zum Schmuck der alten Rütliwiese», welches «die drei Nationalitäten der Eidgenossenschaft» darstellte; 1833 schliesslich schuf er für das Eidgenössische Schützenfest in Lugano eine kolossale Gipsstatue der Helvetia. Sie trug eine Schärpe mit der Inschrift «Libertà», hielt eine von Tells Mütze gekrönte Fahnenstange in der Hand und trat mit den Füssen die Embleme der Monarchie und der Knechtschaft.[3] Doch von diesen Projekten wurde nur der Tell von Lugano – auf Bestellung eines italienischen Flüchtlings namens Giacomo Ciani – verwirklicht und konserviert; 1914 wurde er versetzt, «für alle Zeiten zum Wächter des Kursaals verdammt», und wartet immer noch auf eine dringend notwendige Restaurierung.[4] In seinen anderen Werken stellt Vela vor allem die Figuren des Risorgimento dar, den Kampf um die nationale Unabhängigkeit Italiens (Cavour, Garibaldi), sowie internationale Symbole des Freiheitskampfs (Spartacus, die ‹Opfer der Arbeit›). Er ist tief verwurzelt in der Kultur und den Werten des Liberalismus von 1848, von dem Bichsel schon vor fast dreissig Jahren beklagte, dass er in der Schweiz ohne «Nachkömmlinge» geblieben sei.

Freischärler im Sonderbundskrieg 1847. Lithographie

Nach den Worten Augusto Guidinis, des Freundes und ersten Biographen von Vela, stellt das Jahr 1848 – genauer die Zeit von 1847 bis 1848 – im Leben des Künstlers einen «patriotischen und ruhmreichen Unterbruch»[5] dar: Er schob die Realisierung seines ‹Spartacus› auf und meldete sich im November 1847 als Freiwilliger im Sonderbundskrieg zu den Truppen von General Dufour, von dem er 1852 eine Büste anfertigen sollte; darauf nahm er im März 1848 am Aufstand von Mailand gegen die österreichische Besatzung teil. Doch der Karabiner des Freischärlers stand für ihn nicht im Widerspruch zu den Werkzeugen des Bildhauers, wie die emblematische Trophäe am Fusse seines Grabmals bezeugt. Sie sind im Gegenteil die gemeinsamen Attribute eines «Künstlers und Bürgers»[6] und die Instrumente des Kampfes für die politische, künstlerische und soziale Emanzipation.

Auch wenn eine solche Einheit Bestandteil der heroischen Legende der modernen Kunst ist, weiss man, dass sie in Wirklichkeit nicht oft verwirklicht worden ist. Die Voraussetzungen dazu hat Vela in dem gefunden, was Guidini als «neues Gravitationszentrum der italienischen Gesellschaft» bezeichnete und was Nancy Scott seinen «Einklang mit den Bestrebungen der Epoche» nennt.[7]

Vincenzo Vela: *General Henri Dufour/Generale Henri Dufour.* 1852. Gips

Nach dem Scheitern der Mailänder Revolution wurde die Statue des Anführers der aufständischen Sklaven als Symbol der Entschlossenheit des italienischen Volkes gegenüber der Unterdrückung gefeiert.

Ab 1852 in Turin niedergelassen, wurde Vela zu einem der wichtigsten Künstler im Königtum Piemont und trug mit der Verherrlichung seiner grossen Männer zur Stärkung des Nationalgefühls bei. Er beteiligte sich auch an der Verweltlichung der Gesellschaft mit einer Grabmal-Ikonographie, die sich ganz dem Diesseits des Verschiedenen und der Hinterbliebenen widmete.[8] Doch der «Einklang» zwischen Velas Werk und dem Risorgimento war nicht minder eine Sache des Stils als der Bildgegenstände. Im Jahre 1867, als der Maler Biscarra sich entschloss, aus Turin wegzuziehen, grüsste er Vela in einem Sonett: «Du, der du wie dein *Spartacus* die Ketten der alten Schule sprengtest, hast die Kunst auf dem Weg des Wahren bis zum Gipfel des Ruhms geführt [...]».[9] In der Abschiedsrede vor seinen Studenten insistierte Vela selbst auf der Beziehung zwischen Wahrheit und Freiheit und verdammte die Kunst um der Kunst willen und das Streben nach dem Ideal.[10] Der «Verismus» mit seiner Ablehnung der vom Neoklassizismus geerbten Konventionen und sonstiger Zwänge, den er von Anfang an verteidigte, entsprach der Haltung des Liberalismus. Diese Übereinstimmung, die im Übernamen «Cavour der Kunst» zum Ausdruck kommt, brachte ihm Erfolg, erleichtert noch durch die Leichtigkeit, mit der er sich dank seiner politischen Verbindungen in der aristokratischen wie in der bürgerlichen Welt bewegte.[11]

Trotzdem scheint Velas «Verismus» weit entfernt zu sein vom «Realismus» eines anderen Künstlers von 1848, Gustave Courbet, und man muss auf ‹Die Opfer der Arbeit› von 1882 warten, um ein beispielsweise mit den ‹Steinbrechern› von 1849 vergleichbares Werk zu finden. Silvia Daffara, die den Vergleich vorgeschlagen hat, liefert eine strukturelle Erklärung für

Carlo Canella: *Der Kampf um die Porta Tosa in Mailand, 22. März 1848/Combattimento a Porta Tosa, 22 marzo 1848.* Öl auf Leinwand

dieses zeitliche Auseinanderklaffen, indem sie daran erinnert, dass Italien erst in den Jahren um 1880 das Niveau der Industrialisierung, der Entwicklung des Kapitalismus und der Arbeiterorganisation erreicht, das Frankreich seit der Mitte des Jahrhunderts kennt. Zudem weist sie darauf hin, dass das Jahr 1848 in Italien eher ein Moment der politischen als der sozialen Emanzipation ist.[12] Zu berücksichtigen sind auch die Unterschiede des Kunstmarkts und die Tatsache, dass die Bildhauerei auch in Frankreich viel länger als die Malerei von der Nachfrage und Unterstützung einer begüterten Klasse oder von Gruppen abhängig war, deren Entscheidungsweise radikale Neuerungen selten begünstigte. Mit seinem Relief von 1882 befindet sich Vela übrigens mitten in der künstlerischen Aktualität und nimmt gar die Projekte für «Monumente der Arbeit» von Rodin, Dalou und Meunier vorweg.[13]

Die Rückkehr nach Ligornetto und die «Opfer der Arbeit»

1867 verlässt Vela, Professor an der Königlichen Kunstakademie, mit Auszeichnungen überhäuft und im besten Alter stehend, die Hauptstadt des italienischen Königtums und kehrt nach Ligornetto zurück, dem kleinen Dorf im Südtessin, wo er 1820 als sechstes Kind einer Bauernfamilie geboren wurde. Dieser Entschluss, der in Turin Überraschung, ja Fassungslosigkeit hervorruft, behält etwas Geheimnisvolles. Guidini, der ihn bedauerlich findet, deutet ihn als «Heimweh nach der Kindheit» und sieht in der Abruptheit die Zeichen des Genies; Romeo Manzoni hält ihn für eine Bezeigung der «Liebe zum Geburtsort», einer ihm zufolge typischen Eigenschaft der «Tessiner Seele».[14] Die ‹Gasëta d'Gianduja›, eine liberale Zeitschrift im Piemonteser Dialekt, will in der Abreise bloss einen provisorischen «Rückzug» sehen, aber Vela bekräftigt in seinem Rücktrittsschreiben die Absicht, «von nun an frei zu sein, die grossen Kunststädte zu besuchen in der Hoffnung, sich künstlerisch noch weiterzuentwickeln»[15]. Ausschlaggebend scheint seine Niederlage im Wettbewerb für das Cavour-Monument gewesen zu sein, das seinem Konkurrenten Giovanni Duprè zugesprochen wurde, was seine geschwächte Position nach dem Tode von Cavour und d'Azeglio offenbarte.

Man muss präzisieren, dass Vela bei seiner Heimkehr nach Ligornetto keineswegs in sein Jugendhaus zurückkehrte, sondern sich in einer prachtvollen Residenz niederliess, die er zwischen 1862 und 1865 auf einer Anhöhe über dem Dorf hatte errichten lassen. Dieses Gebäude, das er zu seinem ständigen Wohnsitz macht, dient ihm auch als Atelier und persönliches «Museum»: Im achteckigen Zentralbau versammelt Vela seine sämtlichen Originalgipse. So entzieht er sein Werk den Zufällen der Bestimmung – Ort, Funktion, Auftraggeber – und ermöglicht dem Betrachter eine Gesamtschau. Das Vorbild für eine solche Gypsothek hatten im Jahre 1836 Canova in seinem Geburtsort Possagno in Venetien und 1848 Thorwaldsen in Kopenhagen gegeben. Man kann annehmen, dass das Beispiel von Canova, mit dem er sich so oft auseinandergesetzt hatte, Vela ganz besonders am Herzen lag, nicht nur wegen der Gipsoteca, die der Halbbruder des Künstlers nach dessen Tod in einem neben dem Familienhaus errichteten Gebäude installierte, sondern auch wegen des Tempio Canoviano.[16] Der antiklerikale Vela war es sich schuldig, im öffentlichen Raum von Ligornetto einen laizistischen Akzent zu setzen, aber es wurde oft auf die sakrale Konnotation des zentralen, das Gebäude überragenden Turms hingewiesen: Er diente der Religion der Kunst und dem Geniekult. Schon 1853 hatte Vela seinem Dorf eine Statue der Justizia geschenkt, die an der Strassenkreuzung stand und in einer köstlich pragmatischen, wörtlichen Interpretation das öffentliche Abwägen symbolisierte. Weil die Bestattungsvorschriften es nicht erlaubten, nach seinem Tod die Villa zu einem Mausoleum umzufunktionieren (während Canova im Tempio ruht), musste sein Grabmal im Friedhof am anderen Dorfende dieses Dispositiv ergänzen.

Auf künstlerischer Ebene bedeuten Velas letzte fünfundzwanzig Jahre weder den von seinen Bewunderern befürchteten Rückschritt noch die vom Künstler erhoffte Weiterentwicklung. Was die beruflichen Erfolge betrifft, kam es zu einer gewissen Stagnation oder gar zu einem Niedergang, und Vela musste sich oft mit Grabmälern oder relativ unbedeutenden Büsten zufriedengeben, bei denen er sich häufig wiederholte. Er bekam auch zunehmend die Schwierigkeiten und Grenzen des Auftragssystems auf dem Gebiet der öffentlichen Denkmäler zu spüren, einem Genre, das für einen Bildhauer stets hoch über allem anderen stand. Diese Erfahrung machte er erneut 1870 mit seinem Projekt eines Denkmals für Daniele Manin, das den venezianischen Helden von 1848 getreu einer geschichtlichen Episode auf den Schultern eines Seemanns und eines Arsenalarbeiters darstellen sollte – ein bahnbrechender Versuch, «eine Szene aus dem wirklichen Leben in den Rang einer Gedenkstätte zu erheben» (Scott): Man warf dem Entwurf mangelnde Würde in der Darstellung des venezianischen Volkes vor und lehnte ihn ab.[17] Die schlimmste Enttäuschung aber erlebte Vela mit dem Entwurf eines Mausoleums für den 1873 im Genfer Exil gestorbenen Herzog von Brunswick, an dem er vier Jahre arbeitete, bevor er unter Androhung eines Prozesses zur Aufgabe gezwungen wurde.[18]

Doch Vela war in der Lage, aus der Notwendigkeit eine Tugend zu machen. Angesichts der Ungewissheit der öffentlichen Aufträge war die Aufbewahrung seiner Gipse, insbesondere seiner Modelle und «bozetti», um so wichtiger, und es scheint, dass die intensive Auseinandersetzung damit zur Entfaltung seines Spätstils beigetragen hat, der durch unregelmässige Oberflächen und malerische Effekte charakterisiert ist, die im Bronzeguss besser zur Geltung kommen als in der Marmorausführung.[19] Und der Republikaner zog seine Lehre aus dem Misserfolg des Brunswick-Monuments, das im feudalistischen Geiste der Grabstätten der Veroneser Dynastie der Scaligeri zum Ruhme eines anachronistischen Autokraten hätte errichtet werden sollen, der 1830 von seinen Untertanen aus Paris und nach dem Sturz von Napoleon III. im Jahre 1870 aus Genf vertrieben wurde. Im Jahr des Gotthardtunnel-Durchstichs, dessen Bau 177 Arbeiter das Leben gekostet hatte, machte er sich aus freien Stücken an ‹Die Opfer der Arbeit› und präsentierte das Gipsrelief 1883 an der Landesausstellung in Zürich. In einem Brief vom November 1886 an Carlo Baravalle erklärte er, dass er, selbst Arbeiter und seit je ein Bewunderer der unterdrückten Klassen, die Pflicht empfunden habe, «in der heutigen Zeit, in der man Millionen verschwendet, um Königen Denkmäler zu setzen, und Zehntausende von Franken für die Verewigung von Reichen, deren Verdienste und Ruhm nur in ihren Tresoren stecken, [...] den mitfühlenden Menschen diese demütigen Märtyrer in Erinnerung zu rufen, die ihre Brüder sind und für alle arbeiten ausser für sich selbst»[20]. Man

Vincenzo Vela: *Die Opfer der Arbeit/Le vittime del lavoro.* 1882/83. Hochrelief, Gips, Vorlage für die Bronzeabgüsse

mochte das Werk, das die «stillen Soldaten der Arbeit» glorifiziert und gleichzeitig ihre Ausbeutung anprangert, als zweideutig empfinden.[21] Aber Vela unterscheidet zwischen einer ungerechten Verteilung der Profite und der Arbeit selbst. Er sieht in ihr nicht nur eine essentielle Voraussetzung für die Würde der Arbeiter, sondern er sieht sie auch im Dienste des Fortschritts, wenn es darum geht – im Gegensatz zur Zwangsarbeit der ‹Steinbrecher› –, der «Eisenbahn der Völker» den Weg zu ebnen und «der Zivilisation neue Verkehrsadern zu öffnen»[22]. Guidini scheint also guten Grund zu haben, ‹Die Opfer der Arbeit› für «die Geburt des sozialen Bildhauers Vela» zu halten, ein «soziales Meisterwerk», das ‹Spartacus›, sein «bürgerliches Meisterwerk», ergänzt.[23] Die Unabhängigkeit des Künstlers, der sich zum Sprecher der an der Einweihungsfeier links Liegengelassenen machte, hatte freilich ihren Preis, und es war nicht leicht, mit monumentalen Werken zu einem «Ausstellungskünstler»[24] zu werden: Obwohl das Relief in Zürich auf grosses Echo stiess, war weder eine Gesellschaft noch ein Staat bereit, die Ausführung in Bronze zu übernehmen, um das Werk, wie Vela hoffte, an der «italienischen Tunnelöffnung» anzubringen; die Galleria d'Arte Moderna in Rom liess 1893 einen Abguss anfertigen, und erst 1932, zum fünfzigsten Jahrestag der Gotthardlinie, wurde eine Bronzereplik gegenüber dem Bahnhof von Airolo installiert.

Luigi Piffaretti: *Vincenzo Vela skizziert ‹Die Opfer der Arbeit›/ Vincenzo Vela schizza ‹Le vittime del lavoro›.* Marmor/Bronze

Politik und Kulturpolitik

Vincenzo Vela: Karikatur eines konservativen Politikers. Undatiert. Bleistift auf Papier

Ins Tessin zurückgekehrt, engagiert sich Vela sogleich im öffentlichen und politischen Leben.[25] Er folgt darin dem Beispiel seines älteren Bruders Lorenzo, Ornament- und Figurenbildhauer und Professor an der Akademie von Brera in Mailand, unterstützt von seiner Frau Sabina Dragoni, die er in Italien kennengelernt hat, und auch von seinem Sohn Spartaco.[26] Auf lokaler Ebene wird er in Ligornetto ab 1869 und während mehrerer Legislaturperioden Mitglied der Exekutive.[27] Er wirkt in verschiedenen Gemeindegremien mit, namentlich in den Bereichen Schule, Gesundheitswesen, Vormundschaft und Strassenbau; im Jahre 1874 amtet er als Schulinspektor. Er verschmäht es auch nicht, 1880 trotz des religiösen Charakters des Anlasses bei der Organisation der Feier zu Ehren von Sankt-Joseph, dem Schutzpatron des Dorfes, mitzuhelfen.[28] 1889 ist er Gründungsmitglied der «Sozialversicherungsgesellschaft der Arbeiter von Ligornetto», deren erster Präsident sein Sohn wird und die nach dessen Tod 1895 in «Liberale Sozialversicherungsgesellschaft Vincenzo Vela» umbenannt wird.[29] Die Vela spielen für viele Familien im Dorf die Rolle eines diskreten Wohltäters. Bei Vincenzos Tod gehen drei Vermächtnisse an Institutionen von Ligornetto: 6000 Franken für die Einrichtung eines Kindergartens, 1500 Franken zum Kauf von Schulbänken und 2000 Franken an die Sozialversicherungsgesellschaft.[30]

Auf kantonaler Ebene wird Vela 1867 vom Wahlbezirk Stabio in den Tessiner Grossrat (Legislative) gewählt, tritt aber bereits im März zurück, offenbar um Carlo Battaglini die Rückkehr ins Parlament zu ermöglichen.[31] 1877 wird er ein zweites Mal gewählt und bleibt bis 1881 Mitglied des Grossrats. Er interessiert sich speziell für Schulfragen, insbesondere für den Zeichenunterricht. Er ist Mitglied der Prüfungskommission für Zeichnen und seit 1862 – also vor seiner Rückkehr in die Schweiz – des kantonalen Rates für das Bildungs- und Erziehungswesen. 1877 allerdings lehnt er die weitere Mitarbeit in diesem Rat unter dem Vorwand seiner Arbeit am Brunswick-Monument ab, doch in Wirklichkeit gibt es einen anderen Grund, an den ihn Sabina in einer handschriftlichen Notiz erinnert: «perchè orecchioni»[32], weil es nun die «Langohrigen» sind – so lautet der Spitzname der Liberalen für die Konservativen –, die ihn darum bitten. Im selben Jahr, in dem Vela Grossratsmitglied wird, finden auf Verlangen der Eidgenossenschaft nach heftigen Auseinandersetzungen in Stabio vorgezogene Wahlen statt, die dank des Mehrheitswahlsystems und einer Wahlkreiseinteilung, welche die ländlichen Gegenden begünstigt, mit einem Sieg der Konservativen enden. 1881 wählt der Wahlkreis Stabio statt des Bildhauers «einen Schneider aus seinem eigenen Dorf». Manzoni zitiert das Ligornettos Einwohnern von einem ebenfalls geschlagenen liberalen Advokaten in den Mund gelegte Bonmot: «Da gibt es einen Haufen Statuen, die allzu nackt sind: anstandshalber sollte man sie bekleiden ... Doch unser Vela weiss nicht mit der Nadel umzugehen, wir müssen uns also an einen Schneider wenden ...»[33]

Auch das spannungsgeladene Klima der Tessiner Politik des 19. Jahrhunderts hielt also für Vela zahlreiche Enttäuschungen bereit. Daran konnte auch die Revolution der Freisinnigen von 1890 nichts ändern, die von der Landesregierung bald zu Kompromissen gezwungen wurden.[34] Dasselbe gilt für sein ehrgeizigstes Vorhaben einer Kunstakademie oder eidgenössischen Kunsthochschule mit Sitz im Tessin (allenfalls einer vom Bund subventionierten kantonalen Schule). Dieses von der Tessiner Regierung unterstützte Projekt ist Gegenstand einer Motion, die im Juni 1885 von den Ratsmitgliedern Hans Riniker (Aargau), Vögelin, Wüest, Curti, Pedrazzini, Buhler und Bernasconi im Nationalrat eingereicht wird.[35] Der Motion widersetzt sich Bundesrat Schenk, der als Vorsteher des Departements des Innern an der damals sehr lebhaft geführten Auseinandersetzung über die Notwendigkeit und Form einer Unterstützung der Künste durch den Bund beteiligt ist ist.[36] Schenk vertritt die Ansicht, dass es den Schweizer Künstlern nicht in erster Linie an einer Ausbildungsstätte mangle, sondern an Aufträgen und Ausstellungsmöglichkeiten, um ihre Werke zu verkaufen, und er befürchtet eine Verzettelung der vom Bund geforderten Mittel.[37] So beschliesst der Nationalrat, dass der Gegenstand der Motion in die allgemeinere Frage der Kulturpolitik des Bundes zu integrieren sei. In den Bundeserlassen von 1886 (über den Erwerb und die Konservierung nationaler Antiquitäten) und 1887 (über die Förderung und Ermutigung der Künste in der Schweiz) fehlt die Idee einer eidgenössischen Kunstschule.

Auch die Unterstützung der Gesellschaft Schweizerischer Maler und Bildhauer, um die Vela ersucht, wird von der Delegiertenversammlung abgelehnt, worauf ihr Präsident Arnold Koller im Juni 1887 einen langen Brief erhält, der die strukturellen und konjunkturellen Faktoren darlegt, auf die sich das Projekt stützt: «Es ist nur gerecht, dass unser Vaterland, in dem die Mittel zur Ausbildung guter Ingenieure im Überfluss vorhanden sind, wenigstens ein Mittel zur Ausbildung herausragender Künstler besitzt, ohne dabei auf ausländische Unterstützung angewiesen zu sein. Man hätte daran denken sollen, dass unsere wahre Stärke und unser guter Ruf es erfordern, dass wir selbst im bescheidenen Rahmen unserer kleinen Kantone für die Voraussetzungen des Fortschritts besorgt sind und wir den Beifall der öffentlichen Meinung und den Respekt unserer Institutionen unter den europäischen Nationen finden, wenn wir auf allen Gebieten menschlicher Tätigkeit hervorragende Leistungen erbringen. [...] Die Folge wird sein, dass die grosse Mehrheit unserer Jugend, die eine künstlerische Laufbahn einschlagen möchte, ständig gezwungen ist, im Ausland zu erbitten, was das Vaterland ihr zu Unrecht verweigert; ich frage mich, ob man angesichts dieser Umstände nicht annehmen muss, dass früher oder später und auf ganz natürliche Weise eine Sympathieströmung entsteht, die wenig geeignet ist, die gefühlsmässige Bindung an unser teures Vaterland zu stärken.»[38]

Das Museum, das Grabmal, das Erbe

Mit diesem Projekt zog Vela die Lehre aus seinem Leben als Künstler und als Bürger. Sein persönlicher Weg lässt sich tatsächlich mit verschiedenen Episoden der Geschichte verbinden: mit der (saisonalen oder endgültigen) Auswanderung aus dem Tessin oder aus anderen ländlichen Gebieten der Schweiz, der Auswanderung der Handwerker aus der Gegend der Seen und dem Wegzug helvetischer Künstler, die in den Zentren der europäischen Kunst Ausbildungsmöglichkeiten, Aufträge oder Anerkennung suchten.[39] Seine Dia-

Italienische Bauarbeiter auf der Baustelle des Gotthardtunnels. Anonyme Photographie

gnose deckte sich mit den Ergebnissen der ab 1798 von Philippe-Albert Stapfer, Minister für Kunst und Wissenschaft der kurzlebigen Helvetischen Republik, durchgeführten Untersuchungen.[40] Zudem warf sie ein Licht auf die schwierige Lage der kleinen, mehrsprachigen Schweiz nach 1870, in einer Zeit, in der die Ideologie des Nationalstaats und die Politik der Grossmächte den Ton angaben.[41] Als Tessiner, der den Einfluss der aus den städtischen Zentren in ihre Dörfer zurückgekehrten Saisonarbeiter und der in der Schweiz aufgenommenen politischen Flüchtlinge des Risorgimento auf das fortschrittliche Denken erlebt hatte, war er sich der Ge-fahr einer Abkapselung des Tessins von der übrigen Schweiz zum Zeitpunkt, in dem sich die politischen und kulturellen Beziehungen mit Italien entspannten und die Schweiz sich von einem wirtschaftlich bedingten Auswanderungsland mehr und mehr zu einem Einwanderungsland wandelte, zweifellos bewusst. Die Wahl des Themas der ‹Opfer der Arbeit› ist in dieser Hinsicht aufschlussreich: Auf der Gotthard-Baustelle waren fünftausend italienische Arbeiter beschäftigt gewesen, und Baravalla erkannte in der Figur des toten Bergarbeiters einen Lombarden, während andere ihn als Selbstbildnis des Künstlers deuteten.[42] Es wurde gezeigt, dass die im ‹Tell› von 1856 und in verschiedenen Denkmalentwürfen beschworene Schweizer Identität Vela am Herzen lag, aber nach 1867 litt er wohl – wie der in die Schweiz geflohene Courbet[43] – unter der Enge des helvetischen Künstlerlebens und empfand sicherlich für seine italienischen Jahre eine Nostalgie, die der in seinem Brief an Koller erwähnten «Sympathieströmung» verwandt war.

Mit dem Vorhaben der Schaffung einer nationalen Kunstakademie im Tessin verfolgte er zweifellos die doppelte Absicht, den Schweizer Künstlern eine Fachausbildung zu ermöglichen, ohne dass sie ihr Land verlassen mussten, und das Tessin zu einem Zentrum künstlerischer Tätigkeit zu machen. Doch das Anliegen roch nach Zentralismus, was in den Augen aller Föderalisten eine Todsünde war. Zudem sollte eine Randregion begünstigt werden, und das ausgerechnet in einem Moment, in dem der Bund erstmals die Rolle des «Kunstmäzens» übernehmen sollte. Das Projekt kam auch zu einem ungünstigen Zeitpunkt, denn es erschwerte die Annahme der Vorschläge von Frank Buchser, jenem Künstler, der sich am stärksten für die Einführung einer Kulturpolitik einsetzte, und vertiefte die Uneinigkeit der Kunstschaffenden. Es ist also nicht verwunderlich, dass es rasch beiseite geschoben wurde, obwohl sich gewisse Befürchtungen seines Urhebers bestätigten.

Wie dem auch sei, Vela entschloss sich jedenfalls dazu, sein Haus mit allen Gegenständen dem Bund zu vermachen, und selbst wenn er damit sein Besitztum vielleicht den Zufälligkei-

Grato Brunel: Velas sterbliche Hülle in seinem Atelier in Ligornetto. Oktober 1891. Photographie

ten der Tessiner Politik entziehen wollte[44], so zeugt der Entscheid doch von der Beständigkeit seines Engagements auf nationaler Ebene. Laut Manzoni, der seinerseits dem Tessin für ein Kulturinstitut rund hunderttausend Franken vermachen sollte[45], hoffte Vela, dass seine «Pinakothek» eines Tages als Kern der Kunsthochschule dienen könnte, von der er träumte – es war auch sein Wunsch gewesen, Ligornetto zu einem Anschluss an die Gotthardlinie zu verhelfen, «vierzig Minuten von Lugano und eineinhalb Stunden von Mailand gelegen».[46] Das nach seinen Wünschen von Spartaco am 17. Februar 1892 abgefasste Testament erwähnt unter anderen Bedingungen, dass das Haus mit seiner Einrichtung «entweder als Museum oder als öffentliche Schule» Verwendung finden sollte.[47] Mit der Annahme des Vermächtnisses im Jahre 1896 und der Einweihung des «Museums Vela» Ende 1898 wurde Vincenzos Haus mit Atelier und Gypsothek, bereichert um Skulpturen von Lorenzo, Gemälde von Spartaco und eine kleine Sammlung zeitgenössischer Bilder, zur ersten Privatsammlung, die an den Bund ging, zum ersten im Tessin eröffneten und zum zweiten eidgenössischen Museum – das nach erbitterten Auseinandersetzungen Zürich zugesprochene Schweizerische Landesmuseum hatte seine Pforten am 25. Juni desselben Jahres geöffnet.

Vela starb am 3. Oktober 1891 in Ligornetto. Seine sterbliche Hülle wurde im Zentrum seines sogenannten «Pantheons» zu Füssen der Reiterstatue des Brunswick-Monumentes aufgebahrt, überragt von der 1867–1868 entstandenen Gipsplastik des ‹Ecce Homo›. Diese von Guidini nach den Angaben des Künstlers vorgenommene Inszenierung diente anschliessend als Modell für das Grabmonument, das unter Guidinis Leitung von Velas Schülern und Helfern realisiert und 1893 eingeweiht wurde. Die neogriechische Architektur des Monumentes sollte nicht nur auf den Rang des Künstlers hinweisen, der Vela die ehrenvolle Bezeichnung «Phidias von Ligornetto» eingetragen hatte, sondern auch auf seine ideale Abstammung:

Einer Hypothese zufolge sollen nämlich die von den Barbaren aus dem orientalischen Reich vertriebenen griechischen Künstler in die Gegend der Seen geflohen sein und hätten das künstlerische Talent der Tessiner befruchtet.[48] An der beeindruckenden zivilen Bestattungsfeier waren im Dorf symbolisch die verschiedenen Orte zugegen, an denen der «Künstler und Bürger» gewirkt hatte, und zwar dank der Anwesenheit von Vertretern lokaler, kantonaler, eidgenössischer und italienischer Behörden und Vereinigungen, darunter die Akademien von Rom, Mailand und Turin; laut Manzoni waren sie «bloss die Fortsetzung der Apotheose, die schon lange vor seinem Tod begonnen hatte»[49]. Der Künstler, dem seine Frau, sein Sohn und sein Bruder (die beide ohne Nachkommen blieben) schon bald in den Tod folgten, fand sein «Allerheiligstes» im Museum, und seine wichtigsten Anhänger Guidini und Manzoni hielten in 1893 respektive 1906 veröffentlichten Monographien sein Andenken hoch. Sein Nachruhm war in Italien, wo 1911 in Turin ein öffentliches Monument eingeweiht wurde, offenbar grösser als in der Schweiz, wo zwei bescheidene Büsten im Spital der Heiligen Jungfrau in Mendrisio und im Park Ciani in Lugano aufgestellt wurden.[50]

Die Geschichte des Museums und jene der kritischen postumen Rezeption Velas bleiben in weiten Teilen noch zu schreiben. Die Gypsothek hat sich zwar als aussergewöhnliches Instrument erwiesen, sein Werk der Betrachtung und Befragung späterer Generationen darzubieten, aber es ist klar, dass Vela lange in Vergessenheit geriet und sein Traum, aus Ligornetto eine Art Zentrum zu machen, utopisch geblieben ist. Diese Geschichte ist allerdings noch längst nicht abgeschlossen. Mit der Wiederentdeckung der Bildhauerei des 19. Jahrhunderts und der Revision des modernistischen Dogmas von der Autonomie der Kunst als absolutem Wert ist das Interesse am Werk des Bildhauers erneut aufgeflammt.[51] Und es ist gestattet, in der 1996 in Mendrisio eröffneten Hochschule für Architektur – im ehemaligen Spital, wo Velas Büste steht –, mit welcher der langgehegte Wunsch der Tessiner nach einer Universität in Erfüllung geht, ein Echo auf dessen einstiges Projekt zu sehen. Eines ist offenkundig: Die Probleme, die sich Vela stellten und die er zum Ausdruck brachte oder gar löste, sind nach wie vor aktuell.

Aus dem Französischen von Peter Sidler

1 Peter Bichsel, *Des Schweizers Schweiz*, Zürich 1969, p. 17–18. Ich danke Tiziano Gamboni für seine wertvollen Anregungen und dem Museum Vela für seine Hilfe bei der Vorbereitung dieser Arbeit.

2 Karl Iten, «Zerstörung und Rekonstruktion eines Lebenswerkes», in: *Richard Kissling 1848–1919. Leben und Werk*, Ausstellungskatalog, Altdorf, Danioth-Ring, Kunst- und Kulturverein Uri, 1988, p. 7–15 (p. 9).

3 Hans-Joachim Waser, «Vincenzo Vela: Guillaume Tell» und «Vincenzo Vela: Helvétia», in: Dario Gamboni und Georg Germann, Hg., *Emblèmes de la liberté. L'image de la république dans l'art du XVIe au XXe siècle (Zeichen der Freiheit. Das Bild der Republik in der Kunst des 16. bis 20. Jahrhunderts)*, Ausstellungskatalog, Historisches Museum und Kunstmuseum Bern, Bern 1991, p. 627–628, 631 (649–650, 652–653); Hans Christoph von Tavel, *Nationale Bildthemen* (*Ars Helvetica*, Bd. 10), Disentis 1992, p. 136–137; *Journal de Genève*, 2. November 1875.

4 Floriana Vismara-Bernasconi, «Il monumento a Guglielmo Tell di Vincenzo Vela», in: *Nos monuments d'art et d'histoire (Unsere Kunstdenkmäler/ I nostri monumenti storici)*, Jahrgang 35, 1984, No. 1, p. 74–78 (p. 76).

5 [«una interruzione gloriosa e patriottica»], A. Guidini, *Vincenzo Vela*, Como 1893, p. 46.

6 [«la sua figura di artista e di cittadino»], «Discorso del Comm. Architetto Augusto Guidini», *Il Dovere. Giornale dei liberali ticinesi*, No. 229, 7. Oktober 1891.

7 Guidini, *Vincenzo Vela*, Op. cit., p. 24; N. Scott, «Politics on a Pedestal», in: *Art Journal*, Bd. 38, 1979, No. 3, p. 190–196 (p. 191).

8 N. Scott, *Vincenzo Vela (1820–1891)*, New York und London 1979, p. 102–104.

9 Zitiert in: Romeo Manzoni, *Vincenzo Véla. L'homme – le patriote – l'artiste*, Mailand 1906, p. 234.

10 Unveröffentlichtes Manuskript, Bern, Bundesarchiv, J.I.110 (Stiftung V. Vela), Arch. 6 (eine Kopie der Stiftung Vela befindet sich im Museum Vela, Ligornetto).

11 Scott, *Vincenzo Vela*, Op. cit., p. 395; Scott, «Politics on a Pedestal», Op. cit., p. 192.

12 S. Daffara, «Vincenzo Vela e il realismo europeo del XIX secolo», in: *Arte in Friuli, Arte a Trieste*, 1995, p. 347–359 (p. 352 und passim).

13 Siehe Scott, «Politics on a Pedestal», Op. cit.; Claude Keisch, «Ein Bildhauertraum um die Jahrhundertwende: Das Denkmal der Arbeit», in: *Bildende Kunst*, Bd. 9, 1971, p. 187–193; J. A. Schmoll gen. Eisenwerth, «Denkmäler der Arbeit – Entwürfe und Planungen», in: H. E. Mittig und V. Plagemann, Hrsg., *Denkmäler im 19. Jahrhundert. Deutung und Kritik*, München 1972, p. 253–281, 444–464.

14 Guidini, *Vincenzo Vela*, Op. cit., p. 84–85; Manzoni, *Vincenzo Véla*, Op. cit., p. 231–232.

15 Anonym, «L'Professor Vela», in: *La Gasëta d'Gianduja*, Turin, No. 59, 16. Juni 1867 (ein Exemplar ist aufbewahrt in der Stiftung Vela des Bundesarchivs, J.I.110, Arch. 6); [«ora voglio esser libero di andare nelle grandi città artistiche colla speranza di sempre meglio progredire nell'arte mia»], Urschrift des Rücktrittsbriefes von V. Vela vom 26. Juni 1867 an den Ministersekretär des Staatsministeriums für das öffentliche Bildungswesen (ministro Segretario di Stato per la pubblica istruzione), idem.

16 Siehe *La gipsoteca canoviana di Possagno*, Asolo 1992. Trotz der Gegnerschaft zwischen Verismus und Neoklassizismus scheint Vela Canovas Werk bewundert zu haben, insbesondere dessen Büste von Papst Clemens XIII. (Studie für das Grabmal von 1783–1784), die er als einziges zeitgenössisches Werk unter den Modellen erwähnt, die eine kantonale Kunstschule besitzen sollte (Manzoni, *Vincenzo Véla*, Op. cit., p 279) und von welcher er der Zeichenschule von Lugano einen Gipsabguss schenkt (*Gazetta Ticinese*, 11. März 1886, p. 241).

17 Scott, *Vincenzo Vela*, Op. cit., p. 387–397; Scott, «Politics on a Pedestal», Op. cit., p. 194.

18 Scott, *Vincenzo Vela*, Op. cit., p. 401–426. Eine bedeutende Dokumentation ist zusammengetragen in: Giovanni Piffaretti, *Il grande rifiuto ovvero La storia del monumento Brunswick a Ginevra che Vincenzo Vela non potè realizzare,* Ligornetto 1990.

19 Scott, *Vincenzo Vela*, Op. cit., namentlich p. 439, 450.

20 [«oggi che si sperperano milioni per innalzare monumenti ai re e centinaia di migliaia di franchi per perpetuare il ricordo dei ricchi, il cui merito e la cui gloria stanno solo nelle loro casseforti, mi sono sentito in dovere di ricordare alle persone di cuore questi umili martiri, che sono loro fratelli e lavorano per tutti eccetto che per se stessi»], zitiert in C. Baravalle, «I martiri del lavoro», in: *Illustrazione italiana,* Bd. 13, No. 53, 26. Dezember 1886, p. 485.

21 Siehe Georg Kreis, «Unten und oben. Vincenzo Velas ‹Vittime del lavoro› von 1882/1883», in: Bernard Degen, Fridolin Kurmann, André Schluchter u.a., *Fenster zur Geschichte. 20 Quellen – 20 Interpretationen,* Festschrift für Markus Mattmüller, Basel und Frankfurt a. M. 1992, p. 163–182.

22 Siehe Guidini, *Vincenzo Vela,* Op. cit., p. 110–112 (der Ausdruck «Eisenbahn der Völker» stammt von Carlo Cattaneo). Auch auf dem Sockel von Velas Entwurf für ein Monument in Cavour figuriert ein Zug, der laut N. Scott an die Maxime des Staatsmanns erinnert, gemäss der die Lokomotive «der grösste der Revolutionäre» sei (Scott, «Politics on a Pedestal», Op. cit., p. 193); in seinem Brief an Baravallo bezeichnet Vela den Durchstich des Gotthards als «eines der grössten Werke der Wissenschaft und der Arbeit» [«una delle più grandi opere della scienza e del lavoro»].

23 Guidini, *Vincenzo Vela*, Op. cit., p. 111–112.

24 Zum Begriff des «Ausstellungskünstlers» siehe Oskar Bätschmann, «Ausstellungskünstler. Zu einer Geschichte des modernen Künstlers», in: Michael Groblewski und O. Bätschmann, *Kultfigur und Mythenbildung. Das Bild vom Künstler und sein Werk in der zeitgenössischen Kunst*, Berlin 1993, p. 1–35, und vom selben Autor *The Artist in the Modern World. The Conflict Between Market and Self-Expression*, Köln 1997.

25 Die Geschichte von Velas politischer Aktivität kann im Augenblick nur skizziert werden. Zur besseren Kenntnis sind eingehendere Recherchen im Kantonsarchiv von Bellinzona und im Gemeindearchiv von Ligornetto erforderlich. Die vorliegenden Informationen stammen aus der Stiftung Vela des Bundesarchivs (J.I.110, Arch. 10), aus nachstehend erwähnten Publikationen und aus Hinweisen, die ich vom Kantonsarchiv und von Diego Binda und Giovanni Piffaretti in Ligornetto erhalten habe, denen ich hier meinen Dank ausspreche.

26 Zu den politischen Mandaten von Lorenzo siehe D. Binda und Domenico Rusca, *Ricordo di Lorenzo Vela (1812–1897) nel centenario della morte*, Ligornetto, Società Liberale di Mutuo Soccorso ‹Vincenzo Vela› 1997; über seine künstlerische Tätigkeit, namentlich seine bislang weit unterschätzte Zusammenarbeit mit Vincenzo, siehe Giorgio Zanchetti, «La natura colta sul fatto. Un percorso per Lorenzo Vela (1812–1897)», in: *Casa d'artisti. Quaderni del Museo Vela*, No. 1, Juni 1997, p. 12–45 (namentlich p. 26, 29, 43).

27 Binda und Rusca, *Ricordo di Lorenzo Vela*, Op. cit., p. 20.

28 J.I.110, Arch. 10, Dankesbrief der Gemeindebehörden von Ligornetto an Vela vom 12. Januar (nachgedruckt in: *Celebrazioni cinquantenarie in onore di S. Giuseppe*, Ligornetto 1980, p. 61, mit Abbildungen der kurzlebigen «Triumphbögen», die laut G. Piffaretti nach Zeichnungen von Vela errichtet wurden).

29 [«Società di Mutuo Soccorso fra gli operai di Ligornetto»] 1889/1989, ‹Società Liberale di Mutuo Soccorso Vincenzo Vela Ligornetto›, Ligornetto 1989.

30 «I funerali a Vincenzo Vela», *Il Dovere*, No. 229, 7. Oktober 1891.

31 J.I.110, Arch. 10, namentlich der Offene Brief von C. Battaglini an Gaetano Luisoni, veröffentlicht als Beilage zum *Repubblicano*, No. 32, 20. April 1867.

32 J.I.110, Arch. 10.

33 Varenna, Abgeordneter von Locarno, zitiert in Manzoni, *Vincenzo Véla*, Op. cit., p. 295; der einzige gewählte Abgeordnete von Ligornetto ist 1881 Francesco Induni.

34 Siehe Virgilio Gilardino, «La lotta politica e ideale dell'Ottocento ticinese. La ‹rivoluzione sbagliata› nelle lettere inedite di Romeo Manzoni», in: *Archivio storico ticinese*, 77–78, Jahrgang 20, März–Juni 1979, p. 3–169; Raffaello Ceschi, *Ottocento ticinese*, Armando Dadò, 1986, p. 1; Andrea Ghiringelli und Roberto Bianchi, *1890 Il respiro della Rivoluzione. Il bivio della politica ticinese*, Salvoni, 1990, p. 1.

35 *Feuille fédérale suisse*, 1885, Bd. 3, No. 48, und 1886, Bd. 1, No. 35. Ich danke Verio Pini für die Übermittlung dieser Hinweise. Über Johann Heinrich gen. Hans Riniker-Schilpin siehe *L'Assemblée fédérale suisse 1848–1920*, Bd. 1, ‹Biographies›, Bern 1996, p. 667.

36 Siehe namentlich H. Ch. von Tavel, *Ein Jahrhundert Schweizer Kunst*, Genf 1969, p. 22; Lisbeth Marfurt-Elmiger, «Frank Buchser als Kunstpolitiker», in: *Frank Buchser als Kunstpolitiker*, Solothurn 1990, p. 16–45; Hans Ulrich Jost, «Das ‹Nötige› und das ‹Schöne›. Voraussetzungen und Anfänge der Kunstförderung des Bundes», in: *Der Bund fördert, der Bund sammelt. 100 Jahre Kunstförderung des Bundes/ 100 ans d'encouragement de la Confédération aux beaux-arts/100 anni d'incoraggiamento della Confederazione alle belle arti,* Ausstellungskatalog, Kunsthaus Aarau, Baden 1988, p. 13–24.

37 Zitiert in K. Eggenschwyler, *Die Förderung der nationalen Kunst durch die Eidgenossenschaft. Eingabe an die Hohe Bundesversammlung im Auftrage der Schweizerischen Kunstliga*, Bern 1887, p. 74–76. Gemäss den von Eggenschwyler zitierten Äusserungen scheint Schenk die Idee einer nationalen Kunsthochschule implizit auszuschliessen, indem er daran erinnert, dass es bereits in Basel, Bern und Genf Kunstschulen gibt, denen eine weitere, auf Subventionen angewiesene Schule im Tessin das Wasser abgraben könnte. Gegen eine Hochschule spricht auch Schenks folgendes Argument: «Von der Kunstschule weg gehen die Kunstjünger in grössere Kunstzentren, an eigentliche Kunstakademien, in die Ateliers von Meistern.»

38 Zitiert in Manzoni, *Vincenzo Véla*, p. 296. Der Entwurf dieses auf französisch geschriebenen Briefes, aufbewahrt in der Stiftung Vela des Bundesarchivs (J.I.110, Arch. 9), stammt aus der Hand von Manzoni, und es ist anzunehmen, dass dieser an seiner Abfassung mindestens beteiligt war.

39 Siehe D. Gamboni, *La géographie artistique* (*Ars helvetica*, Bd. 1), Disentis 1987, namentlich p. 134–144 und 197–210.

40 Siehe Pierre Chessex, «Documents pour servir à l'histoire des arts sous la République helvétique», in: *Etudes de lettres*, 1980, No. 2, p. 93–121.

41 Siehe H. U. Jost, «La culture politique du petit Etat dans l'ombre des grandes puissances», in: D. Kosáry, Hrsg., *Les «petits Etats» face aux changements culturels, politiques et économiques de 1750 à 1914*, Lausanne 1985, p. 25–32. Die gleiche Feststellung machte beispielsweise K. Eggenschwyler im ersten Kapitel von *Die Förderung der nationalen Kunst durch die Eidgenossenschaft*, Op. cit., p. 1–2.

42 Bruno Caizzi und Raffaelo Ceschi, Hg., *I cento anni della ferrovia del San Gottardo 1882–1982,* Bellinzona 1982, p. 101; C. Baravalla, *I martiri del lavoro,* Op. cit.; Scott, *Vincenzo Vela*, Op. cit., p. 443.

43 Siehe Beitrag von Pierre Chessex im vorliegenden Katalog.

44 G. A. Mina Zeni, «Il Museo Vela, una casa d'artisti», in: *Casa d'artisti. Quaderni del Museo Vela*, No. 1, Juni 1997, p. 4–11 (p. 7).

45 C. Trezzini, Hinweis «Manzoni», *Dictionnaire historique et biographique de la Suisse*, Neuchâtel 1928, Bd. 4, p. 657.

46 Manzoni, *Vincenzo Véla*, Op. cit., p. 297.

47 [«o come museo o come scuola del bene pubblico»], zitiert nach Giuseppe Martinola, «Breve storia del museo», in: *Il Museo Vela a Ligornetto in occasione della riapertura giugno 1961*, Bern 1961, p. 14–18; siehe auch *Ricordo di Spartaco Vela (1854–1895) nel centenario della morte*, Ligornetto, Società Liberale di Mutuo Soccorso ‹Vincenzo Vela›, 1995, p. 15–18.

48 Siehe D. Gamboni, «La dernière demeure de Vincenzo Vela», in: *Nos monuments d'art et d'histoire (Unsere Kunstdenkmäler/I nostri monumenti storici),* 43. Jahrgang, 1992, No. 4, p. 523–538 (p. 532).

49 Manzoni, *Vincenzo Véla*, Op. cit., p. 298.

50 Das Turiner Monument, das Vela (in Bronze) an der Arbeit von ‹Les derniers jours de Napoléon Ier› (in Marmor) zeigt, stammt von Annibale Galateri (abgebildet in Barbara Cinelli und Mimita Lamberti, *Fantasmi in bronzo. Guida ai monumenti di Torino, 1808–1937*, Turin 1978, p. 190–191). Die Büste von Mendrisio, das Werk eines Grossneffen und Mitarbeiters des Bildhauers, hat ein Gegenstück, das Spartacus darstellt (siehe G. Piffaretti, *Luigi Piffaretti scultore 1861–1910*, Ligornetto 1992); die Büste im Park Ciani ist von Apollonio Pessina, einem anderen Schüler des Bildhauers. Im Hof des ehemaligen Spitals von Mendrisio befindet sich übrigens ein Standbild des Gönners Alfonso Turconi, das Vela 1868 angefertigt hat.

51 Neben den Arbeiten von N. Scott, einer Schülerin von Horst W. Janson, siehe zum Beispiel die Stellen über Vela in den Geschichten der Bildhauerei von H. W. Janson selbst (mit Robert Rosenblum, *19th Century Art*, New York 1984, p. 315–316 und 485–486) und von Paul-André Jaccard (*La Sculpture, Ars Helvetica* Bd. 7, Disentis 1992, namentlich p. 193–194, 201, 211–212). Für eine neue Biographie über Vela siehe Alfonso Panzetta, *Dizionario degli scultori italiani dell'Ottocento e del primo Novecento*, Turin 1994, Bd. 1, p. 278.

Martin Gasser

«... really more like Russia, in feeling and look ...»

Robert Frank und Amerika

«Ich stelle mir vor, obwohl ich noch nie dort war, dass Amerika wirklich eher wie Russland ist, dem Gefühl und dem Aussehen nach, als jedes andere Land auf der Welt ... die grossen Entfernungen, die Gesichter, die Familien auf der Reise ...»[1]

Der Fotograf Robert Frank bemerkte dies beiläufig zu Jack Kerouac auf ihrer gemeinsamen Autofahrt von New York nach Florida im April 1958. Frank musste es wissen, nur kurze Zeit nachdem er selbst während Monaten die ganzen Vereinigten Staaten mit dem Auto durchstreift und dabei fast 700 Rollen Film belichtet hatte. Aus diesem immensen Bildmaterial hatte er sein Buch ‹The Americans› komponiert, das zum Zeitpunkt der Reise mit Kerouac, von dem er sich ein Vorwort erhoffte, zwar noch nicht erschienen, aber doch fertiggestellt war.

Der Schriftsteller Kerouac war eben zu einigem Ruhm gekommen mit seinem Roman ‹On the Road›, den sogar die konservative ‹Times› als ein «historisches Ereignis ..., die klarste und wichtigste Äusserung der Generation, die Kerouac selbst ‹Beat›-Generation genannt hatte», bezeichnete.[2] Frank und Kerouac hatten einen provisorischen Auftrag der Zeitschrift ‹Life› in der Tasche und ein wenig Geld, das gerade für Benzin, Öl und den Reiseproviant reichte. Während der Fahrt versank Kerouac nicht nur in die desolate, oft von Regen und Nebel getrübte Landschaft der östlichen Südstaaten, die langsam am Autofenster vorbeizog, sondern er beobachtete fasziniert, wie Frank es verstand, aus dem Augenwinkel heraus nebensächliche, und doch bedeutungsvolle Details zu sehen und blitzschnell mit seiner Kamera einzufangen: «Ich war erstaunt zu sehen, wie ein fotografierender Künstler jene Dinge der ‹American road› einfängt, über die Schriftsteller schreiben. Es ist ziemlich überraschend, einem Typ zuzuschauen, der, während er am Steuerrad sitzt, plötzlich mit einer Hand seine deutsche 300-Dollar-Kamera hochzieht und sich etwas schnappt, das sich vor ihm bewegt, sogar durch die ungewaschene Windschutzscheibe hindurch.»[3]

Kerouac realisierte, dass er es mit einem Künstler zu tun hatte, der sich in einer Kunstform ausdrückte, die gar nicht so verschieden von seiner eigenen war. Er sah Frank als einen Künstler, der «herumschlich wie eine Katze oder ein wütender Bär», und wünschte sich auch für seine eigene Arbeit eine «verrückte, geistige Kamera». Tatsächlich hatte Frank eine ganz ungewöhnliche Art zu fotografieren entwickelt, die der gängigen Fotoästhetik gänzlich zuwiderlief und gleichzeitig eine neue, realistische Sicht auf Amerika ermöglichte, eine, die dem Lebensgefühl der Beat-Generation entsprach. Es war nicht die sonnige Sicht eines komfortabel durch Amerika reisenden Touristen auf die unzähligen Naturschönheiten des Landes, auf die «historic sites» und «national monuments», keine Feier des «American dream» (wie es Emil Schulthess in seinem Buch ‹USA› von 1955 noch darstellte), sondern die launige Sicht eines Autostoppers auf die Landschaft neben der Strasse, auf einsame Menschen in Bars, an politischen Veranstaltungen, auf Friedhöfen, aufgenommen bei spärlichem Licht, in der Dämmerung oder sogar im Regen. Kerouac beschrieb dieses Fotografieren in seiner eigenen, langatmigen Ausdrucksweise treffend: «Robert hielt plötzlich an und fotografierte einen einzelnen Mast mit einem Haufen Glühbirnen oben an der Spitze, und dahinter eine verlorene amerikanische Landschaft so unaussprechbar unbeschreiblich, dass es Marcel Proust hätte erschaudern lassen ... wie schön, eine solche Szene so detailliert wiedergeben zu können, an einem grauen Tag, und sogar den Dreck zu zeigen, weggeworfene Blechdosen und alte Backsteine am Boden, und in der Distanz die Strasse, die alte weiterführende Stasse mit ihren Lastwagen, Autos, Masten, den Häusern am Strassenrand, den Bäumen, Tafeln, Kreuzungen ...»[4]

Kein Wunder, dass diese Sicht eines jungen Ausländers, und eines Juden dazu, auf das Amerika kurz nach der McCarthy-Ära nicht auf Gegenliebe stiess. Das gilt für Franks Buch, das kurz nach der Florida-Reise zuerst in Frankreich und dann in Amerika erschien, und ebenso für den Reisebericht aus Florida, der es nie auf die Seiten von ‹Life› schaffte.

«Robert Frank, Schweizer, unaufdringlich, liebenswürdig ...», wie ihn Kerouac 1959 in seinem Vorwort zur amerikanischen Ausgabe von ‹The Americans› beschrieb, war tatsächlich in der Schweiz aufgewachsen, doch – wenigstens was seinen Pass anging – nicht als Schweizer.[5] Geboren 1924 als Sohn eines deutschen Vaters und einer Schweizer Mutter, durchlebte er zusammen mit seinem Bruder eine ruhige und sichere Kindheit in komfortablen Verhältnissen im Enge-Quartier in Zürich. Er durchlief die Schulen in Zürich und trat wie viele seiner Mitschüler den Pfadfindern bei. Daneben war er ein ausdauernder Sportler und leidenschaftlicher Kletterer. Er unternahm verschiedene Hochgebirgstouren – nicht immer mit der Einwilligung der Eltern – und bestieg mit einem Freund Viertausender, noch bevor er dem Schweizerischen Alpen-Club beitrat.

Auch wenn sich Frank in nichts von Schweizer Jugendlichen seines Alters unterschied, war er doch in einem gewissen Mass ein Aussenseiter: zum einen als Jude – die Mitgliedschaft bei einem Ruderclub wurde ihm zum Beispiel verweigert –, zum anderen, weil er trotz seiner Schweizer Mutter wie sein Vater deutscher Staatsbürger war. Als Hitler 1941 allen deutschen Juden die Staatsbügerschaft absprach, wurde die Familie Frank staatenlos, worauf der Vater sofort für sich und seine zwei Söhne das Schweizer Bürgerrecht beantragte. Sicher war die Zugehörigkeit zu einer jüdischen Familie mit dafür verantwortlich, dass das Einbürgerungsverfahren über drei Jahre dauerte und von verschiedenen Ermittlungen der Fremdenpolizei begleitet war. In deren Verlauf wurde abgeklärt, ob Robert «gar nichts Jüdisches mehr» an sich habe, und schliesslich festgestellt, dass sogar «judenfeindliche Leute erklärt» hätten, er «verdiene» tatsächlich das Bürgerrecht. Erst am 24. März 1945, wenige Tage vor Ende des Krieges, erhielten Robert und sein Bruder die Schweizer Staatsbürgerschaft, ihrem Vater wurde sie verweigert.[6]

Robert Frank: *Highway 40*. Delaware. 1958

Während dieser Zeit war sich Frank der Judenverfolgungen in Deutschland wohl bewusst. Er erlebte hautnah, wie für zwei seiner Verwandten die Schweizer Grenzen verschlossen blieben und sie deshalb Opfer des Holocaust wurden. Lebhaft erinnert er sich an die Angst in den Augen seiner Eltern, wenn sie am Radio hörten, wie Hitler mit dem Einmarsch in die Schweiz drohte und die Juden verfluchte.

Nach Abschluss der Sekundarschule beschloss Robert Frank eher aus Verlegenheit, Fotograf zu werden, und begann im Januar 1941 bei Hermann Segesser, der im Dachgeschoss seines Elternhauses ein «Fotografik»-Atelier betrieb, ein Volontariat. Während dieser zweijährigen, unbezahlten Lehre lernte Frank die Grundzüge des fotografischen Handwerks: vom Ansetzen der Chemikalien bis zu Retouche, Bildmontage und Einsatz von Typografie. Segesser öffnete ihm aber auch die Augen für moderne Kunst, vor allem für das Werk Paul Klees. Frank realisierte langsam, dass die kreativsten Künstler einmal aufgestellte Regeln immer wieder brachen, dass nur Kunst es einem erlaubte, völlig frei zu sein.

Franks Blickfeld erweiterte sich überdies durch seine kurze Beschäftigung als Standbild-Fotograf für die Filme ‹Landammann Stauffacher› (1941) und ‹Steibruch› (1942), die beide im Zusammenhang mit der Geistigen Landesverteidigung Fragen politischer und persönlicher Freiheit behandelten. Ebenso enscheidend wie die ersten Kontakte mit dem Film jedoch war, dass Frank zwischen 1942 und 1944 seine fotografische Ausbildung im Studio von Michael Wolgensinger weiterführen konnte. Wolgensinger war Hospitant und später Assistent des einflussreichen Schweizer Fotografen Hans Finsler gewesen, der seit Ende der zwanziger Jahre für die sachliche, «neue fotografie» eintrat.

Franks frühe Aufnahmen belegen deutlich, dass Wolgensinger die ästhetischen Ideale der «neuen fotografie» auch an seinen Lehrling weitergab. Er hatte gelernt, seine Motive nicht nur so zu arrangieren, dass deren formale Struktur und physikalische Eigenschaften fassbar wurden, sondern auch – vielleicht durch die frühesten Bilder Werner Bischofs, eines anderen Schülers von Finsler, beeinflusst – sie wirkungsvoll auszuleuchten. Typische Beispiele für diese Lehrlingsarbeiten sind sorgfältig inszenierte Sachaufnahmen von Eiern, das standardisierte «Idealobjekt», das für Finsler grosse Bedeutung hatte,[7] oder von einem elektrischen Bauteil, aufgenommen im Streiflicht.

Trotz der Betonung des Formalen und Technischen während seiner Ausbildung machte Frank mehrere ausgedehnte dokumentarische Studien von Motiven, die in den damaligen illustrierten Zeitschriften wie der ‹Zürcher Illustrierten› oder dem ‹Du› populär waren. So war zum Beispiel die erste Nummer des ‹Du› vom März 1941 der sogenannten «Anbauschlacht» gewidmet, jenem Kriegswirtschaftsplan, demzufolge alles anbaufähige Land in der Schweiz, eingeschlossen Parks und Sportfelder, zum landwirtschaftlichen Mehranbau genutzt werden sollte, um die Selbstversorgung mit Nahrungsmitteln zu gewährleisten. Wolgensinger befasste sich mit diesem Thema, und auch Frank dokumentierte auf vielfältige Weise das imposante Weizenfeld am Bellevue und die Bauern bei der Ernte mitten im Zentrum von Zürich.

Im abschliessenden Zeugnis schrieb Wolgensinger über Frank: «Er ist immer pünktlich und arbeitet sauber und mit viel Interesse an der Aufgabe, die ihm gestellt wird, wobei ihm seine

Robert Frank:
Landschaft mit Kühen.
Photomontage.
Ca. 1941–45

Intelligenz, seine gute Bildung, seine Selbständigkeit und sein grosser Weitblick auch für ausserhalb seines Berufes liegende Dinge zustatten kommen.»[8]

Wahrscheinlich in der Zeit nach Wolgensinger, als Frank in Genf und danach im Atelier Eidenbenz in Basel arbeitete, fertigte er eine Art Zeigebuch an, ein spiralgebundener Band mit dem Titel ‹40 Fotos›. Es enthielt seine Aufnahmen, die zwischen 1941 und 1945 entstanden waren: Motive aus Architektur, Industrie und Natur – zum Beispiel die Aufnahmen der Eier und des elektrischen Bauteils –, aber auch dynamische Strassenaufnahmen, die deutlich Franks frühe Begeisterung für Volksfeste, etwa die 1.-August-Feiern oder das Sechseläuten, und für politische Versammlungen zum Ausdruck bringen. Einige der Bilder in ‹40 Fotos› sind offensichtlich Beweise für Franks technisches Können, während andere, im Sinn der Geistigen Landsverteidigung, die Schweizer Berge, die Landschaft und das ländliche Leben verherrlichen: zum Beispiel die wehende Schweizer Fahne auf einem Berggipfel als zentrales Symbol der Schweizer Identität und Wehrbereitschaft. Zahllose Fotografien der Schweizer Fahne wurden damals veröffentlicht, und Franks Beschäftigung mit ihr reflektiert bestimmt solchen Zeitgeist, zugleich war aber die Fahne immer wieder ein reales Ziel auf seinen Hochgebirgstouren und das symbolische Ziel seiner eigenen Suche nach einer Identität als Schweizer.

Doch die Schweizer Mentalität von Pünktlichkeit und Sauberkeit, die ja auch Wolgensinger lobend erwähnt hatte und die stark mit der Rationalität und Nüchternheit der «neuen fotografie» korrespondierte, machte ihm zusehends Mühe. Finsler, Wolgensinger und Eidenbenz arbeiteten auch während des Krieges in diesem sachlichen Stil, trotz der zunehmenden Kritik, dass dieser Stil nichts mehr mit realem Leben zu tun habe. Frank wusste sehr wohl, was ausserhalb der Schweiz vorging, und war immer weniger gewillt, sich mit diesen «sauberen», emotionslosen Haltungen gegenüber Arbeit und Leben zu identifizieren. Überdies begann er, sich gegen seine Familie und deren Streben nach Wohlstand und Ansehen aufzulehnen, indem er an 1.-Mai-Umzügen teilnahm und einen Versuch unternahm, der französischen Résistance beizutreten. In der Familie gab es «zuviel Geld, nicht genügend Herausforderung, zuviel Komfort und zu viele Lügen»,[9] kommentierte Frank später, und die Schweiz empfand er zunehmend als «zu verschlossen, zu klein für mich».[10]

Nach Ende des Krieges, als die Grenzen wieder geöffnet waren, fuhr Frank mit seinem Vater nach Paris, wo er ohne Erfolg Arbeit suchte, und nach Mailand. Die direkte Konfrontation mit den Folgen des Krieges inspirierte ihn zu Aufnahmen von Ruinen und Opfern. Er schien dem Beispiel Werner Bischofs zu folgen, dessen erste Bilder der Zerstörungen in Europa Anfang 1945 im ‹Du› publiziert worden waren. Franks wenige Fotos seiner Reisen nach Frankreich, Italien und später auch Belgien zeigen Menschen zwischen zerbombten Häusern und in verwüsteten Strassen. Diese Bilder markieren seine Wendung hin zu der Art sozialer Beobachtung, die er später in Nord- und Südamerika, in Spanien, England und Wales weiterverfolgen sollte. In Europa schien sich für Frank jedoch nicht unmittelbar eine Arbeitsmöglichkeit zu ergeben, also entschied er sich Anfang 1947, zur beruflichen Weiterbildung nach Amerika zu fahren, wie es zwei seiner Cousins schon im November des Vorjahres getan hatten.

Für viele Schweizer seiner Generation, die den Krieg in der zwar sicheren, aber engen Schweiz verbringen mussten, verkörperte Amerika die Idee des «Landes der Freiheit», und schon kurz nach seiner Ankunft in New York im März schrieb er überglücklich an seine Eltern: «Dieses Land ist wirklich ein freies Land. Man kann tun, was man will. Niemand fragt einen nach Ausweispapieren.»[11] Er war vom hektischen Leben der Grossstadt überwältigt und versuchte, seine ersten Eindrücke fotografisch umzusetzen. Die Stadt mit ihren Wolkenkratzern und Häuserschluchten, dem pulsierenden Verkehr und den riesigen Menschenmengen beeinflusste ganz unmittelbar seine Sehweise. Sie wurde spontaner, intuitiver, von unnötiger Technik unbelasteter, tatsächlich freier.

Im Unterschied zu vielen anderen Einwanderern fand Frank schnell eine Anstellung. Durch den Kontakt mit dem Schweizer Grafiker und Fotografen Herbert Matter konnte er seine Arbeit Alexey Brodovitch, dem Art Director von ‹Harper's Bazaar›, vorlegen. Beeindruckt von ‹40 Fotos›, seinen ersten New Yorker Strassenszenen und Probeaufnahmen im Studio, stellte Brodovitch ihn als Assistenzfotografen an. In der Folge fotografierte Frank Produkte der Modebranche für die Zeitschriften ‹Harper's Bazaar› und ‹Junior Bazaar›, angefangen mit Sachaufnahmen von Damenschuhen und allen möglichen Accessoires bis hin zu inszenierten Porträt- und Modeaufnahmen und gelegentlichen freieren, journalistischen Arbeiten.

Zweifellos half Frank seine solide Ausbildung, in der harten Umgebung der New Yorker Werbewelt zu bestehen, doch störte er sich zunehmend an den amerikanischen Geschäftspraktiken, besonders an der Tatsache, dass Geld das einzige war, das zählte. Kurz nachdem ‹Harper's› im Januar 1948 sein hauseigenes Fotostudio aus finanziellen Gründen geschlossen hatte, verliess Frank New York in Richtung Südamerika.

Robert Frank: *Schweizer Fahne.* 1943–44. Aus ‹40 Photos›

Er reiste durch Peru und Bolivien und kehrte 1949 zurück nach Europa, wo er zum Teil mit dem Auto durch Frankreich, Spanien, Italien und dann in die Schweiz fuhr. Da fotografierte er die Landsgemeinde in Hundwil im Kanton Appenzell Ausserrhoden, mit dem Ziel, die Bilder als «story» an eine Zeitschrift verkaufen zu können, was aber nicht gelang. Die Landsgemeinde als typisches Thema der Geistigen Landesverteidigung war wohl passé, oder Frank hatte zuwenig das eigentliche Ereignis dokumentiert, weil er spürbar machen wollte, wie sich die Beteiligten dabei fühlten: die Männer, die mit der blossen Hand, den Degen an ihrer Seite, ihr Stimmrecht – etwas, was ja auch Frank erst seit kurzer Zeit besass – ausübten. Wie seine Kontaktbögen zeigen, vermied er die privilegierte Position des Pressefotografen. Stattdessen bewegte er sich in einiger Entfernung von den Regierungsvertretern und beobachtete das Geschehen aus der Menge heraus, mischte sich unter die Bürger und zeichnete ihre Sicht nach. Diese Fotografien nahmen jenen kritisch prüfenden Blick vorweg, den Frank bald auf viele gesellschaftliche, politische und kulturelle Ereignisse in Amerika werfen sollte, und zwar aus der sehr persönlichen, nach innen gerichteten Perspektive eines Aussenseiters. Walter Läubli,

der im selben Jahr in der Zeitschrift ‹Camera› die erste Übersicht über Franks Frühwerk veröffentlichte, beschrieb Frank als einen «die Wahrheit, die ungeschminkte Tatsache» liebenden Fotografen, «der aus dem Drang zum Erleben in die Welt hinausfährt und mit der Kamera ins Leben greift», und folgerte, «wir glauben, Robert Frank kann uns das Sehen lehren ...»[12]

Robert Frank:
New York City. 1951

Robert Frank:
New York City. 1947

Während der nächsten drei Jahre reiste Frank mehrmals zwischen Europa und den USA hin und her. Obwohl er 1950 geheiratet hatte und im folgenden Jahr Vater wurde, wollte er sich nirgends für längere Zeit niederlassen. Im Frühjahr 1953 kehrte er einmal mehr nach Amerika zurück, «nicht mit so viel Freude», wie er seinen Eltern schrieb, «dies ist das letzte Mal, dass ich nach N.Y. zurückkehre und versuche, durch meine eigenen Arbeiten (personal work) an die Spitze zu gelangen ...»[13]

Auch wenn sich seine Ambitionen als Fotojournalist bis anhin nicht erfüllt hatten, konnte er einige Erfolge vorweisen: 1951 publizierte ‹Life› eine Doppelseite mit seinen Bildern von Stühlen in Paris, und kurz darauf gewann er einen zweiten Preis beim Fotowettbewerb der gleichen Zeitschrift; ‹Photo Arts› präsentierte das Werk des «Swiss mister», und 1952 gab Robert Delpire in Paris ein ganzes Heft mit seinen Bildern aus Peru heraus. Doch Frank hatte mehr im Sinn, er wollte sich als Künstler tatsächlich «frei» ausdrücken können.

Unterstützt von Walker Evans, dem Fotografen, der mit seinem Buch ‹American Photographs› (1938) berühmt geworden war, reichte Frank im Oktober 1954 eine Gesuch um ein

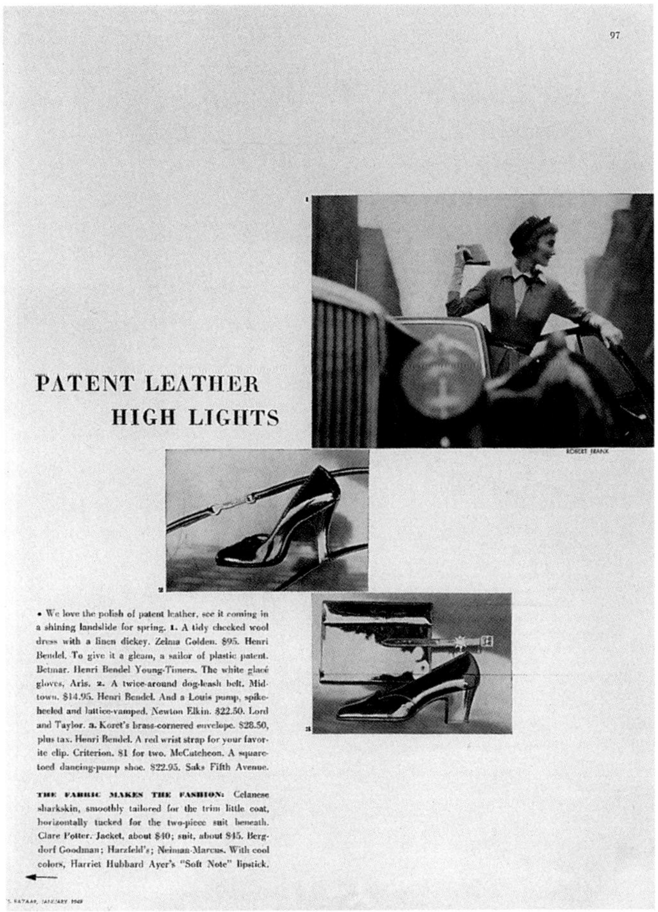

Robert Frank: Modeaufnahme in ‹Harper's Bazaar›. Januar 1949

Stipendium der Simon-Guggenheim-Stiftung ein. Als Projekt schlug er vor, in ganz Amerika zu fotografieren, um in soziologischer, historischer und ästhetischer Hinsicht Aussagen über die «Amerikanische Nation im allgemeinen» zu formulieren. Das Stipendium würde es ihm ermöglichen, seine fotografischen Eindrücke spontan, mit frischem Blick und völlig unabhängig festzuhalten. Er erklärte, «ich habe vor, das zu beobachten und zu dokumentieren, was ein eingebürgerter Amerikaner in den Vereinigten Staaten vorfindet, das, was die Zivilisation bestimmt, die hier geboren ist und sich anderswo ausbreitet.»[14]

Frank war sich bewusst, dass dies eine grosse Aufgabe sein würde. Er glaubte jedoch, dass er dank der Kleinbildkamera eine genügend grosse Anzahl Bilder aufnehmen könne, die, kategorisiert und mit Bildunterschriften versehen, als Zeitdokument einmal eine ähnliche Funktion erfüllen könnten wie die Tausenden von Fotografien, die während der Depression der dreissiger Jahre für die Farm Security Administration (FSA) – unter anderem auch von Walker Evans – gemacht worden waren und jetzt in der Kongressbibliothek der Öffentlichkeit zur Verfügung standen.

Alexey Brodovitch schrieb in einem Empfehlungsbrief über Frank, «die Frische und Ehrlichkeit seines Standpunktes ist aussergewöhnlich ...»,[15] und Evans pries ihn als «wahrscheinlich den begabtesten der heutigen jüngeren Fotografen, ... als geborenen Künstler».[16] Darauf erhielt Frank tatsächlich als erster europäischer Fotograf ein Stipendium, das es ihm ermög-

Robert Frank: Kontaktbogen zu *Die Amerikaner* mit dem Photo *Political-Ralley-Chicago*

lichte, sich ab Frühling 1955 auf die in der Zwischenzeit legendär gewordenen Autofahrten quer durch die Vereinigten Staaten zu begeben, auf denen die 83 Bilder entstanden, die 1958 von Robert Delpire in Paris mit dem Titel ‹Les Américains› und im Jahr danach in Amerika als ‹The Americans› veröffentlicht wurden.[17]

Obwohl Frank die Beat-Poeten erst nach seinen Guggenheim-Reisen kennenlernte, hatte er doch vieles mit ihnen gemein. Abgesehen davon, dass er wie die Hauptfigur in Kerouacs ‹On the Road› scheinbar ziellos durch das Land streifte und sich seine Arbeit dabei spontan entwickelte und zu einer eigenständigen Form fand, sind auch stilistische Ähnlichkeiten zur

Literatur der Beats offensichtlich. Frank hatte sich von allen technischen Bindungen gelöst, er fotografierte intuitiv und hielt sich in keiner Weise mehr an gängige Bildmodelle. Viele Bilder sind unterbelichtet, Zwielicht herrscht vor, und nichts ist mehr zu spüren von einer Bischofschen, ästhetisierenden Ausleuchtung. Oft sind seine Fotografien grobkörnig, Bildränder verdecken wichtige Teile der Szene, die Horizonte sind schief, und die Linien stürzen. Frank hatte die Regeln, welche die einstmaligen «neuen fotografen» aufgestellt hatten und die auch ihn anfänglich geprägt hatten, radikal auf den Kopf gestellt. Er stellte keine «sauberen» Abzüge mehr her, sondern nur noch Zeugnisse des Versuchs, so nahe an den Ausdruck der subjektiven Erfahrung heranzukommen wie möglich, auf schonungslos ehrliche Art ein Stück Wahrheit zu formulieren.

Und seine Erfahrungen im weiten «Land der Freiheit», in dem er mehr als einmal gezwungen war, seine Ausweispapiere vorzulegen, waren nicht immer gut. Frank wurde sogar einmal wegen Verdachts auf Verbindungen zu einer «feindlich gesinnten», vielleicht sogar kommunistischen Macht verhaftet.[18] Im Winter 1955 schrieb er seinen Eltern, dass Amerika zwar ein sehr interessantes Land sei, dass es aber eine Menge Dinge gäbe, die ihm nicht gefielen und die er nie akzeptieren würde. Er werde versuchen, nicht nur zu fotografieren, sondern in seinen Bildern seine Meinung auszudrücken.[19]

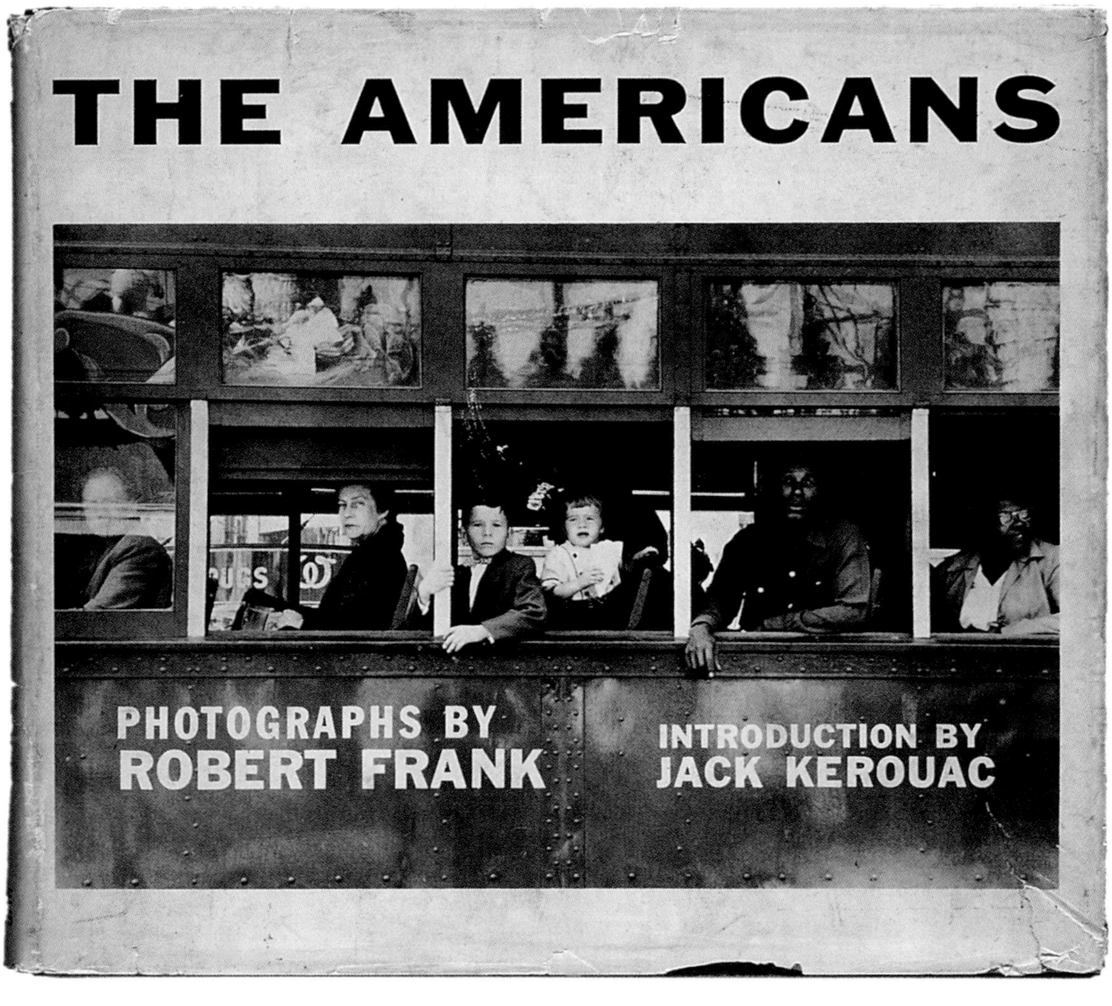

Robert Frank: *The Americans.* Buchtitel, Grove Press, New York, 1959

Viele Menschen in ‹The Americans› sind Franks Kamera, und damit dem Betrachter, abgewandt, oder sie sind verdeckt. Landschaften erscheinen trostlos und öde, «eher wie Russland», wie Frank später bemerkte. Und immer wieder tauchen die amerikanische Flagge, Musikautomaten und das Auto auf. Das Auto, einmal erscheint es zugedeckt mit einem hellen Tuch und flankiert von zwei Palmen, einmal als unsichtbarer Täter in einem tödlichen Unfall, einmal zusammen mit Sonnenbadenden am Strand. «Das Material ist dort, die Arbeit wird in der Hand des Fotografen sein, die Vision in seinem Kopf»,[20] hatte Frank in seinem Gesuch erklärt, doch was für eine Vision war entstanden!

‹The Americans› spricht, wie Sarah Greenough es formulierte, «vom tiefen Malaise des amerikanischen Volkes in den fünfziger Jahren», von Gewalt und Rassismus, von Konformität, von bedeutungslosem Patriotismus, von hohlen Feiern, kommerzialisierter Religion, korrupter Politik. Es zeigt ein Land, das letztlich «wenig wirkliche Freiheit zuliess, was Wahlmöglichkeiten, Ausdruck und Gedanken anbelangt.»[21] Dass Frank die Schwarzen im Süden und Mitglieder religiöser Randgruppen mit mehr Menschlichkeit und Integrität darstellte als die Weissen, trug mit dazu bei, dass seine Sicht die Amerikaner schockierte.

Angelegt als ein langer poetischer Bogen von Bildern, der mit vielen Verkettungen, Abschweifungen, Assoziationen, aber auch Gedankensprüngen und Mehrdeutigkeiten Franks persönliche Erfahrung der «traurigen Amerikanischen Nacht» nicht nur widerspiegelt, sondern zu jener des Betrachters macht, provozierte das Buch viele amerikanische Kritiker. Obwohl sie generell eingestanden, dass Frank sehr kraftvolle Bilder gelungen waren, verstanden sie seine Sicht auf «Die Amerikaner» – sie nahmen an, er meine wirklich alle – als eine böswillige Attacke auf die Vereinigten Staaten. Der «Schweizer mit den sanften Manieren» sei unsachlich, neurotisch, sein Gesichtsfeld sei zu eng, oder, wie ein Kritiker schrieb, «er ist ohne Liebe. Es ist kein Mitgefühl in seinen Bildern. Es sind Bilder von Hass und Hoffnungslosigkeit, von Trostlosigkeit und der Beschäftigung mit dem Tod. Es sind Bilder von einem Amerika, gesehen von einem freudlosen Mann, der sein adoptiertes Land hasst. Ist er ein Poet, wie Kerouac, sein Freund, sagt? Vielleicht. Aber er ist auch ein Lügner ...»[22]

Frank selbst hatte schon vor der Publikation seines Buches erklärt, dass er gegenüber der amerikanischen Realität nicht gleichgültig sein könne, dass eine persönliche Meinung aber oft ein gewisses Mass an Kritik beinhalten müsse, aber «Kritik kann aus Liebe kommen.»[23] Diese Worte verhallten angesichts der Kraft seiner Bilder praktisch ungehört im Blätterwald der aufgebrachten Presse.

Nur wenige Jahre vergingen jedoch, bis sich die Meinungen änderten. Breite soziale und kulturelle Veränderungen während der frühen sechziger Jahre liessen erkennen, dass Frank auf latente Probleme in der amerikanischen Gesellschaft hingewiesen hatte, die sich nun plötzlich zum Teil als gewalttätige Realitäten manifestierten. ‹The Americans› wurde in kurzer Zeit zum Kultbuch, das als eines der wenigen Fotobücher mehrmals aufgelegt wurde. 1969, anlässlich der ersten Neuauflage, wurde es als «das beste je publizierte Foto-Essay»[24] bezeichnet, und John Szarkowski, Leiter der Fotoabteilung am Museum of Modern Art, schrieb: «Frank zeichnete mit solcher Klarheit und Reinheit sein eigenes Gefühl davon auf, was für uns funda-

Robert Frank: *Words.* Nova Scotia. 1977

mental war, dass das Triviale verwandelt und zum Symbol wurde. Robert Frank schuf eine neue Ikonographie für das zeitgenössische Amerika.»[25]

Viele der Bilder aus ‹The Americans› wurden tatsächlich zu Ikonen der Fotogeschichte, deren Einfluss sich keine nachfolgende Fotografengeneration entziehen konnte. Für die einen waren es neue Bildmodelle, die tel quel übernommen wurden, für die anderen waren sie Anstoss, neue Sichtweisen auf eine sich ständig verändernde Welt zu erarbeiten. Für Frank selbst, der sich ab 1959 zur Hauptsache mit Film und darauf mit Video beschäftigte, wurden später die Bilder und sein damit einhergehender Status als «Meister» der Fotografie zu einer Last, deren er sich immer wieder auf unterschiedliche Weise zu entledigen suchte: vom physischen Zerstören von Abzügen bis zur Schaffung neuer Werke mit Fotografien, die auf den Guggenheim-Reisen entstanden waren, etwa die Assemblage von drei Nachtaufnahmen des «Plantation Inn» in Memphis von 1955, die er fast vierzig Jahre später mit dem Text versah: «Die Vergangenheit. Stille – der Himmel wird dunkel – niemand lebt mehr hier ... Ich möchte entfliehen», und darunter, ganz klein, die Frage: «Wohin?»

Ausgelöst durch seinen Rückzug aus New York in die Abgeschiedenheit Neuschottlands Anfang der siebziger Jahre und gefärbt durch tragische Ereignisse in der Familie, hatte sich Frank zusehends mit seinem eigenen Leben, seinen wenigen Freunden und seiner unmittelbaren Umgebung befasst. In seinen Werken ging es ihm nicht mehr darum, eine Meinung über

Amerika auszudrücken, sondern seine eigene künstlerische Arbeit, seinen Platz als Mensch in der Welt zu reflektieren. Er hielt den Spiegel nicht mehr der amerikanischen Gesellschaft, sondern sich selbst vor das Gesicht, wie in seinem Video ‹Home Improvements› von 1985, als er bei laufender Kamera sinniert: «Ich mache immer wieder dieselben Bilder. Ich versuche immer, im Draussen das Drinnen zu sehen. Ich versuche, etwas zu sagen, das wahr ist. Aber vielleicht ist nichts wirklich wahr. Ausser dem, was dort draussen ist. Und was dort draussen ist, verändert sich laufend.»

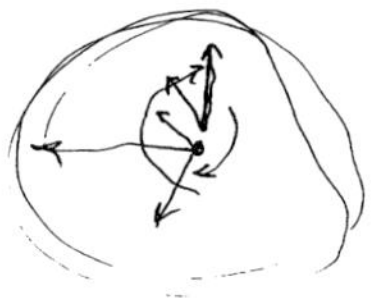

Literatur

Robert Frank, *The Lines of My Hand*, Zürich / Frankfurt / New York, Parkett–Der Alltag, 1989
Robert Frank, *Die Amerikaner*, Zürich / Berlin / New York, Scalo, 1993
Sarah Greenough und Philip Brookman (Hg.), *Robert Frank. Moving out*. Washington D.C., The National Gallery of Art und Zürich / Berlin / New York, Scalo, 1994
James Guimond, *American Photography and the American Dream*, Chapel Hill / London, The University of North Carolina Press, 1991
W. T. Lhamon, Jr., *Deliberate Speed. The Origins of a Cultural Style in the American 1950ies*, Washington D.C. / London, The Smithsonian Institution Press, 1990
Lisa Phillips, *Beat Culture and the New America: 1950–1965*, New York, The Whitney Museum of American Art, 1995
Schweizerische Stiftung für die Photographie (Hg.), *Photographie in der Schweiz von 1840 bis heute*, Bern, Benteli, 1992
Anne Wilkes Tucker (Hg.), *New York to Nova Scotia*, Houston, The Museum of Fine Arts, 1986
Colin Westerbeck und Joel Meyerowitz, *Bystander. A History of Street Photography*, London, Thames and Hudson, 1994

1 Robert Frank, zitiert in: Jack Kerouac, «On the Road to Florida», *Evergreen Review*, Nr. 74, Januar 1970, S. 40 (geschrieben 1958).
2 Dennis McNally, *Desolate Angel. Jack Kerouac, the Beat Generation, and America*, New York: Random House, 1980, S. 240.
3 Kerouac, *Evergreen Review*, S. 38.
4 Ibid.
5 Zu den folgenden Ausführungen vgl. Martin Gasser, «Zürich bis New York: ‹Robert Frank, Schweizer, unaufdringlich, liebenswürdig ...›» und Sarah Greenough, «Fragmente, die ein Ganzes ergeben: Zur Bedeutung in fotografischen Sequenzen» in: Sarah Greenough und Philip Brookman (Hg.), *Robert Frank. Moving out*. Washington D.C.: National Gallery of Art; Zürich, Scalo, 1995, S. 40–53, 96–125.
An dieser Stelle möchte ich folgenden Personen für ihre Mitarbeit an diesem Aufsatz herzlich danken: Sarah Greenough, Julia Thompson, Paul Roth, Stuart Alexander, Ed Grazda, Urs Stahel und vor allem Robert Frank.
6 Verschiedene Dokumente im Robert-Frank-Dossier im Stadtarchiv Zürich.
7 Vgl. dazu Hans Finsler, *Mein Weg zur Fotografie*. Zürich, Pendo, 1971.
8 Zeugnis vom 2. Oktober 1944.
9 Vgl. Martin Schaub, «Postkarten von überall und innere Narben», *Tages Anzeiger Magazin*, Nr. 44, 3. November 1984, S. 13.
10 Robert Frank, «The Pictures are a Necessity», in: William S. Johnson (Hg.), *Rochester Film and Photo Consortium Occasional Papers*, Nr. 2, Januar 1989 .
11 Frank in einem Brief an seine Eltern, März 1947, englische Übersetzung in: Anne Wilkes Tucker (Hg.), *New York to Nova Scotia*, Houston, Museum of Fine Arts, 1986.
12 Walter Läubli, «Robert Frank», in: *Camera*, Nr. 12, Dezember 1949, S. 359.
13 Frank in einem Brief an seine Eltern, 28. Februar 1953.
14 Frank im undatierten Begleittext zur Bewerbung um ein Guggenheim-Stipendium, ca. Oktober 1954. Bereits davor hatte er sich um das amerikanische Bürgerrecht beworben, erhielt es aber erst 1963.
15 Alexey Brodovitch in einem undatierten Brief an die Guggenheim Foundation, ca. Oktober 1954.
16 Walker Evans in einem Brief an die Guggenheim Foundation, 20. Januar 1955.
17 Frank erhielt am 15. April 1955 ein Stipendium von US$ 3 600, um während eines Jahres seinen «Photographischen Studien der amerikanischen Szene» nachzugehen. Es wurde am 12. April 1956 um ein Jahr verlängert, d.h. er erhielt weitere US$ 3 600.
18 Vgl. Rapport von Polizeileutnant R. E. Brown, in: Tucker (Hg.), *New York to Nova Scotia*, S. 24.
19 Frank in einem Brief an seine Eltern, Winter 1955, in: Tucker (Hg.), *New York to Nova Scotia*, S. 28.
20 Frank im Begleittext zur Bewerbung, ca. Oktober 1954.
21 Sarah Greenough, *Moving out*, S. 114.
22 Bruce Downes, «Off-Beat», *Popular Photography*, S. 104. Zur Rezeption von *The Americans* vgl. auch Stuart Alexander, *The Criticism of Robert Frank's ‹The Americans›*, Magisterarbeit, Universität von Arizona, 1986.
23 Robert Frank, «A Statement ...», *U.S.Camera 1958*, New York, 1957, S. 115.
24 *Creative Camera*, Nr. 55, Januar 1969, Titelseite.
25 John Szarkowski, zitiert in: *Creative Camera*, Januar 1969, S. 23.

Zirkelexistenzen

Die doppelte Heimat der Schweizer Literatur

Ein Gespräch mit Peter von Matt.
Die Fragen stellten Franz Cavigelli und Beat Schläpfer

Ausgangspunkt des Gesprächs ist die Ausstellung ‹Swiss, made. Die Schweiz im Austausch mit der Welt› – und ein Floh, den Sie mir bei einem früheren Gespräch ins Ohr gesetzt haben, mit einer prägnanten Metapher, die das Wesen und die Produktionsform vieler Schweizer Schriftsteller kennzeichnet. Das Stichwort war die Zirkelexistenz: *ein Bein in der Heimat, das andere im Ausland. Eine andere These von Ihnen entnehme ich Ihrem Aufsatz ‹Der Traum an der Grenze›:*[1] *«Als Schweizer allein kann man keine guten Bücher schreiben, als Franzose hingegen schon, und auch als Italiener und Engländer.» – «Als Schweizer allein», was meinen Sie damit?*

Man muss bei diesen Dingen immer unterscheiden: Man hat als Beobachter der Literatur – und ich betrachte mich eigentlich als eine Art Literaturbeobachter – einerseits bestimmte Phänomene vor sich, und andererseits sucht man nach Gründen für sie. Gelegentlich sind die Phänomene eindeutiger als die Gründe. Zu den unübersehbaren Phänomenen der Schweizer Literatur gehört sowohl in den Texten wie in der Lebensführung der Schriftsteller die Polarität von lokal-regional-schweizerischer Position und der Metropole. Also es ist *nicht* die Polarität zwischen Zürich und der Toscana, sondern die zwischen Zürich und Berlin, oder New York, Paris, London, Rom – die Metropole also als der zweite Ort. Diese Spannung scheint mir konstitutiv zu sein, und zwar im Leben wie in den Büchern der Autoren.

Die Frage nach dem Warum wäre natürlich entsprechend auf den verschiedenen Ebenen zu beantworten. *Eine* Gegebenheit ist sicher sehr wichtig: Die Schweiz ist einerseits ein geschlossenes *politisches System*, ein politisches System mit einer überdurchschnittlichen Kohäsion. Das erleben wir in der Europadebatte, mit einer deutlichen Tendenz der Schweiz, sich nach aussen noch verstärkt abzuschliessen. Sie ist aber andererseits kein geschlossenes *kulturelles System*. Es gibt so etwas wie eine schweizerische Kultur, aber diese Kultur der Schweiz ist ein offenes System, das heisst, sie geht über in andere Kulturen.

Diese Doppelheit ist grundlegend: Jeder Schweizer Autor ist als politisches Wesen Teil des geschlossenen politischen Systems, während er als kulturell Tätiger mit einer merkwürdig offenen Situation konfrontiert ist, die die eigene Existenz ebenso wie auch das Schaffen bestimmt.

Diese Begegnung findet ja vor allem statt mit den jeweiligen grossen Nachbarländern. Für die deutsche Schweiz Deutschland, für die Welschschweiz Frankreich, für die italienische Schweiz Italien. Warum gibt es nicht den Fall, dass die Leute innerhalb der Schweiz ins andere Sprach-

gebiet gehen und mit anderen Augen wieder zurückkehren? Es gab ja früher die Institution «Welschlandjahr», es gibt diese Begegnungen zum Teil im Militärdienst.

Ich glaube, das Phänomen der Metropole ist entscheidend. Wenn ich ins Welschland gehe oder ins Wallis oder ins Tessin, bin ich mit vertrauten Strukturen konfrontiert. Aber die Geschichte, die Weltgeschichte, ereignet sich in der Metropole, von dort strahlt sie aus, dort passieren die grossen Umbrüche. Die haben die Sogkraft für die Talente und schleudern die veränderten Talente dann wieder zurück. Welche Metropole das ist, spielt eigentlich keine Rolle, wesentlich ist die grosse Stadt, die die Schweiz *nicht* hat.

Die Schweiz hat Zürich, eine sehr wichtige Stadt – und Zürich bietet in mancher Hinsicht mehr als manche viel grössere Stadt –, aber sie hat nicht diesen Charakter der Metropole, mit der offenbar eine Konfrontation stattfinden muss, um die spezifische schweizerische Kreativität zu entzünden. Für mich ist es nicht etwa ein Problem (dies ist eine schwierige Unterscheidung) der persönlichen Entwicklung – also im Sinne des Entwicklungsromans: man muss das halt einmal erlebt haben –, sondern es ist ein Problem der Kreativität, der Inspiration.

Was macht den Schweizer Autor – ich sage jetzt immer bewusst «*der* Schweizer Autor», weil es in diesem Zusammenhang eine merkwürdige Differenz zwischen den Autorinnen und den Autoren gibt, die ich nicht durchschaue –, was macht den Schweizer Autor produktionsfähig? Was entzündet, was stimuliert ihn? Da sehe ich, dass der Augenblick an der Grenze, zurückkehrend aus der Metropole, eine Basissituation der literarisch schöpferischen Produktion ist. Immer wieder entzünden sich die Schlüsselwerke der Schweizer Literatur an dieser Szene. Auch der Aufbruch gehört dazu, aber das Spannungsreichste ist meistens der Moment der Rückkehr, wo man die Metropole im Rücken hat und mit der Schweiz wieder konfrontiert ist.

Ich habe den Aufsatz ‹Der Traum an der Grenze› geschrieben, und dann hat mir Hugo Loetscher gesagt, das sei früher mal so gewesen, jetzt habe sich alles verändert und das Thema sei eigentlich vorbei. Die heutigen Welterfahrungen eines Schweizer Autors seien ganz andere. Aber der erfolgreichste Roman des letzten Jahres, ‹Adalina› von Silvio Huonder, verkörpert in einer geradezu modellhaften Weise genau wieder diese Situation. Es ist nicht einfach eine Heimkehr in den Mutterschoss, sondern eine Heimkehr in eine Gegend, die nun in anderer Weise mit Konflikten aufgeladen ist als vorher. Die Konflikte sind überhaupt erst jetzt sichtbar.

Eine Frage zwischendurch: An sich hat ja auch der Gang des französischen Provinzbewohners nach Paris und wieder zurück eine ähnliche Struktur. Allerdings ist mir kein Beispiel erinnerlich, wo das in dem Sinn etwas auslösen würde, wie Sie es geschildert haben, nämlich diese Rückkehr, das Treffen an der Grenze, die Begegnung mit dem Grenzbeamten, mit dem Zöllner, mit dem Polizisten. Der Gang über die Brücke, wie bei Bräker, und dann die Bosheit und Kälte der Heimat, die den Heimkehrenden doppelt trifft.

Ich glaube, die französische Literatur, soweit ich da zuständig bin, ist geprägt durch die Handlungskurve der Eroberung von Paris. Man stösst aus der Provinz vor und erobert die Hauptstadt, wie es am Schluss des ‹Père Goriot› zu lesen ist, als Rastignac vom Friedhof Père-Lachaise auf die Stadt blickt und ausruft: «A nous deux maintenant!», also jetzt, wir zwei. Er erobert wirklich diese Stadt, und in den späteren Bänden der ‹Comédie Humaine› taucht Rastignac immer wieder auf und ist erfolgreich und setzt sich durch. Und eines Tages, wenn die Herren reich geworden sind und überlebt haben in diesem Kampf, dann ziehen sie sich vielleicht in die Provinz zurück und kaufen sich ein Schloss, irgendwo im Burgund. Aber das ist kein neuer Konfliktherd, sondern das ist der Ort, wo man zur Erholung auf die Jagd geht. Ich finde das eine sehr spannende, modellhafte Differenz. In Frankreich muss Paris erobert werden und wird erobert! Die Russen, die hocken auch in der Provinz, aber sie starren immer auf Petersburg und Moskau, kommen nie richtig hin und können diese Distanz nie überwinden. So am deutlichsten in den ‹Drei Schwestern› von Tschechov, wo die Reise nie richtig passiert und doch stets diese Sehnsucht da ist. Natürlich sind das krasse Vereinfachungen, aber sie ergeben interessante Denkmodelle, die man plötzlich anwenden kann.

Was spricht dann für diese Unterscheidung, die Sie machen, einerseits die Zugehörigkeit zu einem Kulturganzen oder zu einem Kulturraum und andererseits, dem entgegengesetzt, dass die Schweizer Schriftsteller auch als politische Wesen halt Schweizer sind und nicht Deutsche oder Franzosen und in dem Fall allenfalls ein Problem haben mit ihrer Identität, wenn sie auswandern oder wenn sie eben diesem Magnetismus Metropole folgen?

Die Schweizer gehen eben nicht, wie die Franzosen, in ihre Hauptstadt, sondern in eine fremde Hauptstadt, in der sie unter Umständen sehr erfolgreich sind, aber irgendwann kehren sie meistens um, und oft weiss man gar nicht, weshalb sie umkehren. Auch in diesem Huonder-Roman geht der Mann einfach unverhofft weg und in die Schweiz zurück. Ähnlich ist es bei Robert Walser, ähnlich bei Keller. Irgendwann kehren sie alle zurück. Aber ein grosser Teil der wichtigen Schweizer Romane wird dort in der Grossstadt geschrieben. Das ist das Interessante. Die Vernetzung der inhaltlichen mit der biographischen Ebene. In den Romanen kommt die Kurve als Inhaltselement wieder vor. Romane selbst werden in der Grossstadt geschrieben, und die Spannung prägt wieder die Romane.

Ein Gegenbeispiel: Die ‹Blechtrommel› wurde in Paris geschrieben. Jetzt könnte man sagen, ja gut, das ist eigentlich das gleiche. Aber Paris hat keine einzige Spur, nicht einen Hauch von Spur hinterlassen in dieser ‹Blechtrommel›, die könnte auch auf der Insel Rügen geschrieben worden sein. Doch im ‹Grünen Heinrich›, da ist der Auswanderer, der Rückkehrer, da ist diese Spannung, da endet alles mit der grandiosen Apotheose der politischen Schweiz im Blick des Heimkehrers.

Sie operieren ja bei Ihrem Thema sehr stark mit der Dichotomie «Traum vom Ganzen» und «Erfahrung der Grenze». Sie zitieren Heidis Rückkehr aus Frankfurt und andere Texte, Ulrich Bräker zum Beispiel. Kann der Traum vom Ganzen sich nur ausserhalb entwickeln?

Unter welchen Zeichen steht dann die Wiederbegegnung mit dem Eigenen, das ja nicht mehr das Eigene ist?

Es gibt schon auch Entwürfe vom Ganzen, Träume vom Ganzen vielleicht, die in der Heimat selbst entstehen, aber die setzen sich zusammen aus dem bekannten Material. Die haben den Blick nicht gewechselt. Sie haben nicht den neuen Blick. Der Blick des Heimkehrers ist ja nicht einfach ein Röntgenblick, der nun überall die Schwächen sieht, die er vorher nicht gesehen hat, sondern er ist wie aufgeladen von dem, was die Schweiz sein könnte. Die Vision der richtigen Schweiz wird konfrontiert mit der Kälte dieses Landes. Das Motiv der Kälte zieht sich durch die ganze Schweizer Literatur, und das Erfrieren im Wald, das Erfrieren im Schnee ist ein ständiges Thema, das immer wieder erscheint, bei Gotthelf, bei Keller, bei Inglin – und bei Walser ist es ein Schlüsselmoment bis ins Biographische hinein.

Gerade weil die Schweiz den Kult der Geborgenheit betreibt, diesen Muttermythos kultiviert hat, wird die faktische Kälte viel stärker erfahren. Das muss dann besonders schroff sein bei der Heimkehr, denn die fremde Stadt ist ja als die fremde Welt die Kälte, während das Eigene die Wärme ist. Und nun kommt man nach Hause, und die Temperaturen kehren sich um. Es gibt ein grosses Temperaturproblem in der Schweizer Literatur.

Sie exemplifizieren den Traum vom Ganzen u.a. am ‹Grünen Heinrich›, dessen erste Fassung ja mit dem Tod des Helden endet, die zweite mit der gesellschaftlichen Einbindung des Helden. Sie gehen davon aus, dass das Modell des liberalen Staates, das Avantgardemodell der Schweiz von 1848, in der ersten Fassung von 1854/55 noch eine so starke Utopiewirkung hat, dass der Held daran gemessen und mit der eigenen Schuld konfrontiert werden kann, während in der zweiten Fassung, gut 20 Jahre später, diese Idee schon nicht mehr präsent ist und der Held, eingebunden in eine gesellschaftliche Pflicht, nun überleben kann. Könnten Sie dies noch etwas ausführen?

Der ‹Grüne Heinrich› ist, verglichen mit dem, was wir bisher gesagt haben, insofern eine Ausnahme, als er mit der Überzeugung des Erzählers und mit der Überzeugung des Helden endet, die Schweiz sei gut und richtig, wie sie ist. Der Traum ist im grössten möglichen – historisch möglichen – Mass in Erfüllung gegangen. Der Held scheitert an sich selbst, weil er diesem neuen und richtigen Staat nicht gerecht wird. Es ist also hier nicht eine Diagnose der kalten, bösen Schweiz, wie wir es im Prototyp aller Schweizer Romane, dem ‹Bauernspiegel› von Gotthelf, haben. Dort kehrt der Held auch mit einer Idealvorstellung zurück und gerät dann in eine gnadenlos harte und grausame, herzlose Gesellschaft, die ihn fertigmachen will und an der er auch um ein Haar krepiert. Keller hat nie so harte Diagnosen gewagt wie Gotthelf.

Sie haben vorhin gesagt, dass diese Doppelperspektive sich auf die Texte bezieht, aber auch auf die Lebensführung der Autoren. Bei Gotthelf ist das vielleicht ein Stichwort, weil er scheinbar der Notwendigkeit widerspricht, dass man als Autor die Grenze überschreiten muss und im Ausland zum Autor wird. Gotthelf hat ja sein literarisches Werk in der Schweiz geschrieben, hat auch die Schweiz, mit Ausnahme der Studienjahre, eigentlich nicht verlassen. Wie würden Sie ihn in dieses Denkmodell einordnen?

Ich glaube, Gotthelf ist gerade darum aufschlussreich, weil er im Handlungsschema seines Erstlings genau die Kurve beschrieben hat: Ein Schweizer zieht aus, geht in fremde Dienste, macht die dreissiger Revolution in Paris mit und kommt zurück. Im Handlungsschema ist die ganze Kurve verkörpert.

Warum das später bei Gotthelf ohne die Zirkelexistenz gehen konnte, hängt wahrscheinlich auch mit der erwähnten Differenz zwischen der kulturellen und der politischen Struktur zusammen. Gotthelf hat als eindeutig politischer Autor angefangen. Er ist bis zum Schluss ein politischer Autor geblieben, und zwar ein Autor eben des geschlossenen politischen «Systems Schweiz». In diesem Sinne sieht für ihn die Sache eine Spur anders aus. Bei ihm decken sich bis zu einem gewissen Grad die beiden Systeme. Lange Zeit schreibt er ja nur für seinen engeren Raum, die Texte werden in ziemlich abgelegenen Verlagen auf schlechtem Papier publiziert, auch im Berner Kalender veröffentlicht, also im Feld einer regionalen Kultur, aber unter einer politisch brisanten Situation. So wurde Gotthelf der erste demokratische Erzähler der deutschen Literatur.

Er kommt aus der Berner Revolution von 1830, er hat diese Revolution mit vorangetrieben, er war ein Vorkämpfer der Beseitigung des restaurativen Regimes. Aus dieser Situation eines neuen republikanischen Staates, auch einer weitgehend neuen republikanischen Schweiz heraus hat er seine Romane geschrieben. Ich glaube, dass er von da her, von dieser historischen Grenze, die sein Werk bestimmt, seinen spezifischen Blick gewonnen hat.

Man darf nicht vergessen: Als Gotthelf den ‹Bauernspiegel› schreibt, schreibt Büchner in Zürich den ‹Woyzeck›. Der ‹Bauernspiegel› ist für mich der ‹Woyzeck› in Romanform. Da zeigt sich, wie bei Büchner, der neue Blick auf die Natur und in die Gesellschaft hinein! Was immer Gotthelf dazwischen predigt, lassen wir ihn predigen!

Ich meine, diese – was ich die Zirkelexistenz nenne – doppelte Heimat ist eine empirisch feststellbare modellhafte Struktur, die immer wieder auftaucht – so häufig auftaucht, dass sie konstitutiv sein muss –, die sich aber in jedem einzelnen Fall verschieden äussern kann. Ich kann das nicht wie ein Rezept festhalten und sagen, wenn es nicht vorhanden ist, dann kommt nichts raus, sondern ich würde sagen, das Erfahrungssystem, das dahintersteht, kann sich auch anders umsetzen. Aber es ist auffällig, dass immer wieder diese Kurve sichtbar wird – die Kurve des Ausbruchs und der Heimkehr.

Dürfen wir die Linie noch ein bisschen weiterverfolgen? Wir hatten die Beispiele Bräker, konstitutiv für ihn die Teilnahme an den Feldzügen Friedrichs des Grossen, damit zusammenhängend auch die Konfrontation mit einem aufgeklärt absolutistischen Regime, wir hatten Gotthelf, konstitutiv die Revolution von 1830, wir hatten Keller, konstitutiv 1848 die Evolution und die Verfassung der Schweiz. Unter den neueren Autoren, die Ihrem Modell folgen, finden wir Spitteler, eine Zwischengestalt, und später Max Frisch, auch Dürrenmatt mit der ‹Alten Dame›.

Das Interessante ist, wie auch für die Autoren unserer Zeit diese Spannung im Biographischen und im Inhaltlichen festzustellen ist, als Handlungskurve und als Lebenskurve. Bei Frisch ist es ganz klar, er geht immer weg und kommt wieder, undenkbar, dass er definitiv weggegangen wäre, undenkbar, dass er nur hiergeblieben wäre. In seinem ja doch zentralsten Roman, ‹Stiller›, ist es die klassische Heimkehrersituation, aus der sich alles entwickelt. Bei Dürrenmatt kann man sagen, der lebt wie der Alte vom Berge. Der hat in der Höhe gewohnt und mit den Sternen kommuniziert und die Schweiz aus einem philosophischen Exil beobachtet. Aber sein berühmtestes Werk, der ‹Besuch der alten Dame›, entspringt genau dieser Handlungskurve.

Und neben den modernen Klassikern Frisch und Dürrenmatt finden wir die Söhne dieser Klassiker, also Nizon, Loetscher, Walter, Bichsel, Steiner. Auch da können wir die Sache greifen, Muschg und sein Japan, Loetscher und sein Südamerika, Bichsel, der in Solothurn lebt, aber immer wieder in Amerika, immer wieder in Berlin ist. Nizon hat daraus einen persönlichen Kult gemacht, meldet immer wieder in die Schweiz herein, er sei im Exil, damit man ihn ja nicht vergisst –

– der das gleichzeitig auch viel weniger ironisiert als die andern.

Er heroisiert es geradezu, und die Äusserung «Ich lebe in Paris im Exil» ist unfreiwillig komisch, denn wenn man in Paris ist, trifft man fast mehr Schweizer Bekannte, als wenn man zu Hause ist.

Und Loetschers Einwand, das alles stelle sich heute wesentlich anders dar? Sie haben als Gegenbeleg Silvio Huonder genannt – es gibt sicher auch noch andere Beispiele aus der jüngeren Schriftstellergeneration – Thomas Hürlimann zum Beispiel?

Hürlimann ist wie Walser und Keller ohne das Berlin-Erlebnis nicht zu denken. Auch Arnold Kübler wäre übrigens ein wichtiger Name in diesem Zusammenhang, er lebte auch in Berlin, ist dort fast vergammelt. Berlin ist eine so gefährliche wie prägende Stadt für begabte Schweizer.

Jedenfalls ist das Schema auch bei Hürlimann evident. ‹Grossvater und Halbbruder›, sein erstes Stück, entsteht in Berlin und spielt in der Schweiz an der Grenze. In ‹Der Gesandte› ist es die Figur des Botschafters, die den Typus verkörpert. Frölicher kehrt bei Kriegsende nach Hause zurück und muss feststellen, dass sich die Bedingungen seiner Existenz radikal verändert haben, dass man ihn loswerden will.

Natürlich, Hürlimann hat noch andere Inspirationsmittel, aber zum Schriftsteller wurde er ursprünglich aus dieser Spannung heraus.

Er kann wohl ‹Das Gartenhaus› erst nach Berlin schreiben, das wäre vorher nicht möglich gewesen; in dem Sinn ist Berlin einmal mehr die Basis für den Entwicklungsprozess eines wichtigen Autors.

Den Blick des Heimkehrers, den hat Hürlimann ohne Zweifel. Übrigens auch Matthias Zschokke, einer der raffiniertesten Prosaschreiber, die wir im Moment haben. Er bringt Prosaseiten fertig wie wenige andere, und Zschokke sitzt auch in Berlin.

Sie sprechen, Sie haben es gesagt, ganz bewusst von Autoren, sehen die Autorinnen also ausserhalb dieses Modells, von dem wir sprechen. Das ist eine davon abgelöste Sache?

Ich kann das nicht lösen, die Frage bei den schreibenden Frauen. Als ich jene Rede über den Traum an der Grenze zum Dies academicus der Universität Zürich 1993 schrieb, da habe ich verzweifelt nach Heimkehrerinnen gesucht. Es gibt eine Figur wie Annemarie Schwarzenbach – oder in der Romandie Ella Maillart, die für die Schwarzenbach die Führerin gemacht hat in Persien. Sie ist in dieser Hinsicht sehr interessant. Da finden sich auch der Aufenthalt in Berlin, das klassische Angezogensein von Berlin, dann die USA, schliesslich die tollkühnen Reisen in den Orient, das Schreiben über den Orient und so weiter. Biographisch wäre der Grundablauf gegeben. Was ich bei Schwarzenbach nicht gefunden habe, ist das Ereignis der Grenze, die Auseinandersetzung mit der Schweiz in der traumatischen Konfrontation an der Grenze.

In dem Sinn kann das bei Schwarzenbach auch nicht gehen, weil sie weiterhin in der Welt rumgeflippt ist, aus ihrer inneren Unruhe heraus, vergleichbar mit Klaus Mann. Sie hat sich ja dann nicht hier niedergelassen.

Da kommt sicher die private Unruhe dazu – das gesellschaftliche Tabu der lesbischen Frau, die nicht leben darf, was sie eigentlich leben möchte, die das eingesteht und doch nicht eingesteht und die den richtigen Ort nirgends findet. Die Heimat für sie wäre eine Schweiz gewesen, die gesagt hätte: «Ja bitte, wieso nicht?» So wie heute zum Beispiel ein Christoph Geiser in der Schweiz schreiben kann – wie er seine Homosexualität thematisieren kann, daraus Literatur machen kann, das hätte für Annemarie Schwarzenbach das sofortige Verschwinden aus der Öffentlichkeit, das Verschwinden der Texte aus der Öffentlichkeit zur Folge gehabt. Für sie war sogar der Traum von einer humanen und toleranten Schweiz nicht möglich.

Ich hätte noch etwas nachzutragen: Das Modell ist ja selbstbestimmend für Autoren, die im engeren Sinn nicht Fiktionaltexte schreiben, sondern literarische Reportagen, sprich Meienberg. Seine Rückkehr aus Paris schärft auch bei ihm den Blick für die Schweiz.

Zweifellos. Meienbergs Sehweise ist die des Heimkehrers. Nicht zufällig hatte er sein Leben lang eine Wohnung in Paris. Davon nährte sich sein unglaublicher, eigentümlicher Blick auf die Schweiz, sein Gehör auch für das Reden. In seinen Texten erscheint die Schweiz ja auch als akustisches Phänomen.

Oder nehmen Sie in dem Zusammenhang, im Bereich Publizistik, Reportagen, nochmals Arnold Kübler: Er kommt aus Berlin zurück, ist dort als Schauspieler gescheitert und gründet in Zürich die ‹Zürcher Illustrierte›, die erste und vielleicht überhaupt einzige moderne Illustrierte, die die Schweiz je hatte, wo er alle die Fotografen heranzieht, die noch gar nicht wissen, dass sie grosse Fotografen sind. Er aber hat den Blick für den Blick, den diese Leute haben, und er begründet damit die grosse Filiation der Schweizer Fotografie, die zu Werner Bischof und allen andern führt, bis in die Gegenwart hinein, zu René Burri, Robert Frank, Herbert Matter, all den berühmten Schweizer Fotografen.

Kübler wird unglaublich unterschätzt in seiner Rolle als Ferment und Impulsgeber, ich finde es tragisch, dass dieser Name heute nicht gegenwärtiger ist.

Ich kann aus Mangel an Detailkenntnissen, was Kübler betrifft, hier nicht anknüpfen, aber vielleicht noch eine Frage zu Meienberg: Meienbergs Idolisierung von De Gaulle – die hat ja auch etwas mit dieser Situation zu tun. Ist dies für Sie auch ein Element, dass im Prinzip nachher die Metropolen oder die Gestalten, die man in Metropolen erlebt hat, in die Utopie eingehen?

Ja, das ist ein Element im Felde dieser Tradition, die Metropole als der Ort der historischen Grösse. Das gibt es schon bei C.F. Meyer. Meienberg hat ein extrem ambivalentes Verhältnis zu den Grossen gehabt, er ist die Fixierung an die historischen Monster nie losgeworden, General Ulrich Wille zum Beispiel und zuletzt noch General Schwarzkopf im Golfkrieg 1991.

Aber De Gaulle ist ja für Meienberg eine positive Ikone gegenüber Leuten wie Wille und Schwarzkopf.

Ja, De Gaulle ist gross, weil er zu Paris gehört. In dem Zusammenhang, Paris und Heimkehr und Frankreich und Schweiz, ist wichtig, dass man auch Friedrich Glauser erwähnt. Er verkörpert unser Modell im Biographischen und in der literarischen Form auf frappierende Weise, ist ganz typisch und doch ganz einmalig. Er ist der Heimkehrer, aus der Fremdenlegion, und mit seinem Heimkehrerblick kann er dann die Figur des Wachtmeisters Studer schaffen, kann er dessen Blick auf die Schweiz zeigen und inszenieren. Wie Meienberg die Kunstform der Reportage in der Schweiz neu schafft, schafft Glauser die Kunstform des Kriminalromans neu. Und beide tun es aus der Zirkelexistenz heraus. Man muss einmal genauer studieren, wie in der Figur Studers, in seinem Denken und Beobachten, die Metropolen Wien und Paris im Hintergrund immer anwesend sind. Er hat Freunde hier wie dort. Wenn er in einem Schweizer Kaff einen Fall lösen muss, sind ihm diese Freunde in den Metropolen innerlich gegenwärtig.

Glauser findet ja die fiktionale Vaterfigur Studer in der Gestalt Maigrets, die bringt er schon mit, einen Vater, den er in seinem eigenen Vater nicht sieht, also in diesem Sinn ein Vaterimport?

Der Kommissar aus Paris verwandelt sich bei Glauser in den Wachtmeister von Bern. Das ist nicht Import, das ist eine Art Kulturbrücke. Wobei Studer die gebrochenere, fragilere Figur ist als Maigret, auch zwielichtiger mit seinem seltsamen Hang zu kleinen Mädchen. Solche Zweideutigkeiten wären bei Maigret kaum möglich. Gerade Glauser, der Mensch, der Autor und die Struktur seiner Romane, er zeigt, wie produktiv das Denkmodell von der doppelten Heimat der Schweizer Literatur sein kann, wenn man es vorsichtig und undogmatisch als Denkmodell einsetzt.

Literatur

Peter von Matt, *Der Zwiespalt der Wortmächtigen. Essays zur Literatur*, Zürich 1991

1 Peter von Matt, «Der Traum an der Grenze. Zur literarischen Phantasie in der Schweiz», in: *Neue Zürcher Zeitung*, Nr. 109, 14. Mai 1993.

Adolf Max Vogt

Der edle Wilde aus dem Schweizer Jura

Le Corbusier, Rousseau und die Pfahlbauer

Der Mann, der aus der Randzone kam

Man kann in Westeuropa aufgewachsen sein und dennoch dem äussersten kulturellen Randbereich zugehören. Das gilt beispielsweise für die Franche-Comté, die einsame Juralandschaft im östlichen Frankreich mit ihren durch eine enge Klus abgeriegelten Tälern. – Gustave Courbet stammt aus dieser Gegend, und er hat ihre kraftvolle Kargheit als Maler zum Ereignis gemacht. Der Fluss Doubs, tief eingeschnitten und schwer zugänglich, begrenzt die Franche-Comté nach Süden, und was dann beginnt – der Schweizer Jura – liegt (zumindest von Paris aus gesehen) am Rande des Randes. Denn La Chaux-de-Fonds liegt zusätzlich hart an der Grenze zum Deutschen. Hier, an der Sprachgrenze, ist Le Corbusier geboren, herangewachsen und nicht weniger als 30 Jahre lang geblieben. Ein Nesthocker mit riesigem Lernbedürfnis. Einer, der nicht nur sprachgeographisch vom Rande kam, sondern obendrein auch noch schulmässig zu kurz kam. Übersetzt in heutige Bezeichnungen, kann man sagen: Er besuchte lediglich die Primar- und Sekundarschule und absolvierte dann eine Gewerbeschule, so wie das in der Schweiz ein qualifiziert ausgebildeter Handwerker tut.

Allerdings, so muss man zufügen, war der Leiter der Kunst-Sektion an der Gewerbeschule von La Chaux-de-Fonds, *Charles L'Eplattenier,* ein Mann von ungewöhnlichen Gaben und Gnaden. Le Corbusier sagt über ihn im Schlusskapitel zum Buch ‹L'Art décoratif d'aujourd'hui› (1925): «Mein Meister war ein glanzvoller Lehrer und ein wirklicher Mann aus den Wäldern, und er machte uns zu Waldmenschen ... So war auch ich, über lange Zeit, ein Regionalist ... [Denn] mein Meister hatte gesagt: Wir werden das Haus erneuern und das Kunsthandwerk wiederherstellen, das verschwunden ist»[1]. Das Programm L'Eplatteniers forderte den Umgang mit vielen Techniken und ganz verschiedenen Materialien. So sah er sich und seine Schüler folgerichtig als *Generalisten*, die von der Keramik über das Mosaik zum Bronzeguss Bescheid wissen und zumindest die traditionellen Haustechniken kennen sollten. Dass er überdies den Instinkt besass, den Schüler Jeanneret, der sich später Le Corbusier nennt, als künftigen Architekten zu bezeichnen – obwohl dieser sich dagegen sträubte –, spricht für L'Eplatteniers pädagogische Sensibilität. Auch wenn Le Corbusier später den Regionalismus seines Lehrers hinter sich liess – Generalist blieb auch er, und sogar mit den selben Akzenten wie der Meister. Beide sahen sich als *Maler* einerseits, als *Architekten* andererseits.

Wer vom Rande einer Kulturzone kommt, hat im allgemeinen weniger Möglichkeiten zur Spezialisierung, aber auch weniger Respekt vor Spezialisierung. Er traut es sich zu, seine

Botschaft in verschiedenen Gattungen und Materialien verkörpern zu können. Was er sieht, hält Le Corbusier sogleich als Zeichner fest – der Notizblock ist stets in der Tasche. Was er träumt und entwirft, wird wieder zuerst der Zeichnung anvertraut, dann aber schreibend begründet und erläutert. In dieser doppelten und dreifachen Parallelaktion ist er von einzigartiger Beharrlichkeit. Ob seine Malerei hingegen, über die faszinierende frühe Phase des Purismus hinaus (den er im Dialog mit Amédée Ozenfant konzipiert hat), später das selbe Gewicht behält, das ist eine offene Frage unter Kennern geblieben, und zwar bis heute.

Randkulturen erzeugen Rebellen

Oder anders gesagt: Der Weg aus der Randregion bis zu den Zentren ist derart langwierig, hart, demütigend und entbehrungsreich, dass oft genug nur rebellische Naturen ihn durchzuhalten vermögen. Diese sind nicht immer leicht zu erkennen, besonders wenn sie kein gesträubtes Haar, keine flammenden Blicke zum besten geben. – Am weitesten kommen deshalb oft genug gerade die sanften Rebellen.

Der Rebell: Er meint, er komme zu spät. Er fühlt sich als aufgestaute Kraft, die keinen Ausfluss finden kann. Niemand hat ihm zugehört, niemand ihn begriffen. Er sieht sich in einer Notlage und meint, nur die Frechheit, die Provokation, die Aggression bleibe ihm übrig.

Das Publikum lässt sich überraschen von ihm, faszinieren, wehrt dann aber ab, zeigt sich übermüdet, bleibt indessen doch an ihm hängen, weil es spürt: seiner Botschaft gegenüber ist der Rebell völlig hörig und preisgegeben, würde sich für sie vierteilen lassen.

Gustave Courbet, der Maler aus Ornans in der Franche-Comté, ist ein aufbrausender Rebell, der auch die plumpe Geste nicht scheut.

Le Corbusier, der Architekt und Maler aus La Chaux-de-Fonds im Schweizer Jura, ist ein scheinbar distanziert-kühler, beinahe schon aristokratischer Rebell.

Beide haben, weil sie glauben, zu spät zu sein, weil sie ihre Botschaft als aufgestaute Kraft erleben, auch zuletzt noch eine Zusatzmotivation – eine Art Panik des Herüberbringens ihrer Sache über die Rampe der Gestaltung –, die sie auch von den begabtesten Zeitgenossen noch unterscheidet.

Gibt es das, ein Land aus lauter Randbezirken? Die Schweiz?

Achtet man auf die Sprachgeographie des kleinen Landes, dann sieht man nicht nur drei, sondern vier sogenannte Landessprachen eng verzahnt. Deutsch, Französisch, Italienisch überspringen die Grenzen und bilden Überlappungen. Eben weil sie Überlappungen oder Ableger aus grösseren Sprachkulturen sind, beziehen sich die Deutschschweizer immer auch auf grössere Zentren wie München, Frankfurt oder Berlin, die Welschen immer auch auf Paris, die Tessiner (und Misoxer und Puschlaver) immer auch auf Mailand und Rom. Einzig die Rätoromanen haben dieses Hinterland nicht, sie wohnen in Sprachinseln, die auf andere solche Inseln in Südosteuropa bezogen sind.

Für Literaten, die zuerst und zuletzt von der Sprachgeographie abhängig sind, bedeutet das, dass die Schweiz insgesamt *nur aus Randbezirken komponiert* ist.

Vor Jahrzehnten hätte man diese banale Aussage auf dem Parkett kaum riskieren können, und gedruckt wäre sie höchstens durchgegangen, wenn sogleich ein überdeckender Mythos – am besten ‹Wilhelm Tell›, und ihn am besten unter dem Geleitschutz von Friedrich Schiller – zitiert worden wäre.

Jetzt scheinen sich die Horizonte verändert zu haben. Dazu der Schriftsteller und Essayist Daniel de Roulet: «... die herrschende Sprache herrscht nicht mehr in ihrer akademischen Form, und die Literatur wird *einzig von den Rändern her erneuert und belebt durch den Beitrag von gemischten Bevölkerungsgruppen.* Der indische Subkontinent in London, Nordafrika in Paris, Lateinamerika in New York.» Aus diesen Beobachtungen folgert de Roulet: «... unsere Texte sind auf dem richtigen Weg, sie sind Teil einer Tendenz der Weltliteratur. Deren Erneuerung erfolgt von den Rändern aus. Seit einigen Jahren kommen die Verlagshauptstädte nach Frankfurt, um diese Entwicklung festzustellen.»[2]

Le Corbusiers Weg vom Rand ins Zentrum war langwierig, hart, demütigend und entbehrungsreich – auch wenn er ihn erst, wie erwähnt, mit dreissig angetreten hat (1917). Das Tagebuch des Vaters bezeugt, dass die Eltern diesen zweitgeborenen Sohn für fast zwei Jahre aus den Augen verlieren. Sie wissen nicht, wovon er lebt und was er tut – sie wissen nur, dass in diesen Kriegsjahren (1917/18) Paris auch noch von den Deutschen bombardiert wird.

Doch die aufgestauten Kräfte sind enorm, gerade auch, weil er so spät weggegangen war. Aus den anfänglichen Wirren in Paris scheint sich ein Unternehmer Le Corbusier herauszukristallisieren, der durch Standardisierung des Wiederaufbaus nach Kriegsende sein Auskommen finden will. Doch die Begegnung mit dem Maler Amédée Ozenfant bricht die Dämme. Er wird Maler. Genauer: wird wieder Maler. Er verfasst mit dem neuen Freund ein Pamphlet. Die Frechheit der beiden Unbekannten könnte nicht grösser sein: Sie erklären den Kubismus, die wichtigste Kunstbewegung nach 1907, als dekadent und beerdigt. Was sie fordern, ist nicht bloss Kunst, sondern ein neuer Lebensstil. Darum heisst die Zeitschrift, die sie 1920 gründen, ‹L'Esprit Nouveau›.

Der Generalist hat sich behauptet. Der Rebell ist sich treu geblieben. Gefordert wird das Ganze: neue Lebensart, nicht bloss neue Kunst.

Der Kampf gegen den feuchten Keller – kann das alles sein?

Damit war das geforderte Feld abgesteckt: Es ging um einen neuen Lebensstil, in welchem das Haus genau so wichtig ist wie das Bild, die Alltagsnutzung genau so wichtig wie die Verdichtung im Bild es sein sollte.

Le Corbusier, der sich nun als puristischer Maler zumindest behauptet, wenn auch nicht durchgesetzt hatte, nahm die früheren, offenbar bis 1915 zurückgehenden Kampfgedanken für das Neue Haus wieder auf. *Auch das Haus sollte purifiziert werden, analog zur Malerei.* Das grosse Ärgernis ist für Le Corbusier der feuchte Keller – den er sich nur feucht, nicht trocken vorstellen kann. Die Botschaft: Es ist der Beton, als neuartiger Baustoff, der es möglich macht, das ganze Haus aus der feuchten, pilzbedrohten Erdzone herauszuheben und auf dünne Pfahlstützen zu stellen. Damit soll das Erdgeschoss buchstäblich in Luft aufgelöst

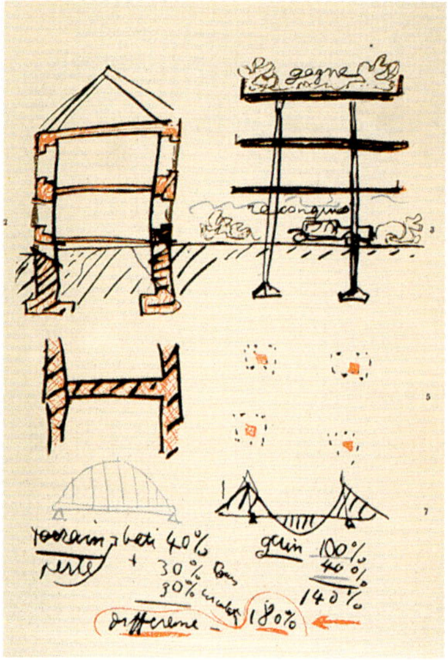

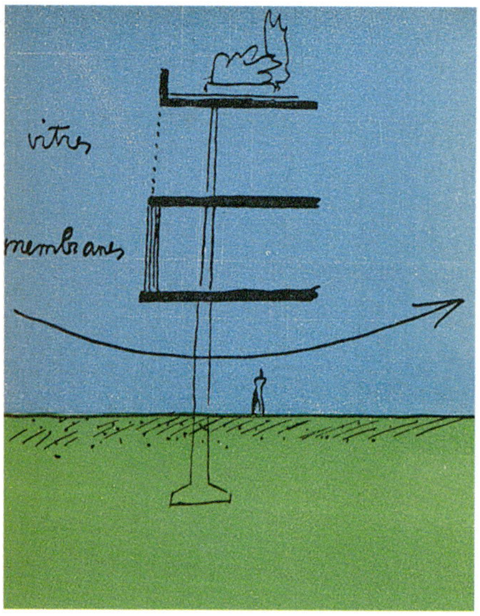

Le Corbusier: *Haus auf Stelzen*. 1929. Farbskizze. Die Pilotis ermöglichen die «Rückgabe» oder den «Wiedererwerb» des Bodens unter dem Haus, der Dachgarten ist ein Zugewinn

Das Abheben, durch Pilotis pathetisch gesteigert. Farbskizze von Le Corbusier

werden. Fortan wird Rasen unter dem Haus durchgehen, auch als Parkplatz nutzbar. Und oben, auf dem Flachdach, wird zusätzlich ein Dachgarten entstehen. Kurz: Der künftige Architekt (so wörtlich Le Corbusier) wird den Boden nur noch *punktuell* besetzen, im übrigen aber *zweimal* der Natur das *zurückerstatten*, was ihr der traditionelle Architekt für immer genommen hatte: eben die Bodenfläche.

So zeigt sich, dass die geharnischte Kritik am feuchten Keller nur ein Ansatzpunkt war, um das Neue Haus aus der alten Umklammerung durch die Erde hochzureissen. In der bereinigten Lösung ist es nur noch eine einzige hochverdichtete Eisenbeton-Pfahlstütze, die das schachtelartig leicht wirkende Wohnhaus in die Luft hebt, auf dessen Dachgarten üppiges Pflanzenwesen skizziert ist. (Dass die Natur sich nicht täuschen lässt und Rasen unter dem Hausschatten nur aufs allerdürftigste gedeihen lässt, so dass meist Kies als einzige Lösung übrigbleibt, hat Le Corbusier inzwischen zur Kenntnis nehmen müssen. Seine «Rückerstattung» geschieht also nur *einmal*, auf dem Dach, nicht doppelt.)

Das Querschnitt-Schema des neuen Wohnhauses bewertet Le Corbusier als eines der Markenzeichen seiner Lehre. Er wiederholt es deshalb häufig, einmal sogar an der Emailtüre zum Parlament in Chandigarh, die er als sein persönliches Dankeszeichen an den staatlichen Bauherrn selber entwarf und ausführte. Meist ist das Schema versehen mit dem sensenartig schwingenden Pfeil, der entschieden suggeriert, nicht nur, dass Luft durchgeht *unter* dem Haus, sondern auch, wie sehr dem Entwerfer daran liegt, dass die *Sechste Seite* des Wohnwürfels – während Jahrtausenden unbemerkt, undenkbar und unsichtbar – endlich sichtbar werde. Mit anderen Worten: Le Corbusier nahm den Kampf gegen den feuchten Keller zum Anlass, um die *«boîte en l'air»* zu schaffen, die *«Schachtel in der Luft»*.

«Pilotis» (Pfahlstütze) und «Boîte en l'air»

Die «Schachtel in der Luft» kann erst dann ein Ziel der Architektur werden, wenn sich die Ideal-Erwartungen abwenden vom schwerfällig Monumentalen. Und wenn die technische Möglichkeit bereitliegt, mit dünnen Wänden und schlanken Stützen die selbe Solidität zu erreichen wie früher mit schweren Wänden und mächtigen Säulen. Nicht der Beton allein, erst der mit Eisengittern, später mit Stahlgittern verspannte Beton macht dies möglich. Denn die Gussmasse des nassen Betons verbindet sich, beim Austrocknen, mit dem Metallskelett derart eng, dass sie zusammen als Monolith wirken.

Da dem jungen Le Corbusier extremere Stufen von Leichtigkeit vorschweben als beispielsweise seinen Zeitgenossen Gropius und Mies van der Rohe, hat er auch das Bedürfnis, mit Bezeichnungen schärfer zu unterscheiden. So wagt er die Bezeichnung «Schachtel in der Luft», obgleich es ihm klar sein muss, dass sie provoziert und hartnäckige Traditionsbilder attackiert. Rebellensprache. Oder eben, «language du poête», die Sprache des Poeten, in diesem Falle die Sprache des Raum-Poeten.

Aber auch für die Pfahlstützen, die erstmals im grossen Stil an den beiden Bauten für den Weissenhof in Stuttgart (1927) zur Wirkung kommen, braucht er nun eine Bezeichnung, die sich deutlich von der Säule mit ihrer Schwellung und ihrem krönenden Kapitel unterscheidet. Er holt ein Wort aus der Archäologensprache, das sowohl Pfahl wie Pfahlrost bedeutet: Pilotis. Diese Wortwahl hat mich stutzig gemacht und stets etwas nachdenklich gestimmt. Bis ich, viel später, herausgefunden habe, dass er den Begriff schon als ganz junger Schüler, im zweiten Jahr der Elementarschule kennenlernte. Denn er wird im Lesebuch seiner Klasse auf dieser Stufe eingeführt und erläutert. *Archäologie für Kinder?* In der Tat, wie sich im nächsten Kapitel weisen wird.

Pfahlbau-Fieber in der Elementarschule

Der junge Architekt attackiert den feuchten Keller. Doch wenn die Feuchtigkeit in absoluter Form vorliegt, im Wasser, im Salzwasser des Meeres, übt sie auf ihn beinahe magische Verlockungen aus. Ein Beleg dafür ist der Hausentwurf für die Côte d'Azur von 1920, dessen Pilotis in den Sand des Strandes gesetzt sind, die die Wasserlinie überschreiten und so die Stirnfront über die Wogen setzen. Pfähle im Wasser – dieses Thema hat Le Corbusier bereits in den Schweizer Jahren beschäftigt, besonders eindrücklich, aber auch be-

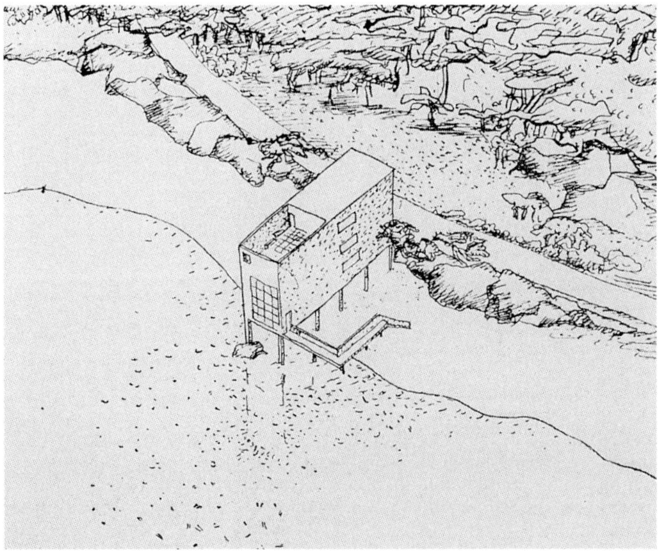

Le Corbusier: Hausentwurf für die Côte d'Azur. 1920. Der Gebäudekörper wird auf Wasserhöhe übers Ufer geschoben

Le Corbusier: *Uferskizze bei La Tène* (lacustre). 1915 oder 1916.

sonders irritierend im Aquarell FLC 4088, das auf der Rückseite die Notiz enthält «La Têne (lacustre) 1915 ou 16?». Kommentierend übersetzt heisst das: Gemalt in La Têne (der Pfahlbausiedlung am Ausfluss des Neuenburgersees) 1915 oder 16. Denn: «Culture lacustre» ist die französische Bezeichnung für Pfahlbau-Kultur, wie sie sich an vielen Schweizer Seen zwischen Genfersee und Bodensee in Form von uraltem Pfahlwerk, von Schmuck und Waffen vorfinden lässt, seit der grossen Entdeckung von 1854.

Für den Kenner der Urgeschichte der Region – der weiss, dass der Neuenburger See der dichtest besiedelte aller bis heute bekannten Pfahlbau-Seen war und dass La Têne wiederum die berühmteste Fundstelle ist – besteht die Irritation darin, ob nun Le Corbusier naiv vor dem Motiv sass. Oder eben wusste, was diese Pfähle archäologisch bedeuten.

In meinem Buch ‹Le Corbusier, der edle Wilde› kann ich auf mehreren Spuren sicherstellen, dass er es wusste. Aus meinen Belegen ergibt sich, dass er das Buch des damaligen Kantonsarchäologen in Lausanne, Frédéric Troyon, gekannt haben muss. Mit anderen Worten: Wenn er ragende Pfähle an einem Fundort wie La Têne aquarellierte, dann war ihm die einstige Funktion dieser Pfähle durchaus gegenwärtig. Auch die meisterhaften Pfahlbau-Modelle des einstigen Uhrmachers Maximilian W. Götzinger waren in den Knabenjahren Le Corbusiers wichtige und einprägsame Augenöffner dafür, dass Architektur in frühesten Zeiten der eigenen Region etwas *ganz anderes* bedeutet haben kann, nämlich Wohnen über Wasser. (Die Debatte darüber, ob diese Pfahlbauten vielleicht doch uferständig waren und nicht wasserständig, ist erst 1950 aufgekommen – und bis heute nicht entschieden. Denn im südlichen Pazifik leben heute Millionen von Armen in wasserständigen Pfahlbauten, die den urzeitlichen der Schweiz durchaus vergleichbar sind.)

La Chaux-de-Fonds, der Wohnort des Schülers Le Corbusier, liegt zwar in den Bergen über dem Neuenburgersee. Doch die Uhrenproduktion dieser Gebirgsstadt war gerade in den ersten Schuljahren des Knaben ein derartiger Welterfolg, dass der Kunstverein es sich leisten konnte, das Bild ‹La Lacustre› von Albert Anker zu kaufen – obgleich es so begehrt war, dass der Maler, ganz gegen seinen Willen, mehrere Kopien anfertigen musste.

Die Entdeckung der Pfahlbauten in der Schweiz und der irischen Crannogs geschieht nahezu gleichzeitig. Zeichnung des irischen Archäologen William R. Wilde, Haus auf Stelzen, erschienen 1857

Albert Anker: *Die Pfahlbauerin/La Lacustre.* 1873. Öl auf Leinwand

Kurz: Der Kanton Neuenburg, zu dem La Chaux-de-Fonds gehört, hat als erster 1890 beschlossen, die Entdeckungsgeschichte des Schweizer Pfahlbaus in das vorgeschriebene Unterrichtsprogramm aufzunehmen – und zwar schon in das Pensum der Elementarschule. Damit hat Le Corbusier die «*Archäologie für Kinder*» durchaus leibhaftig, nämlich am eigenen Leibe, erlebt – und dass sie ihn nachhaltig geprägt hat, das glaube ich im Motiv der Pilotis erkennen zu können, das immer wieder dominiert, zum letzten Mal im Auftrag für das Spital in der Lagune von Venedig, in den drei Jahren vor seinem Tod. Götzingers Modell hat somit sehr wohl etwas damit zu tun, beispielsweise mit dem Entwurf für den Völkerbund in Genf (1927), der nicht nur im Pavillon an der Wasserfront auf Pfählen steht, sondern auch die mehrgeschossigen Verwaltungstrakte auf Pilotis stellt.

Der Randbezirk Schweiz phantasiert und stilisiert sich selber zum Ur-Sonderfall

Bevor wir uns abschliessend der Villa Savoye und dem Entwurf für den Völkerbund in Genf zuwenden, einige Bemerkungen zur Kulmination des Pfahlbau-Fiebers in der Schweiz. Diese ganz besondere Mischung aus Archäologie und vaterländischer Phantasie wird zwar den Knaben Le Corbusier schwerlich erreicht und kaum beeinflusst haben, wirft aber ein Licht auf die Empfindlichkeit einer mehrsprachigen Ränder-Kultur und deren Versuchung zur Kompensation.

Le Corbusier: Projekt des Völkerbunds/Palais des Nations. 1927: Die Wasserfront im Modell Zaborowsky, 1987.

Über Jahrzehnte herrschte der Eindruck vor, Fundstellen von Pfahlbauten wären *ausschliesslich* an Schweizer Seen zu finden. (Heute sind Fundstellen in Süddeutschland, Österreich, Italien und an anderen europäischen Seen bekannt.) Ein patriotischer Journalismus war vor allem begeistert über die Tatsache, dass sowohl die Westschweiz mit ihrer französischen Sprachkultur die selben Pfahlbaufunde aufwies wie die Ostschweiz mit ihrer deutschen Sprachkultur. Ohne Zaudern wurde deshalb proklamiert, der Zusammenhalt oder der bindende Nenner, der in anderen Staaten durch die gemeinsame Sprache gegeben sei, würde in der Schweiz durch die *gemeinsame Urgeschichte* mit ihrem *Wohnen-über-Wasser* dargestellt. Abgesehen von der Kühnheit, die bindende Gemeinsamkeit in die Urgeschichte zu verlegen, ist es immerhin originell, dass für einmal der Architektur staatstiftende Kraft zugebilligt wurde!

Das Völkerbunds-Projekt ist Jean-Jacques Rousseau gewidmet

Die Villa Savoye ist nicht nur das strahlendste Beispiel der weissen Architektur des jungen Architekten, sie ist auch unentbehrlich als Vorstellungshilfe für ihr gleichzeitig entstandenes grosses Geschwister, den Baukomplex für den Völkerbund, der leider

Die Moderne spiegelt sich in den Ursprüngen: Le Corbusiers Villa Savoye in Poissy aus dem Jahr 1929/31

... und die Villa Savoye der Pfahlbaukultur im Modell des Musée d'Art et d'Histoire in Genf

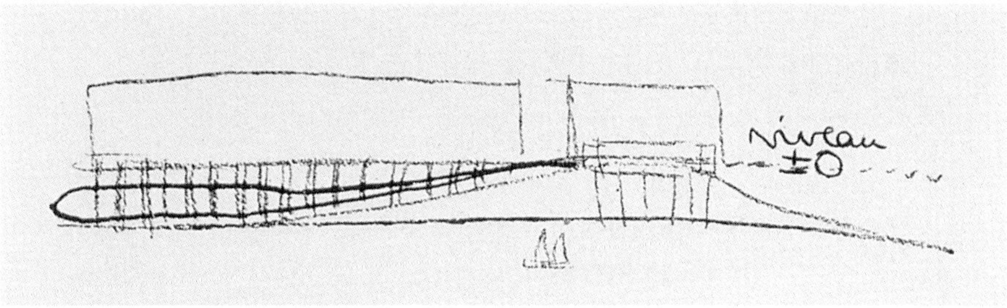

Le Corbusier: Verkehrslinien für das Völkerbundsprojekt. Skizze zu den Vorträgen in Buenos Aires, Oktober 1929

Le Corbusier: Die komponierte Aussicht auf den Genfersee anhand des Völkerbundsprojektes aus dem Jahr 1927

«Schafe weiden hier und dort ...» – die Versöhnung von Baukunst und Natur in Anlehnung an Rousseaus Idyllen scheint in Le Corbusiers Zeichnung zum Völkerbundsprojekt greifbar nah

Entwurf geblieben ist. Wäre er gebaut worden, hätte er den Lauf der Architekturgeschichte verändert und auf eine nur scheinbar paradoxe Art zugleich das Neueste und das Älteste beschworen. Schon der Vergleich zwischen Götzingers Pfahlbaumodell mit dem Modell des Völkerbundsprojekts hat eine zumindest unterschwellige Vergleichbarkeit erwiesen. Noch deutlicher scheint mir die Konfrontation möglich zwischen Messikommers Pfahlhüttenmodell, das im Auftrag der Weltausstellung Paris 1867 erarbeitet wurde, und der Villa Savoye.

Selbstverständlich kommen nun im Grossprojekt Völkerbund noch mehr Aspekte der Theorie von Le Corbusier ins Spiel als in der «Savoye», und sie werden hauptsächlich in seinem Buch ‹Une Maison – un Palais› erörtert. Zunächst die beiden Skizzen zur Zufahrt und Wegfahrt, das heisst zur Zirkulation der Automobile. Mit allerdings allzu dünnem Strich zeigt er uns den Präsidenten-Pavillon vorn am Wasser und das Generalsekretariat links, beide auf Pilotis. Die für den Bauprozess unentbehrliche Konstruktions-Höhenkote ±0 (Niveau ±0) versetzt er kühn von der Erdebene auf die Ebene der Pilotis-Köpfe und schreibt dazu: «Ich bin in den Lüften, im vollen Azur ...»

Das Abheben vom Boden, das Fluten von Luft und Licht unter dem Baukörper durch wird in Skizze und Wort lebhaft beschworen. Der Durchblick auf den Léman und die Hügel, wie er durch die Pilotis in Einzelbilder zerschnitten wird, gibt sogar Anlass zu einer neuartigen, filmnahen Theorie des Landschaftsbildes.

Doch die faszinierende Begründung des Bauvorhabens, verbunden mit der bewegenden Liebeserklärung an die Schönheit des Genfersees, findet nun ihre Krönung in einer zunächst völlig überraschenden *Hommage à Rousseau*. Wie in einen Wachtraum versetzt, fährt Le Corbusier nämlich fort in der Beschreibung des Völkerbundssparks: «Herden weiden da und dort. Dieses ergreifende ländliche Schauspiel, das uns zurückbringt zu den empfindsamen Texten von Jean-Jacques Rousseau – ich will es keinesfalls stören ... (So) bewahre ich das Gras und die Herden, die jahrhundertealten Bäume und alle die faszinierenden Durchblicke in die Landschaft, und, darüber in der Luft, auf festgelegter Ebene ..., da errichte ich die durchsichtigen und reinen Quader von Nutzgebäuden; ich bin abgehoben durch ein höheres Vorhaben.»

Durch Le Corbusiers Pilotis-Konstruktion bleibt die grosse Genfersee-Landschaft unverletzt. Der Entdecker dieser Landschaft heisst Rousseau. Er hat sie in seinem Roman ‹La nouvelle Héloise› berühmt gemacht. Nun soll er seine Herde weiterhin unbehelligt wandern lassen können. Le Corbusier widmet sein doch wohl bedeutendstes Bauprojekt jenem Schriftsteller und Philosophen, der ihn schon früh geprägt, in der Rebellion gestützt und bestätigt hat und dem er die Treue halten wird.

1 AMV-LC, p. 137.
2 Neue Zürcher Zeitung, No. 167, 22.7.97.

Ronald Roggen

Charakterfigur im Abseits der Geschichte

Karl Ludwig von Haller und die Staatsrechtsdebatte der Restauration

Wer die europäische Geschichte nicht in ihrer differenzierten Gesamtheit wahrnimmt, sondern nur ihre Glanzlichter verfolgt, wird den «Gesellschaftsvertrag» zwingend in sein Geschichtsbild aufnehmen müssen. Schliesslich hat Jean-Jacques Rousseaus Hauptwerk weiterführende Wirkung gezeitigt: auf die Grosse Revolution mit den konstitutionellen Schlussfolgerungen, die das 19. Jahrhundert daraus zog, und der politischen Emanzipation, die der Moderne eigen ist.

Mehr Mühe wird es mit einer solchen Optik bereiten, sich die Gegenfigur des Berner Stockaristokraten Karl Ludwig von Haller (1768–1854) ins Gedächtnis zurückzuholen, der nicht nur hinter dem Ansehen seines Grossvaters Albrecht zurücksteht, sondern auch hinter den siegreichen Kräften der politisch-rechtlichen Grundsatzdebatte seiner Zeit. Haller hat sich selbst zwar nicht so gesehen. Trotz seiner Verluste war bei ihm stets eine gewisse Selbstüberschätzung mit im Spiel, die an den Dünkel der Feudalzeit erinnert und den hohnerfüllten Leipziger Wilhelm Traugott Krug an jenen Ungaren erinnerte, der mit seinem Fuss die eine Quelle der Donau hemmte und ausrief: «Wie werden meine Landsleute staunen, wenn die Donau ausbleibt.»

Pierre-Nicolas Legrand: *Karl Ludwig von Haller.* 1821. Öl auf Leinwand

Karikatur auf das Luzerner Pressegesetz. Um 1829. Stahlstich

Als Autodidakt hatte Haller eine Staatsrechtsprofessur erlangt, die er aufgab, als er die sechsbändige ‹Restauration der Staatswissenschaft› (1816–1834) herauszugeben begann. In einer Republik, seiner bernischen Heimat, hat er die Herrlichkeit der Monarchie beschrieben, in der französischen Monarchie die Kraft der Republik.

Das Buch wurde schicksalsbestimmend. Sein politisch-rechtlicher Gedankengang inspirierte Haller zur Konversion, was ihn aus Bern hinaustrieb und ihm ein Exil in der Hauptstadt des wiedererstandenen Bourbonenreiches aufzwang. In Solothurn hat er seinen Lebensabend verbracht, im Haus, das später Bischofssitz wurde. Sein Schaffen hat ihn ins Abseits der Geschichte geführt.

Besinnung auf das Gottesgnadentum

Wie seine übermächtigen Gegner, deren Lehre er an der Wurzel ausrotten wollte, hat sich Haller am Naturrecht orientiert, nur dass er ihm nicht Gleichheit und Freiheit entnahm, sondern Ungleichheit und das Recht des Stärkeren. Für Begriffe wie «Souveränität» und «Nation» blieb da kaum Platz. Dafür rechtfertigte der Restaurator die Sklaverei, was ihm die Sympathien Thomas Carlyles eintrug.

Der Fürst als Statthalter Gottes: Der Patrimonialstaat Hallerscher Prägung war von oben nach unten gerichtet. Der Fürst regiert nicht aus delegiertem Recht, sondern aus gottgeschenkter eigener Macht. Dabei waren Gott und Natur diesem religiös recht grob denkenden Menschen austauschbare Begriffe. Dass er seine Erkenntnisse so penetrant wiederholte und häufig in eine mundartähnliche Schreibweise verfiel, machte seinen Stil auch nicht eleganter. Eine «dürre, profane, geistlos-mechanische» Lehre nannte der grosse Berliner Hochkonservative Friedrich Julius Stahl diese provokative Ideenkonstruktion des Schweizers. Dass Haller alles in ein stures System hineinzwängte, verrät, wie wenig er dem rationalen Vorgehensmuster seiner aufklärerischen Gegner entwachsen war.

Das Zurück als Lebensprinzip

Hallers zentrales Werk, die ‹Restauration›, bald ins Französische und Italienische übersetzt, später auch in schlechtes Latein, hat die europäischen Universitäten erreicht und in manchen Hörsälen für Tumult gesorgt.

Leider haben die vielen Folgewerke, die der Autor in seinem erstaunlichen Arbeitseifer verfasste, den Erkenntnisstand der ‹Restauration› nicht verlassen. Er hat gekämpft, nicht aber sich vorwärtsbewegt. Von dem vielbeachteten Buch ‹Über die Konstitution der spanischen Cortes› (1820) darf man sagen, es sei wahrhaft ein Meisterstück der Unbeirrbarkeit eines langen Autorenlebens geworden. Hier fanden die Leser die Forderung erneuert, dass dem Fürsten nicht Volksvertretungen, sondern Stände zur Seite gestellt, dass die Rechte des Königs nicht beschnitten und seine Besitzungen nicht angetastet werden sollten. Noch im gleichen Jahr wurde das Buch ins Französische, ein Jahr darauf ins Italienische übersetzt.

Angetrieben von der Sturheit eines ewigen Rechtfertigers, der sich mit zunehmendem Alter ins Museum versetzt sehen musste, hat Haller 1850 ein weiteres vielgelesenes Werk veröffentlicht, unter dem verheissungsvollen Titel ‹Die wahren Ursachen und die einzig wirksamen Abhülfsmittel der allgemeinen Verarmung und Verdienstlosigkeit›. Verheissungsvoll deshalb, weil man aus diesem Titel eine frische Aktualisierung oder gar eine Auseinandersetzung mit der sich abzeichnenden sozialen Frage hätte herauslesen können. Vereinzelt hat man Haller tatsächlich dem «roten Preussen» Marx gegenübergestellt und dem Berner eine kühne Pionierrolle unterschieben wollen – völlig zu Unrecht, wie sich klar genug erweist.

Im Buch findet sich nämlich nichts anderes als jene Rezeptur, die sich schon in Hallers ‹Handbuch der allgemeinen Staatenkunde› und in der ‹Restauration› nachlesen lässt: Nur die Aufhebung der Verfassungen und die Wiederherstellung alter Verhältnisse, auch der Lehen, könne Rettung bringen. Schuld am Elend seien die Idee der Gleichmacherei, die Umkehrung einstiger Abhängigkeitsverhältnisse, der Kampf gegen den Adel und die Vernichtung alter Korporationen. Um dem Bauernstand aus dem Pauperismus herauszuhelfen, riet Haller, das alte deutsche Erbrecht wieder zur Geltung zu bringen. Einmal mehr hat sich Haller also am Entschwundenen orientiert, was 1855 die Kritik des klardenkenden Staatsrechtlers Robert von Mohl auslöste: «Aus Furchtsamkeit oder Eigennutz soll das lebende Geschlecht an den Leichnam einer früheren Gesellschaft geschmiedet sein, auf die Gefahr hin, von der Fäulnis mitverzehrt zu werden.»

Heiss ersehntes «Evangelium des Konservativismus»

Das per Saldo negative Gesamturteil über Haller darf nicht darüber hinwegtäuschen, dass sein Werk den revolutionsgeschockten Konservativen, vor allem den Ultras unter ihnen, eine willkommene Stütze bot. Gerade die im Hauptband I der ‹Restauration› wortreich dargelegte Abwehr gegen die Vertragstheoretiker hatte ein bemerkenswertes Echo gefunden, während die aufbauenden Kapitel auf eher skeptische Leser stiessen. Theologen wie der Schaffhauser Friedrich von Hurter, der nach seiner späten Konversion von Wien geadelt wurde, begegneten der Lehre kritiklos und dankbar. In Berlin nahm vor allem der Gerlach-

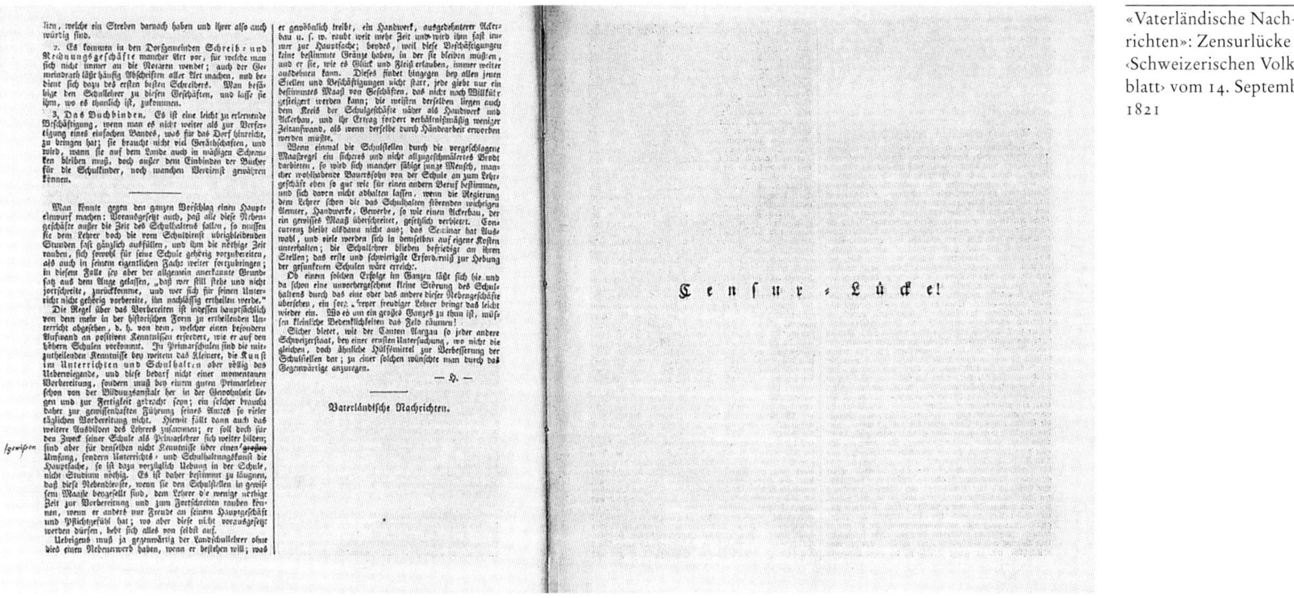

liten, welche ein Streben darnach haben und ihrer also auch würdig sind.

2. Es kommen in den Dorfgemeinden Schreib- und Rechnungsgeschäfte mancher Art vor, für welche man sich nicht immer an die Notaren wendet; auch der Gemeindrath läßt häufig Abschriften aller Art machen, und bedient sich dazu des ersten besten Schreibers. Man befähige den Schullehrer zu diesen Geschäften, und lasse sie ihm, wo es thunlich ist, zukommen.

3. Das Buchbinden. Es ist eine leicht zu erlernende Beschäftigung, wenn man es nicht weiter als zur Verfertigung eines einfachen Bandes, was für das Dorf hinreicht, zu bringen hat; sie braucht nicht viel Geräthschaften, und wird, wann sie auf dem Lande auch in mäßigen Schranken bleiben muß, doch außer dem Einbinden der Bucher für die Schulkinder, noch manchen Verdienst gewähren können.

Man könnte gegen den ganzen Vorschlag einen Haupteinwurf machen: Vorausgesetzt auch, daß alle diese Nebengeschäfte außer die Zeit des Schulhaltens fallen, so mussen sie dem Lehrer doch die vom Schuldienst übrigbleibenden Stunden fast gänzlich ausfüllen, und ihm die nöthige Zeit rauben, sich sowohl für seine Schule gehörig vorzubereiten, als auch in seinem eigentlichen Fache weiter fortzubringen; in diesem Falle sey aber der allgemein anerkannte Grundsatz aus dem Auge gelassen, „daß wer still stehe und nicht fortschreite, zurückkomme, und wer sich für seinen Unterricht nicht gehörig vorbereite, ihn nachlässig ertheilen werde."

Die Regel über das Vorbereiten ist indessen hauptsächlich von dem mehr in der historischen Form zu ertheilenden Unterricht abgesehen, d. h. von dem, welcher einen besondern Aufwand an positiven Kenntnissen erfordert, wie er auf den höhern Schulen vorkommt. In Primarschulen sind die mitzutheilenden Kenntnisse bey weitem das Kleinere, die Kunst im Unterrichten und Schulhalten aber völlig das Ueberwiegende, und diese bedarf nicht einer momentanen Vorbereitung, sondern muß bey einem guten Primarlehrer schon von der Bildungsanstalt her in der Gewohnheit liegen und zur Fertigkeit gebracht seyn; ein solcher braucht daher zur gewissenhaften Führung seines Amtes so vieler täglichen Vorbereitung nicht. Hiemit fällt dann auch das weitere Ausbilden des Lehrers zusammen; er soll doch für den Zweck seiner Schule als Primarlehrer sich weiter bilden;
gewissen sind aber für denselben nicht Kenntnisse über einen großen Umfang, sondern Unterrichts- und Schulhaltungskunst die Hauptsache, so ist dazu vorzüglich Uebung in der Schule, nicht Studium nöthig. Es ist daher bestimmt zu läugnen, daß diese Nebendienste, wenn sie den Schulstellen in gewissem Maaße beygesellt sind, dem Lehrer die wenige nöthige Zeit zur Vorbereitung und zum Fortschreiten rauben können, wenn er anders nur Freude an seinem Hauptgeschäft und Pflichtgefühl hat; wo aber diese nicht vorausgesetzt werden dürfen, hebt sich alles von selbst auf.

Uebrigens muß ja gegenwärtig der Landschullehrer ohnedies einen Nebenerwerb haben, wenn er bestehen will; was er gewöhnlich treibt, ein Handwerk, ausgedehnterer Ackerbau u. s. w. raubt weit mehr Zeit und wird ihm fast immer zur Hauptsache; beydes, weil diese Beschäftigungen keine bestimmte Gränze haben, in der sie bleiben müßten, und er sie, wie es Glück und Fleiß erlauben, immer weiter ausdehnen kann. Dieses findet hingegen bey allen jenen Stellen und Beschäftigungen nicht statt, jede giebt nur ein bestimmtes Maaß von Geschäften, das nicht nach Willkür gesteigert werden kann; die meisten derselben liegen auch dem Kreis der Schulgeschäfte näher als Handwerk und Ackerbau, und ihr Ertrag fordert verhältnißmäßig weniger Zeitaufwand, als wenn derselbe durch Händearbeit erworben werden müßte.

Wenn einmal die Schulstellen durch die vorgeschlagene Maaßregel ein sicheres und nicht allzugeschmälertes Brodt darbieten, so wird sich mancher fähige junge Mensch, mancher wohlhabende Bauerssohn von der Schule an zum Lehrgeschäft eben so gut wie für einen andern Beruf bestimmen, und sich davon nicht abhalten lassen, wenn die Regierung dem Lehrer schon die das Schulhalten störenden wichtigen Aemter, Handwerke, Gewerbe, so wie einen Ackerbau, der ein gewisses Maaß überschreitet, gesetzlich verbietet. Concurrenz bleibt alsdann nicht aus; das Seminar hat Auswahl, und viele werden sich in demselben auf eigene Kosten unterhalten; die Schullehrer blieben befriedigt an ihren Stellen; das erste und schwierigste Erforderniß zur Hebung der gesunkenen Schulen wäre erreicht.

Ob einem solchen Erfolge im Ganzen läßt sich hie und da schon eine unvorhergesehene kleine Störung des Schulhaltens durch das eine oder das andere dieser Nebengeschäfte übersehen, ein fortstrebender freudiger Lehrer bringt das leicht wieder ein. Wo es um ein großes Ganzes zu thun ist, müssen kleinliche Bedenklichkeiten das Feld räumen!

Sicher bietet, wie der Canton Aargau so jeder andere Schweizerstaat, bey einer ernsten Untersuchung, wo nicht die gleichen, doch ähnliche Hülfsmittel zur Verbesserung der Schulstellen dar; zu einer solchen wünschte man durch das Gegenwärtige anzuregen.

— H. —

Vaterländische Nachrichten.

Censur-Lücke!

«Vaterländische Nachrichten»: Zensurlücke im ‹Schweizerischen Volksblatt› vom 14. September 1821

Kreis das «Evangelium des Konservativismus» freudig auf, wobei Leopold von Gerlach die Regel aufstellte, es sei in jeder Gesellschaft mindestens einmal für Haller ein werbendes Wort einzulegen. Von tragendem Wert blieben solche Voten nicht, Ludwig von Gerlach beispielsweise hat sich später von Haller entfernt. Weil sich der verbissen agierende Restaurator nicht von der Stelle rührte, sah er sich bald am Rande des konservativen Lagers einsam und alleingelassen. Philipp Anton von Segesser hat denn auch mit seinen positiven Aussagen über Haller mehr das Denkmal respektiert als die Lehre adaptiert.

Hallers Lehre vom Widerstandsrecht hat ihm ausgerechnet in Metternichs Habsburgermonarchie eine Zensur eingebracht. Haller hat solche Eingriffe immer wieder heruntergespielt. Das lag auch daran, dass er seinerzeit als Berner Zensor eine unrühmliche, einseitige Rolle gespielt hatte. Zensur akzeptierte er nach eigenen Worten nur von kirchlicher Seite. Aber auch hier hat er, wie seine Reaktion auf die bischöfliche Vorzensur zum «katholischen» Band IV der ‹Restauration› zeigt, längst nicht alles entgegengenommen.

Gesinnungsfreund Metternichs?

Kann Haller von seiner Lehre her als Gesinnungsfreund des Fürsten Metternich, dieses Abkömmlings eines Diplomaten des Ancien Régimes, betrachtet werden? Golo Mann hat dieser Persönlichkeit eine überaus packende Schilderung gewidmet und dabei das politische Geschick aufgezeigt, im richtigen Moment das Richtige zu tun oder – vor allem – zu unterlassen. Ein reiner Realpolitiker war Metternich sicher nicht, schon eher ein die Machtverhältnisse reflektierender Prinzipienpolitiker. Als solcher gehörte er in die Welt des Absolutismus, wo er es sichtlich genoss, unter einem schwachen Monarchen die Politik zu bestimmen, das heisst, sie von schädlichen Bewegungen abzuhalten, um den Status quo zu retten.

Dieser absolutistische Anspruch hielt sein System zusammen, verursachte aber die unverkennbare Distanz zu Haller. Haller wollte hinter den aufgeklärten Absolutismus zurück in seinen Ständestaat, und er war daran, mit Gedrucktem den Weg dorthin zu ebnen. Beides konnte Metternich nicht wollen: weder ein Wiedererstarken der ständischen Strukturen noch einen Primat der Doktrin – welcher auch immer – über seine Politik. Deshalb fehlt in Golo Manns Buch der Name Hallers.

Flüchtige Berührung mit der Romantik

Die Konversion machte Haller zum Zufallsgefährten der Romantik. So hat Friedrich Schlegel sein vorerst ungünstiges Urteil über den Berner ins Positive umgemünzt. Aber auch so blieb der Kontakt nur flüchtige Episode. Die meisten Romantiker gingen auf Distanz. Wilhelm Grimm beispielsweise bemängelte das fehlende Verständnis für die Gegenwart. Auch Staatsminister Jasper von Oertzen, den das Krasse und Bornierte des Hallerschen Gedankengebäudes ärgerte, fand, der Restaurator fahre «plump mit seinem System geradezu in die Gegenwart hinein».

Erst recht widersetzte sich die historische Rechtsschule den Gedankengängen Hallers. Das konnte auch nicht verwundern, wenn man einbezog, wie der Berner mit der Geschichte umging. Die Funktion dieser Disziplin sah er einzig und allein darin, für seine Überlegungen die praktischen Belege zu liefern. Er hat den Selbstbedienungsladen Geschichte dauernd dazu missbraucht, diese oder jene Aussage zu stützen und zu illustrieren. Damit blieb er – ähnlich wie in der Theologie – an der Oberfläche, während er gleichzeitig der gesamten gelehrten Umwelt vorwarf, sie habe es versäumt, den irrigen Lehren der Aufklärung auf den Grund zu gehen und ihre sophistischen Übel «an der Wurzel» – eine Lieblingsformel Hallers – zu zerstören.

Damit, mit dieser Geringschätzung der Werte der Geschichte, hatte er grosse Geister wie Friedrich Karl von Savigny gegen sich. Zur damals aktuellen Frage nach der Entstehung der Staaten, klagte dieser, habe Haller eine Variante angeboten, bei der es schwer sei zu entscheiden, welches bedenklicher sei, die Krankheit oder das Heilmittel. Haller hatte ja an die Stelle des Rousseauschen Staatsvertrags eine unübersehbare Vielzahl privater Einzelverträge gestellt, was den Staat in nichts auflöste.

Als der romantische Staatstheoretiker Adam Müller, ihm offensichtlich gut gesinnt, öffentlich fragte, weshalb Haller seine eigenen Gesinnungsfreunde blossstelle oder vergesse, interpretierte Haller diese Frage als «liebreich» formulierte Scheinfrage, nur dazu dienend, die Diskussion zu beleben. Fast nicht wahrnehmbar, erfolgte in der Zweitauflage der ‹Restauration› eine winzige Korrektur der betreffenden Stelle. Im gleichen Dialog hatten sich übrigens Haller und Müller gestritten, um wie viele Jahrhunderte das Rad der Zeit zurückzudrehen sei. Um zwei? Um drei?

Wider Zeitgeist und Trend

Die politisch-rechtliche Strömung nahm in der ersten Hälfte des 19. Jahrhunderts einen anderen Weg als jenen des Reaktionärs. Unter dem Einfluss Hegels war der preussischen Staatsidee moralisches Leben eingehaucht worden. Vor diesem Hintergrund war es verständlich, wenn Hegel in einer erniedrigenden Fussnote sein bitterböses Verdikt über

Haller aussprach. Diese scharfe Ablehnung trug sich über Marx und Engels weiter, die für Haller nur Verachtung aufbrachten. Auch die journalistisch aktiven unter des Restaurators früheren Freunden, beispielsweise der treue Karl Ernst Jarcke, bezeichneten als politischen Selbstmord, was Haller mit der damaligen Staatenwelt vorhatte.

Schon vor Hegels vernichtender «Urteilsverkündung» hatten die Studenten, die auf der Wartburg das Lutherjubiläum feierten, den Deckel des Hallerschen Buches verbrannt mit dem Kommentar, der «Gesell» Haller wolle nicht, dass Deutschland eine Verfassung bekomme. Die meisten Studenten hatten die ‹Restauration› nicht einmal gekannt, viele lasen sie erst in Untersuchungshaft, um sich beim Prozess die Peinlichkeit der Unkenntnis zu ersparen. Haller hat den Vorfall so gut wie ignoriert.

Konsequenterweise lag Haller auch im Dauerstreit mit dem Zofingertum, dessen Exponenten ja den schweizerischen Bundesstaat anstrebten. 1848 erlebte Haller als Jahr der Trostlosigkeit, noch schlimmer als das Vorjahr.

Verachtete Öffentlichkeit

Eine Volksvertretung, bei der ein Parlament als ein zahlengetreues Abbild der mündigen Bürger agiert, lag ausserhalb des Hallerschen Denkhorizontes. Dasselbe galt im Prinzip für Parteien. Solche Instrumente der Meinungsbildung und Entscheidfindung von unten nach oben widersprachen seinem aristokratischen Prinzip. Aber auch hier verstrickte sich Haller, wider Willen ein Zeitgenosse von Aufklärung und Revolution, in Widersprüche. So etwas wie eine Partei wäre für ihn schon von grossem Nutzen gewesen. Es gefiel ihm denn auch, von Hallerschen Schulen zu hören (obwohl es kaum solche gab). Er hatte gespürt – und in seiner Korrespondenz kam diese Thematik immer wieder auf –, dass mit starken Gruppierungen mehr erreicht werden konnte als allein. Deshalb hat er 1833 mit Leidenschaft den Einfall verbreitet, mit einem «Bund der Getreuen zum Schutz der Religion, der Gerechtigkeit und der wahren Freyheit» für die siegreiche Durchsetzung der einzig richtigen Staatsvorstellung zu sorgen. Es blieb bei der Broschüre. Der Bund – er hätte unter dem Präsidium Hallers gestanden – kam nicht einmal ansatzweise zustande. Zu einer Partei hätte es schon gar nicht gereicht.

Den grössten Widerspruch kann man dort erkennen, wo sich Öffentlichkeit auftat. Mit dem Erwachen des sich mündig fühlenden Bürgers erlebte dieser Begriff eine unerhörte Aufwertung, just in jener Zeit, da Haller das Bild vom Gottesgnadentum neu beleben wollte.

Ein erster Widerspruch ergab sich hier für Haller insofern, als er überhaupt zum Mittel eines Buches griff. Adel und Patriziat wirkten durch Macht an sich, nicht durch deren Erörterung. Metternich hat nicht Geschichte geschrieben, er hat sie gemacht. Noch unsinniger wirkte zweitens, dass ein Autor zur politischen Publizistik Zuflucht nahm, nur um dem Leser klarzumachen, dass es ihn politisch eigentlich gar nicht brauchte. Aber dieses Leserfeld war stärker und rächte sich. Es bestätigte sich als Markt, als Meinungsmarkt, mit verhängnisvollen Folgen für Haller: Die Zweitauflage seines Hauptwerkes musste nach der Julirevolution – auf Anraten des Winterthurer Verlegers – mehrheitlich als Makulatur vertrieben werden.

Diskutiert – aber nicht umgesetzt

Welche Wirkungen zeitigte das Hauptwerk, zunächst in Hallers Umkreis? Hat die ‹Restauration› ihrem verschrobenen Schöpfer etwas eingebracht ausser Ämterverlust und Exil? Obwohl er dies zeitlebens angestrebt hatte, wurde Haller nie nobilitiert. Mehr als das Geschenk steingedruckter Dürerzeichnungen, das ihm Bayerns Kronprinz 1817 zukommen liess, und einen späten päpstlichen Orden gab es für ihn nicht zu ernten.

Häufig genug gab es im Hause Hallers Streit und Tränen, wenn von den schwerwiegenden Folgen der Werkpublikation die Rede war. Mit der unglaublichen Regelmässigkeit eines Uhrwerks hat Haller in seinem Tagebuch nicht nur notiert, wann er aufgestanden war und wann er gebadet hatte, sondern auch, ob es wieder zum Gefecht mit seiner Katharina, einer geborenen von Wattenwyl, gekommen war. Über seine beiden Söhne hat sich zwar die Wirkung gewissermassen in die zweite Jahrhunderthälfte «hineinverlängert». Der eine verfolgte die staatsrechtliche Ideenlinie weiter, der andere als Weihbischof von Chur die theologische. Aber von Tragweite war dies nicht. Die Tochter ist früh verstorben.

Als erstes hatte Haller die gelehrten Fachkreise ansprechen wollen, was ihm auch mit erstaunlicher geographischer Weite gelungen ist. Aber weil diese Herren Professoren nicht eindeutig genug Partei für seine Sache ergriffen, misslang der entscheidende zweite Schritt, jener zu den Politikern. Sogar der ihm persönlich bekannte Friedrich Wilhelm IV. stützte sich nur stellenweise ab auf seine Argumentation, und bei Bismarck reduzierte sich der Einfluss Hallers auf die Jugendzeit. In Mecklenburg las man regelmässig in Hallers Buch und fand Gefallen daran. Aber in den politischen Entscheidungszentren kam es zur Niederlage oder wenigstens zu einem Patt.

Wie endgültig für die weitere Geschichte war dieses Resultat? Man hätte an sich Anfang der siebziger Jahre des 19. Jahrhunderts getrost auf Haller Bezug nehmen können, als es um die Unfehlbarkeit des Papstes ging. Haller darf nämlich – was allerdings kaum jemand zur Kenntnis nahm – als Vorläufer der Unfehlbarkeitslehre angesprochen werden. Seine Auffassung von der Allmacht des Papstes und der blossen Zudienerrolle des Konzils war in der ‹Restauration› sogar so extrem formuliert, dass selbst der ihm zugeneigte bischöfliche Vorzensor heftigen Protest einlegte. An Haller erinnert hat sich aber keiner. Der Restaurator war längst aus der aktuellen Diskussion verschwunden. Er war, soweit er als Figur überhaupt noch existierte, Teil der Geschichte geworden. Nach seinem Hauptwerk benannte man die Epoche, obwohl nicht einmal diese Zuordnung einwandfrei zu rechtfertigen war und ist.

Kritische Werkausgaben, wie man sie bei Joseph Görres und Philipp Anton von Segesser erleben durfte, hat es nie gegeben. Biographien gibt es praktisch nur zwei – jene des Hallerkenners Ewald Reinhard (1933) und jene Kurt Guggisbergs (1938). Beide Werke schildern treffend die stolze Charakterfigur Hallers, sind heute aber überholt. Im übrigen finden sich Zeitschriftenaufsätze weitherum verstreut. Die im Freiburger Staatsarchiv liegenden Eingangsbriefe sind nur teilweise ediert. Hallers Versagen strafte auch die Archive. In Freiburg liegt der Briefschatz übrigens, weil Hallers Enkelin Maria Deodota – die letzte des katholischen Stammes – hier verstarb.

In den Fussstapfen Hallers?

Nur punktuell ist der Name des einstigen Kämpfers im 20. Jahrhundert wieder aufgetaucht. Als Beispiel seien die Hallerschen Grundzüge erwähnt, die der spätere Bundesrat Ernst Nobs 1935 an Gonzague de Reynold (1880–1970) erkannt haben wollte.

Dabei muss man sehen, dass ein grösserer Gegensatz als der zwischen Haller und Nobs, dem Sohn eines Schneiders, kaum vorstellbar war. Der volksverbundene Sozialdemokrat Nobs war anders als Haller kein Doktrinär, und seine politische Vorstellung liess natürlich jene des Gottesgnadentums, der Domänen und der Patrimonialherrschaft weit zurück. Um so mehr schien dem Sozialdemokraten Nobs der Eigentumsverehrer Haller geeignet, in den rechtskonservativen Freiburger Gonzague de Reynold hinein projiziert zu werden, um diesen so in die reaktionäre Ecke zu drängen.

Man kann im Aristokraten Reynold tatsächlich Merkmale Hallers erkennen. Reynold hat Wert auf Autorität gelegt und eine Rückkehr zur föderalistischen Grundlage der Schweiz angestrebt. Als Intellektueller wäre er aber Haller sicher überlegen gewesen, als religiöser Mensch sann er tiefer, und als Geschichtskenner arbeitete er gründlicher. Anders als Haller hat er Bücher über das Mittelalter nicht nur besessen, sondern auch gelesen (Haller rühmte sich des Gegenteils) und sie ohne Zweifel auch begriffen. Trotzdem – und hier bekommt Nobs Recht – hat Reynold, wie aus brieflichen Äusserungen hervorgeht, Haller als einen der grössten katholischen Schriftsteller verehrt. Er hat auch 1942 angeregt, die Hallerforschung voranzutreiben, und dabei auf seine Cousine verwiesen, die erwähnte Maria Deodota von Haller, die den riesigen Briefschatz ihres Grossvaters verwaltete und schliesslich dem Staatsarchiv überliess.

Über Reynold könnte man den Weg zu Philipp Etter (1891–1977; 1934–1959 Bundesrat) finden. Aber beide, Reynold wie Etter, verstanden Konservativismus als lebendige Bewegung, und an eine direkte Rückkehr zur Ständewelt Hallers war aus ihrer Sicht kaum zu denken.

Wie eine historische Geisterfahrt mutete es an, als 1996 ein in Ehren ergrauter Jurist, Michel de Preux, ein bewunderndes Buch veröffentlichte unter dem Titel ‹Charles-Louis de Haller,

Gonzague de Reynold, 1929 für einen Kostümball als Offizier der Schweizergarden Ludwigs XVI. kostümiert

Der portugiesische Diktator Antonio Oliveira Salazar verleiht Gonzague de Reynold 1938 den Camoëns-Preis.

un légitimiste suisse›. Dieser Autor, der einst in waadtländischen Diensten stand, verriet schon im Widmungswort, worauf er aus war: «Ce livre est dédié à ma mère, qui me donna un prénom prédestiné à affronter les luttes humainement désespérées.» Nach diesem Bekenntnis liest man de Preux' Empfehlung an alle Katholiken konsequenter Prägung, sich in die Lehre des Restaurators zu vertiefen, die ganz auf die Praxis ausgerichtet sei.

Steckt etwas von Haller ganz allgemein im Menschen, der ob des vermeintlich oder tatsächlich falschen Fortschritts resigniert und Zuflucht zur Vergangenheit nimmt? Ist es denkbar, den Begriff «reaktionär» wieder so positiv zu belegen, wie es Haller einmal in einem mutigen Glossarium tat? Haller hat Rückwärtsutopien verkauft – weshalb sollte ein Heutiger ihm das nicht nachmachen?

Fälliger Aufholvorgang

Ein Aufholen hinsichtlich Haller ist sicher fällig. In der Gesamtwürdigung des 19. Jahrhunderts müsste man ihn vor allem viel stärker als unverzichtbare Eckfigur eines grossen Kräftefeldes identifizieren und auch so verstehen. Eine isolierte Betrachtung, die von ihm ein röhrenförmiges Bild entwickelt, wird seiner Leistung nicht gerecht. Vielmehr ist Haller partnerbezogen zu behandeln, was an ungezählte Provokationen und Streitigkeiten denken lässt und der Überlegung Raum lässt, wie die Revolutionen 1830 und 1848 verlaufen wären, wenn es zuvor keine bremsenden Kräfte, keine Verbote und keine gouvernementalen Übergriffe gegeben hätte.

Wieviel hat Haller durch sein Rückwärtsdrehen im Grunde genommen die Politik nach vorne gewendet, natürlich ohne es zu wollen? Was bedeutete Haller als Symbolfigur, als leicht erkennbarer Angelpunkt des Streitgesprächs? Und welche Wendung hätte Hallers Schicksal genommen, hätte ihn die Habsburgermonarchie aufgenommen, als Bern ihn verstiess?

Von acht Dissertationen, die das Wagnis eingegangen waren, sich mit der umstrittenen Kampffigur Hallers zu befassen, waren fünf in der Schweiz und drei in Deutschland eingereicht worden. Bern brachte es nur auf deren zwei. Die Konversion hat Haller also nicht nur aus dem Kleinen Rat, sondern auch aus der akademischen Lehrstätte hinausbefördert. Die letzten beiden Dissertationen wurden in Freiburg eingereicht.

Verschiedene Deutsche, unter ihnen der Münsteraner Ewald Reinhard und der Mainzer Heribert Raab, haben sich besondere Verdienste um die Hallerforschung erworben. Er gehöre eigentlich dem deutschen Sprachraum, hatte Haller selbst erklärt, als er mit Friedrich Gentz eine Anstellung in Wien besprach. Aber er wurde damals abgewiesen. Er gehöre nach Berlin, schrieb Adolf von Kleist dem greisen Freund nach Solothurn. Aber damit kam er zu spät.

Im Rahmen eines Nationalfondsprojektes hat Albert Portmann in Freiburg die Bibliographie zum Schaffen Hallers in Angriff genommen. Ob dies den Anfang einer verdienten Rückbesinnung auf einen der grossen Verlierer der europäischen Geschichte einläutet?

Literatur

Kurt Guggisberg, *Carl Ludwig von Haller*, Frauenfeld 1938

Christoph Pfister, *Die Publizistik Karl Ludwig von Hallers in der Frühzeit 1791–1815*, Diss. phil., Freiburg i.Ue. 1975

Michel de Preux, *Charles-Louis de Haller: un légitimiste suisse*, Sierre 1996

Ewald Reinhard, *Karl Ludwig von Haller, der «Restaurator der Staatswissenschaft»*, Münster i. W. 1933

Ronald Roggen, *«Restauration». Kampfruf. Schimpfwort. Eine Kommunikationsanalyse zum Hauptwerk des Staatstheoretikers Karl Ludwig von Haller*, Diss. phil., Freiburg i.Ue. 1997

Pierre Chessex

Ein politischer Flüchtling der Commune

Gustave Courbet in der Schweiz (1873–1877)

Die Schweiz und das politische Asyl im 19. Jahrhundert

Seit rund fünfzehn Jahren sind die vielfältigen Probleme im Zusammenhang mit den Flüchtlingen und dem Asylwesen in der Schweiz von besonders spürbarer Aktualität. Die Migrationsbewegungen haben im Laufe des 20. Jahrhunderts zugenommen, und die Behörden haben oft aus menschenrechtlicher Sicht sehr diskutable (und heftig diskutierte) Massnahmen zur Einschränkung des Asylrechts ergriffen.[*] Diese Phänomene waren bereits im 19. Jahrhundert bekannt, aber die flexiblere Haltung der Eidgenossenschaft, damals einer der wenigen liberalen Staaten Europas, hatte viele Wellen politischer Flüchtlinge angelockt. Die Schweiz hatte sich so den Ruf eines «Asyllandes» erworben: Deutsche Liberale des Vormärz, italienische Patrioten des Risorgimento, französische Republikaner zur Zeit des Second Empire und schliesslich Flüchtlinge der Pariser Commune fanden hierzulande zumeist ein vorübergehendes Refugium. Stolz auf ihre demokratischen und liberalen Institutionen, betrachtete sich die Schweiz als Wiege der Freiheit, und dieses in der öffentlichen Meinung ziemlich verbreitete Gefühl war lange ein wichtiges Element des «Nationalbewusstseins». Das erklärt zumindest teilweise die relative Toleranz der Bevölkerung und der Behörden gegenüber den politischen Flüchtlingen im Laufe des 19. Jahrhunderts. Toleranz, aber nicht unbedingt Verständnis: Die öffentliche Meinung in der Schweiz war den Aufständischen der Pariser Commune (März bis Mai 1871) nicht gewogen gewesen. Die helvetische Presse, welche die gewalttätigen Aspekte der Revolutionäre (Brand von Paris, Hinrichtung von Geiseln) angeprangert hatte, versuchte demgegenüber die abscheuliche Versailler Repression (rund 20 000 Kommunarden wurden massakriert oder in Massenhinrichtungen getötet) zu verharmlosen, die diesem ersten Experiment proletarischer Macht ein Ende setzte. In der Schweiz unterstützten nur die Internationale Arbeitervereinigung (Association internationale des travailleurs) und einige wenige radikale Zeitungen die Pariser Aufständischen. Dennoch nahm die Schweiz nach dem Ende der Commune die Flüchtlinge (etwa 800 Personen, davon fast die Hälfte in Genf) auf, und die Landesregierung weigerte sich entschieden, sie den Versailler Behörden auszuliefern, indem sie sich auf den politischen Hintergrund der Delikte berief, deren die französischen Verfolgten beschuldigt wurden.[1]

Courbet während der Pariser Commune (1871)

Als der deutsch-französische Krieg von 1870 ausbricht, steht der einundfünfzigjährige Maler Gustave Courbet auf dem Gipfel des Ruhms und überbordet vor

Schaffensdrang. Da er Paris trotz der gefährlichen Lage nicht verlassen will, engagiert er sich aktiv in der Politik, namentlich als Vorstand der Kunstkommission (Commission des arts), die mit dem Schutz der Museen und Kulturgüter beauftragt ist. Nach der Niederlage von Sedan schreibt Courbet die ‹Offenen Briefe› an die deutsche Armee und an die deutschen Künstler (‹Lettres ouvertes à l'armée allemande et aux artistes allemands›) und präsentiert sich darin als grossen Friedensstifter:

«Überlasst uns eure Krupp-Kanonen, wir werden sie zusammen mit den unseren einschmelzen zu einer letzten Kanone, das Rohr in die Luft gereckt, gekrönt mit der Jakobinermütze, auf drei Kugeln auf ein Podest aufgepflanzt, und dieses kolossale Monument, das wir gemeinsam auf der Place Vendôme errichten wollen, wird eure und unsere Säule sein, die Säule des Volkes, die Säule Deutschlands und Frankreichs, die auf immer verbündet sein werden.»

Mit dem gleichen Elan drängt er die Regierung, die Säule der Place Vendôme, dieses mächtige Kriegssymbol, «abzuschrauben». Während der Commune allerdings spielt er eine diskrete Rolle: der Stadtrat des sechsten Arrondissement, dem öffentlichen Bildungswesen zugeteilt, hatte als Präsident der Künstlervereinigung (Fédération des artistes), der unter anderen Corot, Daumier, Manet und Millet angehören, die Aufsicht über die Museen. Als die proviso-

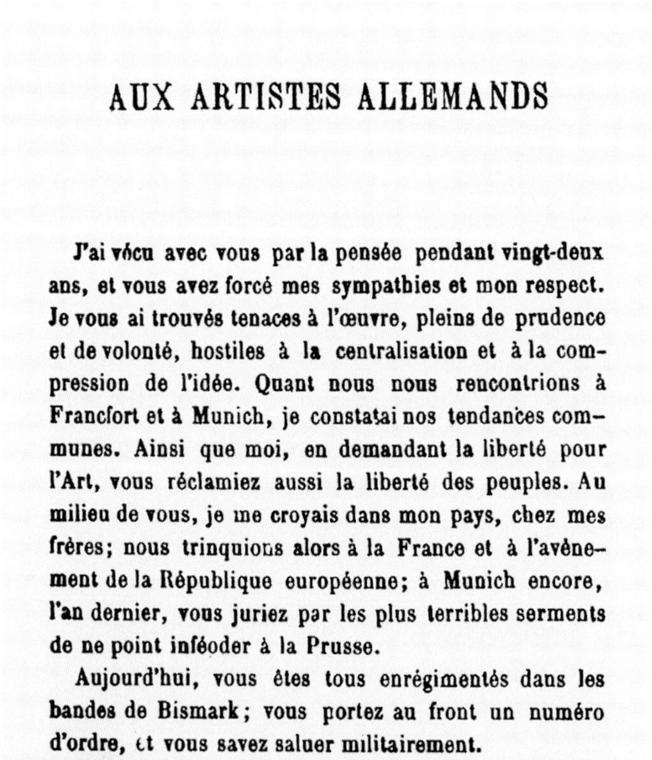

AUX ARTISTES ALLEMANDS

J'ai vécu avec vous par la pensée pendant vingt-deux ans, et vous avez forcé mes sympathies et mon respect. Je vous ai trouvés tenaces à l'œuvre, pleins de prudence et de volonté, hostiles à la centralisation et à la compression de l'idée. Quant nous nous rencontrions à Francfort et à Munich, je constatai nos tendances communes. Ainsi que moi, en demandant la liberté pour l'Art, vous réclamiez aussi la liberté des peuples. Au milieu de vous, je me croyais dans mon pays, chez mes frères; nous trinquions alors à la France et à l'avénement de la République européenne; à Munich encore, l'an dernier, vous juriez par les plus terribles serments de ne point inféoder à la Prusse.

Aujourd'hui, vous êtes tous enrégimentés dans les bandes de Bismark; vous portez au front un numéro d'ordre, et vous savez saluer militairement.

Vous, dont on exaltait l'honnêteté et la loyauté, vous, les dédaigneux des intérêts mesquins, les élus de l'intelligence, on vous prendrait aujourd'hui pour des maraudeurs nocturnes, venus sans vergogne à la face du monde entier détrousser Paris.

Courbet, der Säulenstürmer. Karikatur von H. Monréal. 1871

Gustave Courbet: *Brief an die deutschen Künstler/Lettre aux artistes allemands.* 1870

Die gestürzte Vendôme-Säule am 16. Mai 1871. Der bärtige Mann in der 2. Reihe ist vermutlich Courbet

Courbet wird die Rechnung für die Wiederaufrichtung der Vendôme-Säule präsentiert. Karikatur von E. Cottin. 1873

rische Regierung schlicht und einfach die Zerstörung der Vendôme-Säule verfügt, schlägt der Maler vor, man solle sie eher verlegen und die Bronzetafeln ins Hôtel des Invalides transportieren, denn «den Künstlern, deren Auftrag in erster Linie ein schöpferischer ist, steht es nicht zu, ein Kunstwerk zu zerstören, und mag es noch so schlecht sein». Man hört nicht auf ihn, die Säule wird gestürzt.

Beim Sturz der Commune wird Courbet verhaftet und muss am 14. August 1871 vor dem Kriegsrat in Versailles erscheinen. Trotz zahlreicher Zeugenaussagen zu seinen Gunsten wird er zu sechs Monaten Gefängnis und einer Busse verurteilt. Nachdem er seine Strafe zuerst im Gefängnis von Sainte-Pélagie, dann wegen seines sich verschlechternden Gesundheitszustandes in einem Krankenhaus in Neuilly verbüsst hat, zieht er sich im Frühling 1872 in die Franche-Comté zurück, aus der er stammt, um neue Kräfte zu schöpfen. Doch nach dem Fall von Thiers 1873 geht die Regierung Mac-Mahon auf den Künstler los und beschliesst, ihm sämtliche Kosten für den Wiederaufbau der Vendôme-Säule aufzuerlegen. Seine Besitztümer in Paris und in Ornans werden gepfändet. Aus Angst vor einer erneuten Inhaftierung überschreitet Courbet am 23. Juli 1873 heimlich die französisch-schweizerische Grenze bei Les Verrières und wird nie mehr nach Frankreich zurückkehren. Die letzten vier Jahre seines Lebens verbringt er im Schweizer Exil.[2]

Courbet und die Schweiz

Courbet, geboren 1819 in Ornans (Doubs), stammt aus einer Familie kleiner Landbesitzer. Er ist im Louetal am Westfuss der Jurakette in einer Landschaft aufgewachsen, die viele Ähnlichkeiten mit dem Schweizer Jura und dem Mittelland aufweist. Sein ganzes Leben lang hat er die Kalklandschaften rund um seine Geburtsstadt gemalt. Zwischen der Franche-Comté und der Westschweiz bestehen traditionellerweise enge wirtschaftliche Beziehungen, wie unlängst in einer glänzenden Arbeit nachgewiesen wurde.[3] Courbet kommt also 1873 in ein Land, das ihm nicht gänzlich fremd ist. Zwischen 1853 und 1869 war er schon verschiedentlich in die Schweiz gereist (wovon viele Landschaftsgemälde zeugen). Er besuchte seinen Cousin und Jugendfreund, den Schriftsteller Max Buchon (1819–1869), der nach dem Staatsstreich von Louis Napoléon (1851) in Frankreich als politischer Gegner verfolgt wurde und deshalb während mehrerer Jahre in Bern lebte. In seiner Exilzeit schrieb Buchon Romane und Novellen, die einige Westschweizer Autoren wie Urbain Olivier und Fritz Berthoud zu einem rustikalen Regionalismus anregten, er veröffentlichte in der ‹Revue Suisse›, und vor allem übersetzte er Jeremias Gotthelfs Berner Erzählungen ins Französische. Ausserdem lenkte er die Aufmerksamkeit der Franzosen auf den Reichtum der Schweizer Volkskunst.[4] Courbet trifft sich mindestens zweimal mit ihm in Bern, und in einem Brief an Alfred Bruyas, seinen Gönner in den fünfziger Jahren, schildert er seine ersten Eindrücke von der Schweiz:

«Ich habe meinen Freund Buchon aufgesucht, der nach Bern geflüchtet ist, weil er für sein Land das Beste wollte; ich fand ihn traurig wie die Nacht, obwohl er in Paris grossen literarischen Erfolg hat. Ich habe mit ihm zehn Tage in der Schweiz verbracht; die Schweiz ist ein ausschliesslich bäuerliches Land, das in sich ruht und nicht den geringsten Wert auf Intelligenz legt; abgesehen davon geniesst man die Natur aus vollen Zügen.»[5]

Courbet hatte auch Bekannte in Genf: Man weiss zum Beispiel, dass er 1854 den Maler Henri Baron besuchte, der eine Tochter der Familie Bovy geheiratet hatte. Jean-Samuel Bovy und seine Frau lebten gemäss den Theorien von Fourier in einer kommunistischen Produktionsgenossenschaft – in «Kolonie», wie sie es selbst ausdrückten. Sie waren den Künstlerkreisen der Courbet nahestehenden Malern von Barbizon eng verbunden und luden jeden Sommer Künstler zu einem Aufenthalt in ihr Greyerzer Schloss ein. So kamen Corot, Baron, Français, Leleux und einige andere mehrmals in die Schweiz. Die Begegnung mit ihnen veranlasste den Genfer Maler Barthélémy Menn, ab 1857 in Genf mehrere Ausstellungen zeitgenössischer Kunst zu organisieren. Courbet beteiligte sich an der Seite von Corot und Delacroix an der Ausstellung von 1861.

Hinzuweisen ist noch auf die Bewunderung, welche die in Paris lebenden Schweizer Maler Courbet entgegenbrachten: Frank Buchser (1828–1890) erlebte eine Offenbarung, als er 1855 den ‹Pavillon du Réalisme› besuchte[6], und Albert Anker (1831–1910), der seine Winter stets in Paris verbrachte, ging in seiner Verehrung für Courbet so weit, dass er gegen die Ablehnung eines Bildes des Meisters von Ornans durch die Jury des Salons protestierte und sich für seine eigenen Bilder von Themen (‹Schlafende›) und Kompositionsschemen (‹L'Enterrement à Ornans›, ‹La Rencontre›) inspirieren liess, um sie in seinen eigenen ländlichen Stil umzusetzen.

Das Exil am Gestade des Genfersees

Nach einigen Wochen wechselnder Aufenthalte im Jura (Le Locle, La Chaux-de-Fonds, Neuchâtel), in Genf und im Wallis wird Courbet klar, dass er an der Riviera des Genfersees dank der zahlreichen Ausländer, die dort wohnen, die besten Chancen hat, neue Kontakte zu knüpfen und allfällige Abnehmer für seine Malerei zu finden. Nach kurzen Aufenthalten in Veytaux (Château de Chillon), Clarens und Montreux wirft er sein Auge auf den kleinen Ort La Tour-de-Peilz (bei Vevey) und lässt sich in einem am Seeufer gelegenen Haus namens Bon-Port nieder. Es wird die Zufluchtstätte seiner letzten Lebensjahre sein. Von dort aus reist er oft umher, und die nach Paris gesandten Rapporte der Spione[7] (die selbst die Kolonie der Verfolgten infiltrierten) unterrichten uns über seine vielen Kontakte und unzähligen Reisen (nach Genf, Freiburg, la Gruyère, Interlaken, Luzern, Martigny, Leukerbad, La Chaux-de-Fonds usw.).[8]

Im Gegensatz zu den Behauptungen fast aller seiner Biographen ist Courbet in seinen ersten Exiljahren weder krank noch Alkoholiker, noch unproduktiv.[9] Seiner Schwester schreibt er 1876:

«Meine liebe Juliette, mir geht es ausgezeichnet, so gut wie noch nie in meinem ganzen Leben, obwohl die reaktionären Zeitungen behaupten, ich sei von fünf Ärzten umgeben, sei wassersüchtig, kehre zur Religion zurück, mache mein Testament usw. Das alles sind die letzten Überbleibsel des Napoleonismus, es sind der ‹Figaro› und die klerikalen Zeitungen.»

Selbst wenn der Maler vielleicht versucht, mit diesen Zeilen seine Familie zu beruhigen, und seine Trauer über die Unmöglichkeit einer Rückkehr nach Frankreich verschweigt, ist sein Leben in der Schweiz durchaus erfüllt: Er malt, bildhauert, stellt aus und verkauft seine Werke; er bemüht sich um seine Verteidigung gegen die Angriffe der Regierung der «moralischen Ordnung» und setzt sich bei französischen Abgeordneten für sein Recht ein; er empfängt häufig Besuche in La Tour; er beteiligt sich an vielerlei Anlässen (Turn-, Schützen- und Sängerfeste); in demokratischen Kreisen der Eidgenossenschaft und in den Versammlungen der Verfolgten ist er ein willkommener Gast. Wie in vergangenen Zeiten sorgt er für Publizität und unterhält gesellschaftliche Beziehungen sowohl im Café, dem Hort der Geselligkeit, als auch mit den Vertretern des schweizerischen Establishments, die ihn empfangen. Courbet hat stets das Bild einer lebensfrohen, einem Schöppchen nicht abgeneigten Kämpfernatur kultiviert. Hinter diesem optimistischen Naturell verbirgt sich jedoch ein empfindsames Gemüt. In einem Brief an Alfred Bruyas gab er eine treffende Schilderung von sich:

«Hinter dieser fröhlichen Maske, die Sie kennen, verbergen sich Kummer, Bitterkeit und eine Trauer, die am Herzen nagt wie ein Vampir.»

Trotz seines Lebenshungers und seines legendären Lachens sah Courbet das Leben eher von der tragischen Seite. Diese Veranlagung macht ihn natürlich sehr verletzlich und erklärt das ständige Schwanken zwischen seinem zur Schau getragenen Optimismus und einer geheimen Neigung zur Niedergeschlagenheit. Entgegen den Behauptungen etlicher Historiker trat dieser Wesenszug nicht erst im Exil in Erscheinung: Das bezeugen die dunklen Farbtöne seiner Bilder, seine Vorliebe für Höhlen und Schluchten und viele Selbstporträts (als Verletzter, Verzweifelter), die sein Werk kennzeichnen. Das ganze Leben hindurch hat Courbet seine (künstlerische, soziale und familiäre) Unabhängigkeit gepflegt, und die Kehrseite dieser Freiheit ist schon immer die Einsamkeit gewesen. Nun, da er entwurzelt ist, ist sie um so spürbarer.

Courbet und seine Freunde in Gruyère. Anonyme Fotografie. Von links nach rechts: Melchior Seeberg, Maxime Gapany, Courbet, Louis Weitzel

«Neben der geistigen Entspannung mangelte es ihm an zwei Sachen, ohne die ein Künstler nicht lange überlebt: an Modellen und an Leuten, die seine Kunst schätzten.»

Dieses Urteil des mit dem Maler befreundeten Kritikers Castagnary ist nicht ganz unbegründet, denn das künstlerische Leben in der Schweiz war in nichts mit dem Pariser Leben zu vergleichen. Das Ausstellen einiger Werke in Lausanne, Bern oder Aarau neben lokalen Malern ist nicht so glanzvoll wie eine Präsenz am Salon in Gesellschaft berühmter Künstler. Courbet ist sich dessen bewusst, wenn er in einem Brief an Louis Ruchonnet zum «Tournus», die Eidgenössische Kunstausstellung von Lausanne im Musée Arlaud, 1876, die «Torheit» der Organisatoren anprangert, welche die «lokalen Amateure zum Nachteil der wahren Kunst» in den Vordergrund stellen.[10] Glücklicherweise erhält er Zuspruch aus dem Ausland: Auf Einladung des österreichischen Künstlerverbandes stellt er 1873 in Wien am Rande der Weltausstellung 34 Gemälde aus; der Maler James Whistler setzt sich mit ihm in Verbindung für eine Ausstellung in London; er hat seine Kundschaft in den Vereinigten Staaten und stellt ab 1866 regelmässig in Boston aus. Etliche einheimische Maler besuchen ihn häufig in La Tour und malen an seiner Seite (Auguste Baud-Bovy, François Furet, François Bocion) oder stellen ihre Bilder zusammen mit ihm aus (Ferdinand Hodler). Kunsthändler wie Gustave Pétrequin-Dard in Lausanne und der im Exil lebende Ingenieur Paul Pia in Genf bieten regelmässig Werke des Künstlers zum Kauf an. Seit 1872 war die Nachfrage nach Bildern so gross, dass Courbet sie nicht ohne Mitarbeit von «Helfern», die seine Landschaften vorbereiteten, befriedigen konnte.[11] Damit knüpfte er an die alte Tradition des Ateliers an, wo Meister und Schüler zusammenarbeiteten, nicht ohne Ähnlichkeit übrigens mit der Arbeitsteilung, wie sie von Schweizer Kleinmeistern von Landschaftsstichen praktiziert wurde. Courbet machte keineswegs ein Geheimnis aus dieser Produktionsweise. In einer Anzeige, erschienen in ‹Les Beaux-Arts en Suisse en 1874› (Bern, 1875, p. 24), liess er verkünden: «Courbet und sein Schüler Patta [sic] haben ihr Atelier in La Tour-de-Peilz bei Vevey eröffnet, nachdem sie einige Zeit im Wallis gelebt haben.» Ausserdem weiss man, dass Courbet nicht zögerte, ab und zu ein Bild zu signieren, das einer seiner anderen Mitarbeiter gemalt hatte … Eine reine Provokation von ihm, die aber durchaus im Einklang steht mit dem, was er sein ganzes Leben lang angestrebt hat: das Zertrümmern der Hierarchien, das Untergraben der Ernsthaftigkeit, das Stiften von Verwirrung in den Kreisen distinguierter Kenner. Damit lässt sich auch erklären, dass viele Kritiker und Kunsthistoriker, fixiert auf das «Originalkunstwerk», dieser «industriellen» Produktion wenig Sympathien entgegenbringen. Doch es gibt noch weitere Gründe für diese Antipathie: Nicht verziehen werden ihm seine «kommunistischen» Stellungnahmen, sein hartnäckiger Kampf um sein Recht, seine Ablehnung der Ehrenlegion, seine Bilder, die gewöhnliche Leute (Steinbrecher, Prostituierte, Bauern, Bettler usw.) zum Gegenstand haben. Courbet hat sich stets in Widersprüchen gefallen[12], und das ist im Exil nicht anders: Er kann gleichzeitig für Madame Arnaud de l'Ariège in ihrem Château des Crètes in Clarens arbeiten und Bilder an eine Tombola für Geschädigte und Exilierte geben; über einen Fahnenentwurf für die Typographengewerkschaft in Genf nachdenken und einen Lausanner Advokaten, den radikalen Abgeordneten (und späteren Bundesrat) Louis Ruchonnet, porträtieren; mit Henri Rochefort und Madame Charles Hugo in La Tour-de-Peilz konversieren und an einem Turn-

Gustave Courbet: *Sonnenuntergang über dem Genfersee/Coucher du soleil sur le Léman.* 1874. Öl auf Leinwand

Gustave Courbet: *Grand Panorama des Alpes.* 1877. Öl auf Leinwand

fest in Zürich die Rolle des Bannerträgers eines lokalen Vereins spielen. Auch sein Werk entgeht nicht diesem ständigen Hin und Her zwischen einer nicht weit vom Kitsch entfernten Trivialität und einem poetischen Realismus, zwischen «hingepfuschten» Bildern und vollendeten Kunstwerken. Diese Unausgeglichenheit ist nicht auf die Exilperiode beschränkt, aber sie verschärft sich mit der über dem Maler schwebenden Drohung, die gewaltigen Kosten für den Wiederaufbau der ‹Säule› bezahlen zu müssen, was ihn dazu nötigt, mehr und mehr zu produzieren. Von dieser Lage haben zahlreiche Fälscher profitiert, und schon zu Lebzeiten des Künstlers wurde der Markt von Courbet zugeschriebenen Werken überschwemmt, deren Echtheit schwer einschätzbar ist.[13] Es geht uns hier nicht darum, «die Spreu vom Weizen zu trennen». Zu bestreiten ist jedoch das Urteil mancher Historiker, die der Ansicht sind, Courbet habe nach der Commune nichts Gutes mehr hervorgebracht, und sein Werk nach 1873 für belanglos halten.[14] Die Umstände (Krieg und Exil), die Prozesse, die kulturelle Enge des Landes, das den Künstler aufnimmt, die Entfernung von Paris, all das sind Faktoren, die Courbet kaum dazu anregen, Werke zu schaffen, die die Bedeutung seiner Arbeiten aus den fünfziger Jahren erreichen. Dennoch hat Courbet die Kraft, unter diesen ungünstigen Bedingungen Porträts von grosser Qualität (‹Régis Courbet père de l'artiste›, Petit-Palais, Paris), weiträumige Landschaften (‹Coucher du soleil sur le léman› im Musée Jenisch in Vevey und im Kunstmuseum St. Gallen) oder einige mächtige Darstellungen des ‹Château de Chillon› (etwa jene im Musée Courbet in Ornans) zu malen, um nur einige wohlbekannte Beispiele zu nennen. Er macht sich im Hinblick auf die Weltausstellung 1878 sogar an ein ‹Grand panorama des Alpes›[15] (The Cleveland Museum of Art), das unvollendet bleibt, in seiner Meisterschaft aber beweist, sofern dies überhaupt nötig ist, dass Courbet seine Fähigkeit bewahrt hat, die elementaren Kräfte der Berge zu malen, wie er früher die Wellen des Ozeans malte. Er versucht sich auch in der Bildhauerei, und obwohl das weder seine bevorzugte Technik noch das Gebiet ist, auf dem er neue Wege beschreitet, sind die beiden Arbeiten der Exiljahre, die ‹Dame à la mouette› und die ‹Helvétia›, für uns aus mehr als einem Grund interessant.

Courbet als Bildhauer

Über das ‹Dame à la mouette› genannte, geheimnisvolle Medaillon ist sehr wenig bekannt: Courbet schafft zwei identische Basreliefs für ein im Jahre 1875 in Vevey für Pierre-Vincent Nicollier errichtetes Gebäude. Die in grüne Molasse gehauenen Medaillons schmücken noch heute die Fenster der zweiten Etage (auf den Quai Perdonnet beziehungsweise auf die Place de l'Ancien-Port). Der Künstler stellt davon Gipsabgüsse her, die er am ‹Tournus› von Lausanne im Juli 1876 unter dem Titel ‹La mouette du Lac Léman à Vevey, poesia› zum Verkauf anbietet. Patà seinerseits erwähnt sie in einem Brief an Castagnary unter dem Namen ‹Rêve de l'avenir›. Muss man in dieser Allegorie ein Vorbild für Picassos Taube sehen, wie es der Dichter Louis Aragon postuliert?[16]

Viel besser dokumentiert sind wir dagegen über die ‹Helvétia-Liberté›, die andere Skulptur, die Courbet in seiner Exilzeit verwirklicht.[17] Unter dem ästhetischen Gesichtspunkt erweist sich das Werk als sehr traditionell; es hat die Geschichte der plastischen Kunst keineswegs erschüttert. Aber das Echo, auf welches die Skulptur im Publikum stösst, ihre ausserordentlich grosse Verbreitung und ihre weit über den Tod des Malers hinausreichende Wirkung liefern wertvolle Hinweise auf die emotionale Bedeutung, mit der ein auf den ersten Blick banales Kunstwerk beladen werden kann. Die erste Erwähnung der Skulptur findet sich in einem Brief von Courbet an Castagnary vom Januar 1875:

«Ich habe soeben meine Helvetische Republik vollendet, versehen mit dem Schweizerkreuz; es ist eine kolossale Büste für den Brunnen von La Tour-de-Peilz; sie ist prächtig, alle sind entzückt. Ich lasse sie in einer Hohlform giessen und möchte von Ihnen wissen, ob ich ein Exemplar an die Ausstellung schicken soll. Sie ist grobschlächtig und von herrlicher Wirkung. Sie ist affirmativ, ohne Hintergedanken, gross, grosszügig, gut, lächelnd; sie hebt den Kopf und betrachtet die Berge. Mit dem Sockel misst sie etwa 1 Meter 20.»[18]

Im März übergibt Courbet die Büste offiziell der Gemeinde, die sich beim Künstler bedankt und im Protokoll der Sitzung vom 29. März 1875 festhält, «dass der Maler und Bildhauer Gustave Courbet in

Gustave Courbet: *Helvetia/Helvétia*. 1875. Gips. Die verschmähte erste Fassung

Erinnerung und als Dank für die gute Aufnahme, die er in La Tour-de-Peilz gefunden hat, der Gemeinde eine in Bronze gegossene, das Symbol der Republik darstellende Büste schenkt, die für den grossen Brunnen der Stadt gedacht ist».

Ohne die Ernsthaftigkeit von Courbets Wunsch bezweifeln zu wollen, sich bei der Bevölkerung mit einer konkreten Geste zu bedanken, ist es wahrscheinlich, dass er noch andere Beweggründe hat. Sein «Protektor», der Lausanner Advokat Louis Ruchonnet, hatte 1874, als er noch Staatsrat war, bei der Waadtländer Kunstkommission einen Vorstoss unternommen, um einen Werkauftrag für den französischen Künstler zu erlangen, allerdings ohne Erfolg. Das einzige Museum des Kantons Waadt war das Musée Arlaud in Lausanne, dessen Konservator dem Maler nicht sonderlich gewogen war. Mit dem Geschenk einer Skulptur für einen öffentlichen Platz hatte Courbet einen einfachen Weg gefunden, ein der Allgemeinheit zugängliches Werk auf Dauer auszustellen. Zudem veranstaltete er am Tag der Einweihung eine Ausstellung in seinem Atelier, um seine Geste werbewirksam zu machen, und er schenkte Ruchonnet eine Gipsreplik der Büste, die dieser alsbald dem Musée Arlaud übergab! Eine von Meisterhand durchgeführte kleine Public-Relations-Aktion, die an die schönen Tage des ‹Pavillon du réalisme› der Ausstellung von 1855 erinnert. Doch was der Künstler sicher nicht vorausgesehen hatte und was das Echo auf seine Geste noch verstärkt, ist der Wirbel, den die politische Interpretation seines Werkes bei einem Teil der Bevölkerung verursacht.

Courbet, geprägt von seinem Umgang mit den Radikalen, die den Flüchtlingen der Commune nahestanden, hatte von der Schweiz das Bild eines grossherzigen, republikanischen Landes. In seinem Brief an Castagnary spielt er also auf die liberale Republik von 1848 und nicht auf die kurzlebige Helvetische Republik (1798–1803) an. In einem ‹Offenen Brief an die französischen Abgeordneten› vom März 1876, mit dem er die Begnadigung für die Verfolgten der Commune zu erlangen versucht (gedruckt von Vérésoff & Cie in Genf, Verleger des radikalen Organs ‹Le petit genevois› und des ‹Journal des étrangers›), bezieht er sich auf den Sonderbundskrieg von 1847, den er folgendermassen beschreibt:

«Das Land, in dem ich Zuflucht gesucht habe, um mich den Verfolgungen zu entziehen, die mit meiner Gefängnisstrafe hätten enden sollen, hat auch seine bösen Tage erlebt. 1847 kam es zu einem Aufstand, der unter dem Namen ‹Sonderbund› bekannt ist. Auf der einen Seite kämpften die treuen Bürger unter dem eidgenössischen Banner; auf der anderen Seite Aufständische, aufgestachelt von fanatischen Priestern, die damals wie heute ihre Anweisungen aus Rom bezogen statt aus ihrem Gewissen als Menschen und Bürger. Nun, General Dufour, der die eidgenössischen Truppen befehligte, war vor allem darauf bedacht, jedes Blutvergiessen zu vermeiden; er fand, der Bürgerkrieg sei schon schmerzlich genug und es gelte zu vermeiden, dass der Kampf auf der einen oder der anderen Seite in Hass oder Rache ausarte. So gab es sehr wenige Opfer, und als der Aufstand niedergeschlagen war, gab es nicht nur keine Repressalien, keine Deportierten oder Verfolgten; nein, die von den aufständischen Kantonen verursachten Kosten wurden sogar auf die ganze Eidgenossenschaft aufgeteilt.
Auf diese Weise, mein Herr, konnte sich die Schweiz prompt vom Desaster erholen; auf diese Weise konnten innert kurzer Zeit alle Spuren des Bürgerkrieges getilgt werden.»

Helvetia in Freiheit: ein bezeichnendes Missverständnis

Die von Courbet den Bewohnern von La Tour-de-Peilz geschenkte ‹Helvétia› ist also eine «Würdigung der Gastfreundschaft», wie auf dem Sockel zu lesen ist, aber gleichzeitig auch ein Symbol des liberalen Bundes von 1848, dessen «Revolution» im Gegensatz zu den anderen europäischen Ländern geglückt ist. Für diese Allegorie wählt er die Darstellung einer teilweise entkleideten, ungestümen Frau mit einer Jakobinermütze, die der volkstümlichen Version der ‹Marianne› der Pariser Commune näher steht als der züchtig bekleideten, strengen ‹Marianne› der gemässigten Republik.[19] Aber der französische Künstler hatte die Macht der Symbole unterschätzt: Die Verbindung der «sozialistischen» Republik mit dem schweizerischen Nationalwappen im Ausschnitt des Mieders als Allegorie der Eidgenossenschaft musste bei den Konservativen zwangsläufig auf Protest stossen. Diese waren schockiert von der Jakobinermütze, «welche die rote Revolutionsmütze darstellt, unter deren Schutz bei unseren Nachbarn so viele Verbrechen begangen wurden und die für eine friedliche Schweizer Gemeinde keineswegs passend ist». Ihre Proteste bewirkten, dass die Gemeindebehörden Courbet darum baten, das Schweizerkreuz durch einen fünfzackigen Stern zu ersetzen und seine Büste ‹Liberté› zu taufen, um «jede politische Interpretation zu vermeiden» – eine typisch waadtländische Vorsichtsmassnahme und eine Kompromisslösung in bester helvetischer Tradition. Obwohl der Künstler den verlangten Änderungen beipflichtete[20], macht sich die lokale Presse zum Sprachrohr der unterschiedlichen Reaktionen der Bevölkerung, als die Büste auf dem Brunnen aufgestellt wird. Eine bis zum Oktober 1875 andauernde Polemik entfesselt sich zwischen der Presse der Riviera und dem radikalen Organ ‹Le Petit Genevois›, in dessen Spalten der Staatsmann Georges Favon die Partei von Courbet ergreift, indem er zu bedenken gibt, dass «dieser Mann, der von seinem Besitz einen so vornehmen und grosszügigen Gebrauch macht, von unseren republikanischen Landsleuten Tag für Tag angegriffen wird, weil sie damit rechnen, dass er sich nicht zur Wehr setzen kann». Der Maler dankt ihm in bewegten Worten und spricht von der «Solidarität, die nur ein Mensch mit Herz, gleich welcher Nation, verstehen und in die Tat umsetzen kann»[21]. Es ist also kein Zufall, dass die beiden damaligen Westschweizer Hochburgen der Radikalen, Fribourg und Martigny, als nächste in den Genuss einer Werbeaktion des französischen Künstlers kommen. Courbet schenkt im Dezember 1875 ein Gipsexemplar seiner Büste dem «Cercle littéraire et de commerce» in Fribourg und 1876 der Stadt Martigny einen Bronzeabguss. Die Kundgebungen anlässlich der

Gustave Courbet: *Liberté. Lob der Gastfreundschaft/Liberté. Hommage à l'hospitalité.* 1875
Heutiger Standort auf der Place du Temple in La Tour-de-Peilz

Die Liberté als *Freundschaft – Fortschritt – Einheit/Amitié – Progrès – Union.* 1875–77

Die *Liberté als Helvetia.* 1876. Gips. Bronzeabguss auf der Place de la Liberté in Martigny

Installation der Statue in Martigny am Neujahrstag hatten am 24. Januar 1877 einen unfreundlichen Artikel in der ‹Nouvelle Gazette du Valais› zur Folge, die vermerkt, dass Martigny zum «neuen Mekka des Radikalismus» werde. Ausserdem beklagt sie das «Schauspiel der Bürger von Martigny, die sich um die Statue der ‹Liberté› scharen und sie umtanzen wie weiland die Israeliten das Goldene Kalb».

Die Büste findet über die Kantonsgrenzen hinaus in verschiedener Form Verbreitung: als Gipsabguss, Lithographie, Foto und Reproduktion in der Presse (‹La Suisse illustrée› vom 22. Januar 1876). Zudem erwähnt der Maler in seiner Korrespondenz zwei bis heute nicht gefundene Bronzeexemplare, welche die Städte La Chaux-de-Fonds und Interlaken bei ihm in Auftrag gegeben haben sollen. Der ‹Jahresbericht des bernischen Kantonal-Kunstvereins› von 1875 weist in einem aufschlussreichen Kommentar ebenfalls auf Courbets Skulptur hin:

«Mag auch der herausfordernde, kecke Ausdruck dieser ‹Freiheit› mehr Sinnlichkeit und Eigendünkel als edle Begeisterung und festes Selbstbewusstsein verrathen und daher dem Begriff wahrer Freiheit, wie wir sie uns in der Schweiz gewöhnlich vorstellen, wenig entsprechen, so ist doch die freundliche Absicht des Künstlers, durch dies Geschenk der gastfreundlichen Stadt seinen Dank auszusprechen, anzuerkennen.»[22]

Es gibt also zwei grundsätzliche Kritiken. Die eine betrifft die politische Interpretation: Man darf die ‹Helvetia› nicht mit der ‹Marianne› in ihrer volkstümlichen Version («Commune») in Verbindung bringen. Die andere ist formaler Natur: Eine Allegorie der Freiheit darf nicht sinnlich und lebendig sein. Die beiden Vorwürfe zeugen von einem gewissen, in Teilen der Schweizer Bevölkerung ziemlich verbreiteten Konformismus; Ergebnis einer jahrhundertealten Isolation des Landes. Die mangelnde Offenheit und die Unfähigkeit, auf andere Formen der Sensibilität einzugehen, haben sich über viele Generationen, die von der Aussenwelt abgeschirmt waren, herausgebildet. Diese Art von Erstarrung wird besonders offensichtlich in der Begegnung mit einer überschwenglichen Persönlichkeit wie Courbet. Ein Maler, der sein ganzes Leben lang die Natur und die Frau in Bildern von hemmungsloser Sinnlichkeit

Dissertation von Heinrich Koechlin (1950), mit der Säulenvignette von Jean Tinguely, einer der frühesten Arbeiten des Künstlers.

gepriesen hat, in ungeschminkter, tabu-loser Erotik[23], konnte die Reserviertheit der zartbesaiteten Protestanten angesichts seiner grosszügigen, aber dezenten Allegorie kaum verstehen. Dennoch gab es auch einige Bewunderer seiner Statue und sogar einen unbekannten Auftraggeber, dem zweifellos die dritte bekannte Version der Büste zu verdanken ist, versehen mit Zeichen und Inschriften, die unzweideutig auf die Symbole der Freimaurer verweisen.[24] Es handelt sich um einen bemalten Gipsabguss, der in allen Punkten mit der ‹Liberté-Helvétia› identisch ist, abgesehen vom Detail, dass diesmal das Medaillon in der Öffnung des Mieders die in eine strahlende Sonne eingeschriebenen Buchstaben «JRS» enthält und dass auf drei Seiten des Sockels je eines der Worte «Amitié – Progrès – Union» eingemeisselt ist. In Unkenntnis der Herkunft dieser Büste wurden politische, aber durch nichts belegte Deutungen vorgebracht («Junge Schweizer Republik» oder «Junge Soziale Republik»). Die wahrscheinlichste Hypothese scheint uns aber die freimaurerische Interpretation zu sein. Courbet unterhielt in der Tat enge Beziehungen mit Persönlichkeiten aus Freimaurerkreisen, so mit dem Geographen Elysée Reclus und mit Louis Ruchonnet, der 1871 die Loge ‹Liberté, Orient de Lausanne› gründete.

Das inzwischen berühmte Bild der ‹Liberté› von Courbet wird von den Sozialdemokraten besonders geschätzt, die es wiederholt zur Dekoration eines Versammlungssaales oder für eine Zeitungsbeilage (siehe ‹Vorwärts›, Erster Mai 1905) verwenden.[25] Auch unter den Künstlern gibt es viele, die ihm – sei es, weil sie mit den Ideen des Künstlers sympathisieren, sei es, weil sie die grosse Kraft seiner Malerei bewundern – die Ehre erweisen: von Pissarro, der in ein ‹Portrait de Cézanne› eine liebevolle Karikatur Courbets einfügt, bis Picasso, der 1950 eine Kopie der ‹Demoiselles des bords de la Seine› anfertigt, von Matisse über André Masson bis zu Tinguely, der den provokativen Geist des Künstlers aus der Franche-Comté sicherlich zu schätzen wusste.

Aus Solidarität mit seinen vertriebenen Landsleuten der Commune hat sich Courbet stets geweigert, nach Frankreich zurückzukehren, bevor nicht eine Generalamnestie ausgesprochen sei. Sein Wille wurde respektiert, sein Leichnam wurde in den ersten Tagen des Jahres 1878 in La Tour-de-Peilz beigesetzt. In ‹Le Réveil› vom 6. Januar würdigt Jules Vallès den Maler und «Mann des Friedens» in mitreissenden Worten:

«Er hat ein schöneres Leben gehabt als jene, denen von Jugend an und bis zu ihrem Tod der Geruch der Ämter, der Moder der Befehle in die Nase sticht. Er hat die grossen Ströme überquert, er ist ins Meer der

Eugène Grasset: *Helvetia/Helvétia.* 1876. Photographie von André Schmid anlässlich des Eidgenössischen Schützenfestes in Lausanne 1876.
Hieratisch, majestätisch und nach vorn gerichtet, verkörpert sie die nationale Einheit von Föderalisten und Zentralisten nach der Revision der Bundesverfassung von 1874

Massen eingetaucht, er hat den Herzschlag eines Volkes vernommen wie Kanonendonner, und er ist mitten in der Natur gestorben, unter den Bäumen, und hat dabei die berauschenden Düfte seiner Jugend eingeatmet unter einem Himmel, der von den Wolken der grossen Massaker verschont geblieben ist, der sich aber vielleicht heute abend, entflammt von der untergehenden Sonne, über das Haus des Toten breiten wird wie eine grosse rote Fahne.»

Aus dem Französischen von Peter Sidler

* Das Flüchtlingsgesetz von 1997 bedeutet eine neue Einschränkung des Grundrechts auf Asyl und grenzt in einem Zeitpunkt, als die öffentliche Meinung von der fragwürdigen Haltung der Schweizer Behörden gegenüber den jüdischen Flüchtlingen im Zweiten Weltkrieg Kenntnis nahm, ans Unerträgliche.

1 Marc Vuilleumier, «Les éxiles communards en Suisse», in: *Cahiers d'histoire*, Lyon 1977, Band XXII, No. 2, p. 153–176.

2 *Courbet et la Suisse. Exposition documentaire*, Château de La Tour-de-Peilz, 1982. Im Katalog finden sich Belege für die meisten im vorliegenden Beitrag zitierten Quellen.

3 Anne Radeff, *Du café dans le chaudron. Economie globale d'Ancien Régime (Suisse occidentale, Franche-Comté et Savoie)*, Lausanne 1996.

4 Vielleicht macht er auch Courbet selbst darauf aufmerksam, der gerne aus dem Reichtum der Volkskunst schöpft, wie Meyer Schapiro in einer der grundlegenden Arbeiten über Courbets Werk nachgewiesen hat («Courbet and Popular Imagery», in: *Journal of the Warburg and Courtauld Institutes*, IV, 1940–1941).

5 Brief von Courbet an Bruyas, Dezember 1854, zitiert in: Pierre Courthion, *Courbet raconté par lui-même et par ses amis*, Bd. II, Genf 1950, p. 85.

6 Vgl. die Besprechung von Gottfried Keller in der ‹NZZ› vom 19. Januar 1872 *(Sämtliche Werke*, Bd. 22, Bern, 1948, p. 287), der über ein Werk von Frank Buchser schreibt: «[...] Es lebt etwas von dem eisernen Realismus darin, der einen Courbet zur Commune geführt hat und Vendômesäulen stürzen liess, was aber unserem trotz alledem gemütlichen Frank nicht passieren wird.»

7 Ein in den Archiven der Pariser Polizeipräfektur erhalten gebliebenes Dossier (Courbet Ba 1.020) enthält Dutzende von Hinweisen und Meldungen aus der Schweiz.

8 Für Einzelheiten siehe Pierre Chessex, «Courbet et la vie artistique en Suisse romande, 1873–1877», in: *Etudes de Lettres*, Lausanne 1975, p. 37–53, und «Courbet et la Suisse», im gleichnamigen Katalog (Anm. 2).

9 Pierre Chessex, «Courbet en exil: mythes et réalité», in: *Malerei und Theorie. Das Courbet-Colloquium 1979*, Frankfurt a. M. 1980, p. 121–130.

10 Brief in extenso zitiert in: P. Chessex, 1975, op. cit., p. 46–47.

11 Der wichtigste dieser Helfer ist der Tessiner Maler Cherubino Patà, der sich auch um die Geschäfte des illustren Flüchtlings kümmert. Siehe dazu: *Cherubino Patà. L'ombra di Gustave Courbet*, Galleria Matasci, Tenero 1988.

12 Klaus Herding, «Von der Kraft des Widerspruchs», in: *Tendenzen*, Juli 1978.

13 Klaus Herding, «Zu Courbets Spätwerk», in: *Pantheon*, Bd. 44, 1986, p. 75–99.

14 «[...] Our evaluation of his achievement would have been the same if he had died in 1873», schreibt, um nur ein Beispiel zu nennen, Jack Lindsay in: *Gustave Courbet. His Life and Art*, London 1973.

15 In Unkenntnis der Topographie haben Historiker diesem Bild den Titel ‹Grand panorama des Alpes avec les Dents du Midi› gegeben. In Wirklichkeit handelt es sich um das Grammont-Massiv auf der französischen Seite, westlich des Genfersees gegenüber von La Tour-de-Peilz. Farbreproduktion in: Sarah Faunce und Linda Nochlin, *Courbet reconsidered*, Ausstellungskatalog, The Brooklin Museum, New Haven, 1988, p. 205.

16 Louis Aragon, *L'exemple de Courbet*, Paris 1952.

17 Pierre Chessex, «Helvétia en Liberté: Courbet sculpteur (1875)», in: *Nos monuments d'art et d'histoire*, Jahrgang 35, 1984, No. 1, p. 66–73; William Hauptman, «Notes on Courbet's statue Helvétia or La Liberté», in: *Source, Notes in the History of Art*, Bd. III, No. 1, 1983, p. 23–27; *Emblèmes de la liberté. L'image de la république dans l'art du 16e au 20e siècle*, Ausstellungskatalog, Bern 1991, p. 312–313.

18 Bibliothèque Nationale, Paris, Papiers Courbet Yb^{3}1739.

19 Maurice Agulhon, *Marianne au combat, l'imaginerie et la symbolique républicaine de 1789 à 1880*, Paris 1979.

20 Nach Beendigung der definitiven Gussform wird Ende April in der Giesserei Roy in Vevey (Vorgängerin der ‹Ateliers de construction mécanique ACMV›) ein Bronzeguss mit einem nach Plänen des Architekten vom Steinmetz Doret de la Harpe abgeänderten Brunnen hergestellt. Die Einweihung findet am 15. August 1875 statt.

21 Daniel-François Ruchon, «Georges Favon et les réfugiés de la Commune à Genève», in: *Cahiers Vilfredo Pareto. Revue européenne des sciences sociales*, Bd. XI, 1973, p. 117–118.

22 Dr. B. von Tscharner, «Die bildenden Künste in der Schweiz», *Jahresbericht des bernischen Kantonal-Kunstvereins*, Bern 1876, p. 18.

23 Pierre Georgel, *Courbet, le poème de la nature*, Paris 1995; Piero C. D'Amato, *La donna nella pittura francese dell'Ottocento*, ‹La Farfalla›, Palermo 1997.

24 Dieses Exemplar befindet sich im Historischen Museum Bern, siehe dazu *Emblèmes de la liberté*, Ausstellungskatalog (Anm. 17), p. 312–313.

25 *Freiheit – Gleichheit – Brüderlichkeit. 200 Jahre Französische Revolution in Deutschland*, Ausstellungskatalog, Nürnberg 1989, p. 665–666.

Detlev Schneider

«Mir graut vor diesen Kostümen und diesen Schminken»

Adolphe Appia als Reformer der Bühne

Adolphe Appia (1862–1928)

Gegen Ende des vorigen Jahrhunderts griff ein Unbehagen am Zustand der zivilisatorischen Situation in Mitteleuropa um sich. Die bürgerlichen Werte, in der Französischen Revolution artikuliert und bis zur Jahrhunderthälfte in einer Vielzahl politischer, oftmals blutiger Kämpfe scheinbar verfestigt, erwiesen sich als Illusion. Freiheit, Gleichheit, Brüderlichkeit, Moral, Toleranz, Individualität hatten sich im geschäftlichen Alltag längst in ihr Gegenteil verkehrt. Die freigesetzten Produktivkräfte führten in ihrer kapitalistischen Aneignungsweise nicht zur allgemeinen gesellschaftlichen Emanzipation, sondern zu Verteilungskämpfen von nie gekannter Härte. Die sozialen Spannungen verschärften sich rapide, und es wurde fieberhaft gerüstet, um die Ressourcen und Absatzmärkte der beginnenden Hochindustrialisierung neu aufzuteilen. Eine Reihe lokaler Kriege mündete schliesslich in den Ersten Weltkrieg. Breite Kreise des Bürgertums genossen zwar noch das Gefühl, dass die rasante technisch-industrielle Entwicklung mit dem Aufstieg ihrer Klasse begonnen hatte. Längst hatten aber die sensibleren Vertreter des Bildungsbürgertums und der kulturell tätigen Intelligenz begonnen, nach Wegen zu suchen, wie man die als verhängnisvoll erkannte Entwicklung korrigieren, sie zumindest reformerisch besänftigen könne.

Ihre eigene Denktradition seit der Aufklärung, dann besonders ausgeprägt durch Rousseau und die deutsche Klassik, legte ihnen hierbei nahe, der ästhetischen Sphäre des gesellschaftlichen Lebens eine besondere sozialpädagogische Bedeutung beizumessen. ‹Über die ästhetische Erziehung der Menschen› hiess schon Schillers berühmter Essay, hundert Jahre zuvor veröffentlicht.

Etwas hatte sich allerdings seitdem verändert.

Die Hoffnung auf die Humanisierung der Welt durch den virtuosen Gebrauch des Worts, durch logozentrisch fundierte Appelle und vernünftige Diskurse, war nicht länger ernsthaft zu halten. Die bürgerliche Wortkultur hatte sich vielmehr als gefügig und verfügbar desavouiert. Nietzsche hatte das soeben unabweisbar deutlich gemacht – mit luzider Sprachgewalt, dialektischerweise.

Das hatte besondere Auswirkungen auf das bevorzugte Feld ihrer reformerischen Bestrebungen, das Theater. Dieses behauptet den Mittelpunkt der damaligen Kulturgesellschaft, denn noch wirkt nach, dass sich das aufstrebende Bürgertum dort artikuliert und sich seiner selbst vergewissert hatte.

Folgerichtig stand dort das Wort im Mittelpunkt, der gesprochene Dialog war das dominierende Bühnenelement. Der visuellen Dimension kam nahezu keine Bedeutung zu. Gemalte Kulissen und Versatzstücke aus den Magazinen und Kostüme aus dem Fundus wurden als nebensächlich immer wieder verwendet. Hinzu kam, dass eine grosse Zahl neu entstandener geschäftsmässig betriebener Bühnen seichte Lustspiel-Novitäten spielten und damit die kulturtragende Bedeutung des Theaters als gesellschaftlicher Institution unterminierten. Wollte man also die Gesellschaft auf kulturellem Weg reformieren, musste man das Theater reformieren.

Schon in den siebziger Jahren hatte einer damit begonnen – Richard Wagner in Bayreuth. Ehemaliger 48er republikanischer Barrikadenkämpfer gegen den sächsischen König, hatte er hier unter der Protektion seines neuen Freundes, des bayrischen Königs, am «Gesamtkunstwerk» gearbeitet, das zu allen Sinnen sprechen will.

Wagners Bayreuther Arbeit umfasst bereits den Themenkatalog:
- Das theatrale Ereignis nicht als frivoles Vergnügen, sondern als Arbeit von grossem Kunsternst,
- Vereinigung von Darstellern und Zuschauern zu einer mythischen Gemeinschaft, hierfür eine offene Raumstruktur, die diese Gemeinsamkeit schafft – im Bayreuther Festspielhaus das amphitheatrale Gegenüber von Publikum und Spielern als Rekurs auf die demokratische Festkultur der Griechen statt des hierarchisch-höfischen Logentheaters,
- der Vorsatz, alle theatralen Einzelkünste «zu ihrer höchsten Vollkommenheit streben» zu lassen, damit sie sich gegenseitig zum intensiven Erlebnis steigern.

Diesem Vorsatz wurde er nicht gerecht. Aber Wagners methodischer Ansatz wird zum Ausgangspunkt einer Vielzahl theaterreformerischer Bestrebungen um die Jahrhundertwende.

Adolphe Appia ist dabei herausragend.

Max Brückner: Prospektentwurf zu *Tannhäuser* in Bayreuth, 1891. Bühnenbildästhetik vor Adolphe Appia

Wir wissen – das weitere politische Schicksal des Jahrhunderts im Rückblick vor Augen –, dass die humanisierende Einflussnahme der Künste eine naive Illusion war.

Doch Appias Einfluss auf die Entwicklung des Theaters unseres Jahrhunderts, aber auch auf andere Kunstäusserungen ist von anhaltender Wirkung.

Am Genfersee wächst er in kalvinistischer Umgebung auf und spielt und singt Bach- und Wagnermusik. Der Vater ist Arzt und Mitbegründer des Roten Kreuzes. Er studiert Musik in Paris, Leipzig und Dresden.

1882 wallfahrt er nach Bayreuth und sieht die Uraufführung des ‹Parsifal›. Etwas noch nicht Fassbares stört und irritiert ihn. 1886 schaut er sich die Wiederaufnahme des ‹Parsifal› an, dann den ‹Tristan› und die ‹Meistersinger›. Unmittelbar nach der ‹Meistersinger›-Vorstellung fasst er den Entschluss, «die Inszenierung zu reformieren».

Er erfasst jetzt in aller Schärfe den Widerspruch zwischen der alle Konventionen sprengenden Modernität von Wagners Musikdrama und der konventionellen statischen Bühneneinrichtung, die mit den üblichen bemalten Vorhängen und Kulissenteilen und den Funduskostümen arbeitete. Denis Bablet beschreibt, was Appia sah: «Zittrige Leinwände hängen in den verschiedenen Ebenen der Bühne und verbinden sich schlecht und recht mit schweren Versatzstücken von zweifelhafter Ästhetik. Das Ganze bildet einen schreienden Gegensatz zum Boden der Spielstätte, der seine Bretter und seine unantastbare Plattheit zur Schau trägt ... Das visuelle Chaos siegt, die dekorative Überladung herrscht, die Anhäufung der pseudoarchitektonischen Details zerstreut die Aufmerksamkeit ... Der Darsteller ist wie ein Eindringling, für den der Bühnenraum eigentlich gar nicht geschaffen ist. Die Bühne ist ein Käfig der Täuschungen, in dem Schauspieler und Sänger verdünnte Luft atmen.»

Wagner fand in seiner praktischen inszenatorischen Tätigkeit, was die visuelle Dimension anbelangt, nicht aus dem pathetischen Schwulst der zeitgenössischen Landschafts- und Historienmalerei heraus. Er selbst spürte diese Diskrepanz zur Idee seines Gesamtkunstwerks: «Mir graut vor diesen Kostümen und diesen Schminken. Ich habe das unsichtbare Orchester geschaffen, könnte ich doch jetzt das unsichtbare Theater schaffen.»

Appia will Wagners Willen nun dort weiterführen, wo dieser stehengeblieben ist. Er versteht aber nichts von der Praxis des Theaters und muss sich zunächst mit dessen ästhetischen Bedingungen und technischen Gegebenheiten bekanntmachen. Die Jahre 1890 und 1891 verbringt er mit bühnen- und lichttechnischen Praktika an den Hoftheatern in Dresden und Wien. Dann zieht er sich auf das Land zurück und beginnt, theoretisch zu arbeiten. Er schreibt erste «Notizen zur Inszenierung». ‹Der Ring des Nibelungen› ist sein fiktiver Übungsgegenstand. Er verfasst ausführliche Regiebücher, und er skizziert seine ersten Bühnenräume.

Seine Erkenntnisse fasst er zusammen in seiner ersten Schrift, ‹La mise en scène du drame wagnerien›. Dort postuliert er, dass durch die künstlerische Stilisierung wahrhaftigere Bilder entstehen und das Wesen der Dinge klarer und vollkommener ausgedrückt werden kann als durch deren pseudo-realistische Nachahmung.

Appias Gedankengang ist klar und analytisch. Er geht davon aus, dass dem Zuschauer durch das szenische Geschehen ein Assoziationsangebot gemacht wird, das er für sich selbst weiterdichten kann. Dies kann er nicht, wenn er getäuscht wird. Also soll dem Zuschauer nicht eine Nachahmung von Wirklichkeit vermittelt werden, sondern eine schöpferische Ansicht davon, die wiederum bei ihm eine schöpferische Aufnahme induziert. Im Gegensatz zur gängigen Ansicht seiner Zeit kam Appia zur Überzeugung, dass nur auf diese Weise ein wirkliches Kunsterlebnis entsteht.

Also Imagination statt Imitat.

Und die Imagination geht aus vom realen Darsteller, seiner dreidimensionalen Leiblichkeit. Appias Konsequenz daraus ist, dass unabdingbar auch der Ort, an dem er agiert, als wirklicher dreidimensionaler Raum behandelt werden muss.

Das schliesst aus, in diesem Raum etwas zu imitieren, was dort nicht wirklich vorhanden ist. Vielmehr legt es nahe, die für die Ortsangabe der Handlung oder die Stimmung der dramatischen Situation wichtigen Bildimpulse auf eine symbolische Weise auszudrücken.

Er schreibt sein Buch ‹Die Musik und die Inszenierung› und postuliert: «Das Auge zu täuschen hat innerhalb der Kunst keinen Wert, die Illusion, welche ein wahres Kunstwerk hervorruft, beruht nicht darauf, dass sie uns auf Kosten der Wirklichkeit über die Natur der Dinge oder Sinneseindrücke irreführe, sondern sie will uns im Gegenteil so tief in eine neue Sehweise mit sich ziehen, dass diese neue Sehweise unsere eigene zu werden erscheint.»

Im Theaterraum der Zukunft soll «nichts ausser dem Zuschauerraum ständig vorhanden sein. Vor diesem wird sich ein leerer weiter Raum ausdehnen.» Hier wird der lebendige Darsteller dominieren.

Er entwirft ganze Serien von szenischen Räumen, die immer klarer strukturiert werden. Wenige Elemente – Stufen, aus einfachen Raummodulen gefügte Schrägen, Kuben, Säulen – können zu immer neuen Zuordnungen gefügt werden, die mit ihren geometrischen Formen in reizvollen visuellen Dialog mit der körperlichen Plastizität der Spieler treten. Deren Kontakt mit der Materialität des szenischen Raumes findet zuerst und vorwiegend über dessen Boden statt. Deshalb kommt der Gestaltung des «Bühnenterrains» eine besondere Bedeutung zu. Appia will es durch Treppen und Schrägen so strukturieren, dass diese den Bewegungen der Spieler Widerstand entgegensetzen. Deren Schreiten, Gehen und Drehen gewinnt so eine grössere Plastizität.

Diese wenigen Elemente seiner Spielarchitektur können nun durch völlig neuartigen und intensiven Einsatz von Licht zu nahezu unbegrenzt differenzierten unterschiedlichen Raumwirkungen gebracht werden. Das Licht wird auf diese Weise von Appia davon befreit, nur bemalte Leinwandkulissen zu beleuchten. Appia gibt dem Licht die Freiheit, selbst zum Gestaltungsmittel und, mehr noch, zum Bedeutungsträger zu werden. Er sagt: «Zwischen der Musik und dem Licht besteht eine geheimnisvolle Beziehung. Apollo war nicht nur der Gott des Gesangs, sondern auch jener des Lichts. Lasst uns nicht länger trennen, was er göttlich geeint hat.»

Möglich wurden diese Gedankengänge Appias durch die sprunghaften technischen Entwicklungen seiner Zeit. Es wurden Scheinwerfer entwickelt, die den dynamischen Gebrauch des Lichts erlaubten. Und durch Potentiometer, die man zu Stellwerken zusammenfügen konnte, wurde die Lichtintensität variierbar. Seit einigen Jahren experimentierte der Dresdener Ingenieur Hugo Bähr mit selbstkonstruierten Projektionsapparaten an Theatern. Diese gestatteten die Kennzeichnung von Schauplätzen und deren schnellen Wechsel ohne Umbau der plastischen Dekoration. Das Medium Fotografie hatte die Verwendung von Projektoren nahegelegt. Die Möglichkeit, menschliche Bewegungsabläufe in ihrer Prozesshaftigkeit festzuhalten, wie es etwa die Bildserien von Eadweard Muybridge taten, machte umgekehrt auch deren bewussten Einsatz möglich. Neuartige Lichtfilter vor den Scheinwerfern oder den Projektoren konnten farbiges Licht in nahezu unbegrenzter Differenziertheit schaffen, das sich obendrein frei im Raum bewegen und eigene Gefühlswerte schaffen konnte. Das Licht «wird sich im Raum ausbreiten können, indem es ihn mit lebendiger Farbe durchdringt und darin eine bewegliche Atmosphäre schafft, mit unendlichen Möglichkeiten.» Fügt man noch die gewonnene Fähigkeit hinzu, mit diesen Geräten mit Licht und Schatten spielen zu können, so standen nun ideale Mittel zur Verfügung, um der dramatischen Handlung und der musikalischen Bewegung im räumlich-bildnerischen Bereich auf gleichem Qualitätsniveau zur Seite zu treten. Adolphe Appia wird damit zum Impulsgeber bei der Überwindung der historisierenden und der naturalistischen Theaterpraxis des ausgehenden Jahrhunderts, und er stösst das Tor auf zum Theater unseres Jahrhunderts.

Dies tut er gemeinsam mit dem Briten Edward Gordon Craig, mit dem er gelegentlich korrespondiert und dem er 1914 persönlich begegnet. Craigs Ausgangspunkt ist derselbe, und auch die Mittel sind über weite Strecken hinweg die gleichen. Doch wenn es um den Menschen als handelndem Subjekt im darstellenden Spiel geht, unterscheiden sich ihre Auffassungen. Craig sieht in seiner realen Leiblichkeit zunehmend einen Störfaktor für seinen rigorosen Symbolismus. Er möchte ihn schliesslich ersetzen durch die total verfügbare «Übermarionette», die unendlich formbar ist. Damit bewegt er sich konsequent in einem Theater, das er als hermetisch geschlossenen Kunstraum begreift.

Doch Appias Intentionen gehen weiter. Nicht nur einen neuen Darstellungsstil, quasi eine theaterinterne Reform der künstlerischen Mittel strebt er an. Er möchte die Suche nach Wahrhaftigkeit im künstlerischen Ausdruck zu einer neuen sinnstiftenden Verankerung der Theaterarbeit in der Gesellschaft führen. Es ist die Zeit der vielfältigen Bemühungen, das Zusammenleben der Menschen zu reformieren, das von der Verwertungsgesinnung der Industriegesellschaft deformiert wird.

1906 begegnet er dem Genfer Musikpädagogen Emile Jaques-Dalcroze. Dieser hatte in seinem Unterricht eine wichtige Erfahrung gemacht: Seine Schüler neigten während des Unterrichts wie selbstverständlich dazu, ihren ganzen Körper im Rhythmus zu bewegen. Daraus schuf er ein methodisch ausgebautes Unterrichtssystem, das er «rhythmische Gymnastik» nannte. Appia erkannte darin sofort das fehlende Bindeglied seiner theatralen Vision. Die grosse Wertsetzung der realen Leiblichkeit der Darsteller, auf die seine Bühnenreform aus war, erhielt durch Dalcroze' Methode eine systematische Basis. Mit über vierzig erlernte er sie selbst in monatelanger Teilnahme an den Exerzitien. Unter diesem Eindruck entwarf er Serien von «rhythmischen Räumen», die in Bern aufbewahrt werden und heute den wichtigsten materiellen künstlerischen Nachlass von Adolphe Appia bilden.

Adolphe Appia: *Rhythmischer Raum, Treppe.* 1909/10. Bleistift, Kohle, gewischte Kreide auf beigem Papier

1910 erhalten beide eine Einladung, die ihnen eine ideale Zusammenarbeit ermöglicht und die höchst folgenreich für die künstlerisch-kulturelle Topographie unseres Jahrhunderts wird. Am nördlichen Stadtrand von Dresden entstand die Gartenstadt Hellerau. Hier wurde der umfassende sozialreformerische Versuch gemacht, die Konstituanten menschlichen Lebens – Arbeiten, menschenwürdig-naturnahes Wohnen, humanistische Bildung und kulturell-künstlerische Betätigung – auf wenigen Quadratkilometern miteinander zu verweben. Am Südende des Heller-Hanges produzierten die bald berühmten «Deutschen Werkstätten» für grosse Bevölkerungskreise erschwingliche Serienmöbel, die aus der maschinellen Produktion eine neue Ästhetik gewannen, statt nur die vorindustrielle zu imitieren. Hier wurde das «industrial design» in Deutschland geboren.

Adolphe Appia: *Rhythmischer Raum, Die drei Säulen.* 1909. Bleistift, Kohle, gewischte Kreide auf hellblauem Papier

Nördlich davon die Siedlung mit genossenschaftlich bewirtschafteten Reihenhäusern für die Arbeiter und Angestellten, sowie einfache Landhäuser für Kunsthandwerker, Literaten, Verleger aus vielen Ländern, zur sozialen und transkulturellen Durchmischung. Die besten deutschen Architekten hatten einen Bebauungsplan entworfen, der das landschaftliche Areal sorgsam behandelt. Eine Verbindung von Ökonomie und Ökologie.

Am nördlichen Hang dann der Bau für Appia und Dalcroze: ein Gebäudeensemble, in der Mitte das Festspielhaus. Der junge Architekt Heinrich Tessenow hatte es nach Appias Vorstellungen entworfen, der junge Le Corbusier hatte dabei hospitiert, und es wurde mit einem Schlag weltberühmt. Es begründete eine architektonische Ikonografie der klaren Flächen, einfach-funktionalen Formen und spürbarer Materialökonomie, und es nahm die Formensprache des Bauhauses in wichtigen Punkten um fast zwei Jahrzehnte vorweg.

Sein Herzstück war Appias gleichermassen grossartiger wie intimer Einheitsraum. Der erste Theaterraum in der neueren Geschichte, der Spielraum und Schauraum nicht mehr trennte, um Spieler und Zuschauer zu einem gemeinsam erlebten Ereignis zusammenzuführen und die seit dem Barocktheater immer mehr verfestigte Grenze zwischen Theateraufführung und kollektivem Fest wieder niederzulegen. Folgerichtig war auch keine übliche Theaterbeleuchtung zu gebrauchen. Statt dessen waren an allen vier Wänden und der Decke Batterien von über 7000 Glühbirnen gleichmässig verteilt, und darübergespannte weisse Leinenbahnen schufen daraus Leuchtplafonds, deren Intensität stufenlos und segmentweise regelbar war.

Fürst Wolkonsky, Generalintendant der St. Petersburger Hoftheater, rief nach dem Besuch einer Aufführung enthusiastisch aus, er sei hier nicht in einem beleuchteten Raum gewesen, sondern in einem, der selbst leuchte; er hatte das Gefühl, selbst Teil dieses Leuchtens zu sein. So konnte der Raum als Ganzes in ein diffuses, schattenfreies Licht getaucht werden, doch machte es auch eine technisch hochentwickelte Anlage mit beweglichen Scheinwerfern und Projektoren und Stellwerk zum erstenmal in der Theatergeschichte möglich, das Licht als Gestaltungsmittel einzusetzen.

In diesem hypermodernen Raum fanden 1912 und 1913 jene legendären «Schulfeste» statt, die Treffpunkt einer nach Tausenden zählenden illustren Gästeschar wurden. Ihre Namen lesen sich wie der Adelskalender der klassischen Moderne: Buber und Busoni, Claudel, Diaghilev, Hofmannsthal, Kafka (der hier die Muirs kennenlernt, seine kongenialen Übersetzer ins Englische), Kokoschka, Nijinski, Nolde (der hier die Wigman malte), Poelzig und die Pawlowa, Pfitzner, Rachmaninow und Max Reinhardt, Rilke (der hier Werfel begegnet), Shaw und Stanislawsky, Upton Sinclair, Strawinsky, Van de Velde, Stefan Zweig – in alphabe-

Heinrich Tessenow: Festspielhaus Hellerau. 1911

tischer Reihung und nur auszugsweise Gegenstand der Arbeit in dieser ersten europäischen Kulturwerkstatt – es arbeiten hier über 300 junge Menschen aus 15 Ländern – ist Appias und Dalcroze' Versuch, das Selbstverständnis der darstellenden Künste radikal zu erneuern. Nicht mehr ein vorgefertigtes Endprodukt ist das Ziel, das dem zum Schlussapplaus aufgerufenen Publikum präsentiert wird. Vielmehr der Produktionsvorgang selbst, der sich den Gästen als lebendiger, auch unvollkommener Prozess aussetzt. Folgerichtig wird dieses Institut die erste Kunsthochschule der Welt, an der Improvisation, freier Umgang mit dem menschlichen Körper als Ausdruckssubjekt, Hauptfach ist.

Also nicht Repräsentation, sondern Kommunikation. Der aktiv miterlebbare Prozess der Kunstarbeit als neues Modell sozialen Miteinanders.

Deshalb war der grosse Saal des Festspielhauses umgeben von einem ganzen System von Foyer- und Begegnungsräumen, die durch Öffnen oder Schliessen von vielen Türen wie ein atmender Organismus miteinander verbunden werden konnten. Romantisches Vorbild war die antike Festkultur, auf die die Hellerauer Aktivisten immer wieder verwiesen: «... das Schauspiel der Alten wieder aufleben lassen, wo ein grosser Teil des Volkes ... ein geistiges und künstlerisches Fest gab, wo Zuschauer und Spieler die selbe künstlerische Erregung teilten.»

Und es fielen die überschwenglichen Worte vom Hellerauer Festspielhaus als «Kathedrale der Zukunft» und dem «Laboratorium einer neuen Humanität», und Dalcroze und Appia nahmen sich vor, hier «den Rhythmus zur sozialen Institution» zu machen, denn «alle rhythmischen Elemente sind ursprünglich dem Rhythmus des menschlichen Lebens entlehnt».

Dies hatte Karl Bücher in seinem 1900 veröffentlichten Buch ‹Rhythmus und Arbeit› proklamiert, das zur Bibel des sozial orientierten Flügels der Lebensreformbewegung geworden war. In Hellerau machte man sich also daran, menschliches Zusammenleben modellhaft aus einem weitgefassten kulturellen Selbstverständnis heraus neu zu begründen.

Damit wurzelten sie in der breiten Strömung, die um die Jahrhundertwende mit ihren Schlagworten wie Ganzheitlichkeit, Harmonie und Überwindung der Trennung von Körper und Geist ihre Sehnsüchte formulierte. Sie strebten aber strikt über die übliche Verausgabung in esoterisches Sektierertum, Körperkult und Naturmystik hinaus.

Wolf Dohrn, der Promotor des Ganzen, Sohn eines deutschen Wissenschaftlers und einer polnischen Adligen, in Neapel aufgewachsen, hatte Kunstgeschichte und Nationalökonomie studiert und war aktiver Politiker und Geschäftsführer der Möbelfabrik. Er hatte Appia und Dalcroze nach Hellerau eingeladen und aus privaten Mitteln das Festspielhaus gebaut. Hellerau sollte eine praktisch-politische Antwort auf die Fragen der Zeit sein. Sie muss uns heute, nach den Erfahrungen des Jahrhunderts, treuherzig naiv und bisweilen kurios erscheinen. Und wir wissen inzwischen, wie nahe rhythmische Körperbildung und eine Wiederbelebung antiker Festkultur bei den öden Selbstfeiern totalitärer Macht liegen.

Das weitere Schicksal dieses legendär gewordenen Ortes ist grotesk: Das emanzipatorische Experiment der europäischen Kulturwerkstatt, unternommen am Vorabend des Ersten Weltkriegs, brach bei dessen Beginn in sich zusammen. Nach dem Krieg fehlte durch Inflation und

Weltwirtschaftskrise und die wachsende Revanchementalität in Deutschland die Kraft, es wieder aufzunehmen. 1933 wollen die Nazis Hellerau zum Reichs-Opern-Festspielhaus machen, seine Architektur verweigert sich aber ihrer monumentalen Repräsentationskultur. So wird es 1937, im Jahr der berüchtigten Ausstellung «Entartete Kunst», zur Kaserne umgebaut, zunächst der Reichspolizei, dann der Wehrmacht, schliesslich der SS junger Dresdener Kunstwissenschaftler. Volkmar Billig formuliert dazu sarkastisch: «Eine soziale Utopie, die sich in einem fruchtbaren Augenblick als künstlerische Form offenbart hat, wird wieder entkunstet. Eine Kaserne mit dem Yin und Yang über dem Eingangsportal, eine Bildungsanstalt für Rhythmik zum Zwecke der Wehrertüchtigung – man könnte es ein Paradebeispiel dialektischer Aufhebung einer historischen Form nennen.»

Nach 1945 nutzte es die sowjetische Armee als Lazarett. Sie zog im Sommer 1992 aus, und seitdem versucht ein internationaler Förderverein, hier wieder einen Experimentierraum der Künste und Ort ihres Diskurses über die drängenden zivilisatorischen Fragen zu schaffen.

Der Wirkungsort von Appia, Dalcroze und Dohrn beginnt wieder, Treffpunkt der internationalen Avantgarde zu sein. Eine Reihe internationaler Förderer gibt dafür Unterstützung, und die Schweizer Kulturstiftung Pro Helvetia gehörte zu den ersten und hilft kontinuierlich.

Zurück zu Adolphe Appias Lebensweg: Nach dem überwältigenden Erfolg, mit dem er in Hellerau seine Theaterkonzeption praktisch erproben konnte, hatte er später nur noch zweimal Gelegenheit dazu. 1923 – er war jetzt 61 Jahre alt – holte ihn Toscanini an die Mailänder Scala, wo er die szenischen Räume zu einer Aufführung von Wagners ‹Tristan und Isolde› entwarf. Nach einem kurzen Begeisterungssturm über das Ergebnis schaltete die Scala schnell wieder auf Routine. Und ein Jahr darauf wollte der junge Oskar Wälterlin mit ihm in Basel den ‹Ring des Nibelungen› erarbeiten. Nach ‹Rheingold› und der ‹Walküre› unterbrach eine Intrige des Basler Wagner-Vereins die Weiterarbeit am Zyklus. Danach zog sich Appia endgültig in sein Refugium am Genfersee zurück, wo er bis zu seinem Tode im Jahre 1928 nur noch gelegentlich einige wenige Freunde empfängt. Einer, Jacques Copeau, sagt: «Das höchste Verdienst von Appia … liegt darin, dass er aus dem Theater hinausgegangen ist und uns dabei hat mitgehen lassen. Aus Liebe zu dieser lebendigen Kunst hat er das Theater verworfen und verneint, um es von neuem Wurzeln schlagen und Kraft schöpfen zu lassen, und zwar anderswoher als aus den staubigen Brettern der entweihten Bühne. Er hat die Decke dieses mittelmässigen Prestige-Kastens zum Bersten gebracht. Die Luft ist eingeströmt, und wir haben den Himmel gesehen. Und das Leben.»

Copeau schrieb diese Worte zum Tod von Appia, doch dauerte es sehr lange, bis sie zur öffentlich wahrgenommenen Erkenntnis wurden. Jahrzehntelang wirkt seine Arbeit intensiv nach, ohne dass er genannt wurde. Es ist das Verdienst von Denis Bablet, seit den sechziger Jahren in fundierten Publikationen darauf hingewiesen zu haben, dass Appia eine ganze Genealogie von bühnenbildnerischen Arbeiten ausgelöst hat, ohne die das visuelle Erscheinungsbild des europäischen und amerikanischen Theaters in unserem Jahrhundert nicht vorstellbar wäre. Und Misolette Bablet schuf mit der Herausgabe ihrer vierbändigen Appia-Gesamtausgabe die Grundlage zur weiteren wissenschaftlichen Beschäftigung mit Appias Lebenswerk.

Eine umfassende Wanderausstellung von Pro Helvetia rückte in den achtziger Jahren Appias Einfluss auf die darstellenden Künste in den Blickpunkt der interessierten Öffentlichkeit, und in den letzten zwei Jahrzehnten beschäftigt sich damit eine kaum mehr überschaubare Zahl von Dissertationen, Einzelpublikationen und Beiträgen in Anthologien. Ganz deutlich geworden ist inzwischen sein enormer Einfluss auf die Szenografie des Theaters seiner Zeitgenossen, wie auf das nachfolgende bis in unsere Gegenwart.

Seine auf wenige kubische Elemente reduzierten Spielräume inspirierten in ihrer holzschnittartigen Strenge die Bühnenbilder für das deutsche expressionistische Theater, dem er damit zu seiner Formsprache verhalf. Der junge Leopold Jessner hatte in Hellerau Appias Treppenlandschaft zu ‹Orpheus und Eurydike› gesehen – sein ‹Wilhelm Tell› am Berliner Staatlichen Schauspielhaus, für den Emil Pirchan die zyklopische Treppe auf die Bühne stellte, die sich mit wenigen Gegenlichtvorhängen zur Hohlen Gasse verengte oder zum Freiheitsschwur öffnete, ging in die Theatergeschichte ein. Es folgte eine wahre Sturzflut von Inszenierungen, die sich plausibel dieser Mittel bediente. Erwähnt seien Jessners ‹Napoleon oder die Hundert Tage› von Grabbe in den Bildern von Cäsar Klein und Ludwig Sieverts Bühnenbilder zu Kleists ‹Penthesilea› 1921 in Frankfurt/M.

Eine andere, damit korrespondierende Handlungslinie bilden die vielen Versuche, mit plastisch-geometrischen Spiellandschaften eine neue Opernästhetik fern der damals üblichen zu kreieren. Ewald Dülbergs Arbeiten für die Kroll-Oper, die Experimentalbühne der Berliner Staatsoper, für die auch der Bauhaus-Dozent Moholy-Nagy arbeitete, sind hierfür Beispiele. Ähnlich wie Alfred Roller in Wien kopierte er schlicht Appias rhythmische Räume. Spät und sehr verdünnt finden sich Appias symbolische Licht- und Strukturräume auch am Ausgangspunkt seiner Revolte ein: Wieland Wagners Inszenierungen in den fünfziger Jahren, das gefeierte «Neu-Bayreuth», benutzt Appia, ohne ihn zu nennen.

Kaum genannt wird er auch als der Initiator einer weiteren szenografischen Traditionslinie, die längst die Bühnen beherrscht: Weithin leere Räume durch die avancierten Mittel der Lichtgebung zu Bedeutungsorten aufzuladen ist seine Erfindung. Von Norman Bel Geddes' monumentalen Lichtdomen für Max Reinhardts Inszenierungen in den USA zu Robert Wilsons grafischen Bühnen-Hologrammen spannt sich der Bogen, dazwischen, als nur ein Beispiel, Josef Svobodas galaktische oder orbitale Projektionen, mit denen er in den siebziger Jahren zum Star der grossen Opernhäuser wurde. Für die künftige Entwicklung folgenreicher, vielleicht, ist die Handlungslinie, die sich die Mobilität seiner Spielarchitekturen zu eigen macht, seine Idee von der Wandlungsfähigkeit der materiellen Szene während des Spiels. Der wichtigste Protagonist des russisch-sowjetischen revolutionären Theaters, Wsewolod Meyerhold, war in Hellerau gewesen, damals noch Oberregisseur der St. Petersburger Hoftheater, später Opfer Stalins. Ihn hatte nicht nur die szenische Reduzierung beeindruckt, sondern die stringente körperliche Präsenz der Darsteller beim Spiel. Daraus entwickelte er sein System der «biomechanischen Bewegung», das als räumliches Äquivalent kinetische Spielgerüste braucht. Ljubow Popowa baute sie und entwarf Kostüme, die eine grosszügige Arbeitsbekleidung für die gymnastischen Spielabläufe sind. Sie wollen «mit einfachsten, sofort ver-

Norman Bel Geddes: *Jeanne d'Arc* (Acosta). Regie: Norman Bel Geddes. Paris 1925

Cesar Klein: *Napoleon oder die Hundert Tage* (Grabbe). Regie: Leopold Jessner. Staatliches Schauspielhaus. Berlin 1922

Robert Wilson (Bühnenbild und Regie): *Lohengrin* (Wagner). Opernhaus Zürich. 1991

Henry van de Velde: Projektion zu *Faust I*. Walpurgisnacht. Werkbundtheater. Köln 1914

Wieland Wagner (Bühnenbild und Regie): *Das Rheingold* (Wagner). Festspielhaus Bayreuth. 1955

Josef Svoboda: *Die Sizilianische Vesper* (Verdi). Regie: John Dexter. Metropolitan Opera New York. 1974

fügbaren Gegenständen auskommen, die den Übergang darstellen von einem von Spezialisten ausgeführten Schauspiel zu dem freien Spiel der Werktätigen während ihrer Freizeit». Das Theater als Modell und Laboratorium für organisiertes, rationales, ökonomisches, menschliches Handeln – das Hellerauer Wort von der Rhythmik, die zur sozialen Institution zu machen sei, wird hier erinnerlich.

In ähnlichem Sinne arbeiteten Popowas Kollegin Alexandra Exter und Alexander Tairow an dessen Entfesseltem Theater, des weiteren Alexander Wesnin, die Brüder Stenberg, El Lyssitzki und Tatlin, der Architekt. Stalins populistische kulturpolitische Orientierung auf ein illustrativ-heroisches Menschenbild brach diese Experimente brüsk ab.

In Mittel- und Westeuropa begründete sich inzwischen eine theaterarchitektonische Genealogie, die die Idee vom unbegrenzt disponiblen Einheitsraum weiterführt. Henry Van de Velde hatte schon 1914 in seinem Theater für die Werkbund-Ausstellung in Köln wesentliche Prinzipien von Appias Raumbühne übernommen. Herausragendes Beispiel ist der Entwurf von Walter Gropius, dem Bauhausdirektor, für Erwin Piscators Total-Theater. Und schon 1919 hatte Hans Poelzig für Max Reinhardt in Berlin den Zirkus Schumann zu einem praktikablen Inszenierungsort für Massenchoreografien inmitten eines räumlich einbezogenen Publikums umgebaut. In der ‹Orestie› wurde das Publikum Teil des Chores, im ‹Danton› Teilnehmer des Revolutionsgerichts.

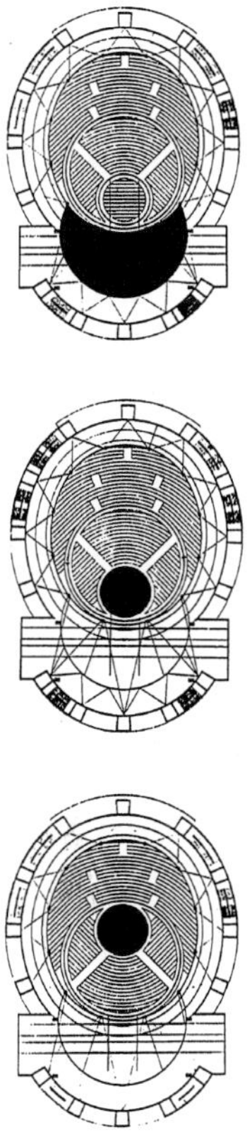

Walter Gropius: Entwurf für Erwin Piscators Totaltheater, 1925, nicht realisiert

Drei mögliche Bühnenformen: Guckkasten-, Proszeniums- und Zentralbühne in einem Raum

In der zweiten Hälfte unseres Jahrhunderts wird diese Genealogie fortgeführt mit Werner Ruhnaus Versuchen, die Böden von Theaterneubauten mit einem System von Hubpodien flexibel zu machen und mit Raumbühnen, die eine denkbar minimale Trennung zu den Zuschauern haben, wie die Berliner Schaubühne und Ariane Mnouchkines ‹Cartoucherie› in Paris, um nur die prominentesten Beispiele zu nennen. Peter Brooks Vision vom «empty space» basiert seinem eigenen Zeugnis nach ausdrücklich auf Appia und Hellerau.

Zum quasitheatralen Umgang fordern zunehmend auch leere Architekturräume auf, mit Licht spielend und durch sie strukturiert, als Projektion oder mit gefiltertem, eingefangenem Tageslicht. Die Grenzen zwischen Inszenierung und Installation werden fliessend, wie die zwischen Real- und Kunsträumen. Aldo Rossi arbeitete so, Steven Holls Innenräume und Dan Flavins raumkonstituierende Lichtinstallationen gehen in die gleiche Richtung. Und Rem Koolhaas begann seine Entwurfsarbeit für die Pariser Universitätsbibliothek damit, «sich ein Gebäude vorzustellen, bei dem die wichtigsten Teile Abwesenheiten von Gebautem sind».

El Lissitzky am Raummodell für *Ich will ein Kind haben* (Tretjakow). Moskau. 1929

Das Netz der Folgen spannt sich weiter: Appias Absicht war, die artifizielle Barriere zwischen Präsentiertem und Konsumieren niederzulegen. Appia beschreibt den Zustand, dem er opponiert: «Wir betrachten die Kunst wie eine Fabrikation von Luxusdingen. Wir wählen wie beim Konditor das, was unsere Nasch-

Ernst Stern: Szenischer Plan für *Danton* (Romain Roland). Regie: Max Reinhardt. Grosses Schauspielhaus Berlin. 1920

Karl-Ernst Herrmann: *Wie es Euch gefällt* (Shakespeare). Regie: Peter Stein. Schaubühne am Halleschen Ufer Berlin. 1977

haftigkeit anspricht, und wir haben wohl viele Künstler dazu gezwungen, Konditoren zu werden!» Demgegenüber fordert er: «Die Zuschauer müssen zwischen den Akten frei herumgehen können, unmittelbar von Saal zur Bühne. Sie müssen urteilen können über das, was dort gemacht wird. Deshalb muss das, was man dort macht, sich hergeben, es muss einverstanden sein … Wir müssen aus der dramatischen Kunst ein gemeinschaftliches Werk machen, in dem der Saal mit der Bühne, das Publikum mit den Darstellern ein soziales Milieu bildet, in dem man diskutiert wie in einer mittleren Kathedrale von einst. Das Theater wird so ein Zentrum des Lebens werden.»

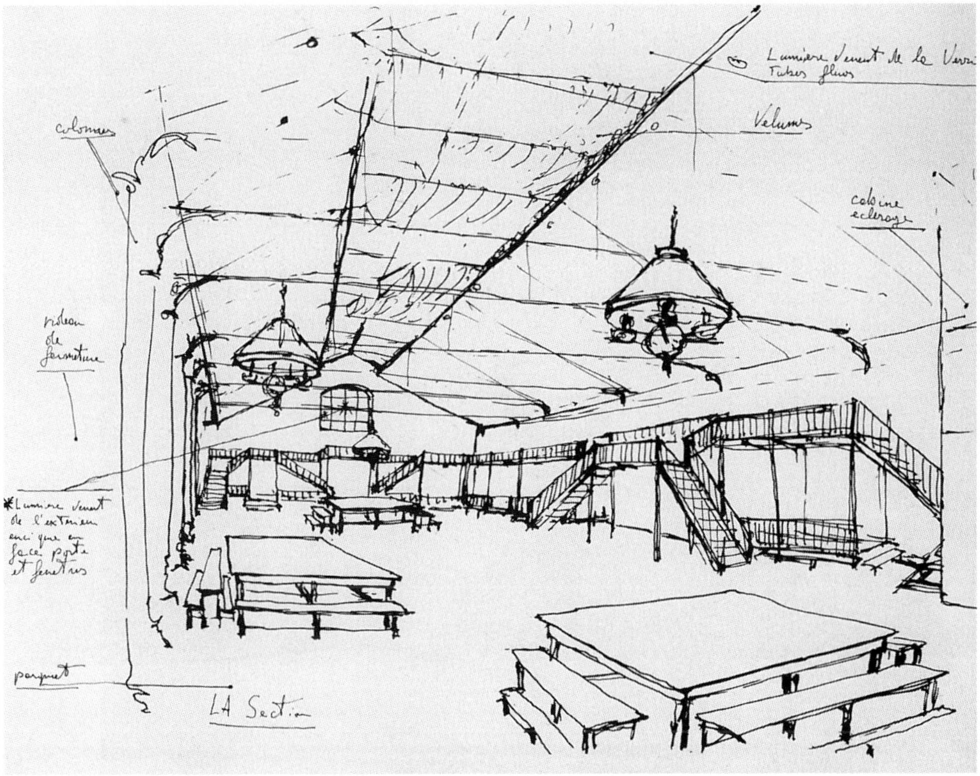

Kollektiv des Théâtre du Soleil: *1793*. Regie: Ariane Mnouchkine. Cartoucherie de Vincennes. 1972

Das erfordert nun entschieden mehr als nur ein nicht-illusionistisches Bühnenbild. Es heisst nichts weniger, als das alte Theater-Paradigma aufzugeben, geschützt vom distanzierenden Gazeschleier der Vierten Wand in einem unwirklichen Raum-Zeit-Gefüge zu Tun-als-Ob. Hier wird die unmittelbare leibliche Präsenz der Darsteller in einer Intensität gefordert, die bislang nicht vorgesehen war. Und die Geistesgegenwart muss ihr ebenbürtig an die Seite treten. Weil nicht mehr länger nur Einstudiertes repetiert werden kann, wenn wirklich lebendige Kommunikation stattfinden soll.

Der freie Tanz ist die weithin anerkannte legitime Tochter dieser Bestrebung. Hellerau gilt, neben dem Monte Verità als sein Geburtsort. Hier hatten Mary Wigman und die Palucca, Suzanne Perrotet und Mary Rambert studiert. Die klassisch-aktuelle Ausprägung aller Bestrebungen Appias in seiner symbiotischen Arbeit mit Dalcroze finden sich in der jüngeren Vergangenheit bei Merce Cunningham, William Forsythe und Pina Bausch. Es liegt auch nahe, bei Appia die ersten Impulse zu sehen für die Kunstäusserungen, die virulent wurden in den grossen Protestbewegungen von Happening und Performance, von Body Art, Aktionismus und Fluxus, in den paratheatralen Recherchen von Jerzy Grotowski und Eugenio Barba, die sich ausdrücklich auf Appia und Dalcroze berufen, in Richard Schechners Theateranthropologie und der Arbeit des Living Theatre. Deren Performances sahen schliesslich vollends von einem eigens geschaffenen Theaterraum ab, sie spielten an profanen Orten und steckten ihren Spielraum mit ihren eigenen Körpern ab.

Die Ereignishaftigkeit und Spontaneität, die Unmittelbarkeit dieser Ausdrucksformen, das Verwischen der Grenze zwischen Kunst und Wirklichkeit haben sich in einem schon länger andauernden Adaptionsprozess inzwischen auch die Staats- und Stadttheater eingemeindet.

Dan Flavin: *Untitled (to Jan and Ron Greenberg)*. 1972/73. Gelb und grün fluoreszierendes Licht

Vielleicht, dass über diesen Umweg sich zu Appias Formen auch Appias Geist dorthin einfindet. Soeben höre ich, auf der X. ‹Dokumenta› in Kassel seien der Volksbühnen-Regisseur Christoph Schlingensief und der Schauspieler Bernhard Schütz polizeilich vorübergehend festgenommen worden, als sie eine Performance mit dem Titel «Tötet Kohl» ankündigen wollten. Der ebenfalls beteiligte Chefdramaturg des von Brecht gegründeten Berliner Ensembles, Carl Hegemann, beteuerte, dass man doch eigentlich nur die Bedeutungslosigkeit von Kunst demonstrieren wollte. Das haben die Kasseler Stadtpolizisten gottlob noch einmal vereitelt.

Literatur: Schriften Adolphe Appias
La Mise en Scène du Drame Wagnérien, Paris 1895
Die Musik und die Inszenierung, München 1899
«La Gymnastique rythmique et le théâtre», in: *Der Rhythmus 1*, Jena 1911
«Die Musik und das Bühnenbild», in: *Theaterkunst*, Ausstellungskatalog, Zürich 1914
L'Œuvre d'Art Vivant, Genève/Paris 1921
Œuvres complètes, Edition élaborée et commentée par Marie L. Bablet-Hahn, Introduction générale par Denis Bablet; tome I–IV, Lausanne, L'Age d'Homme, 1983–88

Literatur zu Adolphe Appia
Jacques Copeau, «Visites à Gordon Craig, Jaques-Dalcroze et Adolphe Appia», in: *La Revue d'Histoire du Théâtre*, vol. XV, no. 4, 1963
Edmund Stadler, «Die Musik und die Inszenierung. Zu Adolphe Appias grundlegendem Werk», in: *Jahrbuch der Schweizerischen Gesellschaft für Theaterkultur* 28/29, Bern 1963; auch in: Adolphe Appia, *La musique et la mise en scène*, Bern 1963
Gernot Giertz, *Kultus ohne Götter – Emile Jaques-Dalcroze und Adolphe Appia*, Diss. München 1975
Misolette Bablet, «Adolphe Appia: Der Architekt des Sensiblen» und «Adolphe Appia und Jaques-Dalcroze in Hellerau», in: *Bühnenkunst*, Hefte 2/90 und 3/90
Richard C. Beachum, *Adolphe Appia ou le renouveau de l'estétique théâtrale*, Lausanne 1992

An der Auswahl und Beschaffung des Bildmaterials für diesen Ausstellungs- und Katalogteil arbeitete Penelope Wehrli mit.

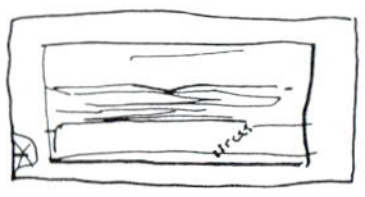

Martin Fröhlich

Europäische Architektur für die Schweizer Gründerzeit

Gottfried Semper, Lehrmeister am Zürcher Polytechnikum

Sempers Werdegang

Gottfried Semper wird am 29. November 1803 in eine wohlhabende Altonaer Fabrikantenfamilie hineingeboren. Altona gehört damals zum dänischen Schleswig-Holstein. Die familiären Verhältnisse erlauben eine sorgfältige Erziehung und gemächliche Berufswahl. Mathematik, Ingenieurwesen, selbst Berufsmilitär stehen zur Debatte. Warum schliesslich die Wahl auf Architektur fällt, ist heute kaum mehr zu ergründen. Dem Entschluss folgt ein Ortswechsel von Göttingen, wo Semper an der Universität Vorlesungen verschiedener Fachrichtungen belegt hatte, nach München, wo er Kurse bei Friedrich von Gärtner (1792–1847) belegt. Ein Duell während eines Praktikums in Regensburg zwingt ihn zum Umzug nach Paris. Dort setzt er – mehr durch Zufall – an der privaten Architekturschule von Franz Christian Gau (1790–1853) sein Studium fort.

Otto Speckter (1807–1871): *Gottfried Semper als junger Professor in Dresden.* 1837. Bleistiftzeichnung

Für die Reise nach Paris ist Semper mit Empfehlungsschreiben an mehrere Persönlichkeiten und Ausbildungsstätten ausgestattet. Er braucht rasch ein Unterkommen. Keine der Persönlichkeiten, denen er empfohlen wird, weilt in Paris. Sehr wahrscheinlich kennt Semper damals das Umfeld seines neuen Lehrers Gau noch gar nicht. Zu Gaus Freundeskreis gehört sein alter Studienkollege Jakob Ignaz Hittorff (1792–1867). Deutsche verkehren im Salon der Madame Valentin, so auch Semper, der durch Gau oder Hittorff eingeführt wird. Während Sempers Studienzeit in Paris sind dort auch Besuche von Alexander Humboldt, Schinkel und andern belegt. Semper erhält hier Eindrücke, die ihn seiner Lebtag begleiten werden.

Schiedsrichter im Polychromiestreit

Während Semper im Atelier Gaus seine Übungen zeichnet – einige der Aufgaben wird er später in Zürich seinen eigenen Studenten auch stellen –, tobt in Paris der Polychromiestreit zwischen Hittorff und der Académie des Belles Lettres et des Inscriptions, der Archäologen-Akademie. Hittorff hat nämlich in Sizilien anlässlich seiner Grand Tour auf seit Jahrhunderten umgestürzten Trümmern antiker Tempel aus der Zeit der griechischen Kolonie Spuren farbiger Bemalungen gefunden. 1827 erscheinen von seiner Publikation ‹Architecture antique de la Sicile...›, in der er seinen Fund darstellt, nur 8 statt 30 Lieferungen. Dennoch beginnt damit eine jahrelange Polemik des «Secrétaire perpetuel» dieser Akademie gegen Hittorffs Glaubwürdigkeit, weil in keiner antiken Schrift oder Inschrift auf eine Be-

Gottfried Semper: *Pompejanisches Wandbild.* 1834.
Später werden die Motive als Vorlage für die Dekoration des Waschschiffes in der Limmat verwendet, das Semper 1861–64 für Heinrich Treichler projektiert

malung von Architektur oder Skulptur hingewiesen wird. Natürlich widerspricht der Fund Hittorffs auch dem Antikenbild seiner Zeit.

Im Juli 1830 tritt Semper seine eigene Grand Tour an. Bis 1831 hält er sich an Hittorffs Reiseroute. Er zeichnet 1830 in Viterbo, Genua, Lucca, 1831 in Rom, Civitavecchia, Neapel, Pozuoli, Pompeji, Sorrento, Amalfi, Ravello, Paestum, Syrakus, Agrigent, Selinunt.

Seine eigenen Untersuchungen bestätigen Hittorffs Forschungsergebnisse. Im Jahre 1831 ergreift er die Gelegenheit und setzt nach Griechenland über. Nach dem Befreiungskrieg gegen die Türkei sucht Griechenland einen König, einen Prinzen aus einem europäischen Fürstenhaus. Es gibt in Griechenland schon damals eine dänische Partei, der sich Semper anschliesst. So kann er die Denkmalstätten der Antike besuchen. In Athen – Inbegriff antiker Kultur und Architektur – wird er nicht nur bei der Untersuchung des Theseus-Tempels in der Unterstadt, sondern auch am Parthenon auf der Akropolis fündig. Auch diese beiden Tempel waren in der selben Art wie die Bauten auf Sizilien polychrom gefasst. Er zeichnet 1832 in Aegina und Athen.

Semper kennt natürlich den ideellen Wert seiner Untersuchungsergebnisse. Er fährt so rasch als möglich nach Italien zurück und nutzt in Brindisi die vierzigtägige Quarantäne, die jedem Rückkehrer aus der Levante aus gesundheitspolitischen Gründen auferlegt wurde, zum Zeichnen und Schreiben.

In Rom macht er sich an der Trajanssäule zu schaffen und schickt seinem Bruder, Chemiker und Apotheker in Hamburg, Materialproben zur Analyse; durch diese naturwissenschaftlichen Tests will er sich absichern. Die Ergebnisse werden sofort im ‹Bolletino› publiziert. Es eilt. Andere haben sich bereits des Themas angenommen, nicht nur der «eklige» Leopold Klenze, später Hofarchitekt Ludwigs I. von Bayern, der Semper schon in Sizilien durch sein gespreiztes Auftreten offenbar unangenehm aufgefallen war.

Bei der Abreise von Rom übergibt er ein grosses Konvolut Schriften und Zeichnungen einem Spediteur – Adresse Altona – und reist erlöst, und nicht auf dem schnellsten Weg, nach Hause. Er sieht sich Oberitalien an, zeichnet 1833 in Florenz, Pistoia, Milano, Cremona, Venedig und Meran und macht in München Station, wo er Verhandlungen mit dem Verlagshaus Cotta über die Publikation seines Konvoluts aufnimmt; in Berlin stattet er Schinkel einen Besuch ab.

Semper erreicht Altona nach Neujahr 1834. Sein Konvolut aber ist nicht angekommen: Enttäuschung, Wut, Verzweiflung über die verlorene Zeit, die verlorene Arbeit. Natürlich besitzt er noch alle Reiseskizzenbücher, Entwürfe, Daten. Das alles nochmals ins Reine zu schreiben und zu zeichnen würde Monate beanspruchen. So entschliesst er sich zu einer Kurzfassung seiner Forschungsergebnisse. Er weiss, dass er Schiedsrichter im Polychromiestreit sein wird.

Der Kurzfassung will er später das Duplikat seiner verlorenen Arbeit nachfolgen lassen. So entstehen die ‹Vorläufigen Bemerkungen über bemalte Architektur und Plastik bei den Alten›, sie erscheinen im Juni 1834 in Altona.

In Rom hatte Semper den dänischen Kaufmann und Etatsrat Conrad Hinrich Donner kennengelernt, Bürger von Altona wie er. Donner kauft damals Thorwaldsens Werk ‹Drei Grazien› für seinen Park in Neumühlen am Elbeufer bei Altona, und er erteilt dem jungen Mitbürger den Auftrag, einen Pavillon für diese kostbare Plastik zu bauen: für Semper eine Gelegenheit, zu Hause seine Vorstellungen über Architektur und über Polychromie vorzustellen. Nach Fertigstellung seines Manuskripts macht er sich im Frühjahr 1834 mit Feuereifer an das Projekt. Schon jetzt zeigt sich ein immer wiederkehrendes Verhaltensmuster Sempers. Museums- und Ausstellungstheorien werden gewälzt, und der bescheiden gemeinte Pavillon wächst sich zu einem veritabeln Museumsprojekt aus. Dennoch kommt es im Sommer 1834 zum Baubeginn.

Karriere in Dresden

1833 stirbt in Dresden der Leiter der Bauschule an der Akademie, Joseph Thürmer (geboren 1789). Als Nachfolger möchte man Gau aus Paris, Moller aus Mainz oder Schinkel aus Berlin holen. Alle drei lehnen jedoch ab. Während Schinkel seinen Schüler August Soller (1805–1853) empfiehlt, nennt Gau den eben bekannt gewordenen Semper als möglichen Leiter der Bauschule. Erkundigungen werden eingeholt, sie lauten positiv, Semper wird angefragt und nimmt an. Am 30. September 1834 wird er in sein Amt eingeführt, legt den Eid als königlich sächsischer Beamter ab und wird damit Deutscher.

Sempers rasche Integration in das kulturelle Leben der Residenz, seine Heirat mit der sächsischen Majorstochter Bertha Thimmig (1810–1859) und die Lehrtätigkeit fördern seine Karriere als Architekt. Für einmal wird ihm sein Drang, weit übers Ziel hinaus zu schiessen, nicht zum Verhängnis. Als er um eine Standortabklärung für ein Denkmal des ersten Königs von Sachsen, Friedrich August I. (1750–1827), gebeten wird, verfasst er die Grundzüge jener Idee, die später als Forumsprojekt berühmt werden wird. Sie lenkt in den letzten Jahrzehnten des 19. Jahrhunderts die Auffassungen von Stadtgestaltung von den Doktrinen des «Schachbrettmeisters» Durand ab. So apostrophiert Semper den Verfasser des bekanntesten Architekturlehrbuchs des 19. Jahrhunderts, Jean-Nicolas-Louis Durand (1760–1834), zu Napoleons Zeiten Professor an der Ecole polytechnique in Paris. In die Idee eines Kulturforums, das sich an den damals noch zur Elbe hin offenen barocken Zwinger in Dresden anschliessen und den Blick auf das Reiterdenkmal Augusts des Starken auf der Neustädter Seite der Elbe fokussieren soll, will Semper den Neubau des Hoftheaters, eine neue Gemäldegalerie, die Hof-Orangerie und weitere Ausstellungsmöglichkeiten für die grossen königlichen Sammlungen einbeziehen.

Gottfried Semper: *Das erste Hoftheater in Dresden*, erbaut 1838–41. Anonyme Photographie

Nach eingehenden Vorarbeiten seit 1835 erhält der in der Praxis noch weitgehend unerfahrene Architekturprofessor 1838 den Auftrag zum Bau des Hoftheaters, das eine ganze Reihe von Provisorien ablösen soll. Semper erledigt den Auftrag mit Bravour. Er wohnt in Dresden, dem damaligen Zentrum der Theaterwissenschaften, wo von 1825 bis 1841 Ludwig Tieck (1773–1853), der Dichter, Shakespeare-Übersetzer und Kleist-Herausgeber, als Dramaturg des Hoftheaters wirkt. Hier trifft Semper auch den Erforscher des Shakespeare-Theaters, Graf Baudissin, für den er um 1835 eine Rekonstruktion des Fortune-Theaters in London zeichnet.

So beginnt der Entwurfsprozess für das Hoftheater mit Vorstellungen eines halbrunden Zuschauerraumes – dem Zitat eines griechisch-antiken Theaters – und mit einer dreiteiligen Bühnenöffnung, die nur aus den Ideen um die Shakespeare-Renaissance in Sachsen entsprungen sein kann. Im Verlauf der Planung entfernt sich das Projekt zwar immer mehr von den revolutionären Theaterideen hin zu einem veritablen Hof-Theater. Für den königlichen Auftraggeber wie auch für seinen Verfasser Semper ein voller Erfolg, wird es am 31. März 1841 mit ‹Torquato Tasso› eröffnet – Semper gehört fortan zu den bekanntesten Architekten des deutschsprachigen Raums.

Das Ringen um die Forumsidee geht weiter. Zwar steht das Hoftheater, wie auch das Denkmal für König Friedrich August I., an dem im Forumsprojekt vorgesehenen Platz, aber noch immer ist die kostbare Gemäldesammlung nicht sachgerecht untergebracht Mit einem Museumsbau für diese Sammlung soll das Forum realisiert werden; so entstehen zu Gestalt und Situation des Museumsbaus unzählige Entwürfe, sowohl im Bereich von Theater und Zwinger als auch an andern Stellen der Stadt, vom Neustädter Ufer bis zum Grossen Garten. Ein Teil dieser Ideen wird 1841 publiziert und trägt damit weiter zum guten Namen des immer noch recht jungen Architekten bei.

Mit Wagner auf der Barrikade

Seit dem 23. Februar 1841 schreibt aus Paris ein junger Musiker in der ‹Dresdener Abendzeitung› über das Pariser Musikleben und arbeitet gleichzeitig am letzten Aufzug einer Oper: ‹Rienzi› wird am 20. Oktober 1842 unter brausendem Beifall im neuen Hoftheater uraufgeführt. Der Triumph des ‹Rienzi›, die Zusage, auch seine nächste Oper, den ‹Fliegenden Holländer›, in Dresden uraufzuführen, und der Tod zweier Dresdner Theaterkapellmeister verschaffen dem jungen Richard Wagner (1813–1883) am 5. Januar 1843 die Stelle eines Ersten Königlichen Kapellmeisters. Als sein Helfer wird kurz nachher August Röckel (1817–1876) angestellt. Im Hoftheater ist um 1845 eine Loge für «Herrn Prof. Semper mit Gattin, Frau Kapellmeister (Minna) Wagner und Herrn Musikdirektor Röckel» reserviert. Sie dürften dort gemeinsam der Uraufführung von ‹Tannhäuser› am 19. Oktober 1845 beigewohnt haben. Die drei verbindet nicht nur ihr Interesse für Musik und Theater, sie sind auch Gesinnungsgenossen. Wegen seiner Gesinnung wird Röckel noch vor der Revolution von 1849 entlassen; er redigiert darauf eine «linke» Zeitschrift. Alle drei sind aktiv am Aufstand beteiligt, der nach der Weigerung König Friedrich Augusts II., dem Königreich Sachsen eine Verfassung zu geben, der Auflösung des Landtages am 30. April 1849 in Dresden folgt: König und Regierung fliehen auf die sichere Festung Königstein in der Sächsischen Schweiz. In Dresden wird eine provisorische Regierung gebildet. Bakunin und Röckel organisieren mit polnischen Offizieren den Widerstand gegen preussische Truppen, die der sächsische König angefordert hat. Als diese am 5. Mai 1849 Dresden besetzen wollen, dienen Semper und Wagner in einer Schützenkompanie der «Akademischen Legion», die eine der wichtigen Schanzen in der Dresdner Innenstadt verteidigt. Die Kompanie kann ihre Stellung fünf Tage lang halten, doch als der Aufstand am 9. Mai zusammenbricht, müssen die Demokraten, unter ihnen Wagner und Semper, fliehen. Diese «Demokraten I. Klasse» – wie sie die Dresdner

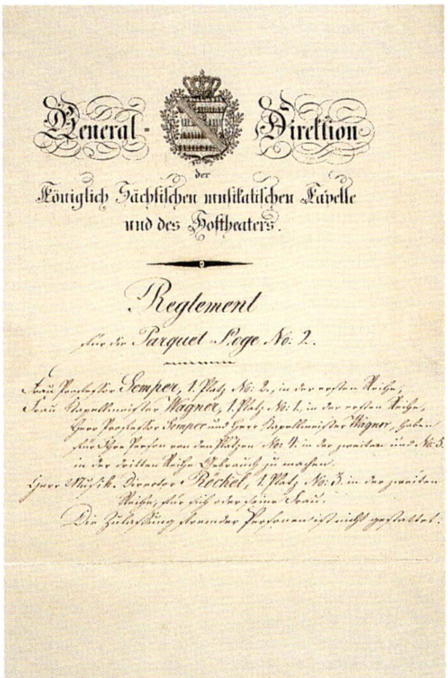
General-Direction der Königlich Sächsischen musikalischen Capelle und des Hoftheaters.

Reglement

für die Parquet-Loge No: 2.

Logenzettel für das Dresdner Hoftheater, ausgestellt auf Semper und dessen Gattin, Bertha Semper-Thimmig, Richard Wagner und August Röckel. Nach 1841

Alle vier sind in den Mai-Aufstand von 1849 verwickelt und müssen danach Sachsen verlassen

C.W. Arldt: *Barrikade am Eingang der Wilsdruffer Gasse.* Mai 1849. Lithographie

Die Barrikaden des Mai-Aufstandes in Dresden werden durch die Akademische Legion errichtet, deren Mitglied Gottfried Semper ist

Polizei bezeichnet – werden steckbrieflich gesucht. Röckel wird inhaftiert und erst 1862 als einer der letzten aus der Haft entlassen. Wagner gelangt mit Hilfe von Freundinnen und Freunden über Weimar nach Zürich, Semper flieht nach Paris, wo er Freunde hat. Am 22. Juni 1849 wird Semper offiziell aus dem Staatsdienst entlassen. Er gilt fortan als Staatenloser. Frau Bertha und die fünf Kinder bleiben unbehelligt in Dresden. Der Steckbrief gegen Semper wird erst 1863 auf Grund einer Intervention des Senates der Freien und Hansestadt Hamburg, die Semper in das Preisgericht für die Kunsthalle in Hamburg berufen hat, aufgehoben.

Am 9. Mai 1849 muss Semper einen interessanten Bauplatz zurücklassen. Nach langer Planungszeit ist 1846 der Entscheid gegen die Forumsidee gefallen. Mit dem Neubau der Gemäldegalerie soll die bisher offene Seite des Zwingerhofs geschlossen werden. Dieser Entscheid macht zwar Sempers grosse Idee zunichte, stellt ihm aber eine äusserst delikate Bauaufgabe: Das Bauvolumen des Museums ist mehr oder weniger durch den Umfang der Kunstsammlungen, die darin untergebracht werden sollen, definiert. Wegen der Brandgefahr, die von seinem Hoftheater ausgeht – Theaterbauten haben in dieser Zeit eine «Lebenserwartung» von ungefähr zehn Jahren bis zu einem Brand –, muss das Gebäude so schmal wie möglich werden. Um den auch damals als architektonisch sehr wertvoll beurteilten, mehrheitlich eingeschossigen Zwinger nicht als «Gartenmäuerchen» vor dem Museumsbau erscheinen zu lassen, darf das Gebäude auf der Zwingerseite nicht allzu hoch werden. Die Lösung dieser Aufgabe, deren Schritte gut dokumentiert sind, gerät zum Lehrstück für den Umgang mit alter Bausubstanz, für einfühlsame Stadtgestaltung und für damalige Museumskonzeption.

Die Grundsteinlegung findet am 23. Juli 1847 statt. Als Semper Dresden verlassen muss, ist der Bau noch kaum über den Fussboden des Erdgeschosses hinaus gediehen. Die Vollendung des Museums wird Sempers früherem Schüler und Mitarbeiter Bernhard Krüger (1821–1881), 1851 Hofbaumeister, übertragen und von einer Kommission unter dem Landesbaumeister Karl Moritz Haenel (1809–1880), einem ehemaligen Schüler Thürmers, vollendet und am 25. September 1855 eröffnet – damals wirkte Semper bereits in Zürich. Er sah sein Museum erst 1870, als er im Zusammenhang mit dem Bau der Semper-Oper Dresden besuchte.

Die Jahre des Exils, 1849–1855, gehören sicher zu den schmerzvollsten und zugleich faszinierendsten im Leben Sempers: In Paris und London fast keine Bauaufträge und doch eine Menge Anregungen und Kontakte, die mehrheitlich mit der ersten Weltausstellung von 1851 im Londoner Hyde Park, Joseph Paxtons Crystal Palace und dessen Versetzung 1854 nach Sydenham zusammenhängen. Nun entstehen in kurzer Folge die wichtigsten Publikationen Sempers nach seinen ‹Vorläufigen Bemerkungen …›, vor allem zum Abschluss der Weltausstellung am 11. Oktober 1851 ‹Wissenschaft, Industrie und Kunst› und kurz zuvor ‹Die vier Elemente der Baukunst›. Beide werden von Vieweg in Braunschweig verlegt.

Semper kann in London seinen Lebensunterhalt offenbar als Lehrer am «Department of Practical Art» bestreiten. Diese Kunstgewerbeschule bildet Designer für Metallgegenstände aus. Welche Form soll Metall, das giess- und beliebig formbare, erhalten? Diese und ähnliche Fragen treiben Semper um und führen ihn zurück zu Gedanken, die ihn schon auf seiner Grand Tour in Italien und Griechenland beschäftigt haben. Über solche Themen hält er in

London Vorträge – wie wir wissen, in nicht besonders gutem Englisch. Diese Gedanken finden ihren Niederschlag in Sempers «Antrittsvorlesung» 1855 in Zürich ‹Über die formelle Gesetzmässigkeit des Schmucks und dessen Bedeutung als Kunstsymbol› und vor allem in seinem kunsttheoretischen Hauptwerk, das 1860 und 1863 in Frankfurt am Main erscheint: ‹Der Stil in den technischen und tektonischen Künsten oder Praktische Ästhetik. Ein Handbuch für Techniker, Künstler und Kunstfreunde›. Der erste Band ist überschrieben ‹Die textile Kunst: für sich betrachtet und in Beziehung zur Baukunst›, der zweite ‹Keramik, Tektonik Sterotomie, Metallotechnik: für sich betrachtet und in Beziehung zur Baukunst›. Ein dritter Band über die Ästhetik der Baukunst ist zwar vorgesehen und versprochen, wird aber nie geschrieben. Ebenso bleibt eine ‹Vergleichende Baulehre› Torso. Sempers turbulente 1860er Jahre in Zürich verhindern deren Niederschrift. Semper kann seine Lehrerfahrung beim Aufbau des «Department of Practical Art» einsetzen. Sein «Unterrichtsplan für die Abteilung für die Metall- und Möbeltechnik» ist erhalten. Er wird eine der Grundlagen beim Aufbau der Bauschule des Eidgenössischen Polytechnikums in Zürich bilden.

Professor in Zürich

Am 12. September 1848 erklärt die Tagsatzung in Bern die Bundesverfassung der Eidgenossenschaft als vom Volk angenommen. In den vorhergehenden Volksabstimmungen haben ihr rund 2 Millionen Schweizer und 15 Stände und ein halber zugestimmt; rund 300 000 Schweizer sowie 5 Stände und drei halbe – die Kantone Uri, Schwyz, Zug, Tessin und Wallis und die Halbkantone Obwalden, Nidwalden und Appenzell Innerrhoden – haben sie verworfen.

Zu den grössten Anliegen der Gründer des schweizerischen Bundesstaates gehört die Einrichtung einer Bundesuniversität. Das hochgesteckte Ziel kann aber nicht sogleich an die Hand genommen werden. Die Einrichtung staatlicher Instrumente wie Münzreform, Zolleinheit und die notdürftige Heilung der Wunden des Sonderbundskriegs beanspruchen alle Kräfte der freisinnigen Führungsschicht. Sie entzweit sich bald über der Frage, ob in der Schweiz, wie in fast allen umliegenden Ländern, der Staat Eisenbahnen bauen soll oder ob Bahnen eine Aufgabe für die Privatwirtschaft seien. Die jährlichen Einnahmenüberschüsse des Bundes in Millionenhöhe dienen beiden Lagern als Argument. Besonders die Förderer der Universitätsidee um Alfred Escher (1819–1882), den Macher vor und hinter den Kulissen, setzen sich für den Privatbau der Eisenbahnen ein, auch um – wie sie behaupten – die gute Finanzlage des Bundesstaates für die Hochschule nützen zu können und sie nicht für den Eisenbahnbau einsetzen zu müssen.

Im Zuge des Bahnstreits wird auch die Universitätsidee zerpflückt. Der Zürcher Gruppe um Escher wird vorgeworfen, sie wolle die Universität nur, um den Standort Zürich zu stärken. Damit gehe die Suisse Romande leer aus. So werden aus der umfassend gedachten Universität die Fakultäten der technischen Wissenschaften ausgegliedert, eine kleine polytechnische Schule soll in Lausanne entstehen. Nun wenden sich die Hochschulkantone gegen eine Bundesuniversität, die ihre kleinen Universitäten konkurrenzieren würde. Also wird die

Bundesuniversität zunächst fallengelassen, dafür aber das Konzept für die Polytechnische Schule erheblich erweitert und als Standort dieser Bundeshochschule Zürich vorgeschlagen. Die Vorlage wird am 7. Februar 1854 auch vom Ständerat als Zweitrat angenommen. Den Nationalrat hat sie mit einem Stimmenverhältnis von ungefähr 3:1 passiert. Die Schule wird mit jährlich 173 000 Franken ausgestattet, mehr, als vergleichbare Institute im Ausland (verglichen wird mit Karlsruhe und Paris) zur Verfügung haben, wie stolz vermerkt wird. Am 31. Juli 1854 erlässt der Bundesrat ein Hochschulreglement, das 5 Fachschulen (Abteilungen) mit insgesamt 32 Professuren, 2 Lehrerstellen und 7–9 Hilfslehrerstellen vorsieht. Für die Saläre der 32 Professoren stehen 103 000 Franken pro Jahr (durchschnittlich 3 220 Franken) zur Verfügung. Am 2. August 1854 wird Johann Konrad Kern (1808–1873) von Berlingen TG, ehemaliger Klassenkamerad des Prinzen Charles Louis Napoleon (Napoleon III., 1808–1873) und Freund Alfred Eschers, zum ersten Schulratspräsidenten und damit zum praktisch unabhängigen Chef des «Eidgenössischen Polytechnikums» ernannt. Er schreibt die Professoren- und Lehrerstellen aus. Es gehen 189 Bewerbungen ein, 113 aus deutschen Staaten, 57 aus der Schweiz – davon 9 Romands und 7 Tessiner –, 3 Bewerbungen aus Belgien, 3 aus Grossbritannien und 2 aus Italien. Keine aus Frankreich. Leider sind unter diesen Bewerbern keine Berühmtheiten. Nun geht Kern selber auf die Suche. Von Richard Wagner erhält er über dessen Freund, den damaligen Zürcher Regierungsrat und späteren Winterthurer Stadtpräsidenten Johann Jakob Sulzer (1821–1897), den Hinweis, dass Semper in London unglücklich sei und vielleicht für Zürich zu haben wäre. Unter der Hand fragt Wagner im August 1854 bei Semper an. Dieser reist im September inkognito nach Zürich, um sich das Ganze einmal anzusehen, sagt anschliessend zu und wird am 7. Februar 1855 vom Bundesrat zum Professor auf Lebenszeit gewählt. Er erhält «mit Rücksicht auf die Wünschbarkeit, einen solchen Mann durch grössere Anerbieten als die gewöhnlichen für das Polytechnikum zu gewinnen», ein Jahresgehalt von 5000 Franken. Er ist damit der Spitzenverdiener unter den Professoren des Polytechnikums – zur selben Zeit erhält ein Bundesrat 6000 Franken im Monat. Semper lässt sich mit seiner Familie am 11. Juni 1855 an der Plattenstrasse in Zürich-Hottingen nieder.

Die ersten Zürcher Jahre sind voll stiller Arbeit. In den fünf Jahrgängen zwischen 1855 und 1859 verzeichnen die Matrikel lediglich 30 Studenten der Bauschule, also im Durchschnitt 2 pro «Curs» oder Klasse. Wie schwer Semper der Tod seiner Frau im Jahr 1859 trifft, lässt sich schlecht ermessen, er schweigt sich darüber aus – und vertieft sich in seine Arbeit. Es ist also nicht erstaunlich, dass neben den Manuskripten zum ‹Stil› in den selben fünf Jahren auch 19 datierbare architektonische Werke bekannt sind.

Zu diesen Werken gehören vor allem die Bauten für das Polytechnikum, mit denen er sich 1858 bis 1864 befasst. Sie erneuern seinen guten Ruf als Architekt und bilden für seine Zeitgenossen und Nachfolger «Schulbauten» schlechthin. Semper beteiligt sich am Wettbewerb für das Theater in Rio de Janeiro, den Kaiser Dom Pedro II. 1857 ausschreiben lässt. Dafür treibt Semper seine Theaterbaugedanken weiter, die zwar auch im Exil nicht ganz haben ruhen müssen, aber doch immer in kaum begonnenen Projekten steckengeblieben sind. Den Anschub zu architektonischen Gedanken allergrösster Tragweite liefert Ende 1864

Gottfried Semper: *Eidgenössische Technische Hochschule (ETH) Zürich,* Ansicht der Hauptfassade. Vermutlich 1858. Kolorierte Entwurfszeichnung

Richard Wagner, nach seinem Einzug in München Anfang Mai 1864: Der erst 19jährige König Ludwig II. will in München ein Festspielhaus für Wagners Opern bauen lassen.

Ein erster Brief Wagners geht am 13. Dezember 1864 an Semper ab, dieser wird am 29. Dezember vom König in Audienz empfangen. Sowohl ein Einbau in den Münchner Glaspalast als auch ein eigentliches Opernhaus sollen als «demokratisches Theater» entworfen werden – ein Traumauftrag! Die Idee des «demokratischen Theaters» reizt Semper besonders, soll doch damit ein völlig neuer Zuschauerraum entwickelt werden, der – ausser einer Königsloge – ohne Ränge und Logen auskommen soll. So reift bald die Idee, die mittlere Hälfte eines antik-griechischen Theaters in einen vorne rechteckigen Saal einzuschreiben, dessen Besucher den Saal von der Seite her erreichen. Bald regt sich in München jedoch Opposition gegen Wagner und gegen die Festspielhausidee. Semper erfährt davon. Die wichtigen Pläne für den Einbau im Glaspalast gehen am 30. November 1865 nach München, an die Adresse Wagners und Cosimas. Am 10. Dezember 1865 muss Wagner München verlassen. Semper erhält beruhigende Worte aus dem königlichen Sekretariat. Am 20. Juni schickt Semper die Pläne zum Opernhaus am Isarufer an das Sekretariat des Königs. Der Kostenvoranschlag beläuft sich auf 1 900 000 Gulden. Am Neujahrstag 1867 sieht Wagner, der jetzt in Tribschen bei Luzern wohnt, im unterdessen fertiggestellten Gebäude des Eidgenössischen Polytechnikums das fertige Modell des Theaters, bevor es nach München abgeht. Am 12. Januar 1867 erläutert Semper dem nun 22jährigen König das Modell. Dieser gibt Semper mündlich den Auftrag und verabschiedet ihn mit Handschlag, mit dem Handschlag, der seit alters den Vertrag zwischen Bauherr und Baumeister bekräftigt. Nun erlebt Semper Hinhaltemanöver des Hofes in ganz grossem Stil. Obwohl am 25. November 1867 ein eigentlicher Baubeschrieb und Ende Jahr Detailpläne bis zu Massstäben unter 1:10 fertiggestellt werden, denkt in München niemand an die Honorare des Architekten. Man spricht zwar davon, dass Semper Oberbaurat in München werden soll. Eine Ernennung erreicht ihn aber nie. Schliesslich übergibt Semper die Sache völlig entnervt einem Münchner Anwalt. Der betreibt den König um die Summe von 42 305 Gulden: Zum ersten Mal wird ein deutscher Monarch betrieben. In der folgenden gerichtlichen Beurteilung des Falls bekommt Semper Recht. Die verlangte Summe wird Semper 1869 ausbezahlt. Damit unterbleibt das wohl faszinierendste Theaterprojekt des 19. Jahrhunderts.

Bauen in Zürich und Wien

Möglicherweise ist es für den Witwer Semper nur ein kleiner Trost, dass er zur selben Zeit «wenigstens» in Winterthur bauen kann: Das Stadthaus in Winterthur wird nicht nur von Semper projektiert, sondern von seinem Atelier auch ausgeführt. Ohne die tatkräftige Förderung durch den Stadtpräsidenten und früheren Regierungsrat Johann Jakob Sulzer wäre wohl auch das nicht geglückt.

Von den bekannt gewordenen rund 35 Projekten Sempers aus den Zürcher Jahren wurden nur deren 7 realisiert:

- das Hauptgebäude der heutigen ETH (Projekt 1859, Bau unter der Leitung des Zürcher Staatsbauinspektors Johann Caspar Wolff, 1860–1864)
- das Glockengeschoss des Kirchturms in Affoltern am Albis (1861): Dafür erhalten Semper und seine Nachkommen das Bürgerrecht von Affoltern am Albis, Semper wird also 1861 Schweizerbürger.
- das Treichlersche Waschschiff in der Limmat am damaligen Sonnenquai vor dem Hechtplatz (1861–1864)
- die Semper-Sternwarte an der Zürcher Schmelzbergstrasse (1861–1864)
- das Textillager- und Geschäftshaus Fietz an der Zürichbergstrasse (1864–1867)
- die Villa Garbald in Castasegna im bündnerischen Bergell (1862–1863)
- das Stadthaus in Winterthur (1863–1870)

Kurz nach der Erledigung der unerfreulichen Geschichte in München wird Semper, nun über 65jährig, um ein Gutachten zu den Erweiterungsprojekten der Wiener Hofburg gebeten. Dort soll nach dem Desaster von Königgrätz das politische Ansehen der Monarchie auch durch architektonische Selbstdarstellung, mit einem kulturellen Akzent durch den Bau der beiden

Gottfried Semper: *Waschschiff Treichler.* Um 1862. Farbige Gestaltung der Aussenwand

Gottfried Semper: *Stadthaus Winterthur.* Vermutlich 1863. Aufrisszeichnung

Gottfried Semper: *Eidgenössische Sternwarte in Zürich,* Ansicht von Nordwesten. Um 1862. Kolorierte Bleistiftzeichnung

Rudolf von Alt: Ansicht des Südflügels von Sempers *Hofburg* und des *Kunsthistorischen Museums* Wien. 1873. Radierung

Hofmuseen für Kunst- und Naturwissenschaften, gehoben werden. Wie schon früher enthält auch dieses Gutachten nicht nur eine Beurteilung bestehender Projekte bekannter und weniger bekannter Wiener Architekten, sondern auch eigene Ideen: Das in Dresden nicht realisierte Forum wird nun Wien angeboten. Der Ehrenhof der Monarchie soll über die Ringstrasse hinausgreifen und ausserhalb des Rings mit den äusserlich gleichen Museumsbauten beginnen, mit zwei Triumphbögen den Ring markieren und mit zwei neuen Hofburgflügeln zur alten Hofburg führen. Semper erhält den Auftrag zur Ausführung und wählt sich zu seiner Entlastung den Wiener Architekten Carl Hasenauer, dessen Vorprojekt seinen eigenen Ideen am nächsten kommt. Für diesen ehrenvollen Auftrag gibt er seine Lebensstelle in Zürich auf und zieht im Sommer 1871 nach Wien. Die Zusammenarbeit mit Hasenauer entwickelt sich aber nicht nach seinen Vorstellungen: Semper suchte einen «Knecht» und Pfadfinder in der ihm unbekannten Wiener Gesellschaft, Hasenauer über den berühmten Alten den Aufstieg zu den ganz Grossen der Haupt- und Residenzstadt Wien. Entnervt gibt Semper 1874 die aktive Beteiligung an der Bauleitung auf und scheidet 1876 auch aus der Bauaufsichtskommission. Erst Ende der 1880er Jahre werden die Hofmuseen und das Hofburgtheater eingeweiht. Einer der Flügel der Neuen Hofburg wird überhaupt nicht gebaut, der andere erst nach dem Ersten Weltkrieg durch die Republik fertiggestellt.

Die Arbeit an der Semper-Oper in Dresden, nach dem Theaterbrand 1869, und die Planung der Wiener Bauten nimmt er mit nach Wien. Während der Wiener Jahre baut Sempers Sohn Manfred als Bauleiter an der Semper-Oper in Dresden. Am 12. September 1869, erst nach über 25 Jahren, ist das Hoftheater abgebrannt. Natürlich sträubt sich der König, dem Monarchiefeind von 1849 erneut einen Bauauftrag zu erteilen. Er kommt aber nicht darum herum. Was Semper aus dem Münchner Festspielhausprojekt gelernt hat, findet nun Eingang in die Projektierung seines Schwanengesangs: Das Äussere entspricht bis auf die breiten Treppenhausarme dem Münchner Projekt. Der Bau trägt der unterdessen errichteten Gemäldegalerie Rechnung. Der brandgefährliche Bühnenturm wird von der Gemäldegalerie weggeschoben. Anstelle des Forum-Torsos entsteht der Theaterplatz, gegenüber der Exedra der Oper begrenzt von der Hofkirche, einer Ecke des Residenzschlosses und von Schinkels Wache. Selbst der Innenraum erhält die Grundform des «demokratischen

Gottfried Semper zur Zeit der Arbeiten am Wiener Hofburgprojekt und der Wiedereröffnung der (abgebrannten) Hofoper in Dresden. 1878. Anonyme Photographie

Theaters». In die «demokratische» Raumhülle werden die hofüblichen Logenränge eingebaut. Erst die «demokratische» Republik beseitigt diese dialektische Gegenüberstellung von Volks- und Hoftheater bei der sonst gelungenen Restaurierung des Opernhauses von 1978 bis 1985. Semper und Sohn Manfred korrespondieren und telegrafieren über den Bauverlauf. Semper ist gesundheitlich schwer angeschlagen. An der Eröffnungsvorstellung am 2. Februar 1878 kann er nicht teilnehmen. In Venedig, wo er den Winter verbringt, prasselt ein wahrer Regen von Ehren auf ihn herab: Orden, Ehrenmitgliedschaften und Glückwunschbotschaften treffen stapelweise ein. Labsal für den Verbitterten?

Semper stirbt am 15. Mai 1879 in Rom. Hier hat fast ein halbes Jahrhundert vorher seine wissenschaftliche Laufbahn mit der Publikation über die Farbigkeit der Trajanssäule begonnen. Sein Grab, von Sohn Manfred gestaltet, findet sich heute noch auf dem protestantischen Friedhof an der Cestius-Pyramide in der Nachbarschaft vieler Deutschrömer.

Wirkungen auf Zeitgenossen und Nachfolger

Es gibt im 19. Jahrhundert wohl keinen Architekten, der über seinen Kulturkreis hinaus eine derart breite Wirkung auf Zeitgenossen und «Nachkommen» ausgeübt hat: Louis Sullivan wollte Deutsch lernen, um Sempers ‹Stil› in der Originalsprache lesen zu können. Die Zeitschrift ‹De Stijl›, und damit der Name der ganzen Bewegung, leitet sich von Sempers Hauptwerk her. Über die Wirkung seiner Bauten wird noch zu reden sein.

Seine Schüler können sein Werk jedoch nicht – wie etwa Schinkels Schüler – kongenial weiterführen. Das mag an der geringen Zahl seiner Zürcher Schüler – es sind nur etwa 250 namentlich bekannt –, es mag an seinem dominanten, wenig kameradschaftlichen Charakter oder an der damals über die Schweizer Grenzen hinaus noch wenig bekannten Hochschule liegen. Die untereinander gut zusammenarbeitende Gruppe seiner Schweizer Schüler kann zwar vor dem Ersten Weltkrieg das Baugeschehen in der deutschen Schweiz dominieren, aber abgesehen von Alfred Friedrich Bluntschli (1842–1930) vermag sich kaum einer über die Grenzen hinweg Ansehen zu verschaffen. Alle ihre Arbeiten bewegen sich in dem vom Meister vorgegebenen Rahmen. Ihre traditionsbewusste Haltung gerät zu konservativer Starrheit. Damit bringen sie selbst die Bauten des Meisters zeitweilig in Misskredit, so dass heute nur noch drei Bauwerke Sempers als Arbeiten eigener Hand gelten können: die Semper-Sternwarte in Zürich, die Villa Garbald in Castasegna und der Kirchturm in Affoltern am Albis. Nicht allen ist es so schlecht ergangen wie dem Hauptgebäude der ETH in Zürich und dem Stadthaus in Winterthur. Das eine ist – nach einem massiven, aber korrekten Um- und Anbau in den zwanziger Jahren – in den siebziger Jahren im Innern bis zur Unkenntlichkeit entstellt worden, das andere hat in den dreissiger Jahren einen rückwärtigen Anbau erfahren, der seine Proportionen völlig entstellt, ohne dass der Betrachter auch nur mit geringfügigen Hinweisen auf die Veränderung aufmerksam gemacht würde.

Sempers Bauten und seine Technik des Entwurfs aber beeinflussen, genau wie seine Schriften, die Architekturentwicklung nachhaltig. Vor allem das Stadthaus in Winterthur und das Hauptgebäude der ETH in Zürich erhalten den Rang von Leitideen. Signifikante Partien ihres

architektonischen Aufbaus, ihrer Disposition oder ihrer Formensprache werden als Zitate in spätere Bauten und Projekte übernommen. Erstens belegen die projektierenden Architekten damit ihre architektonische Bildung – das ist im Zeitalter des Bildungsbürgertums nicht unerheblich –, zum andern dienen diese Zitate in Architekturwettbewerben als Chiffern für die Zugehörigkeit zur Gruppe der Semperschüler, und zum dritten gelten damals diese Hinweise für viele als Zeichen guter und moderner Architektur.

So besitzen fast alle prominenten Werke Sempers ihre «Nachkommen», besonders aber sein Hauptgebäude der ETH Zürich und sein Liebling – wie er selber zugab – das Winterthurer Stadthaus.

Die nachhaltigste Wirkung des architektonischen Schaffens üben seine Theaterbauten aus. Zu Beginn des 19. Jahrhunderts stehen den Architekten zwei idealtypische Vorstellungen von Theater zur Verfügung: das Theater als Musentempel und das antike Theater, als griechisches Auditorium in der Hülle des Colosseum oder anderer römischer Arenen. Zum ersten Typ zählen Schinkels Schauspielhaus in Berlin und Victor Louis' Opéra in Bordeaux, zum zweiten Typ gehören Durands Théâtre in den ‹Précis des leçons d'architecture› und Mollers Theater in Mainz.

Mit dem Hoftheater in Dresden schliesst sich Semper dem zweiten Typ, dem des Colosseum, an. Möglicherweise passt das römische Zitat besser zur Forumsidee als der archäologisch nicht nachweisbare Musentempel. Die «Fassadenlosigkeit» des zweiten Typs passt sich auch besser in die räumlichen Verhältnisse des Forums ein.

Die Dresdener Lösung wird anlässlich des Wettbewerbs für das kaiserliche Theater in Rio de Janeiro weiterentwickelt, aber nicht grundlegend verändert. An einem Mangel, den schon das Dresdener Hoftheater zeigt, wird weiter gearbeitet: Die Seitenfassaden, wo sich die Vorfahrten der allerhöchsten Herrschaften befinden, sind nicht symmetrisierbar, sie bleiben deshalb Nebenfassaden. In Rio wird der Mangel mit langen Kolonnaden zwar kaschiert, aber nicht aufgehoben. Die halbrunde Hauptfassade gibt aber als Trägerin der Repräsentation nichts her. Das Theater besitzt eine mangelhafte Ausstrahlung nach aussen.

Das grosse Haus für München wird für seine Lage am Isarufer und mit seinem «demokratischen» Zuschauerraum grundsätzlich neu konzipiert und schliesst weder an den Musentempel noch an das Colosseum an. Seine Zuschauerreihen bilden ein halbes griechisches Auditorium, so dass sich die Fassade zwar auswölbt, aber auch aus einer Sicht von 45 Grad noch voll überschaubar bleibt.

Auch nach Sempers Umzug nach Wien, 1871, halten seine Schüler an den Denkmustern des Meisters fest. Sempers Formensprache, beispielhaft vorgeführt an den Bauten der ETH und des Stadthauses Winterthur, ist an Dutzenden von Nachfolgebauten und -projekten seiner ehemaligen Schüler wiederzukennen.

Alfred Friedrich Bluntschli (1842–1930): *Kunsthausprojekt*, Sechseläutenwiese, Zürich. Zeichnung

Theodor Gohl: *Bern, Schweizerisches Bundesarchiv*, erbaut 1896–1899. Schwarzweissphotographie. Um 1910

Rittmeyer und Furrer: *Winterthurer Kunsthaus*, erbaut 1913–1916. Photographie aus den sechziger Jahren

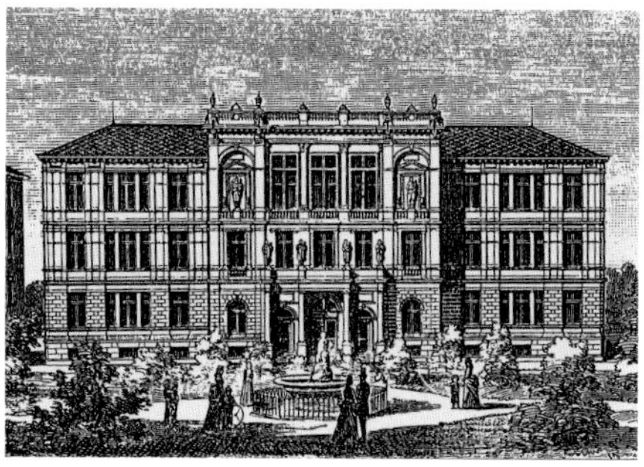

Hans Bolleter: *Studentenarbeit bei Semper.* Aufrisszeichnung. Ca. 1868

Otto Weber: *Das pathologische Institut der Universität Zürich.* Stahlstich um 1886

Alexander Koch/Heinrich Ernst: *Schulhaus am Linth-Escherplatz, Zürich.* Holzschnitt. Um 1877

Otto Weber: *Augenklinik Zürich,* erbaut 1893/94. Schwarzweissphotographie

Diese Fassade besitzt eine Tendenz zur Breitenentwicklung, die durch die beiden Treppenhausarme noch unterstrichen wird. Die Exedra verleiht den notwendigen Akzent: Aus Colosseum oder Musentempel ist ein Kulturpalast geworden. Auf den Vorarbeiten für das Münchner Theater bauen die Projekte für das Wiener Burgtheater und für die Semper-Oper in Dresden auf. Als «Tempel» mit schmalem, tiefgestaffeltem Baukörper könnte die «Burg» an der Ringstrasse nie Widerpart des riesigen Wiener Rathauses bilden. Die Semper-Oper erbringt den Nachweis, dass die Treppenhausarme des Kulturpalastes nicht unbedingt nötig sind, dass der Hauptbaukörper sich auch ohne sie als Palast darstellen lässt. Die ausgewölbte Fassade wird bis zum Ersten Weltkrieg geradezu signifikant für Theater- und Kulturbauten und, angereichert durch die beiden Türme des Trocadéro-Palastes der Pariser Weltausstellung von 1878, geradezu Markenzeichen für Kursäle und Kasinos.

Der quergelagerte Zuschauerraum des Münchner Projekts wird als Theatersaal nicht realisiert. Zwar besitzen das Festspielhaus in Bayreuth – sonst in vielem eng an das Münchner Projekt angelehnt – und das Prinzregententheater in München ebenfalls das «halbe» griechische Auditorium, aber in etwas anders definierten Räumen. Die Sempersche Raumform des «demokratischen Theaters» wird nur einmal realisiert: Hans Wilhelm Auer (1847–1906), auch er Semperschüler, baut 1896–1902 das «demokratische Theater» als Sitzungssaal des Nationalrates im Parlamentsgebäude in Bern.

Literatur

Gottfried Semper, *Kleine Schriften,* (Reprint), Mittenwald 1979
Gottfried Semper, *Katalog der Ausstellung zum hundertsten Todestag 1979 in Dresden,* Freiburg 1980
Martin Fröhlich, *Gottfried Semper – Zeichnerischer Nachlass an der ETH Zürich,* Basel/Stuttgart 1974
Martin Fröhlich, *Gottfried Semper,* Zürich/München 1991
Wolfgang Herrmann, *Gottfried Semper – Theoretischer Nachlass an der ETH Zürich,* Basel/Boston/Stuttgart 1981

Jérôme Meizoz

‹Ein französischer Schriftsteller! … Wenn er es sein will, soll er unsere Sprache lernen!»

*Ramuz und der Einfluss der Metropole**

Das Paris von Ramuz (1900–1914)

Schon sehr früh, im Dezember 1896, teilt der junge Ramuz seiner Mutter den Wunsch mit, eine «literarische Laufbahn» zu versuchen. Nach Abschluss des Studiums der Geisteswissenschaften an der Universität Lausanne bricht er im Herbst 1900 nach Paris auf. Sein Vorwand: eine Dissertation über Maurice de Guérin, den französischen Dichter des romantischen Pantheismus. Ramuz wird mit Unterbrüchen bis 1914 in der französischen Metropole leben.

«Es ist also unumgänglich, dass dieser Mann, wenn er berühmt werden will, mit seinem Häufchen Talent in die Hauptstadt geht, dass er es dort vor den Pariser Experten ausbreitet, dass er die Expertise bezahlt – dann schneidert man ihm einen Ruf, der aus der Hauptstadt in die Provinzen gelangt, wo er bereitwillig aufgenommen wird.»
Rodolphe Töpffer: Notes inédites. 1834–1836[1]

«Es braucht zweimal mehr Talent, um ein grosser Schweizer Schriftsteller zu sein.»
Claude Jannoud: Le Figaro littéraire. Juli 1971[2]

In Paris streift der junge Waadtländer durch den Louvre, entdeckt die europäische Maltradition, stürzt sich aber auch in verschiedene Lektüren (Nietzsche, Dostojewskij, Flaubert, Maupassant); er nimmt die Gedichte des ‹Petit Village› wieder vor, wobei er die Versform aufgibt, und beginnt einen bis heute unveröffentlichten Roman, ‹La Vie et la Mort de Daniel Crausaz›. Um seinen Lebensunterhalt zu verdienen, unterrichtet er ab 1903 an der «Ecole alsacienne», der Hochburg des Pariser Protestantismus. Vom Schweizer Romancier Edouard Rod in die französischen Literaturkreise eingeführt, veröffentlicht er ab 1905 beim Verleger Perrin. 1907 ist er aussichtsloser Kandidat für den Prix Goncourt. In Edourad Rods Salon verkehrt er mit den protestantischen Intellektuellen, unter ihnen André Gide. Doch Ramuz pflegt wenig Umgang und arbeitet in ziemlicher Isolation und Kargheit. Jeden Dienstag schreibt der junge Mann an seine Mutter. Das Waadtland bleibt in seinem Geist die erträumte Kulisse für sein Werk, ein Land, das es im Schreiben wiederzuerfinden gilt.

Ramuz bleibt übrigens, wie seine Korrespondenz bezeugt, in engem Kontakt mit dem Westschweizer Kulturleben. Während dieser Zeit verfasst er regelmässig literarische und künstlerische Kolumnen für die ‹Semaine littéraire› und das ‹Journal de Genève›. Paris spornt den jungen Mann dazu an, gegenüber einer manchmal erdrückenden französischen Tradition seinen eigenen Weg zu finden und durchzusetzen. Davon legt er später, 1938, in ‹Paris, notes d'un Vaudois› [‹Paris, Notizen eines Waadtländers›] Zeugnis ab:

«Es stimmt, dass ich Paris nie als Fremder und noch weniger als Tourist, aber dennoch von aussen betrachtet habe, ohne je zu vergessen, wer ich war und woher ich kam. Ich bin immer ein Waadtländer geblieben (der ich übrigens vielleicht nicht bin, aber wie das entscheiden?) und bin es sogar mehr und mehr geworden […]. Aber immerhin habe ich lange in Paris gelebt und bin ihm schliesslich auf besondere Weise verbunden gewesen und bin es noch. Ist es denn nicht so, dass ich unter anderen Dingen schliesslich mein Land unter so vielen anderen aneinandergereihten kleinen Ländern, aus denen es besteht, wiedergefunden habe, meine Provinz (die doch keine ist) unter all diesen anderen Provinzen?»[3]

Paris stellt für Ramuz das Zentrum einer Zivilisation dar, der er sich durch die Sprache zugehörig fühlt, nicht aber durch die Nation und die politische Geschichte. Die Westschweiz ist wohl ein Mitglied der grossen französischen Familie, jedoch mit historischen und geografischen Eigenheiten, die es zu einem richtigen Land machen, also zum adäquaten Ort für ein eigenes Schaffen. Im Gegensatz zu anderen seiner Schweizer Zeitgenossen war für Ramuz nie die Rede davon, ein Pariser Literat zu werden, der sich den grossstädtischen literarischen Strömungen anschliesst. Für den jungen Waadtländer bedeutet Paris den heftigen Zusammenprall mit einer anderen literarischen Tradition. In der Metropole hat der Schriftsteller das Wesentliche seiner Ästhetik formuliert und sich mit dem zu jener Zeit geltenden literarischen Kanon auseinandergesetzt:

«Aber was ist denn Literatur? Was ist Sprache? Was sind Regeln? Was ist schliesslich diese berühmte Reinheit? Das waren die Fragen, die sich der kleine Waadtländer in seiner Mansarde stellte, aber wenn er sie sich stellte, so wegen Paris, weil er in Paris war und selber nicht dazugehörte. Es war ein erster Versuch zur Unabhängigkeit. Es war eine erste Art, sich selber kennenzulernen, und zwar durch den Vergleich mit dem, was ihn umgab, welches etwas ausserordentlich Komplexes und Vielfältiges war, ausserordentlich vielfältig und unbeständig, aber lebendig, und er war immer ganz besonders verführt worden vom Leben [...].»[4]

Für Ramuz bedeutet die Metropole Vergleich, Konfrontation, nie aber Unterwerfung oder blinde Verehrung: ein lebhafter Austausch ohne Anbiederung, der unablässig dazu zwingt, «sich kennenzulernen». Die unerbittliche Kritik, mit der sein Schaffen in den zwanziger Jahren bedacht wird, ruft ihm seinen Status des nationalen und kulturellen Ausländers im französischen Raum in Erinnerung. Unter Federführung von Henry Poulaille ergreift ein polemisches Werk bei dieser Gelegenheit die Verteidigung des Schriftstellers: ‹Pour ou contre C.F. Ramuz› (1926).

Um Ramuz' Einzug in die französische Literaturwelt nachzuzeichnen und die besondere Stellung eines Westschweizer Künstlers im Ausland besser zu verstehen, scheint es mir erforderlich, Ramuz' Karriere im Gesamtzusammenhang mit dem französischsprachigen Literaturbetrieb zu betrachten.

Westschweiz: eine «periphere» Literatur?

Die literarische Identität eines französischsprachigen Autors, der nicht Franzose ist, wirft einige Probleme auf.[5] Ist er ein «französischer» oder bloss ein «französischsprachiger» Autor? Wenn er in seinem Heimatland arbeitet und veröffentlicht, läuft er Gefahr, nur regional bekannt zu werden. Das literarische Frankreich ist nicht immer geneigt, den Künstlern aus seinen geografischen Randbezirken Gehör zu schenken. Man kann sich also fragen, welche Rolle französischsprachige Schriftsteller des Auslands in der französischen Literaturwelt spielen. Die Frage ist zwar allgemein, aber durchaus am Platz, um gewisse

C.F. *Ramuz* in seinem Arbeitszimmer in Paris. Um 1912. Anonyme Photographie

Wahlen (oder dumpfe Ablehnungen) von Autoren zu verstehen, die durch Ausbildung und Herkunft dem helvetischen Literaturraum verbunden sind: von Jean-Jacques Rousseau[6] zu Rodolphe Töpffer,[7] von Amiel zu Ramuz, von Blaise Cendrars zu Robert Pinget.

Zunächst aber gilt es den Begriff «Literaturfeld» (‹champ littéraire›) einzuführen. Die Soziologen sprechen gerne von einem französischen Literaturfeld, dessen historische Eigenheit in der extremen Zentralisierung auf die Pariser Metropole besteht. Bestehend aus Bestätigungsinstanzen, die sich in der Hauptstadt ballen (Schriftsteller, Verleger, Kritiker, Universitäten, Literaturjurys, Presse, Fernsehen), ist das Feld der konfliktgeladene Ort, wo sich der Wert eines Werks kurz- wie langfristig bestimmt. In einem zentralistischen Umfeld beziehen literarische Beurteilung und Anerkennung ihre grösste Legitimität aus den Kreisen der Metropole. Die französischen Provinzen und die französischsprachigen Länder erleiden diese kulturelle Vorherrschaft im Verhältnis zu ihrer Entfernung von der Metropole. Man kann die Lage eines Autors aus Belgien, Quebec oder der Westschweiz sehr gut nachvollziehen: Jeder weiss um die Schwierigkeit, als «französischer Schriftsteller» anerkannt oder auch nur wahrgenommen zu werden.

Der Schriftsteller aus der frankophonen Peripherie befindet sich, wie man bei Ramuz gesehen hat, im Zwiespalt zwischen einer Sprache und einer Nation. Seine Zugehörigkeit, und damit seine Identität, ist das Resultat ständigen Abwägens. So wird die literarische Laufbahn von Schriftstellern aus der Westschweiz – wie die ihrer Kollegen aus Quebec, Belgien oder den Antillen – im allgemeinen von zwei gegensätzlichen Tendenzen geprägt: einerseits vom unersättlichen Wunsch nach Anerkennung, der einige zur Identifikation mit der französischen Literatur und folglich zur Verleugnung ihrer Schweizer Nationalität treibt, andererseits von einer manchmal fanatischen Verwurzelung in der Provinz und dem Bruch mit der Pariser

Literaturwelt. So bildete sich in der Westschweiz in einem langen Reifeprozess seit etwa 1830 ein von französischen Sanktionen einigermassen unabhängiges literarisches Unterfeld heraus.[8] Die Schaffung dieser nationalen Literatur vom Typ «Swiss made», für die Töpffer, Juste Olivier oder Eugène Rambert bekannte Beispiele sind, hat allerdings auch eine Kehrseite, nämlich die kulturelle und ästhetische Isolation, deren Auswirkungen heute sehr umstritten sind ... Eine so talentierte Romanautorin wie Alice Rivaz, die in Frankreich nahezu unbekannt ist und deren Werk zum grössten Teil in der Westschweiz veröffentlicht wurde, bemerkt dazu mit leiser Bitterkeit:

«Man muss auch anerkennen, dass Frankreich für einen Westschweizer Autor stets die Quelle für jeglichen Erfolg war. Siehe beispielsweise Rousseau; siehe auch viele weitere Schweizer Autoren, die in Frankreich schreiben und veröffentlichen und damit Eingang in die französische Literatur finden, ohne dass jemand noch eine Ahnung hat, dass sie Schweizer sind. Es gibt viele davon, und einige geben sich sogar grosse Mühe, ihre Herkunft vergessen zu lassen. Robert Pinget zum Beispiel.»[9]

Statt mit der Ironie der Verzweiflung die «Manöver» des Pariser Literaturmilieus anzuprangern und die «ungerechte» Gleichgültigkeit gegenüber namhaften Schriftstellern zu beklagen, die in der Verlagswelt einen schlechten Stand haben und zur Randexistenz eines Regionalautors ohne Zugang zum «Universalen» verdammt sind, würde man nicht besser die ganz konkreten (wirtschaftlichen wie symbolischen) Mechanismen beleuchten, die zu diesem Ungleichgewicht führen, das anzuprangern die von der Frankophonie im Stich gelassenen Eliten nicht müde werden, seien sie nun Frankokanadier, Wallonen oder – diesbezüglich oft zurückhaltender – Westschweizer?

Der Einfluss der Metropole

Wenn man verschiedene Schriftstellerlaufbahnen betrachtet, von denen C. F. Ramuz nur ein besonderer Fall ist, müsste man die Ursachen und die Folgen dessen beschreiben können, was wir hier als den «Einfluss der Metropole» bezeichnen, also die gebündelte ökonomische und symbolische Macht, die Paris auf die französischsprachige Literaturwelt ausübt. Die zeitgenössischen Westschweizer Autoren bilden da selbstverständlich keine Ausnahme.[10]

Der Begriff der «Frankophonie» selbst ist Teil dieses Systems. Indem er alle Randbezirke umfasst (ausgenommen die Franzosen selbst), verdoppelt er den Einfluss der Metropole: Ein bedeutender französischsprachiger Autor kann nur jemand werden, der einzig danach strebt, ein «grosser französischer Schriftsteller» zu sein. Um dies zu erreichen, gibt es welche, die um Einbürgerung nachsuchen, ihren Geburtsort meiden und ihre Herkunft verleugnen. Die Identifikation mit der grossen Nation Frankreich und die Integration in sie haben denn auch so verschiedene Menschen (und Werke) wie Blaise Cendrars, Henri Michaux,[11] Robert Pinget und andere geprägt.

Diese den Mechanismen des Feldes eingeschriebene Tendenz zum «Lutetiotropismus»[12] steht in völligem Gegensatz zur gewählten Verwurzelung beispielsweise eines Maurice

Chappaz oder, in jüngerer Zeit, eines Jacques-Etienne Bovard. Doch ein solches Verhalten droht das Attribut des «Regionalisten» nach sich zu ziehen, das sich logisch wiederum von der Metropole her definiert.[13] Es gab verschiedene Versuche, aus dieser Umlaufbahn auszubrechen. Zu Ramuz' Zeiten waren es die ‹Cahiers Vaudois›, welche einen Ausweg aus der Sackgasse suchten.

Die in neuerer Zeit erhobenen Ansprüche auf eine belgische Kultur oder, in den siebziger Jahren, auf eine eigenständige frankokanadische Literatur treffen sich in gewisser Hinsicht mit den Bewegungen der «neuen antillischen Literatur» und des «Kreolentums». Von der Struktur her regionalistischen Gruppen verwandt, sind diese Bewegungen genügend vertraut mit den gegenwärtigen Gesetzen des frankophonen Feldes, um zwei Stellungen zu behaupten: die Betonung einer lokalen Kultur und die Stilisierung ihrer Sprache[14] *und* die Veröffentlichung oder den Vertrieb durch die grossen Pariser Verlagshäuser (begleitet von Manifesten aus gebildeten französischen Kulturkreisen[15]). Die Wirkung des Exotischen kommt einmal mehr voll zum Tragen.

Seien es Texte aus Belgien, der Westschweiz oder den Antillen, ungeachtet ihrer Verschiedenheit: Die Konzentration der wirtschaftlichen und symbolischen Macht, die von den Pariser Instanzen ausgeübt wird, ist so gross, dass kein als Belgier, Westschweizer oder Antille bezeichneter oder wahrgenommener Schriftsteller ohne die Benützung der auf Paris[16] ausgelegten Distributions-Kanäle (einer der grossen Pariser Verleger), der Diskussion (beispielsweise die Rubriken des ‹Monde›, der ‹Libération› oder des ‹Figaro›[17]) und der Vervielfältigung (Universität, Taschenbuch für den Schulunterricht) den Status eines in breiten Teilen der französischsprachigen Leserschaft bekannten «grossen Schriftstellers»[18] erreichen kann. Es kann durchaus sein, dass ein Schweizer Autor aus reiner Schweizer Sicht ein «grosser Schriftsteller» ist: Das macht die Sache nur noch schlimmer ... So konnte der ‹Figaro littéraire› im Juli 1971 in einer wundersamen Anwandlung unfreiwilligen Humors das eherne Gesetz des frankophonen Raumes formulieren: «Es braucht zweimal mehr Talent, um ein grosser Schweizer Schriftsteller zu sein.»

Die sozialen Bedingungen des literarischen Rufes

Trotz allem, was über die Beziehungen des Pariser Zentrums zu den frankophonen Randbezirken geschrieben wurde, ist es nicht ganz unnütz, hier eine Anmerkung von Sainte-Beuve zu zitieren. Während seines Lausanner Aufenthalts im Jahre 1838 hat sich der französische Kritiker mit mehreren Schriftstellern befreundet und beschreibt ihre Lage in einem Töpffer gewidmeten Artikel wie folgt:

«Wir, die wir mit Vorliebe nur an uns denken, denken kaum an die sonderbare Situation dieser Schriftsteller, die, ohne Franzosen zu sein, mit dem gleichen Recht französisch schreiben wie wir, kraft ihrer Geburt, kraft ihrer Amme und ihrer Vorfahren. Die gesamte französische Schweiz befindet sich in dieser Lage. [...] Dieses kleine Land, das kein Ableger des unseren ist, hat durch das Wort eine wichtige Rolle gespielt; es hat sein besonderes Französisch gehabt, eigenständig, sorgsam gepflegt, angepasst an sehr ausgeprägte Sitten und Bräuche; es hat die Sprache nicht von uns gelernt, und wenn überhaupt ein Echo davon bis zu uns dringt, kommen wir und sagen unfreundlich: ‹Ihr Französisch ist schlecht›; und bei jedem Wort, jeder Betonung, die sich unterscheidet, heben wir vornehmen Herren, für die wir uns halten, die Schultern. Das ist ungerecht, wir missbrauchen das Recht des Stärkeren; von zwei Nachbarn drückt der grössere den kleineren an die Wand; wir machen uns zum einzigen Zentrum und sind es auf diese Weise auch ein wenig geworden.»[19]

Dieser Text erübrigt jeden Kommentar. Einzig der Humor vermag hier die brutale Enthüllung einer Herrschaftsordnung etwas zu mildern. Man müsste höchstens die Äusserungen von Sainte-Beuve an die heutige Wirklichkeit anpassen: Die Westschweizer Schriftsteller sind sich alle mehr oder weniger im klaren über diese Lage. Die sprachliche Bevormundung ist natürlich nur ein Aspekt des Pariser Zentralismus; hinter ihr steckt die Frage nach dem Monopol der Beurteilungskriterien und der literarischen Anerkennung.

Der Fall Rodolphe Töpffer und später der Fall Ramuz sagen genug: Die Macht (die sich am offenkundigsten in den «Entdeckungen» und «Wiederentdeckungen» der Leitartikel äussert), einen Autor als «grossen Schriftsteller» durchzusetzen, hat nichts Zufälliges. Will man ihre Konstanten verstehen, muss man die Gesamtheit der Bedingungen, die die breite Rezeption eines Werkes bestimmen, rekonstruieren.

Etwas ist jedenfalls sicher: Dieser Prozess läuft nicht von selbst ab, und im Gegensatz zur verbreiteten Meinung in Künstlerkreisen tut die «Zeit» allein nichts zur Sache. Nur wenn sich treue Freunde, tatkräftige Ehegattinnen oder wachsame Nachkommen, überzeugte Kritiker, berühmte Kollegen oder wagemutige Verleger, wenn sich all diese Leute aus gefühlsmässigen nicht minder denn aus «wissenschaftlichen» Gründen für ein Werk abmühen, kann es, gestützt auf Übersetzungen, Rezensionen usw., internationale Verbreitung erlangen. Was wäre denn aus Kafkas Werk geworden, dem man anfänglich ein Übermass an Partikularismus vorwarf, hätte ihm nicht die Unterstützung durch Max Brod und einige Freunde zu einer breiteren Rezeption verholfen?

Ramuz, ein «französischer Schriftsteller»?

In dieser Hinsicht beweist Ramuz selbst in seinen zwei Briefen an Bernard Grasset und Henry-Louis Mermod eine grosse Hellsichtigkeit. Präzise beschreibt er die Bedingungen des Schreibens, der Veröffentlichung und der Rezeption seiner Arbeit zwischen der Schweiz und Frankreich. In dem an Grasset gerichteten Plädoyer zielen alle Argumente Ramuz' darauf ab, dass ihm ein Recht zugestanden wird: das Recht, als «Mitglied der französischen Familie»[20] betrachtet zu werden, ohne deshalb der «Pariser» Literatur verpflichtet zu sein. Auch hier steht das Problem der Umlaufbahn im Vordergrund.

Nach heftigen Angriffen in der Presse wurde in der Tat Ramuz' Status als «französischer Schriftsteller» und damit nicht zuletzt sein Anspruch auf eine grosse Verbreitung in Frage gestellt. «Ein französischer Schriftsteller! ... Wenn er es sein will, soll er unsere Sprache lernen!» hatte 1925 der Journalist Auguste Bailly[21] in ‹Candide› geschrieben. Auf dem Spiel stand das Gütezeichen «französisch»: zuerst klassiert, dann klassisch.

Wenn Ramuz nicht ohne Scharfblick die historischen, politischen und kulturellen Unterschiede beleuchtet, die seinem Vorstoss zugrunde liegen und die es ihm verbieten, die literarischen Regeln der Metropole ohne weiteres zu übernehmen, macht es doch den Anschein, als bliebe das Grundprinzip dieser Asymmetrie unfassbar.

Der Gesichtspunkt des blinden Passagiers

Wie ‹Raison d'être› (1914), ‹Besoin de Grandeur› (1938), ‹Paris, notes d'un Vaudois› (1939) oder ‹Une province qui n'en est pas une› (1936) kann auch der ‹Brief an Bernard Grasset› (1929) als soziohistorische Betrachtung über das französischsprachige Literaturfeld gelesen werden. Gleichzeitig enthält er autobiographische Fragmente. Kollektiv und Individuum sind auf erstaunliche Weise ineinander verflochten. Dieser bei Ramuz so oft anzutreffende Doppelstatus gibt zu denken.

Fasst man seine Sicht der Literatur zusammen, so ist dieses anziehende wie abstossende Paris stets der erste Ort der Konfrontation. Um seiner schwierigen Schriftstellerlaufbahn, den Widerständen, denen er begegnet ist, und den Entscheidungen, die er getroffen hat, rückblickend einen Sinn zu geben, muss Ramuz Paris und Frankreich gleichsam *studieren* und alle Unterschiede, einen nach dem andern, untersuchen. Das soziale Bild des Schriftstellers scheint sich sogar zu einem guten Teil aufgrund dieser zwiespältigen Zugehörigkeit zu Frankreich (durch die Sprache eingeschlossen, aber ausgeschlossen durch die Nationalität) gebildet zu haben. Dieser Zwiespalt hat zur Folge, dass er in Frankreich die Erfahrung eines *blinden Passagiers*, eines Eindringlings oder Aussenseiters macht («Sie sehen, wir sitzen ‹rittlings›, also in einer sehr schmerzlichen und unbequemen Lage»[22]).

Deshalb kann sich Ramuz' autobiographisches Vorhaben nicht bloss auf das Erzählen beschränken. Um Sinn zu machen, erfordert es ein analytisches Vorgehen, das nach und nach die

Cécile Cellier: *Arbeitstisch zu Ramuz' «Gänsekielzeit in Paris», rue Boissonade.* 1912. Öl auf Leinwand

soziohistorischen Bedingungen seiner Eingliederung rekonstruiert. Politisch ein Aussenstehender, vom Literaturbetrieb in ein schiefes Licht gerückt, nimmt Ramuz dessen Logik um so schärfer wahr, als er von ihm auf eine harte Probe gestellt wird. Die Koexistenz allgemeiner Überlegungen und persönlicher Erinnerungen bildet denn auch das Prinzip von ‹Paris, Notizen eines Waadtländers›:

«[...] Ach! Es ist mein persönlicher Fall, den ich hier gegen meinen Willen darlegen und sagen muss, woher ich gekommen bin und wie weit ich jetzt war und die *Probleme,* die mir *ein gewisser Widerspruch* stellte, bestehend zwischen dem, was ich meiner Geburt schuldete, und gewissen Lebensverhältnissen, die ich um mich herum fand. Paris schlägt verschiedene Seinsweisen vor, denen sich *die von aussen Kommenden,* wenn sie von der Stadt angenommen werden wollen, genau anpassen müssen. [...] Aber vielleicht lehrt einen Paris (und das begann ich einzusehen) noch etwas anderes, viel tiefer Greifendes, weil es, wie es auch sei, es selbst ist, und seine wahre Lehre ist, dass es uns beibringt, wir selbst zu sein, dass sein wahres Vorbild ein Vorbild der Freiheit ist. [...] Paris selbst hat mich von Paris befreit. Es hat mich in seiner eigenen Sprache gelehrt, mich meiner eigenen Sprache zu bedienen (oder es wenigstens zu versuchen).»[23]

Aus dem Französischen von Peter Sidler

* Dieser Text ist eine neu bearbeitete Version des letzten Kapitels von Jérôme Meizoz' Buch *Ramuz. Un passager clandestin des Lettres françaises,* Genève, Zoé (coll. Critique), 1997

1 Rodolphe Töpffer, ‹Liasse de brouillons préparatoires›, Genf, BPU, Ms. suppl. 1257/6, ff. 1–3.

2 *Le Figaro littéraire,* no. 1314, 23. Juli 1971, p. 13.

3 C.F. Ramuz, *Œuvres complètes,* Lausanne, Rencontre 1967, tome 6, p. 260 / Hier in der Übersetzung von Elisabeth Brock-Sulzer aus: C.F. Ramuz, *Werke in sechs Bänden,* Frauenfeld, Huber 1978, Bd. 5, p. 323.

4 *Op. cit,* p. 320–321 / *a.a.O.,* p. 375.

5 Zu den literarischen Reaktionen auf die Bedingungen des frankophonen Feldes siehe Dominique Combe, *Poétiques francophones,* Paris, Hachette, 1995; ebenso die jährlichen Ausgaben von ‹L'Année francophone internationale›, ACCT, Paris–Québec.

6 Dazu mein Aufsatz «Le Droit de mal écrire», in: *Actes de la recherche en sciences sociales,* no. 111/112, Paris, Editions du Seuil, mars 1996, p. 94–111.

7 Dazu die Abhandlung von Daniel Maggetti und Jérôme Meizoz , «Un Montaigne né au bord du Léman», in: *Töpffer,* réalisé sous la direction de Daniel Maggetti à l'occasion du cent-cinquantième anniversaire de la mort de Rodolphe Töpffer, Genève, Skira, 1996, p. 133–191.

8 Dazu Daniel Maggettis magistrale Abhandlung *L'Invention de la littérature romande 1830–1910,* Lausanne, Payot, 1995.

9 Im Sammelband von David Bevan, *Ecrivains romands d'aujourd'hui,* Lausanne, 24 Heures, 1986, p. 177.

10 Siehe beispielsweise die Aussagen in: David Bevan, *op. cit.* [Anm. 9], oder, neueren Datums, in: *Le Paris des Suisses,* Paris, La Différence, 1995.

11 Siehe Pascale Casanova, «Même pas étranger: Michaux», in: *Liber,* no. 21–22, mars 1995, p. 13–17.

12 Von Chantal Kirsch vorgeschlagener Begriff in der Abhandlung «Lutétiotropisme et champ littéraire distinct. L'expérience de la Belgique fracophone», in: *Sociologie et sociétés,* vol. XXI, no. 2, octobre 1989, p. 147–175.

13 Anne-Marie Thiesse, *Ecrire en France. Le mouvement littéraire régionaliste de langue française entre la Belle Epoque et la Libération,* Paris, PUF, 1991. Zur Haltung der Westschweizer Autoren siehe meinen Artikel «Littérature périphérique et effets de champ en Suisse romande», in: *Ecriture,* no. 42, automne 1993, p. 270–278, und Daniel Maggetti in seiner Schlussfolgerung «Et maintenant?», *Op. cit.* [Anm. 8], p. 491–504.

14 Zur Frage der Sprache und der Norm sind bei ihnen Formulierungen anzutreffen, die nicht zufällig, jedoch ohne Ramuz' Zurückhaltung, an den *Brief an Bernard Grasset* erinnern: «Bien entendu, la langue dans laquelle doit s'exprimer ce récit ressassé ne peut être le français standard ou hexagonal. Il ne peut être qu'un français habité par les mots et surtout l'imaginaire créole.» («Natürlich kann die Sprache, die diese repetitive Erzählweise erfordert, nicht die Standardsprache Frankreichs sein. Sie kann nur ein von den kreolischen Worten und vor allem vom kreolischen Bilderreichtum geprägtes Französisch sein.», Raphaël Confiant, «Questions pratiques d'écriture créole», in: (Coll.) *Ecrire la parole de nuit,* Paris, Gallimard, 1994, p. 179.

15 Siehe Jean Bernabé, Patrick Chamoiseau, Raphaël Confiant, *Eloge de la créolité,* Paris, Gallimard, 1989.

16 Siehe dazu Pierre Bourdieus Artikel «Existe-t-il une littérature belge?», in: *Etudes de Lettres,* Lausanne, octobre-décembre 1985, p. 3–7, sowie vom selben Autor «Les conditions sociales de la circulation internationale des idées», in: *Romanische Zeitschrift für Literaturgeschichte,* Bd. 14, No. 1–2, 1990, p. 1–10.

17 Siehe dazu Paul Dirkx, «La presse littéraire parisienne et les ‹amis belges› (1944–1960)», in: *Actes de la recherche en sciences sociales,* no. 111–112, 1996, p. 110–121.

18 Für eine Betrachtung über den Entstehungsprozess des «literarischen Rufes» siehe Howard S. Becker, *Les Mondes de l'art,* Paris, Flammarion, 1990.

19 Charles-Augustin Sainte-Beuve, «M. Rodolphe Töpffer», in: ‹Revue des Deux-Mondes›, 15 mars 1841, wiederaufgenommen in: *Portraits contemporains,* tome 2, Paris, Didier, 1846, p. 168/169.

20 *Lettre à Bernard Grasset,* in: *Œuvres complètes* [Anm. 3], tome 12, p. 272 / *Brief an Bernard Grasset,* in: *Werke in sechs Bänden,* Bd. VI, p. 86.

21 ‹Candide›, 10 septembre 1925; wiederaufgenommen in: *Pour ou contre C.F. Ramuz, cahier de témoinages,* Editions du siècle, Cahiers de la Quinzaine, 17e série, Paris, 1926, p. 241.

22 *Lettre à Bernard Grasset,* in: *Œuvres complètes* [Anm. 3], tome 12, p. 247 / *Brief an Bernard Grasset,* in: *Werke in sechs Bänden,* Bd. 6, p. 66.

23 *Paris, notes d'un vaudois, Œuvres complètes* [Anm. 3], tome 17, p. 364. Hervorhebungen vom Verfasser / Paris, Notizen eines Waadtländers, aus dem Französischen von Elisabeth Brock-Sulzer, in: *Werke in sechs Bänden,* Bd. 5, p. 379–381.

Aram Mattioli

«Wir sind zum Fingerzeig der europäischen Gesellschaft geworden»

Der dornenreiche Weg zur jüdischen Emanzipation (1798–1874)

1

«Die natürliche Freiheit des Menschen ist unveräusserlich. Sie hat keine andere Grenzen als die Freiheit jedes andern und gesetzmässig erwiesene Absichten eines allgemein nothwendigen Vortheils.»

Artikel 5 der Helvetischen Verfassung vom 12. April 1798

Im Zeichen der industriellen und politischen «Doppelrevolution» (Eric J. Hobsbawm) veränderte sich die schweizerische Gesellschaft in den Jahrzehnten zwischen der Ausrufung der Helvetischen Republik (1798) und der Annahme der revidierten Bundesverfassung im Jahre 1874 in geradezu dramatischer Weise. Unter dem unmittelbaren Einfluss der Französischen Revolution beschleunigte sich auch in der Schweiz eine gesellschaftliche Dynamik, die in einem langwierigen Prozess zur Überwindung der ständisch-zünftischen Privilegiengesellschaft der alten Eidgenossenschaft führte und mit der Durchsetzung der bürgerlich-liberalen Gesellschaft endete. Ihr Signum war nicht mehr Stand und Geburt, sondern bürgerliche Freiheit und Emanzipation, kurz: die Befreiung der Menschen von jahrhundertealten Abhängigkeiten und ihr «Ausgang aus selbst verschuldeter Unmündigkeit» (Immanuel Kant).

Seit dem ausgehenden Ancien Régime hatte die Forderung nach umfassender Emanzipation nicht nur auf den Fahnen der Dichter und Denker gestanden, die wie Moses Mendelssohn, Friedrich Schiller oder Heinrich Heine den besten Traditionen der europäischen Aufklärung verpflichtet waren. Die Befreiung der Menschen aus den altüberlieferten Abhängigkeiten musste jedoch, was weit schwieriger war, zuerst von diesen selbst akzeptiert und gegen starke Mächte der Tradition durchgesetzt werden. Gesellschaftsgeschichtlich betrachtet, stellt das 19. Jahrhundert nicht von ungefähr ein Jahrhundert der Revolutionen dar. Überall in Europa resultierten aus dem Kräftemessen zwischen Tradition und Aufklärung erbitterte Emanzipationskonflikte. 1828 fasste der aus einer alten Luzerner Patrizierfamilie stammende Liberale Kasimir Pfyffer die Grundproblematik seiner Zeit in das Bekenntnis: «Nach der Vernunft kann der Mensch nie zur Sache werden; also kann vernunftmässig keine Sklaverei bestehen, und wenn sie irgendwo doch noch existirt, so besteht sie mit Unrecht und soll abgeschafft werden ... Nach dem natürlichen Recht sind alle Menschen vor dem Gesetze gleich und kann es keine privilegierten Klassen geben usw.»[1]

Wie den anderen europäischen Staaten fiel auch der Schweiz die gesellschaftliche Umsetzung des fundamentalen Aufklärungspostulates von der «natürlichen Freiheit und Gleichheit der Menschen», wie es klassisch in der französischen Erklärung der Menschen- und Bürgerrechte vom 26. August 1789 formuliert ist, nicht leicht. Besonders augenfällig wird dies am dornenreichen Weg zur jüdischen Emanzipation, die im 19. Jahrhundert nicht nur ein zentrales Element gesellschaftlicher Modernisierung, sondern auch eine Grundfrage bürgerlich-liberaler Nationsbildung darstellte. Im Gegensatz zur französischen Revolutionsgesetzgebung vom September 1791, die die Juden in einem einzigen Akt zu französischen Staatsbürgern erklärt hatte, blieb die Frage jüdischer Emanzipation hierzulande zwischen Helvetik und «Kulturkampf» ein gesellschaftliches Dauerproblem. Im Unterschied zur nordamerikanischen «Schwesterrepublik», die bereits in ihrer zukunftweisenden Verfassung von 1787 keinen Unterschied mehr zwischen christlichen und jüdischen Staatsbürgern gemacht hatte, blieb die Geschichte der kleinen jüdischen Minderheit in der Schweiz bis weit ins 19. Jahrhundert hinein die Geschichte ihrer systematischen Diskriminierung in allen relevanten Lebens- und Gesellschaftsbereichen, oder anders ausgedrückt: die Geschichte einer im west- und mitteleuropäischen Vergleich spät durchgesetzten Emanzipation.

Obwohl die regenerierten Kantone seit der Pariser Juli-Revolution von 1830 als Laboratorien zukunftweisender Verfassungsprinzipien Furore machten, tat sich die demokratische Schweiz mit der jüdischen Emanzipation weit schwerer als die monarchischen Obrigkeitsstaaten des benachbarten Auslandes. Hierzulande wurde die jüdische Emanzipation zehn bis fünfundzwanzig Jahre später durchgesetzt als in den angrenzenden Königreichen Sardinien (1848), Bayern (1861), Württemberg (1864), Österreich (1867) und dem Grossherzogtum Baden (1862). Ähnlich wie in den meisten deutschen Staaten erfolgte die jüdische Emanzipation in der Schweiz in einem schrittweisen Prozess von mehr als achtzig Jahren Dauer, der weit verbreiteter antijüdischer Einstellungen wegen immer wieder herbe Rückschläge erlitt. Er begann zur Zeit der Helvetischen Republik und kam auf der konstitutionellen Ebene mit der Gewährung der Kultus- und Glaubensfreiheit in der revidierten Bundesverfassung von 1874 zum Abschluss.

2

Wie in weiten Teilen des deutschsprachigen Mitteleuropa lebten auch die auf dem Territorium der alten Eidgenossenschaft ansässigen Juden während des ausgehenden Ancien Régime in eigentlichen Dorfghettos: in Ober-Endingen und Lengnau in der Grafschaft Baden. Im Turnus von sechzehn Jahren mussten sich die im Surbtal gelegenen «Judendörfer» gegen hohes Entgelt jeweils einen neuen Schutz- und Schirmbrief erwerben, der ihre Rechte, insbesondere aber ihren minderprivilegierten Status als «Schutzjuden», bis ins einzelne festlegte. Wie im Elsass und im süddeutschen Raum war den Angehörigen des Surbtaler Landjudentums nicht nur das zünftische Handwerk, sondern auch eine bäuerliche Existenz strikte untersagt. Ihr zumeist ärmliches Leben mussten sie als Krämer, Hausierer und Viehhändler fristen, womit ihnen zwar wichtige, aber wenig beliebte Tätigkeiten in der vorindustriellen Gesellschaft zugewiesen waren.

Traditionell begegneten ihnen die christlichen Untertanen der Grafschaft Baden mit unverhohlenem Hass, vorurteilsbeladenem Misstrauen und religiöser Intoleranz, obwohl die Angehörigen der jüdischen Minderheit auf obrigkeitliches Geheiss hin bereits in den Wirren des Dreissigjährigen Krieges dort angesiedelt worden waren. In den Augen ihrer christlichen

Umwelt galten sie noch im ausgehenden 18. Jahrhundert als «Gottesmörder» und «verstockte Ketzer», und aufgrund der ihnen zugeschriebenen «Gemeinschädlichkeit» als christenfeindliche «Landplage». So prangerten die Gesandten der eidgenössischen Tagsatzung von 1695 den «verfluchten Judenschwarm» nicht nur als «rechte Pestilenz» an, sondern kamen auch überein, dass sie ihre christlichen Untertanen diesen «müssiggehenden Wölfen» nicht schutzlos überlassen dürften.[2] Der Stand Zürich hatte den in der Grafschaft Baden lebenden Juden das Betreten seines Territoriums schon Jahrzehnte zuvor vollständig verboten, während die mächtige Stadtrepublik Bern ihnen unter strengsten Auflagen wenigstens den Kleinhandel auf ihrem Gebiet weiter erlaubte.

Seit der Mitte des 17. Jahrhunderts verlangten die christlichen Untertanen der Grafschaft Baden immer wieder die vollständige Vertreibung der dort ansässigen Landjuden. Ein letztes Mal war dies 1769 der Fall, als sämtliche Untervögte in einer Klageschrift unter Hinweis auf angeblich wucherische Handelspraktiken für diese radikale Massnahme plädierten. Dieses Ansinnen wurde von der «hohen Obrigkeit» jedesmal aus finanziellem Interesse verhindert, da sie nicht auf die jüdischen Sonderabgaben verzichten wollte. Immer wieder wurden die Juden auch Opfer von Gewalttaten, in denen es wie 1712 zur Plünderung und Zerstörung ihrer Häuser kam. Schwere Exzesse ereigneten sich im «Zwetschgenkrieg» vom September 1802, während dem ein marodierender Haufe von mehreren hundert Bauern der Umgebung gezielt über die beiden «Judendörfer» herfiel und davonschleppte, was nicht niet- und nagelfest war. «Man fiel mit Wuth unsre Häuser an», hiess es in einer Eingabe der jüdischen Vorsteherschaft von Endingen an den französischen General und Gesandten Michel Ney, «schlug Thüren (oder) Fenster ein und fing an, uns auf die unbarmherzigste Weise zu plündern.»[3]

Wie fast im ganzen übrigen Europa waren die Juden auch in der alten Eidgenossenschaft zu einer ökonomischen Marginal- und gesellschaftlichen Randexistenz verurteilt. Im ausgehenden Ancien Régime lebte die grosse Mehrheit von ihnen in «erdrückender Armut»[4] am untersten Ende der gesellschaftlichen Stufenleiter. Seit ihrer Ansiedlung in der Grafschaft Baden bildeten die Juden ein geschlossenes Sondermilieu, das sich durch seinen westjiddischen Soziolekt und seine orthodox religionsgesetzliche Lebensweise, in deren Mittelpunkt Thora und Talmud standen, von der christlichen Umwelt unterschied. Rechtlich als Korporationen organisiert, verfügten die beiden Judengemeinden über eine grosse innere Autonomie, die es ihnen ermöglichte, nach ihren eigenen kulturellen Traditionen zu leben. Allerdings setzte ein engmaschiges Diskriminierungssystem ihren gesellschaftlichen Entfaltungsmöglichkeiten enge Grenzen.

Das Zeitalter der Aufklärung, das in seinen theoretischen Texten ganz im Zeichen der Menschenrechte, der Gleichheitsidee und der Freiheitsrechte stand, änderte nichts an dieser altüberlieferten Pariastellung. Im Gegenteil, die ohnehin schon gedrückte Rechtsstellung der Juden verschlechterte sich im ausgehenden Ancien Régime noch zusätzlich. Hatten sie sich vorher wenigstens in der ganzen Grafschaft Baden niederlassen dürfen, wurden sie im Schutz- und Schirmbrief von 1776 ganz auf Ober-Endingen und Lengnau eingegrenzt; und dies im gleichen Jahr, als in den nordamerikanischen Kolonien Englands mit der «Virginia Bill of Rights» ein Markstein in der Entwicklung der modernen Menschenrechte gesetzt wurde. Zur

Zeit der Französischen Revolution waren die Bewohner der beiden Surbtaler Judenghettos in jeder Beziehung zu einem Dasein am Rande der christlichen Gesellschaft gezwungen: geographisch in einer abgelegenen Gegend am Hochrhein, ökonomisch als bitterarme Hausierer und kleine Händler; gesellschaftlich als unterprivilegierte Minderheit, rechtlich als «Schutzjuden» und kulturell als Sondermilieu mit einer als fremdartig empfundenen Kultur. Zwar war es im Ancien Régime zu keinen Massenverfolgungen, Vertreibungen und kollektiven Judenverbrennungen mehr gekommen wie in der spätmittelalterlichen Eidgenossenschaft. Doch die Ideale der Aufklärung änderten auch in der Schweiz bis weit ins 19. Jahrhundert hinein nichts an den weit verbreiteten antijüdischen Vorurteilen des einfachen Volkes; denn antijüdische Haltungen stellten auch hierzulande über Jahrhunderte einen «Strang praktizierter Christlichkeit» (Gottfried Schramm) dar.

3

Unter der Ägide der französischen Interventionstruppen fegte die Helvetische Republik in den ersten Monaten des Jahres 1798 die «gottgegebene» Privilegiengesellschaft des Ancien Régime mit ihren ständisch-zünftischen Abhängigkeitsverhältnissen in vielen, wenn auch beileibe nicht in allen Gesellschaftsbereichen hinweg. In grosser Eile wurden die jahrhundertealten Untertanenverhältnisse, die Standesunterschiede, die Privilegien der städtischen Zünfte, aber auch die Folter und die entwürdigenden Leibesstrafen sowie die verhassten Feudalabgaben abgeschafft. Erstmals in der Schweizer Geschichte berief sich die helvetische Verfassung vom 12. April 1798 auf das Aufklärungsideal von der «natürlichen Freiheit des Menschen» und dekretierte in wahrhaft revolutionärer Weise die bürgerliche und politische Gleichheit. Mit einem Mal standen ehemalige Untertanen ihren einstigen patrizischen «Herren» als gleichberechtigte Staatsbürger gegenüber. Nach Geist und Buchstaben der helvetischen Verfassung hätte es nur eine Lösung der «Judenfrage» geben können: die Emanzipation, das heisst die restlose Beseitigung des altüberlieferten Diskriminierungssystems, das erst 1792 durch die Erneuerung eines «Schutz- und Schirmbriefes» bestätigt worden war.

Gerade in der Behandlung der jüdischen Emanzipationsfrage zeigten sich in den helvetischen Räten jedoch die Grenzen aufklärerischer Liberalität in entwaffnender Offenheit. Zwar schafften Grosser Rat und Senat die ökonomischen Sonderabgaben für die Surbtaler Juden am 1. Juni 1798 vollständig ab, darunter die Kopfsteuer und den Leibzoll. Auf Drängen des französischen Gesandten hatte die Tagsatzung dies bereits den französischen Staatsbürgern jüdischen Glaubens einräumen müssen. Doch der ökonomischen Befreiung folgte die bürgerliche und politische Emanzipation nicht auf dem Fuss. Im Gegenteil. Die parlamentarischen Beratungen über die staatsrechtliche Stellung der jüdischen Minderheit, die im August 1798 auf dem Hintergrund der Frage diskutiert wurde, ob die Surbtaler Juden den Bürgereid im neugeschaffenen Kanton Baden schwören durften oder nicht, waren von starken antijüdischen Emotionen und traditionellen Vorurteilen geprägt.

Zwar plädierten «Bürger-Stellvertreter» wie Johannes Herzog von Effingen, Louis Secrétan, Johann Rudolf Suter und Hans Conrad Escher im Namen der Menschenrechte und der helvetischen Verfassung für eine vollständige Emanzipation dieser «bisher so erniedrigten und gedrückten Classe» von Menschen. Ausdrücklich wiesen sie auf den Artikel 19 der Konstitution hin, der alle länger als zwanzig Jahre auf dem Territorium der alten Eidgenossenschaft lebenden Menschen, unbesehen ihres bisherigen Standes – darunter auch alle «ewigen Einsassen» –, zu gleichberechtigten «Citoyens» der Helvetischen Republik erklärte.[5] Und der Zofinger Arzt Johann Rudolf Suter, der sich als einer der eifrigsten Vorkämpfer jüdischer Emanzipation einen Namen machte, richtete am 18. August 1798 einen bewegenden Appell an die emanzipationsfeindliche Mehrheit im Grossen Rat: «O! es thut mir weh, dass ich mit lauter Gemeinsprüchen eine Classe der Menschen muss behandeln sehen, die so sehr Mitleiden verdient. Nur der Name *Jude* schreckt euch schon! Ich frage euch alle bei euerm Gewissen, mischt sich nicht unfühlbar in eure Rede etwas Neid und Fanatismus? Genug davon. – Links habt ihr *Vorurtheile*, rechts steht die Vernunft; links schlummern todte Verfassungen, sklavische Meinungen, rechts (er)hebt sich das *lebendige Menschenrecht*: links kriechen verworrene Begriffe von Recht und Politik, rechts schwingt sich das Sonnenlicht der Freiheit (auf). Wählet!»[6]

Doch im Einklang mit der Stimmung in weiten Teilen des Landes entschied sich die Mehrheit von Grossem Rat und Senat für eine Vertagung der Bürgereids-Frage, was faktisch bedeutete, dass die Surbtaler Juden in offenem Widerspruch zur Verfassung und unter Verletzung der Idee der allgemeinen Menschenrechte nicht emanzipiert wurden. Eine grosse Mehrheit von «Bürger-Stellvertretern» glaubte, dass die Juden eine nicht assimilationsbereite «Nation» seien, deren Mitglieder die christliche Bevölkerung auch weiterhin durch «Wucher» und «Schacher» aussaugen würden. Neben dem grobschlächtigen, aber variantenreich vorgetragenen Vorurteil von der «angeborenen Gemeinschädlichkeit» der Juden wurde in der Debatte auch die handfeste Befürchtung laut, dass die zumeist in ärmlichsten Verhältnissen lebenden Mitglieder der jüdischen Korporationen dem Staat und der Gesellschaft finanziell zur Last fallen könnten. Gegen die festgefügte Mauer von altüberlieferten Vorurteilen, kirchlich gepredigtem Antijudaismus, ökonomischen Konkurrenzängsten und egoistischen Befürchtungen vor steigenden Armenlasten drangen die helvetischen Reformer nicht durch.

Sosehr die Helvetische Republik als französischer Vasallenstaat auch unter Pariser Einfluss stand, so wenig folgte sie dem französischen Vorbild in der Frage der jüdischen Emanzipation. Weil ihre bürgerliche und politische Gleichstellung in weiten Bevölkerungskreisen ausgesprochen unpopulär war und auf hartnäckigen Widerstand stiess, blieben die im neu gegründeten Kanton Aargau lebenden Juden als «ewige Einsassen» bis weit ins 19. Jahrhundert hinein von den Bürgerrechten ausgeschlossen und bloss geduldet. Selbst als die Aargauer Regierung dem Grossen Rat im Mai 1805 einen Gesetzesentwurf vorschlug, der den Surbtaler Juden das Kantonsbürgerrecht zuerkennen wollte, sofern diese nachweisen konnten, dass sie selber oder ihre Vorfahren seit sechsundzwanzig Jahren auf kantonalem Territorium ansässig waren, wurde dieser mit grosser Mehrheit abgelehnt. Und so auferlegte das Aargauer «Judengesetz» vom 5. Mai 1809, das der Volksstimmung weit mehr entsprach, den Angehörigen des jüdischen Sondermilieus zahlreiche Beschränkungen in den bürgerlichen und politischen Rechten, in der Niederlassung und Eheschliessung, im Liegenschaftskauf wie auch im Vieh- und

Hausierhandel; und dies, obwohl sie fortan allen Kantonsgesetzen und polizeilichen Verfügungen unterworfen wurden. Daran änderte auch das aargauische Einbürgerungsgesetz vom 14. Mai 1838 nichts, durch welches die «Heimatlosen» in den Genuss des Ortsbürgerrechtes gelangten, die zuvor in einem ähnlich minderprivilegierten Rechtsstatus hatten leben müssen wie die Juden. Kurz vor dem Sonderbundskrieg vom November 1847 lebten die Surbtaler Juden noch immer als sozial deklassierte, religiös stigmatisierte und in ihren Grundrechten beschnittene Minderheit in einer weitgehend christlich geprägten Gesellschaft, die ihnen eine ganze Reihe von sozialen Chancen und gesellschaftlichen Positionen vorenthielt.

4

Das revolutionäre Frankreich, das im September 1791 seine Juden zu gleichberechtigten Staatsbürgern erklärt hatte, blieb für die Surbtaler Juden seit den Erfahrungen der Helvetik der Beweis dafür, dass Menschen mit Erfolg versuchen konnten, die Gesellschaft nach aufklärerischen Massstäben zu verändern, anstatt wie bislang unter diskriminierenden Ausnahmegesetzen zu leben, die im offenen Widerspruch zur bürgerlich-liberalen Gesellschaft standen. Tatsächlich hatten die jüdischen Vorsteherschaften Ober-Endingens und Lengnaus seit 1798 mehr als ein halbes Dutzend Bittschriften an die eidgenössischen Behörden gerichtet, in denen sie ihre vollständige Gleichstellung mit den übrigen Schweizern gefordert hatten. In den Augen des Endinger Lehrers Marcus Getsch Dreifus, der als unermüdlicher Streiter für die jüdische Gleichberechtigung in die Geschichte einging, sprach 1848 alles für die jüdische Emanzipation, wie er in einer Bittschrift zu Handen der Bundesrevisionskommission festhielt: «Natur- und Menschenrecht, Geschichte und Philosophie, Humanität, Politik und Religion, das Beispiel von Frankreich, Holland, Belgien, Württemberg, der Vereinigten Staaten u.a.m., ferner die Verwendung der Koryphäen des Liberalismus, worunter

Tab. III. Das Hauptwort mit dem Fürwort verbunden.

Tante	דודה		Oheim	דוד	
meine —	דודתי		mein —	דודי	
deine —	דודתך	(des Mannes)	dein —	דודך	
deine —	דודתך	(des Weibes)	dein —	דודך	
seine —	דודתו	(des Mannes)	sein —	דודו	
ihre —	דודתה	(des Weibes)	ihr —	דודה	
unsere —	דודתנו		unser —	דודנו	
euere —	דודתכם	(der Männer)	euer —	דודכם	
euere —	דודתכן	(der Weiber)	euer —	דודכן	
ihre —	דודתם	(der Männer)	ihr —	דודם	
ihre —	דודתן	(der Weiber)	ihr —	דודן	
meine Tanten	דודותי		meine Oheime	דודי	
deine —	דודותיך	(der Männer)	deine —	דודיך	
deine —	דודותיך	(der Weiber)	deine —	דודיך	
seine —	דודותיו	(der Männer)	seine —	דודיו	
ihre —	דודותיה	(der Weiber)	ihre —	דודיה	
unsere —	דודותינו		unsere —	דודינו	
euere —	דודותיכם	(der Männer)	euere —	דודיכם	
euere —	דודותיכן	(der Weiber)	euere —	דודיכן	
ihre —	דודותיהם	(der Männer)	ihre —	דודיהם	
ihre —	דודותיהן	(der Weiber)	ihre —	דודיהן	

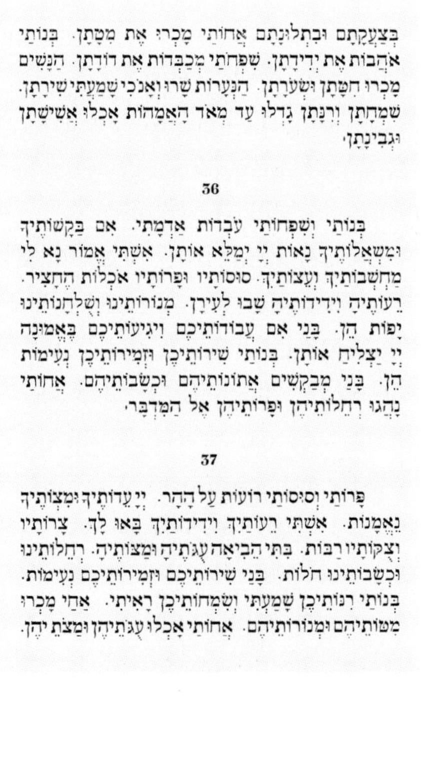
36

37

חנוך נערים

Erstes

hebräisches Lesebüchlein

für

untere israelitische Schulen

von

M. G. Dreifus
Lehrer
in Endingen im Aargau.

(Verlag des Verfassers)

Basel 1846.

Buchdruckerei von J. J. Mast.

Marcus Getsch-Dreifus (1812–1877)

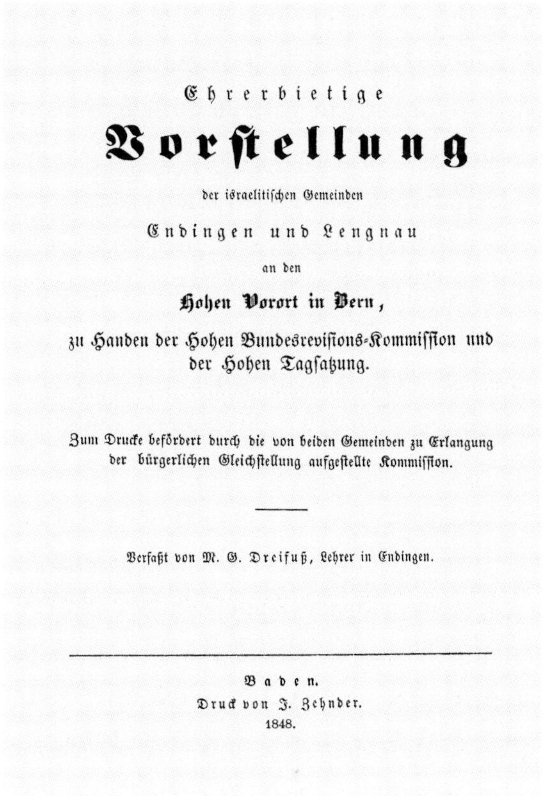

Ehrerbietige

Vorstellung

der israelitischen Gemeinden

Endingen und Lengnau

an den

Hohen Vorort in Bern,

zu Handen der Hohen Bundesrevisions-Kommission und der Hohen Tagsatzung.

Zum Drucke befördert durch die von beiden Gemeinden zu Erlangung der bürgerlichen Gleichstellung aufgestellte Kommission.

Verfaßt von M. G. Dreifuß, Lehrer in Endingen.

Baden.

Druck von J. Zehnder.

1848.

Die Hoffnung der Surbtaler Juden auf Niederlassungsfreiheit und Gleichberechtigung wurde durch die Bundesverfassung von 1848 nicht erfüllt.

wir auch Dr. [Johann Rudolf, A.M.] Suter von Zofingen citieren, auf dessen Äusserungen in der Sitzung des gesetzgebenden Rathes der helvetischen Republik vom 17. August 1798 wir hinweisen möchten, und endlich das aargauische Gesetz vom 14. Mai 1838 über Einbürgerung der Heimathlosen und ewigen Einsassen.»[7] Während des Sonderbundskrieges hatten die Surbtaler Juden ihre ganzen Hoffnungen auf den Sieg der freisinnigen Allianz und die für diesen Fall zu erwartende Neuordnung von Staat und Gesellschaft gesetzt. Aber ihre Erwartungen wurden auch in der neuen Bundesverfassung vom 12. September 1848 bitter enttäuscht.[8]

Die etwas mehr als 3000 Juden im Lande wurden auch vom neuen, in weiten Teilen durchaus in freiheitlichem Geist verfassten Staatsgrundgesetz zu einem minderprivilegierten Dasein am Rande der Gesellschaft verurteilt. So blieben den schweizerischen Juden 1848 in krassem Widerspruch zum Gleichheitsgrundsatz in der Verfassung wichtige Grundrechte wie die Gleichheit vor Gericht, die Niederlassungsfreiheit und die Glaubensfreiheit sowie die politischen Rechte bewusst vorenthalten. Von weiten Bevölkerungskreisen wurden die in der Schweiz lebenden Juden noch 1848 als «Fremdkörper» in der schweizerischen Nation empfunden und ihrer vermeintlichen «Gemeinschädlichkeit» wegen nach wie vor als ökonomische Gefahr gefürchtet. Ausgeprägt der Fall war dies in jenen Landesteilen, deren Alltagskultur auf noch ungebrochenen, glaubensmässig abgestützten Mentalitäten beruhte. Neben den ehemaligen Sonderbunds-Kantonen, die grundsätzlich kein allzu grosses Interesse an einer Veränderung des Status quo bekundeten, wurde die antiemanzipatorische Grundhaltung 1848 auch von einer freisinnigen Mehrheit mitgetragen. Die freisinnigen Bundesgründer wollten in der «Judenfrage» die bestehenden Verhältnisse schonen und keinen Anlass zu populären

Angriffen bieten. Obwohl der Freisinn die Sache der Freiheitsrechte auf seine Fahne geschrieben hatte, war seine Politik zur Zeit der Staatsgründung nie ausschliesslich grundrechtsbetont. Er trug immer auch den ökonomischen Befürchtungen seiner kleinbürgerlich-gewerblichen Trägerschichten Rechnung, deren Leitbilder noch stark protektionistisch und zum Teil auch zünftisch-vorindustriell und deshalb judenfeindlich orientiert waren.

Nachdem es die Schweiz 1848 verpasst hatte, die jüdische Emanzipation in der neuen Bundesverfassung festzuschreiben, musste diese Grundfrage der bürgerlich-liberalen Gesellschaft durch die verfassungsmässigen Entscheidungsverfahren einer demokratischen Lösung zugeführt werden. Für die vollständige Emanzipation war fortan eine Verfassungsänderung und damit eine in einer eidgenössischen Abstimmung errungene Mehrheit von Volk und Ständen notwendig. Und mehr noch: Unter Umständen erlaubte es die demokratische Verfassungsstruktur der Schweiz den geschworenen Feinden der Emanzipation sogar, ihre judenfeindliche Haltung plebiszitär zu legitimieren. Genau dies geschah im November 1862 im Kanton Aargau, wo es einer judenfeindlichen Volksbewegung unter der gewieften Leitung des Populisten Johann Nepomuk Schleuniger gelang, das von einer freisinnigen Grossratsmehrheit bereits beschlossene Emanzipationsgesetz in einer Volksabstimmung mit erdrückender Mehrheit zu Fall zu bringen. Und die in der katholischen Innerschweiz vielgelesene ‹Schwyzer-Zeitung› belobigte die «Vox populi» im Kanton Aargau sogar dafür, dass ihr «kräftige, altschweizerische Gesinnung» höher stehe als «neumodisches Humanitätsgewinsel».[9]

Genauso wie 1848 gesellschaftliche Interessen den Ausschlag gegen die Emanzipation gegeben hatten, beschleunigte eine reformulierte Staatsräson seit 1863 den jüdischen Emanzipationsprozess, der auf der Bundesebene mit der revidierten Bundesverfassung von 1874 zum Abschluss kam. Entscheidend dafür wurde die neue Haltung der freisinnigen Machteliten. Nachdem die grosse Mehrheit der Freisinnigen 1848 noch keine Veranlassung dazu gesehen hatte, eine grundlegende Korrektur an der staatlich sanktionierten Diskriminierung der Juden vorzunehmen, änderte sich dies seit den ausgehenden 1850er Jahren grundlegend. Mit seiner restriktiven Haltung hatte sich das Land in West- und Mitteleuropa zusehends ins Abseits manövriert; und dies, obwohl ein Bundesbeschluss vom 24. September 1856 den in der Schweiz lebenden Juden die Ausübung der politischen Rechte im Niederlassungs- oder Heimatkanton sowie das Recht des freien Kaufs und Verkaufs gewährt hatte. Dieser Gesinnungswandel der freisinnigen Machteliten verdankte sich einer komplexen Mischung von äusserem Druck durch Länder wie die Vereinigten Staaten von Amerika, die Niederlande und Frankreich, die den Abschluss von Handelsverträgen immer mehr von einer Änderung der schweizerischen Haltung in der Emanzipationsfrage abhängig machten, aber auch besserer Einsicht, gewachsener Toleranz und ökonomischem Kalkül.

Der Druck durch das emanzipationsfreundliche Ausland war sicher das entscheidende Moment dafür, dass eine «Bresche» in das überlieferte Diskriminierungssystem gegenüber den Juden geschlagen wurde. Noch der amerikanisch-schweizerische Handelsvertrag vom 6. November 1855 hatte die verfassungsmässigen Rechte der jüdischen Bürger Amerikas in krasser Weise verletzt, weil er diese von der freien Niederlassung in der Schweiz ausge-

RÉPUBLIQUE ET CANTON DE GENÈVE.

LOI

POUR AUTORISER

la Fondation dite de la Communauté israélite dans le Canton de Genève.

Du 26 Mai 1852.

Le CONSEIL D'ÉTAT de la République et Canton de Genève fait savoir que:

LE GRAND CONSEIL,

Vu la requête, en date du 3 Mai 1852, de MM. Jaques-Charles BLUM, Heimann BERNHEIM et Paraphe WEILL, négociants, demeurant à Genève, formant l'unanimité des membres du Comité de la Communauté israélite et agissant en cette qualité;

Vu les Statuts préparés par les requérants pour la Fondation dite de la *Communauté israélite établie dans le Canton de Genève*, et consignés dans l'acte Jean-François Demole et son collègue, notaires à Genève, en date du 3 Mai 1852;

Vu les articles 139 et 142 de la Constitution de 1847;

Vu la Loi générale du 22 Août 1849 sur les Fondations;

DÉCRÈTE CE QUI SUIT:

ART. 1er. Les Statuts de la Fondation dite de la *Communauté israélite établie dans le Canton de Genève*, tels qu'ils sont formulés dans l'acte Jean-François Demole et son collègue, notaires à Genève, en date du 3 Mai 1852, sont et demeurent approuvés.

ART. 2. La susdite Fondation est autorisée pour le terme de trente ans, sous les réserves indiquées dans l'article 142 de la Constitution de 1847.

Le Conseil d'État est chargé de faire promulguer les présentes dans la forme et le terme prescrits.

Fait et donné à Genève le vingt-six Mai mil huit cent cinquante-deux, sous le sceau de la République et les signatures du Président et du Secrétaire du Grand Conseil.

Le Vice-Secrétaire du Grand Conseil, G. OLTRAMARE.

Le 1er Vice-Président du Grand Conseil, ALMÉRAS.

Le Conseil d'État promulgue la Loi ci-dessus pour être exécutoire, dans tout le Canton, dès le jour de demain.

Genève, le 3 Juin 1852.

AU NOM DU CONSEIL D'ÉTAT: *Le Chancelier,* MARC VIRIDET.

Statuts de la Fondation dite de la Communauté israélite établie dans le Canton de Genève, du 3 Mai 1852.

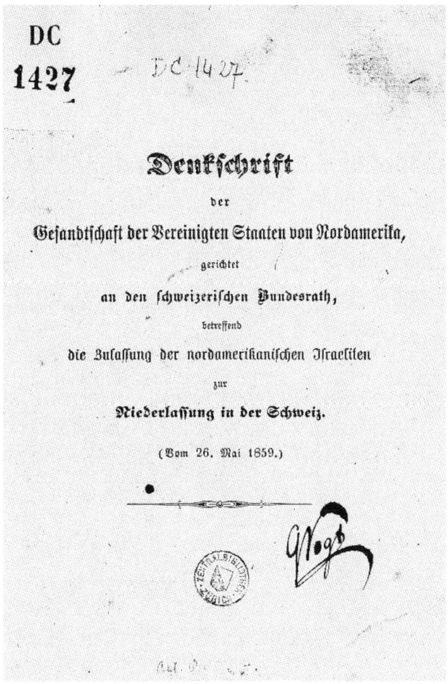

DC 1427

Denkschrift

der

Gesandtschaft der Vereinigten Staaten von Nordamerika,

gerichtet

an den schweizerischen Bundesrath,

betreffend

die Zulassung der nordamerikanischen Israeliten

zur

Niederlassung in der Schweiz.

(Vom 26. Mai 1859.)

Denkschrift des amerikanischen Gesandten in der Schweiz, Theodor S. Fay, 1859

Gesetz vom 26. Mai 1852, das die Gründung der israelitischen Gemeinde im Kanton Genf autorisiert. Von der Westschweiz ausgehend, fanden die jüdischen Gemeinden ab 1830 in der Schweiz zunehmend Anerkennung.

schlossen hätte. Als die amerikanische Regierung bemerkte, dass sie von der schweizerischen Delegation in dieser Frage getäuscht worden war, erhöhte sie den diplomatischen Druck auf den Bundesrat, der sich vorerst indigniert über die unangemessenen «Prätensionen der amerikanischen Juden»[10] zeigte. Schon bald offenbarte es sich, dass sich die schweizerische Haltung in der Behandlung ausländischer Staatsbürger jüdischen Glaubens zu einer schweren Belastung der zwischenstaatlichen Beziehungen auswuchs.

In alarmierender Weise wurde dies im Mai 1863 deutlich, als die zweite Kammer der niederländischen Generalstaaten dem von der Schweiz bereits ratifizierten holländisch-schweizerischen Staatsvertrag mit Hinweis auf die emanzipationsfeindliche Haltung einiger Schweizer Kantone die Zustimmung versagte. Und als der wichtige Wirtschaftspartner Frankreich den Abschluss eines Handelsvertrages mit der Schweiz davon abhängig machte, dass diese den französischen Staatsbürgern jüdischen Glaubens die volle Freizügigkeit gewähre, lenkte der Bundesrat im Sommer 1864 schliesslich ein. Erstmals machte er sich für die Überzeugung stark, dass die bisherige Rechtspraxis von Bund und Kantonen «bei ganz veränderten politischen Anschauungen jeden Sinn verloren und den gehässigen Charakter einer Massregel der Intoleranz angenommen» habe: «Unsere Zeit will die bürgerlichen Rechte nicht mehr in Abhängigkeit von dem religiösen Glaubensbekenntniss erhalten wissen; man soll nicht mehr den Erlaubnissschein zuerst von der Kirche lösen müssen, ehe man den bürgerlichen Staat be-

Augustin Keller (1805–1883) Regierungs-, National- und Ständerat des Kantons Aargau

Theodor S. Fay (1807–1898) Gesandter der USA in der Schweiz

treten und darin weilen darf. Das Festhalten an jenem veralteten System hat aber allgemach die Schweiz in eine Lage versetzt, welche für die grossen Interessen des Landes ungemein schädlich zu werden beginnt.»[11] Und in der ‹Neuen Zürcher Zeitung› fasste Bundespräsident Jakob Dubs das neue Credo der Landesregierung während der Debatte über die Ratifizierung des schweizerisch-französischen Handelsvertrages in die denkwürdigen Worte: «Und wenn wir da nun einen Ausblick thun auf die Welt, so finden wir mit Beschämung, dass wir in dieser Judenfrage allein stehen oder in einer Gesellschaft, die fast noch schlimmer ist als das Alleinsein. Wir sind zum Fingerzeig der europäischen Gesellschaft geworden und man hat uns in Acht und Bann gethan.»[12]

Emil Welti (1825–1899) Aargauer Regierungsrat und Bundesrat von 1867–1891

Bundesrat Jakob Dubs' flammender Appell war an die Adresse der innenpolitischen Gegner des schweizerisch-französischen Handelsvertrages gerichtet, die diesen – wie ihr Sprecher Philipp Anton von Segesser – als «Staatsstreich» betrachteten und als «Judenvertrag» verächtlich machten.[13] Eigentlich wäre die Landesregierung nicht zum Abschluss des Vertrages berechtigt gewesen, weil dessen Bestimmungen zur Niederlassungsfreiheit in die Rechtsetzungskompetenz der Kantone eingriffen. Doch der antiemanzipatorische Widerstand war in der «Suisse profonde» derart stark, dass sich der Bundesrat zu diesem kühnen Schritt bereitfand, um das Land aus dem drohenden aussenhandelspolitischen Abseits herauszuführen. Nach der Ratifizierung des Staatsvertrages mit Frankreich entschloss er sich überdies dazu, auch den schweizerischen Juden, die durch den Vertrag nun rechtlich schlechter gestellt waren als ihre französischen Glaubensbrüder, die volle Freizügigkeit und Kultusfreiheit zu gewähren. Da sich viele Kantone nicht freiwillig zu einer Änderung ihrer restriktiven «Judenpolitik» bereitfanden, wurde der Weg einer Partialrevision der Bundesverfassung beschritten. Für die freisinnige Allianz war die Diskriminierung der Juden nun nicht mehr länger mit den Prinzipien eines «bürgerlichen Staates» vereinbar.

Michael Hendrick Godefroi (1813–1882). Niederländischer Justizminister

Ganz anders sah dies die vom Luzerner Nationalrat Philipp Anton von Segesser angeführte Opposition in weiten Teilen der katholischen Schweiz. Im Gegensatz zum freisinnigen Konzept der Staatsbürgernation machte das katholisch-konservative Konstrukt der «christlichen Nation» den Genuss der staatsbürgerlichen Rechte und Pflichten noch immer vom «richtigen» Glauben abhängig. Schon aus Gründen der religiösen Tradition, aber auch aus historischen und nationalen Erwägungen dürfe den Juden kein gleichberechtigter Platz an der Seite der Bürger christlicher Konfession eingeräumt werden. In repräsentativer Weise beargwöhnte Segesser die Juden nicht nur als Angehörige einer anderen Religionsgemeinschaft, sondern auch als Mitglieder einer eigenen «Nation», die auf die «Zerstörung der christlichen Gesellschaft» und der «christlichen Civilisation» aus sei.[14] Und um dem ganzen die Krone aufzusetzen, wurde vom Aargauer Katholikenführer Johann Nepomuk Schleuniger vor dem 14. Januar 1866 auch die abwegige Behauptung in die Welt gesetzt, dass der Bundesrat dem «geheimnisvollen Drängen» eines «fremden Geldmonarchen» nachgegeben und die christliche Seele des Landes an die Rothschilds verkauft habe.[15] Allein standen die katholisch-konservativen Spitzenpolitiker mit diesen Ansichten nicht. Sie bewegten sich damit im Rahmen milieutypischer Traditionen und in den Grenzen kirchlicher Opportunität. Schliess-

Philip Anton von Segesser (1817–1888) Rechtshistoriker, Luzerner Regierungsrat (ab 1871) und Wortführer der Katholisch-Konservativen

lich verunglimpfte im März 1873 auch Papst Pius IX. die Juden als «Feinde Jesu», die «keinen anderen Gott hätten als ihr Geld».[16]

Wie ihr religiöses Oberhaupt hielten viele Katholiken die Juden für eine Gefahr für Staat und Gesellschaft. Auch hierzulande wurde der Widerstand gegen die Emanzipation von den katholischen und protestantischen Konservativen in den wenig industrialisierten Regionen des Landes als Kampf gegen die drohende «Verjüdelung der Schweiz»[17] geführt. Gebetsmühlenhaft führten die Emanzipationsgegner das Argument ins Feld, dass die Juden keine Mitbürger und schon gar keine «Mit-Eidgenossen» sein könnten, existiere doch ein «unversöhnlicher Gegensatz zwischen Christenthum und Judenthum»: «Die Juden passen geschichtlich, gesellschaftlich und politisch nicht zu den Schweizern ... Die Schweiz ist geschichtlich ein Vaterland der Christen.»[18]

Selbst ein hochgebildeter Politiker wie Philipp Anton von Segesser hielt die jüdische Emanzipation noch 1865 für eine unrealisierbare Schimäre, weil die Erfahrung im Ausland zeige, dass die Juden ihrer «jüdischen Nationalität» wegen nirgends bereit gewesen seien, sich in die entstehenden Bürgergesellschaften zu integrieren. Bezeichnenderweise warnte er davor, dass sich im Lande mit dem französisch-schweizerischen Staatsvertrag nicht «jüdische Franzosen», «sondern französische Juden und in der Folge auch deutsche, italienische, polnische Juden» niederlassen würden.[19] Diese weit verbreiteten Anschauungen waren soziologisch unzutreffend und zugleich mit grobschlächtigen Vorurteilen durchsetzt. Gerade in der Behauptung, dass die Juden ein nicht assimilierbarer «Fremdkörper», ja eine «Nation in der Nation» seien, wies die konservative Judenfeindschaft über die Tradition kirchlich überlieferten Antijudaismus hinaus. Im Kern zielte der antiemanzipatorische Widerstand nicht nur auf die Exklusivität des «christlichen Staates», sondern stellte auch eine nationalistische Reaktion der Fremdenabwehr dar. Gleichzeitig war die konservative Judenfeindschaft ein demagogisches Instrumentarium im Kampf gegen die Herausbildung der modernen Gesellschaft mit ihren bürgerlich-liberalen Wertvorstellungen, eine sozialkonservative Haltung der Unzufriedenheit über die fortschreitende «Entzauberung der Welt» (Max Weber), in der sich der milieutypische Antimodernismus offen auslebte.

Die in der traditionellen Volkskultur der Schweiz tief verwurzelte Judenfeindschaft hatte sich in der «Suisse profonde», vor allem in der katholischen Stammlande und in den wenig von der Industrialisierung berührten Landregionen der protestantischen Schweiz, zäh und ungebrochen behauptet. Jedenfalls war das Land in der «Judenfrage» noch in der eidgenössischen Volksabstimmung vom 14. Januar 1866 in zwei fast gleich grosse Lager gespalten. Der Urnengang zeitigte ein paradoxes Resultat: Den in der Schweiz lebenden Juden wurde vom Souverän mit einer knappen Mehrheit von 170032 Ja gegen 149401 Nein die Niederlassungsfreiheit gewährt, während ihnen die Kultusfreiheit mit einer ebenso knappen Mehrheit weiterhin verwehrt blieb. Noch immer votierten 9½ der 22 Stände und immerhin 45 Prozent des Stimmvolkes gegen die Ausdehnung der Freizügigkeit auf die Schweizer nichtchristlicher Konfession. Die jüdische Emanzipation war auch 1866 noch alles andere als eine gesellschaftliche Selbstverständlichkeit.

Israelitischer Männerchor Ober-Endingen. Um 1860

Deshalb darf der 14. Januar 1866 lediglich als Meilenstein auf dem Weg zur vollständigen Gleichberechtigung Beachtung finden. Denn auf der konstitutionellen Ebene kam der über achtzig Jahre dauernde Emanzipationsprozess erst mit der Anerkennung der jüdischen Kultusfreiheit in der revidierten Bundesverfassung vom 29. Mai 1874 zum Abschluss. Allerdings bedeutete die Durchsetzung der verfassungsmässigen Gleichstellung keineswegs, dass die alten Vorurteile gegen die nun zu vollberechtigten Staatsbürgern erklärten Mitglieder der jüdischen Religionsgemeinschaft mit einem Mal verschwunden wären. Als Reaktion auf die Emanzipation entstand im Fin de siècle auch in der Schweiz ein neuartiger Antisemitismus, der seinen ersten bedeutenden Erfolg 1893 in der eidgenössischen Volksabstimmung über die Aufnahme eines Schächtverbotes in die Bundesverfassung feierte. Obwohl Bundesrat und Parlament eindringlich vor der Annahme der Vorlage gewarnt hatten, liess sich die Mehrheit von Volk und Ständen zu einer «antisemitischen Demonstration» hinreissen, wie der liberale Berner Staatsrechtler Carl Hilty[20] messerscharf kommentierte. Neben dem Königreich Sachsen war die Schweiz damit das einzige europäische Land, in dem im ausgehenden 19. Jahrhundert das rituelle Schächten untersagt wurde. Noch immer begegnete die «Vox populi» den gläubigen Juden, vor allem aber den orthodoxen Einwanderern aus Osteuropa mit unverhohlener Intoleranz.

5

Die Schweiz emanzipierte die Angehörigen der jüdischen Minderheit als letzter Staat Mittel- und Westeuropas und schränkte deren Grundrechte 1893 als eines der wenigen Länder vor der nationalsozialistischen Machtergreifung in einer wesentlichen Frage wieder ein. Gegenüber Menschen jüdischen Glaubens zeigte sich die vielbeschworene «humanitäre Tradition des Landes» zwischen der Helvetischen Revolution und dem Ende des Zweiten Weltkrieges seltsam blass. Obwohl die Vorkämpfer der jüdischen Emanzipation die besten Argumente aufklärerischen Gedankengutes auf ihrer Seite wussten, tat sich die demokratische Schweiz mit der jüdischen Emanzipation ausgesprochen schwer, weit schwerer jedenfalls als mancher monarchische Obrigkeitsstaat des 19. Jahrhunderts. Ohne jeden Zweifel markierte das, was man antijüdische Fremdenabwehr nennen könnte, einen wichtigen Grundzug in der neueren schweizerischen Gesellschaftsgeschichte.

Die schweizerischen Schwierigkeiten mit der jüdischen Emanzipation hingen wesentlich damit zusammen, dass die «Judenfrage», wie die bürgerliche und politische Gleichstellung der Juden im zeitgenössischen Jargon genannt wurde, im einfachen Volk lange Zeit ausgesprochen unpopulär war. Überdies konnte sich der antiemanzipatorische Widerstand demokratisch

Karikatur zur eidgenössischen Volksabstimmung vom 14. Januar 1866 über die «kleine Bundesrevision» zur jüdischen Emanzipation

Aus: «Postheiri» vom 25. Februar 1865

Würde bringt Bürde.

Der schweizerische Landesvater trägt im Schweiße seines Angesichtes die Lasten seines Amtes.

artikulieren. Gerade der dornenreiche Weg zur jüdischen Gleichberechtigung unterstreicht, dass sich demokratische Mitsprache mitunter zu einer schweren Belastung gesellschaftlicher Emanzipationsprozesse auswachsen kann. Die Schweiz besitzt noch eine weitere Erfahrung in dieser Richtung: die unendliche Leidensgeschichte mit dem Frauenstimmrecht, dessen Einführung auf Bundesebene noch in der eidgenössischen Volksabstimmung vom 1. Februar 1959 wuchtig verworfen wurde; zu einem Zeitpunkt also, als diese Frage in den umliegenden Nachbarstaaten schon längst keine mehr war. Demokratische Volksrechte allein garantieren auch hierzulande noch keine aufgeschlossene und tolerante Gesellschaft.

Literatur

Ulrich Imhof, *Das Europa der Aufklärung*, München 1993
Lothar Gall, *Von der ständischen zur bürgerlichen Gesellschaft*, München 1993
Rudolf Braun, *Das ausgehende Ancien Régime in der Schweiz – Aufriss einer Sozial- und Wirtschaftsgeschichte des 18. Jahrhunderts*, Göttingen/Zürich 1984
Eduard Fueter, *Die Schweiz seit 1848: Geschichte – Wirtschaft – Politik*, Zürich/Leipzig 1928
Florence Guggenheim-Grünberg, *Die Juden in der Schweiz*, Zürich 1961
Augusta Weldler-Steinberg, *Geschichte der Juden in der Schweiz vom 16. Jahrhundert bis nach der Emanzipation*, 2 Bde, Goldach 1966/70
Heinz Schreckenberg, *Die Juden in der Kunst Europas – Ein historischer Bildatlas*, Göttingen/Freiburg im Breisgau 1996
Herbert A. Strauss/Norbert Kampe (Hg.), *Antisemitismus – Von der Judenfeindschaft zum Holocaust*, Frankfurt am Main/New York [2]1988
Reinhard Rürup, *Emanzipation und Antisemitismus. Studien zur «Judenfrage» der bürgerlichen Gesellschaft*, Frankfurt am Main [2]1987
Detlev Claussen, *Grenzen der Aufklärung – Die gesellschaftliche Genese des modernen Antisemitismus*, Frankfurt am Main [2]1994
Stefan Rohrbacher/Michael Schmidt, *Judenbilder – Kulturgeschichte antijüdischer Mythen und antisemitischer Vorurteile*, Reinbek bei Hamburg 1991
Rainer Erb/Werner Bergmann, *Die Nachtseite der Judenemanzipation – Der Widerstand gegen die Integration der Juden in Deutschland 1780–1860*, Berlin 1989
Michael Graetz/Aram Mattioli (Hg.), *Antisemitismus in der Schweiz 1848–1933*, Zürich 1998 (in Vorbereitung)
Friedrich Traugott Külling, *Antisemitismus – bei uns wie überall?*, Zürich o.J. (1977)
Michael Graetz / Aram Mattioli (Hg.), *Krisenwahrnehmungen im Fin de siècle – Jüdische und katholische Bildungseliten in Deutschland und der Schweiz*, Zürich 1997
Hans Ulrich Jost, *Die reaktionäre Avantgarde – Die Geburt der neuen Rechten in der Schweiz um 1900*, Zürich 1992

1 Kasimir Pfyffer, «Über Legitimität und Liberalität» (1828), in: Ders., *Sammlung einiger kleinern Schriften nebst Erinnerungen*, Zürich 1866, S. 27.
2 Ernst Haller, *Die rechtliche Stellung der Juden im Kanton Aargau*, Aarau 1900, S. 12.
3 *Amtliche Sammlung der Acten aus der Zeit der Helvetischen Republik (1798–1803)*, hg. von Johannes Strickler, Bd. IX, Bern 1903, S. 809.
4 Florence Guggenheim-Grünberg, *Die Juden auf der Zurzacher Messe im 18. Jahrhundert*, Zürich 1957, S. 9.
5 *Amtliche Sammlung der Acten aus der Zeit der Helvetischen Republik (1798–1803)*, hg. von Johannes Strickler, Bd. 1, Bern 1886, S. 571.
6 *Amtliche Sammlung der Acten aus der Zeit der Helvetischen Republik (1798–1803)*, hg. von Johannes Strickler, Bd. 2, Bern 1887, S. 882.
7 *Ehrerbietige Vorstellung der israelitischen Gemeinden Endingen und Lengnau an den Hohen Vorort in Bern, zu Handen der Hohen Bundesrevisions-Kommission und der Hohen Tagsatzung. Verfasst von M. G. Dreifus*, Baden 1848, S. 18f.
8 Florence Guggenheim-Grünberg, *Die Juden in der Schweiz*, Zürich 1961, S. 28.
9 «Die Judenfrage im Aargau», in: *Schwyzer-Zeitung*, 30. Mai 1862.
10 Zitiert in: Augusta Weldler-Steinberg, *Die Juden in der Schweiz*, Bd. II., S. 68.
11 «Botschaft des Bundesrathes an die Bundesversammlung, betreffend die Verträge mit Frankreich. Vom 15. Juli 1864», in: *Bundesblatt der Schweizerischen Eidgenossenschaft* 16 (1864), Bd. II, S. 262f.
12 «Rede des Hrn. Bundespräsidenten Dr. Dubs über die schweizerisch-französischen Verträge», in: *Neue Zürcher Zeitung*, 30. September 1864, Beilage, S. 19.
13 Philipp Anton von Segesser, *Sammlung kleiner Schriften. Reden im schweiz. Nationalrathe und staatsrechtliche Abhandlungen. 1848–1878*, Bd. III, Bern 1879, S. 213 u. S. 224.
14 Ebda, S. 216.
15 «Ein Tag des Schweizervolkes», in: *Die Botschaft*, 7. Januar 1866, S. 1f.
16 Zitiert in: Egmont Zechlin, *Die deutsche Politik und die Juden im Ersten Weltkrieg*, Göttingen 1969, S. 32.
17 «Adresse gegen die Verjüdelung der Schweiz», in: *Schweizerische Kirchen-Zeitung*, 7. Mai 1862.
18 Ebda.
19 Segesser (wie Anm. 13), S. 215.
20 Carl Hilty, «Jahresbericht 1894/95», in: *Politisches Jahrbuch der Schweizerischen Eidgenossenschaft* 9 (1894/95), S. 374.

Peter Rüedi

«Über den Wäldern stehen die Sterne»

Das Dorf, die Schweiz, die Welt: Friedrich Dürrenmatt und der Ort hinter dem Mond

Es war eine der vielen Niederlagen, die er in seinem Leben einstecken musste. Diese zu überwinden war einer seiner starken schriftstellerischen Antriebe, was nach überstandener Krise und, insgesamt, überstandenem Leben eine wohlfeile Erkenntnis ist. Im nachhinein lesen wir aus vielen amorphen Fakten, den Splittern einer Existenz, zu gern einen höheren Plan. Keiner wusste das besser als Friedrich Dürrenmatt. Auch deshalb behauptete er: «Ich habe keine Biographie.» «In euren Romanen», sagt in seinem Buch ‹Das Versprechen› (1957) der Chef der Zürcher Kantonspolizei zum Autor, «spielt der Zufall keine Rolle, und wenn etwas nach Zufall aussieht, ist es gleich Schicksal oder Fügung gewesen ... Ein Geschehen kann schon allein deshalb nicht wie eine Rechnung aufgehen, weil wir nie alle notwendigen Faktoren kennen, sondern nur einige wenige, meistens recht nebensächliche ... Der Einzelne steht ausserhalb der Berechnung.»

Das ist auch ein Denkzettel für alle, die sich mit seinem Leben und Werk beschäftigen. Und dennoch: Der Wechsel von Niederlagen und deren Bewältigung ist eines der Grundmuster von Dürrenmatts Biographie (die natürlich auch er hat). Wie er, der seinen Bildern und Stoffen mehr ausgeliefert war, als dass er sie demiurgisch instrumentalisiert hätte, um das Scheitern als einer menschlichen und also auch poetologischen Kondition immer wusste und es, seinem Lieblingshelden Don Quijote wahlverwandt, nie akzeptierte, ist einer der bewegendsten Aspekte des Autors, der ab seiner späten Prosa hinter dem Klischee vom selbstsicheren Possenreisser immer deutlicher in Erscheinung trat und uns heute, mehr als sieben Jahre nach seinem Tod, nachhaltiger beschäftigt als je.

Der «Achtungserfolg» der Münchner Uraufführung von ‹Ein Engel kommt nach Babylon› im Dezember 1953 («das Schlimmste, was mir passieren konnte») war also eine dieser Niederlagen, eine besonders schmerzliche. Hans Schweikart, dessen Inszenierung von ‹Die Ehe des Herrn Mississippi› knapp zwei Jahre davor Dürrenmatt für das deutsche Theater entdeckt hatte, missverstand das Stück als Satire. Entstanden aus den Trümmern eines früheren ‹Turmbaus› (1948), scheiterte es ebenfalls, wenn auch aus Gründen, die nicht in seiner Hand lagen. «Was ich seither für dieses Medium (das Theater) schrieb, verfasste ich im Gefühl einer ‹Bühnenohnmacht›, im Gefühl, mich in ‹Feindesland› zu befinden.» Der Schock sass tief. «Mir geht es nicht gut», schreibt er an seinen alten Mentor und etwas entfremdeten Freund Kurt Horwitz am 25.2.1954, «der Arzt stellte viel Zucker fest. Ein Urteil für immer ... Den Engel will niemand mehr spielen ... Nun, das ist alles wohl ein Zeichen, dass ich mich vom Theater zurückziehen soll. Ein Rückzug von Marignano mehr.» Und am 15.3. an Schweikart: «So bin ich denn ein abgedankter Dramatiker. Ich schreibe an einem Kriminalroman und es macht mir Spass. Ich ziehe mich in Gebiete zurück, wo niemand Literatur vermutet und mache sie dort.»

Dass er nur zwei Wochen später, am 2. April auf der Fahrt nach Luzern, den Ort seiner Kindheit besucht, Konolfingen, hätte er als Zufall bezeichnet. Der Agenda-Eintrag, das Stenogramm einer Heimkehr und einer Entfremdung, einer Differenz zwischen Erinnerung und Distanz, ist zum Teil wörtlich in spätere Texte eingegangen. Er ist nicht weniger als eine erste Keimzelle dessen, was – ein Vierteljahrhundert später, nach vielen weiteren Siegen und Niederlagen und seinem langen Abschied vom Theater – der grosse Rettungsversuch seiner Altersprosa war, der ‹Stoffe›. «2. April. Fahrt nach Luzern. Konolfingen. Von Bern an steigende Neugierde. Erstes Erschrecken, wie ich K. sehe. Welches Nest. Vor allem stimmen die Dimensionen nicht. Erinnerung an Kleinigkeiten. So etwa bei der Treppe am Bahnhof, der erste Absatz. Alles wie zusammengeschachtelt. Landschaft noch am meisten in Erinnerung, Aebersold, Ballenbühl. Das Dorf selber von einer nicht zu übertreffenden Scheusslichkeit. Gehe zum Kreuzplatz, durch die Thunstrasse. Unser Haus, das Pfarrhaus von unten, alles entsetzlich verändert glaube noch einige Bäume zu erkennen, doch sind die charakteristischen, die guten weg, die Pappel, die mächtigen Tannenbäume, die Eiche. Dann nach dem Schulhaus, der Weg nach dem oberen Weg wie sonst, doch das Schulhaus verschandelt – den Weg zu Gribis wie sonst, die Umgebung von unserem Haus verbaut. Unsicherheit auf der Astrasse. Erinnerung an Unfälle. Erinnerung auch an den von Gerüchen … nasses Holz … Der ‹Kirchenstutz› sozusagen eben.»

Ein Fremder kehrt zurück an den Ort seiner Kindheit: Daraus wuchs zuerst der Stoff ‹Mondfinsternis›, dann ‹Der Besuch der alten Dame›. Heimat als Mangel. Und als Möglichkeit, sie in den zum Stoff verwandelten Eindrücken wiederzuerkennen, zu bannen, zu bewahren. In Welt zu verwandeln.

Die Höhlen und Schlupfwinkel, Keller und Estrich; die Gänge im Korn und die Tage in den Bäumen; der Friedhof, für den Pfarrerssohn ein Spielplatz wie sonst einer, wo er sich, im frisch ausgehobenen Grab versteckt, gerade noch vor dem vom Vater angeführten Leichenzug retten kann; der Gemüsehändler, der mit seinem Armstumpf zwischen Kohlköpfen hantierte. Anfang der sechziger Jahre hat er, spielerisch zuerst und dann zunehmend ernsthaft, im Gespräch mit dem Regisseur Hubert Gignoux all seine Stoffe auf die Topographie seiner konolfingischen Kindheit zurückgeführt, eine Karte aufgezeichnet, wenn nicht der Stoffe, so doch der Anlässe, der Keimzellen dazu. «Ich

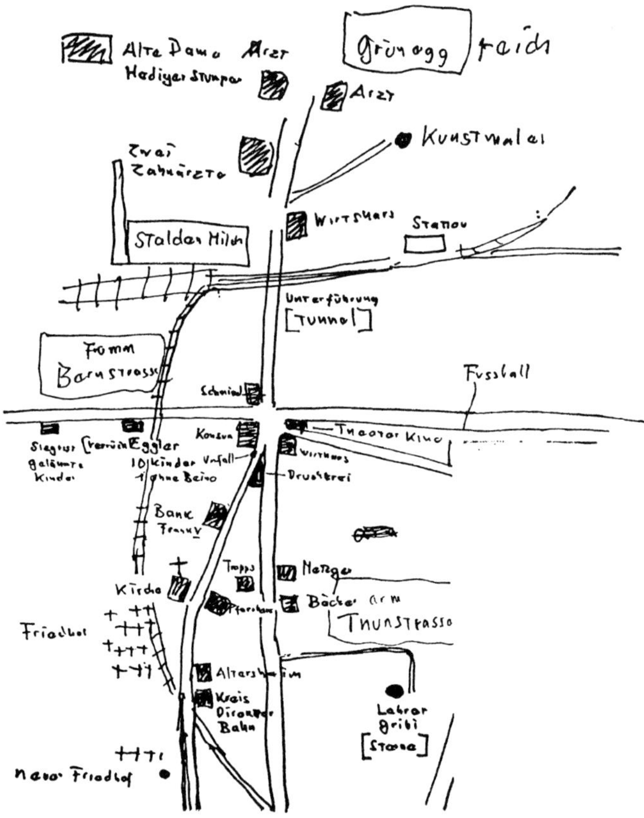

Geographie der Kindheit und des gewachsenen Werks: Friedrich Dürrenmatts *Plan von Konolfingen,* mit eingetragenen literarischen Motiven. Um 1960. Bleistift auf Papier

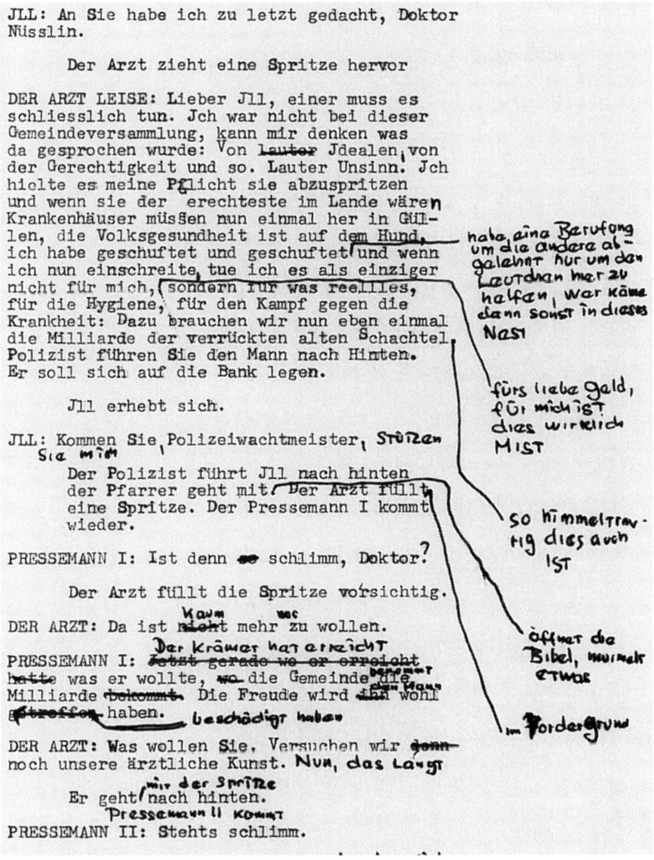

JLL: An Sie habe ich zu letzt gedacht, Doktor Nüsslin.

Der Arzt zieht eine Spritze hervor

DER ARZT LEISE: Lieber Jll, einer muss es schliesslich tun. Jch war nicht bei dieser Gemeindeversammlung, kann mir denken was da gesprochen wurde: Von lauter Jdealen, von der Gerechtigkeit und so. Lauter Unsinn. Jch hielte es meine Pflicht sie abzuspritzen und wenn sie der erechteste im Lande wären Krankenhäuser müssen nun einmal her in Güllen, die Volksgesundheit ist auf dem Hund, ich habe geschuftet und geschuftet und wenn ich nun einschreite, tue ich es als einziger nicht für mich, sondern für was reelles, für die Hygiene, für den Kampf gegen die Krankheit: Dazu brauchen wir nun eben einmal die Milliarde der verrückten alten Schachtel. Polizist führen Sie den Mann nach Hinten. Er soll sich auf die Bank legen.

Jll erhebt sich.

JLL: Kommen Sie, Polizeiwachtmeister, Stützen Sie mich

Der Polizist führt Jll nach hinten der Pfarrer geht mit. Der Arzt füllt eine Spritze. Der Pressemann I kommt wieder.

PRESSEMANN I: Ist denn so schlimm, Doktor?

Der Arzt füllt die Spritze vorsichtig.

DER ARZT: Da ist nicht kaum mehr zu wollen.

PRESSEMANN I: Jetzt gerade wo er erreicht hatte Der Krämer hat erreicht was er wollte, wo die Gemeinde die Milliarde bekommt. Die Freude wird ihn wohl getroffen haben. beschädigt haben

DER ARZT: Was wollen Sie. Versuchen wir denn noch unsere ärztliche Kunst. Nun, das langt

Er geht mit der Spritze nach hinten.

Pressemann II kommt

PRESSEMANN II: Stehts schlimm.

Handschriftliche Notizen:

habe eine Berufung um die andere abgelehnt nur um den Leuten hier zu helfen, wer käme dann sonst in dieses Nest

fürs liebe Geld, für mich ist dies wirklich Mist

so himmeltraurig dies auch ist

öffnet die Bibel, murmelt etwas

im Vordergrund

Friedrich Dürrenmatt: Manuskriptseite aus *Der Besuch der alten Dame.* 1955

Friedrich Dürrenmatt: *Der Besuch der alten Dame.* Uraufführung 29. Januar 1956 im Schauspielhaus Zürich. In der Mitte: Gustav Knuth als Ill (mit Tasche)

bin kein Dorfschriftsteller», schreibt er 1965 im kleinen Text ‹Dokument›, einer weiteren Station in der Annäherung an die Anfänge, «aber das Dorf brachte mich hervor, und so bin ich immer noch ein Dörfler mit einer langsamen Sprache, kein Städter, am wenigsten ein Grossstädter, auch wenn ich nicht mehr in einem Dorf leben könnte.» «Die Welt ist grösser als das Dorf: über den Wäldern stehen die Sterne», schreibt er am Beginn seiner ‹Stoffe I–III› (1981). «Ich zeichnete die Konstellationen: den unbeweglichen Polarstern, den Kleinen und den Grossen Bären mit dem geringelten Drachen zwischen ihnen, ich lernte die helle Wega kennen, den funkelnden Atair, den nahen Sirius, den fernen Deneb, die Riesensonne Aldebaran, die noch gewaltigeren Beteigeuze und Antares.» Das ist keine nachträgliche Projektion, himmelskundige Schulaufsätze beweisen, er «war nie ein Ptolemäer». Und hatte doch in anderem, moralisch-philosophisch-politischem Sinn schon 1950 seinen Widerruf formuliert, in einem Aufsatz ‹Das Schicksal der Menschen›, einem vehementen Plädoyer für die Ethik des Einzelnen, eine «ptolemäische Wendung» geahnt. (Im Jahr der Mondlandung 1969: «Der Weltraumflug hat nur dann einen Sinn, wenn wir durch ihn die Erde entdecken und damit uns selber. Am 20. Juli 1969 bin ich wieder Ptolemäer geworden.»)

Die Horizontale hat er als ein verschachteltes System von Gefängnissen erfahren (sich selbst, die Pfarrersfamilie, die ihn vom dörflichen Sozialverband ausschloss, das System einer auf Bestrafung und Belohnung ausgerichteten Religiosität der Mutter zumal; die lokale Begrenzung auf das Dorf, gelegentlich die Stadt, einmal im Jahr Ferien in Adelboden). Darüber aber dehnte sich das All, und über dem Gefängnis der Schule der Kosmos der Mythen und Geschichten: der biblischen, der griechischen, der germanischen: «Noch war alles zusammengehalten – der Mutterschoss des Dorfes und die wilde Welt des Draussen, der Geschichte und der Sagen, die gleich wirklich waren, aber auch die unermesslichen Gewalten des Alls.» Der Mond, den Teo Otto 1947 für die Uraufführung von ‹Es steht geschrieben› bedrohlich nah und riesig zum Tanz von Bockelson und Knipperdollinck auf dem Dachfirst in die Szene gehängt hatte, stammt aus Dürrenmatts ‹Welt-Bild›. In dessen Malerei explodieren über den Labyrinthen und um die babylonischen Türme Riesensterne, fliegen Asteroiden, wirbeln Spiralnebel, glühen tote Sonnen, die so unendlich weit entfernt sind, dass ihr Licht die Erde erst lange nach ihrem Erlöschen erreicht: eine Vorstellung, die ihn zeitlebens fasziniert hatte.

Das Oben und das Unten, das Innen und das Aussen: Dürrenmatts Grundkoordinaten. Die Höhle und der Turm. Das Labyrinth als Grunderfahrung. 1958 malte Dürrenmatt die Gouache ‹Labyrinth I: Der entwürdigte Minotaurus›, der Stiermensch zwischen kulissenhaft geschachtelten Wänden, oben rechts ein knabenhafter Theseus, der auf das Doppelwesen herunterpinkelt. «Der Einzelne steht einer Welt gegenüber, die für ihn undurchschaubar ist: Das Labyrinth ist die Welt vom Minotaurus aus gesehen.» Das Blatt ‹Der Weltstier› (1975) ist eine Assoziation dazu, «das Sinnbild des amoklaufenden Ungeheuers, das wir ‹Weltgeschichte› nennen», aber einen anderen, näherliegenden Sinn legt die gereimte Widmung für die Schwester Vroni nahe: «Wer da steht, bös und wild / das ist des Zeichners Ebenbild.» Minotaurus, als Ungestalt «das Bild des Einzelnen, des Vereinzelten», «ohne Erfahrung des Andern, des Du», ist auch ein Selbstbildnis. Die Gefangenschaft ist sogar eine Erfahrung am, im eigenen Leib: «Ein Vierundzwanzigjähriger, fett, damit das Schreckliche hinter den Kulissen, welches er sah (das war seine Fähigkeit, vielleicht seine einzige), nicht allzu nah an ihn herankomme, der es liebte, die Löcher in seinem Fleisch, da doch gerade durch sie das Ungeheuerliche hereinströmen konnte, zu verstopfen, derart, dass er Zigarren rauchte (Ormond-Brasil 10) und über seiner Brille eine zweite trug, eine Sonnenbrille, und in den Ohren Wattebüschel ...», beginnt die Erzählung ‹Der Tunnel›, und am Ende, wenn der Zug ins Nichts stürzt, fegen sie durch den ungeheuren Luftzug der Katastrophe «pfeilschnell nach oben in den Schacht».

Das Labyrinth als Chiffre ist im Werk allgegenwärtig, von der frühsten (‹Die Stadt›) bis zur spätesten Prosa (‹Stoffe›, darin vor allem ‹Winterkrieg in Tibet›), als Vorstellung auch wirksam, wo wir es nicht vermuten würden, in der Erkenntnistheorie zum Beispiel. Auch Kant ist für Dürrenmatt ein Minotaurus: «Was mir jedoch in Wirklichkeit Kant wichtig gemacht haben mag und immer noch wichtig macht, ist ..., dass sie [die Kantische Philosophie] wohl eine Philosophie des Scheiterns darstellt. Gerade darin scheint mir ihre Bedeutung zu liegen. Indem sie eine unüberwindbare Schranke setzt, stellt sie ein unlösbares Problem auf, stellt sie eine unbeantwortbare Frage. Alle Fragen nach dem Ding an sich sind unbeantwortbar. Es führt grundsätzlich kein Ausweg aus dem Bereich, von dem aus das Wissbare zu überschauen, in ein System zu bringen wäre. Kant mauerte den Ausgang des Labyrinths zu, es gibt nur den ‹Sprung über die Mauer›, den Glauben, das Paradox Kierkegaards ...» Aber auch: «Kant lehrte den Menschen, das Labyrinth zu akzeptieren, er erlöste den Minotaurus, nicht wie

Theseus, der ihn tötete, sondern indem er ihn zum Menschen verwandelte, er erzog ihn, das Gefängnis seines Wissens zu ertragen, und er gab ihm die Freiheit des Geistes, sein Gefängnis zu sprengen, indem er es anerkannte.» Die Rettung aus der Horizontalen, dem Labyrinth, ist nur möglich im «Paradox des Glaubens». Dädalus stürzt, der Turm scheitert, oder mit Wittgenstein: «Meine Sätze erläutern dadurch, dass sie der, welcher mich versteht, am Ende als unsinnig versteht, wenn er durch sie – auf ihnen – über sie hinausgestiegen ist. (Er muss sozusagen die Leiter wegwerfen, nachdem er auf ihr hinaufgestiegen ist). Er muss diese Sätze überwinden, dann sieht er die Welt richtig.» «Ich warf die Leiter weg», fügt Dürrenmatt diesem Zitat bei.

Das Labyrinth und der babylonische Turm; der mutige Einzelne, der ironische Held, der verdienstvolle Verräter; Glaube und Zufall; der Mensch als denkendes Wesen und als «der Evolution aus dem Ruder gelaufener Raubaffe» – über all dies ist in der umfangreichen Dürrenmatt-Sekundärliteratur ausgiebig nachgedacht und spekuliert, paraphrasiert und interpretiert worden. Einer breiteren literarischen Öffentlichkeit klar zu machen, dass solche Grundmotive und Orgeltöne keine freiwilligen Setzungen oder listenreichen Metaphern sind, sondern Resultate existentieller Erfahrungen, hat dies wenig geholfen. Dabei ist eben dies der Grund, weshalb in diesem Werk alles mit allem zusammenhängt. Alles, was Dürrenmatt geschrieben hat, sind, mit dem von ihm skeptisch verehrten Goethe zu reden, «Bruchstücke einer grossen Konfession».

Keinen Monat vor seinem Tod, am 22. November 1990, hielt Friedrich Dürrenmatt in Rüschlikon seine letzte öffentliche Rede für Vaclav Havel. Mehr noch als andere seiner Reden zuvor galt sie als der Skandal, der die Reaktion auf sie wirklich war. Bundesräte drückten sich davor, sich beim Redner zu bedanken, ein Ex-Bundesrat sprach von einem «Ausbund an Primitivität» und der Zürcher Erziehungsdirektor von einer «leicht senilen Rede» (und keiner

A—SCREEN—MUSIC
ISION—RADIO—ART
NCE—RECORDS

The New York Times.

GARDENS—PHOTOGRAPHY
HOME IMPROVEMENT—BRIDGE
STAMPS—COINS

Section 2 Part I

The New York Times Company. SUNDAY, MAY 4, 1958. X

HOLLYWOOD FUTURE

Movie Men Ask Where They Go From Here

By BOSLEY CROWTHER
HOLLYWOOD.

THE question most thinking people in this community are asking themselves these days, with respect to the manufacture of movies, is "Where do we go from here?" How much production of pictures for showing in theatres, which has dropped close to 30 per cent in volume in the past seven years, is there likely to be in this great center of entertainment-making seven years from now? Are the large studios doomed to dissolution? What's in, as well as with, the stars?

These are downright questions of survival that may seem a little premature in the light of what's currently cooking and what has always been a frame of mind out here. Although the actual number of pictures being made in Hollywood studios now is small—ridiculously small for the size of the facilities—the prospects for their quality look good and the general confidence of the people who are busy seems consistently strong.

What is more, there are technical reasons for a slack in operations at this time (the strike of the musicians is one of them). And Hollywood usually lives in crisis, anyhow.

Hard Facts

But the still inescapable fact is that there has been a steady decline in the number of pictures manufactured. Three large studios are closed – at least, for the production of theatre pictures. And a lot of people who have previously worked are

"THE VISIT"—Lynn Fontanne, as the wealthiest woman in the world, returns to her native village to wreak vengeance on the man who betrayed her (Alfred Lunt). At left (dark glasses) is the former magistrate (John Wyse) who is now her butler. Friedrich Duerrenmatt's play arrives at the new Lunt-Fontanne Theatre tomorrow.

Vorschau auf die Aufführung in New York: *The New York Times*, 4. Mai 1958 ahnte, wie recht das Dürrenmatt sein musste, hatte er doch in seinem ‹Schweizerpsalm III› 1971 schon bedauert, «in einem Lande zu leben / in welchem es langsam genierlich wird / Einem Bundesrat die Hand zu reichen»). Das zentrale Bild der Rede von der Schweiz als Gefängnis, vom Gefängnis als dem Ort der Verschonung (auch an den Anfang von Kleists ‹Das Erdbeben in Chili› darf gedacht werden), von der rettenden Höhle als Gefängnis, dessen Insassen zugleich Gefangene und Wärter sind, hat die damals im ganzen Ausmass bekannt gewordene Fichen-Affaire nur aus den Tiefen alter Grunderfahrungen ins Bewusstsein geholt. Es ist eine Chiffre für Dürrenmatts allerdings schon kindliche Urerfahrung (nicht nur des Labyrinths: alle Mutterliebe und Aufgehobenheit in der Familie ist gleichzeitig Fürsorge und Freiheitsberaubung), mächtig formuliert schon in der vor dem dramatischen Erstling (‹Es steht geschrieben›) konzipierten frühen Prosa (‹Die Stadt›, ‹Aus den Papieren eines Wärters›). So auch hat Dürrenmatt, und das bestimmte nicht nur die Haltung zu seinem Land, sondern letztlich seine ganze Ästhetik der Distanz, die Schweiz im Zweiten Weltkrieg erfahren: verschont und eingeschlossen, ausgeschlossen von der Geschichte (was zunächst auch einen fatalen Unterton hatte). In den ‹Stoffen› heisst es: «Die Lage war trist, der Verschonte realisierte sein Verschontsein nicht. Das Land war von der übrigen Welt abgekapselt. Vorher war ich nur zweimal im Ausland gewesen ... Erst zwölf Jahre später sollte ich wieder ins Ausland gelangen, denn der Krieg brach aus, rückte näher und schloss das Land ein, mit dem paradoxen Ergebnis, dass die Schweiz ausserhalb der Katastrophe blieb; es war nicht auszumachen, ob sie ein Gefängnis war, eine belagerte Festung oder eine Produktionsstätte für Hitler; ob sie verschont wurde, weil sie mutig war oder feige oder beides zusammen, oder gar, ob sie einfach von der Weltgeschichte vergessen worden war ... Der Krieg spielte sich für die Stadt wie hinter fernen Kulissen ab ... Oft hörte man amerikanische und englische Bomber, die irgendwo über der Stadt nach Oberitalien einflogen, die Sirenen heulten auf, die Lichtstrahlen der Scheinwerfer durchschnitten die Nacht, alles aufgezogene Theatralik, militärische Neutralitätsgestik, seltsam gefahrlos, idyllisch geradezu.»

Das ist, vom Dürrenmatt der ‹Stoffe› beschrieben, aus der Distanz erinnert und geformt. Aber dass das verschonte, eingeschlossene, von der Erfahrung des «Abgrunds» ausgeschlossene Land in der Terminologie des Theaters beschrieben wird, ist kein Zufall. Das Theater hat ihm tatsächlich als Schriftsteller «die Zunge gelöst»: weil es, im Gegensatz zum Film und auch zum Hörspiel, grundsätzlich das Medium der Distanz ist. «Man kann», heisst es in einem kleinen Text aus dem Jahr 1952 (‹Fingerübungen zur Gegenwart›), «heute die Welt nur noch von Punkten aus beobachten, die hinter dem Mond liegen, zum Sehen gehört Distanz, und wie wollen die Leute denn sehen, wenn ihnen die Bilder, die sie beschreiben wollen, die Augen verkleben? Der Einwand wird aufgeworfen, es sei unerlaubt, das zu schildern, was man nicht selber erlebt habe, als ob Leiden eine Art Monopol zum Dichten schüfe, aber war Dante in der Hölle?» «Ich bin verschont worden, aber ich beschreibe den Untergang», heisst es anderswo. Und 1980, also immer noch zehn Jahre vor der Rede auf Havel, in ‹Friedrich Dürrenmatt über F.D.› von den ersten Stücken: «Sie sind Versuche, jene Vergangenheit zu gestalten, die F.D. (Jahrgang 21) mitgemacht und die ihn gemacht hatte, obgleich er sie aus der Abgeschiedenheit

Die Vollstrecker der «Gerechtigkeit»: Szene aus *Hyènes.* Mansour Diouf in der Figur des Ill.

Die Adaption der «Alten Dame» in Senegal: Filmplakat zu *Hyènes* von Djibril Diop Mambéty. 1992

der Schweiz heraus erlebte, verschont und gefangen: Die Schweiz war Privileg und Gefängnis zugleich. Es sind Stücke sowohl der Nähe als auch der Distanz, von der Frage angeregt, wie wohl Hitler und damit der Glaube an ihn möglich geworden war.»

Aus der Höhle des Zuschauerraums auf heller Bühne die Welt, den Schrecken, den Abgrund zu betrachten, den zu erfinden der Ausgeschlossene gezwungen war, gefangen gleichsam wie die Höhlenbewohner von Platos berühmtem und vom Philosophiestudenten F.D. in einer Seminararbeit interpretierten Gleichnis (‹Der Staat›, 7. Buch) – von den inneren und äusseren Bildern bedrängt, dem Unbekannten, Amorphen, Aussenliegenden, Schrecklichen ein Bild abzunötigen oder es darein zu bannen – das war ein Grund, weshalb die Schweiz der Kriegsjahre die Selbstgeburt dieses Autors auslöste. Nur so ist das Pathos der Hassliebe zu erklären, mit dem er in seinen ersten beiden Schweizerpsalmen seinem Land, diesem «Don Quijote der Völker», die Leviten liest wie ein barocker Bussprediger: «Ich bewundere Dich nicht. Ich lasse nicht ab von Dir / ein Wolf der sich in Dich verbiss / Deine

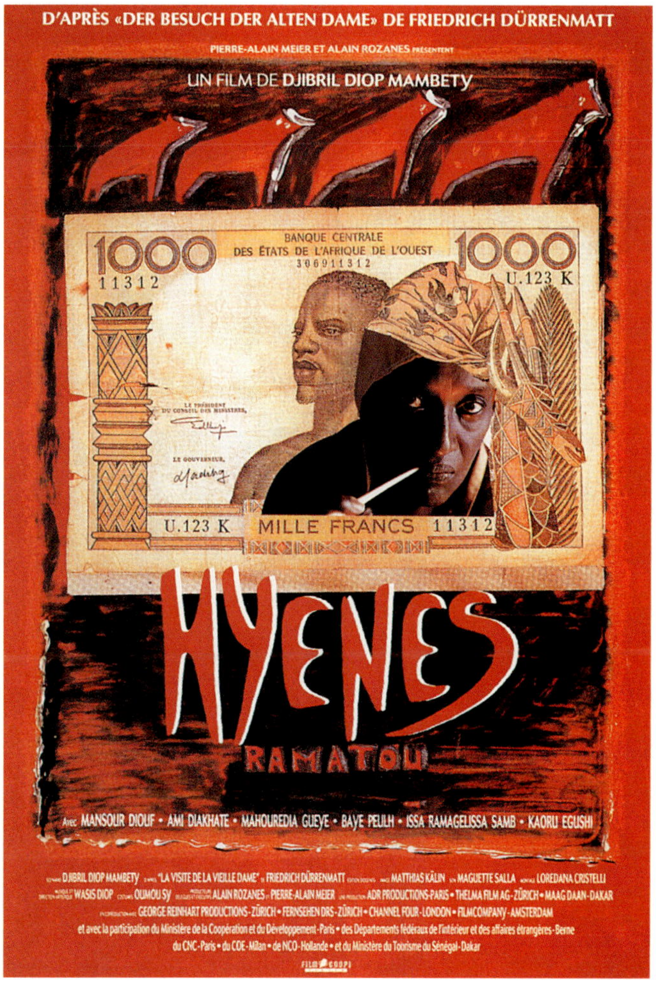

Sattheit mit Füssen stampfend, höhne ich Dich, wo Du schlecht bist. Deine Ahnen / lassen mich kalt, ich gähne, wenn ich von ihnen höre.» Wenn er allerdings von einer Reise ins Deutschland der ersten Nachkriegszeit zurückkehrt, übernimmt er die Rolle des von ihm geliebten Ritters von der traurigen Gestalt, auch nicht ohne Überheblichkeit: «Ein ewiger Don Quijote liebe ich mein Land / indem ich es züchtige / bejahe ich die Welt, indem ich sie verneine / Ein besseres Deutsch redend als die Deutschen.»

Als Kleinstaat, der aus einer Niederlage hervorging, war ihm die Schweiz eine pragmatische Chance, ein Staat als Zweckverband, ein Staatenbund en miniature und als solcher durchaus eine Art Modell für ein künftiges Europa, und Dürrenmatt hat mitbedacht, dass sie den Grund ihrer Existenz verlieren könnte, wenn Europa «verschweizert». Als Vaterland war sie ihm ein Ärgernis und eine doppelt groteske Anmassung: Grossstaaten, erklärte er Alfred Defago in einem Interview zum 1. August 1979, trügen in sich das Risiko der «Umfunktionierung des Staates in ein Vaterland ... Man stirbt nicht für einen Staat, man stirbt für ein Vaterland ... Aber was ist ein Staat? Er ist eine Institution, die funktionieren muss. Ich gehe ungern in den Krieg, um das Funktionieren der SBB zu verteidigen.» So gesehen: ein Behagen im Kleinstaat. Die Enge der Schweiz war ihm kein Problem, sie garantierte ihm im Gegenteil die Distanz zur Welt, zu seinen erfundenen Welten. Die Diskrepanz zwischen der kleinstaatlichen Realität und der ins Heldische entrückten Geschichte amüsierte ihn. Geärgert haben ihn schweizerische Anfälle von Grössenwahn, etwa im Bereich der Verteidigungspolitik. (Wer erinnert sich noch, dass noch Anfang der sechziger Jahre ein Teil der Schweizer Armeeführung allen Ernstes eine Atombewaffnung anstrebte?)

Bedrückt aber hat Dürrenmatt, was heute alle Welt und die Hälfte der Schweizer an der Schweiz irritiert: die Art, wie sie ihre Vergangenheit während des Zweiten Weltkriegs bewältigt, das heisst, nicht bewältigt, also überwältigt hat, die Zeit ihrer Verschonung und Isolation. Das Fragment ‹Zur Dramaturgie der Schweiz›, erstmals veröffentlicht immerhin 1972 in ‹Theater-Schriften und Reden›, widerlegt nicht nur das unverständliche Fehlurteil vom unpolitischen Dürrenmatt, sondern insgesamt den neuerdings hörbaren Pauschalvorwurf an

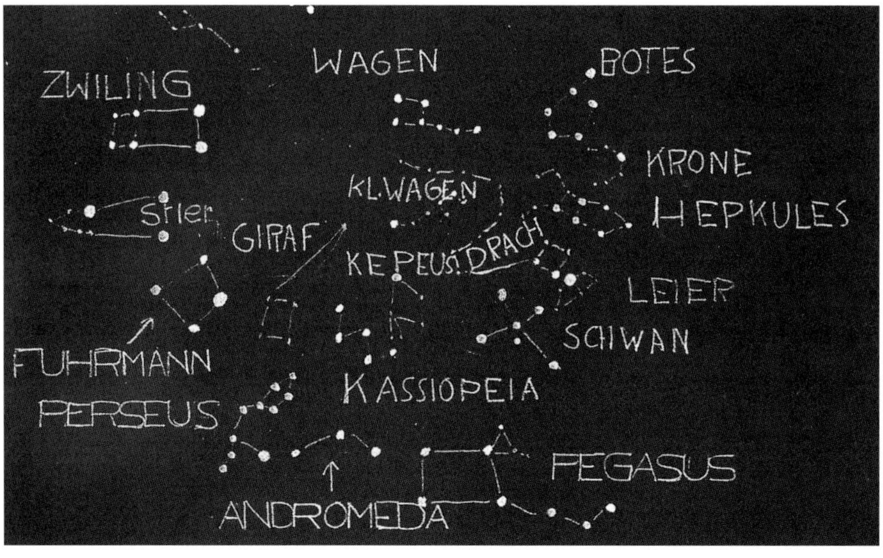

Über dem Dorf stehen die Sterne: *Sternkarte* des jungen Friedrich Dürrenmatt. Um 1930. Bleistiftzeichnung in Primarschulheft

Schweizer Autoren und Intellektuelle, sie hätten sich um die dunklen Seiten der jüngeren Schweizer Geschichte gedrückt. Dürrenmatt waren sie so nah, dass er darüber in der 1. Person Plural nachdenkt. «Die Schweiz hatte politisch nur eine Aufgabe zu lösen, die alle andern politischen Aufgaben nebensächlich machte, die sich damals noch stellten: den Krieg vermittels ihrer Politik zu vermeiden, und sie vermied ihn mittels ihrer Politik. Eine andere Frage ist natürlich, wie sie ihn vermied ... Die Politik ist nicht besser als die Menschen, die sie betreiben ... So zogen wir uns denn schweizerisch aus einer unmenschlichen Lage: Nicht unklug, mit hohem moralischem Anspruch und mit moralisch oft bedenklicher Praxis. Neutralität ist eine politische Taktik, keine Moral ... Unsere Fehler und unsere Tugenden, unsere Feigheit und unser Mut, unsere Unterlassungen und unsere humanen Gesten, unsere Dummheit und unsere Klugheit, unser Nachgeben und unser Widerstand dienten unbewusst nur dem Ziel, davonzukommen ... Unser Davonkommen war nicht vorbildlich, auch eine erfolgreiche Politik hat ihre bitterbösen Seiten. Wir liessen unsere Opfer nicht ins Land oder schoben sie wieder über die Grenze und damit aus unserem Bewusstsein. Wir hatten Verräter, wir erschossen sie, wir hatten Mitläufer, wir vergassen sie, wir hatten Antisemiten, wir haben sie noch.» Und: «Unser übertriebener Antikommunismus» (und Dürrenmatt war als Anti-Hegelianer wahrlich das Gegenteil eines Kommunisten) «ist zu einem Ritual geworden, zu einem Stammestanz der Schweizer. Er ist emotional. Er hängt mit unserer bewältigten Vergangenheit zusammen. Wir wurden verschont. Wir mussten unsere politische Gerissenheit mit einer moralischen Einbusse bezahlen. Wir standen in der heldischen Welt der Kriegsgewinner plötzlich als Kriegsgewinnler da, ohne Möglichkeit, uns wie die Deutschen vom Heldentum aufs Leiden umzustellen, wir hatten nicht einmal gelitten. Wie der Reiter nach seinem Ritt über den Bodensee vom Pferd fielen wir nachträglich in eine moralische Krise. Gewohnt, als Vorbild zu gelten, versuchen wir seitdem, wieder eins zu werden. Da wir keine Kriegshelden waren, wollen wir nun wenigstens die Helden des kalten Krieges sein.» Und dann die zentralen Sätze: «Die Schweiz (wie etwa auch Schweden) ist der Tragik aus dem Wege gegangen, darum ist sie kein tragischer Gegenstand, sondern ein untragischer Fall in einer tragischen Zeit. Tragisch sind nur ihre Opfer. ‹Die letzte Chance› wäre ein grösserer und damit wahrerer Film geworden, hätte er ein schlimmes Ende genommen, wären die Emigranten wieder ausgewiesen worden. Nicht, dass wir keine Emigranten aufgenommen hätten, doch Grösse zeigt nur, wer zu seinem Versagen steht. Zu unserem Davonkommen gehört die Schuld; gerade hier erweist sich die

Friedrich Dürrenmatt: *Labyrinth I/Der entwürdigte Minotaurus.* 1958. Gouache

Schweiz als klein, kleiner noch als auf der Landkarte. Sie sieht ihre Vergangenheit nur heldisch und human, sie will schuldlos davongekommen sein. Doch ist es falsch, unsere bewältigte Vergangenheit nun ins Teuflische umzudichten, dass sie menschlich war, genügt, man bedichte sie lieber überhaupt nicht.» Aus welchen Sätzen zu lernen wäre: nicht dass Schweizer Autoren sich um Schweizer Politik foutierten, ist der Skandal, sondern dass die Schweizer Politik sie nicht wahr-, respektive ernstnimmt. Wenn nicht als moralische Instanzen, müsste sie sie wenigstens als Laborratten beobachten, welche kommende Erdbeben anzeigen.

Dürrenmatt in seinem Atelier in Neuenburg. Um 1988

Heimat (mit dem Wort ging er sehr sparsam um) war Dürrenmatt nicht der Zweckverband Kleinstaat und schon gar nicht ein Vaterland, sondern die Muttersprache, das Berndeutsche, das Landbernische. Es war eine Behauptung des Dörflers gegen den Dialekt der Stadt und gegen die Hochsprache. Seit 1952 lebte Dürrenmatt im französischsprachigen Neuchâtel und damit sprachlich in einem doppelten Exil. Dem Dazwischen des Orts hinter dem Mond entsprach das seiner geschriebenen Sprache. Im Grossen aus Quadern gebaut mit dem Handwerk einer guten rhetorischen Schulung an antiken wie an barocken Texten, in Antinomien sich türmend und in Paradoxen gipfelnd, ist sie im Detail flexibel und fragil, vibrierend in der Spannung zur Umgangssprache. Nicht nur das Französische, auch das Deutsche sprach er mit schwerem berndeutschem Akzent, einige seiner Werke, etwa ‹Herkules und der Stall des Augias›, sind erst ganz zu verstehen, wenn man sie von Dürrenmatt gelesen hört. In der doppelten Sprache bildet sich Dürrenmatts Verhältnis zur Schweiz ab. Sprache als Heimat, Muttersprache und selbstverständliche Sphäre, in der einer atmet und die er so wenig wahrnimmt wie der Fisch das Wasser. Und Sprache als Material, an dem der Schriftsteller arbeitet wie der Bildhauer am Stein, als bewusste Anstrengung. Doch die Atmosphäre verändert die Erde, die sie überspannt. Die Muttersprache affiziert die Schriftsprache, bestimmt deren Rhythmus und Ton und Färbung.

Wie hatte er es in seiner Dankrede anlässlich der Verleihung des Ehrendoktors durch die Universität Neuchâtel am Beispiel von Samuel Beckett beschrieben, dem französisch schreibenden Iren? «Dank der Distanz zur Sprache die Welt darzustellen, die er durch die Sprache herstellt.» Damit meinte Friedrich Dürrenmatt sich selbst, und dass er diese Distanz nicht künstlich herzustellen hatte, verstand der auf alles neugierige Universalist als ein Geschenk seiner Herkunft.

Max Nyffeler

Der Klangalchimist von Bahia

Auf den Spuren von Walter Smetak (1913–1984)

«Man wird schnell vergessen, wenn man einmal hier ist», sagt Pierre Klose in lupenreinem Französisch. «Die Schweiz ist weit weg, und die Leute dort interessieren sich für andere Dinge.»[1] Er wanderte in den fünfziger Jahren nach Salvador aus, der Hauptstadt des brasilianischen Bundesstaates Bahia im Nordosten des Landes, wo er an der Escola de Música – dem damals neugegründeten, der Universität angeschlossenen Konservatorium – eine Klavierprofessur übernahm. Vierzig Jahre später ist Klose pensioniert und hat Musse, sich an die Aufbruchszeit der fünfziger Jahre zu erinnern, als die Stadt am Südatlantik zu einer Anlaufstelle junger, begabter und unternehmungslustiger Musiker aus Europa wurde. Unter der Leitung des 1937 emigrierten Deutschen Hans-Joachim Koellreutter bauten sie hier eine nach europäischen Massstäben funktionierende Musikkultur auf. Viele von ihnen kehrten, bereichert von den Erfahrungen in den Tropen, nach einigen Jahren in ihre Heimat zurück. Zu denen, die blieben und sich assimilierten, gehörte neben Klose unter anderem Ernst Widmer, Willy-Burkhard-Schüler aus Aarau, der später von Koellreutter die Leitung der Escola de Música übernahm und bis zu seinem Tod 1990 eine ganze Musikergeneration in Bahia entscheidend beeinflusste.

Auch Walter Smetak gehörte dazu. Für den gebürtigen Zürcher wurde Salvador zum Schicksal. Er verlor seine Bindungen an Europa und wurde doch nie ganz Brasilianer; seinen harten europäischen – zürcherischen? – Akzent verlor er, zur Belustigung seiner bahianischen Freunde, nie ganz.[2] Doch in dieser Stadt, in der sich Ausläufer der europäischen und nordamerikanischen Kulturen, Reste indianischer Naturmystik und der mächtige, omnipräsente Einfluss Afrikas zu einem undurchschaubaren Gemenge mit explosiv-vitalem Zukunftspotential verdichten, fand er das geistige Klima, das ihn inspirierte. Hier kam er zu seiner esoterisch-religiösen Weltsicht, hier machte er jahrzehntelange Klangexperimente und entwickelte sein Konzept einer aus den Fesseln der Tradition befreiten Musik, das ihn in eine Reihe mit Neuerern des 20. Jahrhunderts wie Julián Carrillo, Edgard Varèse und John Cage stellt.

Smetak tauchte, von Koellreutter berufen, 1957 in Salvador auf, nachdem er sich schon zwanzig Jahre lang im Süden Brasiliens aufgehalten hatte. Dass er 1937 emigrierte, begründete er später so: «Ich dachte, es wäre besser, mich auf das freiheitliche Durcheinander der Tropen einzulassen als mich dem von Hitler angezettelten europäischen Desaster auszuliefern.»[3] In der Folge wurde er in seiner schweizerischen Heimat so gründlich vergessen, dass es heute schwierig ist, hier (und überhaupt in Europa) noch Spuren von ihm zu finden.

Das erste Mal hörte ich den Namen Walter Smetak im Jahr 1989 vom Zürcher Schriftsteller, Fernsehredaktor und Brasilienkenner Peter K. Wehrli, der mir eine Langspielplatte mit Aufnahmen der ‹Compositores da Bahia›, dem Kreis der Komponisten um Ernst Widmer, zum Hören gab. Darauf waren zwei kurze Stücke Smetaks enthalten. Wehrli war es auch, der zum Tod Smetaks 1984 einen kurzen Fernsehfilm des Westdeutschen Rundfunks über den Klangbastler aus dem fernen Bahia über den Schweizer Sender laufen liess. Kurz davor war Smetak beinahe geisterhaft noch einmal in Europa aufgetaucht: Bei ‹Horizonte 82›, dem Lateinamerika gewidmeten 2. Festival der Weltkulturen in Berlin, findet sich unter der Veranstaltungsrubrik «Workshops» die Ankündigung: «Musik-Werkstatt Walter Smetak, Akademie der Künste, 16.–17. Juni.»[4] Im 272 Seiten starken Festivalmagazin wird allerdings mit keinem Wort auf ihn Bezug genommen, und Folgen hatte dieser Auftritt, soweit ersichtlich, auch keine. Ansonsten auch in den einschlägigen Lexika weitgehend Fehlanzeige; weder in ‹Musik in Geschichte und Gegenwart› noch im ‹New Grove's Dictionary of Music and Musicians› ist er erwähnt. Immerhin: Das ‹Riemann Musiklexikon›[5] widmet ihm einen kurzen Artikel, in dem er als Schöpfer neuer, als «Klangkörper der Plastik» bezeichneter Instrumente und als Autor von experimenteller Musik, von Lautgedichten und Theaterstücken vorgestellt wird. In der Schweiz sieht es noch düsterer aus. Die 470seitige Dokumentation ‹Schweizer Komponisten unserer Zeit›[6] nennt unter den 191 Beiträgen keinen Walter Smetak. Eine Anfrage bei der Suisa-Stiftung, die im Vorwort Informationen über im Buch nicht vertretene Komponisten anbietet, verläuft ebenfalls negativ: «... teile ich Ihnen gerne mit, dass (laut unserer internationalen Dokumentation) Smetak nie Mitglied irgendeiner Urheberrechtsgesellschaft war, also auch nicht bei uns. Deshalb können wir Ihnen leider keine Auskünfte über ihn, sein Werk, evtl. vorhandene Erben etc. geben. Von Verlegern sind uns ebenfalls keine Werke gemeldet worden.»[7] Einige Hinweise auf ihn sind immerhin im Archiv der Ernst-Widmer-Gesellschaft in Aarau zu finden, die Anfang der neunziger Jahre den gesamten Nachlass Widmers aus Bahia in die Schweiz holte. Doch als Komponist ist Smetak in seiner früheren Heimat offensichtlich nicht mehr bekannt, schon gar nicht als *Schweizer Komponist.*

Unerwartet fündig wird man hingegen in einem anderen Medium – im Internet. Unter der Homepage des weltbekannten bahianischen Liedermachers Gilberto Gil stösst man auf eine umfangreiche, liebevoll gemachte Dokumentation in englischer Sprache über Smetak. Sie enthält eine kurze Biographie, einen Originaltext Smetaks, Würdigungen durch Gil und den Schriftsteller Augusto de Campos sowie Abbildungen seiner Instrumente.[8] Wer hätte das gedacht: Die enigmatische Gedankenwelt des Tüftlers und Einzelgängers, dessen Ruf zu Lebzeiten kaum über Bahia hinausdrang, ist im virtuellen Himmel des Web verewigt und weltweit zugänglich gemacht. Eine noble postume Geste seiner bahianischen Freunde, die nicht vergessen haben, was er ihnen gab.

Geboren wurde Walter Smetak am 12. Februar 1913 in Zürich als Sohn in der Schweiz niedergelassener tschechischer Eltern. Laut brasilianischen Quellen sollen die Vorfahren mütterlicherseits Zigeuner gewesen sein. Sein Vater war ein exzellenter Zitherspieler, von dem er den ersten Musikunterricht erhielt. Er wollte ursprünglich Pianist werden, doch eine

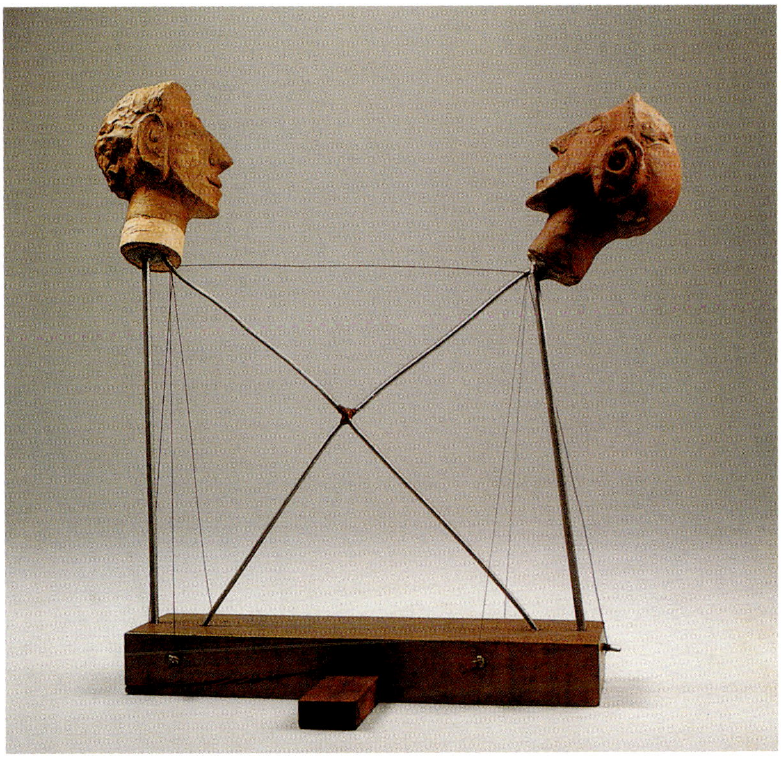

Walter Smetak: *Colóquio.* Klangplastik. Holz, Eisen und Ton

Walter Smetak: *Inca.* Klangplastik. Holz und Eisen

Verletzung an der rechten Hand liess ihn zum Violoncello wechseln. Er studierte vier Jahre am Salzburger Mozarteum, dann in Wien u.a. als Schüler von Pablo Casals und bestand 1934 sein Konzertexamen. Als er 1937 nach Porto Alegre kam, machte das Sinfonieorchester dicht, bei dem er engagiert worden war. Er schlug sich nun als freier Cellist in Orchestern, in Radiostudios, Kasinos und bei Parties durch – ähnlich wie Koellreutter, der sich nach seiner Ankunft in Brasilien als Strassenmusiker und Schirmverkäufer über Wasser hielt, bevor er zu einem der wichtigsten Anreger der brasilianischen neuen Musik wurde. Als dieser ihm 1957 eine Stelle an der Escola de Música der Universität Bahia anbot, siedelte Smetak nach Salvador um, das von nun an Zentrum seiner Arbeit und seines Lebens war. Im Keller der Hochschule richtete er seine Werkstatt ein. Hier trieb er seine physikalisch-akustischen Studien, gab Unterricht und schuf im Laufe der Jahre rund 150 experimentelle Klangerzeuger, mit denen er seine Vorstellungen einer mikrotonal basierten, alle tradierten Ordnungssysteme sprengenden Musik in die Praxis umsetzte, stets auf der Suche nach dem Ungesicherten, Unfixierten, Un-erhörten und mehr und mehr ausgerichtet auf eine geistige Welt hinter dem Klingenden, deren Erschliessung für ihn zum vordringlichen Ziel und zur existenziellen Aufgabe wurde. Als er am 30. Mai 1984 an einem Lungenemphysem starb, hinterliess er ein Kabinett voller phantastischer Instrumente und Geräte, stapelweise Manuskripte und einige Veröffentlichungen. Die kaum greifbare Quintessenz aus alledem: Ein ebenso sperriges wie genialisches Gedankengebäude – eine Mischung aus wissenschaftlichen Beobachtungen und metaphysischen Spekulationen, ästhetischen Postulaten und musikalischen Experimenten.

Die Ideen, deren Gehalt noch längst nicht ausgelotet ist, wirkten in den Köpfen seiner Schüler, Freunde und Mitarbeiter weiter. Nach Smetaks Tod wurde eine ‹Gesellschaft der

Freunde Walter Smetaks› gegründet, die es sich zur Aufgabe gemacht hat, die Erinnerung an ihn wachzuhalten. Zu ihrem umfassenden Arbeitsprogramm gehören die Pflege und Bewahrung seines künstlerischen Nachlasses und die Verbreitung der Kenntnisse über sein Werk; sie will Kurse, Seminarien, Improvisationen, Tourneen, Publikationen und sonstige Aktivitäten unterstützen sowie Mittel beschaffen «für die Verwirklichung monumentaler Projekte, darunter das Projekt oVo».[9] Trotz dieser hochfliegenden Pläne haben sich anscheinend Smetaks Ideen bisher kaum in irgendeiner Form kultureller Praxis materialisieren können. An Gedenkveranstaltungen fehlte es zwar nicht: Fünf Jahre nach seinem Tod wurde ein Teil seiner Instrumente in Salvador ausgestellt und mit einem vierwöchigen Begleitprogramm von Konzerten, Kursen und Diskussionen ergänzt. Die Ausstellung, die anschliessend auch in São Paulo gezeigt wurde, ist in einem kleinen, graphisch ansprechenden Katalog dokumentiert.[10] Doch abgesehen davon sind aufrichtige persönliche Verehrung, einige Publikationen und das tapfere Bemühen, seine Instrumente vor dem im tropischen Klima unausweichlichen, langsamen Zerfall zu retten, offenbar alles, was seither geschah, um Smetaks Lebenswerk nicht in Vergessenheit geraten zu lassen.

Grösseren Aktionen stehen nicht nur die notorisch beschränkten finanziellen und institutionellen Möglichkeiten entgegen, sondern auch die spezifische Beschaffenheit des Erbes selbst. Smetaks Werk ist in seiner äusseren Gestalt schwer fassbar. Nicht einmal die Instrumente, das einzige Greifbare in seiner Hinterlassenschaft, sind ohne weiteres zu verstehen. Ohne die Kenntnisse ihrer Tonstruktur und der Intentionen des Komponisten sind es sphinxhafte Rätselskulpturen aus Holzkästen, Drahtgeflechten, Metallplatten, Kürbisschalen, Styroporscheiben und Plastikschläuchen. Sein spekulatives Denken war asystematisch und fragmentarisch, seine Denkbewegungen vagierend. Perfektion im Sinn ästhetischer Geschlossenheit war ihm fremd. Sein Programm hiess: sich nicht anpassen an die Welt, wie sie ist. Alle Vermittlungsbemühungen innerhalb eines institutionellen Umfelds, die ja immer auch An-

Walter Smetak unterwegs in Salvador de Bahia. Photographie. 70er Jahre

Der Klangplastiker und Komponist beim Spiel mit der Viña. Photographie. 70er Jahre

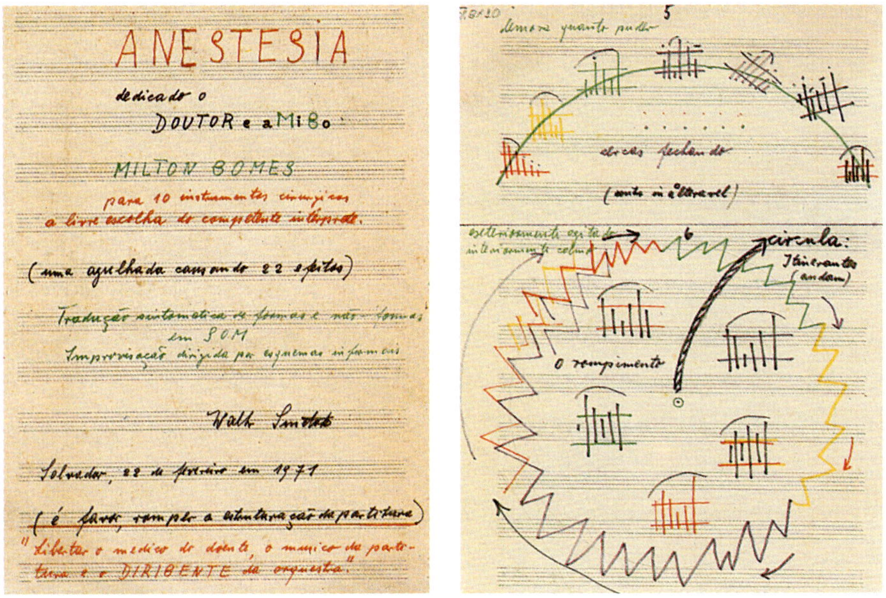

Walter Smetak: *Anestesia.* Für zehn chirurgische Instrumente, Doutor und MiGo Milton Gomes gewidmet. 22. Februar 1971. Titelblatt sowie Teil 5 und 6

passung an Bestehendes bedeuten, müssen bei solchen Voraussetzungen auf grösste Schwierigkeiten stossen.

Smetaks Werkbegriff meinte nicht eine Klanggestalt im europäischen Sinn, deren Eindeutigkeit durch eine möglichst unmissverständliche Partiturschrift zu garantiert wäre. Was er künstlerisch anstrebte, waren offene Prozesse mit improvisatorischem Charakter. Seine Partituren waren darum vermutlich in ihrer Mehrzahl graphisch konzipierte Spielanweisungen – nur schon deshalb, weil der Geräusch- und Gleitklangcharakter seiner Instrumente sich der Rationalität der traditionellen Notation verweigert.[11] Das zeichnerische Element hat in seinen Partituren oft einen eigenen Stellenwert und tendiert zur Kalligraphie. Smetak äusserte sich dazu in einem Text unter dem Titel ‹Como componho› (‹Wie ich komponiere›), den er 1979 als Antwort auf einen ihm vorgelegten Fragebogen verfasste: «Der Prozess [des Komponierens] kann sich im Schreiben der Symbole aufs Papier abspielen. Ich ziehe jedoch die Improvisation vor, die ich eventuell auch auf Tonband aufnehme, und setze sie hinterher in Geschriebenes um. Ich lasse mich lieber auf das Unvorhergesehene ein und analysiere dann beim ‹Vorspielen› der Aufzeichnung die musikalischen Elemente.»[12] Das erinnert an die Kompositionspraxis von Giacinto Scelsi, einem andern Einzelgänger und Querulanten in der Nachkriegs-Avantgarde. Der «umgekehrte» Arbeitsprozess – erst ausprobieren, hörend analysieren und erst dann niederschreiben – setzt eine spontane Wechselwirkung von Körperaktion, Wahrnehmung und Reflexion voraus und postuliert die höhere Einheit von Körper und Geist. Der materielle Aspekt von Klang und Klangproduktion wird gegenüber dem geistigen aufgewertet. Das Verfahren widerspricht fundamental der in der europäischen Hochkultur jahrhundertelang gültigen Auffassung von Musik als einer Kopfgeburt. Es hebt auch die hier weitgehend gültige Arbeitsteilung in geistige und körperliche Tätigkeit – Komposition und Interpretation – wieder auf. Smetak verrät darin eine tiefe Skepsis gegenüber der Ideologie vom autonomen kompositorischen Subjekt, das über das Material kraft geistiger Anstrengung verfügt und es mittels rationaler Prädisposition in feste Strukturen zwingt. Seine Vorstellungen stehen der afrobrasilianischen Musikpraxis, in der – ähnlich wie im Jazz – mündliche Tradition, Körpererfahrung und Improvisation eine zentrale Rolle spielen, näher als den traditionellen europäischen Auffassungen von musikalischer Produktion.

Gewiss steht er mit diesem experimentellen Ansatz nicht allein. In Nordamerika gingen die Arbeiten von Harry Partch in die gleiche Richtung; in Europa gab es, ein halbes Jahrhundert nach den ‹Intonarumori› der Futuristen, viele Versuche mit experimentellen Klangerzeugern, von Josef Anton Riedl über Mauricio Kagel und Bernard Baschet bis hin zu den heutigen Klanginstallationen. Und was seine Studien in der Mikrotonalität angeht, so berief er sich offen auf den Mexikaner Julián Carrillo (1875–1965), mit dessen Untersuchungen er zumindest in den Grundzügen vertraut war.[13] Doch das Resultat seiner Experimente, die er jahrzehntelang hartnäckig betrieb, war etwas Unverwechselbares und Eigenes.

Die kollektive Erfahrung war für ihn offenbar äusserst wichtig. Was er sich theoretisch ausdachte und als Instrumentenbauer ausprobierte, suchte er im kollektiven Prozess des Unterrichts und der Gruppenimprovisationen zu verifizieren und weiterzuentwickeln. In den Aufnahmen – photographischen und phonographischen – ist die Atmosphäre einer spiritistischen Séance zu spüren, eine in lockerem Kreis angeordnete Gruppe von Verschworenen, die sich von der Welt abwenden und sich ganz auf das, was zwischen ihnen passiert, konzentrieren – Kammermusik mit esoterischem Einschlag. Zu seinen Lebzeiten ist Smetaks Musik im wesentlichen auf zwei Langspielplatten veröffentlicht worden, die jedoch längst vergriffen sind. Die erste aus dem Jahr 1974 ist ein künstlerisch aufgemachtes Album, mit Zeichnungen Smetaks, Farbabbildungen der verwendeten Instrumente, einem informativen Begleittext und einem Kurzporträt Smetaks von Caetano Veloso, der die Produktion mitbetreute und offenbar auch finanziell unterstützte.[14] Die zweite erschien fünf Jahre später unter dem Titel ‹Interregno. Walter Smetak & Conjunto de microtons› (‹Walter Smetak & Mikroton-Ensemble›).[15] Sie enthält sechs längere Werke, die in ihrer Struktur offensichtlich präziser festgelegt sind und in denen vorwiegend mikrotonal gestimmte Violões (eine Gitarrenart) kombiniert werden mit dem Klang einer vom Komponisten selbst gespielten E-Orgel. Auch diese Platte enthält eine photographische Dokumentation der Instrumente.

Von den Aufnahmen geht eine erhebliche Faszinationskraft aus. Als erstes fällt auf: Es handelt sich um eine fein gearbeitete, lebhafte und introvertierte Musik mit einer komplexen Textur. Ihre Kraft liegt nicht in der grossen Geste, sondern in der unendlichen Vielfalt der Farben und Schattierungen, im geheimnisvollen Irisieren der mikrotonalen Klänge. Man hört organisch wuchernde Liniengeflechte, archaische Bläserchöre mit rituellem Einschlag, polyphone Schichtungen mit scharf unterschiedenen Instrumentalfarben, Spiegelkonstruktionen und und seltsam seufzende und jaulende Klänge, bei denen nicht klar ist, ob sie mit Smetaks bizarren Instrumenten, mit der menschlichen Stimme oder mit beidem erzeugt sind.

Smetaks experimentelle Klangerzeuger sind schon als visuelle Erscheinung ein Kunstwerk für sich. Manche ähneln traditionellen Instrumenten: mit einem zweiten Resonanzkörper erweiterte Streich- oder Zupfinstrumente oder Flöten mit kugelförmigem Schalltrichter. Und

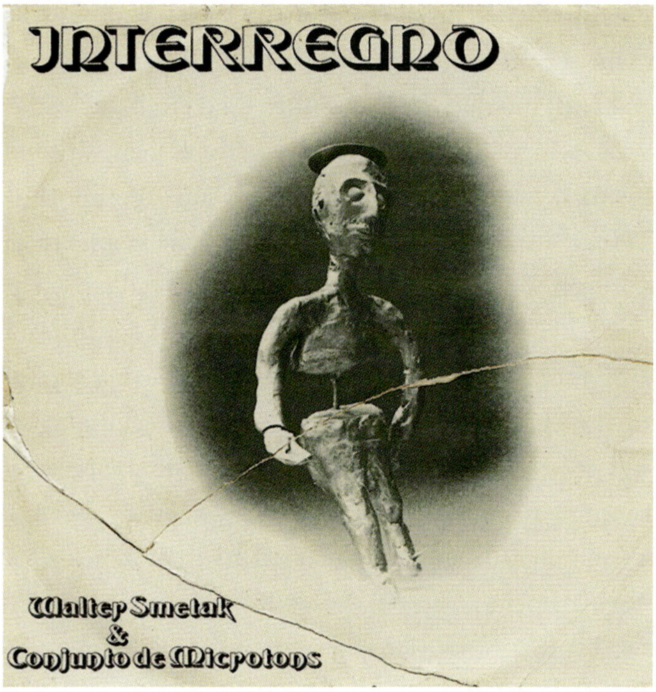

Walter Smetak & Conjunto de Microtons: *Interregno*. 1980. Plattenhülle

dann gibt es surrealistisch anmutende Klangskulpturen wie die beiden auf einem Gestell aus Holz und Draht montierten holzgeschnitzten Köpfe mit dem Titel ‹Colóquio› (‹Gespräch›); die ‹Drei Sonnen› – drei konzentrisch angeordnete, mit leuchtenden Farben bemalte Holzscheiben, die beim Rotieren schleifende Geräusche erzeugen; eine Tischplatte mit einem Gestrüpp von kurzen Drähten, die leise sirrend vibrieren; das ‹Magische Quadrat›, eine quadratische, mit unterschiedlich langen Saiten bespannte Holzplatte, auf die ein geheimnisvolles Ei aus Holz gepflanzt ist; hängende Trommeln, Kalebassen aller Art, Harfen in Fischgestalt und kunstvoll gedrechselte Drehleiern. All diese Klangskulpturen laden ein zum spontanen Improvisieren, doch ohne das Wissen um die strukturellen Eigenschaften einer jeden Skulptur muss das klangliche Resultat ein leeres Geklingel und ohne Sinn bleiben. Smetak kannte die alchemistische Formel, die nötig war, damit sie ihr Geheimnis preisgaben, doch es ist fraglich, ob dieses Wissen tradierbar ist.

Enigmatische Züge besitzen auch viele seiner Texte. Er springt assoziativ vom Konkreten ins Allgemeine, verknüpft musikalisch-handwerkliche Überlegungen mit metaphysischer Spekulation. Klang und Stille waren für ihn, ähnlich wie für John Cage, zwei Dimensionen ein und derselben Sache: Scheingegensätze, die in einer höheren Einheit aufgehoben sind, wie Leben und Tod. Er formulierte, ganz buddhistisch: «Mao Tse-tung sagte, dass man den Tod nicht dramatisieren soll. Soll man also das Leben dramatisieren? Nein!»[16] Die wahre Musik, diejenige, die für ihn den «Concretismo absoluto», den in der Materie sich manifestierenden Geist, verkörperte, hiess für ihn Ak-Isum. «Ak die Abkürzung von Akasha, der Äther, der alte Vater Zeus der Griechen. Is oder Isis: die ägyptische Mondgöttin. Um (portugiesisch: eins): Aleph, erster Buchstabe des Alphabets, aus dem die in den 22 Grösseren Arcana enthaltene Mannigfaltigkeit hervorgeht, die sich in den 56 Kleineren Arcana fortsetzt.»[17] Als ein

Neopythagoräer, der in seinen Klangskulpturen ein fernes Echo der Sphärenklänge hörte, schuf sich Smetak eine Privatmythologie von erstaunlichen Dimensionen. Chinesisches Horoskop und Tonartensymbolik, Vorsokratiker und Relativitätstheorie, Kabbala und Mikroton gehören zu den Ingredienzien seines synkretistischen Weltbildes. Und über allem thront Madame Blavatsky, die russische Theosophin aus der Epoche des untergehenden Zarenreichs. Eine Tabelle aus ihrer 1888 erschienenen ‹Geheimlehre›, in der sie die zehn Planeten des ptolemäischen Weltbildes den Wochentagen, Metallen, Körperteilen und Farben zuordnet, gibt ihm den Schlüssel für eine Tonsymbolik in die Hand, die die Musik im Kosmos und im Innern des Menschen verankern soll. Pierre Klose hat darauf hingewiesen, dass Smetak von der Lehre der Helena Petrovna Blavatsky stark beeinflusst war, dass Smetak auch glaubte, dass Christus lebe und auf der der Stadt Salvador vorgelagerten Insel Itaparica wohne. Klose: «Er hat mir gesagt: ‹Ich weiss, er ist nicht sichtbar, aber er ist dort.›»[18]

Smetaks Ideen haben, immer laut Klose, auch auf Ernst Widmer einen nachhaltigen Einfluss ausgeübt. Das hat sich nicht zuletzt in dessen Kompositionen niedergeschlagen. In mindestens zwei Werken, in ‹Rumos› (‹Klänge›, 1971–73) und in einer ‹Missa pro Defunctis› (1969) setzte er Klangplastiken von Smetak als Solointrumente ein. In einem Referat im Rahmen einer Konferenz von Musikerziehern behandelte Widmer die Frage der Integration neuartiger Klänge in den Unterricht und verwies dabei ausdrücklich auf Smetak.[19] Und schliesslich bezog sich Widmer in einer Opernpantomime aus dem Jahr 1976 mit dem Titel ‹Akasha› auf Smetaks «Ak-Isum» und den der ersten Silbe zugrundeliegenden Begriff aus dem Sanskrit, der auch für Blavatskys Weltbild relevant ist. Widmer hat den aussenseiterhaften Kollegen wiederum gefördert, wo es ging.

Auf seine Mitwelt muss Smetak eigenartig gewirkt haben. Man begegnete dem eigenbrötlerischen Professor mit einer Mischung von grossem Respekt und Verblüffung. Caetano Veloso, mit Smetaks Ungeschicklichkeiten während der Schallplattenaufnahme von 1974 konfrontiert, schrieb ihm die Spontaneität eines Kindes mit einem verfeinerten Bewusstsein (‹mente sofisticada›) zu[20]. Sein Liedermacher-Kollege Gilberto Gil, der mit Smetak Ende der sechziger Jahre zusammenarbeitete, sah in ihm einen entfernten Ausläufer der Schweizer Uhrmachertradition und nannte ihn «Taktak». Er sagte: «Smetak kam mir vor wie eine Mischung von verrücktem Wissenschaftler und Weihnachtsmann aus der Provinz.»[21] Sein humorvolles und zugleich einfühlsames Porträt schloss Gil mit den Worten: «Ich werde nie wieder derselbe sein, nachdem ich einmal sein Schüler, Freund und Bruder war.»

Vergleicht man die warme Anteilnahme und das lebendige Interesse, die dem weltfremden Träumer und Visionär Smetak in Salvador entgegengebracht wurden, mit den kümmerlichen Ansätzen zu einer Rezeption Smetaks in der Alten Welt, so wird klar: Smetak ist tatsächlich eine brasilianische und – zieht man den ausgeprägten kulturellen Regionalismus im Riesenland Brasilien in Betracht – vielleicht sogar eine rein bahianische Erscheinung geblieben. Hier wurde sein Werk zur Kenntnis genommen, hier wurde es, wenn auch meist nur durch die Initiative eines klar überschaubaren Freundeskreises, im Rahmen der Möglichkeiten auch gefördert. Die professionellen Entdecker aus dem europäischen Musikbetrieb, die sonst alle fünf

Smetak. Mit Texten von Norma Freire und Caetano Veloso sowie vielen Abbildungen von Smetaks Klangplastiken. Innenseite der Langspielplatte. Philips 1974

Erdteile nach «Unbekanntem» durchkämmen, um es dem staunenden Publikum in den kulturellen Zentren zuhause dann als «Neuheit» vorzuführen, haben ihn bislang schlicht übersehen. Auch sein Auftritt in Berlin ändert nichts an dieser Tatsache; im vollgepackten Festivalprogramm figurierte er nur unter «ferner liefen». Smetak ist hierzulande noch nicht «entdeckt» worden. Kein mediengewandter europäischer Kollege, der ihm, wie es Ligeti mit Conlon Nancarrow tat, bei den gutdotierten Festivals in Deutschland den roten Teppich ausgelegt hätte. Keine begeisterten Perkussionisten, die ihn aufgesucht hätten, wie es seinerzeit im Fall des mit Smetak vergleichbaren Harry Partch geschah, die auf seinen Instrumenten spielen lernten und sie damit international bekannt machten. Auch keine Betty Freeman, die ihm finanziell unter die Arme gegriffen und sich Kompositionen hätte widmen lassen. Wer aus den – auch in Sachen neuer Musik – tonangebenden reichen Ländern interessiert sich schon für wirtschaftliche Armenhäuser wie Salvador da Bahia, auch wenn dort kulturelle Projekte entstehen, von denen die von der Last der Historie erschöpften Avantgardisten in den Zentren der Ersten Welt nicht mehr zu träumen wagen? Man ist geneigt, hier von einer Politik der Nichtwahrnehmung zu sprechen, als Ausdruck einer kulturellen Hegemonie, deren Basis die wirtschaftliche ist. Was nicht in die kulturellen Werte dieses Systems hineinpasst, wird aus dem Bewusstsein ausgeblendet oder wie eh und je zum exotischen Stimulans degradiert. Es gibt inzwischen auch moderne Varianten dieser Verständigungsproblematik: Das Importgut wird der gönnerhaften Zuneigung progressiver Gutmenschen teilhaftig, die an ihm ihre kulturpolitischen Samariterdienste verrichten. Oder es wird von den Adepten des New Age vereinnahmt.

Unter diesen Bedingungen erscheint es wenig sinnvoll, Smetaks Werk einer europäischen Öffentlichkeit näherzubringen. Es gehört dorthin, wo es entstanden ist: nach Salvador da Bahia. Wer sich aus der Ersten Welt dafür interessiert, sollte sich auf den Weg dorthin machen oder, noch besser, die ‹Gesellschaft der Freunde Walter Smetaks› finanziell unterstützen. Und käme er dann nach Salvador, so könnte er feststellen, dass dieser kulturelle «melting pot» am Rand des Südatlantiks der ideale Nährboden für Zukunftsvisionen wie diejenige Smetaks ist und dass hier, der Begriffsstutzigkeit der europäischen Hinterweltler zum Trotz, die Zukunft tatsächlich schon irgendwie begonnen hat.

1 Gespräch in Salvador, August 1995 (Tonbandaufzeichnung).
2 Vgl. Norma Freire im Begleittext zur LP *Smetak*, Philips 6349 110 (Brasilien 1974).
3 siehe Anm. 8.
4 Ausklappteil mit Programmschema im Festivalmagazin, Berliner Festspiele 1982.
5 Ergänzungsband Personenteil L-Z, Mainz 1975, S. 667f.
6 Amadeus Verlag, Winterthur 1993.
7 Antwort (Fax) der Suisa vom 30.7.97.
8 http://www.gilbertogil.com.br/smetak.
9 ‹oVo› ist der Name eines künstlerischen Grossprojekts von Smetak. Übs. aus dem Klappentext zu: Walter Smetak, *O retorno ao futuro (ao espírito)* (‹Die Rückkehr in die Zukunft [zum Geist]›), Hg. Associação dos Amigos de Walter Smetak, Salvador, Ba., o.J. Als provisorische Adresse der Gesellschaft wird hier die Escola de Música der UFBA (Bundesuniversität von Bahia) in Salvador genannt.
10 Der Ausstellungskatalog – ohne genaue Angaben über den Herausgeber – trägt den Titel: *Eu sou um decompositor contemporâneo. Smetak* (‹Ich bin ein zeitgenössischer Dekomponist›). Die Ausstellung fand statt vom 5. April bis 4. Mai 1989 im Teatro Gregório de Mattos, Salvador da Bahia.
11 Zwischen der Auftragserteilung zu diesem Text und seiner Niederschrift bestand keine Gelegenheit zu Recherchen vor Ort. Diese Ausführungen stützen sich daher nur auf die Kenntnis einiger Abbildungen.
12 In: *Ausstellungskatalog Walter Smetak*. Das Verhältnis von Werkidee, Notation und klanglicher Realisierung in Smetaks Werk wäre eingehender Untersuchungen wert.
13 a.a.O. und in: *O retorno ao futuro (ao espírito)*, S. 187f.
14 Siehe Anm. 2.
15 Discos Marcus Pereira, São Paulo, produziert 1979 für die Kulturstiftung des Staates Bahia.
16 Smetak: *O retorno ao futuro (ao espírito)*, S. 16.
17 a.a.O., S. 15.
18 Siehe Anm. 1.
19 Ernst Widmer, *A Música nova e a educação musical*, Vortrag am 22.10.1970 an der Universität von Bahia. Ms. bei der Ernst-Widmer-Gesellschaft, Aarau.
20 Text zur LP *Smetak* (s. Anm. 2)
21 In: *Ausstellungskatalog Walter Smetak*. Auch (engl.) in: http://www.gilbertogil.com.br/smetak.

Franz-Joachim Verspohl

«Gebannt, fast erschrocken bleiben wir vor dem Hodlerbilde stehen»

*Ferdinand Hodlers ‹Auszug deutscher Studenten in den Freiheitskrieg von 1813›**

Ferdinand Hodlers Image in Deutschland

Ferdinand Hodlers ‹Auszug deutscher Studenten in den Freiheitskrieg von 1813› gehört zu den monumentalsten Gemälden der Moderne des frühen 20. Jahrhunderts. Gerade wegen seiner Grösse konnte es von niemandem übersehen werden und erregte nach seinem Bekanntwerden die Gemüter, weil der Künstler die Leinwand nicht für die Darstellung einer heroisch-klassischen Historie «genutzt» habe. Mit dem Ausbruch des Ersten Weltkrieges geriet das Bild in das Kreuzfeuer der deutschen Kritik, die in dem Vorwurf gipfelte, dass es der Vaterlandsliebe keinen Dienst erweise. Der allgemeinen kunsthistorischen Würdigung während der Weimarer Republik standen Versuche entgegen, das Wandbild für die Politik zu vereinnahmen. Für Nationalsozialisten wie Sozialisten wurde es zu einem

Ferdinand Hodler: *Der Auszug deutscher Studenten in den Freiheitskrieg von 1813*. 1908/09. Öl auf Leinwand

Programmbild des Aufbruches in eine neue Zeit, die die einen mit diktatorischem Militarismus und planmässig durchgeführtem Völkermord und die anderen mit einem dirigistischen Kollektivismus erzwingen wollten. Das Gemälde und die künstlerischen Beweggründe seiner Entstehung erlauben es jedoch nicht, einen Zusammenhang zwischen den Ideologien und Hodlers Kunstwollen auch nur zu vermuten.

Ernst Ludwig Kirchner (1880–1938): *Der Abschied (Botho und Hugo)*. 1914. Öl auf Leinwand

Ernst Ludwig Kirchner malte 1914 unter dem Eindruck des Kriegsausbruchs das Porträt des Mannes, dem die neueste Kunstgeschichte die Anregung und Förderung des Wandbildes verdankt. Der Maler plaziert den Archäologen und Kunsthistoriker Botho Graef, der von 1904 bis 1917 an der Jenaer Universität lehrte und ihr Archäologisches Museum leitete, in ‹Der Abschied› mit Hugo Bialowons in einen engen Bildausschnitt, der die Nähe der Sitzenden steigert und durch Verschränkung dramatisch überhöht. Der Jüngere trägt die Uniform eines Gardeschützen und blickt sinnend, aber zugleich nach ihm greifend zum aufschauenden Freunde. Der Verlauf der Geschichte wollte es, dass die Nationalsozialisten dieses Bild, das sich seit 1925 in der Württembergischen Gemäldegalerie in Stuttgart befand, 1937 beschlagnahmten und in der Ausstellung ‹Entartete Kunst› vorführten, weil sie es für wehrkraftzersetzend hielten. Seither ist es nicht mehr nachzuweisen.

Das monumentale Gemälde aber, das Botho Graef angeregt und gegen frühere Angriffe verteidigt hatte, liessen sie gelten. Sie erklärten Ferdinand Hodler 1938 anlässlich seines 20. Todestages zum «Künder des Monumentalen». Der ‹Völkische Beobachter› rühmt: «Alles, was mit der Erde Urgewalt zu tun hat, diente ihm als Anlass seiner Kunst: Lawinen, spanische Stiere, sich aufbäumende Menschen ... Das ist Hodler, ‹der Schweizer›, möchte man sagen: Geradeaus gerichtet in seinem Wesen wie seine Gestalten ... mit ... breiten, herausfordernden Gebärden, aber auch unkompliziert und eindeutig umrissen ... wie die marschierenden Freiwilligen aus seinem Fresko mit den zum Freiheitskrieg 1813 ausziehenden Studenten in der Jenenser Universität ... Hodler steht an einer Wende, in der er sich selbst wandelte ... Sichtbar und führend steht er da an der Spitze einer ganzen Schar ..., die alle der Wand das ihr Gebührende, die monumentale Gestalt, wiedergeben wollen ... Was wir an ihm bewundern ..., ist sein Ernstmachen mit dem Gedanken des Monumentalen, der von ihm Verzicht und Entsagung verlangt.»

Ernst Ludwig Kirchner: *Das Soldatenbad*. 1915. Öl auf Leinwand

Es fragt sich, ob der Gehalt der Bilder von Kirchner und Hodler wirklich so stark differiert, dass das eine ohne Abstriche angeeignet und das andere verhöhnt werden konnte. Trifft es nur für das Bild von Ernst Ludwig Kirchner zu, dass hier zwei Freunde mit nachdenklichem Blick dem Kriege entgegensehen und nicht den stürmischen Aufbruch begrüssen, was damals gang und gäbe war? Teilt denn das grosse Wandbild Hodlers auch gar nichts mit dem anderen Gemälde von Ernst Ludwig Kirchner, dem ‹Soldatenbad› von 1915, das die Soldaten nackt und abgehärmt, schutzlos ausgeliefert, unter der Dusche beobachtet? Ist es das Gegenbild zu dem Monumentalwerk des schweizerischen Künstlers, das Botho Graef Ernst Ludwig Kirchner, als er 1914 in Jena weilte, sicher gezeigt und erläutert hat? Ist der ‹Auszug der deutschen Studenten in den Freiheitskrieg von 1813› wirklich ein «unkompliziertes» und «eindeutiges» Bild?

Genese des Auftrages

In Jena war 1906 das neue Universitätsgebäude von Theodor Fischer weit über die Grundmauern hinausgewachsen und sah seiner baulichen Vollendung entgegen. Alle Mitglieder der Universität dachten über seine Ausstattung nach. Dass bei dieser Aufgabe Botho Graef eine besondere Rolle zukam, ist unbestritten. Als im Februar 1906 das Monatsheft der in Darmstadt verlegten Kunstzeitschrift ‹Deutsche Kunst und Dekoration› erschien, musste er sich besonders für den Artikel von Hans Rosenhagen über Hodler interessieren. Dort heisst es: «Wenn die Bilder Hodlers in Wirklichkeit auch mobile Objekte sind, so sind sie es doch ganz und gar nicht in der Idee des Künstlers. Ihrer Natur nach sind sie immobil, untrennbar von einem festen Grunde, von Architektur ... Sie entfalten ihr Bestes erst in einer bestimmten Verbindung ... Hodler stellte eine uralte, Jahrhunderte lang vernachlässigte Beziehung der Malerei zur Architektur wieder her, zu jener Kunst, in welcher der Rhythmus neben dem Material die allein wirkende Kraft ist.»

Dieses Urteil war wohl auch deshalb wichtig, weil neben dem Architekten und den Akademikern auch der fürstliche Rektor und die Nutritoren, die Herzöge und der Grossherzog der vier Erhalterstaaten der Universität, sowie die ehemaligen Studenten über die Gebäudeausstattung nachdachten, zumal die Einweihung des Neubaus im Jahre 1908 mit der Feier des 350jährigen Jubiläums der Universitätsgründung zusammenfiel. Bereits im Februar 1906 – zur gleichen Zeit, als der Artikel in ‹Deutsche Kunst und Dekoration› erschien – druckte die lokale Presse einen Aufruf für ein Ehrengeschenk ehemaliger Studenten. Derartige Meldungen nahmen Botho Graef, Theodor Fischer und die ihnen nahestehenden Mitglieder der ‹Gesellschaft der Kunstfreunde in Weimar und Jena› mit Skepsis zur Kenntnis, denn sie förderten die «moderne Richtung» – wie es damals hiess – in der neueren Kunst nach 1900, die in der Öffentlichkeit eher schlecht abschnitt. Als Massstab kam ihnen Rodins 1906 geschenkte Minerva-Büste zum Dank für seine 1905 erfolgte Ehrenpromotion entgegen. Botho Graef hielt schon Anfang Mai 1906 einen öffentlichen Vortrag über die Kunst Ferdinand Hodlers, der ein Plädoyer für den schweizerischen Maler war, welcher 1904 zum Mitglied des Deutschen Künstlerbundes ernannt und sowohl in Berlin 1905 wie in Weimar 1906 mit grosser Resonanz ausgestellt wurde. In Weimar waren auch Entwürfe Hodlers für die 1900 von ihm im Landesmuseum Zürich ausgeführten Fresken des ‹Rückzugs der Schweizer aus der Schlacht von Marignano 1515› zu sehen, welche als ein für die schweizerische Politik und Militärgeschichte bedeutsames Signal gilt und auf die die «Entscheidung zur immerwährenden Neutralität in machtpolitischen Auseinandersetzungen» zurückgeführt wird.

Was immer die ‹Gesellschaft der Kunstfreunde in Weimar und Jena›, der auch Botho Graef angehörte, über das Motiv und die Hintergründe der Marignano-Fresken wusste, sie liess am 22. Juli 1907 Irene Eucken, die Ehefrau des Philosophen Rudolf Eucken und Geschäftsführerin der Gesellschaft, an Hodler schreiben und anfragen, ob er bereit sei, ein Wandgemälde für das neue Universitätsgebäude in Jena zu schaffen. Sein Thema laute ‹Der Auszug deutscher Studenten in den Freiheitskrieg von 1813›. Irene Eucken schreibt dem Künstler wörtlich: «Ich glaube, dass wenn Sie diesen Moment bringen würden, manch deutscher Student aus allen Gauen unseres Vaterlandes sich vor Ihrer Kunst für alle Zeiten neigen ... und dass Ihr Name sich aufs Schönste mit Jena und Deutschland verknüpfen würde.»

Hodler nahm den Auftrag unverzüglich an, obwohl das angebotene Honorar von 5000 Mark, gemessen an seinem damaligen Ruhm, keineswegs hoch ausfiel. Kurz darauf schreibt Irene Eucken im Namen der Gesellschaft der Kunstfreunde in Weimar und Jena an den Kurator der Universität: «Die Gesellschaft der Kunstfreunde von Weimar und Jena hat den Wunsch, der Universität für ihr neues Gebäude ein Gemälde von dem Schweizer Maler Ferd. Hodler zu schenken. Die Gesellschaft hat den hervorragenden Künstler gebeten, ‹den Auszug deutscher Studenten in den Freiheitskrieg› zu malen. Man glaubt damit die nationalen Ideale der Erhebung über die unglückliche Niederlage bei der Schlacht von Jena zum Ausdruck zu bringen. Wir würden sehr dankbar sein, wollten Eure Excellenz bei der erwählten Künstlercommission unser Fürsprecher für einen geeigneten Platz sein.» Das mit den Fragen der Universität befasste ‹Departement des Kultus› des Grossherzoglich Sächsischen Staatsministeriums in Weimar erklärte sich für die Regierungen der Erhalterstaaten zwar mit der Schenkung einverstanden, hielt sich aber in der Entscheidung über die Plazierung im Schreiben vom 26. August 1907 bedeckt: «Über den Platz, welcher dem Gemälde einzuräumen sein wird, soll seinerzeit die zur Begutachtung von Fragen der künstlerischen Ausschmückung des Universitätsneubaus einzusetzende Kommission gehört werden.» Die Gesellschaft der Kunstfreunde in Weimar und Jena hatte zwar nur vage für die Plazierung des Bildes im Aulafoyer plädiert, rechnete aber sicher mit einem repräsentativeren Ort für das Hodlerwerk, nämlich die Aula selbst, da die Vorhalle kaum über grössere Wandflächen verfügt und dominant durchgestaltet ist.

Die ausweichende Antwort der Behörde auf Irene Euckens Brief deutet an, dass die Beauftragung Hodlers keineswegs überall auf ungeteilte Gegenliebe stiess. In der Tat kam die Frage auf, ob ein Schweizer sich des deutschen Themas annehmen dürfe. Gewarnt durch den Weimarer Skandal von 1905/1906 um die Schenkung der Aktzeichnungen Auguste Rodins an den Grossherzog als Rektor der Universität, bot Herzog Georg II. von Sachsen-Meiningen ein von seinem Sohn, dem Prinzen Ernst, gemaltes Bildnis des Universitätsgründers zu Pferde für die Stirnwand der Aula an, das wenig später auch aufgehängt wurde. Gefragt, welchen Platz er nun für Hodlers Gemälde vorschlage, schrieb Theodor Fischer am 19. November 1907 aus Stuttgart: «Ob Hodler auf die Wand malen will oder ein gerahmtes Bild macht, müsste zuerst beantwortet werden. Für beide Fälle wäre die Wand hinter dem Moses vortrefflich geeignet. Dieser (und ausser ihm ein Hydrand) müsste versetzt werden, worüber ich nicht unglücklich wäre. Ausserdem finden sich aber sicher auch noch andere würdige Plätze.» Nach einer Besprechung am 29. September 1907 mit dem Architekten und dem Bauleiter schrieb der Kurator der Universität an die Gesellschaft der Kunstfreunde: «Nach gründlicher Erwägung aller vorhandenen Plätze einigten wir uns nach Fischers Darlegung dahin, dass für das Hodlersche Gemälde der würdigste Platz an der Wand des oberen Korridors des archäologischen Museums zu finden sein dürfte.» Irene Eucken teilte diesen Befund offensichtlich Hodler sofort mit, denn sie konnte schon am 27. Oktober 1907 melden: «Hodler schreibt mir soeben, er werde eine Skizze schicken. Brauche nun aber schleunigst Kostüme. Ich habe der Burschenschaft Arminia wegen alter Studentenkleider geschrieben, dann werde ich heute nochmals mit Graef sprechen, und dann werde ich wohl nach Dresden oder Berlin reisen müssen, um dort etwas zu besorgen. – Das werde ich sehr gerne tun, nur fürchte ich, wird bis Mitte November die Skizze nicht fertig werden. Der vorgesehene Platz sagt Hodler zu.» Die Kommission entschied am 12. November 1907 in diesem Sinne.

Emil Richard Franz von Arnim, Major beim Stab des Braunschweigischen Husaren-Regiments Nr. 17, besuchte in dieser Zeit Hodler in dessen Atelier und sprach mit ihm über den Jenaer Auftrag. Unter dem 24. November 1907 schreibt er aus Braunschweig an den Prorektor der Universität Jena: «Euer Magnificenz erlaube ich mir folgendes vorzutragen. Ein guter Bekannter von mir, der Schweizer Maler Hodler zu Genf, ist von Kunstfreunden in Jena, an deren Spitze ein Herr Professor Botho Graef stehen soll, beauftragt, für die Universität Jena ein Freskogemälde den ‹Auszug der Jenenser Studenten zu den Freiheitskriegen› auszuführen. Dieses Gemälde soll der Universität dann geschenkt werden. Ich bin in diesem Herbst mit Hodler zusammengetroffen und in seinem Atelier haben wir über die Art der Darstellung dieses Gemäldes gesprochen. Ich möchte nun, da in dem Kopf dieses französischen Schweizers eine Auffassung über den Auftrag noch nicht besteht, er auch anderweitige ... Arbeit hat, gerne der Universität und dem Künstler behilflich sein und dem letzteren historische Anhaltspunkte geben, die eine allzu freie undeutsche Auffassung des Stoffes unmöglich machen. – Das einzige, was Hodler bis jetzt als Vorbereitung für das Bild hatte und mir zeigte, war ein Bildchen aus einer illustrierten Zeitung, die Einsegnung von Lützowschen Jägern in einer Kirche darstellend. Das dürfte doch recht wenig sein. Da das Bild von einer Gesellschaft von Kunstfreunden geschenkt werden soll, so dürfen diese weder ins Vertrauen gezogen noch gar verletzt werden und daher wende ich mich als Freund Hodlers an Euer Magnificenz mit der Bitte, mir gütigst historische Unterlagen, in welcher Weise, wann, wo etc. der Auszug der Jenenser Studentenschaft seinerzeit stattgefunden hat, zu geben. Ich nahm hierbei an, dass nur erwünscht sein muss, dass das Gemälde sich nicht völlig von einer historischen Möglichkeit entfernen darf, andererseits dem Künstler für die einzelnen Gruppen der Studenten, ihrer Freunde, der Städter, der Begleitung usw. ein möglichst grosser Spielraum der lebendigsten, glühend begeisterten Phantasie gelassen werden muss.» Auf die Rückseite des Briefes notierte am 28. November 1907 der Jenaer Kunsthistoriker Paul Weber mit Bleistift: Nach ihm zugegangenen Informationen habe «Frau Geh. Rat Eucken im Körner-Museum zu Dresden allerhand Vorlagen für Hodler ausgesucht. Ferner wird Hodler in einigen Monaten hierher kommen, um Studien zu machen, wobei ihm auch das Studienmaterial im städtischen Museum zur Verfügung gestellt werden wird.»

Historische Bildbeispiele für die Bewaffnung und den Auszug der Soldaten gab es durchaus, etwa von Schinkel und Menzel, doch Ferdinand Hodler griff auf keine dieser Vorlagen zurück. Er wählte ebensowenig einen literarischen Stoff, etwa aus den Schriften Theodor Körners, als Bildmotiv. Auch knüpfte er nicht an die grossen historischen, von den «Triumphgesten» der Beteiligten lebenden Manifestationen des ‹Rütli-Schwurs› Johann Heinrich Füsslis und des ‹Schwurs der Horatier› Jacques-Louis Davids an.

Der Werkprozess

Aufgefordert, eine Skizze des Gemäldes zu liefern und seine Masse zu benennen, reagierte der Künstler jedoch erst im Frühjahr 1908. Dass Ferdinand Hodler aber über sein Thema schon des längeren nachdachte, macht sein Brief vom 16. Februar 1908 an Eberhard Grisebach deutlich, ehedem Architektur-, dann Philosophiestudent, der ab 1909 auf Anraten Hodlers in Jena studierte, ihm 1910 seine Dissertation über ‹Kultur als Formbildung› widmete, ab 1913 zunächst Privatdozent war und einer der wichtigen Förderer junger Kunst und Künstler wurde, er war später Philosophieprofessor in Zürich: «In drei Wochen werde ich das Bild für Jena beginnen. Dafür habe ich schon Vorbereitungsarbeiten unternommen; ich hoffe, darin die grosse Einheitsbewegung jener Zeit darstellen zu vermögen.» Offensichtlich stand zu diesem Zeitpunkt bereits fest, dass Hodler mit seinem Bild die gesamte Fläche vom Boden bis zur Decke ausschöpfen würde.

Der Blick in die Wiener Präsentation seiner Bilder während der 19. Ausstellung der Vereinigung bildender Künstler Österreichs von 1904 belegt, dass Hodler den Betrachter unmittelbar an das Bild heranführt. Die grossen Formate hängen bis zum Boden herab und erlauben eine unerhörte Nahsicht. Während Hodler Kompositionsvarianten durchdachte, wirkte zur gleichen Zeit Botho Graef seinerseits weiter in die Öffentlichkeit, indem er überzeugende Fürsprecher für Hodlers Kunst suchte. Am 25. Januar 1908 hielt Heinrich Wölfflin, Professor des renommiertesten deutschen Lehrstuhls für Kunstgeschichte in Berlin, in Jena einen Vortrag über ‹Deutsche Monumentalmalerei des 19. Jahrhunderts›, der Hodlers Leistung hervorhob.

Der Maler hielt sich vom 15. April bis zum 2. Mai 1908 in Jena auf, ein Zeitraum, in dem die Universität intensiv die Einweihung des neuen Universitätsgebäudes und die Jubiläumsfeier vorbereitete. Paul Weber berichtet, Hodler habe «Pferde nach den Abgüssen der Jenaer Universitätssammlung» gezeichnet, und betont: «Ich beobachtete selbst, als Hodler an Ort und Stelle bei uns arbeitete, wie er ausgeschnittene schwarze Figürchen auf einem grauen Bogen Packpapier hin und her schob und immer aufs neue gruppierte, worauf er sich von Zeit zu Zeit in flüchtig hingeworfenen Skizzen Rechenschaft über das bis dahin Gefundene gab. Am nächsten Tag begann dann die Umgruppierung aufs neue.» Der Künstler legte demnach die Komposition in den Grundzügen erst in Jena fest und entschied sich hier für das Bildpersonal, zu dem der Rockanzieher zählt. Walter Eucken, Sohn von Irene und Rudolf Eucken, später Nationalökonom von hohem Rang, erinnert: «Hodler wohnte bei uns im Hause, und wir waren natürlich sehr viel mit ihm zusammen ... Wichtig ist ..., dass er mich eines Tages fragte, ob ich ihm Modell stehen wolle zu einer Figur dieses grossen Bildes. Ich war damals siebzehn Jahre alt. Da ich Zeit genug hatte – ich war Oberprimaner –, stimmte ich zu, und er fing sehr bald an, das Bild zu malen. Die Arbeitsweise Hodlers war folgende: Er stellte zunächst vor sich ein Stativ, auf dem sich eine Glasscheibe befand. Durch diese Glasscheibe hindurch betrachtete er den Gegenstand und skizzierte mit weisser Tusche die Umrisse. Dann zeichnete er von dem Glas auf Pauspapier die Figur durch. Auf diese Weise hatte er Dutzende von verschiedenen Stellungen rasch festgehalten. Er legte dann die verschiedenen Bogen mit den Skizzen neben-

Ferdinand Hodler in seinem Genfer Atelier. 1908. Anonyme Photographie

einander und wählte nach langem Überlegen eine aus, die massgebend blieb ... Alles vollzog sich im Freien auf dem Rasen unseres Gartens.» Paul Weber berichtet, er «zeichnete hier mit Begeisterung unsere schlanken norddeutschen Studenten, die ihm, dem kleinen, untersetzten Schweizer ..., stark imponierten». Die figuralen Einzelmotive des Gemäldes sind unmittelbar geschaut. Wenn also der Auszug der Studenten mit Jena in Verbindung steht, dann durch die Bildmotive, nicht durch die Gestaltidee von der Historie.

Als Hodler im Mai 1908 nach Genf zurückkehrte, begann er sofort mit der Präparierung der Leinwand und der Übertragung der Komposition. Trotz Quadrierung legte er sich jedoch kompositionell noch nicht endgültig fest. Ein Foto mit ihm im Genfer Atelier gestattet den Blick auf die Untermalungen. Zwar ist schon der ‹Rockanzieher› zu sehen, doch das übrige Personal differiert stark von dem der endgültigen Fassung. Die beiden unteren Mittelfiguren stehen dicht beieinander, ja überschneiden sich. Eine Frauengestalt links ist später ganz übermalt worden wie auch die aufsitzenden Soldaten. Vom 31. Januar 1909 datiert ein Brief Irene Euckens an Elisabeth Förster-Nietzsche in Weimar, in dem es heisst: «Ende der Woche schrieb mir Hodler, dass unser Bild fertig sei.» Es gelangte jedoch nicht auf direktem Wege nach Jena, sondern wurde zunächst in einer Ausstellung im Künstlerhaus Zürich und anschliessend in der 18. Ausstellung der Berliner Sezession unter dem Titel ‹Aufbruch der Jenenser Studenten zum Freiheitskampf, 1813 (unvollendet)› gezeigt. Dieser Eindruck konnte entstehen, weil Hodler im letzten Arbeitsgang alle malerischen Spuren einer blühenden Feldwiese als Hintergrund tilgte und mit mageren Öl-Harz-Farben opak weiss-rosa übermalte.

Die Rezeption

Die Berliner ‹Moderne Illustrierte Zeitschrift. Die Woche› bildete in Heft 11 vom 13. März 1909 unter der Überschrift «Aus dem Züricher Kunstleben: Die Märzausstellung im Künstlerhaus» eine Photographie mit Blick in die Ausstellung ab. Auf die Veröffentlichung reagierte am 30. März 1909 der Zeichner und Lithograph A. Kleine aus St. Gallen in einem Brief an den Prorektor der Universität Jena: Die Bildlegende teile mit, «das Original dieser Zeichnung solle den Saal der Universität Jena schmücken ... Ich halte es für einen schlechten Witz, da aber auch in einigen hiesigen Zeitungen davon die Rede ist, ... so wollte ich mich bei Ihnen persönlich erkundigen, ob es wirklich wahr ist. Ich kenne nicht den Maler, aber per Diskretion zu Ihnen allein gesagt, niemals in meinem 71 Jahr langen Leben ist mir eine so langweilige armseelig fade Idee vorgekommen, die eine Begeisterung, eben Glauben, bebildern soll, und das nur durch eine Reihe marschierender Soldaten, vier Pferde und einige Reiterfiguren vermag, die noch dazu recht eintönig und langweilig gezeichnet sind. Sind denn diese dahin schlotternden Soldaten wirklich begeisterte Krieger der Alma mater von Jena? Und warum schreit denn der freiwillige Jäger so, welcher seinen Säbel zu nutzen scheint? Warum marschieren denn diese Soldaten ... eine Etage höher als die Reiter? ... Kaulbach, Pilotti und Menzel würden die Hände über dem Kopf zusammenschlagen, wenn sie dieses Monumentalbild zu Gesicht bekämen. Welch ein Bild hätte sich aus dieser Idee machen lassen, wenn die alte Johanniskirche zum Hintergrund mit einigen alten Häusern des dortigen Platzes gewählt worden wäre ... Das Volk stand auf, der Sturm brach los, so müsste es mit Allgewalt zur Geltung kommen ... In den Augen, aus den Mienen, jedwede Handbewegung hätte müssen die Begeisterung ausdrücken, in den Kampf zu ziehn für das zertretene Vaterland. Wehende Fahnen und blitzende Klingen würden sich auch da haben anbringen lassen, aber jedwede Gruppe hätte universell nur einen Gedanken ausprägen müssen: Für die Kirchenhallen, für der Väter Gruft, für die Lieben fallen, wenn die Freiheit ruft. – Statt alle dem marschieren aber oben eine Reihe sonderbar angebrachte Soldaten hintereinander, und

März-Ausstellung im Künstlerhaus Zürich, Hodler-Saal 1909. Photographie von A. Krenn

unten zieht sich einer den Waffenrock an, während ein Anderer schreit – ach du lieber Himmel! der soll die Begeisterung einer in den Kampf ziehenden Heldenschaar sein? – ich kann das unmöglich glauben. – Noch weniger, dass dieses Bild für die Universität … ist, es sollte mich wahrhaft freuen, von Ihnen das Gegenteil zu hören.»

In der Zürcher Ausstellungsphotographie hängt links neben dem Jenaer Bild ein weiteres, ebenfalls 1908 vollendetes und als zweites Hauptwerk dieses Schaffensjahres bewertetes Gemälde von Hodler, die grosse Komposition ‹Liebe›. Es überrascht, dass Hodler 1909 in Zürich und Berlin eine vertikal-parallele und eine horizontal-parallele Komposition nah beieinander zeigt. Hier bilden die Figuren «eine wellenförmige Linie und runden sich zu einem ‹Gestus›, wie Hodler es nennt, zu einer in sich geschlossenen Bewegung ab», während dort die versetzt betonte Senkrechte dominiert. Beide Werke scheinen sich nicht nur durch ihre annähernd gleiche Breite aufeinander zu beziehen, sondern in ihrer Aussage wechselseitig zu ergänzen.

Unter dem Datum des 10. November 1909 schreibt der Universitätskurator an die «4 Ministerien»: «Das Bild des Schweizer Malers Ferdinand Hodler ‹Der Auszug deutscher Studenten in die Freiheitskriege›, welches der Verein der Kunstfreunde in Weimar und Jena der Universität Jena gestiftet hat und welches bisher in der Ausstellung der Sezession in Berlin zur Schau gestellt worden war, ist nunmehr hier eingetroffen und an der dafür bestimmten Wand im Stockwerk des Ostflügels aufgehängt worden.» Vier Tage nach der Übergabe des Bildes hielt Eberhard Grisebach am 18. November 1909 einen Vortrag über das neue Universitätsgebäude in Jena, in dem der denkwürdige Satz fiel: «Gebannt, fast erschrocken bleiben wir vor dem Hodlerbilde stehen.» Freilich spricht der Philosoph von einer anderen Art von Schock als jenem, welchen der erfährt, der das historische Geschehen nicht wiedererkennt oder nicht angemessen repräsentiert sieht.

Als Hodler im Herbst 1914 gemeinsam mit 126 schweizerischen Intellektuellen und Künstlern den Protest gegen die Beschiessung der Kathedrale von Reims durch deutsche Truppen in der ‹Tribune de Genève› mitunterzeichnete, entlud sich der Zorn gegen ihn. Nun war sein Jenaer Bild erst recht nicht mehr patriotisch genug. Einer der Befürworter des Auftrages und Gastgeber Hodlers meldete sich als erster zu Wort und wurde nun zum Initiator einer Kampagne gegen Werk und Künstler. Rudolf Eucken schrieb an den Prorektor: «Nach unwidersprochener Mitteilung der Zeitungen hat Ferdinand Hodler sich in einer Weise über Deutschland ausgesprochen, dass mir die weitere Belassung seines Bildes in unserer Universität unmöglich scheint.» Auch der greise Erich Haeckel unterbreitete in einem offenen Brief an den Künstler den Vorschlag, «dass Ihr Monumental-Bild aus den Räumen der Universität entfernt und öffentlich zum Verkauf angeboten wird». Dazu kam es zwar nicht, weil der Kurator der Universität argumentierte, das Werk sei Universitätseigentum und daher unveräusserlich, aber das Bild verschwand hinter einem «dauerhaften Bretterverschlag», der – «der Farbe der Wände entsprechend – mit weissem Nessel» überzogen war und für Wandzeitungen mit Kriegsnachrichten genutzt wurde. Hodlers Antwort an Rudolf Eucken belegt nicht nur sein Kunstverständnis: «Wenn ich den Genfer Protest unterzeichnet habe, war es meine Absicht, nicht gegen Deutschland, sondern einzig und allein gegen die Zerstörung eines Kunstwerkes zu protestieren. Ich würde dasselbe tun, wenn eine andere Macht in Deutschland ein Werk zerstören würde.» Vielmehr zeigt sie, dass der Künstler sich in seinem Denken missverstanden fühlte und darüber tief verletzt war. Als der «Grosse Krieg» ausbrach, sah er – so überliefert es sein Freund und Biograph Carl Albert Loosli – «die Zerstörung einer ganzen Kulturwelt, die er hatte mitschaffen helfen, voraus und zog für sich den Schluss, dass es seine Aufgabe sei, durch vertieftes und vermehrtes Schaffen noch zu retten, was zu retten sei. Denn ... es sei unmöglich, dass sich die Menschheit nicht ... doch wieder auf ihr Bestes, auf die Schönheit besinne ...» Als eine der wenigen Stimmen zugunsten des Bildes hatte sich 1914 Theodor Fischer mit einem Brief vom 1. November 1914 an den Kurator der Universität gewandt: «Ungefragt meine Meinung zu sagen ist sonst nicht mein Fall. Aber die Sorge um eines der besten Kunstwerke, die unsere Generation hervorgebracht hat, veranlasst mich, Ihnen zu schreiben. Wollen Sie es nicht als unberechtigte Einmischung ansehen, wenn ich Sie bitte, dafür zu sorgen, dass der Hodler vorübergehend entfernt wird! Selbstverständlich glaube ich nicht daran, dass der Vorschlag, das Bild an den Meistbietenden zu verkitschen, angenommen werde. Wo solche Vorschläge aber möglich sind, ist auch eine Zerstörung des Bildes möglich.»

Nach dem Tode Ferdinand Hodlers 1918 wurde das Anliegen, die Verkleidung seines Jenaer Bildes zu entfernen, auch in der Universität besprochen. Der amtlichen Ausführung kamen am 14. April 1919 Studenten zuvor, deren Tat je nach Denkungsart interpretiert wurde. Die Quellen belegen jedoch, dass die Beteiligten keine dezidierte politische Zielsetzung verfolgten. Sosehr das Bild in der Folgezeit einerseits künstlerische Anerkennung fand, so sehr wurde es andererseits in der eingangs beschriebenen Form zur Ertüchtigung des «Wehrwillens» in Dienst genommen. Im Kriege war das Bild eingerollt und wurde 1950 in die Aula verbracht. In der Folgezeit mass man «echte Modernität» «an der Progressivität des Inhaltes», die in der «künstlerischen Formulierung des Gedankens der ‹volonté générale› gesehen wurde, weil man unterstellte, Hodler habe «die Kräfte des Volkes Bild werden lassen, denen die Zukunft» gehöre. Gemeint war natürlich die sozialistische der DDR.

«Accent principal»

Ferdinand Hodler wurde bei der Auftragsvergabe und in der Phase der Bildentstehung mit unterschiedlichen Erwartungshaltungen konfrontiert. In den Anspruch an die Kunst mischte sich je nach Weltanschauung die Hoffnung auf ein wiedererkennbares Identifikationsmerkmal. Der Künstler bediente keinen dieser Wünsche und gab vor allem nicht dem Verlangen nach einer konventionellen Historie nach. Wie immer bei seiner Arbeit legte er auch für das Jenaer Bild einen «accent principal», einen Hauptgedanken, fest, der dem Werk Format, Form und Struktur gab. Dieser war für ihn, wie er an Eberhard Grisebach schrieb, in der Hoffnung aufgehoben, «die grosse Einheitsbewegung jener Zeit darstellen zu vermögen». Er hatte demnach die Absicht, ein «Ereignis»-Bild zu schaffen und diesem eine spezifische Idee zu unterlegen, für die die Gattungen des 19. Jahrhunderts keine anverwandelbare Bildform anboten.

Das Bildpersonal

Die Findung und Sicherung des formalen Rahmens bestätigt sich in den mehr als 100 Entwürfen, Studien und Kompositionen sowie den Blättern der vorausgehenden Skizzenbücher. Drei Entwurfsstadien prägen sich ein. Der Künstler beginnt mit der Skizzierung von Marschkolonnen, die er in zwei Bildreihen übereinanderordnete. Vergleiche mit antiken Bildfriesen der Bauplastik und der Kleinkunst drängen sich auf. Das reliefartige Schema wird jedoch schnell verworfen. Dennoch ist bereits die erste Figur des späteren Bildes vorgeprägt: der seinen Tornister aufschnallende Soldat. Er bildet das Ende des Zuges, an dessen Anfang ein in zarten Strichen angedeuteter Kavallerist reitet. In einem zweiten Arbeitsschritt ersetzt ein dreigliedriges, tiefengestaffeltes Kompositionsgefüge die Zweiteilung. Die Marschierenden treten am oberen Rand in den Hintergrund, den mittleren Streifen bestimmen vorbeisprengende Reiter. Unten reihen sich Soldaten dicht aneinander, die sich einkleiden und bewaffnen. Zwischen ihnen steht als Pendantfigur des sich den Tornister aufschnallenden Infanteristen eine besorgt den Kopf im Arm versenkende Frau.

In Jena angekommen, hat der Maler das Bildschema schliesslich in einem dritten Anlauf verfeinert. Er verwirft die zwischenzeitlich eingeführte Frauengestalt, die einem Soldaten beim Anlegen der Waffen hilft. Aus den drei horizontalen Bildzonen sind zwei geworden, wenngleich auf die vorbeigaloppierenden Reiter nicht verzichtet wird. In einem weiteren Schritt verringerte der Künstler die Anzahl der Figuren im unteren Bildstreifen. Er passte ihre Zahl den sechs Marschkolonnen im oberen an. Die Kavalleristen reiten nun nicht mehr davon, sondern sind im Begriff, die Pferde zu besteigen.

Mit der Einschränkung des Bildpersonals ist zugunsten der Komposition entschieden. Sie wird auf das Notwendigste begrenzt, einen Marsch von Soldaten oben und sich rüstenden und aufsitzenden Reitern unten. Während der obere Zug kontinuierend dargestellt ist, greifen die Bewegungen unten bogenförmig asynchron ineinander und deuten an, dass sich auch der untere Bildraum sukzessiv leeren wird. Zwei kleine Kompositionsskizzen auf der Rückseite von Figurenstudien imponieren deshalb besonders, weil der Künstler anstelle der Körper mit abstrakten Formen operiert, um die Bewegungsabläufe festzulegen. Hodler verteilt Massen, die

Ferdinand Hodler: *Kompositionsskizze.* 1907/08. Bleistift auf Papier

Ferdinand Hodler: *Kompositionsstudie.* 1907/08. Bleistift gewischt auf Papier

Ferdinand Hodler: *Kompositionsstudie.* 1908. Bleistift, Kreide, Farbflecken auf Papier

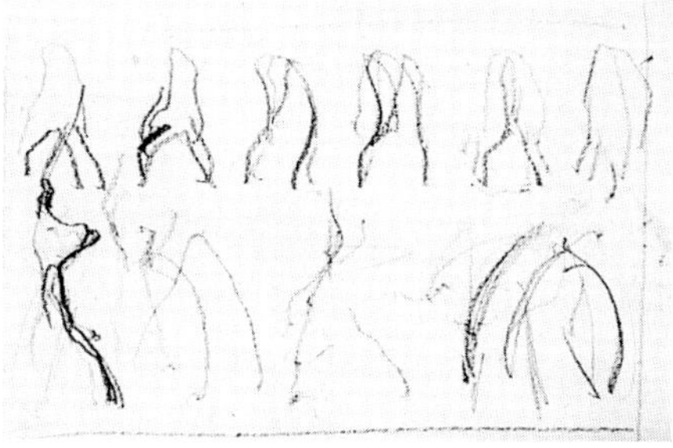

Ferdinand Hodler: *Kompositionsskizze.* 1907/08. Bleistift auf Papier

Ferdinand Hodler: *Kompositionsskizze.* 1908. Bleistift, Randlinien, Farbflecken auf Papier

ineinandergreifen und zugleich auseinanderstreben: Er untersucht Bewegungen und Gegenreaktionen, die jedoch nicht nur auf die Darstellung äusserer Kraftakte zielen, sondern auch psychische Regungen, Emotionen einschliessen. Der äusseren soldatischen Beweglichkeit korrespondiert eine innere. Da der Maler auf gattungsgeschichtliche Anspielungen verzichtet, fragt sich, welche Massstäbe ihn leiten, und liesse sich – so hat es schon 1974 Walter Stadler formuliert – das Verfahren Hodlers mit der «Wesensschau» der Phänomenologie vergleichen und als «eidetische Reduktion», als «Herausklärung der ‹puren Washeit›» des Vorganges werten. Doch welcher Vorgang wird hier als Washeit erfasst? Die beiden kleinen Kompositionsskizzen geben entscheidenden Aufschluss. Aus der Gegenläufigkeit der Bewegungen lässt sich schliessen, dass die Soldaten dem Aufbruch nicht gleichgeschaltet folgen, sondern unterschiedlich reagieren. Sie haben zwar einen Konsens hergestellt, gemeinsam zu kämpfen, aber sie finden individuell zu ihm.

Diese Entdeckung bannt den Betrachter, zumal er bemerkt, dass sie nicht über die direkte Ansprache durch die Männer erfolgt, sondern über die Komposition und ihr Verhältnis zum engen Umraum. Botho Graef hebt bereits hervor: «Hodler ordnet seine Menschen in einer Ebene, die höchstens so flach gewölbt ist, dass der Beschauer sich in dem Mittelpunkt eines weiten Kreises zu befinden scheint, an deren Peripherie die Figuren stehen.» Der Bildraum wird zu einem dynamischen Wirkungsraum mit allansichtigen Gestalten. Während das Panorama – Hodler arbeitete 1881 an der Ausführung des Bourbaki-Panoramas in Genf mit – um den Betrachter herum einen ihn kontinuierend umgebenden Illusionsraum schafft, eröffnet Hodler dem Beschauer des Jenaer Bildes einen haptisch erlebbaren Reliefraum. Näherte er sich durch den östlichen Gang des ersten Obergeschosses der Universität oder von der Nordosttreppe, war das Gemälde leiblich präsent und erschien als Bildkörper, der sich auf den Zuschauer zubewegt. Der Betrachter ist, wie Eberhard Grisebach betont, zunächst «gebannt». Aber warum sollte er erschrecken?

Ferdinand Hodler: *Kompositionsstudie*. 1907/08. Bleistift, Pinsel in Deckfarben, Figuren auf Papier

Komposition

Das Bild zerfällt auf den ersten Blick in zwei Teile, wirkt wie ein Diptychon, ja, es ist bis auf geringfügige Abweichungen bilateral symmetrisch angelegt, um die vertikale Mittelachse klappbar. Diese wird zu einem Scharnier. Mit ihr und den nachvollziehbaren Diagonalstrukturen in den unteren Querrechtecken fluchtet die Bildordnung im Betrachter. Vor der Mitte stehend, kann er das Bild nur überblicken, weil die Optik seiner Augen sphäroid bewegt ist. Während der Künstler das Personal in anderen Gemälden dicht zusammendrängt, um die vollständige Aufmerksamkeit auf die Figur zu lenken, sind hier die Zwischenräume ebenso wirkmächtig. Die beiden Gruppen von Handelnden im unteren Bildfeld «kreisen» jeweils um einen imaginären Mittelpunkt, dessen Füllung der Maler dem Zuschauer anheimstellt. Mit dieser Entdeckung bereitet sich bei ihm das Erschrecken vor, weil ihn das Bild im «sehenden Sehen» zum Handlungsträger macht.

Gebärdensprache

Hodler erreicht die Wirkung durch ein paradoxes Verfahren. Trotz raumgreifender Gestik steht das Personal marionettenhaft starr, sind seine Bewegungen eingefroren. Hodler übersteigert die natürliche Gebärde, wenn er die Krümmung der Beine bei den Marschierenden überzieht, die Knie stärker beugt und die Gelenke auf das Äusserste durchdrückt. Nicht weniger artifiziell ist die Haltung des sich den Tornister aufbindenden Soldaten. Die Gliedmassen kreisen um den Leib. Die überzogene Geste und die gespreizte Fussstellung verleihen der dynamisch-kraftvollen Gestalt ein labiles Gleichgewicht, das auch

Ferdinand Hodler: *Jenenser Student.* 1908. Öl auf Leinwand

Ferdinand Hodler: Studie des *Rufers* mit Quadratnetz. 1908. Bleistift auf Papier.

dem Rufer rechts im Bilde eigen ist. In mehreren Kompositionsstudien zur rechten Bildhälfte sollte er sich zunächst mit einem Seitenblick seinem berittenen Nachbarn zuwenden. Er wirft sich vor wie die Marschierenden oben und gibt mit der Linken einen Befehl. Die endgültige Gestalt entsteht aus den Verwerfungen zuvor studierter Typik eines geduckten, Befehl gebenden und gradlinig vorwärtsdrängenden Soldaten und wird zu einem innehaltenden Kämpfer mit hochgerecktem linkem und auf den Säbel gestütztem rechtem Arm. Je eine in Zürich und in Jena aufbewahrte Studie macht sichtbar, dass der Künstler die Haltung in «Millimeterarbeit» entwirft. In der Jenaer Bleistiftzeichnung ist die Säbelspitze des Soldaten weiter von der Ferse abgerückt, so dass er unmöglich zum Schlage ausholen kann. Zaudert der Soldat im Moment des Kampfbeginns, verlässt ihn der Mut, siegt die Angst vor dem möglichen Tod? Oder reagiert er euphorisch, erstaunt darüber noch zu leben? Ist mit seiner Gestalt vielleicht nicht nur der Auszug zur Schlacht, sondern ihr Ende mitgedacht? Der Zuschauer hat die Wahl, das Wechselspiel zwischen Enthusiasmus, Zweifel und Emphase zu entscheiden. Hier erschrickt er.

Ferdinand Hodler: Studie für *Auszug ...*: Student, Mantel anziehend. 1908. Bleistift auf Papier

Der Tod: absolut horizontal-parallele Bilder

Die strenge Grundstruktur des Gemäldes mit drei sich staffelnden horizontalen Landschaftsstreifen entspricht dem Schema, das Ferdinand Hodler ansonsten nur in seinen Todesdarstellungen anwendet, welche ihn zeitlebens bewegen, hatte er doch als Kind, Jugendlicher und junger Mann das Sterben fast aller Familienmitglieder erlebt. Die Toten sind immer in absoluter Starre bei strenger Horizontalität wiedergegeben. Der Künstler gibt dem Verlust, der Abwesenheit Ausdruck. 1914/1915 hatte er die kranke Valentine Godé-Darel in zahlreichen Bildern bei ihrem Sterben beobachtet; aus der Vertikalen sinkt sie zusehends in die Diagonale, bis sie, in der Horizontalen zu Tode erstarrt, liegt, vergleichbar dem toten ‹Christus in der Grabnische› auf Hans Holbeins d. J. Basler Tafel von 1521. Der Tod erscheint Hodler als ein die Menschen den Dingen angleichender Vorgang, in dem jegliche Dynamik erlischt. Wenn alle Soldaten aus dem Jenaer Bildraum ausgerückt sind, hinterlassen sie nichts als die horizontal gegliederte, karge und leblose Landschaft.

Die Farbe

Doch neben der «inneren» Geschichte des Aufbruchs deutscher Studenten in den Freiheitskrieg von 1813 ist auch die äussere in dem Bild aufgehoben. Der Maler hat sie in die Feinstruktur verlegt. Die schwarze Uniform der Lützower Jäger und ihre wenigen farbigen Akzente, rote Bordüren und Litzen sowie die goldfarbenen Attribute – Knöpfe und Schulterstücke –, wurden zum Bestandteil der Farbkomposition. Die Farben Rot und Gold werden als Retuschen der in einem dunklen Blaugrün gehaltenen Uniformen verwendet, die bei der vollen Ausleuchtung des Bildes auffallen. Bei dem Einfall von direktem Seitenlicht am ursprünglichen Standort – am Morgen von links und am Abend von rechts – dürfte die Wirkung ähnlich gewesen sein. Hodler hat selbst betont, dass die Farbe «Einfluss auf die Moral» habe. «Die dunklen Farben gebären die Melancholie, die Traurigkeit und selbst das Entsetzen ... Die Werte der Farben werden gesteigert durch ihre Verbindung.» Im Jenaer Bild überwiegen mattverhaltene, gedämpfte Töne, die in ein opakes Weiss-Rosa eingebettet sind. Die farbige Flora ist ganz zurückgenommen. Über dem Bilde liegt ein Hauch von Schwermut, die selbst die beleuchtete Partie rechts nicht übertönen kann. Zwar wird hier, bedingt durch den tatsächlichen Lichteinfall der Fenster am alten Aufstellungsplatz, eine friedvolle Stimmung, ja vielleicht sogar der Abend nach der Schlacht wachgerufen, so dass der zaudernde Rufer sich in einen sein Überleben begrüssenden Jüngling verwandelt, doch lässt das Gemälde die Lösung offen.

Das Bildgefüge

Hodler hat das Bildgefüge so aufgebaut, dass Dynamik und Erstarren im Schwebezustand gehalten werden. Die Bewegung, die von links nach rechts geht, wird beim Rufer gestoppt, den der Sog der marschierenden Männer zurückhält. Er steht am äussersten Ende der Komposition, ja er beginnt, mit dem rechten Fuss aus ihr herauszutreten. Die obere Formation zieht nach links. Auch hier hat die erste Kolonne bereits den Bildrand überschritten. Beide Gruppen oben und unten verhalten sich gegenläufig. In der kompositionellen Eigenart hat Heinrich Wölfflin ein grundsätzliches Darstellungsproblem erkannt: «Man könnte meinen, dass unsere Kunst im Sinne unserer Schrift immer die Neigung haben müsste, einen objektiven Bewegungszug (marschierende Soldaten, rennende Pferde) von links nach rechts sich entwickeln zu lassen. So ist es nicht. Aber das ist sicher, dass die rechte Bildseite einen andern Stimmungswert hat als die linke. Es entscheidet über die Stimmung des Bildes, wie es nach rechts ausgeht. Gewissermassen wird dort das letzte Wort gesprochen.» An dieser

Stelle steht nun im Jenaer Bild der exponierte Rufer, der einerseits in die Bildfläche zurückzusinken droht und andererseits die ausdrucksintensivste Haltung einnimmt, zwei vom Maler bewusst offen gehaltene Lesarten zugunsten der Entscheidung des Betrachters.

Miles – civis, citoyen – bourgeois

Hodler zeichnet ein Ethos vom Soldaten, welches seit der Renaissance als Alternative des «Haudegens» besungen wurde und bis zu Theodor Körner gilt: «Nicht Söldner sind wir, der Frieden, das Glück führt uns auseinander, wie uns Rache und Kampf zusammengeführt ... Wenn der Feind darniederliegt, ... dann hängen wir das Schwert in den Eichenwäldern des befreiten Vaterlandes auf, und ziehen heim in Frieden.» Das Ideal des miles – civis besingen die florentinischen Humanisten des 15. Jahrhunderts – etwa Leonardo Bruni – und stellen es dem der Söldner entgegen, der nur das Kriegshandwerk kennt. Niccolo Machiavelli belebt knapp einhundert Jahre später den Gedanken und will ein florentinisches Volksheer nach dem Modell der Schweizer Landesverteidigung aufbauen, die er explizit würdigt. In dem von Michelangelo für die Sala del Consiglio in Florenz entworfenen Karton der ‹Schlacht von Cascina› ist dieses Ethos aufgehoben. Die sich beim Bade erholenden Soldaten werden mit der Meldung vom unerwarteten Heranrücken des pisanischen Feindes konfrontiert und rüsten sich Hals über Kopf zum Kampf. Der nur in Nachzeichnungen überlieferte Karton beschrieb das Ideal des Bürgersoldaten. Wenn Goethe über diese Komposition sagen konnte: «Das Baden steht als das höchste Symbol der Abspannung entgegengesetzt der höchsten Kraftäusserung im Kampfe, zu der sie aufgefordert werden», dann gilt für Hodlers Bild, er führe den Kraftaufwand jedes Einzelnen vor, den Konsens zum Kampf bewusst nachzuvollziehen. Hodler kannte auch Michelangelos David, die schlüssigste Verkörperung des Miles-civis-Gedankens. Als Bürger der Schweiz war er mit der Praxis vertraut und leistete selbstverständlich und regelmässig seinen Militärdienst. Im Geist des Freikorps Lützow als freier Jägerverband und in den Versen Körners konnte er dieses Ideal wiederentdeckten und

Bastiano da San Gallo (1481–1551) zugeschrieben: *Die Schlacht von Cascina.* Nach Michelangelo. 1542. Grisaille auf Karton

Michelangelo Buonarotti (1475–1564): *Prigione I.* 1513. Marmor

Ferdinand Hodler: *Rockanzieher.* 1908. Öl auf Leinwand

stellte es ganz bewusst in den Vordergrund. Die Soldaten des Jenaer Bildes entscheiden selbst, in den Krieg zu ziehen.

Das Gemälde widerspricht dem zeitgenössischen militärischen Historienbild, das dem Feldherrn als Lenker der Schlacht das Vorrecht im Bilde einräumt. Hodler nimmt der Handlung jede Naturwüchsigkeit, Organik und Emphase. Ihm bleiben als Wegweiser die Werke der Renaissance, in denen sich das Individuum zwischen Freiheit und Bindung erstmals entdeckt und vielleicht deshalb um so überzeugender darstellt. In gewisser Weise erinnern die Bildgestalten in Hodlers Jenaer Gemälde an Michelangelos Gefangene, deren jugendliche Schönheit, Kraft und Geistigkeit angesichts der Erahnung des Todes erstrahlt. Deshalb konnte der Künstler den Rockanzieher als Monumentalfigur vereinzeln, wie es in der Münchner Fassung nach dem «Grundsatz des Schönen» als Aufdeckung der Idee durch die Form geschah. Das Jenaer Bild ist in diesem Sinne Zeugnis der Sehnsucht des modernen Künstlers nach einer Monumentalität, die dem Alltag entrückt ist, zugleich aber das Wesen des Lebens in einfache Realallegorien kleidet.

Die Thematik von Ferdinand Hodlers Bild ist umfassender, als es Nationalsozialisten oder Sozialisten glauben machen wollten. Der Künstler fragt als Phänomenologe nach der Washeit des Lebens schlechthin. Deshalb konnte Eberhard Grisebach, der dieses Anliegen erkannte, von Bannung und Erschrecken sprechen. Das kleine obere Vestibül des Ostflügels der Jenaer Universität wurde zu einem Raum, in dem sich der Einzelne zwischen Erregung und Bewusstheit finden kann. Das eingangs erwähnte Doppelporträt Ernst Ludwig Kirchners von Botho Graef und Hugo Bialowons führt die Freunde in einem Moment der Besinnung, des Innehaltens in einer von Todesahnungen überschatteten Aufbruchsituation vor. Dies ist auch das Thema von Hodlers Gemälde.

Literatur

Ausstellungskatalog Berlin 1983, Ferdinand Hodler. Nationalgalerie Berlin
Ausstellungskatalog Zürich 1990, Ferdinand Hodler. Vom Frühwerk bis zur Jahrhundertwende. Zeichnungen aus der Graphischen Sammlung des Kunsthauses Zürich
Ausstellungskatalog Zürich 1992, Ferdinand Hodler. Zeichnungen der Reifezeit 1900–1918 aus der Graphischen Sammlung des Kunsthauses Zürich
Ausstellungskatalog Køge 1996, Ferdinand Hodler. Towards a Masterpiece, Køge Art Museum of Sketches
Ausstellungskatalog Solothurn 1996, Freundschaft und Kunstsinn. Die ehemaligen Solothurner Ferdinand Hodler-Sammlungen, Kunstmuseum Solothurn

F. Burger, *Cézanne und Hodler,* München 1913
T. Fischer, *Öffentliche Bauten,* Leipzig 1922
B. Graef, *Hodlers und Hofmanns Wandbilder in der Universität Jena,* Jena 1910
L. Griesebach (Hg.), *Maler des Expressionismus im Briefwechsel mit Eberhard Griesebach,* Hamburg 1962
W. Grüner, *Die Universität Jena während des Weltkrieges und der Revolution bis zum Sommer 1920. Ein Beitrag zur allgemeinen Geschichte der Universität,* Jena 1934
S.L. Hirsh, *Ferdinand Hodler,* München 1981
C.A. Loosli, *Ferdinand Hodler. Leben, Werk und Nachlass,* 4 Bände, Bern 1921–1924
H. Mühlestein, *Ferdinand Hodler. Ein Deutungsversuch,* Weimar 1914
G. Niedner, *Bildelemente der Malerei Ferdinand Hodlers. Das ‹Jenabild›,* Diss. phil., [Masch.] Jena 1924
W. Stadler, «Eine Urgebärde. Notizen zu Ferdinand Hodlers Jena-Bild», in: *Schweizer Monatshefte,* 1974
G. Steiger (Hg.), *«Fall Hodler» Jena 1914–1919. Der Kampf um ein Gemälde,* Jena 1970
F.-J. Verspohl, «Gebannt, fast erschrocken bleiben wir vor dem Hodlerbilde stehen». Ferdinand Hodlers ‹Der Auszug der deutschen Studenten in den Freiheitskrieg von 1813›, in: *Jenaer Universitätsreden 2,* Jena 1997
V. Wahl, *Jena als Kunststadt 1900–1933,* Leipzig 1988
P. Weber, «Hodlers Wandbild ‹Aufbruch der Jenaer Studenten zum Befreiungskampfe 1813› in der Universität zu Jena», in: *Westermanns Monatshefte,* 73, 1928/1929
F. Widmann, *Erinnerungen an Ferdinand Hodler,* Zürich 1918
H. Wölfflin, *Kunstgeschichte des 19. Jahrhunderts. Akademische Vorlesung aus dem Archiv des Kunsthistorischen Instituts der Universität Wien,* herausgegeben von N.M. Schmitz, Alfter 1993
F. Zelger, *Heldenstreit und Heldentod. Schweizerische Historienmalerei im 19. Jahrhundert,* Zürich 1973

* Der vorliegende Text ist eine gekürzte Fassung meiner Antrittsvorlesung in Jena am 11. April 1994, die vor dem Bild in der Aula der Friedrich-Schiller-Universität gehalten wurde. Sie erschien in Band II der ‹Jenaer Universitätsreden›, hg. Klaus Manger, Jena 1997, pp. 225ff. Als Primärquellen wurden die unpublizierten Akten und Dokumente des Universitätsarchivs der Friedrich Schiller-Universität genutzt. Aus der Sekundärliteratur entlehnte Angaben sind durch Hinweis auf den Autor im Text kenntlich gemacht. Als Grundlage dienten auch die Sammlungshefte 15/1990 und 17/1992 des Kunsthauses Zürich, die dessen Bestand an Zeichnungen Ferdinand Hodlers von seinen Anfängen bis 1918 zusammenfassen.

Epilog

1914 unterzeichnet Hodler den weltweiten Protest gegen die Zerstörung der Kathedrale von Reims, was ihn in Deutschland umgehend zum Verräter stempelt. Seine Bilder verschwinden aus den Museen. Das grosse Wandbild in Jena wird mit Stöcken geschlagen, vernagelt und später zum Anschlagbrett für Frontberichte umfunktioniert.

Am 20. September 1914 beschiesst die deutsche Artillerie die Kathedrale von Reims und richtet schwere Beschädigungen an der Krönungskirche der französischen Könige an

professionnelles les plus puissantes et les plus influentes de l'Allemagne.

Une protestation suisse contre le bombardement de Reims

Les soussignés, citoyens suisses, violemment émus par l'attentat injustifié contre la cathédrale de Reims, survenant après l'incendie volontaire des richesses historiques et scientifiques de Louvain, réprouvent de toutes leurs forces un acte de barbarie qui atteint l'humanité entière dans un des plus nobles témoins de sa grandeur morale et artistique:

Ernest Ansermet, musicien; G. Batault; Maurice Baud, homme de lettres, peintre; Daniel Baud-Bovy, directeur de l'Ecole des beaux-arts de Genève, Ed. Bauty, rédacteur en chef de la *Tribune de Genève;* Maurice Bedot, directeur du Musée d'histoire naturelle de Genève; Dr C. Biermann, professeur; Henry Bischoff, peintre· A. Blanchet, peintre: Ernest Bloch, compositeur; Bocquet, professeur à l'Ecole des beaux-arts; Fréd. Boissonnas, photographe-éditeur; Dr Bonjour, professeur; Georges Bonnard, directeur; Adrien Bovy, conservateur du Musée des beaux-arts; L. Brazzola, architecte: Paul Budry, professeur; Alexandre Camoletti, architecte, professeur à l'Ecole des beaux-arts; A. Carl-Angst; C. Carteret, professeur à l'Ecole des beaux-arts; Alfred Cartier, directeur général du Musée d'art et d'histoire de Genève; Dr E. de Cérenville, professeur; F. Chavannes, homme de lettres; Jacques Chenevière; Ed. Claparède Edouard Combe, rédacteur, Ernest Correvon, avocat; Jules Crosnier, professeur à l'Ecole des beaux-arts; J.-El. David, rédacteur; L. Debarge, directeur de *La semaine littéraire*, André Delhorbe: Dr Paul Demieville, professeur; Eug. Demole, conservateur du cabinet de numismatique; G. Dériaz, professeur à l'Ecole des beaux-arts; Gustave Doret, compositeur; Louis Dumur; L. Dunki, professeur à l'Ecole des beaux-arts; D. Estoppey, professeur à l'Ecole des beaux-arts; Victor Favrat, rédacteur; F. Feyler, professeur; M. Alexis Forel; Mme Alexis Forel; H. Gallay, professeur à l'Ecole des beaux-arts; Fréd. Gardy, directeur de la Bibliothèque de la Ville de Genève; Eug. Gilliard, professeur à l'Ecole des beaux-arts; Frédéric Gilliard, architecte; Dr A. Girardet; Frédéric Godet, architecte; Ph. Godet; L. Graeser, professeur: Dr Grandjean; Pierre Grellet, journaliste: Benjamin Grivel, professeur; Antoine Guilland; Henri Hébert, professeur à l'Ecole des beaux-arts; Ferdinand Hodler; Dr C. Humbert, médecin-adjoint de l'Hôpital cantonal, privat-docent à l'Université; Sam. Jaccottet, professeur: E. Jaques-Dalcroze: Eug. Jost, architecte; André Kohler, professeur; Alex. Kunz, professeur au Conservatoire; E. Kunz; Henri Laeser, journaliste; Dr Long, privat-docent à l'Université de Genève; L. Laverrière, architecte: A. Légeret, professeur; M. Lugeen, professeur; Dr H. Mallet, médecin-adjoint à la Clinique infantile, privat-docent à l'Université: Albert Malsch, directeur de l'enseignement primaire, professeur de pédagogie à l'Université de Genève, H. Marguerat, professeur; Jean Martin, professeur à l'Ecole des beaux-arts; Charles Martinet, directeur du journal *La Suisse;* B. Mayor, professeur; Maurice Millioud, professeur; R. Aloys Mooser, rédacteur à *La Suisse*; J. Morerod; Jean Morax, artiste peintre; René Morax, homme de lettres; Jules Monard, peintre; A. Muret, artiste-peintre; Maurice Muret, homme de lettres; L. Nicole, géomètre officiel; Dr Oltramare, professeur à l'Université; S. Pahnke, peintre; C. Panchoud: Edouard Payot, directeur; Gustave Payot, libraire éditeur; Samuel Payot, libraire éditeur, Dr Ch. Perrier, chirurgien-adjoint de l'Hôpital cantonal, privat-docent à l'Université de Genève; Ch. Piguet-Fages, conservateur du Musée de l'Ariana; Eugène Pittard, conservateur du Musée ethnographique; Dr Amédée Pugnat; Ed. Ravel, professeur à l'Ecole des beaux-arts; Dr Reverdin; G. Revilliod, architecte: Dr Reymond, avocat; Albert Robichon; Tony Roche, rédacteur en chef du *Genevois;* Edmond Rossier, professeur; Marcel Rouff, historien; Francis Rouge, éditeur; D. Sarkissoff, professeur à l'Ecole des beaux-arts; Maurice Sarkissof, statuaire; Schnell, architecte; Paul Seippel; Jean Sigg, député au Conseil national; A. Silvestre, professeur à l'Ecole des beaux-arts; Fréd. W. Simond; abbé Raoul Snell, rédacteur en chef du *Courrier de Genève;* F. Spielmann, médecin; A. Suss, directeur de l'Hôpital cantonal; Constant Tarin, libraire-éditeur; A. Taverney, professeur; H. Thélin, pasteur; Thévenaz, architecte; L. Tuillet, architecte; Otto Vautier, peintre; F.-J. Vernay, professeur à l'Ecole des beaux-arts; James Vibert, professeur à l'Ecole des beaux-arts; A. Vulliemin, rédacteur; Dr Henri Vullier; Emile Yung; H. de Ziégler; G. Wagnière; Dr A. Wellauer, professeur.

Künstler und Intellektuelle unterschreiben den Protest gegen die Beschiessung der Kathedrale. Die Liste der Unterzeichnenden repräsentiert die gesamte kulturelle Elite der französischen Schweiz. ‹La Suisse› vom 27. September 1914

notre attitude envers tous les autres pays et les bons rapports que nous entretenons depuis si longtemps avec eux?...

HODLER PUNI

Pour punir le maître Hodler qui a eu l'incommensurable audace de protester contre le bombardement de la cathédrale de Reims, la direction du musée Wallraf Richartz, à Cologne, a fait enlever de la salle où elle était exposée une toile de l'illustre peintre suisse.

A la place, est suspendu un petit écriteau portant l'inscription suivante:

A cet endroit était accroché un tableau de Ferdinand Hodler qui n'a pas eu honte d'apposer sa signature sur une protestation de Genevois[1] *dans laquelle il est question d'un attentat inqualifiable contre la cathédrale de Reims, attentat qui, venant après la destruction préméditée des trésors historiques et scientifiques de Louvain, constitue un nouvel acte de barbarie et une provocation à toute l'humanité.*

De son côté, la «Secession» de Berlin a rayé Hodler du nombre de ses membres d'honneur «à cause de l'attitude indigne qu'il a adoptée à l'égard du peuple allemand».

La Secession» de Munich a pris la même décision.

‹La Suisse› vom 15. Oktober 1914

HODLER ET L'ALLEMAGNE

M. Ernest Haeckel, en sa qualité de recteur de l'Université d'Iéna, adresse à M. Ferdinand Hodler une lettre ouverte dans laquelle il exprime son regret de ce que Hodler ait signé la protestation mensongère (sic) de Genève que des ennemis haineux de l'Allemagne ont rédigée contre la prétendue barbarie allemande.

En même temps M. Haeckel fait savoir qu'il s'est joint à la proposition de ses collègues animés des mêmes sentiments que lui d'enlever de l'Université le tableau monumental de Hodler représentant le départ des étudiants d'Iéna, en 1813, de le mettre en vente et de remettre à la Croix-Rouge la somme ainsi recueillie.

Dans la presse zurichoise

Un fait caractéristique vient de se passer à

‹La Suisse› vom 18. Oktober 1914

Hodler fällt die deutsche Eiche und stürzt den Reichsadler. Karikatur aus: ‹Jugend› Nr. 42, München, 1914

Über die Grenzen

Staatsrechtliche Beeinflussungen im 18. und 19. Jahrhundert

Ein Gespräch mit Alfred Kölz.
Die Fragen stellten Simon Netzle und Beat Schläpfer

Herr Professor Kölz, aus Ihrem Standardwerk zur neueren Schweizerischen Verfassungsgeschichte lässt sich leicht der Eindruck gewinnen, die Entwicklung der schweizerischen Staatsverfassungen von 1798 und 1848 sei grundlegend unter dem Eindruck der Ereignisse in den USA und Frankreich gestanden. Ist das ein richtiger Eindruck?

Für die neuen Institutionen der ersten Hälfte des 19. Jahrhunderts stimmt dieser Eindruck. Man darf aber nicht ausser acht lassen, dass diese Übernahmen von staatsrechtlichen Institutionen aus dem Ausland in der Schweiz durch besonders günstige Bedingungen erleichtert wurden. Die Schweiz hat als vielleicht einziges Land einen bemerkenswerten Stock an republikanischen Traditionen gehabt – dies schon vor dem Ausbruch der Amerikanischen und Französischen Revolution. Auch wenn diese Traditionen durch den Feudalisierungsprozess im 17. und 18. Jahrhundert denaturiert und verschüttet worden waren, halfen sie doch, die Rezeption des Neuen vorzubereiten. Zudem war die Schweiz – vielleicht zusammen mit den Niederlanden – das einzige Land in Europa, das eine staatenbündische Zusammenarbeit praktizierte, und diese hat natürlich die Rezeption des Modells eines Bundesstaates sehr stark begünstigt.

Denken Sie, dass das Bild der Schweiz als Wiege von Freiheit und Demokratie, wie es von offizieller Seite lange Zeit aufrechterhalten wurde, dass dieses Bild aus dieser republikanischen Traditionslinie heraus richtig ist, oder würden Sie da Korrekturen anbringen?

Ich würde die Schweiz nicht als Wiege von Freiheit betrachten. Denn der Freiheitsbegriff und die Freiheitspraxis hatten in der Schweiz wenig Substanz. Wir haben hier mehr eine genossenschaftliche Tradition, eben eine Demokratietradition, gehabt, aber nicht eine freiheitliche Tradition im Sinne der Freiheit der einzelnen Menschen. Nur eine kollektive oder genossenschaftliche Freiheit, keine individualistische Freiheit. Das letztere ist das Neue, das aus dem Ausland gekommen ist.

Allenfalls wäre die Schweiz nach den antiken Stadtstaaten Griechenlands als die zweite Wiege der Demokratie anzusehen. In diesem Sinn kann man schon die schweizerische Landsgemeinde-Tradition und insbesondere die Demokratietradition Genfs betrachten. Da ist wirklich in der Schweiz eine Entwicklung verlaufen, die eigenständig ist.

Das wesentlichste neue Element ist aber sicher die individuelle Freiheit. Die prinzipielle Freiheit des Individuums in Verbindung mit dem Prinzip der Gleichbehandlung der einzelnen Individuen. Dieses individuelle Freiheitsverständnis einerseits ist in die bestehende Tradition der Demokratie in der Schweiz eingeflossen. Andererseits sind eben auch neue Institutionen der Demokratie aus dem Ausland hier aufgenommen worden.

Bevor wir auf einzelne Phasen und auch einzelne Länder wie die USA oder Frankreich zu reden kommen, würde es mich interessieren, welches Sie als die wesentlichsten staatsprägenden Elemente bezeichnen würden, die die Schweiz freiwillig oder gezwungenermassen übernommen hat.

Ich möchte vor allem drei nennen: einmal das Initiativrecht in der indirekten, der repräsentativen Demokratie und das Referendumsrecht. Hier hat die Schweiz in starkem Masse demokratische Institutionen übernommen. Als zweites ein weiteres wirklich neues Element, das nicht in der Schweiz entwickelt worden ist, nämlich das Prinzip der geschriebenen Verfassung, in der alle wichtigen Staatsprinzipien rational festgehalten sind. Das ist eindeutig eine Übernahme aus dem Ausland, herkommend aus den Vereinigten Staaten, die als erste geschriebene Verfassungen entwickelt haben. Das dritte wichtige Prinzip ist das Element des Bundesstaats, auch dies eine Entwicklung aus den Vereinigten Staaten, die in der Schweiz aufgenommen worden ist: ein Schritt, der über die staatenbündische Zusammenarbeit weit hinausgeht, wie sie hier vor 1798 gepflegt wurde.

Man muss dazu vielleicht eine Anmerkung machen: Die Tatsache, dass in der dreizehnörtigen Eidgenossenschaft schon lange eine recht anständig funktionierende staatenbündische Zusammenarbeit bestand, war auch in den USA beachtet worden – sie hatte dort den Verfassungsschöpfern Mut gemacht, einen Zusammenschluss zu versuchen. Die USA sind allerdings weiter gegangen und haben das Modell des Bundesstaats entwickelt. Die Schweiz hat demnach dazu beigetragen, die Entstehung der amerikanischen Verfassung zu ermöglichen.

Wenn wir – vielleicht etwas willkürlich – einen Anfang der transatlantischen Beeinflussungen auf die Mitte des 18. Jahrhunderts legen, gelangen wir zu einer der zentralen aufklärerischen Schriften, Rousseaus ‹Contrat social›, 1762 erschienen, wohl eines der folgenreichsten Werke seiner Zeit: Es beeinflusste sowohl die USA wie dann – über die USA oder auch direkt – die Französische Revolution.

In Amerika wirkte Rousseau vor allem auf das Denken der Einzelstaaten. Viele dieser Einzelstaaten waren relativ demokratisch, am demokratischsten Pennsylvania, wo ja Thomas Paine im Verfassungskonvent tätig war. Im Gegensatz zu Rousseau wirkte Montesquieu mehr auf die Unionsverfassung – er betonte stärker die Gewaltenteilung, die dann in der amerikanischen Verfassung auch sehr ernst genommen wurde.

In Frankreich dagegen hat Rousseau vor allem für die Verfassungen der republikanischen Zeit 1793/94 eine grosse Bedeutung gehabt. In der Direktorialverfassung von 1795 ging sein Einfluss zurück, während das Denken von Montesquieu an Gewicht gewonnen hat. Es war ein dauerndes Schwanken zwischen Gewaltenteilung und Demokratie.

In der Schweiz hatte Rousseau eine permanente, vielleicht mehr ideologische als institutionelle Bedeutung, aber sein Denken war stets präsent. Montesquieu dagegen konnte in der Schweiz schon deswegen keine grosse Wirkung entfalten, weil er der konstitutionellen Monarchie verpflichtet war. Sein Modell liess sich auf die Schweiz nicht übertragen, denn wir haben in der Schweiz keine monarchische Tradition.

Wenn wir schon bei Personen sind: Unterschätzt wird meines Erachtens für die Schweiz und für Frankreich das Wirken von Condorcet. Condorcet ist gleichsam der individualistische, rationalistische Demokratietheoretiker par excellence. In der Schweiz sind sehr viele Spuren aus Condorcets Schriften und seinem Verfassungsentwurf erkennbar.

Um nochmals auf die Vorreiterrolle der USA zurückzukommen: Welche Bedeutung hatte die dortige Entwicklung für die Schweiz? Wie hat man sich den Weg der Ideen vorzustellen, welches waren die wichtigsten Anstösse?

Aus meiner Sicht muss man dazu folgendes sagen: Die meisten Ideen des modernen Staates, die in die Schweiz gekommen sind, sind über die Vermittlung Frankreichs gekommen. Das betrifft die Rechteerklärungen und die Gleichheit, also die Erklärung der individuellen Freiheitsrechte, das betrifft die Gewaltenteilung, das Prinzip der geschriebenen Verfassung und des Verfassungsrates, also der speziellen verfassunggebenden Parlamente, das betrifft das Verfassungsreferendum, die direkte Volkswahl des Parlamentes und allenfalls sogar auch der Exekutive und dann die Verantwortlichkeit der Behörden. Das sind alles Prinzipien, die zunächst in Frankreich von 1789 bis 1799 rezipiert wurden und die dann über die Helvetik und später als Direktbezüge aus Frankreich in die Schweiz gekommen sind.

Es gibt meines Erachtens – doch da sind nicht alle Autoren mit mir ganz einverstanden – nur zwei Punkte, die direkt und ohne Vermittlung von Frankreich über den Atlantik in die Schweiz gekommen sind:

Einmal, wie bereits gesagt, das Prinzip des Bundesstaates und vielleicht das Prinzip der geteilten Souveränität, d.h. die Aufteilung der Souveränität zwischen Bund und einzelnen Gliedstaaten. Das ist direkt herübergekommen.

Bereits beim Zweikammersystem würde ich hingegen ein Fragezeichen setzen. Wir hatten ja in der Schweiz dieses System bereits in der Helvetischen Verfassung. Die Helvetische Verfassung bezog sich auf die französische Direktorialverfassung, und diese wiederum hatte die Idee des Zweikammerprinzips 1795 aus den USA bezogen. Doch man kann da sicher zu abweichenden Meinungen kommen. Noch vor der Helvetik schrieb Johann Georg Müller, der Bruder des berühmten Geschichtschreibers, in einem Brief, er finde eigentlich, das amerikanische Bundesstaatsmodell mit dem Zweikammerprinzip wäre für die Schweiz sehr geeignet.

Es ist anzunehmen, dass Johann Georg Müller der erste war, der die Idee der geteilten Souveränität in der Schweiz gedacht hat – er spricht auch von einer Kompetenzaufteilung in Einzelstaat und Gesamtstaat. Sie sagen, dass Condorcet eine weitgehend unterschätzte Figur ist, dass man viel zu wenig von ihm spricht. Könnten Sie skizzieren, welches die Anliegen Condorcets waren und welches die Wirkungen?

Condorcet kann auch als Vater oder geistiger Schöpfer der Montagnard-Verfassung betrachtet werden, denn diese wurde in einem ganz schnellen Verfahren aus grösseren Teilen des girondistischen Entwurfes geschaffen – quasi eine Quintessenz des girondistischen, von Condorcet geprägten Entwurfes durch die Robespierristen, allerdings angereichert durch stärkere sozialpolitische Elemente. Condorcet war etwas weniger sozialpolitisch orientiert als die Montagnards. Er war mehr noch vom aufklärerischen Bildungsideal des 18. Jahrhunderts beeinflusst und legte stärkeren Wert auf Bildung als auf direkte materielle Versorgung der notleidenden Bevölkerung.

Zu den Grundzügen der Verfassung: Condorcet war der erste, der eine moderne Gesellschaft versucht hat, der einen grossen Staat mit individualistisch-direktdemokratischer Verfassung wollte. Das war damals in den Vereinigten Staaten kein Thema. Höchstens Paine hatte gewisse Versuche in diese Richtung gemacht, doch ohne Erfolg. Condorcet wollte eine streng individualistische Demokratie mit wesentlichen direktdemokratischen Elementen verwirklichen. Als Mathematiker, der er in seinem Hauptberuf ja war, nahm er gleichsam die Mathematisierung der Demokratie vorweg. Er war auch der erste, der eine Stimme wirklich konsequent in einem absoluten Sinn als eine Stimme gezählt hat. Von dieser Basis her hat er das Wahlrecht ausgestaltet …

… was längst keine Selbstverständlichkeit war.

Absolut nicht! Man muss betonen, dass in den Vereinigten Staaten in *allen* Verfassungen striktes Zensuswahlrecht bestand. In den USA gab es bis Ende des 19. Jahrhunderts absolut kein gleiches Wahlrecht.

Also nicht «one man, one vote», sondern Stimmengewicht nach Besitzverhältnissen.

Ja, Sklaven, aber auch Bürger, die es wirtschaftlich zu nichts gebracht hatten, konnten selbstverständlich in den Vereinigten Staaten nicht mitstimmen. Amerika gilt zwar als ein Ideal für die moderne Demokratie – dennoch muss man auch in dieses Ideal die nötigen Grautöne hineinbringen: Erst Condorcet führte das erste absolut zensusfreie Wahlrecht in eine Verfassung ein. Ebenso war er der erste, der die Volksinitiative ausgedacht und institutionell zu fassen versucht hat.

Was das Thema des Einheitsstaates betrifft, so war es für Condorcet selbstverständlich, dieses Prinzip zu vertreten, das lag ja schon vor der Revolution in der Staatstradition Frankreichs. Gespielt hat er allerdings mit der Idee des Zweikammersystems, das die Allmacht eines einkammrigen Parlaments etwas bändigen sollte. Die Angst vor einer mächtigen Nationalversammlung war auch der Grund, weshalb er sehr grosses Gewicht auf den Aufbau der Justiz als Gegengewalt gelegt hat. Condorcet war nicht so einseitig rousseauistisch beeinflusst wie fast alle Jakobiner. Er hat auch die Gefahren des Machtmissbrauchs gesehen …

… dessen Opfer er dann trotzdem geworden ist!

Ja, er kam dann im jakobinischen Terror um. Condorcet hat amerikanische Institutionen mit seinem Rationalismus im Sinne der individualistischen Demokratie weiterentwickelt und daneben die Volksinitiative neu ausgedacht.

Der atlantische Kreislauf moderner Staatsideen

Nähere Angaben: Alfred Kölz, *Neuere Schweizerische Verfassungsgeschichte,* Bern 1992

«Chaque homme a deux patries, son pays et la Franc»
Thomas Jefferson

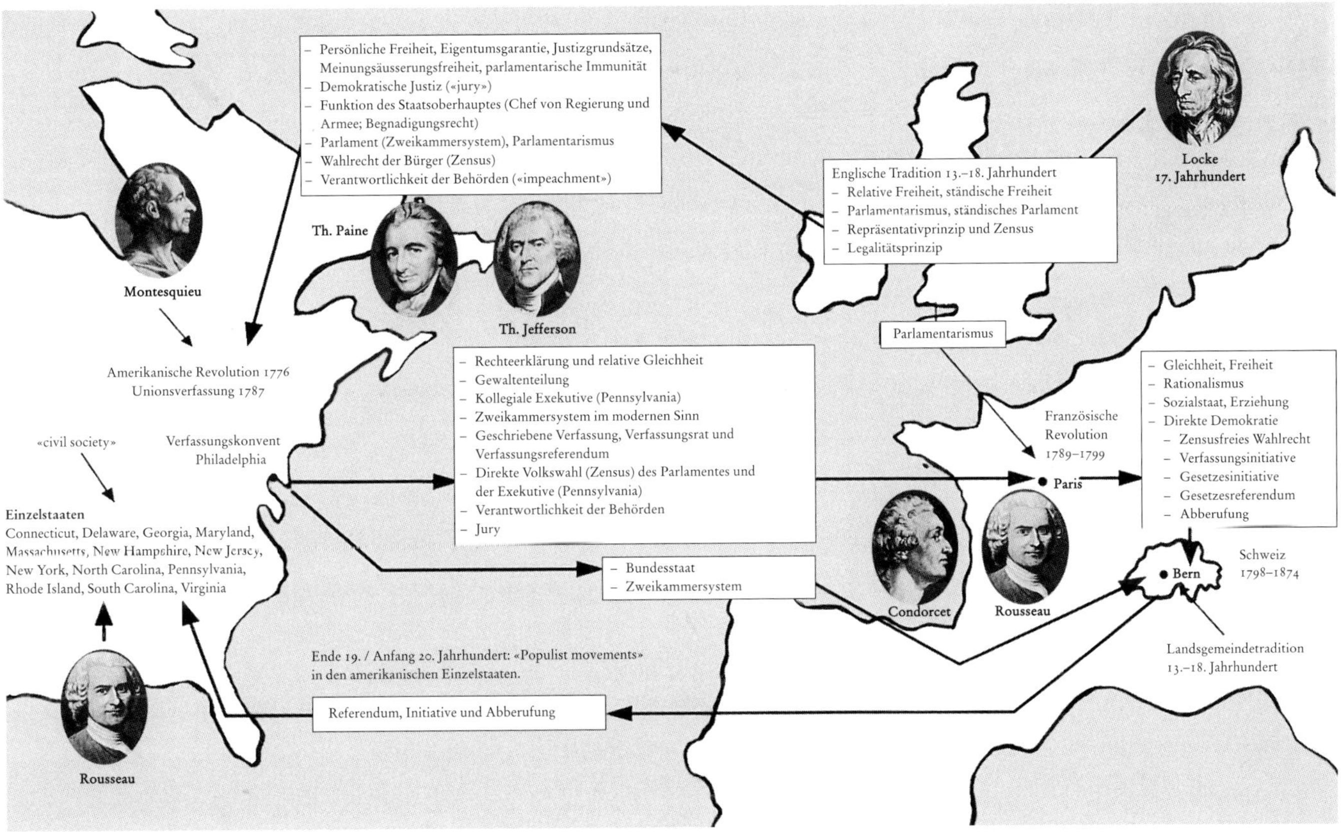

Wenn wir einen Sprung in Richtung schweizerische Regenerationszeit und Verfassung von 1848 machen dürfen: Auch hier lassen sich ja Spuren ausländischer Vorarbeit nachweisen. Übrigens geht ja die Einrichtung des Bundesrates als einer Kollegialbehörde im engeren Sinn auf das französische Direktorialsystem zurück. Auf der anderen Seite gibt es nun einen wesentlichen Anteil der staatspolitischen Entwicklung, der von der Schweiz selbst geleistet wird. Wie würden Sie diesen Bereich charakterisieren?

Institutionell, das heisst, was die Umsetzung der Ideen in praktikable Mechanismen betrifft, ist noch immer sehr vieles übernommen worden. Zu betonen ist dabei allerdings, dass vieles, was 1848 neu in die Bundesverfassung hineingekommen ist, nicht direkt aus dem Ausland bezogen wurde, sondern vermittelt über die Regenerationsverfassungen, wie sie ab 1830 in den Kantonen Basel-Land, Zürich, Bern, Luzern, Solothurn, Freiburg, Schaffhausen, St. Gallen, Aargau, Thurgau, Waadtland eingeführt worden waren. Diese Kantonsverfassungen waren grösstenteils moderner als die Bundesverfassung von 1848, weil man bei dieser mit Rücksicht auf die ehemaligen Sonderbundskantone zurückhaltend legiferieren musste. Es muss indessen betont werden: Die Kantonsverfassungen waren die Hauptquelle der Bundesverfassung von 1848 und nicht französisches Recht aus der Revolutionszeit.

Wesentlich ist der Schweizer Anteil aber auch in einer anderen Hinsicht: Die Schweizer waren vielleicht die einzigen in Europa, die vor der direkten Demokratie keine Angst hatten, weil sich von früher die Erfahrung der Städtedemokratien mit ihren demokratischen Bürgerversammlungen und Volksbefragungen im Bewusstsein erhalten hatte und auch die Tradition der Landsgemeindedemokratie noch intakt war. Die Realität von Mehrheitsentscheiden hat bewirkt, dass man in der Schweiz während der Einführung ausländischer Demokratiemodelle immer sagen konnte: «Wir haben ja bereits Demokratie. Geht doch nach Uri oder nach Schwyz und schaut, dort funktioniert es ja, wenn das Volk entscheidet. Eine Demokratie muss nicht zwangsläufig in Anarchie und ‹terreur› ausarten.» Das war wahrscheinlich einer der Hauptfaktoren der günstigen Rezeption von Initiative und Referendum in der Schweiz – und überhaupt der Volksrechte.

In meinem Buch habe ich vor allem die institutionellen Neuerungen beschrieben. Aber dieses mehr gefühlsmässige, politisch traditionelle Element war enorm wichtig für die Rezeption der modernen Referendumsdemokratie.

Wesentlich war auch die Chance, während der ganzen Regenerationszeit in verschiedenen Kantonen verschiedene Verfassungen mit geringerem Risiko ausprobieren zu können. Auch das eine positive Voraussetzung des schweizerischen Staatenbundes, der dann zum Bundesstaat geworden ist.

Man konnte das moderne zensusfreie Wahlrecht sozusagen austesten, zuerst im Waadtland, dann in Genf. Während man in Frankreich 1848 bei der Wahl der Nationalversammlung fürchtete, eine Verfünfzigfachung der Wählerschaft würde allenfalls zu einer Katastrophe bei den Wahlen führen, sah man hier, dass die Befürchtung unnötig war. In der Schweiz konnte man sagen: Wir haben's schon gemacht. Desgleichen beim Veto, das 1831 in St. Gallen als ein Vorläufer des Referendums entwickelt wurde. Es zeigte sich, dass das Veto in St. Gallen nicht gefährlich war. Man stellte nur fest, dass das Volk zu wenig Einfluss hatte. Worauf es durch ein Mittel ersetzt wurde, das dem Volk mehr Einfluss einräumte, eben im Sinne des Referendums.

Ich habe schon angetönt, dass in der Zeit zwischen 1830 und 1848 einerseits ausländisches Gedankengut wirksam wurde, aber auf dem Boden der schweizerischen Tradition, und man kann vielleicht noch sagen, dass ab 1830 in der Regenerationszeit vor allem das individualistische Denken und die Gewaltenteilung das Zentrale waren. Später, in der demokratischen Bewegung, waren es dann Demokratie und erste Ansätze des Sozialstaates, die in das 20. Jahrhundert hineinleuchteten.

Zu den tragenden Persönlichkeiten des Ideentransfers, der nicht über Frankreich ging, zählten Ignaz Paul Vital Troxler, das ist allgemein bekannt, dann James Fazy, der in Genf tätig war, dann der Zürcher Staatsrechtler Johann Jakob Rüttimann und viele andere. Rüttimann schrieb Artikel in der ‹Neuen Zürcher Zeitung› über das amerikanische Bundesstaatsmodell. Es gibt auch den Verfassungsentwurf eines Karl Kasthofer aus dem Jahr 1833, auch er bezieht sich auf die amerikanische Verfassung.

Er gehört zur Troxler-Tradition, da hatte sich eine ganze Schar gebildet. Ist denn die Feststellung richtig, dass sich etwa ab 1830 die Bedeutung des französischen Einflusses abschwächte, während das Interesse an der US-Realität erhalten blieb? Gleichzeitig scheint es auch so, dass sich die Aufmerksamkeit langsam in Richtung Deutschland zu verschieben beginnt.

In Deutschland ist damals ja wegen dem monarchischen Prinzip staatsrechtlich fast alles zurückgeblieben, sowohl in bezug auf Demokratie als auch auf Freiheit. Auch die fortschrittlichen Kräfte konnten einfach wenig bewirken, weil immer noch die Monarchen herumstanden. Das war bis zum Ersten Weltkrieg fast nicht zu bewältigen.

Doch gerade die missratenen Revolutionen in Deutschland hatten über die Emigranten und Exilanten, die sich in der Schweiz niederliessen, einen riesigen Einfluss nicht nur auf das Bildungssystem der Schweiz, sondern auch auf die staatsrechtliche Entwicklung. Deren Arbeit blieb ja letzten Endes nicht ohne Folgen für die Schweiz.

Die Schweiz hat zweifellos von den Deutschen und von der Unterdrückung liberaler und demokratischer Kreise durch die Monarchen enorm profitiert. Da sind viele Flüchtlinge mit neuen Ideen in die Schweiz gekommen. In staatsrechtlicher Hinsicht einer der wichtigsten war zweifellos Ludwig Snell, der in der Schweiz mit grosser Wirkung jakobinisch-französisches Gedankengut verbreitet hat und bewirkte, dass die Regenerationsverfassungen ihren progressiven, freiheitlichen Gehalt erhielten.

Ludwig Snell war ein deutscher Flüchtling, ein Philosoph und Pädagoge, der sich in das französische revolutionäre Staatsrecht eingearbeitet hatte. Er sah, dass in der Schweiz die Rezeptionsbedingungen für modernes französisches und amerikanisches Staatsrecht besonders günstig waren. Seine Schriften verfasste er unter einem Pseudonym oder anonym, weil die Schweiz ja oft sehr abwehrend ist. Er hatte die Ideen, und seine liberalen Zürcher Freunde haben sie angewendet.

Auch in einer anderen Beziehung war Deutschland wichtig – viele meiner deutschen Kollegen reagieren spitz darauf, wenn ich es sage: Soweit es rationale staatsrechtliche Neuerungen betrifft, halte ich es für eine Tatsache, dass nicht viel von Deutschland gekommen ist. Dafür darf man sagen: Aus Deutschland haben viele Schweizer, unter ihnen sogar Welschschweizer, ein idealistisches, schwärmerisches Nationalbewusstsein mit nach Hause gebracht. Viele Schweizer haben in Deutschland studiert, Henri Druey und Ignaz Paul Vital Troxler sind Beispiele dafür, oft waren sie in nationalen Burschenschaften organisiert, die ein idealistisches, schwärmerisches, romantisches Nationalbewusstsein pflegten, mit einem etwas dubiosen Pathos von «Einheit und Freiheit», wie es ja auch bei der Wiedervereinigung in Deutschland neuerdings laut geworden ist. Auch das war eine wesentliche Kraft. In dieser Hinsicht hat Deutschland eine Wirkung gehabt, allerdings eben nicht für praktikable, staatsrechtliche, auch nicht für rationale Institutionen. Die modernen, rationalen staatsrechtlichen Institutionen hat man aus dem atlantischen Raum bezogen.

Und der eigene Beitrag?

Was die Übernahme fremden, ausländischen Staatsrechts betrifft, so ist der Prozess eigentlich ab 1848 eingeschlafen. Beim eigenen Beitrag sollte man sich bewusst sein, dass unsere heutige

Demokratie nicht identisch ist mit jener von 1848. Bereits die Verfassung von 1874 ist nun nicht mehr so fremdbeeinflusst, und bis heute sind viele weitere Demokratisierungsschritte gemacht worden.

Die wichtigsten Ideen hatte man also von aussen übernommen, darauf aufbauend hatte man sie hier weiterentwickelt, und in der «demokratischen Bewegung» der Jahre 1863–1869 verschmolz man diese dann mit bestehendem schweizerischem Gedankengut. Ein Beispiel dafür: 1869 wurde in Zürich in der neuen Verfassung die direkte Demokratie eingeführt: Volksinitiative, Referendum, Direktwahl des Regierungsrats, der Ständeräte, Konkordatsreferendum. Und zusätzlich wollte man dem einzelnen Stimmberechtigten ein direktes Wirkungsinstrument geben. In der Glarner Landsgemeinde lag etwas Derartiges bereits vor. Hier kann noch heute jeder Bürger einen Memorialantrag stellen, das heisst, er kann mit seinem einzelnen Antrag vor die Landsgemeinde treten. Das war für Zürich ein leuchtendes Beispiel, und so hat man diese Glarner Einzelinitiative übernommen. Ein Stimmberechtigter, der im Kantonsrat sechzig Stimmen erzielt – also ein Drittel der Mitglieder des Parlamentes auf seiner Seite hat –, hat die Möglichkeit, direkt eine Volksabstimmung auszulösen.

Es ist schon sehr interessant, dass man in dieser Zeit eigene Bezüge aufnahm und nicht mehr einfach fremdbestimmt war, was die Institutionen und Ideen betrifft. Andere europäische Staaten konnten nicht auf ein derartiges republikanisches Bewusstsein zurückgreifen. Die Schweiz war ja – mit einem Unterbruch – bis 1871 neben Frankreich 1848–1851 und San Marino die einzige Republik in Europa.

Gegen Ende des 19. Jahrhunderts hat sich die Richtung der Einflussnahmen dann sogar umgedreht: Volksinitiative und Referendumsrecht, wie sie in der Schweiz üblich geworden waren, erlangten in einzelnen amerikanischen Gliedstaaten eine wichtige Bedeutung.

Da kann ich darauf zurückkommen, dass die dreizehn Einzelstaaten Ende des 18. Jahrhunderts zwar sehr stark vom Denken Rousseaus beeinflusst worden waren, man es damals aber doch nicht gewagt hatte, direktdemokratische Institutionen in die Verfassungen ab 1776 einzubauen. Mehr als hundert Jahre später begannen sich dann vor allem Gliedstaaten aus dem Westen der USA sehr stark für Initiative, Referendum und «recall» zu interessieren.

Ab 1890 hatten sich offenbar Wirtschaft und Politik so entwickelt, dass die einflussreichen Politiker in den Staatsparlamenten gleichzeitig an den Schalthebeln der Wirtschaft standen. Also eine Art «System Escher», wie wir es in Zürich vor 1869 kannten. Darauf begann man die Machtkonzentration, die politischen Tendenzen der «trusts» mit ihren engen Personenverflechtungen, stark zu kritisieren, und auf der Suche nach Abhilfe hörte man, dass in der Schweiz eine direkte Demokratie unter teilweiser Ausschaltung der Parlamente existiere und bestens funktioniere. Es wurden sogar amerikanische Beobachter hier in die Schweiz geschickt, die die Zürcher, Berner, Glarner Verfassungen studieren sollten und die das staatsrechtliche Instrumentarium in die USA vermittelten. Es gibt verschiedene Untersuchungen von amerikanischen Historikern, die diese «populist-movements» beschreiben, allerdings fast nur aus wirtschaftlicher und sozialer Sicht. Initiative und Referendum wurden anschliessend in diese Staatsverfassungen eingeführt und ebenso der berühmte «recall», das Abberufungsrecht, wie es in Bern erstmals 1846 eingeführt wurde. Dieses Abberufungsrecht war in Frankreich im girondistischen Nationalkonvent von 1792 entstanden, kam später in die Schweiz, wo es dann nach Bern in weiteren sechs Kantonen eingeführt wurde und Ende des 19. Jahrhunderts in Amerika Fuss fasste. Besonders interessant daran ist, dass es sich um ein radikales Instrument aus der Französischen Revolution handelt, welches über die Schweiz nach den USA gelangte. In der Schweiz selbst hat sich dieses Recht dann, wegen der periodischen Neuwahlen der Parlamente und wegen Initiative und Referendum, nicht als notwendig erwiesen. Aber in den USA kommt es ab und zu vor, dass Richter oder Parlamentarier, manchmal auch ein Gouverneur mit dem Mittel des «recall» abberufen werden.

Nun standen ja all diese Entwicklungen in der Tradition der aufklärerischen Forderung, jeder einzelne mündige Bürger solle direkt seine eigenen verbürgten oder aus dem Naturrecht abgeleiteten Rechte wahrnehmen können. Doch auch Ende des 19. Jahrhunderts gab es immer noch Defizite, wenn man an das Frauenstimmrecht denkt, das schliesslich in der Schweiz auch irgendwann mal in den 1970er Jahren des eingeführt wurde. Sind wir damit am Ende des Ziels, ist der Prozess mit der Einführung des Frauenstimmrechts ihrer Meinung nach abgeschlossen, sind die Postulate erfüllt worden?

Die Entwicklung ist nie abgeschlossen! Da gibt es sicher noch sehr viele Bedürfnisse, um die auch in der kommenden Generation gerungen werden wird. Es gibt noch viele Gruppen, die vom modernen aufklärerischen Freiheitsbegriff zu wenig profitieren. Ich denke beispielsweise an die körperlich und geistig Behinderten, für die ja gerade jetzt Bestrebungen im Gang sind, ihre Rechtsstellung zu verbessern. Noch gibt es beispielsweise in der Bundesverfassung keinen Behindertenartikel. Wir haben seit 1981 einen Frauen-Gleichstellungartikel, doch die Behinderten haben keine konkrete Verfassungsgrundlage, worauf sie sich berufen können, um ihre Bedürfnisse verwirklichen zu können. Es ist ein eminent aufklärerisches Postulat, dass die Behinderten eine bessere Rechtsstellung, eine bessere rechtliche und faktische Stellung im modernen Staat erhalten. Und dann haben wir die ganzen Gruppen der Ausländer. Man muss sagen, dass die Aufklärungsphilosophie und auch die fortschrittlichen Revolutionäre in Frankreich die Nichtfranzosen den Franzosen gleichstellen wollten. – Condorcet gehört auch dazu. Er war auch einer der ersten Befürworter des Frauenstimmrechts.

Wobei die Schweiz ihrer Begabung, Kompromisse zu schliessen, nicht nachgegeben hat. Bis anhin ist das eine eindeutige Schranke: Ausländer haben weder Stimm- noch Wahlrecht.

Die klassischen Nationalstaaten Westeuropas haben alle diese Schranken. In Deutschland ist das Ausländerstimmrecht absolut nicht bekannt, in Frankreich auch nicht, wobei Frankreich bei der Einbürgerung liberaler als die Schweiz ist. Deutschland und die Schweiz haben das konservativste Einbürgerungsrecht in Westeuropa. Es gibt keinen Staat in Westeuropa, der so starkes Gewicht legt auf das «ius sanguinis». Alle anderen Staaten legen viel mehr Gewicht auf den Boden, wo man geboren wurde und wo man lange gelebt hat, das ist eklatant.

Was die Freiheitsrechte betrifft, so kommt seit den 70er Jahren der Motor des Fortschrittes eher wieder aus dem Ausland. Durch die Europäische Menschenrechtskonvention und nach dem Zweiten Weltkrieg unter dem Einfluss des deutschen Grundgesetzes sind in der Schweiz die persönlichen Freiheiten stark ausgebaut worden. Die Schweiz hat wieder erfolgreich und im positiven Sinne rezipiert, indem wir unsere Grundrechte dem deutschen Grundgesetz etwas angepasst haben.

Seit etwa 1990 sind die internationalen Konventionen, vor allem die Uno-Konventionen, für die schweizerische Freiheitsentwicklung immer wichtiger geworden. Man kann sagen, dass die Schweiz bis zum Zweiten Weltkrieg viel mehr eine Demokratie als ein freiheitliches Staatswesen war. Die demokratischen Institutionen haben bis zum Zweiten Weltkrieg die absolut zentrale Rolle gespielt und die freiheitlich-liberalen eine kleinere. Doch allmählich beginnt sich ein Gleichgewicht einzupendeln.

Kommen wir noch auf die geplante Gesamtrevision der Bundesverfassung zu sprechen, bei der Sie die Diskussion wesentlich bereichert und wichtige Impulse gegeben haben. Denken Sie, dass die Kräfte reichen werden, um die Ideen, über die wir gesprochen haben, zu verwirklichen?

Meines Erachtens ist gegenwärtig die Kraft nicht vorhanden, um eine wirklich wegweisende Verfassung zu schaffen, die mit jener von 1848 oder 1874 vergleichbar wäre. Was möglich wäre, ist eine Verfassungsrevision in einem relativ engen Korsett, wie sie jetzt Bundesrat Koller anstrebt, aber das ist meines Erachtens eine wenig befriedigende Sache. Es wird ja keine eigentliche Staatsreform betrieben, sondern eine textliche Bereinigung. Ich bin ein Gegner des Ziels des Bundesrates, 1998 eine Totalrevisions-Abstimmung durchführen zu wollen. Wenn sie angenommen würde, könnten wir anschliessend das Gleiche erleben, wie es in den letzten vierzig Jahren geschehen ist: Anstehende Reformen waren stets auf die kommende Totalrevision verwiesen worden. Doch genau sie ist nicht Wirklichkeit geworden. Wenn man nun eine bereinigte Bundesverfassung mit dem Datum 1998 hätte, könnte man den Reformern zwanzig, dreissig Jahre lang sagen: «Nein, jetzt wollen wir nichts Neues mehr, wir haben ja bereits eine neue Verfassung!»

In der Genfer Staatsverfassung gab es ja diesen schönen Paragraphen 180. Sie erwähnen ihn in Ihrem Buch – wonach die Verfassung alle fünfzehn Jahre, mit jeder neuen Generation also, vom Volk neu genehmigt werden muss. Wäre eine solche Möglichkeit auf Bundesebene nach Ihrem Sinn?

Ja, sehr! Dass man alle zwanzig Jahre prüfen soll, wie es mit der Verfassung steht, und das Parlament beschliessen soll, welche Punkte kritisch sind. Anschliessend folgt eine Volksbefragung: «Wollt Ihr die Verfassung ändern?» Das wäre ganz in meinem Sinn.

Also eine obligatorische Volksbefragung über die Frage der Verfassungsreform?

Das ist ja eine Idee von Thomas Jefferson. Und Condorcet hat das übernommen.

Womit sich der Kreis wieder geschlossen hätte.

Theo Ruff

Das Kreuz mit dem Teller

Von der Sennenkost zur «Ethno Cuisine»

Einleitung

Wünschen wir uns doch einmal ein Tischleindeckdich, und zwar mit allen Leckereien aus den helvetischen Töpfen. Einzige Voraussetzung ist, dass nur «Schweizer Küche» auf den Tisch kommt. Das Tischlein wäre bald mit den verschiedensten Speisen überladen – je nach Gusto, Alter, Region, Kanton, Landesteil, Stadt und Land. Inländische Kenner würden vielleicht eine Buchweizenpolenta oder eine – hoffentlich knusprig gebratene – Rösti wählen, ausländische Beobachter ein Birchermüesli oder eine Berner Platte. Das Fondue wäre immer dabei.

«Die gottlose Büntner säged dem heilige Anke Schmalz.»
Aus dem *Schweizerischen Idiotikon*

Gibt es überhaupt eine Schweizer Küche? Die Nahrungsforschung verneint dies. Eher liesse sich von lokaltypischen Gerichten, von Regionalküchen sprechen.

Ordnet man die Küchen der Schweiz nach Kulturräumen, verliert die Landesgrenze an Bedeutung. Das Tessin und Oberitalien beispielsweise haben die Kastanienkultur gemeinsam, die Tessiner Küche ist von der lombardischen beeinflusst – Mais wurde von Oberitalien her eingeführt –, die ostschweizerische von der süddeutschen. Grenzübergreifende kulinarische Regionen sind beispielsweise das Bodenseegebiet und die Genfersee-Region. Es ergibt sich eine Küchengeographie, die sich weder durch Landes- noch durch Kantonsgrenzen definiert: ein farbiger Flickenteppich, Beeinflussungsgebiete mit eigenen Grenzen und Beziehungen.

In den Randgebieten entfaltete sich die Assimilationskraft für ausländische Kücheneinflüsse, ohne den Eigenwuchs zu überfluten. Dafür ist die Schweiz geographisch vor allem im Alpenraum zu kleinteilig. Zu den küchengeographisch besonders eigenständigen Gebieten zählen beispielsweise das Emmental, dessen Küche und Lebensart in die Werke von Gotthelf eingeflossen sind, oder Graubünden. Die Bündner Küche ist zugleich ein Teil des alpenländischen Kulturraums.

Historisch gesehen beruhen die Regionalküchen der Schweiz auf der bäuerlichen Produktions- und Ernährungsweise. In den grösseren Städten – in Bern, Basel und Zürich – entwickelte sich, unter französischem beziehungsweise internationalem Einfluss, eine patrizisch-bürgerliche Kochkunst. Vielleicht wurzelt ein Teil der schweizerischen Berufsgastronomie, die im Ausland geschätzt wird, in der aristokratischen Tradition dieser Städteküchen.

Taucht man in die aktuelle Ernährungslage, bietet sich ein verwirrend kaleidoskopartiges Bild. Im Zürcher Hauptbahnhof steht der ‹Brasserie Federal›, mit bodenständiger Bauern- und Hausmacherkost, die ‹Rösti Bar› gegenüber. Die Röstivarianten sind auf Menütafeln auch japanisch angeschrieben. Daneben, im ehemaligen ‹Bahnhofbuffet I. Klasse›, trifft man auf den Betrieb ‹Stars›, der amerikanisches Essen anbietet. Die ‹Kaspar-Escher-Stube› bietet französische Cuisine mit italienischem Einschlag (Pastagerichte) – die Liste liesse sich fortsetzen (Mövenpick, Imbissecken ...): ein Spiegelbild für die Entgrenzung der Schweizer Küche.

Die Achse ‹Rösti Bar› – ‹Brasserie Federal› verdient die grösste Aufmerksamkeit. Hier ist nämlich das Kerngelände der HB-Gastronomie, hier wird «typisch Schweizerisches» zelebriert: Älplermagronen und Ghackets mit Hörnli – sie haben in letzter Zeit die Speisekarten erobert – sind die Aushängeschilder einer «Swiss Ethno Cuisine». Sie stehen auch für das Phänomen des Folklorismus; insofern sind sie ein Spiegelbild schweizerischer Befindlichkeit.

Exotismus und Folklorismus bilden die beiden Hauptadern der gastronomischen Schweizer Landschaft. Die qualitätsbewusste Mittelstandsküche als bürgerlicher Block ist schon lange der Erosion unterworfen, am stärksten in der Deutschschweiz. Am resistentesten erweist sie sich im Welschland. Ihre Reste – oder die Sehnsucht nach ihr – lassen sich in der Popularität erkennen, die das «Schnipo» (Schnitzel und Pommes frites) bei der essenden Bevölkerung geniesst.[1]

Vielleicht vertreten die Pole Exotismus – Folklorismus eine grundlegende Dichotomie, die dem Prinzip Schweiz innewohnt: die grenzüberschreitende Weltoffenheit und der grenzabschliessende Rückzug. Oder, konkreter ausgedrückt: einerseits der reisende Gastronom, der in französischer Kochkunst ausgebildete Schweizer Küchenchef in Singapur, anderseits die traditionelle bäuerliche Küche und die Heimatküche in folklorisiertem Gewand.

Die Schweiz, eine kulinarische Wundertüte

Darstellungen fremder Küchen in Kochbüchern oder Reportagen sind meistens durchsetzt von übernommenen Stereotypen. Kochbuchautorinnen und -autoren, die in kurzer Zeit als reisende Feinschmecker die Schweiz durchkämmen, relativieren diese allerdings selbst durch ihre eigene Realitätserfahrung. Diese Differenz zwischen dem Stereotyp und seiner Korrektur lässt ein farbiges Bild entstehen. Natürlich fehlen die üblichen Stereotypen – Käse, Schokolade, Alpen – selten, doch wird der Vielfalt der Esskulturen meist Rechnung getragen.

Der österreichische Soziologe Rolf Schwendter charakterisiert in seinem Buch ‹Arme Essen – reiche Speisen. Neuere Sozialgeschichte der zentraleuropäischen Gastronomie›[2] die Schweizer Küche folgendermassen: «Im Detail stellt sich die Schweizer Küche dar als eine Synthese der Schwarzwälder, der alemannischen, der alpin-norditalienischen, der elsässischen und der burgundischen Küche – wenigstens aus dem heutigen Blickpunkt.» Es fällt ihm auf, dass «ein grosser Teil gerade der einigermassen historischen Rezepte sich auf verhältnismässig wenige Kochgüter bezieht. Dies ist ein typisches Indiz für ‹arme

Küche› – wie auch für deren Notwendigkeit, kreativ zur Herstellung schmackhafter Speisen zu agieren: Gekochte Kartoffeln (Gschwelti) [sic], Käse …»

Das Gewicht auf Alpines legen die Autoren des Time-Life-Kochbuchs ‹Kleine Küchen der Alten Welt› (1970), die Amerikaner Michael und Frances Field. Ihr Kapitel über Schweizer Küche trägt den Titel «Ein kleiner Schatz an alpinen Köstlichkeiten». Sie bringen es auf den Punkt: «Doch die Seele der internationalen Küche der Schweiz ist ein wahrer Schatz an echten schweizerischen Gerichten.» Überrascht geben sie sich von der «Güte und dem Abwechslungsreichtum der traditionellen schweizerischen Gerichte». Sie behaupten, die Kantonsbewohner lebten in «einem Zustand nicht unbedingt freundlicher Rivalität» und aus dieser könne «hinsichtlich des Essens offene Feindseligkeit werden», zum Beispiel wegen der Zubereitung des richtigen Fondues. «An diesen und ähnlichen gastronomischen Streitfragen kann sich das schweizerische Temperament bis weit über den Siedepunkt erhitzen […] realistisch, wie sie sind, haben [sie] von ihren Nachbarn mit offenen Armen reiche kulinarische Gaben in Empfang genommen.» Diese Bereitschaft habe die internationale Küche der Schweiz hervorgebracht. – «Die Schweizer sind berühmt für ihr Fleisch und ihre Würste und für die Fähigkeit, beides in schier unbegrenzter Menge zu verzehren. Das Beste von allem vereinen sie in einer Berner Platte …»

Eine inländische Grenzlandschaft

In diesen Vorstellungen, über die Grenzen transferiert, herrscht das Bild des Füllhorns vor, auch das der Vielgestaltigkeit – sie ist auch Ausdruck des föderativen Systems der Schweiz und entspricht einem Teil unseres Eigenbilds.

Von der inländischen Grenzlandschaft aus betrachtet, erlebt man die heimische Küche als andere Realität, alltäglicher als der reisende Feinschmecker. Aus persönlicher Sicht: Ich kann mich nicht erinnern, in der Landschaft meiner Jugend, dem Untertoggenburg, in den fünfziger und sechziger Jahren die Spezialitäten kennengelernt zu haben, die in Ostschweizer Kochbüchern auftauchen; die Renaissance der Regionalspezialitätenküche setzte offenbar später ein. Der Trend lief – im Gegensatz zu heute – gegen die heimische, die einfache Kost: In den sechziger Jahren zog auf dem Dorf der Hauch des Exotischen ein. Er kam aus Zürich, war glacé- und hummergesättigt und stammte von Mövenpick, das damals auf dem Land als Nonplusultra der feinen Lebensart galt. Wie in vielen mittelständischen Haushalten dieser Zeit gab es auch bei uns zwei alimentäre Pole. Einerseits die modernistische reformbewusste Küche aus der Monatszeitschrift ‹Nellys Kalender›[3], die meine Mutter abonniert hatte und in deren täglichen Menüplänen der gesunde Rohkostsalat als erster Gang die Regel war (ausser sonntags). Andererseits die traditionellen Kochbücher oder geerbten Rezepturen – sie waren die Grundlage für eine haushälterische feinere Familienküche, auch mit festlichen Gerichten. Was auf den Tisch kam, waren einfache Standards wie Café complet oder Spinatpüree mit

Spiegelei. Aus dem ‹Winterthurer Kochbuch›[4] stammten die Käseschnitten und das Kalbsvoressen am Sonntag. Dieses Kochbuch konnte allerdings dem Fleischbedarf meines Vaters nicht gerecht werden. Er zog ein fingerdick geschnittenes, medium gebratenes Entrecôte dem Café Complet vor. Mein Lieblingsgericht waren Spinatchnöpfli mit viel Butter und geschmolzenem Weichkäse, dazu Schweinsbratwürste an einer Zwiebelschweize. Von den St. Galler Gerichten im Büchlein ‹Schweizer Küchenspezialitäten›[5] von Helen Guggenbühl sind mir die meisten fremd, beispielsweise die Sammetsuppe: Nie gehört! Bekannt und geschätzt waren die braunen Biberli, die Toggenburger Nidelzeltli und die Mostbröckli aus dem Appenzellerland – doch ihre Existenz war damals selbstverständlich und brauchte nicht mit dem Label «ächti» Regionalspezialität ausgestattet zu werden. Auch eine verbindliche Nationalspeise war mir nicht geläufig: das Fondue.

Die Allgemeingültigkeit des Fondues

Das Fondue entdeckte ich erst als Student in Zürich, zusammen mit Studienkolleginnen und -kollegen in einer Pinte vaudoise. Es war eine Art Offenbarung, denn es vermittelte ein Verbundenheitsgefühl: Ich erlebte so den Stellenwert (und die identitätstiftende Wirkung) eines Gerichts, von dem man sagen kann, dass es Westschweiz und Deutschschweiz verbindet. Es stamme aus der Westschweiz, das wusste man, es wurde im Caquelon aufgetragen und hatte die fremdartige welsche Note. Die Zusammensetzung der Käsemischung war mir nicht klar, die Zubereitung hatte (damals noch) den Ruf, recht heikel zu sein, und das Gericht erschien in einem vertrauten und in einem international-touristischen Kontext (die Amerikaner am Nebentisch ...).

Das Fondue hat, als Gericht und Ritual, wahrscheinlich mehr zur Integration verschiedener Landesteile beigetragen als das Militär. Im Fondue spiegelt sich ein Stück raffinierter und doch einfacher Gourmandise welscher Prägung, eine «convivialité», wie sie charakteristisch ist für Weinbaugegenden.

Für die Westschweizer ist das Fondue das Fundament des kulinarischen «A la mode de chez nous». «La fondue constitue un plat localisé et c'est en Suisse romande qu'il est triomphant. C'est, dans sa préparation actuelle et éternelle, sa terre d'origine.»[6]

Aber seine welsche Identität ist trügerisch. Die Romanistin und Gastronomiepublizistin Alice Vollenweider berichtet, dass sie in der Handschriftenabteilung der Zentralbibliothek Zürich «den ältesten schriftlichen Beleg eines Fondue-Rezeptes» gefunden habe, und zwar in der handgeschriebenen Rezeptsammlung einer Zürcher Hausfrau aus dem Jahr 1699.[7]

Fondue, wie auch Raclette aus dem Wallis, und überhaupt geschmolzene Käsespezialitäten sind eng mit der traditionellen Milchwirtschaft des Alpenraums verbunden. Das zeigen ähnliche Rezepturen wie zum Beispiel die Fonduta aus dem Piemont (mit Milch, ohne Weisswein). Diese Zubereitungsart ist vielleicht von Savoyen her ins Piemont gewandert, das lange Zeit den Savoyern gehörte. In der savoyischen Küche zählt Fondue zum traditionellen

Küchenschatz. Nach einer Ansicht ist das Fondue als gallische Spezialität von Savoyen aus in die Westschweiz vorgedrungen, nach einer anderen ist es eine Genfer Erfindung. Brillat-Savarin bezeichnet das Gericht in seiner ‹Physiologie du goût› (1825) als aus der Schweiz stammend. Wegen des grossen Prestiges von Brillat-Savarin soll sein Fondue in Savoyen zuerst auf den bürgerlichen Tafeln aufgetaucht sein, wo man es mit Trüffeln abschmeckte, bevor es in den Bauernküchen heimisch wurde.[8]

Die Nationalspeise – eine Fiktion

Das bekannte Nachschlagewerk ‹Lexikon der Küche› von Richard Hering führt ein Verzeichnis von typischen Gerichten diverser Länder auf.[9] In der Ausgabe von 1978 hiess dieses Kapitel noch «Landesgerichte», in der Ausgabe von 1993 «Nationalspeisen» – ein symptomatischer Bedeutungswechsel?

Die aktuelle Politisierung der Nahrung in bilateralen und intranationalen Konflikten (z.B. BSE, Geflügelstreit, Apfelkrieg etc.) sprechen eine nur zu deutliche Sprache. Für ein Wir-Gefühl ist die Nahrung ein geradezu ideales Medium: Einerseits kann man durch sie seine Eigenart verstärken und gegen Fremdes abgrenzen (zum Beispiel gegen «die Makkaronifresser», «die Sauerkrauts», «die Paprikafresser» etc.), anderseits schützt sie, auch durch ihre Herkunft und Benennung, die ethnische Identität in der Fremde. Nationalküchen bauen auf diesen Sockel: Es ist erhellend zu sehen, auf welchen Fiktionen und Mythen sogenannte «Nationalgerichte» (gerade im Hinblick auf «Schweizer Teigwaren») beruhen können. Waren Makkaroni anfänglich die Leibspeise der arbeitenden Italiener in der Schweiz, bemühte sich die expandierende Lebensmittelindustrie um ihre Popularisierung auch bei der Schweizer Bevölkerung. Mit grossem Erfolg: Dank einer patriotischen Werbung (Armbrustzeichen), die sich auf «vaterländische Gesinnung» und das Vorbild der «sparsamen Schweizer Hausfrau» abstützte, konnte sich die ursprüngliche Basisernährung der «Makkaronifresser» zum nationalen Markenprodukt emporschwingen und in die «feinen Schweizer Eierteigwaren» verwandeln.[10]

Folkloristische Küchen

Wenn Fondue am Anfang der Folklorisierung der «Schweizer Küche» stand, so sind es heute – ein Phänomen in der Deutschschweiz – die populären Älplermagronen oder auch G'hackets mit Hörnli. Diese Gerichte werden oft in erlebnisgastronomischem Ambiente serviert. Der sogenannte «Swiss Ethnic Food» entspricht einem Trend, Internationalität mit Brauchtum zu mischen. Der Betrieb ‹AlpenRock House›, in der Nähe des Flughafens Kloten, mit «bodeschtändiger Choscht» und sonntäglichem «Älplerbrunch» ist ein Beispiel für dieses postmoderne, zitatgebundene Gastro-Design.

Die Häufung solch folkloristischer Formen scheint eine tiefer gehende Identitätskrise anzuzeigen. «Folklorismus» im klassischen Sinn meint die Bemühungen der öffentlichen Kultur, altes Brauchtum, zum Beispiel Trachtenfeste, mit neuen Elementen aufzufrischen, um damit Heimatpflege zu betreiben. Gegen den Verlust von Heimat wird auf eine fiktive Tradition zurückgegriffen. Die vertraute Küche ist für die mobile Gesellschaft ein Hort der Sicherheit, ein fester Wert innerhalb des Normenwandels. Man hat in diesem Zusammenhang von einem zählebigen Geschmackskonservativismus gesprochen.

Im Bereich der Küche lassen sich Tendenzen wie Folklorismus und Historismus – wie er sich beispielsweise als nostalgisch-museumswürdige Inszenierung einer «echten» Bauernmetzgete, eines Gotthelfschen Mahls oder anhand des Aufkommens der Älplermagronen manifestiert – in ihrer angewandten Form betrachten.

Die Verwandlung der Älplermagronen

Das Gericht konnotiert zum einen eine Sennenküche, zum andern das «Zugewanderte» in Form von südländischen Teigwaren.

Gekocht nach Kaltenbach[11] oder auf einer Passhöhe in einem Hospiz zubereitet und dampfend heiss serviert, während es draussen rieselt und schneit, behauptet sich das Gericht fast unverfälscht in der würzigen Bergluft. Der geschmolzene Käse verbindet die Teigwaren, Rahm oder Milch durchdringen das Gericht ebenso wie die Würzkraft der Zwiebelschweize. Es entsteht ein durch und durch vermischtes Gebilde, ein Gemenge.

In den Niederungen trifft man es in anderer Qualität. Es verkörpert hier andere Mythologeme. Ein Lokal in Zürich bietet Älplermagronen in fünf verschiedenen Varianten an – zum Beispiel mit Tomaten: «diä Tessiner Variante». Hier, mit systemgastronomischem Kalkül in Module zerlegt, hat das Gericht seine Struktur völlig verändert. An die Stelle des Gemenges, der Durchmischung, ist die Schichtung getreten. Über den symbolischen Gehalt eines solchen Strukturwechsels darf spekuliert werden.

In einem gewissen Sinn bestätigt die Geschichte dieses Gerichts die Vorstellung des «mythischen Urgrunds». Das Rezept für Älplermagronen in dieser geschriebenen Form (und in Abgrenzung zu «Ländermagrone») taucht zwar erst 1972 auf[12], in dem von Karl Iten volkskundlich reich ergänzten Kochbuch ‹Vom Essen und Trinken im alten Uri›[13]. Es stammt aber, wie die andern Rezepturen auch, aus mündlicher Überlieferung. Seine Abstammungslinie, so scheint es, führt demnach direkt zur traditionellen Älpler- und Sennenküche des nordalpinen Mittellandes, zum Kernland der reinen Hirtennahrung, die noch vor hundert, zweihundert Jahren auf Milch, Rahm, Käse aufbaute und mit wenig Zusatznahrung auskam. Zum Morgenessen nahm man das «Zigersüffi» zu sich, frischen weissen Zieger in Schotte, zum Fettkäse ass man als Brotersatz Magerkäse.[14]

Es scheint, dass aufgrund dieser Publikation das Gericht seinen Siegeszug durch die Speisekarten angetreten hat. Im Kanton Uri verstand man, wie Emil Stadler berichtet, um die Jahrhundertwende unter dem Begriff «Magroonä» alle Teigwaren.[15] Die ganz grossen Makkaroni nannte man «Tschinggähosä», was ihre italienische Herkunft widerspiegelt. (Ähnliche Rezepte – Teigwaren in Milch gekocht, mit Käse, mit und ohne Kartoffeln – findet man auch in anderen Alpenregionen.)

Europäische Perspektiven

Aus küchengeographischer Perspektive ist die Schweiz keine Insel – wenn sie auch im Moment, als Kliff umbrandet vom EU-Binnenmarkt, so erscheinen mag.

In den bilateralen Verhandlungen mit Brüssel geht es auch um Fragen im Lebensmittelsektor. Ein strittiges Thema sind beispielsweise Kontrolle und Subvention der Käseproduktion. Im EU-Binnenmarkt sind seit einiger Zeit Harmonisierungsbestrebungen zwischen dem Lebensmittelrecht der EU und den nationalen Bestimmungen im Gange. Das kommt, wie der Lebensmittelrechtler Rudolf Streinz konstatiert, einer Einschränkung gleich.[16] Sie wird in weiten Kreisen der Bevölkerung der EU-Länder als Bedrohung für die Vielfalt der Esskultur empfunden (Stichwörter: «Euro-Geschmack», «Euro-Einheitsbrei»). Die Harmonisierungsbestrebungen machen eben nicht Halt vor den als ureigen empfundenen Errungenschaften wie dem Reinheitsgebot für Bier in Deutschland. Auch mit dem uneingeschränkten Reinheitsgebot für italienische Pasta, die nur aus Hartweizengriess bestehen soll, ist es vorbei. Der italienische Generalstaatsanwalt Mancini hat ein feuriges 40seitiges Plädoyer für die Reinhaltung der Pasta verfasst – ohne Erfolg. Mancini ist inzwischen Richter am Europäischen Gerichtshof. «Vereinheitlichungen» haben auch ihren Einfluss auf schweizerische Befindlichkeiten.

Nun kennt das EU-Lebensmittelrecht auch – nach dem Konzept der gegenseitigen Anerkennung – den Schutz von geographischen Ursprungsbezeichnungen und den Schutz von Namen und Rezepturen mit besonderen, sprich: traditionellen Merkmalen (Spezialitäten-Verordnung). Diese ‹Schutzbestimmungen für nationale Eigenheiten› hat Österreich bei seinen Beitrittsverhandlungen 1993/94 in Anspruch genommen: Die österreichische Delegation verfasste eine Liste von schützenswerten Austriazismen im Lebensmittelsektor. Darin sind Ausdrücke wie «Paradeiser» für Tomaten und «Obers» für Rahm enthalten.[17] In den Nachverhandlungen zum EU-Vertrag wurden immerhin 23 Ausdrücke aus dieser Liste anerkannt und vertraglich fixiert.[18]

Wie die Essgewohnheiten – und das nicht nur in der Schweiz – einem akzelerierten Wandel unterworfen sind, so ist das Angebot in der Überflussgesellschaft von Pluralismus einerseits, von Standardisierung anderseits geprägt. Die internationale Nivellierung der Essmärkte, durch den beschleunigten Austausch beeinflusst, macht Fortschritte auf dem Weg zur One-Culture-Cuisine. In dieser Essmassenkultur vermindern sich die Chancen, authentische, gut gekochte Regionalspezialitäten aus der Schweiz und anderen Ländern vorgesetzt zu bekommen.

Sollen solche Gerichte über die Grenzen hinaus, als Regionalküche aus der Schweiz, bestehen, so ist ihre Verfeinerung angesagt. Das haben immer wieder – neben den vielen experimentierfreudigen Köchinnen und Köchen in den Haushaltküchen – unsere engagierten Gastronominnen und Gastronomen vorgezeigt und praktiziert. Von den vielen sei besonders erwähnt Fredy Girardet, der in seiner Restaurantküche mit dem Terroir der Genfersee-Region ebenso verbunden war wie mit der französischen Küchentradition. Zu ihnen zählt auch Rosa Tschudy, die Metzgete-Spezialitäten zu köstlichen Nouvelle-cuisine-Miniaturen ziselierte. Auch die regionale Spezialitätenküche Graubündens ist im letzten Jahrzehnt verfeinert und geadelt worden, ohne ihrer Eigenart verlustig zu gehen – durch findige und begabte Köchinnen und Köche wie Hilda Veraguth und Roland Jöhri. Letzterer ist Verfasser des Kochbuchs ‹Die Kochkunst Graubündens: Traditionelle Rezepte – neu kreiert›.[19] Das ist Praxis und Programm.

Literatur

Es gibt bis anhin keine Gesamtdarstellung der Ernährungsgeschichte der Schweiz. Erschienen sind bedeutende Werke und viele kleinere Beiträge zu Einzelthemen. Nachfolgend eine Auswahl, ohne Anspruch auf Vollständigkeit.

Wichtige Quellen für die Nahrungsforschung in der Schweiz finden sich im *Atlas der schweizerischen Volkskunde* (Basel 1950ff.), und zwar in Teil I (Karten 7–39, Kommentar pp. 33–250).

Die umfassende Bibliographie von Martin R. Schärer listet das internationale Schrifttum auf: «Food History in Switzerland: A Survey of the Literature», in: Hans Jürgen Teuteberg (Hg.), *Historical Diet Research in Europe,* Leicester 1992

Martin R. Schärer hat auch Überblicke über die Ernährung in der Schweiz publiziert:

«Ernährung und Essgewohnheiten», in: Paul Hugger (Hg.), *Handbuch der Schweizerischen Volkskultur,* Band 1, Zürich 1992

«700 Jahre auf dem Tisch. Ernährung in der Schweiz vom Spätmittelalter bis zur Gegenwart» und «Möglichkeiten, Ernährungsgeschichte im Museum auszustellen», in: *Ausstellungskatalog Alimentarium,* Vevey 1992

In den beiden Werken des Zürcher Historikers Albert Hauser wird das Thema Ernährung aus sozial-, wirtschaftsgeschichtlicher und volkskundlicher Perspektive breit abgehandelt: *Was für ein Leben. Schweizer Alltag vom 15. bis 18. Jahrhundert,* Zürich 1987, pp. 79–110, und *Das Neue kommt. Schweizer Alltag im 19. Jahrhundert,* Zürich 1989, pp. 170–208. Von ihm auch das an Quellenmaterial reiche Werk: *Vom Essen und Trinken im alten Zürich. Tafelsitten, Kochkunst und Lebenshaltung vom Mittelalter bis in die Neuzeit,* Zürich 1973

Über die historische Berner Küche hat François de Capitani ein Werk publiziert: *Festliches Essen und Trinken im alten Bern. Menüs und Rezepte vergangener Jahrhunderte,* Bern 1982

Volkskundliche Werke, in denen kapitelweise auf die Ernährung zwischen Kontinuität und Wandel eingegangen wird:

Richard Weiss, *Volkskunde der Schweiz. Grundriss,* 2. Auflage, Erlenbach 1978. Ders., *Das Alpwesen Graubündens,* Erlenbach-Zürich 1941. Neuausgabe: Chur 1992

Arnold Niederer, *Alpine Alltagskultur zwischen Beharrung und Wandel,* Bern 1993

Volkskundliche Literatur zu einzelnen Regionen:

Hans Kaeser, *Die Kastanienkultur und ihre Terminologie in Oberitalien und in der Südschweiz,* Dissertation, Aarau 1932

Paul Hugger, «Les nourritures traditionelles», in: *Enyclopédie illustrée du Pays de Vaud,* vol. 11, Lausanne 1984, pp. 139–160

Über den Stand der Nahrungsforschung in der Schweiz:

Walter Escher, «Stand der Nahrungsforschung in der Schweiz» und

Ottavio Lurati, «Alltags- und Festspeisen im Tessin. Stand der Forschung und Wandel der Speisen», beide Beiträge in: *Ethnologia Europaea,* Bd. IV (1971), Göttingen 1972

Von Alice Vollenweider stammen zwei kleinere Darstellungen zur Esskultur in der Schweiz: *Von der Rösti bis zum Türgge-Ribel. Aus der Geschichte der schweizerischen Esskultur,* Zürich 1991; und «Cucina nostrana. Betrachtungen zur Tessiner Küche», in: *Tessiner Küche,* Zürich 1997

Die Spiegelung der Esskultur in literarischen Werken behandeln folgende Publikationen:

Ulrich Karthaus, «Kulinarisches bei Gottfried Keller», in: Irmgard Bitsch, Trude Ehlert et al. (Hg.), *Essen und Trinken in Mittelalter und Neuzeit,* Sigmaringen 1987

Hans Riedhauser, *Essen und Trinken bei Jeremias Gotthelf. Darstellung und Motivation des Rekreativen in Alltag und Fest,* Bern 1985

Einblicke in die symbolische Bedeutung des Essens anhand der Mitte des letzten Jahrhunderts entstandenen Reformbewegung und des «Birchermüesli» bietet das Werk von Albert Wirz: *Die Moral auf dem Teller, dargestellt an Leben und Werk von Max Bircher-Benner und John Harvey Kellogg ...,* Zürich 1993

Auf soziologischen, sozialmedizinischen und naturwissenschaftlichen Fakten im Zusammenhang mit Lebensmitteln beruht die Publikation des Bundesamts für Gesundheitswesen: *Dritter Schweizerischer Ernährungsbericht,* Hg. von Hannes B. Stähelin, Jürg Lüthy, Antoine Casabianca et al., Bern 1991

Eine repräsentative Sammlung von Küchenrezepten aus der ganzen Schweiz – einmal nicht nach Kantonen, sondern nach Monaten im Jahresablauf geordnet und volkskundlich eingebettet – bietet das Werk von Marianne Kaltenbach, *Ächti Schwizer Chuchi,* Bern 1977

Eine umfassende Bibliographie deutschsprachiger gastronomischer Literatur (sie beinhaltet auch die in der Schweiz gedruckten Kochbücher) von 1485 bis 1914 ist kürzlich erschienen: Hans U. Weiss (Hg.), *Gastronomia. Eine Bibliographie der deutschsprachigen Gastronomie 1485–1914,* Zürich 1996

Allgemeine Literaturangaben

Hans Jürgen Teuteberg, Gerhard Neumann, Alois Wierlacher (Hg.), *Essen und kulturelle Identität. Europäische Perspektiven,* Berlin 1997

Günter Wiegelmann, *Alltags- und Festspeisen. Wandel und gegenwärtige Stellung,* Marburg 1967

Alois Wierlacher, Gerhard Neumann, Hans Jürgen Teuteberg (Hg.), *Kulturthema Essen. Ansichten und Problemfelder,* Berlin 1993

Ulrich Tolksdorf, «Heimat und Identität. Zu folkloristischen Tendenzen im Ernährungsverhalten», in: *Folklorismus,* Neusiedl/See 1982

Konrad Köstlin, «Die Revitalisierung regionaler Kost», in: *Ethnologische Nahrungsforschung. Vorträge des Zweiten Internationalen Symposiums für ethnologische Nahrungsforschung in Helsinki, August 1973,* Helsinki 1975

Guy P. Marchal, Aram Mattioli (Hg.), *Erfundene Schweiz. Konstruktionen nationaler Identität,* Zürich 1992

1 Nach einer nicht-repräsentativen Umfrage der Gastrosuisse stand «Schnipo» auch in den ersten Monaten 1997 an erster Stelle unter den beliebtesten Restaurantgerichten (‹Neue Zürcher Zeitung›, 14.5.97).
2 Wien 1995.
3 *Nellys Kalender. Eine Fachzeitschrift für die Frau,* hg. von Nelly Hartmann-Imhof, Zürich 1948–1973
4 *Kochbuch der Kochschule Winterthur,* Winterthur 1960 (8., ergänzte Auflage).
5 Zürich 1970.
6 Zit. nach Maurice Lugeon, *La Recette de la Fondue Vaudoise,* Lausanne 1950, p. 18.
7 Vgl. Alice Vollenweider, *Von der Rösti bis zum Türgge-Ribel,* Zürich 1991.
8 Vgl. Jeannine Thomassin, *La cuisine savoyarde traditionelle,* Paris 1987.
9 Richard Hering, *Lexikon der Küche,* 18. Auflage, Giessen 1978; 21. Auflage, Giessen und Leipzig 1993.
10 Vgl. Jakob Tanner, «Italienische ‹Makkaroni-Esser› in der Schweiz. Migration von Arbeitskräften und kulinarische Traditionen», in: *Essen und kulturelle Identität,* hg. Hans Jürgen Teuteberg, Gerhard Neumann und Alois Wierlacher, Berlin 1997.
11 Das Rezept, «Älplermagrone nach Urner Art», findet sich auf Seite 203 im Kochbuch von Marianne Kaltenbach, *Ächti Schwizer Chuchi,* Bern 1977.
12 Vgl. Emil Stadler, *Das Kochbuch aus Uri,* Münster 1988.
13 Altdorf 1972.
14 Über die Älplerküche berichten Richard Weiss, *Das Alpwesen Graubündens,* Erlenbach-Zürich 1941, Neuausgabe Chur 1992, und Arnold Niederer, *Alpine Alltagskultur zwischen Beharrung und Wandel,* Bern 1993.
15 In: *Das Kochbuch aus Uri,* Münster 1988.
16 Vgl. Rudolf Streinz, «Das deutsche und europäische Lebensmittelrecht als Ausdruck kultureller Identität?», in: *Essen und kulturelle Identität. Europäische Perspektiven,* Berlin 1997.
17 Vgl. Roman Sandgruber, «Österreichische Nationalspeisen: Mythos und Realität», in: *Essen und kulturelle Identität,* Berlin 1997.
18 Siehe auch: Klara Löffler, «Zum Beispiel Erdäpfelsalat. Variationen zum Thema Nationalisierung», in: *Österreichische Zeitschrift für Volkskunde,* Band LI/100, Wien 1997, p. 35–53.
19 Aarau 1989.

Walter Labhart

Vom Überleben der Musik in finsteren Zeiten

Wladimir Vogel in der Schweiz (1933–1948)

Wladimir Vogel. Radierung von Gregor Rabinovitch. 1. August 1936

Als sich nach dem Zweiten Weltkrieg verschiedene europäische Länder anschickten, ihre aus dem Exil zurückgekehrten Komponisten mit Preisverleihungen zu rehabilitieren, versäumte die vom Krieg verschonte Schweiz die Chance, entsprechenden guten Willen und vorausgehende Einsicht zu beweisen. Welchem ausgewanderten Musiker hätte sie solche Aufmerksamkeit widmen sollen – etwa dem aus Basel stammenden Komponisten und Pianisten Ernst Levy (1895–1981), der von 1920 bis 1940 in Paris lebte, nach der deutschen Invasion in seine schweizerische Heimat zurückkehrte, die er aber verlassen musste, weil er keinerlei Anstellung fand? Levy wanderte 1941 nach den USA aus, wo er es 1949 zum Professorial Lecturer in the Humanities an der Universität Chicago brachte, bevor ihn das MIT in Cambridge 1954 zum Carnegie Visiting Professor ernannte – und wie sollte sie sich mit einem durch internationale Erfolge bekannten Einwanderer wie Wladimir Vogel gegenüber benehmen? Ihn streifte die Welle der in Nachbarländern oft demonstrativ praktizierten Wiedergutmachung nie, obschon er von 1933 an meistens als Emigrant in der Südschweiz gelebt und jahrelang eine Vielzahl von Schikanen durch Polizei und Behörde zu erdulden hatte. Die im Unterschied zum Ausland sehr spät erfolgten Auszeichnungen, so 1970 der Musikpreis der Stadt Zürich und 1972 der Komponistenpreis des Schweizerischen Tonkünstlervereins, ehrten ausschliesslich den verdienten Musiker. Vom Menschen, der in seiner Würde vom helvetischen Beamteneifer bis zu seiner Einbürgerung im Jahre 1954 dauernd verletzt worden war, sprach damals niemand.

Sehr lange scheint sich die Schweiz als Wladimir Vogels unfreiwillige Wahlheimat nicht bewusst gewesen zu sein, was sie diesem ungebetenen Gast in geistiger und kultureller Hinsicht letztlich verdankt. Bleibende Verdienste sicherte sich der Musiker, der nie einen Lehrauftrag an einem schweizerischen Konservatorium erhielt, als privater Kompositionslehrer von Rolf Liebermann, Robert Suter, Jacques Wildberger und von mehreren skandinavischen Komponisten, die von ihm in die Zwölftontechnik eingeführt wurden. Darüber hinaus wirkte Vogel auf unterschiedlichen Gebieten als Anreger und Vermittler, um bis in die postmoderne Musik unserer Zeit hinein als – in der Regel uneingestandenes – Vorbild seine vielfältigen Spuren zu hinterlassen. Die experimentierfreudige Neue Musik hat Wladimir Vogel schon damals nicht nur mit dem modernen Sprechchor, dem er sein internationales Ansehen in der Fachwelt verdankt, auf individuelle Weise bereichert, sondern auch die Entstehung des von Ellen Widmann und Fred Barth von 1953 an geleiteten Kammersprechchors Zürich angeregt. Aus musikgeschichtlicher Sicht sollte schliesslich nicht vergessen werden, dass Wladimir Vogel nebst dem in Kiew geborenen Westschweizer Kollegen Constantin Regamey (1907–1982) der einzige Komponist in der Schweiz war, welcher mit seinem Schaffen eine Synthese von angeborener Ausdruckshaftigkeit und angeeignetem Formbewusstsein schuf, die sich in neuartigen Werktypen von modellhaftem Charakter widerspiegelt. Er hat auch mit der sogenannten «Hörform», einer jeweils einsätzigen Instrumentalkomposition vonkammermusikalischer Transparenz und konzentrierter Expressivität, zur Weiterentwicklung der Zwölftonmusik beigetragen.

Biographie und Schaffen vor 1933

Am 29. Februar 1896 als Sohn eines aus Deutschland eingewanderten Kaufmanns und einer kurländischen Russin jüdischer Herkunft in Moskau zur Welt gekommen, liess sich Wladimir Rudolfowitsch Vogel nach dem Besuch des Realgymnasiums privat in Musiktheorie und Klavierspiel ausbilden. Den grössten Einfluss auf die Ästhetik des ausschliesslich in der russischen Geisteswelt beheimateten Musikers übte Alexander Skrjabin aus, dessen Moskauer Auftritte mit eigenen Klavierwerken in den ersten Kompositionsversuchen ihren Niederschlag fanden. Eine entscheidende Wende nahm die künstlerische Laufbahn Wladimir Vogels durch die 1918 zusammen mit seinen Eltern erfolgte Übersiedlung nach Berlin. Dort lernte er den Reichtum der westlichen Musik in all ihren Formen kennen, die er bald sprengen und überwinden sollte, als er, von Heinz Tiessen vorbereitet, 1920 in jene berühmte «Meisterklasse für musikalische Komposition» eintreten konnte, welche der kurz zuvor aus dem Zürcher Exil nach Berlin zurückgekehrte Begründer der «Jungen Klassizität», Ferruccio Busoni, bis zu seinem Tod (1924) an der Preussischen Akademie der schönen Künste leitete. Für die schöpferische Weiterentwicklung des von revolutionärem Pathos erfüllten und von

Ferruccio Busoni im Kreise seiner Meisterschüler Kurt Weill, Walther Geiser, Luc Balmer und Wladimir Vogel. Um 1922 in Berlin

Haus auf rebellischen Musikers hatte Busonis an der Klassik orientierte Kompositionsweise allerdings nicht dieselbe prägende Bedeutung wie für die Schweizer Kollegen Luc Balmer, Robert Blum und Walther Geiser oder für den Mitschüler Kurt Weill. Wichtiger war für Vogel die Konfrontation mit den vielfältigen Traditionen der westeuropäischen Musik einerseits, mit den diversen Strömungen der modernen Architektur, Malerei und Skulptur andererseits, aber auch mit der vom Expressionismus beherrschten neuen Literatur. Während er in den Kunstausstellungen von Herwarth Waldens ‹Sturm› in expressionistischen und futuristischen Gemälden einer Ausdruckswelt begegnete, die ihm seit seiner Moskauer Jugend nahestand, lernte er in den konstruktivistischen Arbeiten, welche die politisch linksgerichtete «Novembergruppe» zeigte, neuartige Gestaltungsmittel und formenstrenge Bildordnungen kennen, die er als Komponist bald in seine Arbeiten integrieren sollte.

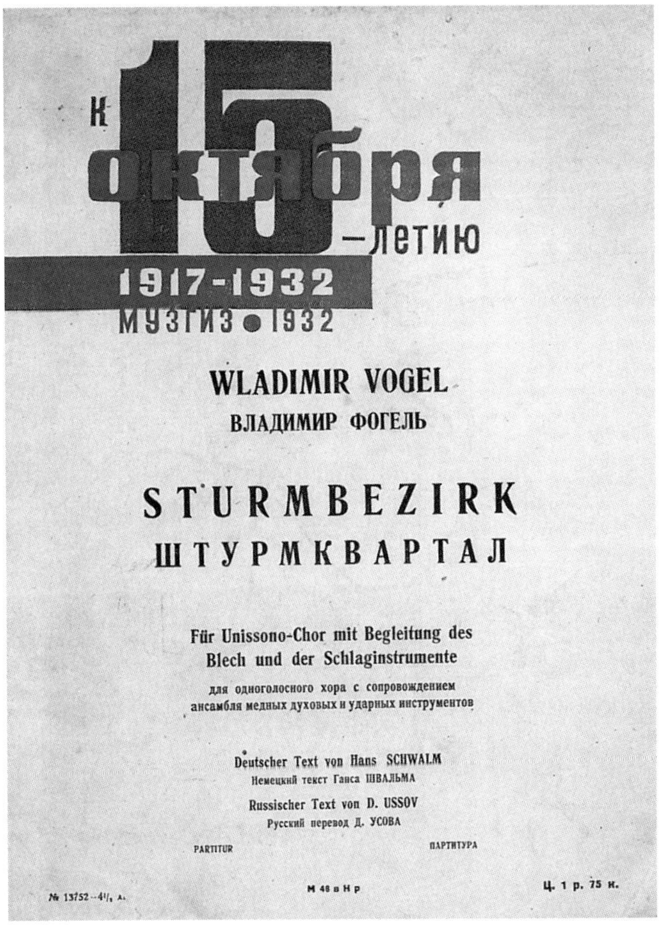

Wladimir Vogel: *Sturmbezirk Wedding*. Titelseite der Partitur mit deutschem und russischem Text. Moskau 1932

Opposition zum Bestehenden bildete damals schon eine wesentliche Triebfeder von Vogels kompositorischem Schaffen. So entstand denn auch das erste eigenständige Werk, die in ihrer Art unvergleichliche ‹Komposition für ein und zwei Klaviere›, im Jahre 1923 als direkte Reaktion auf Busonis zweiklavierige ‹Fantasia contrappuntistica› von 1922. In die Elemente der Sonatenform mit Passagen von improvisatorischem Zuschnitt verknüpfende Komposition führte Vogel mit der sogenannten «Ritmica» ein betont konstruktives Variationsprinzip ein, demzufolge verschiedene konstante Rhythmen innerhalb der einzelnen Sätze entwickelt werden. Das von ihm erfundene Gestaltungsmittel übertrug der bis zuletzt ausserordentlich ideenreiche Musiker auf andere Gattungen, beispielsweise auf die ‹Vier Etüden für Orchester› (Ritmica funebre, Ritmica scherzosa, Ostinato perpetuo, Ritmica ostinata, 1930–1932), deren klangsinnliche Tonsprache und rhythmische Intensität von so bedeutenden Dirigenten wie Ernest Ansermet, Wilhelm Furtwängler, Fritz Reiner, Hermann Scherchen und George Szell in ihrer Eigenart erkannt und im Konzertsaal erfolgreich umgesetzt wurden. Mit Igor Strawinsky vergleichbar, aus dessen Händen er 1954 den Preis des internationalen Komponistenwettbewerbs «Für die Freiheit der Kultur» in Rom entgegennehmen durfte, blieb Wladimir Vogel in seiner künstlerischen Entwicklung nie stehen, nachdem er seinen eigenen Stil gefunden hatte. Kaum waren die bleibenden Beispiele für die «Ritmica» geschaffen, betrat er weiteres Neuland. Er wandte sich dem Sprechchor zu, den er in rein musikalischer Funktion einzusetzen begann, um damit ein vielseitig verwendbares Ausdrucksmittel einer vokalsinfonischen Gattung einzuverleiben, die er «Dramma-Oratorio» nannte. Der mit dem

Oratorium ‹Wagadus Untergang durch die Eitelkeit› für Soli, gemischten Chor, Sprechchor und fünf Saxophone (1926–1930) zum Pionier neuartiger Wort-Tonbezeichnungen gewordene Musiker charakterisierte seine musikgeschichtlich bedeutsame Errungenschaft folgendermassen: «Die von mir eingeführte Art des Sprechchors als Kunstgattung beruht auf Eigengesetzen der Sprache und des Sprachlich-Phonetischen, die vom rein musikalischen Standpunkt aus behandelt werden und nicht vom literarisch-dramatischen; so bekommt der Sprechchor als neue Kunstform einen eigen-ästhetischen Aspekt. In meinen Werken wird dem Sprechen nicht nur der Rhythmus vorgeschrieben, also metrisch gebunden, sondern auch die Klangfarbe und Sprechtonhöhe werden festgelegt.»[1]

Auf dem Gebiet der Instrumentalmusik trat Wladimir Vogel in jener Zeit des Aufbruchs zu neuen Formen und Ausdrucksmitteln mit ebenfalls wegweisenden Kombinationen gegensätzlicher Formtypen hervor. In der ‹Etude-Toccata› (1926) und in der ‹Variétude› (1931) für Klavier entwickelte er eine Musik des Mehrschichtigen und Widersprüchlichen, wie sie in ihrer Komplexität kennzeichnend für Vogels Schaffen ist. Dem aufkommenden Nationalsozialismus sagte er mit politisch engagierten Kompositionen den Kampf an, indem er sich in den Dienst der Arbeitersängermusik stellte. Mit der Erich-Weinert-Vertonung ‹Der heimliche Aufmarsch gegen die Sowjetunion› (1930), die er den «Kämpfern für die sozialistische Weltrepublik» widmete, mit dem aggressiven ‹Sturmbezirk Wedding› (1932), den er zum 15. Jahrestag der Oktoberrevolution schrieb, mit einem orchestralen ‹Sturmmarsch› (1932) und weiteren politisch inspirierten Gelegenheitskompositionen exponierte sich Wladimir Vogel als Kampfgefährte von Hanns Eisler, Hermann Meyer und Stefan Wolpe so sehr, dass für ihn nach dem Machtantritt Hitlers am 30. Januar 1933 und der wenige Monate später folgenden Bücherverbrennung nur noch die Ausreise blieb.

Das Jahr 1933 und seine Folgen

Als er genau zehn Tage vor der politischen Wende, die das Ende der Weimarer Republik bedeutete, eine Klavierminiatur mit «Ein wenig klagend» überschrieb, konnte Wladimir Vogel zwar nicht ahnen, was ihm selber bevorstand, doch war er als sensibler Künstler und als kritischer Beobachter des Tagesgeschehens in seiner Berliner Umgebung vorsichtig genug, um sein Leben rechtzeitig zu retten. Da er bald auf einer jener berüchtigten Schwarzen Listen stand und zur immer grösser werdenden Schicksalsgemeinschaft der «entarteten Musiker» zählte, nutzte er die erstbeste Gelegenheit zur Ausreise. Sie bot sich ihm in einer Einladung Hermann Scherchens, dessen progressivem «Melos-Kreis» er schon seit 1921 nahegestanden hatte. Der radikale Kämpfer für Schönberg zog seinen Gesinnungsgenossen Vogel zu, um in Riva San Vitale am Südende des Luganersees eine Arbeitstagung für moderne Musik in Strassburg zu organisieren. Mit einem rechtsgültigen deutschen Reisepass und einem einzigen Koffer traf der verfemte Komponist im Tessin ein, bald mittellos und auf die Unterstützung von Freunden und unbekannten Auftraggebern angewiesen. Mit den Einnahmen, die ihm die von Scherchen vermittelte Leitung eines Kammermusikkurses am Strassburger Konservatorium brachte, konnte Wladimir Vogel einige Reisen unternehmen und dazu nutzen, persönliche Kontakte zu möglichen Förderern und Interpreten anzuknüpfen. Bei solchen Gelegenheiten lernte er in Wien Elias Canetti und Alma Mahler kennen, die ihn mit Alban Berg bekanntmachte. Vom Musikfest der Internationalen Gesellschaft für Neue Musik aus Prag zurückkehrend, wo der Busoni-Schüler Eduard Steuermann mit den Klavierstücken ‹Etude-Toccata› und ‹Variétude› grossen Erfolg erzielt hatte, traf Vogel den verehrten Wiener Komponistenkollegen ein letztes Mal. Zum Gedenken an den im Dezember 1935 überraschend gestorbenen Musiker schrieb Wladimir Vogel das ‹Epitaffio per Alban Berg›. Dem von Scherchen angeregten Klavierwerk liegt die folgende Tonreihe zugrunde: A-la-be-a-n Be-e-re-ge a-ut-ef-es Ge-re-a-be e Fre-i-e-de-e. Mit dieser kühnen Kombination von deutschen, italienischen und französischen Buchstaben, die ein «Soggetto» ergeben, näherte sich der Komponist der für die Zwölftonmusik typischen Reihentechnik mit grossen Schritten.

Bis zur Besetzung des Rheinlandes durch die Deutschen im Jahre 1935 konnte Vogel dank den gültigen Dokumenten in Strassburg bleiben und privaten Musikunterricht erteilen. Der Musikwissenschafter Harry Goldschmidt, damals journalistischer Mitarbeiter an der ‹National-Zeitung› in Basel, wies seinen arbeitslosen Freund auf die Rückständigkeit des Schweizer Musiklebens bezüglich der zeitgenössischen Musik hin und riet ihm, sein Glück jenseits der Rheingrenze zu versuchen. Als er aber im Hause des angesehenen Zahnheilkundeprofessors Oscar Müller in Basel und in Zürich – ebenfalls in privatem Kreis – Vorträge über Neue Musik hielt, wurde er verzeigt und mit einem offiziellen «polizeilichen Verbot» belegt. Von Basel aus konnte Vogel wenigstens noch die Uraufführung von ‹Wagadus Untergang durch die Eitelkeit› in Brüssel unter Mitwirkung des Sterkschen Privatchors Basel vorbereiten. Hermann Scherchen hob das Werk dort im Rahmen der Weltausstellung am 26. Juli 1935 mit aufsehenerregendem Erfolg aus der Taufe, die zur Geburtsstunde der modernen Sprechchormusik wurde. Inzwischen hatte der Komponist durch Vermittlung des mit ihm bekannten Berliner Architekten Erich Mendelsohn jene Kontakte in Zürich aufgenommen, welche ihm am meisten helfen sollten, in der Schweiz eine neue Existenz aufzubauen. Im Rechtsanwalt Wladimir Rosenbaum und in seiner Gattin, der Schriftstellerin Aline Valangin (1889–1986), fand Vogel verlässliche Freunde. In ihrem Sommerhaus «La Barca» in Comologno (Onsernonetal) konnte der fremdenpolizeilichen Verfügungen zufolge ohne Arbeitsbewilligung und ausserdem ohne Niederlassung auf Unterstützung angewiesene Künstler zwar schöpferisch tätig sein, jedoch keine Kompositionen hervorbringen, von deren Einnahmen er hätte leben können. Zudem hatte er ein Arbeitsverbot. Als legal in die Schweiz eingereister deutscher Staatsbürger durfte er sich jeweils während drei Monaten innerhalb eines begrenzten Raumes im Tessin aufhalten, musste dann aber das Land wieder verlassen, um neu einzureisen, und um eine entsprechende Aufenthaltsbewilligung ersuchen. Diese Bestimmungen und weitere,

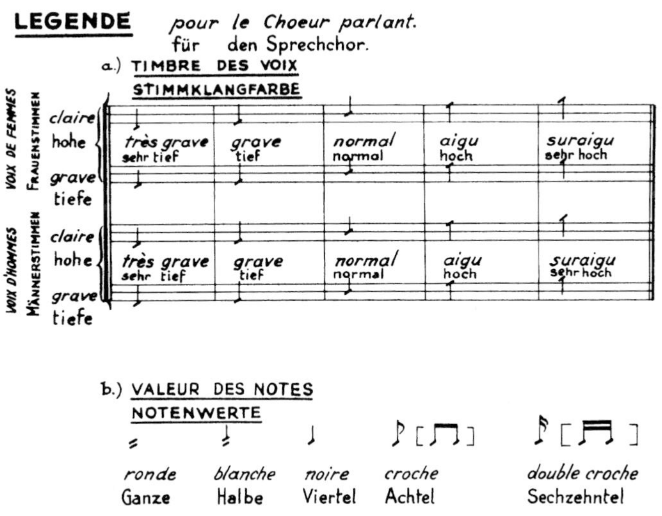

Sprechchor-Notation aus Wladimir Vogels *Arpiade*. 1954. Nach Gedichten von Hans Arp

kaum weniger schikanöse, hingen über ihm wie ein Damoklesschwert. Obschon er sich in der «Barca» – weckt ihr Name nicht Erinnerungen an Alfred Häslers Buchtitel ‹Das Boot ist voll›? – vor Kriegsanbruch wie in einem einigermassen sicheren Refugium fühlen mochte, litt Wladimir Vogel an beinahe ständiger geistiger Isolation. Er, der noch wenige Jahre zuvor als aufstrebender Komponist im Zentrum des Interesses und mit zahlreichen renommierten Malern, Musikern, Architekten und Schriftstellern in regem freundschaftlichem Kontakt gestanden hatte, war plötzlich einer schwer zu ertragenden Einsamkeit ausgeliefert. Reisen nach Paris, wo er die Berufskollegen Marcel Mihalovici und Alexandre Tansman traf, liessen ihn seine Isolation um so stärker empfinden, als er sich dort infolge der ihm fremden Mentalität ebensowenig niederlassen konnte wie in London, wo er den Besuch einer Aufführung von ‹Wagadus Untergang durch die Eitelkeit› zur Abklärung eines längeren Aufenthaltes mit Arbeitserlaubnis verband. Dasselbe Oratorium hatte Albert Roussel für die Pariser Weltausstellung 1937 vorgeschlagen, doch kam die Aufführung nicht zustande. Bis zum Jahre 1940 hätte sich Vogel zwar in Paris aufhalten können, wo ihm der Dirigent Maurice Abravanel seine Wohnung zur Verfügung gestellt hatte. Nach dem Einmarsch von Hitlers Truppen wäre er als Besitzer eines deutschen Reisepasses und als «entarteter Künstler» aber auch in der französischen Metropole unerwünscht gewesen. So blieb er denn in der «Barca» festgenagelt, als bei Kriegsausbruch die Grenze geschlossen und damit sein weiteres Schicksal besiegelt wurde: Wladimir Vogel durfte fortan Comologno nicht mehr verlassen. Wollte er ausserhalb des Tessins einer Aufführung eines eigenen Werkes beiwohnen, hatte er einen Antrag bei der kantonalen Fremdenpolizei zu stellen. Als er im November 1941 von Hermann Gattiker, einem Berner Musikkritiker, zu einem Hauskonzert in die Bundeshauptstadt eingeladen worden war, erkundigte sich der so mancher persönlichen Freiheit Beraubte zuerst, ob «absolut keine polizeiliche Kontrolle»[2] stattfinde. Den demoralisierenden Demütigungen schienen in jenem Jahr keine Grenzen gesetzt zu sein. Radio Monte Ceneri hatte zum 70. Geburtstag des Dichters Francesco Chiesa eine Komposition bei Vogel mit dem ausdrücklichen Vermerk bestellt, dass er «in Ermangelung einer Arbeitsbewilligung kein Auftragshonorar erwarten» dürfe. Einen Monat später beendete der um ein Einkommen geprellte Komponist in Comologno die ‹3 Liriche sopra testi di Francesco Chiesa› für Bass und Klavier, ein eher marginales Werk zwar, jedoch mit einer Vorgeschichte verbunden, die als symptomatisch für die fremdenfeindliche Einstellung bestimmter Kreise gelten mag.

Wladimir Vogel: Notenpartitur aus *Wagadus Untergang durch die Eitelkeit.* Oratorium. 1926–1930

Vor Kriegsausbruch verhalf ein von Dr. Enrico Celio, damals noch Direktor des Erziehungsdepartements des Kantons Tessin, als Träger des Patronats bewilligter Sommerkurs für

Musik dem Organisator und Leiter eines Kompositionskurses für Lichtblicke. Vom 1. Juli bis zum 31. August führten in Comologno namhafte Musikologen wie Manfred Bukofzer und Jacques Handschin in alte und neue Musik ein. Der Wiener Willi Reich, ein Schüler Alban Bergs und dessen erster Biograph, brachte geistigen Zündstoff besonderer Art mit. Er machte die bunt zusammengewürfelte, internationale Hörerschaft mit der damals in der Schweiz erst dem Namen nach bekannten Zwölftonmusik vertraut. Obschon Wladimir Vogel schon seit etlichen Jahren praktische Kenntnisse von Arnold Schönbergs epochaler «Methode von zwölf nur aufeinander bezogenen Tönen» hatte, gab Reichs Einführung den Anstoss zur eigenen Anwendung jener revolutionären Kompositionsmethode. Er erprobte ihre durch Transpositionen und Umkehrungen vermehrten Möglichkeiten zuerst in einem instrumentalen Werk, dem von der Geigerin Suzanne Suter-Sapin bestellten Violinkonzert in ursprünglich drei Sätzen. Erst im «Scherzando» betitelten 3. Satz des 1937 in Brüssel und Comologno entstandenen Werks machte Vogel von der Zwölftontechnik Gebrauch, indem er dem Soloinstrument ein Thema anvertraute, das mit der Zwölftonreihe identisch ist. Die im Tessin komponierte zweite Fassung von 1940 erweiterte er durch ein attacca an den Scherzosatz sich anschliessendes Finale «in modo di Mozart». Es basiert auf dem zu einer zwölftönigen Reihe ergänzten Allegro-Hauptthema aus Mozarts Ouvertüre zur ‹Zauberflöte› und stellt infolge der originellen Verbindung von zeitspezifischer Musik aus dem 18. und 20. Jahrhundert ein vom Komponisten selber als «Vexier-Hörbild» bezeichnetes Kuriosum in der Dimension eines witzigen Geniestreichs dar. Derlei Kombinationen in der dodekaphonen Themenbildung sollten bald zu einem für Vogel typischen Stilmittel werden und noch in den späten Zürcher Jahren, beispielsweise im elegischen Streicherstück ‹Abschied› (In memoriam Karl Weber, 1973) mit

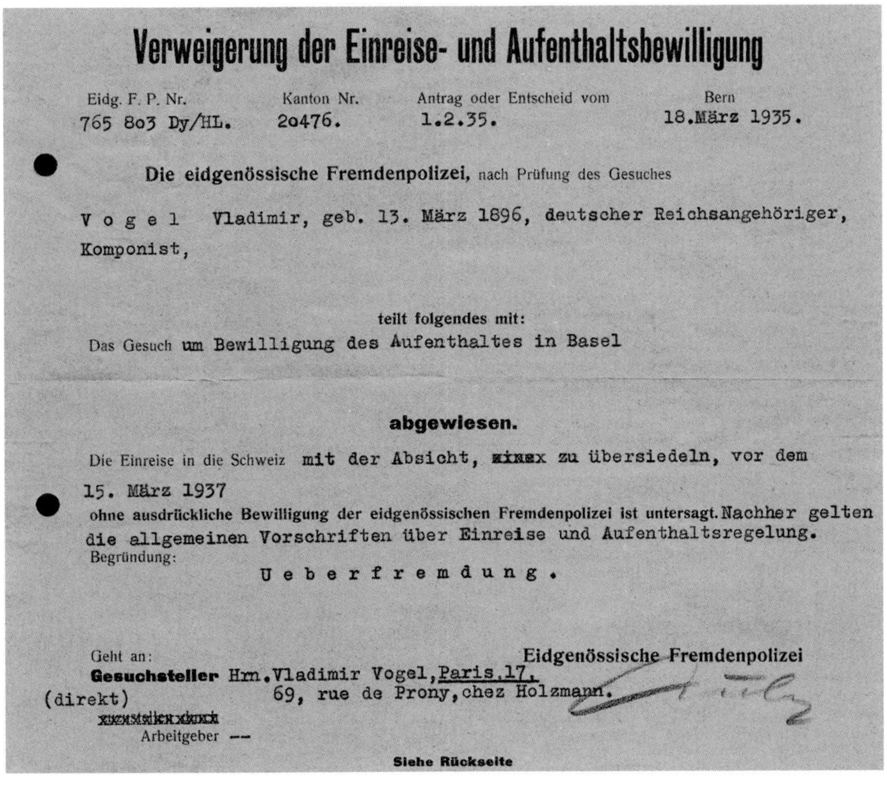

Verweigerung der Einreise- und Aufenthaltsbewilligung

Eidg. F. P. Nr.	Kanton Nr.	Antrag oder Entscheid vom	Bern
765 803 Dy/HL.	20476.	1.2.35.	18.März 1935.

Die eidgenössische Fremdenpolizei, nach Prüfung des Gesuches

V o g e l Vladimir, geb. 13. März 1896, deutscher Reichsangehöriger, Komponist,

teilt folgendes mit:

Das Gesuch um Bewilligung des Aufenthaltes in Basel

abgewiesen.

Die Einreise in die Schweiz mit der Absicht, xixxx zu übersiedeln, vor dem 15. März 1937 ohne ausdrückliche Bewilligung der eidgenössischen Fremdenpolizei ist untersagt. Nachher gelten die allgemeinen Vorschriften über Einreise und Aufenthaltsregelung.

Begründung:

U e b e r f r e m d u n g .

Geht an:
Gesuchsteller Hrn. Vladimir Vogel, Paris 17, 69, rue de Prony, chez Holzmann.
(direkt)
xxxxxxxxxxxxx
Arbeitgeber —

Eidgenössische Fremdenpolizei

Siehe Rückseite

«Begründung: Überfremdung»: Wladimir Vogel wird der Aufenthalt in Basel verweigert. Entscheidung der Eidgenössischen Fremdenpolizei vom 18. März 1935

einem thematisch genutzten Zitat aus Tschaikowskys ‹Pathétique›, eine gestalterisch wichtige Rolle spielen. Im Violinkonzert gelang Wladimir Vogel die erste vollgültige Synthese von russischer Ausdrucksmusik und westlich inspiriertem Konstruktivismus. Seiner hochexpressiven Emotionalität und seiner klangsinnlichen Leidenschaft zufolge verdient das Werk in seiner viersätzigen Version in einem Atemzug mit den Gattungsbeiträgen von Béla Bartók, Alban Berg, Sofia Gubaidulina, Alfred Schnittke und Karol Szymanowski genannt zu werden, steht es doch diesen wesentlichen Violinkonzerten des 20. Jahrhunderts in nichts nach. Hans Oesch, der Basler Ordinarius für Musikwissenschaft und Autor der massgeblichen Monographie über den Komponisten, findet keine Erklärung dafür, dass Vogels enorm ausdrucksstarkes und für den Solisten dankbares Konzert dermassen selten gespielt wird.

Kaum hatte er mit der rein instrumentalen Anwendung der Zwölftontechnik im Schlüsselwerk für Violine und Orchester erste Erfahrungen gesammelt, übertrug Vogel das neue Kompositionsverfahren auf ein vokales Werk. Da er seine Gefährtin Aline Valangin mit Schönbergs bahnbrechender Technik bekannt gemacht und in ihr den Wunsch zur Erfindung eigener Zwölftonthemen geweckt hatte, lag es nahe, eine von ihr aufgezeichnete Reihe zu vertonen. So basieren denn die ‹10 Madrigaux für gemischten Chor a cappella› (1939) nicht nur auf französischen Gedichten aus Aline Valangins Sammlung ‹L'Amande clandestine›, sondern auch auf einem von ihr stammenden thematischen Einfall. Die kompositorische Besonderheit der Madrigale besteht in einer Form von «konsonanter Dodekaphonie», da anhand der konsonanten Tonschritte der Zwölftonreihe wohlklingende Intervalle wie Terzen und Sexten gleichermassen ein mildes Klangklima schaffen, das sich grundlegend von der mit Sekunden und Septimen gewürzten, dissonanten Zwölftonsprache Arnold Schönbergs unterscheidet.

Die politische Entwicklung Europas im Schatten des Nationalsozialismus verfolgte Vogel mit wachem Interesse, ohne sich aber irgendwie politisch aktiv beteiligen zu können. Mit seinen eigenen Mitteln, einer kämpferischen, anklagenden und anteilnehmenden Musik, lehnte er sich gegen das ständig zunehmende Unrecht und die mit Riesenschritten um sich greifende Bedrohung auf. Im Dezember 1937 begann er in Paris mit der Vertonung des belgischen Nationalepos ‹Die Legende vom Ulenspiegel› von Charles de Coster. Es ging ihm darum, dem zukünftigen Hörer eines epischen Oratoriums anhand des Zusammenhanges zwischen dem historischen Befreiungskrieg der Niederlande gegen die spanische Unterjochung und Wiedereinführung der Inquisition und den sich dramatisch zuspitzenden Verhältnissen in Deutschland die Augen zu öffnen für den unmittelbar bevorstehenden Untergang der Freiheit. Dem ersten Teil seiner abendfüllenden Komposition ‹Thyl Claes, Fils de Kolldraeger› gab er den Titel «Unterdrückung», dem zweiten, erst im Herbst 1945 in Ascona beendeten, den mit dem Kriegsende übereinstimmenden «Befreiung». Zum Inhalt des mit aufrüttelnden Sprechchören ausgestatteten, musikalisch dem Expressionismus nahestehenden Werkes bemerkte der Komponist: «Vorgänge, Personen und Handlungen im ‹Thyl Claes› gehören der Geschichte, der Legende oder der Phantasie des Autors an. Sie sind trotz realistischer Behandlung symbolhaft, allegorisch und assoziativ gedacht und auch so zu verstehen. Sie entbehren jedoch keineswegs der Aktualität.»[3]

Wladimir Vogel mit Valeska Lindtberg in Comologno. Vierziger Jahre

‹Thyl Claes›, eines der Hauptwerke Wladimir Vogels und ein zwar selten aufgeführter, infolge seiner zeitgeschichtlichen Bedeutung wie ein Monolith aus der modernen Chorliteratur herausragender Beitrag zu einem schöpferischen Humanismus, stellt den klangvollen Triumph eines kämpferischen Künstlers über die realen Hindernisse seines Exils dar. Sein angeborenes Russentum, das er in der Schweiz im Umgang mit Amtspersonen zu verbergen trachtete, indem er seinen eminent russischen Vornamen gelegentlich durch Waldemar ersetzte, bricht in dieser monumentalen Komposition immer wieder durch. In ihrem unerbittlichen Realismus, der mit freitonalen Mitteln erreichten Darstellung des Grauens und der betroffen machenden Direktheit des Ausdrucks lässt die sehr bildhafte Tonsprache Vogels an Modest Mussorgsky denken. Den russischen Klangcharakter unterstreichen ferner die zahlreichen Glockenklänge, die «in lustigen und trüben Tagen Leben und Schicksal des Menschen begleiten» und der grandiosen Parabel mit ihrem unüberhörbaren Bezug zu den gefährlichen Auswüchsen Deutschlands in der Hitlerzeit zusätzliches emotionales Gewicht verleihen. Trotz all der düsteren Szenen, die von Folterung und Flammentod handeln, kommt die musikalische Schönheit nicht zu kurz. Angesichts der rührenden Wiedergabe von zarten Empfindungen junger Liebender, welche die in leicht schwebendem Rhythmus vorüberziehende Chaconne erfüllen, beeindruckt soviel reine Klangschönheit um so mehr, wenn man sich vergegenwärtigt, unter welch schwierigen Umständen der dauernd wie ein Verfolgter hin- und hergetriebene Musiker eine solche Szene schrieb.

Den in zwei Fassungen notierten 1. Teil von ‹Thyl Claes, Fils de Kolldraeger›, den Ansermet bereits 1943 im Radio uraufführte, widmete Vogel «Au génie du peuple belge à la mémoire des victimes de l'opression», den zweiten, im dodekaphonen Stil komponierten, Radio Genf. Die ebenfalls von Ernest Ansermet dirigierte Uraufführung strahlte Radio Sottens am 19. Februar 1947 aus.

Während der langwierigen Arbeit an ‹Thyl Claes, Fils de Kolldraeger› entstand in Ascona, wo er zeitweise die Wintermonate verbracht hatte, im Jahre 1941 mit der Bläsersuite ‹Ticinella› ein ausnahmsweise wieder tonales und ausserdem um so hörerfreundlicheres Werk, als allen vier Sätzen beliebte Tessiner Volkslieder zugrunde liegen. «Pour célébrer le Tessin», wie die Widmung lautet, bediente sich Vogel beispielsweise des Soldatenliedes ‹Addio la caserma›, das er allerdings «In modo della ‹Ritmica ostinata›» vertonte, sowie der Melodie ‹Il cucù› im Stil der ‹Ritmica scherzosa›, einer seiner einst in aller Welt gespielten Orchesteretüden aus der Berliner Zeit. Der eigentümliche Reiz dieses musikantischen Unikums besteht weniger in seiner folkloristischen Färbung als vielmehr in den Selbstironie verratenden Rückgriffen auf eigene Pionierleistungen aus besseren Tagen.

COURS DE VACANCES POUR LA MUSIQUE

sous le patronage de Monsieur le Dr. av. Enrico Celio, Conseiller, Directeur du Département de l'Education Publique, Bellinzona

A COMOLOGNO TESSIN SUISSE

du 1er juillet au 31 août 1936

A Comologno, Val Onsernone, Tessin, Suisse, ont lieu des cours de vacances d'été, composés chacun d'une série de conférences sur la

MUSIQUE CONTEMPORAINE ou sur la MUSIQUE PRÉ-CLASSIQUE

La durée de chaque cours est de 15 jours (6 conférences).

Parallèlement a également lieu un COURS DE COMPOSITION d'une durée de deux mois.

Dates: du 1er juillet au 31 août.

Lecteurs:

…………………………	Musique suisse moderne 1er au 15 juillet
Prof. Handschin Bâle	1er au 15 juillet
Alan Bush, prof. Royal academy of music, Londres	Musique anglaise moderne 15 au 31 juillet
Dr. Bukofzer Bâle	Einführung in das Verständnis alter Musik 15 au 31 juillet
Dr. Willi Reich Vienne	Musique à douze tons 1er au 15 août
Rev. Père prof. M. Signorelli Ascona	Le chant grégorien 1er au 15 août
Prof. Alois Habà Praha	Musique à quarts de tons et athématique 15 au 31 août
Victor Schlatter Organiste à la cathédrale, Zurich	Musique ancienne pour orgue 15 au 31 août

Cours de composition: *Wladimir Vogel*

Les cours ont lieu de 9 au 10 et de 18 au 19 heures.

Tournez s. v. p.

Programm der Ferienkurse für Musik in Comologno. 1. Juli bis 31. August 1936

Am 12. Mai 1940 hatte Wladimir Vogel seiner Gönnerin Marguerite Hagenbach, der späteren Frau seines Freundes Hans Arp, von Comologno aus geschrieben: «... Wir sind hier ohne laufende Nachrichten. Keine Zeitung. Kein Radio. In dieser Stille und Ruhe ist etwas Unheimliches. Das Dorf ist wie ausgestorben. Wann und wie die Post noch funktionieren wird, ist noch unübersichtlich.» Wie sehr er sich in persönlichen Dingen einschränken musste, verriet Vogel derselben Vertrauensperson in einem Brief vom 24. Oktober desselben Jahres: «... Die früher so zahlreiche Korrespondenz ist bis auf die Briefe an Sie und seltener an Anni[4] – eingestellt. Zum Coiffeur werde ich nun statt einmal monatlich – jeden 3. Monat gehen müssen, da man in Ascona an spassig aussehende Erscheinungen gewöhnt ist ... An Kleidungsstücken werde ich halt so allmählich alles austragen, was da ist. Das reicht für den Winter.

Im ganzen, also bleiben nur noch einzuschränken: der Notenpapierverbrauch – dies tat ich schon im Sommer, indem ich die Skizzen mit Blei schrieb und nach Kopierung ausradierte und weiter auf demselben Bogen Papier schrieb ... Aber für die Reinschriften in mehreren Exemplaren muss ich Papier kaufen oder meine Produktion einstellen. Korrespondenz werde ich nun nur auf Karten und selten führen; das ist sehr schmerzvoll, aber man muss sich eben bescheiden ... Ich esse jetzt kein Fleisch mehr – ab und zu Wursterzeugnisse; Schokolade etc. sind schon lange purer Luxus ... Ich schäme mich, auszugehen, denn nichts ist lächerlicher als ein Mann, der nicht zahlen kann. Diese Geldlosigkeit ist es, die mich am stärksten zum Nebenverdienst stösst ... z.B. Adressenschreiben? oder sonstige Schreibarbeit? ... An die Banda Municipale von Locarno oder Ascona dachte ich auch, und so hoffe ich, da etwas zu beginnen.»

Mit quälender Ungewissheit sah er seiner Zukunft entgegen, als er Marguerite Hagenbach am 4. Dezember 1940 schrieb: «... Darum war ich diesen Sommer hart dran – mich für die Zukunft in ein Arbeitslager zu begeben – erstens, um Aline zu entlasten, und zweitens um nicht Hilfe entgegennehmen zu müssen ohne Gegenleistung.»

Obschon er sich seines Abgetrenntseins vom Strom des internationalen Musiklebens schmerzlich bewusst war, resignierte Wladimir Vogel nicht. Der über viel russische Leiderfahrung verfügende Künstler gab die Hoffnung nicht auf. Zeitweise verfiel er Illusionen, wenn er etwa annahm, dass er als ehemaliges Mitglied des Arbeitsausschusses der Internationalen Gesellschaft für Neue Musik und als einst an wichtigen Orten viel aufgeführter Komponist ausserhalb der europäischen Musikzentren eine bessere Überlebenschance als in seiner Tessiner Einsiedelei haben könnte. Marguerite Hagenbach liess er diesbezüglich am 1. März 1941 wissen: «... Die Veränderung kann sich bald bemerkbar machen, da sowohl mein Pass wie die Aufenthaltsbewilligung in diesem Jahr abläuft, und die neuen werden sicher auf einer anderen Basis ausgestellt werden ... Meine Madrigale werden auf dem diesjährigen Musikfest in New York aufgeführt – eine Tatsache, die in mir den Gedanken einer Übersiedlung nach USA. aufkommen liess. Gewiss ist das Musikfest nur eine leise Anknüpfung und ein Ausgangspunkt. Das Praktische, die Sprache in erster Linie, ist noch gar nicht gegeben. Aber es ist ein Gedanke, der mich gegebenenfalls zu beschäftigen anfängt.»

Von der privaten Unterrichtstätigkeit Wladimir Vogels im Tessin profitierten nebst Rolf Liebermann auch die Schweizer Komponisten Hermann Meier, Robert Suter und Jacques Wildberger. Von 1948 bis 1952 arbeitete Wildberger mit Vogel zusammen, wobei nach der üblichen Einführung in die Grundelemente der Zwölftonmusik anhand von Beispielen Schönbergs reihentechnische Fragen im Vordergrund standen. Besonders grosse Bedeutung mass der auch hierin seine Herkunft aus dem Expressionismus nicht verleugnende Kompositionslehrer den Spannungsgraden der Intervalle einer zwölftönigen Reihe zu. Jacques Wildberger gibt in seinem Beitrag ‹Meine Kompositions-Studien bei Wladimir Vogel› zur Monographie von Hans Oesch detaillierten Einblick in eine solche Stunde: «Um mich in die Wirkungsweise und in die Erfordernisse der absoluten, nicht auf eine Tonika bezogenen Intervalle einzuhören, musste ich zuerst einmal aus der Reihe melodische Gestalten bilden; dann folgten Übungen in senkrechter Reihenverarbeitung: Ketten von 2-, 3- und 4stimmigen Akkorden, wo es darauf ankam, den jeweiligen Spannungsverlauf genau zu prüfen, mit besonderer Berücksichtigung der Aussenstimmen. Wir haben oft stundenlang – mit Kontrolle am Klavier – damit verbracht, einzelne Töne in die richtige Oktavlage zu bringen.»

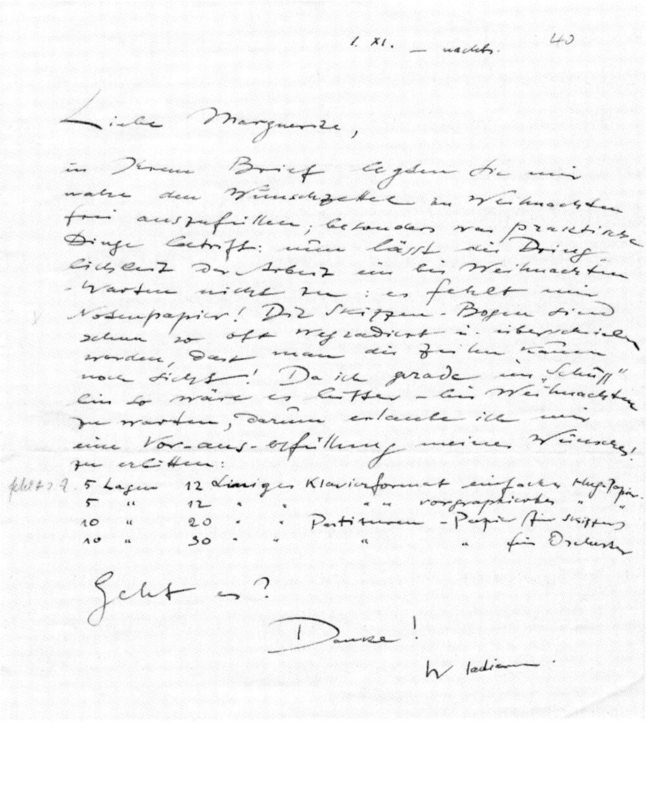
1. XI. – nachts. 40

Liebe Marguerite,

in Ihrem Brief legten Sie mir nahe den Wunschzettel zu Weihnachten frei auszufüllen; besonders was praktische Dinge betrifft: nun lässt die Dringlichkeit der Arbeit ein bis Weihnachten-Warten nicht zu: es fehlt mir Notenpapier! Die Skizzen-Bogen sind schon so oft wegradiert u. überschrieben worden, dass man die Zeilen kaum noch sieht! Da ich gerade im „Schuss" bin so wäre es bitter – bis Weihnachten zu warten, darum erlaube ich mir eine Vor-aus-Erfüllung meines Wunsches zu erbitten:

5 Lagen 12 liniges Klavierformat einfaches Hug-Papier.
5 " 12 " " " " vorgraphiertes " "
10 " 20 " " Partituren-Papier für Skizzen
10 " 30 " " " " für Orchester

Geht es?

Danke!

Wladimir.

Wladimir Vogel bittet Marguerite Hagenbach um Notenpapier. 1.11.(1940), nachts

Nicht zuletzt auch darunter leidend, dass er als ein auf vielen Gebieten ausserordentlich gebildeter Künstler einst einen Freundeskreis besessen hatte, dem international führende Köpfe auf dem Gebiet der Literatur, Malerei, Architektur, Musik und Philosophie angehörten, vermisste er jene anregenden Kontakte in einem schwer zu ertragenden Masse. Seine Isolation konnte er, seitdem er die Korrespondenz drastisch hatte reduzieren müssen, nur mit der kompositorischen Arbeit überwinden. Aus ihr schöpfte er die für das tägliche Überleben benötigte Kraft. Trotz der gespannten Situation, in der er sich pausenlos befand, bis er 1954 endlich das Schweizer Bürgerrecht erhielt, schuf Vogel in der oft lähmenden Abgeschiedenheit des Onsernonetals eine dermassen lebendige und mitunter heitere Musik wie die mit einer «Hommage à Honegger» versehenen ‹12 Variétudes sur une série de douze-tons non transposée› für Flöte, Klarinette, Violine und Violoncello (1940), die ursprünglich für den 2. Teil von ‹Thyl Claes› bestimmte ‹Passacaglia für Orchester› (1945) und das für immer mit der Tessiner Zeit verbundene Meisterwerk ‹Thyl Claes, Fils de Kolldraeger›.

Einen wichtigen Auftrieb gab dem in jenen Jahren nicht nur in der Schweiz selten aufgeführten und darüber hinaus in den Zürcher Musikerkreisen als «Kryptokommunist» verschrieenen Komponisten von 1940 an die regelmässige Zusammenarbeit mit Rolf Liebermann. «Seine Schönberg- und Webern-Analysen machten mich mit der Zwölftontechnik vertraut», gesteht der als Opernintendant in Hamburg und Paris berühmt gewordene Musiker in seinen autobiographischen Aufzeichnungen[5] ein, «gleichzeitig half er mir, meinen eigenen Stil zu finden, was gar nicht so einfach war, denn ich war immerhin schon dreissig Jahre alt. Aber dieser grossartige Pädagoge verstand es, selbst in den Hintergrund zu treten, damit sich die natürlichen Gaben seiner Schüler besser entfalten konnten.»

Aus jener provinziellen Enge hätte am ehesten der Dirigent Hermann Scherchen herausführen können, der seit 1923 als künstlerischer Leiter der Konzerte des Musikkollegiums Winterthur nicht nur mehr zeitgenössische Werke schweizerischer Komponisten zur Uraufführung brachte als jeder Schweizer Berufskollege, sondern auch am engsten vertraut war mit Schönbergs Zwölftonmusik und der von jüngeren Komponisten in verschiedenen Ländern hervorgebrachten dodekaphonen Musik. Seinen Aufführungen von Werken der Zweiten Wiener Schule (Alban Berg, Arnold Schönberg, Anton Webern) blieb eine tiefere Wirkung aber versagt, weil nicht zuletzt die Grundlagen zum Verständnis dieser neuartigen Musiksprache in der Schweiz nie geschaffen worden waren. An den Konservatorien gab es weder entsprechende Kurse noch Vorträge. Zudem wäre die Aufnahmebereitschaft infolge der ausgeprägten Ausländerfeindlichkeit jener Jahre eine recht geringe gewesen.

Von Anfang an führte die von Schweizer Komponisten geschaffene Zwölftonmusik innerhalb der schweizerischen Landesgrenzen ein kärgliches Schattendasein angesichts der nicht zuletzt durch die jährlichen Tonkünstlerfeste zementierten Übermacht der neoklassizistischen Musik, die grösstenteils einer erweiterten Tonalität verpflichtet war. Die paar wenigen dodekaphonen Werke, welche die Schweizer Schönberg-Schüler Alfred Keller und Erich Schmid noch während ihres Studienaufenthaltes in Berlin dem Papier anvertraut hatten, wurden bei ihrer Vorstellung an jenen Festkonzerten, deren Repertoire in den Kriegsjahren konventionellere Züge angenommen hatte und ein Stück weit der geistigen Landesverteidigung mit ihrer Kultivierung nationaler Werte entsprach, mit einem geringschätzigen Lächeln oder aber mit Verwunderung quittiert. In der Schweiz, die nach 1940 auch in kulturellen Belangen einem sich gegen aussen hin abschirmenden Réduit glich, war die Zeit für Schönbergs epochale Weiterentwicklung einer konsequenten durchchromatisierten Musik ohne tonale Bindung noch lange nicht reif.

Als Autor der ersten umfangreichen Komposition unter Verwendung einer zwölftönigen Reihe, die mit seinem Violinkonzert schon 1937 als frühestes Zwölftonwerk in der Schweiz entstanden war, sah Wladimir Vogel die Möglichkeit einer die Grenzen überschreitenden Zusammenarbeit gleichgesinnter Komponisten erst nach dem Kriegsende als gegeben. Bevor sein italienischer Kollege Riccardo Malipiero im Jahre 1949 einen ersten Zwölfton-Kongress mit internationaler Beteiligung in Mailand organisierte, lud Vogel zu einer Art Vorkonferenz mit vorbereitendem Charakter nach Orselina oberhalb von Locarno ein. Nachdem er schon während der Organisation des Sommerkurses in Comologno 1936 an so bekannte Komponistenpersönlichkeiten wie Béla Bartók und Alois Haba herangetreten war, die dann aber auf eine Teilnahme verzichten mussten, konnte er sich bald der Zusage einiger der führenden Zwölftonkomponisten erfreuen. An dem 1948 mit Hilfe der Stiftung «Pro Locarno» durchgeführten Treffen beteiligten sich nebst dem nach Brasilien ausgewanderten Deutschen Hans Joachim Koellreutter und dem Belgier André Souris die Italiener Luigi Dallapiccola und Riccardo Malipiero, der Franzose Serge Nigg, die Schweizer Alfred Keller, Rolf Liebermann, Hermann Meier und Erich Schmid. Aus Deutschland kam Karl Amadeus Hartmann angereist, der später mit seiner «Musica viva»-Reihe in München auf ähnliche Weise wie Wladimir Vogel als Katalysator eine wichtige Rolle in der Vermittlung zeitgenössischer Musik spielen sollte.

Erster internationaler Zwölftonkongress, Locarno-Orselina 1948: H.J. Koellreutter, Erich Schmid, Karl Amadeus Hartmann, Alfred Keller, Hermann Meier (im Hintergrund), Wladimir Vogel, Riccardo Malipiero, Luigi Dallapiccola, André Souris, Rolf Liebermann, Serge Nigg (Mitte vorne)

Vogels Verdienst bestand in erster Linie darin, dass er als ein zur internationalen Elite der Wegbereiter neuen Musikdenkens gehörender ausländischer Komponist der zeitgenössischen Schweizer Musik zu einer Öffnung und Horizonterweiterung verhalf. Er tat dies in seiner Eigenschaft als ein zwischen 1939 und 1945 in der Schweiz zwar selten aufgeführter Komponist, vor allem aber als einflussreicher Kompositionslehrer und als Veranstalter von Kursen und der in Orselina unter seiner Leitung durchgeführten Vorkonferenz. Sie brachte etwas vom weiten Wind der im Banne Schönbergs stehenden Weltmusik in ein Tessiner Tal, das für ein paar Tage zu einem einzigartigen Brennpunkt all jener internationalen Strömungen innerhalb der Zwölftonmusik wurde, die unser kulturell erstarrtes Land kurz vor seinem Aufbruch nach neuen Zielen in den fünfziger Jahren umgaben. Mit Vogels vielfältigen Initiativen gelang den fortschrittsbewussten Schweizer Komponisten verschiedener Generationen der zum Gedankenaustausch so unerlässliche Anschluss an das aktuelle Musikgeschehen der Nachbarländer. Mit dem damals von den Medien kaum beachteten Treffen im Hotel Orselina hatte Vladimiro Vogel, wie er sich vorübergehend schrieb, wichtige Vorarbeit zum Mailänder Zwölftonkongress und zu dessen Fortsetzungen in Darmstadt (1950) und in Salzburg (1951) geleistet.

Bevor er 1964 nach Zürich übersiedelte, wo er dank der Unterstützung seiner Frau Idmarie seine ganze Energie dem Komponieren widmen konnte und am 19. Juni 1984 starb, entwickelte Wladimir Vogel die von ihm begründete Gattung des «Dramma-Oratorio» im Tessin mit ‹Jona ging doch nach Ninive› (1958), nach einer Übersetzung von Martin Buber, und mit dem für Radio Svizzera Italiana geschriebenen Künstlerporträt ‹Meditazione sulla maschera di Amadeo Modigliani› (1960) weiter, um auch mit bedeutenden Arp-Vertonungen wie der ‹Arpiade› (1954) und den ‹Mondträumen› für Sprechchor a cappella (1965) hervorzutreten und seinen Rang als «mitteleuropäischen Komponisten russischer Abstammung mit schweizerischer Nationalität»[6] zu festigen.

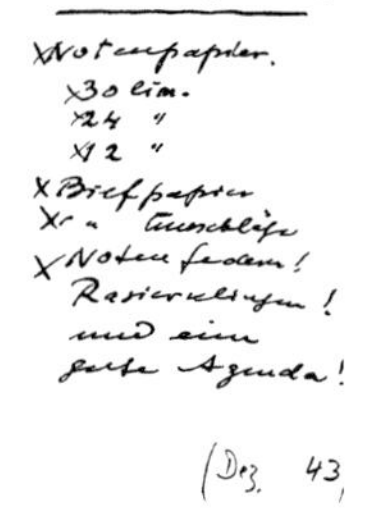

Literatur

Hans Oesch, *Wladimir Vogel. Sein Weg zu einer neuen musikalischen Wirklichkeit*, Bern/München, Francke 1967 (mit weiterführendem Anhang und Auswahlbibliographie)

Walter Labhart, «Konturen eines Mitbegründers der Neuen Musik», in: *166. Neujahrsblatt der Allgemeinen Musikgesellschaft Zürich*, Zürich, Kommissionsverlag Hug 1982

Wladimir Vogel (1896–1984). Verzeichnis der musikalischen Werke. Vogel-Werkverzeichnis (VWV), zusammengestellt von Mireille Geering unter Mitarbeit von Petra Ronner, Zentralbibliothek Zürich, in Kommission bei Amadeus, Winterthur 1992

Peter Kamber, *Geschichte zweier Leben – Wladimir Rosenbaum & Aline Valangin*, Zürich, Limmat Verlag 1990

1 Wladimir Vogel, *Schriften und Aufzeichnungen über Musik*, revidiert, herausgegeben und mit einem Nachwort versehen von Walter Labhart, Geleitwort von Herbert Meier, Zürich, Atlantis Musikbuch-Verlag 1977, S. 75/76.

2 Zitiert nach mündlichen Äusserungen von Frau Idmarie Vogel, Zürich.

3 a. a. O., S. 18.

4 Annie Müller-Widmann (1893–1964), Tochter von Josef Viktor Widmann und Gattin des Basler Professors für Zahnheilkunde Oscar Müller (Brief von W. Vogel an Marguerite Hagenbach vom 24.10.1940 im Besitze von Frau Idmarie Vogel, Zürich).

5 Rolf Liebermann, *Opernjahre. Erlebnisse und Erfahrungen vor, auf und hinter der Bühne grosser Musiktheater*, Bern, *Scherz 1977, S.43*.

6 a. a. O., S. 252.

Magdalena Droste

Von Itten zu Benetton

Pädagogik zwischen Ideologie und Phantasie

Johannes Ittens Ruhm gründet auf seinem Werk als Maler und als Pädagoge. Zwar gelten beide Bereiche als untrennbar miteinander verzahnt, dennoch soll hier der Blick dem grossen Pädagogen und seiner Wirkungsgeschichte gelten.

Jeder Interessierte kann heute seine beiden wichtigsten Publikationen preiswert erwerben: ‹Kunst der Farbe› und als eine Art Gegenstück die ‹Gestaltungs- und Formenlehre›.[1] Beide Bücher sind in gewisser Weise ähnlich strukturiert, denn Itten glaubte an das *objektiv Gesetzmässige der Formen- und Farbenlehre.*[2] «Ich hoffe, in diesem Buch eine grosse Zahl von Farbproblemen klären zu können», heisst es in der ‹Kunst der Farbe›, die 1961 zum erstenmal erschien.[3]

Eine nicht abreissende Folge von Ausstellungen und neueren Publikationen belegen das öffentliche Interesse am Künstlerpädagogen weit über die Schweiz und Deutschland hinaus. Die Farbenlehre wurde inzwischen in zwölf Sprachen mehrfach aufgelegt und ist als Studienausgabe seit 1970 ein heimlicher Longseller, von dem bis heute rund 500 000 Exemplare verkauft wurden, unter anderem in Frankreich, den Niederlanden, Japan, den englisch- und deutschsprachigen Ländern, aber auch in Italien, Dänemark, Finnland, Mexiko, Norwegen und Ungarn. Das Buch ‹Mein Vorkurs am Bauhaus› (zuerst 1963) ist heute nur noch als Studienausgabe unter dem Titel ‹Gestaltungs- und Formenlehre› auf dem Buchmarkt und auch in den USA und Grossbritannien erhältlich. Die verkaufte Gesamtauflage beläuft sich auf 100 000 Ex.

Jüngst rekonstruierte das Bauhaus-Museum Weimar Ittens Skulptur ‹Turm des Feuers› (1920) und lenkte damit erneut die Aufmerksamkeit auf die Frühzeit des Künstlers.[4] Die Suche nach dem eigenen Weg kostete den Schweizer Lehrersohn Jahre des Studierens.[5] Dieses Schicksal teilte er mit vielen Malern des frühen 20. Jahrhunderts. Wassily Kandinsky und Paul Klee hatten ähnlich lange «formative years».

Erste Grundlagen der späteren Gesinnung wurden in seiner Lehrerausbildung in Hofwil und Bern gelegt, wo Itten mit den sanften Ansätzen der Reformpädagogik bekannt wurde. Bald aber entschloss sich Itten, Künstler zu werden. Bei seinem Studium in Genf wurde er mit den drei Grundformen Kreis, Quadrat und Dreieck vertraut, die ihn sein ganzes Leben beschäftigen sollten. 1913–16 lernte er bei Adolf Hölzel in Stuttgart als Privatschüler, denn die Akademie hatte ihm die Aufnahme verweigert. Hier wurde das Fundament seiner späteren Kunstanschauung gelegt: Farbenlehre, Kontrastlehre, Kompositionsstudien an alten Meistern und rhythmische Studien waren die Basis dieses Unterrichts. Itten erlebte auch, wie wichtig Lockerungsübungen der Hand für flüssiges Zeichnen sind.

Johannes Itten führte damals Tagebücher, die inzwischen teilweise publiziert sind.[6] Hier können wir einen fast intimen Blick auf den jungen Künstler werfen und einige deutliche Tendenzen ausmachen: Es sind dies die Neigung zu polarem Denken, zu einem Denken in Kontrasten und, parallel dazu, das Bestreben, jeder Form einen festumrissenen Inhalt zuzuweisen.

Wir finden Exzerpte seiner philosophischen, theosophischen und okkulten Lektüre, die sein Ringen um eine Sinnsuche dokumentieren, die Suche nach einer geistigen Begründung seiner Kunst und seines Lebens. Charakteristischerweise beschränkten sich Ittens Exzerpte fast immer auf diejenigen Grundgedanken der Lektüre, die er jeweils in Relation zu seiner Kunst setzen konnte.

Die geistige Überhöhung, die er suchte, konnte ihm Hölzels Lehre nicht bieten, denn dieser konzentrierte sich auf die «Erforschung der bildnerischen Mittel», wenn er auch sah, dass sich seine Schüler «mitten im Metaphysischen» aufhielten.[7]

Eine Möglichkeit zur geistigen Durchdringung der Form schien auch die mathematische Konstruktion zu sein, die Beschäftigung mit Progressionen und goldenem Schnitt. Auch dies wurde in der Hölzelklasse untersucht, aber Ittens Studien führten ihn bald weiter zu Fragen der Triangulation und Zahlenmystik; er las Plato und Pythagoras. ‹Die Seele der Kathedralbaukunst› gehörte zu den Lieblingsthemen okkulter Literaten.[8] Alle seine anspruchsvollen Ölbilder entstanden damals *aufgrund sorgfältiger Konstruktionen*,[9] die dank erhaltener Studien noch heute nachvollziehbar sind.

Ende 1916 ging Itten nach Wien und gründete hier eine Kunstschule, die die Aufmerksamkeit des modernen Wien auf sich zog. Alma Mahler machte Itten schliesslich mit Walter Gropius bekannt, was zu seiner Berufung an das Bauhaus führen sollte.

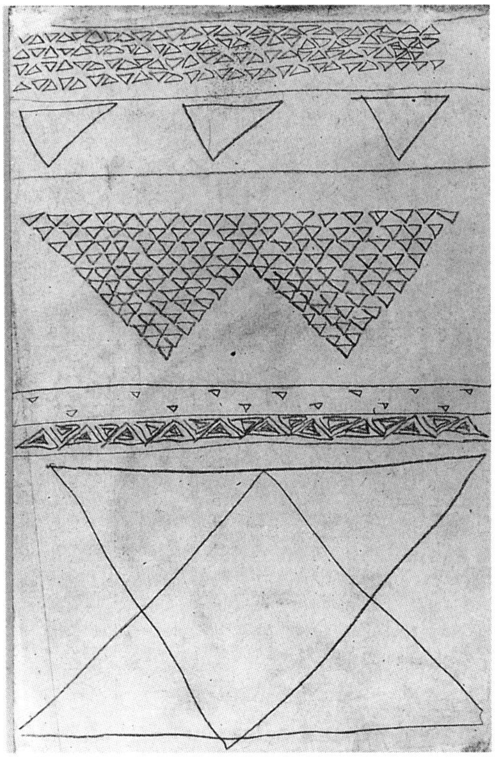

Franz Singer: *Studie im Dreieckscharakter.* Aus dem Vorkurs von Johannes Itten. Um 1920. Zeichnung

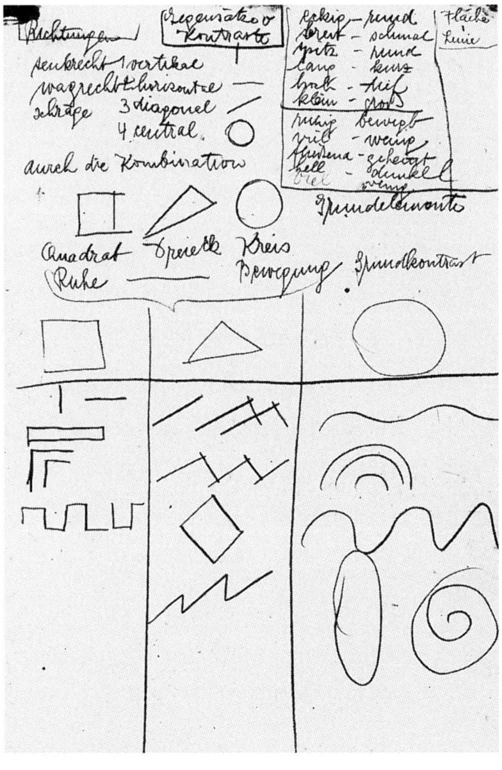

Franz Singer: *Notizblatt.* Aus dem Vorkurs von Johannes Itten zu den Grundformen und Kontrasten. Um 1920. Zeichnung

Ima Breusing: *Farbige Quadratstudie.* Um 1921/22. Aquarell auf Papier

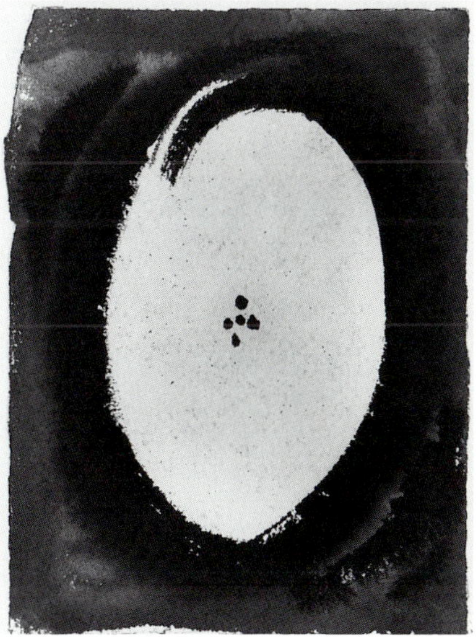

Ima Breusing: *Gross und Klein/Hell-Dunkel-Studie.* Aus dem Vorkurs von Johannes Itten, Bauhaus Weimar. Um 1921/22. Pinsel in Tusche auf Aquarellpapier

Der Wiener Unterricht enthielt im wesentlichen eine Synthese seiner bisherigen künstlerisch-pädagogischen Mission, und seine Beschreibung kann mit gewissen Einschränkungen auch für die Bauhauszeit Gültigkeit beanspruchen. Schon hier lassen sich eine Farb- und eine Formlehre unterscheiden. Bei der Formenlehre sind die Ausgangspunkte Quadrat, Dreieck, Kreis. Jede dieser Formen hatte für Itten einen *Formcharakter,* der geübt werden musste. An die Formenlehre wird die Kontrastlehre gekoppelt. Typische Ittenṣche Kontrastpaare sind unter anderen: Gross–Klein, Hoch–Niedrig, Dick–Dünn, Breit–Schmal, Hell–Dunkel, Weich–Hart, Leicht–Schwer, Durchsichtig–Undurchsichtig, Glatt–Rauh, Ruhig–Bewegt, Viel–Wenig.[10] *Empfindungsbänder* waren abgeleitete Hell-Dunkel-Studien. Anhand der Alten Meister wie El Greco oder Mathias Grünewald wurden Proportions- und Rhythmusstudien betrieben.

Die Farbenlehre – am Bauhaus kaum geübt – ging vom zwölfteiligen Farbkreis mit den Grundfarben Rot, Gelb, Blau aus. Sechs bzw. sieben Hauptkontraste bestimmten den Übungsablauf: Farbe-an-sich-Kontrast, Hell-Dunkel-Kontrast, Kalt-Warm-Kontrast, Komplementär-Kontrast, Simultan-Kontrast, Qualitäts-Kontrast, Quantitäts-Kontrast.

(Anonym) *Texturstudie* aus dem Vorkurs von Johannes Itten. 1919. Collage

Gyula Pap: *Komposition mit grauen Quadraten.* 1922. Graphit, schwarze Kreide und Kohle

Der ‹Turm des Feuers›

Ittens Tätigkeit am Bauhaus begann mit dem Wintersemester 1919 und endete offiziell mit dem Ende des Wintersemesters 1923.[11] Schon ab Januar 1922 aber hatte Itten jede engagierte Mitarbeit aufgekündigt. Ursache waren Auseinandersetzungen zwischen Walter Gropius und Itten, die später als Grundsatzkonflikt verstanden wurden. Gropius wollte Auftragsarbeit und Industrieorientierung für die Bauhauswerkstätten, während Itten handwerkliche Ausrichtung und Versenkung forderte. Zwar hielt Gropius Itten für einen guten Pädagogen, war aber von dessen Arbeitsergebnissen als Werkstättenleiter enttäuscht. Hier überlagerten sich ein privater Machtkampf und ideologische Auseinandersetzungen.

Als Hauptwerk Ittens jener Jahre gilt neben dem ‹Kinderbildnis› (1921/22) der ‹Turm des Feuers›. Im Juni 1920 lieferten Handwerker Itten das 3,60 Meter hohe Modell für den ‹Turm›. «Die Konstruktion dieses […] Werks basierte auf einem Würfel, auf den elf weitere – nach oben zu linear kleiner werdende – Würfel so gesetzt wurden, dass in spiraliger Bewegung jeder gegenüber dem jeweils darunterliegenden um ein Drittel der Seite verdreht wurde. Je drei der gegeneinander versetzten Würfelecken wurden durch Kegelflächen aus farbigem, in Bleistegen gefasstem Glas verbunden. Durch die Formverkleinerung und die Drehung erhielt der Turm eine nach oben strebende Dynamik.»[12] Itten beschrieb den Turm später als «zwei konstruktiv entwickelte, sich nach oben verjüngende Spiralen».[13]

Schon Jahre früher hatte Itten das Spiralmotiv in Bildern verarbeitet, einmal um ‹Die Begegnung› 1916 und um ‹Das Entzweite› 1916 (gemeint war jedesmal die Freundin Hildegard Wendland[14]) ins Bild zu bringen. Im ‹Turm des Feuers› sind nun allerdings nicht gegensätzliche Spiralen (wie in der ‹Begegnung›), sondern zwei identische Spiralen in die Höhe geführt. Doch die Tagebücher liefern keinen Hinweis darauf, dass der Turm in diese Richtung verstanden werden dürfte. Die Mehrzahl der Interpreten ist sich einig, dass Itten hier ein komplexes System erdacht hat, demzufolge der Turm als Welt- und Kosmos-Modell gedeutet werden kann.

«In einer Skizze [...] plante er, die ersten vier Würfel aus gebranntem Ton und Stein zu fertigen, wobei er den untersten Würfel den Mineralien (den zwölf Kriststallsystemen), den zweiten den Pflanzen, den dritten den Tieren (Säugetieren, Vögeln, Lurchen, Schlangen) und den vierten dem Menschen (den vier Temperamenten) zuordnete. Für die vier mittleren Würfel sah er Metall als Material vor und wollte in ihnen insgesamt zwölf Glocken anbringen. Die obersten Würfel – aus Glas geplant – waren den vier Elementen zugedacht. Zualleroberst waren vier Lichtkugeln vorgesehen, die Logos und Sonne symbolisieren sollten.»[15]

Als Kunstwerk blieb der symbolbefrachtete Turm fast resonanzlos. Die Bauhauskollegen berichteten nicht davon, nur der Schüler Wassilieff liess sich davon für eine Vorkursarbeit inspirieren. Später ging der Turm verloren.[16] Zwei alte Fotos und etliche Tagebucheintragungen und Zeichnungen dokumentieren Planung und Existenz. Dennoch spiegelte die im Turm vollzogene Synthese Ittens damalige Weltanschauung: sein Bestreben, Kosmos und Kunst in symbolischer Konstruktion durch Farbe und Form zu fassen.

Wende zu Mazdaznan – Die drei Temperamente

Auf den ersten Seiten des bisher unpublizierten Tempelherren-Tagebuches, begonnen am 8. Juli 1920, zeichnete Itten flüchtig drei unterschiedliche Kopftypen und beschriftete sie mit «materiell», «spirituell», «intellektuell».[17] Diese drei Temperamente, wie wir sie künftig nennen wollen, gehörten zum Lehrgut der Mazdaznanlehre, die für Itten lebensbestimmend werden sollte. Nach ihr bestand die Menschheit aus mehreren Rassen, deren höchstenwickelte und allein erlösungsfähige die weisse Rasse ist. Anthropologisch haben sich diese Rassen nach dem Schema «schwarze Rasse – materiell», «braune Rasse – spirituell» und «weisse Rasse – intellektuell» entwickelt. Auch die weisse Rasse ist degeneriert, in ihr steckt aber das Potential zu höchster Erkenntnis, zu Erlösung und Wiedergeburt, wenn man eben den Regeln der Mazdaznanlehre folgt. Die drei Temperamente wiederholen sich auf der Individualebene. Mazdaznan geht von der dreifachen Menschennatur aus, es gibt also materielle, spirituelle und intellektuelle Typen.[18]

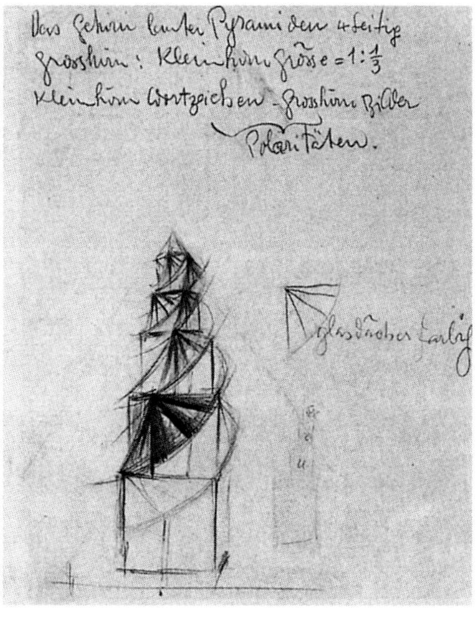

Johannes Itten: *Turmskizze.* 1920. Graphit auf Papier

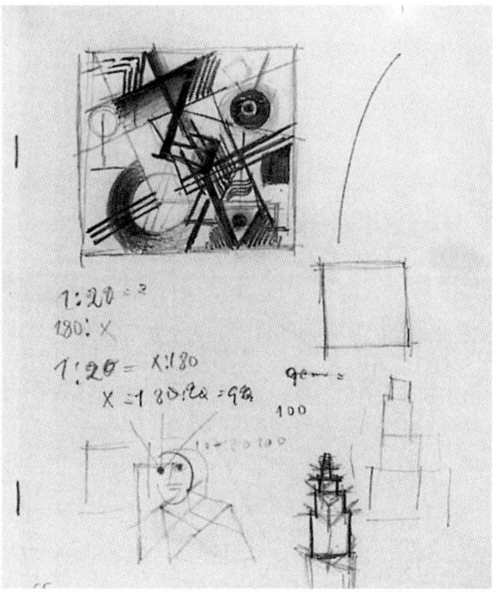

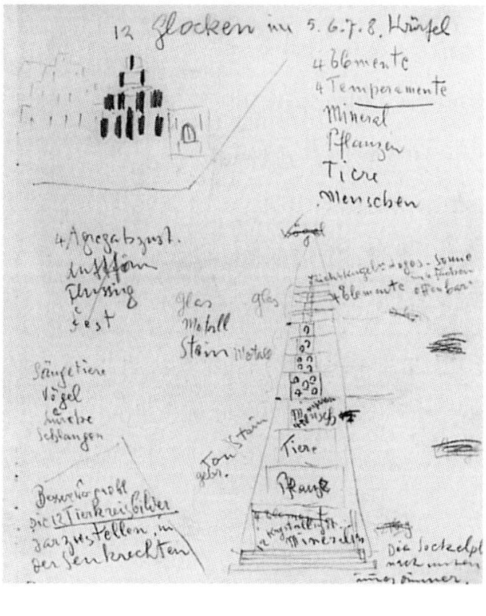

Johannes Itten: *Zwei Skizzen zum Turm des Feuers.* 1920. Tagebucheintragungen

Der *Turm des Feuers* vor dem Tempelherrenhaus in Weimar. 1920. Anonyme Photographie

Johannes Itten in Bauhaustracht. Ca. 1921. Photographie von Paula Stockmar

Eine weitere Entsprechung findet sich im Körper jedes Einzelnen: Der Körper habe drei wichtige *Höhlen,* die Beckenhöhle (materiell), die Bauchhöhle (spirituell) und die Brusthöhle (intellektuell). Je nach Typ neigt man zu bestimmten Krankheiten und bedarf typgerechter Ernährung.[19] Wer an seiner Vervollkommnung arbeiten will, muss also der Geschlechts- oder Drüsenlehre sowie der Ernährungs- und Atemlehre Mazdaznans folgen. Besonders dem Atem als dem Weg zur Gesundung und Vergeistigung widmet Mazdaznan viel Aufmerksamkeit. Fast ausschliesslich hängt *Erlösung* von dem Bemühen des Einzelnen ab. Zwar geht diese Lehre von heute unhaltbaren Voraussetzungen aus, ihre Rassenlehre enthielt aber keine antijüdischen Elemente. Die Juden gehörten hier zur arischen Rasse, und Mazdaznan trat für die Beschneidung ein. Am Ende glaubte man sogar, den Weltfrieden erreichen zu können.

Die 1899 in Chicago von O.Z.A. Hanish gegründete Bewegung «integrierte wie die Theosophie Elemente anderer heiliger Schriften und Religionen, vermied allerdings die Institutionalisierung eines festen, allgemein verbindlichen Lehrgebäudes».[20] Die Anhängerschaft in Deutschland belief sich nach Krabbe bis 1914 auf nicht mehr als tausend Personen. Wegen Schwierigkeiten mit deutschen Behörden verlagerte sich die deutsche Zentrale in die Schweiz, «wo zu Anfang des Ersten Weltkrieges in Herrliberg bei Zürich ein internationales Mazdaznankolleg gegründet wurde».[21] Hier hielt sich Itten nach seinem Ausscheiden aus dem Bauhaus bis 1926 auf.

Johannes Itten wendete die Temperamentenlehre zum erstenmal 1921 auf die Kunst an, als er im ‹Utopia-Almanach› erläuterte, auf welche Weise man eine Linie darstellen könne. Er sprach von den drei Graden, in denen das Objekt erfasst werden könne: «Zeichne ich die Linie mit der Hand, so bin ich physisch bewegt, das ist der erste, physische Grad der Bewegtheit. Bewege ich meine Sinne einer Linie entlang, so bin ich im zweiten, seelischen Grade der Bewegtheit. Wenn ich die Linie geistig darstelle, so bin ich im dritten, geistigen Grade der Bewegtheit.»[22] Zwischen dem ersten und dem dritten Grad konstruierte Itten eine dialektisch-polare Beziehung: «Wie die Sonne den Mond beleuchtet, so beleuchtet der dritte Grad den ersten und entreisst ihn dem Dunkel.»[23] Diese drei Grade entsprechen den drei Temperamenten. In der künftigen Terminologie wird Itten die drei Temperamente als «materiell-impressiv», «spirituell-expressiv» und «intellektuell-konstruktiv» bezeichnen. Im ‹Utopia-Almanach› und an vielen anderen Stellen verwendet Itten sie im Sinne einer Stufenfolge, oft aber auch nur rein beschreibend. Nach Mazdaznan kann nur die Vereinigung aller drei Temperamente zum höchsten Ziel führen, denn es handelt sich bei dieser Dreiteilung um die «dreifache Spiegelung des Wesens an sich, des inneren, geistig-schöpferischen Urwesens, des unendlichen und ewig göttlichen Geistes.[24]

Ittens Fotoporträt, wahrscheinlich 1920 von Paula Stockmar in Weimar aufgenommen, könnte als beziehungsreiches Bekenntnis zur Mazdaznanlehre interpretiert werden. Der kahle Schädel, der gesenkte, nach innen gerichtete Blick verweisen auf die Suche nach Er-

Johannes Itten: *Farbenkugeln in 7 Lichtstufen und 12 Tönen.* Veröffentlicht in: *Utopia – Dokumente der Wirklichkeit.* Weimar 1921

kenntnis im eigenen Innern. Der selbstentworfene Malerkittel aus blauer Leinwand mit schwarzem Samtkragen deutete den Malerberuf an. Künstler und Mensch unterwerfen sich dem gleichen Ziel. Farbstern und Zirkel stehen für Farbe und Form. Itten verwendete hier die Rungesche Farbkugel, die Polarität und Totalität der Farben vereinte. Diese Totalität der Farben interpretierte Itten als Präsenz der «geistigen Essenz»[25] im Sinne Mazdaznans. Der grosse hölzerne Zirkel diente der Errechnung des goldenen Schnittes und stand für harmonische Proportionen. So veranschaulichte Itten in diesem wohlinszenierten Foto Farbe und Form in ihrer geistigen Dimension. Dem seit Jahren suchenden Itten muss damals die Mazdaznanlehre wie eine Offenbarung erschienen sein. Oskar Schlemmers Weimarer Tagebücher lassen diesen Prozess noch heute lebendig werden.[26]

Im monumentalen ‹Tagebuch› von 1930 hat Itten seine Form- und Farblehre mit der Mazdaznan-Temperamentenlehre verknüpft und durchdrungen. Sie ist gewissermassen das Skelett der Ittenschen Pädagogik geworden. «Geradeso wie in den Spektralfarben und ihren Ableitungen alle Ausdrucksmöglichkeiten vorgebildet sind, so sind sie es auch in den geometrischen Formen und ihren Variationen. Die geometrischen Formen und die prismatischen Farben sind die reinen Träger der geistigen Essenz. – Die Dinge der Natur offenbaren durch ihre Formung und Färbung ihre geistige Natur und materielle Entwicklungsstufe.»[27]

Im ‹Tagebuch› ordnet Itten dem materiell-impressiven Temperament das Quadrat und Rot zu. In der Formdarstellung neigen diese Menschen angeblich zu realistisch-genauer Darstellung. Dem spirituell-expressiven Temperament werden der Kreis und Blau zugeordnet. In der Formdarstellung sei ihre Darstellungsweise von Erkennen und Erlebnis charakterisiert. Dem intellektuell-konstruktiven Temperament entsprechen für Itten das Dreieck und Gelb. Diesem Temperament wird teilweise eine konstruktive Darstellung zugeordnet, teils wird sein Stil gleichgesetzt mit «Empfindung, Fühlen».[28]

Farb- und Formlehre sind also durch die Temperamentenlehre miteinander verzahnt. Aber auch Ittens *subjektive Farben* und *subjektive Formen* werden nach der Temperamentenlehre strukturiert. Schon seit seiner Wiener Zeit lehrte Itten, dass es nicht nur objektive Farb- und Formgesetze gebe, sondern dass jeder Mensch einen subjektiven Farbklang und subjektives Formverständnis habe. Itten ordnete im ‹Tagebuch› alle subjektiven Farben und Formen nach seiner Temperamentenlehre. So wie in der Mazdaznanlehre die anthropologischen und die individuellen Temperamente aufeinander bezogen sind, so verknüpfte Itten seine *objektive* dreiteilige Form- und Farbenlehre mit der *subjektiven* Formen- und Farblehre. Diese vielfältigen und im Grunde sehr einfachen Bezüge lassen sich im ‹Tagebuch› gut herausarbeiten, in Ittens Publikationen nach 1945 sind sie verdeckt zu erkennen.

In der ‹Kunst der Farbe› (1961) spricht er von den «drei Wirkungsmöglichkeiten der Farbe» und den «konstruktiven, expressiven und impressiven» Gesichtspunkten.[29] Die subjektiven Farben werden fünf Typen zugeordnet, von denen drei genau den Temperamenten «materiell», «seelisch» «geistig» entsprechen. In der Studienausgabe, herausgegeben von Anneliese Itten, fehlen die Porträtfotos der drei beziehungsweise fünf subjektiven Farbtypen, so dass hier die Argumentation an Kraft verliert.

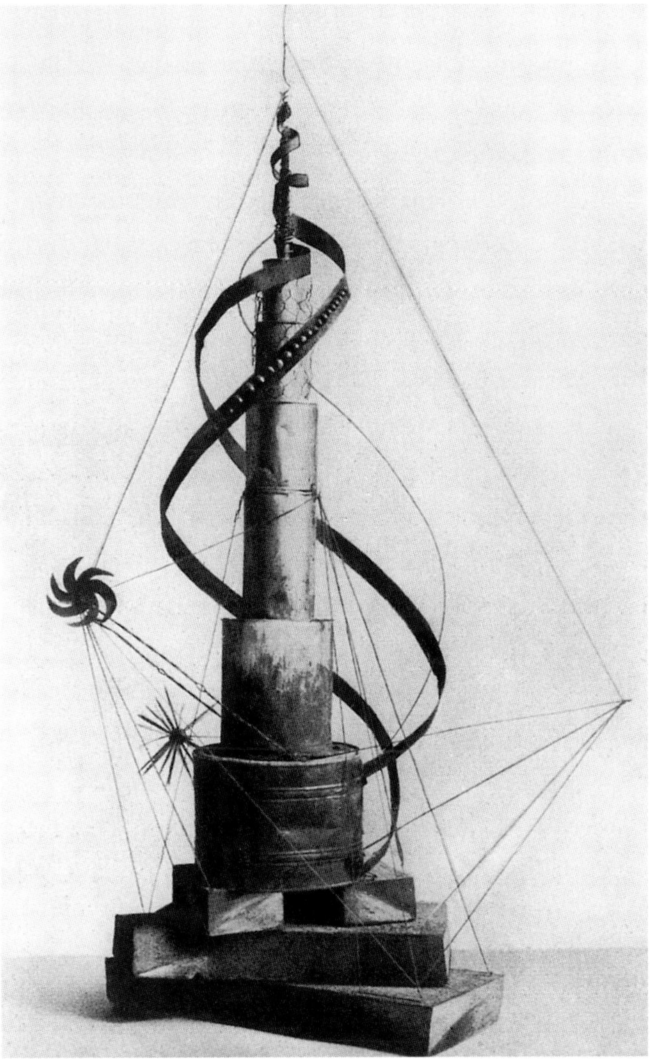

Nicol Wassiljeff: *Turmskizze* aus dem Vorkurs von Johannes Itten. Um 1921

Zu Recht betont die bisherige Itten-Literatur *Ganzheit* als wichtiges pädagogisches Leitziel.[30] Es bleibt auch unbestreitbar, dass *Harmonie* oder *Ordnung* als Übereinstimmung zwischen Individuum und Kosmos schon für Itten in seiner Wiener Zeit zum gleichermassen künstlerischen wie menschlichen Ziel gehörten. Nach seinem Übertritt zur Mazdaznanlehre definierte Itten *Ganzheit* und *Harmonie* aus dieser Warte. Beide Ziele werden durch die Vereinigung und gleichmässige Schulung der drei Temperamente erreicht. Itten schrieb 1938: «Die harmonisch-gleichwertige Ausbildung der drei Vermögen – Denken, Fühlen, Handeln – muss erste und grundlegende Forderung aller Erziehung sein.»[31] Erst die gleichmässige Ausbildung der drei Temperamente ermöglicht höchstes künstlerisches Schöpfertum. Diese Totalität sprach Itten beispielsweise in der Kunst der Farbe an. Es gebe selten universelle Maler, «denn diese Maler müssen in ihrem subjektiven Farbklang den ganzen Farbkreis haben, was sehr selten vorkommt. Ausserdem müssen sie eine hohe Intelligenz besitzen, die ihnen erlaubt, in eine umfassende Weltanschauung Einblick zu haben».[32] Zu diesen Berufenen zählte für Itten Mathias Grünewald, aber auch der Meister des Kölner Pardiesgärtleins. Ob Itten sich selbst dazu zählte, mag der kritische Leser für sich entscheiden. Hier liegt der Ansatzpunkt für den von Till Neu für die Itten-Pädagogik herausgearbeiteten Elite-Begriff, den die spätere Forschung nicht weiterverfolgte.[33] Das polare Denken, die zahlreichen Kontrastaufgaben, geraten für Itten nicht in Widerspruch zu dieser dreistufigen Temperamentenlehre, da sie dieser sozusagen untergeordnet sind.

Auch Itten hätte einen Platz in der Anthologie ‹Okkultismus und Avantgarde› verdient, in der dargestellt wurde, mit welchen esoterischen Lehren sich die bedeutenden Köpfe der modernen Kunst im 20. Jahrhundert auseinandersetzten und wie sie diese in ihre Theoriebildung und Malerei integrierten.[34] So entwickelte Kandinsky den Begriff des *Geistigen* in Anlehnung an theosophische und anthroposophische Schriften Rudolf Steiners, Annie Besants, Charles Leadbeater und anderer. Einige dieser Bücher kannte auch Itten, und selbstverständlich hatte er auch Kandinskys 1911 erschienenes Buch ‹Über das Geistige in der Kunst› studiert. Viele Überschneidungen sind also kein Zufall, sondern beruhen darauf, dass die Avantgardemaler dieselben Bücher studierten.

Auch Oskar Schlemmer, Georg Muche und sogar László Moholy-Nagy hatten sich mit der Mazdaznanlehre beschäftigt und sie teilweise sogar praktiziert. Schlemmer stand ihr zur Bauhauszeit schon wieder ablehnend gegenüber; Muche konvertierte 1922, was ihn nicht hinderte, mit Itten enge Freundschaft zu pflegen und auch an dessen Berliner Kunstschule zu unterrichten und Atemübungen zu leiten. Für Moholy scheint sie in keiner Beziehung zu seiner Kunst gestanden zu haben.

Itten folgte einem anderen Weg: Es muss detaillierter Untersuchung vorbehalten bleiben, wie Itten fast das gesamte künstlerische Inventar und die theoretischen Begriffe, die er sich bis 1920 erarbeitet hatte, nicht aufgab, sondern einer neuen umfassenden Ausdeutung im Sinne der Mazdaznanlehre unterzog. Die sinn- und systemstiftende Funktion, die Mazdaznan für Ittens Kunst, Theorie, Pädagogik und Leben gewonnen hatte, bestätigte dieser in einem Brief an E. Steneberg: «Meine Arbeit am Bauhaus in Weimar war bis 1922 völlig intuitiver Art. Aber ich fand dann in der Mazdaznanlehre von Dr. O.Z. Hanish eine volle Bestätigung, Erweiterung und Begründung in einer klaren Formulierung.»[35] Noch 1965 empfahl Itten in einer Rede: «Methodisch könnte aus meinem Unterricht sicher einiges, besonders die Temperamentenlehre, verwendet werden, um die Begabungen ausfindig zu machen.»[36]

Pragmatismus und Erbe

In dieser zugegebenermassen aufs idealtypische verkürzten Konzentration scheint die Ittensche Pädagogik keinen Raum für Individualität und Entfaltung zu lassen, da für jede Eventualität ja schon eine Erklärung aus der Temperamentenlehre bereitstand. Da aber diese Fundierung der Ittenschen Pädagogik bisher zu wenig herausgestellt worden ist, musste es hier in erster Linie darum gehen, ihre geheime Lesart herauszuarbeiten.[37]

Es sollte nun in einem zweiten Anlauf darum gehen, anzudeuten, worin die spezifischen Leistungen und Erfolge der Ittenschen Pädagogik bestanden haben, kurzum, nach ihrer Leistungsfähigkeit und Bedeutung jenseits oder trotz der ihr immanenten *Philosophie* zu fragen.

Eine bislang vernachlässigte Konstante der Ittenschen Pädagogik ist das Bild des Gärtners. «Denn der Lehrer ist nur wie ein Gärtner, und die Menschen wachsen aus sich selbst wie die Pflanzen und die Tiere.»[38] Dieses pädagogische Bekenntnis zur Toleranz findet sich schon in der Wiener Zeit und auch in Ittens späten Schriften. Es ist ein Erbteil der reformpädagogischen Ausbildung und Erfahrung und sicherte offensichtlich dem Einzelnen einen Entfaltungsspielraum, in dem die Ittenschen Aufgabenstellungen fördernd wirkten.

Für die Lehrpraxis hatte Itten sich schon in der Wiener Unterrichtszeit ein reiches Instrumentarium an Übungsaufgaben erarbeitet, das er in den folgenden Jahrzehnten je nach Schultyp gewichtete. In der Bauhauszeit lag der Schwerpunkt auf Materiestudien, und für den Unterricht an der Krefelder Flächenkunstschule (1932–1938) führte er Entwerfen nach fotografischen Vorlagen ein.

1938 schlug Itten noch 7 *Grundlehren* vor: *Natur, Formenlehre, Proportionslehre, Farblehre, Strukturlehre, Kontrastlehre, Kompositionslehre, technische Darstellungsmittel.* Sie alle müssten impressiv, expressiv und konstruktiv durchgearbeitet werden.[39]

Boris Kleint, ein Schüler Ittens aus der Berliner Zeit, nannte als eines der Geheimnisse von

Ittens Erfolg: «Itten hatte erkannt, dass die Elemente des Bildens einzeln und nacheinander studiert werden müssen, nicht zusammen und gleichzeitig, selbst wenn die Wiedervereinigung neue Probleme aufwerfen sollte. Folgerichtig lehrte er das Studium der Helligkeit ohne Farbe, der Farbe ohne Form, der Form ohne Komposition.»[40] Eine solche Entnahme einzelner Teile hatte Boris Kleint selbst praktiziert, als er die Ittenschen Aufgaben für seinen Unterricht in Saarbrücken übernahm.[41] Dieser Prozess, dass der Lehre einzelne Teile entnommen wurden, hatte genaugenommen schon am Bauhaus begonnen. In der ersten grossen Bauhauspublikation 1923 wurden Aufgaben aus dem Ittenschen Vorkurs publiziert, ohne dass der Gesamtzusammenhang des Unterrichts dargestellt wurde.

Josef Albers und László Moholy-Nagy, Ittens Nachfolger am Bauhaus, übernahmen einzelne Aufgabenstellungen. In Moholys Unterricht etwa finden sich Tast- und Strukturübungen sowie Gleichgewichtsstudien. Diese waren aber in ein schlüssiges System integriert, das wesentlich auf Aktivierung der Sinnestätigkeit im Geiste des Musikpädagogen Heinrich Jacoby zielte.

Josef Albers übernahm das gegenständliche Zeichnen, Kontrastübungen und Materiestudien, setzte dies aber in das Spannungsfeld Phantasie–Rationalität. Die Zahlen, die Albers seine Schüler schreiben liess, standen in der Tradition der Itten/Hölzel-Übungen, die die Hand geschmeidig machen sollten.

Georg Muche hat diesen Prozess im Bild eines Schachspiels beschrieben: «Itten spielte mit allen Figuren in grossen Zügen und phantasievoll. Moholy-Nagy vereinfachte die Regeln und liess die Springer aus dem Spiel, als er den Vorkurs übernahm. Später, als sein Nachfolger, machte Josef Albers daraus ein Brettspiel, in dem nur geradlinige Züge Geltung hatten.»[42]

Solcher bilderreichen Vorwürfe zum Trotz: Durch Albers' und Moholys jahrelangen erfolgreichen Unterricht in den USA wurden die Vorkursmethoden in den USA bekannt, weniger allerdings der Name Ittens. Ittens pädagogischer Ansatz, den ganzen Menschen auszubilden, fand in den USA keinen Boden. Auch seine Farblehre konnte sich hier nicht durchsetzen. Es war die von Josef Albers entwickelte ‹Interaction of Colour›, die seit ihrem Erscheinen 1963 alle nachfolgenden Generationen beeinflusste.[43] Während Ittens Farblehre letztendlich ein System bleibt, verstand Albers Farbe von der Empirie her. Dieses Farbverständnis ist heute vorherrschend.

Itten selbst wirkte nach 1945 nicht nur durch seine unmittelbare Lehrtätigkeit in Zürich, sondern auch als Vortragsredner, als ausstellender Künstler und als Publizist. Doch trotz seiner ganzheitlichen Ansätze scheint es so, dass es immer nur Teile waren, die von anderen Lehrern übernommen worden. Viele Vorkurslehrer der fünfziger und sechziger Jahre an deutschen Hochschulen – in Berlin etwa Georg Neidenberger – hatten am Bauhaus den Vorkurs von Josef Albers erfahren und integrierten darin einzelne Aufgaben aus Ittens pädagogischer Praxis. Dazu gehörte etwa die Aufgabe, die vier Jahreszeiten in Quadratform farbig zu differenzieren. Selbst Lehrer, die sich definitiv zu Itten als Vorbild bekannten, wie etwa Kurt Schwerdtfeger, übernahmen nur in Ansätzen seine Temperamentenlehre und erkannten niemals deren okkulte Dimension.[44]

Tatsächlich *bekennt* sich Itten in seinen Schriften niemals direkt zur Mazdaznanlehre.[45] Im ‹Tagebuch› finden sich allerdings entsprechende Literaturhinweise. Tatsache bleibt auch, dass die Temperamentenlehre in scheinbar allgemeingültiger Formulierung auftrat. Die Einteilung ist in etwa deckungsgleich mit der Dreiteilung des Menschen in *Körper–Seele–Geist* oder findet sich wieder in der Forderung nach Ausbildung der *Sinnes-Denk-und Seelentätigkeit.*[46] Auch *Denken–Fühlen–Handeln* können in dieser Richtung verstanden werden. Itten selbst zitiert die Kretschmersche Typenlehre und empfiehlt zusätzlich das Studium phrenologischer Werke. In der Rezeption, so scheint es, wurde Ittens Lehre entideologisiert und wie ein Steinbruch benutzt.

Jenseits von Itten – Benetton und Neue Typenlehre

Die Entideologisierung in der Praxis, die Vielfalt der zur Verfügung stehenden Aufgaben, die Lernerfolge, durch *Vereinzelung der Aufgabenstellung* wie von Kleint beschrieben, waren sicher auch für die Kontinuität einer Vorlehre im Sinne Ittens an der Zürcher Kunstgewerbeschule nach dessen Ausscheiden 1954 massgeblich.[47] Hier hatte Itten 1938 die Direktion übernommen und die Vorbereitungsklassen im Sinne des Vorkurses reformiert. So kommt es, dass einer der umstrittensten, aber sicher auch bedeutendsten Werbefotografen, Oliviero Toscani, hier im Geiste Ittens ausgebildet wurde.

Sein Lehrer Walter Binder erinnerte ihn an die Grundkursaufgaben des ersten Semesters, «Oberflächen als Tonwerte – Formen – Strukturen» mit der Kamera festzuhalten und zu ordnen, von «dunkel zu hell», von «klein zu gross», von «fein zu grob». Es galt, fotografische Übungsstücke in eine «Tonwert-Strukturskala einzupegeln», um so «Materialwiedergabe, Farbe und Form fotografisch zu erleben».[48]

Der Lehrer Walter Binder hatte Ittens Aufgabenstellungen für die fotografische Ausbildung spezifiziert. Das Arbeiten mit Kontrasten erkennen wir als wesentliches Bauprinzip in vielen der Anzeigenmotive Toscanis für Benetton wieder: Schwarzer und Weisser, Schaf und Wolf, Nonne und Priester. Manchmal sind mehrere Kontraste gleichzeitig verarbeitet: Grosse schwarze Hand – kleine weisse Hand; Schwarzes Kind als Engel – weisses Kind als Teufel etc. Gleichzeitig sind die angeblichen Kontraste inhaltlich provokativ verfremdet: Der Schwarze ist eben nicht der Böse, der Weisse nicht automatisch der Gute. Wir erkennen nicht, wer *böse* und wer *gut* ist, wenn wir das Foto sehen, auf dem eine weisse und eine schwarze Hand mit Handschellen verbunden sind.

Hier erwies sich erneut, welch kreatives Potential die Ittenschen Aufgabenstellungen zu differenzierender Wahrnehmung und zur Kontrastlehre wecken können. Dennoch verliert Ittens Pädagogik insgesamt an Einfluss und Überzeugungskraft. Für den Schweizer Kunstpädagogen Peter Jenny zeigt Itten mit seinem Ansatz bei Grundfarben und Grundformen «mehr von einer selbst auferlegten Beschränkung als von einer umfassenden Grammatik der Gestaltung».[49] Ähnlich wie Albers die Farbenlehre von einer schematisch-weltanschaulichen Theorie in die unendliche Empirie öffnete, versucht Jenny, Wahrnehmung zu schulen. «Die Kunst der Wahrnehmung wird zum zentralen Anliegen in der Lehre. Damit wird der Wahrnehmungsvorgang gestaltungsnotwendig.»[50]

Oliviero Toscani (*1942); Photographie für die Werbekampagne der Firma Benetton. 1990/91 (links) und 1991/92 (rechts).

Wesentliche Prämissen der Ittenschen Pädagogik sind heute überholt. Die Temperamentenlehre, die noch in den zwanziger Jahren in Deutschland einen Aufschwung erlebte, gilt heute als wissenschaftlich nicht mehr haltbar. Dies gilt auch für Vertreter von Typen- oder Konstitutionslehren wie Kretschmer, die Itten im ‹Tagebuch› 1930 zitiert. Dass die harmonische Persönlichkeit nur durch eine Art kompensatorischer Schulung sekundärer Begabung erreicht werden könne, wird heute niemand mehr vertreten. Und den Glauben an *objektive Gesetze der Farb- und Formgestaltung* teilt heute kein Künstler oder Kunsttheoretiker mehr.[51]

Auf der Ebene des durchschnittlichen Verbrauchers existiert gleichwohl ein normatives Verständnis von Kunst. Hier möchte man geregelt wissen, was gut und schön ist. So kam es, dass Farbberater deutschen ‹Brigitte›-Leserinnen ebenso wie vielen Amerikanerinnen Lebenshilfe auf der Basis der Ittenschen Farbenlehre versprachen. Demzufolge habe Itten gelehrt, dass jeder Mensch ein Frühling-, Sommer-, Herbst- oder Wintertyp sei und eine dementsprechende Farbpalette habe. Durch Tests mit farbigen Tüchern könne man dies erkennen und dann durch richtige Farbwahl positiv Selbstbild und Fremdbild beeinflussen.[52]

Hier verschmolz auf noch nicht ganz geklärte Weise die Grundlehre Übung von der charakterisierende Darstellung der vier Jahreszeiten in Farbquadraten mit der Ittenschen Temperamentenlehre, in der es aber nur drei Haupttemperamente gab. In verfälschter Form leben hier Ittens normative Ansätze fort.

In den letzten Jahren sind zunehmend die Konzepte moderner Künstler in ihrer ideologischen Konstruktion entschlüsselt worden. Von der Postmoderne aus begreifen wir die *Epoche der Moderne*, so ein jüngsten Ausstellungstitel, als abgeschlossenes Projekt. Aus dieser Perspektive kann Ittens Pädagogik keine Fortsetzung finden, sondern nur noch historischer Gegenstand sein. Ihre Wirkungsgeschichte aber gehört zu den faszinierenden Kapiteln unserer visuellen Kultur.

Literatur

Johannes Itten, *Kunst der Farbe. Subjektives Erleben und objektives Erkennen als Weg zur Kunst,* Ravensburg, Otto Maier, 1961

Seit 1970 gibt es eine von Anneliese Itten bearbeitete und gekürzte Studienausgabe *Die Kunst der Farbe.* Johannes Itten, *Kunst der Farbe. Gekürzte Studienausgabe*

Johannes Itten, *Gestaltungs- und Formenlehre,* Ravensburg, Otto Maier 1975

Johannes Itten, *Werke und Schriften,* hg. von Willy Rotzler, 1978, Zürich, Orell Füssli, ²1978

Johannes Itten, *Tagebücher. Stuttgart 1913–1916 Wien 1916–1919,* hg. von Eva Badura-Triska, Wien, Löcker, 1990

Das frühe Bauhaus und Johannes Itten, Ausstellungskatalog Berlin, Weimar, Bern, 1994/95, Ostfildern-Ruit, Gerd Hatje, 1994

Johannes Itten, *Bildanalysen,* hg. von Rainer Wick in Zusammenarbeit mit Anneliese Itten, Ravensburg, Otto Maier 1988

Johannes Itten, *Elemente der bildenden Kunst. Studienausgabe des Tagebuchs,* mit einem Vorwort und einem Kommentar von Peter Schmitt, Ravensburg, Otto Maier 1980

Rainer Wick, *Bauhauspädagogik,* Köln, DuMont, ⁴1994

Till Neu, *Von der Gestaltungslehre zu den Grundlagen der Gestaltung. Von Ittens Vorkurs am Bauhaus zu wissenschaftsorientierten Grundlagenstudien. Eine Lehr- und wahrnehmungstheoretische Analyse,* Ravensburg, Otto Maier 1978

1 Johannes Itten, *Kunst der Farbe. Subjektives Erleben und objektives Erkennen als Weg zur Kunst,* Ravensburg, Otto Maier, 1961; Kurztitel *Farbe 1961.* Das Buch ist heute noch in dieser von Itten besorgten Form lieferbar. Seit 1970 gibt es eine von Anneliese Itten bearbeitete und gekürzte Studienausgabe: Johannes Itten, *Kunst der Farbe. Gekürzte Studienausgabe.*
Gleichzeitig ist erhältlich: Johannes Itten, *Arbeitsmaterial zur Farbenlehre Johannes Itten,* 160 Farbbögen sowie Dia-Reihe zur Farbenlehre.
Johannes Itten, *Mein Vorkurs am Bauhaus. Gestaltungs- und Formenlehre,* Ravensburg, Otto Maier, 1963; Kurztitel *Mein Vorkurs 1963.* Dieses Buch ist heute nur noch in der von Anneliese Itten bearbeiteten Studienausgabe lieferbar: Johannes Itten, *Gestaltungs- und Formenlehre,* Ravensburg, Otto Maier 1975.
Ich danke Herrn Rudolf Göggerle, Ravensburger Buchverlag, für Angaben über Auflagenhöhe und fremdsprachige Ausgaben des Itten-Sortiments.

2 *Mein Vorkurs 1963,* S. 183.

3 *Farbe 1961,* S. 7.

4 Die Rekonstruktion leitete Michael Siebenbrodt, Kunstsammlungen zu Weimar.

5 Johannes Itten, *Werke und Schriften,* hg. von Willy Rotzler, Zürich, Orell Füssli, ²1978; Kurztitel *Werke und Schriften.*

6 Johannes Itten, *Tagebücher. Stuttgart 1913–1916, Wien 1916–1919,* hg. von Eva Badura-Triska, 2 Bde., Wien, Löcker, 1990; Kurztitel *Triska-Tagebücher.*

7 Eva Badura-Triska, «Zu Ittens Wiener Jahren 1916–1919», in: *Johannes Itten. Künstler und Lehrer,* Ausstellungskatalog Bern, Krefeld, Stuttgart 1984/85, S. 69–83, hier S. 71; Kurztitel *Künstler und Lehrer.*

8 Chr. Louis Herre, *Die Seele der gotischen Kathedralbaukunst,* Freiburg i. Br. 1918. Das Buch befindet sich heute im Bauhaus-Archiv Berlin und stammt aus dem Besitz von Johannes Itten und Georg Muche.

9 *Mein Vorkurs 1963,* S. 9.

10 *Mein Vorkurs 1963,* S. 14–15.

11 Vgl. allgemein: *Johannes Itten und das frühe Bauhaus,* Ausstellungskatalog Berlin, Weimar, Bern, 1994/95; Buchausgabe: *Das frühe Bauhaus und Johannes Itten,* Ostfildern-Ruit, Verlag Gerd Hatje 1994; Kurztitel *Frühes Bauhaus.*

12 Eva Badura-Triska und Dieter Bogner, «Itten am Bauhaus 1919–1923», in: *Ausstellungskatalog Johannes Itten. Meine Symbole, meine Mythologien werden die Formen und Farben sein,* Wien, Zürich 1988, S. 87.

13 Kopie eines Briefes von Johannes Itten an den Verlag des Bauhaus-Buches von H.M. Wingler, 1962, Bauhaus-Archiv Berlin.

14 Vgl. *Triska-Tagebücher,* Bd. II, S. 25 f. und auch Karin von Maur, «Es wuchs ein Kristall. Johannes Itten in Stuttgart 1913–1916», in: *Künstler und Lehrer,* S. 55–65.

15 Vgl. Anm. 12, S. 87.

16 Vgl. *Werke und Schriften,* S. 401.

17 Kopie im Bauhaus-Archiv Berlin.

18 Zur Verbindung von Rassen- und Temperamentenlehre siehe: Dr. O.Z. Hanish, *Mazdaznan-Rassenlehre,* Leipzig 1933. Ähnliche Gedanken vertrat Itten schon früher im sog. 1. Weimarer Vortrag, vgl. *Frühes Bauhaus,* S. 446.

19 Detaillierte Ausführung der Temperamentenlehre in: Dr. O.Z. Hanisch, *Selbstdiagnostik,* Leipzig 1933, und auch in: *Worte des Meisters Dr. O.Z. Hanisch in den Jahren 1911, 1923, 1924 in Berlin,* Berlin 1924.

20 Wolfgang R. Krabbe, *Gesellschaftsveränderung durch Lebensreform,* Göttingen, Vandenhoeck & Ruprecht, 1974, S. 75 f.

21 *Krabbe* S. 76.

22 Sehr gut nachvollziehbar in: Johannes Itten, *Bildanalysen,* hg. von Rainer Wick in Zusammenarbeit mit Anneliese Itten, Ravensburg, Otto Maier, 1988, S. 102 ff.; Kurztitel *Bildanalysen.*

23 *Bildanalysen,* S. 107 f.

24 *Werke und Schriften,* S. 244.

25 Johannes Itten, *Tagebuch. Beiträge zu einem Kontrapunkt der bildenden Kunst,* Berlin 1930, S. 104; Kurztitel *Tagebuch 1930.* Von diesem Tagebuch erschien 1980 eine Studienausgabe: Johannes Itten, *Elemente der bildenden Kunst. Studienausgabe des Tagebuchs,* mit einem Vorwort und einem Kommentar von Peter Schmitt, Ravensburg, Otto Maier,1980. Hier fehlen jedoch die Seiten über die damalige Farbenlehre; Kurztitel *Tagebuch 1980.* Zitat: *Tagebuch 1930,* S. 104.

26 Oskar Schlemmer, *Idealist der Form. Briefe, Tagebücher, Schriften 1912–1943,* hg. von Andreas Hüneke, Leipzig, Reclam, 1989.

27 *Tagebuch 1930,* S. 104.

28 *Tagebuch 1930,* S. 88.

29 *Kunst der Farbe 1961,* S. 16.

30 Vgl. die zahlreichen Arbeiten von Rainer Wick, insbesondere *Bauhauspädagogik,* Köln, DuMont, ⁴1994; Kurztitel *Bauhauspädagogik.*

31 *Werke und Schriften,* S. 242.

32 *Farbe 1961,* S. 30.

33 Till Neu, *Von der Gestaltungslehre zu den Grundlagen der Gestaltung.* Ravensburg, Otto Maier, 1978, S. 44; Kurztitel *Till Neu.*

34 *Okkultismus und Avantgarde. Von Munch bis Mondrian. 1900–1915,* Ausstellungskatalog Kunsthalle Schirn, Frankfurt 1995.

35 Brief Johannes Ittens an E. Steneberg vom 14.6.1965 (Bauhaus-Archiv Berlin). Es heisst weiter in diesem Brief: «Im tiefsten Grunde suchte ich am Bauhaus in Weimar nach einer unumstösslichen Lebensgrundlage, und ich verstehe sehr gut, dass dieses Suchen nicht an einem staatlichen Institut geschehen konnte. Allerdings hätte ein Kandinsky meine Absichten begreifen dürfen [...]. Ich selbst war noch nicht im Besitz der Schlüssel zum Verständnis dessen, was mit mir geschah.»

36 *Werke und Schriften,* S. 285.

37 Vgl. *Till Neu* (Anm. 33).

38 *Werke und Schriften,* S. 246.

39 *Werke und Schriften,* S. 244.

40 *Johannes Itten gesehen von Freunden und Schülern,* o.O., o.J., S. 26, Privatdruck Ravensburg 1961; Kurztitel *Freunde.*

41 Dazu *Till Neu* (Anm. 33), S. 75 ff.

42 *Freunde* (Anm. 40), S. 15.

43 Josef Albers, *Interaction of Colour. Grundlegung einer Didaktik des Sehens,* Köln, DuMont Schauberg, 1970.

44 Kurt Schwerdtfeger, *Bildende Kunst und Schule,* Hannover / Darmstadt, Schroedel Verlag, 1953.

45 *Tagebuch 1980,* S. 162, Anm. 52.

46 *Werke und Schriften,* S. 241.

47 *Gründung und Entwicklung 1878–1978. 100 Jahre Kunstgewerbeschule der Stadt Zürich. Schule für Gestaltung.* Ausstellungskatalog Kunstgewerbemuseum der Stadt Zürich, 1978.

48 Alle Zitate aus: Walter Binder, «Erinnerst Du Dich – Oliviero», in: *Benetton par Toscani,* Musée d'Art Contemporain, Pully/Lausanne, S. 28–32, hier S. 28.

49 Peter Jenny, *Das Wort, das Spiel, das Bild. Unterrichtsmethoden für die Gestaltung von Wahrnehmungsprozessen,* Hochschulverlag AG an der ETH Zürich, S. 12.

50 A.a.O., S. 17.

51 *Till Neu* (Anm. 33) sowie eine bei Wick (*Bauhauspädagogik,* Anm. 30) zitierte Stimme, S. 307.

52 Prospekte und Ausschnittmaterial aus verschiedensten Publikationen dazu im Bauhaus-Archiv Berlin.

Walter Binder

Vom Ei zur Welt

Hans Finslers Sachlichkeit und die engagierte Photographie seiner Schüler

Hans Finsler (1891–1972) gehört zur Elite der Photographen der «Neuen Sachlichkeit» im Deutschland der zwanziger Jahre. Als nach dem Rat Sigfried Giedions der Auslandschweizer 1932 von seinen «Werkstätten der Stadt Halle» nach Zürich an die Kunstgewerbeschule berufen wird, wartet auf ihn der Auftrag, die erste Ausbildungsklasse für Photographie in der Schweiz aufzubauen. Ganz im Geiste des Bauhauses und des Konstruktivismus begründet Finsler seine strenge, auf kühle Sachlichkeit ausgerichtete Lehre. Objektivität und systematische Analyse der aufzunehmenden Objekte sind zentrales und oberstes Gebot, Phantasie und Experiment sind eher zu meiden.

Der photographische Bildbericht, das Reportagebild, findet vor allem in den brillanten Bildbesprechungen Finslers seinen Platz, wo die grossartigen und berühmten Reportagen aus ‹LIFE›, ‹Picture Post›, ‹Paris Match› und anderen Zeitschriften sorgfältig studiert, analysiert und besprochen werden. Selber eigene Bildberichte zu gestalten gehört nur marginal zum Ausbildungsprogramm. Den jungen Studenten – vor allem in den Nachkriegsjahren, wo der Drang, sich mit der langsam sich wieder öffnenden Welt zu beschäftigen, immer stärker zunimmt – fällt dies äusserst schwer. Denn Finslers Programm ist in der Welt der Dinge angesiedelt, die Motivwelt seiner Schulung sind die wohlgeformten Gegenstände, die Welt des «good design». Priorität haben Material und Strukturstudien. So wird zum Beispiel die Lichtführung am Objekt immer wieder am Ei durchexerziert, denn dessen eindeutige, doch vielfältige Formvariationen lassen keinerlei Ungenauigkeit zu. Die technische Perfektion und unzweifelhafte photographische Wiedergabe, die nichts dem Zufall überlässt, ist oberstes Ziel und untrügerischer Qualitätsmassstab. Die Sachphotographie ist das A und O der Finslerschule.

Diese Ausbildungsgrundlage, die Ästhetik der Form, steht später manchen ehemaligen Absolventen beim Festhalten eines Inhaltes im Wege. Das Formale beim Bildermachen schiebt sich als hemmendes Element im Bild zwischen das festzuhaltende Ereignis und das Erlebnis des Photographen. Spontaneität, Mitgefühl, Begeisterung sind blockiert, und dem Dokumentarischen fehlt es dann an Engagement, Eindringlichkeit und Nähe.

Doch Finslers Schule vermittelt dafür um so mehr Sicherheit. Die Qualitätsanforderungen an eine Photographie werden derart geschult, dass auch in der immer stärker einsetzenden Bilderflut lebenslänglich Massstäbe gesetzt sind. Dies wird vielleicht am deutlichsten spürbar bei jenen Absolventen, denen es später gelingt, die bei Finsler geschulte Sachästhetik in ihre persönliche Auffassung einfliessen zu lassen: bei Werner Bischof, Ernst Scheidegger und

Hans Finsler: *Brücke.* 1928

René Burri mit ihren engagierten Reportageaufnahmen, bei Emil Schulthess mit seinen abenteuerlichen Expeditionsbildern, bei Michael Wolgensingers spielerischen Sudioaufnahmen, bei René Groebli und Serge Libiszewskis photographischer Experimentierfreudigkeit oder bei den lebensnahen Dokumentaraufnahmen von Anita Niesz. Sie alle sind in Finslers strenger «Schule des Sehens» aufgewachsen, haben später ein jeder sein persönliches Engagement in einer grossen und weiten Welt von Ereignissen einsetzen und erfahren können.

Literatur

Hans Finsler, «Das Bild der Photographie», *du*, Kulturelle Monatsschrift, Zürich, 24. Jahrgang, März 1964
Hans Finsler, *Neue Wege der Photographie*, Herausgegeben im Auftrag der Staatlichen Galerie Moritzburg Halle von Klaus E. Göltz, Theo Immisch, Peter Romanus und Axel Wendelberger, Leipzig 1991

Hans Finsler: *Eier im Spiegel II.*
Vor Mai 1929

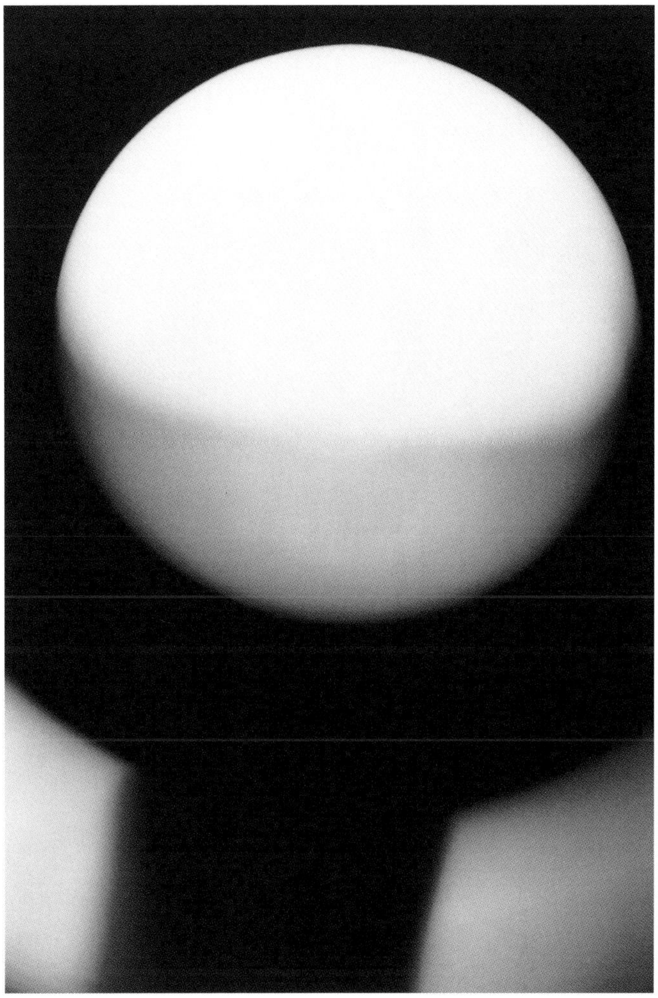

Hans Finsler: *Ei in Rotation.*
1958

Hans Finslers Schüler an der Photoklasse, Kunstgewerbeschule Zürich, 1932–1957

1932 – 1936	Werner Bischoff
1932	Emil Schulthess
1932 – 1934	Ernst Köhli
1933 – 1935	Michael Wolgensinger
1933 – 1936	Luzzi Herzog
1934 – 1935	Margrit Bösiger
1934 – 1936	Sissi Lang
1934 – 1935	Eva Kienzle
1934 – 1936	Doris Künzler
1934 – 1937	Georg Scheffer
1935 – 1938	Elinor von Gonzenbach
1935 – 1938	Max Bächtold
1935 – 1938	Hans Obrecht
1935 – 1939	Margrit Oertle
1036 – 1938	Bruno Heitz
1936 – 1939	Klaus Müller
1936 – 1939	Werner Nefflen
1937 – 1940	Max Buchmann
1937 – 1940	Margrit Schaich
1937 – 1940	Leni Thöni-Willimann
1937 – 1940	Victor Staub
1938	Max Dickenmann
1938 – 1941	Jakob Bräm
1939 – 1942	Lorez Denzler
1940 – 1943	Werner Haeberlein
1940 – 1943	Gudula Welti
1940 – 1943	Trudi Schriever
1940 – 1943	Ruth Dietrich
1940 – 1944	Christian Staub
1941 – 1944	Regula Finsler
1941 – 1944	Annemarie Rickenbach
1941 – 1945	Hans Schlapfer
1942 – 1945	Ernst Scheidegger
1942 – 1945	Rotraud Lehmann
1942 – 1945	Bernhard Moosbrugger
1943 – 1946	Ursula Staub
1943 – 1946	Jürg Klages
1943 – 1946	Ernst Schmutz
1943 – 1945	Emil Maurer
1943 – 1945	Bruno Bischofberger
1943	Armin Haab
1944 – 1947	Peter Trüeb
1944 – 1947	Susi Jaeger
1944 – 1947	Charlotte Türler
1945 – 1948	Anita Niesz
1945 – 1948	Ruth Goldstein
1945 – 1948	Francis Martin
1945 – 1948	Huguette Dolde
1946	René Groebli
1947 – 1950	Esther Gränacher
1947 – 1950	Margot Koch-Ruthe
1948 – 1952	Serge Libiszewski
1948 – 1951	Elliette Mc. Couch
1948 – 1949	Philippe Giegel
1948 – 1949	Joachim Fahrenkamp
1949	Fernand Rausser
1949	Heinz Vaterlaus
1949 – 1952	Walter Binder
1949 – 1952	Christian Manz
1949 – 1952	Ernst Hahn
1949 – 1952	Eva Salamanova
1949 – 1952	Lissi Funk
1950 – 1954	René Burri
1950 – 1953	Alfred Waldvogel
1950 – 1953	Zoe Binswanger
1950 – 1953	Manfred Bingler
1950 – 1953	Erika Gericke
1950 – 1953	Susi Kolb
1951 – 1954	Isabelle Wettstein
1951 – 1954	Verena Wieland
1951 – 1954	Michael Speich
1951 – 1954	Hans Hunziker
1952 – 1955	Doris Klötzer
1952 – 1955	Serge Stauffer
1952 – 1955	Franky Hermann
1952 – 1955	Leo Gamma
1953	Renate Meyer
1953	Willy Eberle
1953 – 1956	Edith Müller
1953 – 1956	Siegfried Zingg
1953 – 1956	Marina dello Strologo
1954 – 1957	Alexander von Steiger
1954 – 1957	Beni Truttmann
1954 – 1957	Marianne Mächler
1954 – 1957	Margret Bolliger
1954 – 1957	Lilly Süsstrunk
1954 – 1957	Jörn Maurer
1955 – 1958	Klaus Zaugg
1955 – 1958	Thomas Cugini
1955 – 1958	Paul Scherrer
1955 – 1958	Marianne Trümpler
1955 – 1958	Alexander Barbey
1956 – 1959	Laurence Martin
1956 – 1959	Barbara Wellershaus
1956 – 1959	Werner Erne
1956 – 1959	Kurt Staub
1956 – 1959	Jürg Ganz
1957 – 1960	Adolf Hüppi
1957 – 1960	Gaby Biedermann
1957 – 1960	Ulrich Kündig
1957 – 1960	Irene Stern
1957 – 1960	Marlene Gruber

Diese Angaben stützen sich auf Notizen und mündliche Überlieferungen von Hans Finsler. Nicht berücksichtigt sind Schüler, die eine Atelier-Berufslehre absolvierten und bei Hans Finsler den obligatorischen Berufskundeunterricht besuchten. Die Liste ist unvollständig und weist fehlerhafte Daten auf. Für Ergänzungen oder Änderungen dankt die Schweizerische Stiftung für die Photographie.

Schülerarbeiten der Photoklasse von Hans Finsler an der Kunstgewerbeschule Zürich. 1932–1957

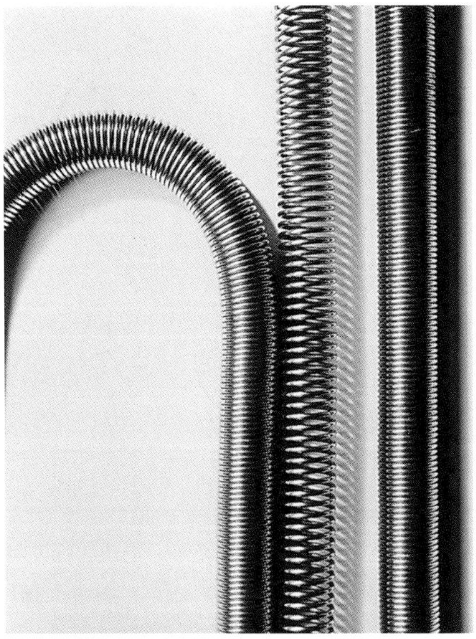

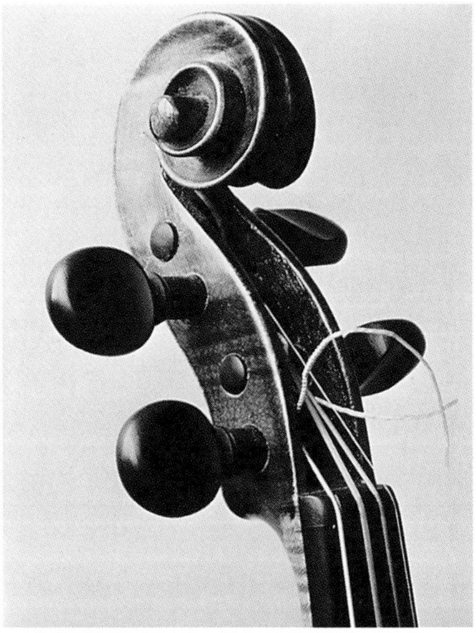

1932–1937

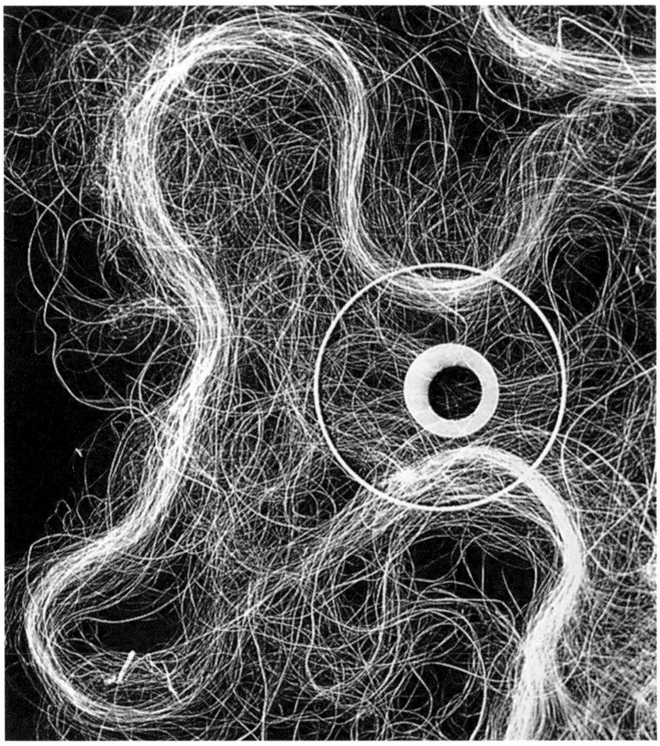

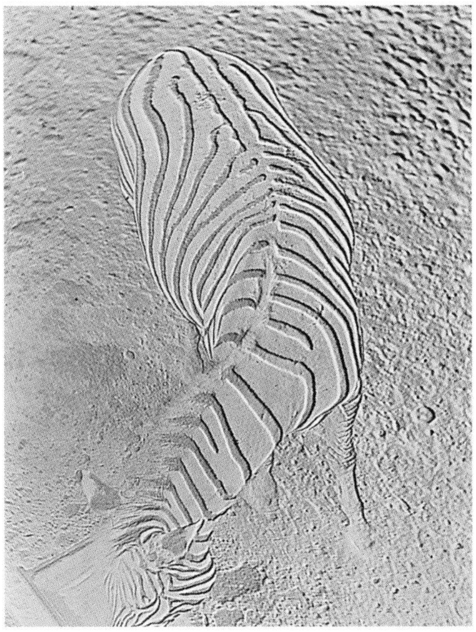

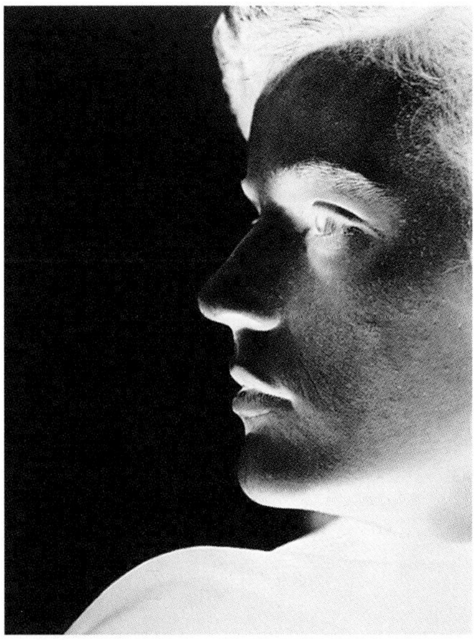

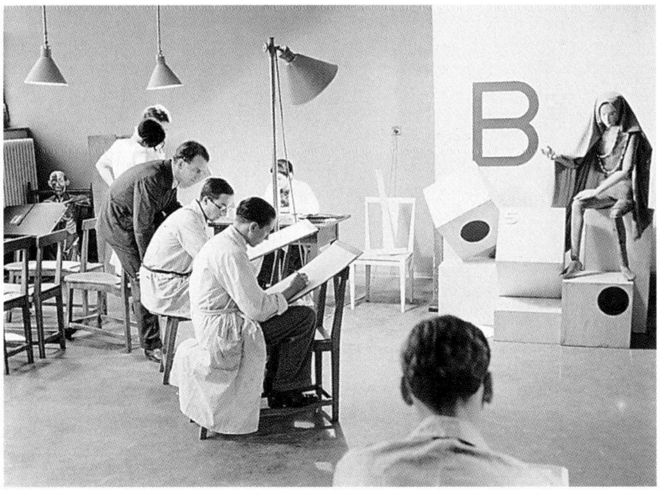

1938–1944

1945–1951

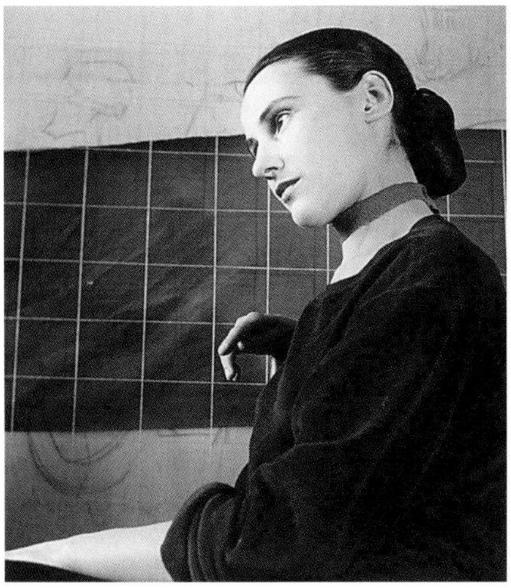

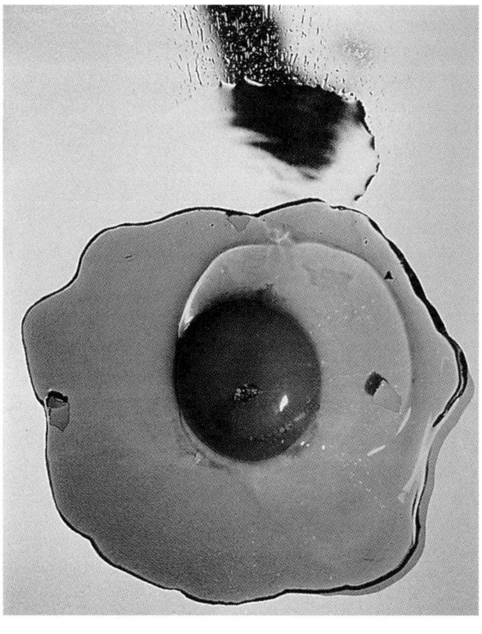

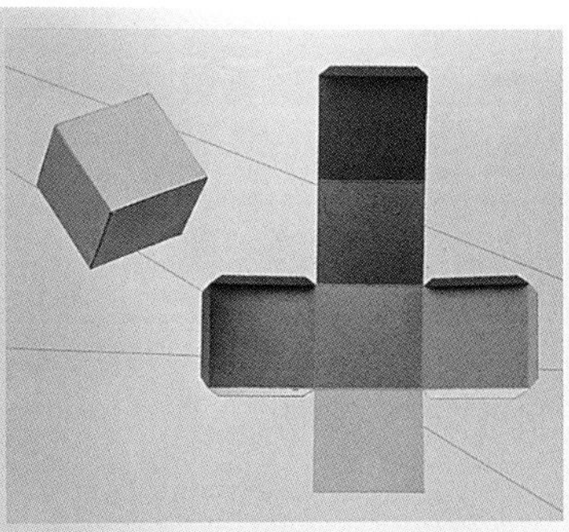

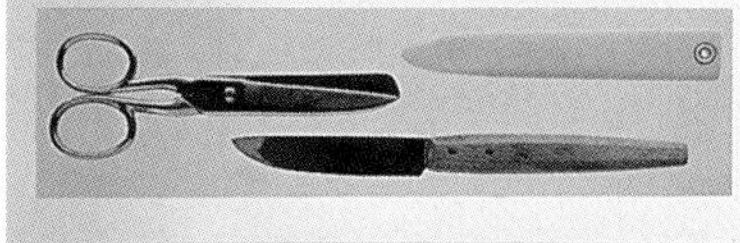

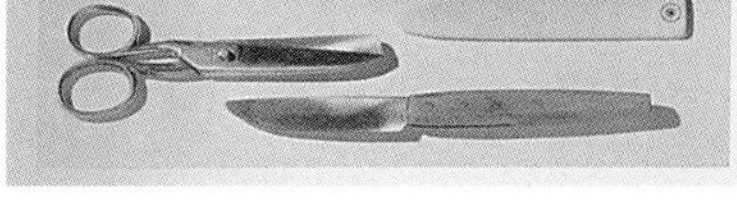

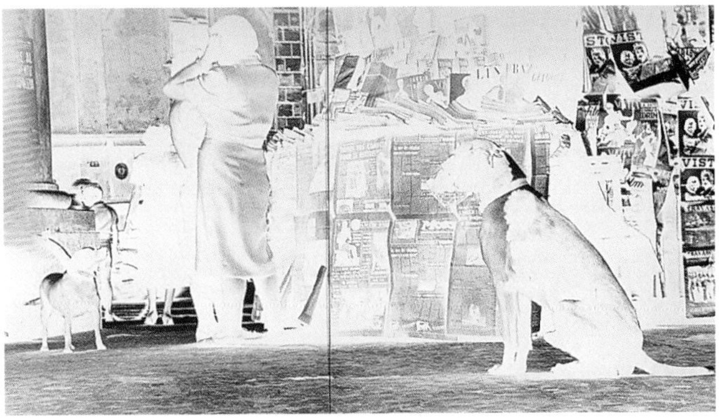

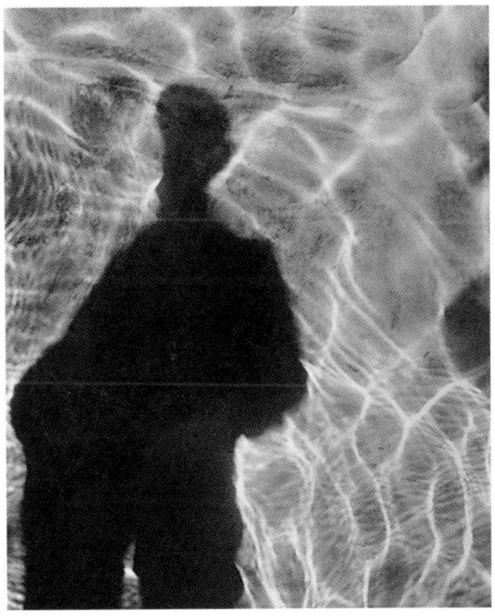

1952–1957

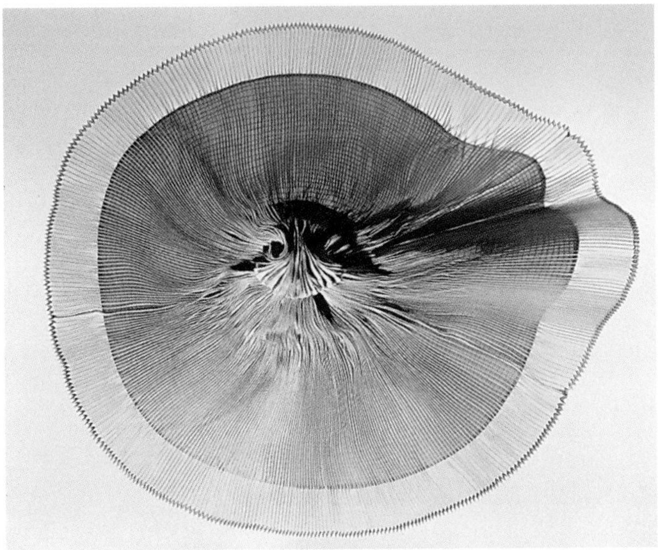

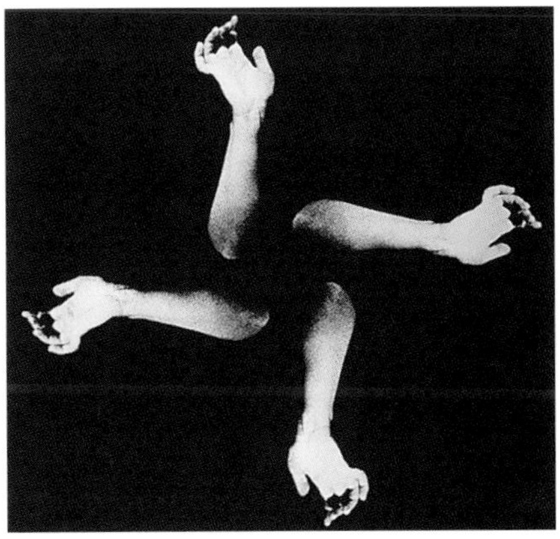

Werner Bischof (1916–1954):
Der japanische Kaiser Hirohito und seine Gemahlin bei ihrem Besuch in Hiroshima.
1951

Emil Schulthess (1913–1996): *Sonnenhalo in der Antarktis.* «Deep-Freeze-IV-Expedition». 1958

Michael Wolgensinger (1913–1990): *Unbelichtete Filmstreifen.* 1951

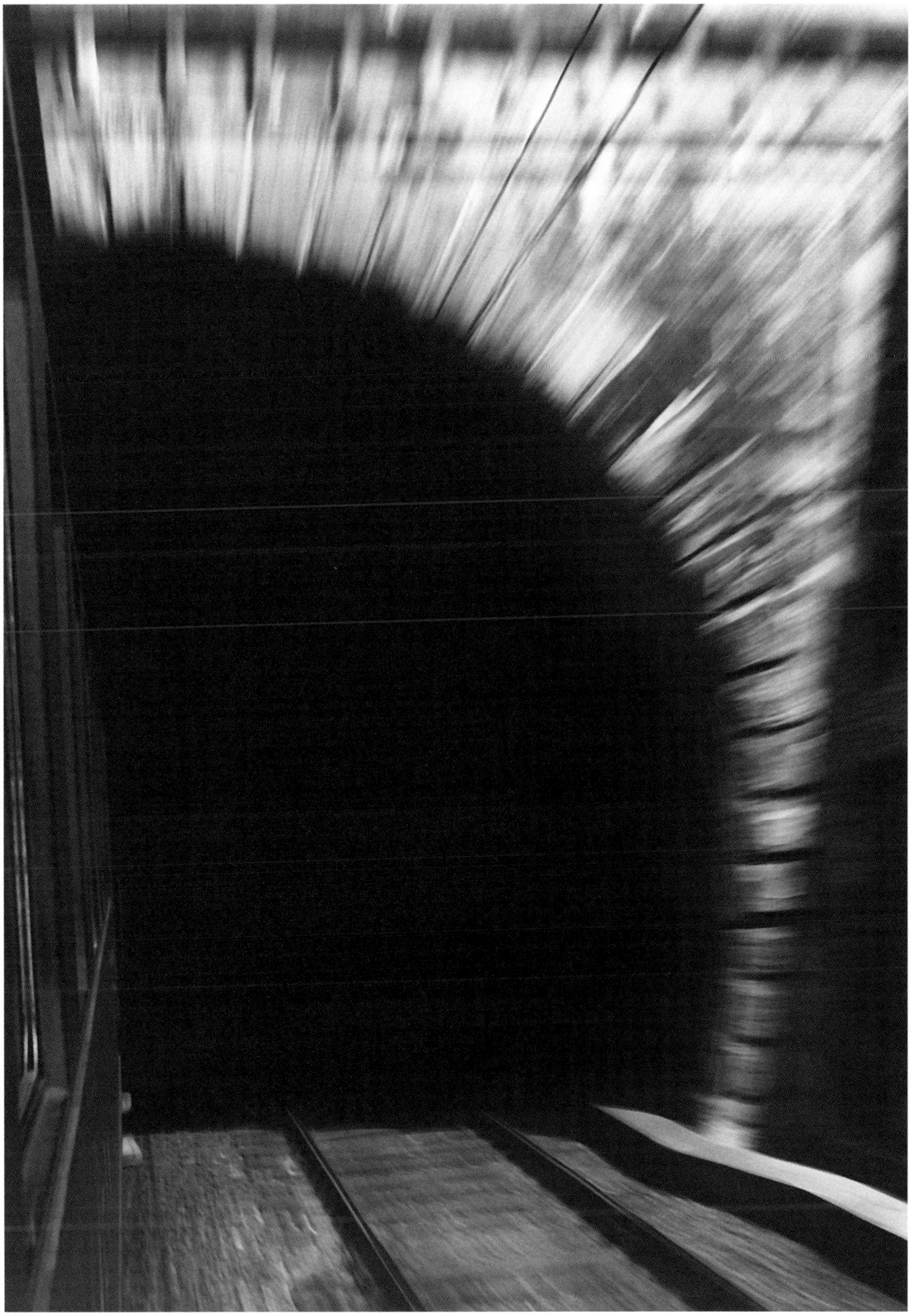

René Groebli (*1927):
Magie der Schiene. 1949

Ernst Scheidegger (*1923): *Sternwarte in Jaipur, Indien.* 1952/53

Anita Niesz (*1925): *In den Quartiers-bas von Troyes.* 1956

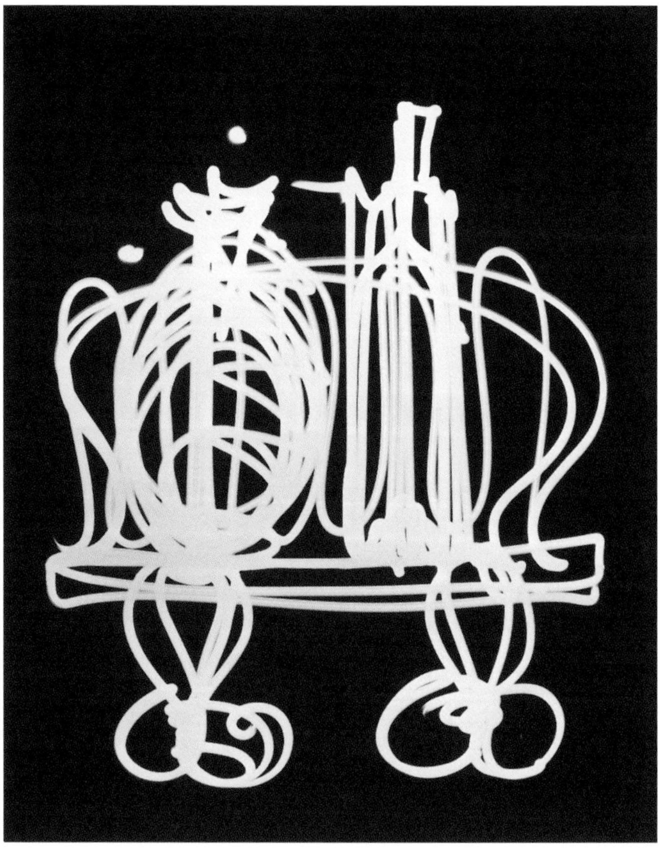

René Burri (*1933): *Che Guevara*, Havanna. 1963

Serge Libiszewski (*1930): *Lichtzeichnung*. 1950

Jean Starobinski

Diskrete Lektüre einer Korrespondenz

Strawinsky und Ansermet im Gespräch

Als Ansermet den um ein Jahr älteren Strawinsky kennenlernt, steht er erst am Anfang seiner Tätigkeit als Berufsmusiker – aber mit welcher Leidenschaft und Ungeduld! Er dirigiert ziemlich mittelmässige Orchester und hat keine genauen Vorstellungen von seiner Laufbahn.[1] Er sieht sich als Komponist und weiss noch nichts vom Weg, den er schliesslich einschlagen wird. Die Begegnung mit Igor Strawinsky wird dazu beitragen, seine Persönlichkeit zu festigen. Durch die Freundschaft mit dem bedeutendsten Komponisten der neuen Generation entdeckt er seine Berufung als Mitstreiter der musikalischen Avantgarde und trägt zu den Experimenten und Erfolgen einer neuen Kompositionsweise bei. Angesichts der Anerkennung, die er als Orchesterleiter findet, gibt er das Komponieren auf, auch wenn er diesen Verzicht gelegentlich bedauert. Strawinskys Ermutigung und Fürsprache haben seine Laufbahn massgeblich beeinflusst. Die Briefe, mit denen Strawinsky Ansermets Bewerbung in Genf gegen ziemlich beachtliche Rivalen (darunter Ernest Bloch und Gustave Doret) unterstützte, und mehr noch die überzeugende Art, mit der Strawinsky Diaghilev seinem Freund empfahl, als Monteux wegen der Einberufung zum Wehrdienst für die Amerikatournee der ‹Ballets Russes› nicht zur Verfügung stand, leisteten unschätzbare Dienste.

René Auberjonois: *Bildnis Igor Strawinsky.* 1916. Bleistift auf Papier

Ansermet und seine Frau Marguerite (geborene Jaccottet) ihrerseits bemühen sich hingebungsvoll um Igor Strawinsky und seine Familie: Sie nennen ihm die Adresse eines fähigen Kopisten, verschaffen Catherine Strawinsky eine Haushälterin und verhelfen ihnen zu Beginn der Kriegsjahre zu einer Unterkunft («La Pervenche» in Clarens, von wo die Ansermets weggezogen sind, um sich in Lausanne niederzulassen). Ansermet tut sein möglichstes, um für den ‹Renard› einen Zimbalspieler aufzutreiben. Später anerbietet er sich zur Korrektur der Partiturfahnen oder verhandelt in London mit Diaghilev, um Strawinskys Interessen zu wahren. 1921 veröffentlicht er in der ‹Revue Musicale› einen grossen Artikel über das Werk von Igor Strawinsky[2], der für Aufsehen sorgt. Bei anderer Gelegenheit schlägt er, gestützt auf seine Aufführungspraxis, Strawinsky für die «danse sacrale» des ‹Sacre› eine Änderung des Metrums vor, die dieser akzeptiert: «Selbstverständlich», schreibt Ansermet, «rechne ich es mir keineswegs als Verdienst an, dass ich in einigen Fällen seine Absichten klarer erkannt habe als er selbst, denn dabei erfüllte ich nur meine Aufgabe als Interpret ...»[3]

Man darf ohne Übertreibung sagen, dass Strawinsky in den Kriegsjahren nur dank Ansermet nicht in Vergessenheit geriet; ihm hat er ein Schweizer Publikum und Schweizer Freunde zu verdanken. Ein Artikel Ansermets in der zweiten Ausgabe der ‹Cahiers Vaudois› vom 20. April 1914 ergänzt und vertieft die Programmangaben zum Konzert vom 2. April 1914, bei dem das Orchester des Kursaals von Montreux die Sinfonie in e-moll zum ersten Mal ausserhalb Russlands zu Gehör brachte. Strawinsky wird dem Publikum als «geniale Persönlichkeit, die der Musik neue Wege eröffnet», vorgestellt. Der Aufsatz von nur drei Seiten definiert sukzessive die Verdienste des Komponisten: «Tief verwurzelt in der russischen Erde, bewahrt Strawinskys Musik eine Erhabenheit, die mancher westlichen Musik mangels Rasse abgeht [...] Sie ist nicht mehr bloss konventionelle Tonsprache, sondern ein Klangleben, ein fröhliches, physisches Leben von Klängen, die ihre akustischen Möglichkeiten lustvoll entwickeln und ihre Verschiedenheiten und Verwandtschaften betonen; so behauptet sie sich mit ihrer grellen Klangfülle und der Klarheit ihrer melodischen und kontrapunktischen Linien. Wir möchten [...] damit den Künstler würdigen, der im Hause ‹Tilleuls› in Clarens und im ‹Hôtel du Chatelard› einige der definitiven Partituren der zeitgenössischen Musik geschrieben hat. Igor Strawinsky steht heute an der Spitze der musikalischen Entwicklung; sein Erscheinen ist das wichtigste Kapitel im Musikleben seit den Anfängen Debussys und in mehr als einem Punkt demjenigen von Wagner oder Beethoven vergleichbar.»

Am 23. Januar 1915 führt Ansermet im Rahmen der Genfer Abonnementskonzerte an einem russischer Musik gewidmeten Abend ‹Petrouchka› auf. In einem überschwenglichen Programmhinweis erinnert er an die kürzlichen Pariser Erfolge Strawinskys und betont die Verwandtschaft seiner Werke mit Kompositionen von Mussorgskij, Borodin und Rimskij-Korsakov, die «den musikalischen Ausdruck der russischen Erde reiner verkörpern», im Gegensatz zur Emanzipation und zum «europäischen» Geist, welche die Bestrebungen von Glasunow, Rachmaninow und Skrjabin charakterisieren. Von Bedeutung ist in diesem Zusammenhang jene Passage, die der russischen Musik spezifische Eigenheiten zuschreibt und in der nachzulesen ist, wie seine ersten Bewunderer Strawinsky sahen: «Der symbolische Charakter, wie er der deutschen Musik eignet, ist der russischen Musik [...] gänzlich fremd. Ihr Geheimnis ist nicht in einer Idee zu suchen, die von den Tönen lediglich versinnbildlicht wird; ihr Geheimnis liegt in ihr selbst, in der Direktheit ihrer Melodien und klanglichen Bezüge. Sie wendet sich eher an die Empfindung als an den Geist. Daher rührt die Wichtigkeit, der kostbare Wert jeder einzelnen Note und ihrer Akzentuierung, daher auch diese klangliche Schönheit, die sie unablässig verfeinert und nie aufgibt. Auf der anderen Seite bleibt sie sich selbst treu, ihrer Vergangenheit und ihren Wurzeln; zwei Eigenschaften, die einer intellektuellen Kunst nicht unbedingt gegeben sind. In ihrer Ausdruckstiefe scheinen sich die Echos früherer

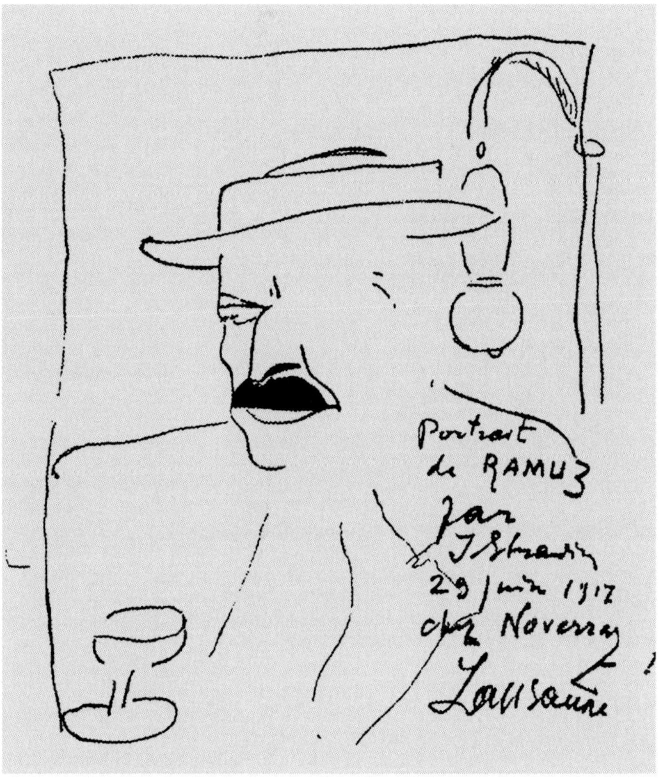

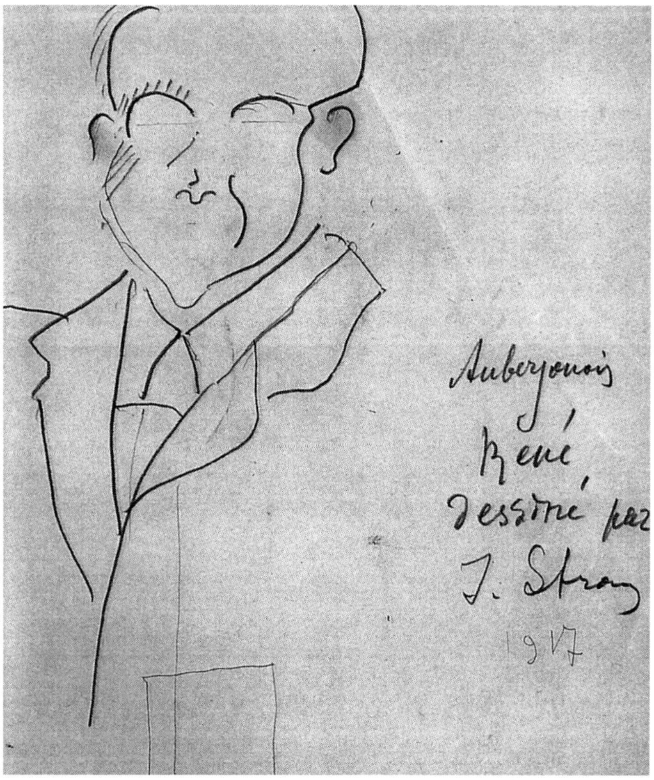

Igor Strawinsky: *Porträt C. F. Ramuz* («chez Noverraz/Lausanne»). 29. Juni 1917. Bleistift auf Papier

Igor Strawinsky: *Porträt René Auberjonois.* 1917. Bleistift auf Papier

Jahrhunderte zu verschmelzen, und ihre Erhabenheit ist die der russischen Seele selbst. Eine solche Kunst musste dem Geist der gewöhnlich ‹Sinfonie› genannten Musikgattung, einer Hervorbringung des germanischen Genius, zutiefst zuwider sein; wie immer man sie nennen mag, sie bleibt reine Musik [...].»[4]

Diese Zeilen stammen etwa aus der Zeit, als Strawinsky Skrjabin vorwarf, seine Musik hätte keinen Pass. Im Briefwechsel von Ansermet und Strawinsky aus derselben Zeit findet sich keinerlei Hinweis auf eine Meinungsverschiedenheit: Zweifellos erkennt sich Strawinsky in dem Bild, das von ihm gezeichnet wird, wieder. Was die Aufführung seiner Werke durch Ansermet betrifft, werden sie von Strawinsky ohne Vorbehalt gebilligt. Am 29. September 1918 dirigiert Ansermet in Lausanne die Uraufführung der ‹Histoire du soldat› (‹Geschichte vom Soldaten›), 1919 hebt er in Genf das sinfonische Gedicht ‹Le chant du Rossignol› aus der Taufe (es kam zu einem Tumult, und Strawinsky betrat das Podium an der Seite von Ansermet, um dem Publikum die Stirn zu bieten); später folgen ‹Pulcinella›, ‹Les Noces› und das ‹Capriccio›. In den ‹Chroniques de ma vie› (1935) würdigt Strawinsky Ansermet als vorbildlichen Interpreten, der seine eigene Person und Sensibilität nie in den Vordergrund stellt: «Der Wert des Interpreten misst sich an seiner Fähigkeit, das zu sehen, was in der Partitur steht [...] Darin besteht die grosse Qualität von Ansermet. Ich entdeckte sie vor allem anlässlich unserer Beschäftigung mit der Partitur des ‹Soldaten›. Seitdem ist unsere spirituelle Übereinstimmung nur noch gewachsen und stärker geworden.»[5]

In einem Brief an Ramuz vom 15. Oktober 1921 gab Strawinsky im Zusammenhang mit einer beabsichtigten Aufführung des ‹Soldaten› in Paris dieser selben Überzeugung Ausdruck: «Was die Musik betrifft, bin ich ohne Sorge – sie wird in den Händen von Ansermet liegen.»

Pablo Picasso: *Porträt Ernest Ansermet.* 1917.
Bleistift auf Papier
«A Ansermet, son ami Picasso, à Barcelone, 1917»

In der Tat zeugen die während langer Jahre zwischen Strawinsky und Ansermet gewechselten Briefe von einem vollkommenen Einverständnis: Nur Freunde, die einander in stillschweigender Übereinkunft rückhaltlos vertrauen, können sich mit solchem Eifer einer Fülle praktischer Aufgaben widmen und in der Verwirklichung ihrer Projekte aufgehen. Sie verschwenden wenig Zeit darauf, ihre Ideen schriftlich festzuhalten; sie kennen sich so gut, sie haben so oft unter vier Augen über Grundsätzliches gesprochen, dass ihre Briefe sich auf eilige Mitteilungen beschränken können, die unmittelbar mit der Arbeit zu tun haben, um den Erfolg eines Konzertes oder einer Aufführung zu sichern.

Ramuz, der über seine erste Begegnung mit Strawinsky im September 1915 an einem kleinen Bahnhof mitten in den Weinbergen des Dézaley berichtet, erinnert sich an Ansermet (und seinen damaligen «assyrischen» Bart) an der Seite des Komponisten: «[...] Ich hatte mich zu diesem Bahnhof Epesses begeben, wo nur die gemächlichsten der Bummelzüge zu halten belieben; und aus einem dieser Züge war mitten im Krieg zuerst der grosse Mann mit seinem prachtvollen, wohlbekannten Schwarzbart und dann ein kleinerer Mann ohne Bart ausgestiegen.»[6]

Ramuz beschreibt darauf den Aufstieg durch die Weinberge zum «kleinen rosa Café» von la Crochettaz: Dort kommt es im Laufe des Tages und bei Brot, Wein und Käse zu einem wahren Einklang: «Wir haben Bekanntschaft geschlossen vor den Dingen und durch die Dinge [...] Ich habe mit Ihnen Bekanntschaft geschlossen im und durch das Vergnügen, das Sie an den Dingen fanden, den ‹einfachsten›, wie man sagt, jedenfalls den elementarsten; unsere erste Übereinstimmung zeigte sich in einer gewissen Art und Weise des Genusses, an der das ganze Wesen beteiligt ist. Ich liebe den Körper, wie Sie wissen, denn ich trenne ihn kaum von der Seele [...] Sie haben mir sogleich zu verstehen gegeben, dass der Musiker, der einen Ton erfindet, nicht unbedingt ein Spezialist zu sein braucht und dass er ihn aus einer lebendigen, allen gemeinsamen Substanz schöpft, mit der er zuerst selber in einen direkten, menschlichen Kontakt zu treten hat [...] Ich wurde meinerseits zum Musiker, ich spürte, wie ich Ihnen und der Musik bei Brot und Wein näherkam.»[7]

Hat Ramuz beim Schreiben dieses Textes seine Erinnerungen verklärt? Oder ist es Strawinsky, der sich täuscht, indem er (in einer Äusserung von 1959, also um einiges später) seine erste Begegnung mit Ramuz an einem ganz anderen Ort situiert: «I was thirty-two and Ramuz was forty when we first met in a Lausanne restaurant: he introduced himself as an admirer of ‹Petroushka›.»[8] Der Ort ist ein anderer, und die Figur des Mittelsmannes – Ansermet – ist verschwunden. (Aber Strawinskys Zeilen stammen aus einer Zeit, in der er sich über Ansermet systematisch ausschweigt.)

Die biografischen Einzelheiten sind hier nicht von Belang. Wichtig ist, dass Ramuz im Moment seiner Begegnung mit Strawinsky eben den Essay ‹Raison d'être› (‹Grund des Daseins›) in der ersten Ausgabe der ‹Cahiers Vaudois› veröffentlicht hat, der in mancherlei Hinsicht als deren Manifest zu betrachten ist. Nun muss man wissen, dass Ansermet und Ramuz sich schon früh kennenlernten. Seit 1906 vertont Ansermet Chansontexte von Ramuz, und dieser widmet Ansermet 1910 die kurzen Texte ‹Deux petits morceaux›. Überlassen wir es Ansermet, seinen Anteil an der Gründung dieser ‹Cahiers› darzustellen, die vier Jahre lang das Sammelbecken einer äusserst regen Gruppe junger Westschweizer Intellektueller war: «Die ‹Cahiers Vaudois› haben das Licht der Welt [...] in meinem Haus erblickt, denn meine erste Frau, Marguerite Jaccottet, empfing sehr gerne Freunde; ich machte sie mit den meinen – Paul Budry, Edmond Gilliard, Adrien Bovy, Henry Spiess – bekannt, und sie brachte mich 1905 oder 1906 mit Ramuz zusammen, den sie schon von Kind auf kannte [...] Ausserdem führte sie in unsere Gruppe – zu der noch Auberjonois, die beiden Cingria, Albert Muret, Alexandre Blanchet und Henry Bischoff gehörten und die mit der Vaterfigur René Morax verbunden blieb – einen Verleger und Buchhändler ein, ihren alten Freund Constant Tarin. Diesen kleinen, ziemlich bunt gemischten Kreis verband ein gemeinsames Anliegen, ein Anliegen ästhetischer Natur. Die Titelseite der ‹Cahiers Vaudois› zierte eine Graphik von Henry Bischoff mit einer Hand, welche eine Weintraube ausdrückt, unter der geschrieben war: ‹*J'exprime*› [‹ich drücke aus›]. Das Problem der Kunst war für uns ein Problem des *Ausdrucks*, das heisst des Stils, was den ‹Gegenstand› des Kunstwerks in den Hintergrund rückte und die Kunst von allen Gemeinplätzen, von allen a priori bezüglich der Würde des Gegenstands oder der Gefühle, die ins Spiel gebracht wurden, befreite.»[9]

Für Ramuz war die ausschlaggebende Frage jene nach der persönlichen Identität und Authentizität. Im Laufe seines fast zehn Jahre dauernden Aufenthalts in Paris hatte er sich als Waadtländer entdeckt. ‹Raison d'être› ist die Rechtfertigung für die Rückkehr ins Heimatland und für die Ablehnung übernommener Werte. Sich selbst sein bedeutet, zu einem Land zu gehören und sich mit einer Vergangenheit verbunden zu fühlen. Dieser Akt, durch den ein Mann sich als «bodenständig» erkennt, wäre vergleichbar mit anderen zur selben Zeit formulierten «Rückkehren» (eines Barrès beispielsweise), fehlte ihm nicht jeder nationalistische Stolz und Chauvinismus: Ramuz' Waadtland ist ein zu enger Raum, um nationalistischen Hirngespinsten nachzujagen. Und weil er sein Land am engsten definiert, kann er der Versuchung, der einige seiner Freunde (etwa Gonzague de Reynold oder Charles-Albert Cingria) erlegen sind, das welsche «Vaterland» in ein ausgedehnteres Heimatland einzugliedern – das Burgund, Lothringen oder die auf jahrhundertealter Tradition fussenden «romanischen» Ländereien –, besser widerstehen. Ramuz hat auch nie mit der in Frankreich von der ‹Action Française› verkörperten politischen Doktrin sympathisiert, welche in der Westschweiz sogar bis hin zu Kreisen, die den ‹Cahiers Vaudois› nahestanden, rührige Adepten fand. Denn für Ramuz war die Rückkehr ins «Land» nur eine Etappe auf einem Weg ganz anderer Art (nennen wir ihn metaphysisch), der ihn zum Unmittelbaren, Elementaren, zur nackten Tatsache führte: «Nur meine Augen und meine Sinne sind am Werk: sie reichen nun für alles.»[10] Die

Rückkehr zum sinnlich Wahrnehmbaren und die Weigerung, «nur noch von da und dort geborgten Abstraktionen zu leben»[11], sind ihrerseits nur ein Moment im Bemühen einer Kunst, die *Umwandlung*, willentliche Erarbeitung und Streben nach der Form erfordert. «Es gibt keine Kunst ohne Verwandlung.»[12] Deshalb wird das Wirken des Künstlers als ein Werk der Rettung verstanden. «Sie [die Sache] der Verbannung entreissen, mich der Verbannung entreissen, uns beide unserer doppelten Verbannung entreissen, und zuerst zwei sein, aber wieder eins werden.»[13] Ramuz hat sich nicht in einem primitiven Antiintellektualismus verfangen: Dieser Gefahr entgeht er durch die Funktion, die er der Form zuschreibt, der Konstruktion einer «Gemässheit»: «Es hat uns geschienen, das Heil komme, als wir wieder vor die Dinge gestellt wurden. Unmittelbare Berührung mit den Dingen, Stoss und Rückstoss: das ist alles. Noch einmal: Durchaus nicht die Dinge ‹an sich›, wie die Philosophen sagen würden, denn wir sind keine Philosophen, aber die Dinge als Teile und wir vor ihnen, mit dem Blick auf ein Ganzes. Man kann gar nicht genug beharren auf diesem Punkt, der wesentlich ist: es gibt nur eine Methode und ein Mittel: die *Gemässheit.* Man definiert fast die ganze Kunst mit diesem Wort, wobei man gleichzeitig ihre unendliche Vielfalt respektiert. Wissen, was gemäss ist, und sehen, was gemäss ist, während der Gegenstand also nur ein Vorwand ist: zu wählen wissen, alles liegt in der Wahl.»[14]

Wachsamkeit also ist gefordert, um die richtige Wahl zu treffen: Es braucht dafür einen scharfsichtigen Willen, einen aufgeweckten Geist, der aber nie den Kontakt mit den elementaren Dingen, den vorrangigen Objekten verliert.

Aus der Arbeit des Künstlers soll nicht nur der Zugang über die unmittelbare Wirklichkeit hinaus zu «einer Art von zweiter Ebene, die parallel verläuft zur anderen und wo der Mensch und das Ding sich unlösbar vermischt finden»[15], resultieren: Durch die Authentizität seiner Erfahrung, durch die Ausdruckskraft gelangt er zum Universellen. So rechtfertigt sich letztlich der Rückgriff auf das enge ‹Land›, auf den in seiner Ärmlichkeit und Einzigartigkeit

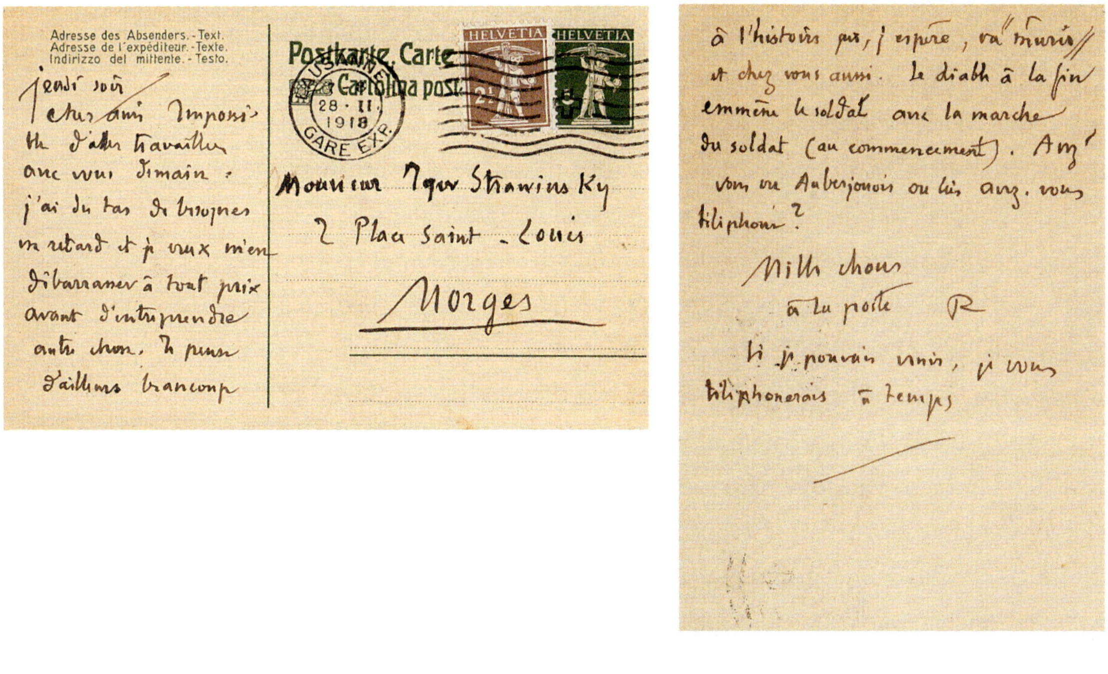
Adresse des Absenders. - Text.
Adresse de l'expéditeur. - Texte.
Indirizzo del mittente. - Testo.

Jeudi soir
Cher ami Impossible d'aller travailler avec vous demain : j'ai du tas de besognes en retard et je veux m'en débarrasser à tout prix avant d'entreprendre autre chose. Je pense d'ailleurs beaucoup

Postkarte. Carte Cartolina post.
HELVETIA HELVETIA
LAUSANNE 28 · II · 1918 GARE EXP.

Monsieur Igor Strawinsky
2 Place Saint-Louis
Morges

à l'histoire qui, j'espère, va mûrir et chez vous aussi. Le diable à la fin emmène le soldat avec la marche du soldat (au commencement). Avez-vous vu Auberjonois ou lui avez-vous téléphoné ?

Mille choses
à la poste R

Si je pouvais venir, je vous téléphonerais à temps

Postkarte von C. F. Ramuz an Igor Strawinsky. Lausanne, 28. Februar 1918 wahrnehmbaren Gegenstand: «Das Besondere kann für uns nur ein Ausgangspunkt sein. Man geht zum Besonderen nur aus Angst vor der Abstraktion, die sich ohne es an die Stelle des Allgemeinen setzte. Unter ‹allgemein› versteht man, was für die Mehrzahl lebendig ist; die Abstraktion ist Idee, das Allgemeine ist Empfindung. Man will nicht, dass die Sache, um sich mitzuteilen, zunächst gezwungen werde, sich selbst zu verleugnen. Man holt aus ihr keine Theorie, man holt eine Empfindung. Man will, dass sie einfach sei, das heisst universaler Natur. Wenig Ereignisse und Mittel ohne Kompliziertheit. Das Leben, die Liebe, der Tod, die urtümlichen Dinge, die Dinge von überall, die Dinge von immer.»[16] Die gleiche Gewissheit, über das Besondere zum Universalen zu gelangen, bekräftigt sich in den zentralen Passagen der ‹Erinnerungen an Igor Strawinsky›: «Als Sie mir an gewissen Abenden von Ihrem Land erzählten und ich Ihnen vom meinen, ob wir in Gedanken durch das Ihre wandelten oder leibhaftig durch das meine, kann ich so weit gehen zu sagen, dass mir manchmal schien [...], dass es nicht zwei Länder gab – denn über die beiden Länder hinaus, über alle Länder hinaus, über uns selbst hinaus gibt es vielleicht *das Land* (verloren, dann wiedergefunden, dann erneut verloren, dann für einen Augenblick wiedergefunden): wo man einen gemeinsamen Vater und eine gemeinsame Mutter hat, wo die grosse Verwandtschaft der Menschen für einen Augenblick wahrnehmbar wird? Und streben nicht alle Künste danach, sie wieder wahrzunehmen, und zu nichts anderem?»[17]

Man sieht, dass Strawinsky zu dieser Zeit seinen Waadtländer Freunden in seiner Eigenschaft als *Russe* erscheint und er durch seine Verbundenheit mit seinem Land den Weg einer allen Menschen gemeinsamen Heimat aufzeigt. So kann Ramuz zu den ‹Noces› erklären: «Sie stellten mir sehr genau mein Land vor, vielleicht nicht so, wie es war, aber so, wie ich es mir gewünscht hätte.»[18] Und im Text über die Komposition der ‹Histoire du Soldat› kommt es zu einer merkwürdigen Vertauschung der Nationalitäten: «Ich war Russe: der Stoff würde russisch sein; Strawinsky war Waadtländer (zu jener Zeit): die Musik würde waadtländisch sein.»[19] Doch in diesem Nationalitätentausch muss man, trotz des spasshaften Tones, die grosse Bedeutung sehen, die ethnischen Kategorien – getreu den ontologischen Prinzipien – auf dem Weg zur Anerkennung einer universalen Gemeinschaft der Menschen beigemessen wird. Beizufügen wäre, dass der Text der ‹Histoire du Soldat› selbst die legendäre Illustration dieser «Lehre» ist. Der Teufel ist von Beginn an die böse Macht, die den Menschen von seinem wahren ‹Land› abhält und die Rückkehr verhindert: Der durch das ‹Buch› verschaffte materielle Erfolg ist der Verlust der Seele, der Verlust des Kontaktes mit den Dingen; die verlorene Geige – das heisst die Seele – wiedergewonnen, die Prinzessin geheilt und geheiratet zu haben, genügt nicht: Es gilt innerhalb der Grenzen des Königreichs zu bleiben, im geschlossenen Raum des neuen Glücks; die unheilvolle Tat des Teufels besteht darin, den Mann über die ihm zugewiesenen Grenzen hinauszulocken. Der Mann wird schliesslich zur Beute des Teufels, weil er die schicksalhafte Grenze überschreitet. In ‹Raison d'être› wird dieselbe Lektion fast gleich formuliert: «Man hatte das Bedürfnis nach Definitivem, denn im Wort steckt ‹definieren› und darin stecken Schranken und Grenzen; im Definitiven suchte man Definition mit der Hoffnung, diese in jenem zu finden.»[20]

In welchem Masse teilte Strawinsky diese Ansichten? Man kennt die Bedeutung, die er den Begriffen «Ordnung» und «Organisation» immer beigemessen hat. Man weiss auch, dass er in einem beträchtlichen Teil seines Werks der Figur des Unruhestifters, der Macht des Bösen, die mit Gewalt oder List die Seele von ihrem ursprünglichen Glück abhält, eine wichtige Rolle einräumt. (Ramuz veröffentlicht ‹Le Règne de l'Esprit malin› (‹Die Herrschaft des Bösen›) 1917: Dieses Buch ist sicher geprägt vom Kontakt mit Strawinsky.) Ansermet hat scharfsinnig die Bedeutung dieses in den Fabeln und Libretti, von denen Strawinsky sich inspirieren liess, allgegenwärtigen Aspekts gespürt; in einer Anmerkung zu ‹Jeu de Cartes› für das Konzert vom 27.10.37 schreibt er: «Strawinsky hat es immer abgelehnt, in der Musik ein Mittel zum Ausdruck persönlicher Gefühle zu sehen, und seine Musik ist es auch nicht. Aber sie drückt den grossen Lebenshunger aus, der in ihm steckt, den geschärften Sinn für die Wesen, die Dinge und die Wirklichkeiten der Welt, und nie war sie wirkungsvoller, als wenn diese seine Tugend in den Figuren und in der Handlung einer epischen oder dramatischen Vorlage zum Ausdruck kam. *‹Jeu de Cartes›* ist ein neues Beispiel dafür, eine neue Erscheinung – und in einem neuen Ton – dieser Welt von Strawinsky, die eine Welt der Handlung und der Charaktere ist, wo sich immer ein böser Geist findet, der herrschen will und den es zu besiegen gilt: der *Joker* gegen die Gruppe der Herzen wie früher Kastschei gegen den Feuervogel und Ivan Tzaréwitsch, der Mohr und der Magier gegen Petruschka und die Ballerina, der Teufel-Notar oder der Teufel-Händler gegen den Soldaten.»[21]

Die damalige Liste war noch unvollständig; in ‹The Rake's Progress› wurde sie durch Nick Shadow um eine weitere wichtige Figur erweitert – ein getreuer Nachfolger des Teufels aus der ‹Histoire du Soldat›.

Ansermets Briefe aus der Zeit des Ersten Weltkrieges beziehen sich nicht ausdrücklich auf diesen religiösen oder metaphysischen Hintergrund. Sie legen viel mehr Gewicht auf die Nationalcharaktere: Kennzeichnend dafür ist die Frage an Strawinsky im ersten Brief vom Februar 1914, ob das soeben geborene Kind ein «echter Slawe» sei ... Als der Krieg ausbricht, steht ein ganzes Arsenal an Ideen aus der fragwürdigen Psychologie der Völker und «Rassen»

Igor Strawinsky: Skizzenbuch zur *Geschichte vom Soldaten/Histoire du soldat*

René Auberjonois: *Der Soldat/Le soldat.* 1918. Bleistift und Aquarell auf Papier

als Argumentationshilfe zur Verfügung, und Ansermet macht mit Ungestüm davon Gebrauch. Im Jahre 1910, nachdem er in Berlin «die Bedeutung und Tragweite Wagners» erkannt hatte, spürte er, nach Frankreich und Paris kommend, allerdings «Erleichterung» und ein «Beben vor innerer Freude».[22] Die Heftigkeit seiner antideutschen Gefühle in der Kriegszeit ist nicht erstaunlich: Sie stimmen mit den Gefühlen Strawinskys überein, dessen damalige Abneigung gegen Wagner und Beethoven sich leicht zu einem Antigermanismus verallgemeinern liesse. Dazu kommen in den Briefen der ersten Amerika-Tournee wenig schmeichelhafte Bemerkungen über die Juden, ausgelöst zur Hauptsache durch die prodeutschen Sympathien, die in jüdischen Kreisen Amerikas teilweise geäussert wurden. Als Ansermet (für kurze Zeit) schwört, sein Leben dem Kampf gegen die «idées boches» zu widmen, hat er das Glück, einen russischen Musiker in seiner unmittelbaren Nähe zu wissen, der ein entgegengesetztes Ideal verkörpert. So entsteht in Anlehnung an die sich feindlich gegenüberstehenden Lager ein ästhetisches System, in dem die sinfonische Tradition deutschen Ursprungs mit den Zeichen des Bösen – Abstraktion, pathetische Sentimentalität, Abwesenheit klarer ethnischer Merkmale – behaftet wird; diese Vorherrschaft soll ein Ende finden: «Während diese Form der Musik, die als deutsch-romantisch bezeichnet wird und die man auch beethovenianisch nennen könnte, ihren triumphalen Siegeszug antrat, lebte eine andere Musik nichtsdestotrotz weiter. Zunächst überall in der Volksmusik [...] Und wenn gesagt wurde, Strawinsky habe fern vom Kriegsgeschehen seinen eigenen Krieg geführt, so handelt es sich um den entscheidenden Ausgangspunkt einer Musikbewegung, die von allen romantischen oder germanischen Einflüssen völlig und endgültig losgelöst ist. Ein gewaltiges Werk [...], an dem zwei wesentliche Eigenschaften auffallen: dass es rundum aus den Quellen der Volksmusik schöpft und dass es zutiefst inspiriert ist vom Geist unserer Zeit. Ein solches Werk, gleichzeitig so tief verwurzelt und so stark dem Unmittelbaren verhaftet, ist zukunftweisend.»[23]

Das Betonen der volkstümlichen Quelle in einer Studie Ansermets, die neben einem Text von Ramuz steht, weist auf eine gemeinsame Theorie hin, der wir bereits in ‹Raison d'être› begegnet sind: das Besondere kann zum Allgemeinen führen: «Die von der modernen Zivilisation hervorgebrachte Musik kann ihr Leben nicht mehr in die Grenzen eines Landes einschliessen. Erzeugt von einer bestimmten Persönlichkeit, in ihrer Entfaltung gebunden an die Rasse, der sie entstammt, und von ihr determiniert, ist sie in ihrer Tragweite international oder besser extra-national.»[24]

Auch in seinem von der ‹Revue Musicale› im Juni 1921 veröffentlichten grossen Artikel bezieht sich Ansermet auf das Denken von Ramuz, um Strawinsky zu erklären – diesmal aber ohne Verweis auf den nationalen Charakter und die volkstümlichen Quellen: Die Rede ist von

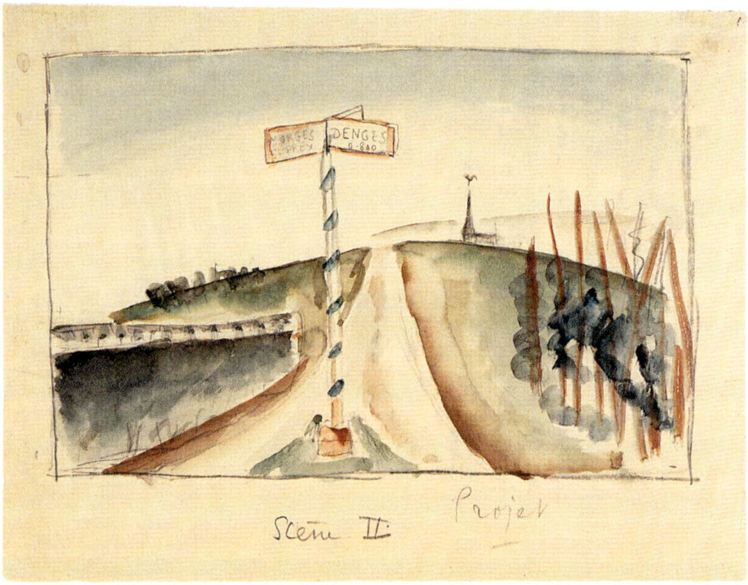

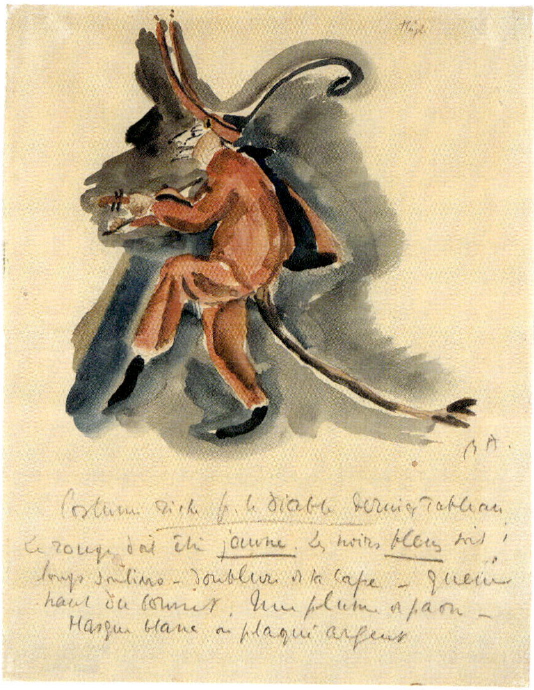

«Lebenshunger», Geschmack an den «konkreten Dingen», «Verständnis des Metiers» und handwerklicher Präzision. Die ethnische Zugehörigkeit wird kaum mehr in Betracht gezogen: Was von Ramuz' «Elementarem» übrigbleibt, ist die Vorstellung eines notwendigen Durchgangs durch eine wiedergefundene «Wildheit»: «Man pfropft nur auf den Wildling», hatte Ramuz geschrieben, und Ansermet wiederholt es am Ende seines Artikels.[25]

René Auberjonois: *Entwurf für Szene II/Scène II Projet.* 1918. Bleistift und Aquarell auf Papier

René Auberjonois: *Der Teufel/Le diable.* 1918. Bleistift und Aquarell auf Papier

Aus dem Französischen von Peter Sidler

1 Siehe den detaillierten Artikel von Pierre Meylan: «Chef d'orchestre à Montreux de 1912 à 1914, Ernest Ansermet rencontre Igor Strawinsky», in: *Revue Musicale de Suisse Romande*,1969, No. 4 (Okt.–Nov.), p. 7–9. Der vorliegende Text erschien in der *Revue Musicale de Suisse Romande,* 1983, No. 1 (März).
2 *La Revue Musicale*, Paris, 1. Juli 1921, p. 1–27.
3 *Ecrits sur la Musique*, Neuchâtel 1971, p. 73. Siehe auch E. Ansermet und J. C. Piguet, *Entretiens sur la musique*, Neuchâtel 1963, p. 88–91.
4 Auszug aus der mit E. A. unterzeichneten Anmerkung im Programm zum Konzert vom 23. Januar 1915 in Genf.
5 *Chroniques de ma vie,* 2 Bände, Paris 1935, Bd. 1, p. 162–163.
6 C. F. Ramuz, *Souvenirs sur Igor Strawinsky*, in: *Œuvres complètes*, 5 Bände, Edition commémorative, Rencontre, o. J., Bd. V, p. 377.
7 Op. cit., p. 380–381. Zur Zusammenarbeit von Strawinsky und Ramuz siehe Pierre Meylan, *Une amitié célèbre: Igor Stravinsky, C. F. Ramuz,* Lausanne–Paris 1962.
8 Igor Stravinsky and Robert Craft, *Exposition and Developments*, London 1962, p. 95.
9 *Entretiens* [Anm. 3], p. 28–29.
10 C. F. Ramuz, *Grund des Daseins [Raison d'être]*, in: *Werke in sechs Bänden*, Huber, Frauenfeld 1975, Bd. VI, p. 33.
11 Op. cit., p. 28.
12 Op. cit., p. 34.
13 Op. cit., p. 35.
14 Op. cit., p. 35–36.
15 Op. cit., p. 35.
16 Op. cit., p. 42.
17 *Œuvres complètes*, Ed. cit., Bd. V, p. 408.
18 Op. cit., p. 420.
19 Op. cit., p. 422.
20 C. F. Ramuz, *Grund des Daseins*, in: *Werke in sechs Bänden*, Huber, Frauenfeld 1975, Bd. VI, p. 19.
21 Orchestre de la Suisse Romande, Programm zum Konzert vom 27. Oktober 1937, nicht paginiert.
22 Gilbert Guisan, (Hg.), *C.-F. Ramuz, ses Amis et son Temps*, Lausanne–Paris 1968, Bd. IV (1908–1911), Brief 699 (Ansermet an Ramuz, 1. Januar 1910), p. 174, und Brief 714 (Ansermet an Ramuz, 18. Februar 1910), p. 195.
23 Ernest Ansermet, «Situation musicale», in: *La Revue Romande,* 1. September 1919, p. 7.
24 Op. cit., p. 6.
25 *La Revue Musicale*, Paris, 1. Juli 1921, p. 26.

François Hudry

‹La trompette venait de Zurich, le violon de Genève …»

‹Die Geschichte vom Soldaten› und ihr Einfluss heute

Die ‹Geschichte vom Soldaten› (‹L'Histoire du Soldat›) nimmt in der Musikgeschichte einen ziemlich einmaligen Platz ein: zunächst einmal als Sinnbild der Freundschaft zwischen dem Schöpfer des Werks und seinem Interpreten, vor allem aber, weil der Pragmatismus, der den Anstoss zum Werk gab, weder für seine Langlebigkeit sprach noch ein solches Meisterwerk erahnen liess. Die Entstehung der ‹Geschichte vom Soldaten› ist wohlbekannt. Dennoch sei hier an einige Einzelheiten erinnert. Die Lage war schwierig und günstig zugleich. Schwierig, weil der Krieg Strawinsky um seine Kontakte mit Russland gebracht hatte. Er erhielt kein Geld mehr aus seinem Heimatland und beabsichtigte, ein Werk zu schaffen, das in der ganzen Schweiz mit den Mitteln einer Wanderbühne aufgeführt werden konnte. Günstig, weil Anfang 1918 sein Freund Ernest Ansermet nicht mehr bei den ‹Ballets russes› verpflichtet war, da der Krieg die Tourneen der berühmten Truppe beendet hatte. Die Folge ist allen Musikliebhabern bekannt.

Inspirationsquellen

Weniger bekannt sind vielleicht Strawinskys Inspirationsquellen. Mit Ramuz wählt er ein Märchen von Afanasiev, ‹Der Deserteur und der Teufel›, und die beiden Freunde machen sich an die Arbeit. Strawinsky denkt zunächst daran, sich auf ein Harmonium zu beschränken, um das benötigte Instrumentarium auf ein äusserstes zu reduzieren. Doch dann entscheidet er sich sehr bald für ein kleines Ensemble, eine Art Sinfonieorchester in nuce, in dem alle Instrumentenfamilien vertreten sind. Dabei denkt man natürlich an die Instrumentierung des ‹Pierrot lunaire› von Arnold Schönberg, aber Strawinsky, und das ist schon verwirrlicher, verwendet (mit einer Ausnahme) das gleiche Instrumentarium wie Satie für ‹Le Piège de Méduse› von 1913. In diesem verrückten Werk, das den Dadaismus ankündigt (der kurz darauf in Zürich offiziell aus der Taufe gehoben wird), verwendet Satie tatsächlich eine Klarinette, eine Trompete, eine Posaune, eine Geige, ein Cello (bei Strawinsky durch das Fagott ersetzt), einen Kontrabass und Perkussion. Diese Analogie mit der ‹Geschichte vom Soldaten› gibt zu denken. Aber die Ähnlichkeiten gehen noch weiter. Saties Werk erfordert vier «Sprecher», und zwischen den Bildern gibt es Tanzeinlagen. Angesichts der damaligen Geistesverwandtschaft zwischen Satie und Strawinsky haben diese Analogien nichts Zufälliges. Es ist natürlich der musikalische Inhalt, in dem sich die beiden Werke gänzlich voneinander unterscheiden. Saties Musik ist nüchtern, linear, archaisch. Strawinskys Musik dagegen ist äusserst komplex und stellt an die Ausführenden höchste Anforderungen. Die berühmte Premiere vom 29. September 1918 war von herausragender Qualität, wenn man Strawinskys Worten in den ‹Chroniques de ma vie› Glauben schenken will: «Die erste Aufführung des ‹Soldaten› war für mich höchst zufriedenstellend, und das nicht nur in musikalischer Hinsicht. Die ganze Vorstellung war ein überwältigender Erfolg in ihrer Einheitlichkeit, der Sorgfalt der Ausführung, der Präzision und dem stimmigen Ton. Leider ist es mir seither nicht mehr vergönnt gewesen, einer Aufführung des ‹Soldaten› beizuwohnen, die mich in ähnlichem Masse zufriedengestellt hätte.»[1]

Das grösste Verdienst an diesem Erfolg kam zweifellos Ernest Ansermet zu, der die sieben Musiker mit gewohnter Hartnäckigkeit und Disziplin zur Arbeit anhielt. Die Zeiten waren hart, aber die Schwierigkeiten machten aus jeder Musikaufführung eine Heldentat. Parallel zur Erarbeitung dieses Werkes suchte sich Ansermet die Musiker für das Orchestre de la Suisse Romande zusammen, das kaum zwei Monate später sein erstes Konzert geben sollte!

Schöpfung und Nachkommenschaft

Dass die Aufführung zustande kam, ist der ausserordentlichen Grosszügigkeit des bekannten Mäzens Werner Reinhart zu verdanken. Bei ihrer Arbeit an der ‹Geschichte vom Soldaten› liessen sich Strawinsky und Ansermet vielleicht von Serge de Diaghilev inspirieren. Konnte Diaghilev in Paris auf Derain, Picasso und die besten Komponisten seiner Zeit zurückgreifen, so versammelte das Tandem Strawinsky und Ansermet die besten Künstler, die damals in der Westschweiz verfügbar waren: Ramuz und Auberjonois, dazu hervorragende Westschweizer Schauspieler sowie das berühmte Tanzpaar Georges und Ludmilla Pitoëff.

Das neue Werk ermöglicht Strawinsky eine völlige Erneuerung seiner Sprache und den Bruch mit der üppigen Orchestrierung, die er von seinem Lehrer Rimski-Korsakow übernommen hatte. Nach der ‹Geschichte vom Soldaten› wird der Komponist nie mehr zur orchestralen Opulenz des ‹Sacre›, von ‹Petruschka› und ‹L'Oiseau de feu› zurückkehren. Einige Kritiker scheinen das zu bedauern, so etwa Edouard Combe am Tag nach der Aufführung in Lausanne: «Ich hoffe, dass die gegenwärtigen Bestrebungen dieses äusserst begabten Musikers [Strawinsky] ihn auf weniger dürre und steinige Pfade zurückführen werden.»[2]

Die Aufführung ist ein wahrer Triumph, denn das Waadtländer Publikum ist begeistert darüber, einer «Avantgarde-Produktion» beizuwohnen. Der Erfolg hat allerdings keine unmittelbaren Auswirkungen, denn die spanische Grippe rafft einen guten Teil der Bevölkerung dahin. Ramuz schrieb darüber: «Die Premiere von 1918 blieb ohne Auswirkungen wegen der schrecklichen spanischen Grippe (mit welchem Namen man sie beschönigend taufte, in Wirklichkeit eine entsetzliche Pest, die innert dreier Tage die kräftigsten jungen Männer dahinraffte), und damit auf einen Schlag keine Musiker, keine Schauspieler, keine Platzanweiserinnen, keine Bühnenarbeiter, kein Theater mehr; dann kam der Waffenstillstand, im Lande selbst ein Eisenbahnerstreik, rund um das kleine Land eine Flut von Revolutionen, eine aussergewöhnliche Entfesselung von Unruhen aller Art; und so rollte unser

René Auberjonois: *Huldigung an Madame Pitoëff/Esquisse pour «L'hommage à Madame Pitoëff»*. 1924. Öl auf Leinwand.
Stehend: Georges Pitoëff, Ernest Ansermet, Igor Strawinsky, C. F. Ramuz; davor Ludmilla Pitoëff und René Auberjonois

Wohnwagen nie auf eigenen Rädern, so spannten wir ihm nie den Traktor (mit Trompeten und Posaunen) vor, wie wir es uns zuvor geträumt hatten.»[3]

Auch der Maler Théodore Stravinski, damals noch ein kleiner Junge, erinnert sich: «Zu Hause sehe ich meinen Vater in Decken eingemummelt, mit den Zähnen klappernd, die Baskenmütze tief in die Stirn gezogen, ständig wütend. Ich sehe meine taumelnde Mutter im Schlafrock, wie sie allen, gross und klein, Tränke, Kräutertee oder Sirup verabreicht … Die vorgesehene Tournee war endgültig ins Wasser gefallen; das Werk sollte seinen Ruhmeszug später, anderswo und auf andere Weise antreten.»[4]

Das Abenteuer hätte folgenlos ausgehen können, wäre da nicht die Vorsehung gewesen, die Strawinsky sein ganzes Leben lang und sogar darüber hinaus begleitet hat. Die ‹Geschichte vom Soldaten› ist wirklich eine besondere Art von Meisterwerk. Das zeitlose Thema und die sehr persönliche Musik haben weltweite Verbreitung gefunden. Und wenn Strawinskys Musik zu ihrem unmittelbaren Verständnis per definitionem einzig auf ihre Interpreten angewiesen ist, so wurde Ramuz' Text weltweit in rund dreissig Sprachen übersetzt.

Dieses einzigartige Werk ist keine Oper, aber auch kein Theater (die Darsteller sind eher «Sprecher» denn wirkliche Schauspieler). Paradoxerweise hat dieses zutiefst originelle Werk (jedenfalls unseres Wissens) keine direkten Nachfolger gefunden. Wir kennen kein einziges späteres Werk, das bewusst oder unbewusst in seine Fussstapfen getreten wäre. Erwähnen könnte man allenfalls ‹L'Histoire du petit tailleur› für Sprecher, sieben Instrumente und Perkussion des französischen Komponisten ungarischer Herkunft Tibor Harsányi. Man könnte auch an ‹L'Histoire de Babar› von Francis Poulenc für Sprecher und Klavier erinnern, obwohl dieses aus dem Melodrama abgeleitete Werk auf Strawinskys Patenschaft durchaus verzichten kann. Ich glaube, man muss in der ‹Geschichte vom Soldaten› ein einmaliges Werk mit tiefem philosophischem Gehalt sehen (es wurde oft mit dem Faust-Mythos in Verbindung gebracht), das seine Zeit geprägt hat, ohne Nachahmungen hervorzurufen.

Das Werk im Konzert und auf der Bühne

Vom Krieg und seinen schrecklichen Folgen zurückgebunden, wird das Werk von Strawinsky/Ramuz – man weiss nie, in welcher Reihenfolge man sie nennen soll, so perfekt ist ihre Symbiose – seine Blüte erst nach dem Ende der Feindseligkeiten erleben. Dank Werner Reinharts Unterstützung kann Ramuz wenigstens seinen Text veröffentlichen. Zu diesem Zweck vereinfacht der Dichter seine Prosa aufs äusserste, so dass sie sich deutlich von der ersten Fassung abhebt. Vom Romancier ist er – nach Doris Jakubec – zum Bühnenschriftsteller geworden: «Die Sprache erreicht – im Gegensatz zur existentiellen Sprache der Fassung von 1918 – ein Niveau an Abstraktion und Verallgemeinerung, das sie in Annäherung an die Kunstformen der Bildhauerei und der Musik befähigt, die Geschichte und zugleich deren Lektion auszudrücken.»[5]

Man muss das Jahr 1920 abwarten, bis die ‹Geschichte› wirklich zu ihrem Höhenflug ansetzt. Merkwürdigerweise findet das Werk zuerst in deutschsprachigen Ländern Verbreitung, in einer Übersetzung von Werner Reinhart und seinem Bruder Hans. Die deutschsprachige Uraufführung findet am 20. Juni 1923 in Frankfurt statt. Paul Hindemith spielt den äusserst anspruchsvollen Geigenpart sehr zur Zufriedenheit des Komponisten. Hermann Scherchen ist stolz darauf, diese Uraufführung zu dirigieren. Wie Ansermet, aber anderen geistigen Strömungen offen, ist er stets an vorderster Front, wenn es um Aufführungen zeitgenössischer Musik geht. Im April des darauffolgenden Jahres wird die deutsche Version endlich in der Schweiz gespielt, wieder unter Scherchens Stabführung. Dann setzt der ‹Soldat› seinen Marsch durch die deutschsprachigen Lande fort: München, Berlin, Köln, Brünn, Essen, Hamburg, Wien. Um 1933 kehrt er der deutschen Welt den Rücken, vertrieben von der Braunen Pest des Reichskanzlers Hitler. In Paris wird er 1924 von den Pitoëff und von Ansermet gleichzeitig aufgeführt. Im folgenden Jahr inszeniert ihn Copeau in derselben Stadt mit Musikern der Société Philharmonique. In Rom wird er im Theater gespielt, das Luigi Pirandello leitet. 1929 tritt er die Überfahrt nach New York an. 1931 wird er von einem Marionettentheater aufgeführt. Genf entdeckt den ‹Soldaten› erst 1934 unter dem Stab des unermüdlichen Scherchen. Jean Cocteau ist der Sprecher (er wird das Werk fast dreissig Jahre später unter der Leitung von Igor Markevitch aufzeichnen) und Hugues Cuenod der Soldat. Auf den Proben geht es stürmisch zu, denn die Persönlichkeiten von Jean Cocteau und Hermann Scherchen sind

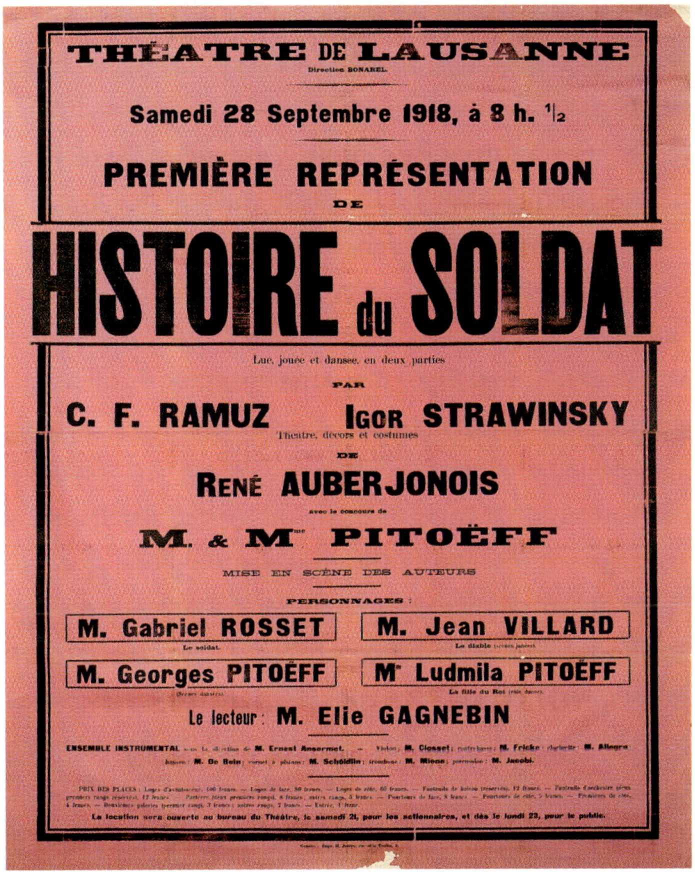

Plakat zur Uraufführung am 28. September 1918

völlig unvereinbar. Hugues Cuenod war davon sehr beeindruckt, und diese Szenen sind ihm noch heute in lebhaftester Erinnerung: «Scherchen hatte einen furchtbaren Charakter. Er wagte es, Jean Cocteau Ratschläge zu erteilen! Der Dichter war verärgert, und sie gerieten sich in die Haare. Scherchen zog seine Jacke an und tat so, als ob er weggehen wollte. Ramuz musste seine ganze Psychologie aufbieten, um ihn zurückzuhalten. Ich selbst bekam widersprüchliche Anweisungen von Cocteau und von Scherchen und wusste nicht mehr, an wen ich mich halten sollte. Ramuz kam zu mir und sagte mir, ich solle auf keinen der beiden hören und genau das tun, was ich wolle! Der Abend wurde trotz allem ein grosser Erfolg. Nach der Vorstellung trafen wir uns alle in Le Corbusiers ‹Maison de verre› beim Direktor von Radio Genf. Wir tranken einander in bester Laune zu und schworen, nie wieder zusammenzuarbeiten …»[6]

Am 25. Februar 1940 ist Ramuz der Sprecher und trägt unter der Leitung von Ansermet alle Rollen vor. Es handelt sich um eine Direktausstrahlung von Radio Genf, und keiner denkt hinterher daran, die Sendung aufzubewahren. Nur der Wind … und einige Hörer werden sich noch an diesen aussergewöhnlichen Augenblick erinnern. Fünf Minuten wurden gerettet und von einem Schweizer Verleger liebevoll veröffentlicht.[7] Das unvollständige Dokument ist in mehrerer Hinsicht wertvoll, denn es bringt uns Ramuz' ernste, ja dramatische Auffassung, die er von seinem Text und vom Werk hatte, zu Gehör. Auf derselben CD findet sich ein anderes kostbares Dokument. Es handelt sich um eine öffentliche Aufzeichnung in der Genfer Salle de la Réformation von 1952. Die Mitwirkenden bei dieser gewissermassen definitiven Version waren Ansermet, Gilles (der das Werk 1918 uraufgeführt hat), François Simon und William Jaques. Bei der denkwürdigen Aufnahme ist alles an seinem richtigen Platz. In einer weiteren Version, diesmal einer Radioaufnahme, die ebenfalls von Ansermet dirigiert wurde, ist Elie Gagnebin zu hören, der auch an der Uraufführung mitwirkte. Vielleicht gelangt sie eines Tages in den Handel ...

Nach Kriegsende kommt der ‹Soldat› in der ganzen Welt herum und spricht vielerlei Sprachen. 1946 inszeniert der Genfer Theatermann und Journalist Alfred Roulet die ‹Geschichte›. Mit einigen Protagonisten von 1918 (Elie Gagnebin, Ansermet, Ramuz) zeigt er seine Aufführung in Genf, Paris, Lausanne und Luzern. Roulet überredet Ramuz zur Wiederaufnahme zahlreicher ursprünglicher Textpassagen, die er (durchaus zu Recht, wie mir scheint) poetischer und theatergemässer findet. Ramuz sträubt sich dagegen, aber schliesslich stimmt er der Übernahme einiger Stellen aus der Originalversion zu. Alfred Roulet hat amüsante Erinnerungen an jene Zeit hinterlassen: «Ramuz ging mit solchem Eifer zur Sache, dass man den Tag kommen sah, an dem die Schauspieler so einsilbig sprechen würden wie in Comics. Im übrigen waren viele köstliche Szenen der ursprünglichen Erzählung verschwunden, so etwa die Stelle, wo sich der Soldat ans Flussufer setzt (zum Glück blieb wenigstens das kleine Konzert am Ufer übrig). Dieser Soldat, der wirklich viel marschiert war, bis er fast nur noch aus Haut und Knochen bestand, setzte nun im Älterwerden wieder einige Rundungen an. In den späteren Ausgaben wurde die erweiterte Textfassung beibehalten, die Ramuz mir zugestanden hatte.»[8]

Ende der vierziger Jahre erhöht sich der Rhythmus der Aufführungen. Länder und Städte reihten sich aneinander: Berkeley in Kalifornien, dann New Mexico und 1957 Japan. 1962 befasst sich Jean-Luc Godard mit einem Filmprojekt, das allerdings nie verwirklicht wird. Im Herbst desselben Jahres findet in Vevey eine Aufführung statt, dirigiert von Igor Markevitch anlässlich des fünfzigsten Geburtstags des berühmten Orchesterleiters. Die Instrumentalisten kommen vom Orchestre de la Suisse Romande und aus Paris. Am Kornett ist der berühmte Trompeter Maurice André zu hören. Der Sprecher ist Jean Cocteau, und Peter Ustinov gibt einen saftigen Teufel. Der Soldat ist Jean-Marie Fertey. Der wunderbare Abend, eröffnet durch eine Rede Charlie Chaplins, verläuft in einer Atmosphäre tiefster Freundschaft. Eine Platte erinnert an diesen ausserordentlichen Augenblick.[9] Zehn Jahre später inszeniert Pierre Métral, Schlagzeuger des Orchestre de la Suisse Romande und Komponist, die ‹Geschichte vom Soldaten› und nimmt dabei das ursprüngliche Vorhaben der Autoren wieder auf: Mit einem Wohnwagen reist er 1972 den ganzen Sommer lang kreuz und quer durch die Westschweiz. Ein Jahrzehnt darauf feiert Genf Strawinskys hundertsten Geburtstag mit einer Reihe von Aufführungen des ‹Soldaten› unter der Leitung von Robert Dunand. Die bedeutendsten Regisseure stellen die ‹Geschichte vom Soldaten› vor: Maurice Béjart in Rom, Giorgio Strehler und Jérôme Savary in Mailand. Letzterer lässt 1982 sechs mächtige Kühe auf der Bühne der Scala tanzen. Im selben Jahr erklärt Pierre Boulez, man müsse «das Werk von jeglicher schweizerischen Kleinkariertheit befreien». Man sieht, aus dem bescheidenen Projekt der Anfänge ist ein weltweiter Mythos geworden.

Frans Masereel: Holzschnitt zur *Geschichte vom Soldaten*

Fritz Wotruba: Bühnenbildentwurf zur *Geschichte vom Soldaten.* 1947. Aquarell auf Papier. Für eine Aufführung im Grossen Konzerthaussaal. Wien 1948

1988 beschliesst die damalige Leiterin der Lausanner Oper, Renée Auphan, den siebzigsten Geburtstag des Werkes glanzvoll zu feiern. Im Stadttheater von Lausanne, dem Entstehungsort des ‹Soldaten›, präsentiert sie eine sehr schöne Version unter der intelligenten, witzigen und sensiblen Regie von Patrice Caurier und Moshe Leiser. Die sieben Musiker kommen aus den Reihen des OSR[10], mit Ausnahme von Patrick Genêt, dem brillanten Primgeiger des Quatuor Sine Nomine. Am Pult ist Jean-Marie Auberson, einer der Weggefährten Ansermets. Siebzig Jahre nach der Uraufführung zeigte sich deutlich, wie überzeugend und gültig die Schöpfung der beiden Autoren geblieben ist. Das Werk ist nach wie vor faszinierend, es stellt uns vor Fragen, packt uns und bringt uns zum Lachen. Gedenktage sind willkommene Gelegenheiten für eine Bilanz. Auch der fünfzigste Todestag von Charles Ferdinand Ramuz brachte eine Reihe von Projekten rund um die ‹Geschichte vom Soldaten› mit sich. Das neueste ist die Aufführungsreihe mit dem Genfer Opéra Studio unter der Leitung von Jean-Marie Curti.

Doch der französische Musikwissenschaftler Marcel Marnat bemerkt in seinem schönen Essay über Strawinsky[11] durchaus treffend, dass die ‹Geschichte vom Soldaten› ihr Publikum wohl in erster Linie den Plattenaufnahmen zu verdanken hat. Die Diskographie ist reich und vielfältig. Einige Aufnahmen sind überraschend, zum Beispiel die englische Version mit Vanessa Redgrave und Sting unter der trockenen, unpoetischen Leitung von Kent Nagano in einer Produktion von Robert Carsen. Die beste Einführung ins Werk bleibt die Aufnahme von 1952 unter der Leitung von Ernest Ansermet. Jener Abend von 1968 – ich war damals sechzehn Jahre alt –, an dem ich zum erstenmal die ‹Geschichte vom Soldaten› am Westschweizer Radio hörte, bleibt mir unvergesslich. Ich entdeckte Gilles, François Simon, Ernest Ansermet und die anderen in einer Mischung aus Rührung, Verblüffung und Erheiterung.

Aus heutiger Sicht meine ich, dass ein solches Werk sehr wohl für den Schulunterricht geeignet wäre, denn es beginnt wie ein Märchen von Grimm oder Perrault, um (wie letztere) zum Universalen zu gelangen. Ein Satz von Ramuz hat mir jedoch stets zu denken gegeben: «Man hat nicht das Recht, alles zu haben: Das ist verboten. Ein Glück ist das ganze Glück; verdoppelt es sich, ist es so, als würde es nicht mehr existieren.»

Ich habe mich lange gefragt, ob er damit eine gewisse konformistische, bürgerliche, vom Protestantismus geprägte, kurz: typisch schweizerische Denkweise verspotten wollte oder ob es sich um eine ähnliche Warnung handelt wie in dem schönen Satz von Fontenelle: «Dem Glück besonders hinderlich ist das Streben nach einem zu grossen Glück.»

Ich neige zur zweiten Hypothese, denn damit zeigt sich, dass das Werk von Ramuz und Strawinsky uns auch heute noch mit uns selbst konfrontiert. Die Dauerhaftigkeit eines Kunstwerks scheint mir in diesem Anstoss zur Selbsterforschung eines jeden zu liegen. Damit wird es immer nahe bei den Menschen und ihren alltäglichen Existenzsorgen bleiben.

Aus dem Französischen von Peter Sidler

Literatur

Georges Duplain, *L'Homme aux mains d'or*, Lausanne, 24 Heures, 1988
Charles-Ferdinand Ramuz, *Souvenirs sur Igor Stravinsky*, Lausanne, l'Aire, 1978
Marcel Marnat, *Stravinsky*, Paris, Seuil (Coll. Solfèges), 1995
Alfred Roulet, *Découverte d'Ansermet*, Genève, Tribune Editions, 1978
Igor Stravinsky, *Chroniques de ma vie*, Paris, Denoël, 1935

1 Igor Stravinsky, *Chroniques de ma vie*, Paris, Denoël, 1935.
2 Zitiert aus: Gedenkschrift/Programm zum 70. Jahrestag der ‹Geschichte vom Soldaten›, Opéra de Lausanne, 1988.
3 Charles-Ferdinand Ramuz, *Souvenirs sur Igor Stravinsky*, Lausanne, l'Aire, 1978.
4 siehe Anm. 2.
5 siehe Anm. 2.
6 Telefongespräch vom 28. September 1997 mit dem Autor dieses Beitrags.
7 Bei CLAVES erschienene CD 50–8918.
8 Alfred Roulet, *Découverte d'Ansermet*, Genève, Tribune Editions, 1978.
9 Bei PHILIPS erschienene CD 420 773–2.
10 Orchestre de la Suisse Romande.
11 Marcel Marnat: *Stravinsky*, Paris, Seuil (Coll. Solfèges), 1995

Ausgewählte Diskographie

CD

Gilles, François Simon, William Jacques
Mitglieder des Orchestre de la Suisse Romande
Leitung: Ernest Ansermet
+ Auszüge aus dem zweiten Teil
Sprecher: Charles-Ferdinand Ramuz
CLAVES CD 50–8918

François Simon, François Berthet, Gérard Carrat
Chumachenco/Morf/Helaerts/Cuvit/Schnorkh/Gut/Métral
Leitung: Charles Dutoit
ERATO EDC 2292–45403–2

Jean Cocteau, Peter Ustinov, Jean-Marie Fertey
Delécluse/Helaerts/André/Schnorkh/Peschier/Parikian/Gut
Leitung: Igor Markevitch
PHILIPS 420 773–2

Madeleine Milhaud, Jean-Pierre Aumont, Martial Singher
Instrumentalensemble
Leitung: Leopold Stokowski
VANGUARD 08.8004.71

Roger Planchon, Patrice Chéreau, Antoine Vitez
Solisten des Ensemble Intercontemporain
Leitung: Pierre Boulez
ERATO 4509–98955–2

Adolph Anderson, Jack Bittner, Herbert Voland
[in englischer Sprache]
Cohen/Sankey/Williams/Ojeda/Landhold/Blumenthal/Koff
Juilliard Chamber Ensemble
Leitung: Dimitri Mitropoulos
LYS 243

Aage Haugland [in englischer Sprache]
Mitglieder des Royal Scottish National Orchestra
Leitung: Neeme Järvi
CHANDON CHAN 9189

Sting, Vanessa Redgrave, Ian McKellen
[in englischer Sprache]
The London Sinfonietta
Leitung: Kent Nagano
PANGEA PEA 461048

[Instrumentalsuite]
Columbia Chamber Ensemble
Leitung: Igor Strawinsky
SONY CLASSICAL SM3K

Schallplatten

François Périer, Philippe Clay, Gabriel Cattand
Boston Symphony Chamber Players
DGG 2530 590

William Jaques, François Berthet, Jean-Luc Bideau
Solisten des Collegium Academicum de Genève
Leitung: Robert Dunand
ÉDITIONS RENCONTRE R 2989.

Claus Hässig

Vom Europa der Regionen zu neuen Formen des demokratischen Engagements

Denis de Rougemont als Vordenker einer europäischen Einigung

«Eine Kultur beweist ihre Lebenskraft genau in dem Masse, in dem sie einen dauernden Dialog, das heisst die Offenheit und Neugier zur Anerkennung all dessen, was von aussen kommt, aufrecht zuerhalten vermag. Eine Kultur, die den Dialog verweigert, die glaubt, sich selbst genügen zu können, und die vorgibt, auf alles eine Antwort zu haben, hat ihr Todesurteil bereits unterschrieben.»
Denis de Rougemont

«Dialog: Gespräch zwischen zwei oder mehreren Personen.» Die knappe Definition des Lexikons für diesen Begriff, der eines der Leitmotive der Ausstellung ‹Swiss, made› abgibt, hätte dem Schriftsteller und Essayisten Denis de Rougemont ohne Zweifel angestanden. Für ihn hatten Konzepte nur insofern Sinn, soweit sie dem Anspruch konkreter Tragweite genügten. Und was ist nicht realer als die zwei wesentlichen Elemente der vorgeschlagenen Definition: Gespräch und Person, was nicht bedeutender als der Akt des Austauschs mit dem anderen und die kreative Spannung, die jeder Begegnung innewohnt.

In seiner Eigenschaft als Schriftsteller, die der des engagierten Essayisten vorausging, führte er diesen Dialog mit sich selbst. Im Alter von 20 Jahren forderte er: «Schreiben ist keine Kunst der Unterhaltung»[1]. Nur handeln zählt: Er wollte kein Literat sein, sondern ein engagierter Intellektueller, lange bevor dieser Begriff von anderen zum Modewort stilisiert wurde.[2] Der Dialog mit der Welt – das heisst Konfrontation mit sich und dem anderen – stand im Zentrum seiner Tätigkeit. Eins der Ziele seines Engagements – allerdings nicht das einzige – ist Europa gewesen. Mit Jean Monnet, Robert Schuman, Konrad Adenauer, Alcide de Gasperi und wenigen anderen wird er als einer der Gründerväter des geeinten Europa angesehen. Er war der Sprecher für all jene, die in den Nachkriegsjahren ein föderalistisches Projekt für die Einheit Europas vorsahen. Er hat wirksam die Idee verfochten, dass die Einheit Europas nicht nur auf Wirtschaft und Politik gegründet werden könne, sondern auf eine gemeinsame und dennoch differenzierte Kultur abgestützt werden müsse. In späteren Jahren lancierte er das Konzept des Europas der Regionen. Rougemont ist einer der wenigen Intellektuellen und wohl der einzige Schweizer im engen Zirkel der für die europäische Einigung impulsgebenden Persönlichkeiten. Sein Wirken und Werdegang mag erstaunlich scheinen in einer Epoche, die mit der europäischen Kultur nur unbeholfen umzugehen versteht, und in einer Zeit, in der die Schweiz dem Projekt Europas skeptisch gegenübersteht.

Für Denis de Rougemont waren Denken, Schreiben und Handeln untrennbar. Seine dreifache Karriere eines Vordenkers, Schriftstellers und engagiert handelnden Bürgers liessen ihn zu einer der markanten Figuren des schweizerischen und europäischen intellektuellen Lebens der Zwischenkriegs- und Nachkriegsjahre werden, wobei der Begriff «intellektuell» im Sinne des engagierten Geistesarbeiters zu verstehen ist.

Eine anerkannte und gleichzeitig umstrittene Figur. Für Jean Starobinski ist ‹Die Liebe und das Abendland› (1939), welches Denis de Rougemont berühmt werden liess, von einer «seltenen suggestiven Macht» und einer der «Markierungspunkte des intellektuellen Lebens dieses Jahrhunderts», vergleichbar den literarischen Essays von Bachelard, Caillois oder Béguin.[3] Diese weitausgreifende Studie zum Tristan-Mythos und zu der Spannung zwischen Passion und Ehe entsprach aber zu wenig dem akademischen Kanon, und ihre «undisziplinierte Transdisziplinarität»[4] entfernte Rougemont für lange Zeit der Anerkennung durch die Literaturwissenschaft.

Hier finden wir uns vor einer grundlegenden Facette des Menschen Denis de Rougemont und seines Schicksals in diesem Jahrhundert. Als engagierter Schriftsteller und Essayist war er für die Fachgelehrten ein Aussenseiter. Seine Schriftstellerkollegen nahmen ihm ihrerseits Übel, seine «erworbenen Positionen» (Paulhan) in der Literatur gegen sein Engagement für Europa eingetauscht zu haben und sich «in Komitees zu verlieren» (Malraux). Sie verziehen es ihm nicht. Trotzdem ist Rougemont in siebzehn Sprachen übersetzt worden. Seine Werke werden regelmässig neu aufgelegt und diskutiert.

Antikonformistisch und nirgends einzuordnen, unabhängig, allen «-ismen» kritisch gesinnt, musste Rougemont auch lange dagegen anstehen, mit seinen Weggefährten der von ihm mitbegründeten französischen personalistischen Bewegung aufgrund seiner Kritik des Parlamentarismus der Dritten Republik als ein Weggenosse des Faschismus angesehen zu werden.[5] Dabei ist es hinlänglich bekannt, dass Rougemont 1940 als Schweizer Soldat für die Veröffentlichung eines virulenten Artikels gegen den Einmarsch Hitlers in Paris zu fünfzehn Tagen Festungshaft verurteilt wurde. Auch fand er infolge seiner Position über das nationalsozialistische Deutschland auf der «Liste Otto»[6] seinen Platz.

Als aktiver Verfechter der europäischen Idee den Europäern bekannt und von ihnen anerkannt, blieb Rougemont schliesslich im eigenen Land in seinem «erbitterten Ringen»[7] um Europa weitgehend isoliert. Dennoch wurde das Jahr 1995 zum zehnten Jahrestag seines Todes von einer Serie von Tagungen, Vorträgen und Ausstellungen punktiert, die von einem verstärkten Konsens um seine Person zeugten. Davon mag auch die Herausgabe seiner gesammelten Werke zeugen, die mit zwei Bänden zu den Schriften über Europa begonnen hat.[8]

Schicksal eines Propheten, könnte man sagen. Nach dieser groben Abgrenzung des Umfelds ist es Zeit, den Parcours Denis de Rougemonts genauer nachzuzeichnen.

Der Lebensweg eines Europäers

Der Lebensweg Denis de Rougemonts kann durchaus als eine stete Bewegung hin auf ein Ziel angesehen werden. Er zeugt sowohl vom Werdegang eines engagierten Streiters für Europa als auch von demjenigen eines beobachtenden Zeitzeugen, der das durch eine tragische Abfolge von Krisen geschüttelte europäische Gewissen verkörpert. Das Leben von Rougemont «überdeckt sich mit dem seines Werks in einem Masse, dass es praktisch unmöglich ist, seine Schriften von seiner Aktion zu unterscheiden.»[9]

Denis de Rougemont wurde am 8. September 1906 in Couvet, Kanton Neuenburg, geboren. Sohn eines Pastors, wächst er umgeben von protestantischer Tradition auf, was sowohl sein schriftstellerisches und essayistisches Werk als auch sein Leben geprägt hat. Nach dem Studium der Literaturwissenschaft in Neuenburg, Wien und Genf, nach einer Bildungsreise zwischen 1928 und 1929 in Mitteleuropa – auf der er das Gefühl, Europäer zu sein, erwirbt[10]–, nachdem er sehr früh seine ersten Schritte in Richtung seiner Karriere als Schriftsteller unternommen hatte (‹Les Méfaits de l'instruction publique›, 1929 veröffentlicht), lässt er sich 1930 in Paris nieder, der literarischen Hauptstadt der Westschweiz. Er übernimmt dort für die Sicherung seines Lebensunterhalts die Leitung eines protestantischen Verlags – die ‹Editions Je Sers›. Sein Interesse wendet sich der berühmten literarischen Zeitschrift ‹Nouvelle Revue Française› zu, an der er mitarbeitet. Er steht in Kontakt mit protestantischen Zirkeln, die sich an die Theologie Karl Barths anlehnen, und schliesst sich – das für ihn grundlegende Ereignis – den Gründern des französischen Personalismus an. Mit ihnen lanciert er die «anti-konformistische»[11] Bewegung der dreissiger Jahre, die sich mittels Manifesten und Zeitschriften (vor allem ‹Esprit› und ‹Ordre nouveau›[12]) einen Einfluss zu erwerben versuchte. Rougemont definierte diese intellektuelle Bewegung, die der Krise der Demokratie und der Ablehnung des Totalitarismus entwachsen ist, als eine «Internationale, die keinen Namen braucht, sich sowohl antikapitalistisch, antifaschistisch und antikommunistisch erklärt. Sie stellt dem vereinzelten Individuum die Person entgegen, dem gewalttätigen Kollektivismus die Gemeinschaft und dem herrschenden Stato-Nationalismus den integralen Föderalismus.»[13]

Aus dieser Epoche stammen auch die Werke, die Denis de Rougemont die Anerkennung als Schriftsteller einbrachten: ‹Politique de la personne›, 1934; ‹Penser avec les mains›, 1936; ‹Journal d'un intellectuel en chômage›, 1937[14]; ‹Journal d'Allemagne›, 1938. Im folgenden Jahr, 1939, erschien der in viele Sprachen übersetzte Essay ‹L'Amour et l'Occident›, sein Schlüsselwerk, mit dem er seine Originalität definitiv bestätigte.[15]

Der Krieg unterbrach diese Pariser Karriere. Zurück in der Schweiz ist Rougemont 1939 als Offizier mobilisiert. Er nimmt an der Gründung des «Gotthard-Bunds» teil, der sich für den aktiven Widerstand gegen den Nationalsozialismus einsetzt. Die Besetzung von Paris drängt ihm die folgenden pathetischen Zeilen auf, die am 17. Juni 1940 in der ‹Gazette de Lausanne› erscheinen: «Sie können zehnmal die Erde umrunden! Sie werden überall nur den Lärm des mechanischen Nichts vorfinden. Bis zu jenem Tag, der erschreckender als der Tag der schlimmsten Rache sein wird, an dem sie, endlich zum Stillstand gebracht, verstehen werden, dass keiner ihrer Triumphe nur den mindesten Teil jener menschlichen Realitäten aufwiegt, die sie umgebracht haben.» Diese mit der offiziellen Neutralität der Schweiz unvereinbaren Worte brachten ihm die Festungshaft ein. Anstelle der Verbüssung seiner Strafe hatte er jedoch das Glück, in die Vereinigten Staaten entsandt zu werden, wo sein Oratorium ‹Niklaus von Flüe›, das er 1938/39 mit Arthur Honegger kreiert hatte, aufgeführt wurde. Diese Mission sollte sich verlängern. Rougemont verbringt die Kriegsjahre jenseits des Atlantiks als Vortragsredner und als Redaktor der französischsprachigen Sendungen des ‹Office of War Information›. Er bewegt sich in den Kreisen der europäischen Emigration: André Breton, Alexis

Léger, Antoine de Saint-Exupéry, Max Ernst ... Er schreibt kontinuierlich: ‹La Part du diable›, 1940;[16] ‹Les personnages du drame›, 1945; ‹Lettres sur la bombe atomique›, 1946.[17]

Denis de Rougemont und Arthur Honegger über der Partitur von *Niklaus von Flüe*. 1938

In diesen Briefen über die Atombombe klagt er den Nationalismus als Kriegsursache an. Sein Exil lässt ihn erneut Europa als eine Realität und ein Ziel entdecken. Im Spätsommer 1946 erstmals wieder in der Schweiz zurück, ist er Gastredner der ersten ‹Rencontres Internationales de Genève› zum Thema ‹Der Europäische Geist›. Nach seinen eigenen Worten begann Rougemont zu diesem Anlass eine neue Karriere, die jedoch in gerader Linie seines vorherigen Engagements steht, in dem sich seine personalistischen und föderalistischen Überzeugungen herausgebildet hatten. Er stellt sich seither in den Dienst der europäischen Idee und widmet dieser sein Talent als Schriftsteller und Essayist.

Damit begann für Rougemont die Zeit der «grossen europäischen Kongresse», für die er einer der Organisatoren und intellektuellen Mentoren wird.[18] Auf dem Kongress der Europäischen Föderalisten in Montreux, vom 27. bis 31. August 1947, hält Rougemont die programmatische Eröffnungsrede zur «Föderalistischen Einstellung». Der Europakongress von Den Haag, an dem vom 7. bis 10. Mai 1948 rund 900 Persönlichkeiten unter dem Präsidium von Winston Churchill teilnahmen, schlägt die Gründung des Europarats und eines Europäischen

Essen bei Henry Seyrig zu Ehren von Aimé Césaire, New York 1943

Stehend, von links: Matta, Yves Tanguy, Aimé Césaire, Henry Seyrig, André Breton, Denis de Rougemont, Nicolas Calas, Marcel Duchamp, Esteban Francès; sitzend: Elisa Breton, Madame Césaire, Sonia Sekula, die Enkelin von Matisse, Madame Matta, Madame Pierre Matisse (später Madame Duchamp), Madame Calas

Menschenrechtsgerichtshofs vor. Rougemont verliest die den Kongress abschliessende Botschaft an die Europäer. Als Rapporteur der kulturellen Kommission ist es ihm gelungen, den Vorschlag für die Schaffung eines regierungsunabhängigen Europäischen Kulturzentrums in die verabschiedeten Resolutionen aufzunehmen, dessen Ziel es ist, das «Gefühl der europäischen Einheit zu fördern». Vom 8. bis 12. Dezember 1949 findet in Lausanne die Europäische Kulturkonferenz statt. Sie war auf die Initiative Rougemonts zustande gekommen und erlaubte es ihm, sein Projekt eines Kulturzentrums auf eine solide Basis zu stellen. Eine Resolution dieses Kongresses betont auch die Notwendigkeit einer besseren europäischen Koordinierung im Bereich der Kernforschung – diese Idee führte wenig später zur Gründung des Cern in Genf.

Für Rougemont war der wohl wichtigste Erfolg dieser Serie von Kongressen die Gründung des Europäischen Kulturzentrums (Centre Européen de la Culture), das er am 7. Oktober 1950 in Genf, wo es immer noch besteht, eröffnen konnte. Das Zentrum war für ihn das geeignete Instrument für die Umsetzung seiner intellektuellen Positionen in konkrete Aktivitäten. Seine Initiativen zugunsten der europäischen Kultur folgten eine nach der anderen in einem festen Rhythmus: 1951 gründet er die Europäische Festivalvereinigung, welche die bedeutendsten Musikfestivals des Kontinents versammelt; 1953 folgt die Europäische Gemeinschaft der Büchergilden und -Clubs sowie die Schaffung eines Europäischen Literaturpreises; ein Jahr später entsteht die Europäische Kulturstiftung, die, zuerst von Genf aus und später in Amsterdam beheimatet, der Finanzierung europäischer Kulturprojekte gewidmet ist. Die Liste ist lang. Sie drückt eine Ausstrahlungskraft einer anderen Art als die des Rougemont der Zwischenkriegsjahre aus. Seine Werke sind nunmehr weniger literarisch geprägt und spiegeln verstärkt sein Engagement im Zeitgeschehen wider: ‹L'Europe en jeu› erscheint 1948; ‹L'Aventure occidentale de l'homme› im Jahr 1957[19].

Die Aufbruchstimmung der Zeit der Kongresse ging ihrem Ende entgegen. Die Institutionen, die aus ihnen hervorgingen, nahmen schrittweise Form an. Der Europarat war das erste und sogleich ein ambitiöses Projekt. Der Haager Europakongress hatte aber die Grenzen des föderalistischen Ansatzes der Europabewegung aufgezeigt, dessen Wortführer Rougemont war. Der Kongress war das Theater eines zugespitzten Konflikts zwischen Föderalisten und Unionisten, wobei die ersten eine sofortige politische europäische Union auf föderalistischer Basis forderten, die zweiten – angeführt von Duncan Sandys, dem Schwiegersohn Churchills – den Integrationsprozess dagegen auf eine enge Zusammenarbeit souveräner Staaten begrenzen wollten. Die letzte Option gewann die Oberhand und sollte die ersten Jahrzehnte des europäischen Integrationsprozesses prägen. Das relative Scheitern des politischen Projekts des Europarats, die funktionale und schrittweise Integration auf wirtschaftlicher Grundlage – die Methode Jean Monnet des Schuman-Plans, der von der Montanunion zu den Europäischen Gemeinschaften der Römischen Verträge führte – drücken dies aus.

Dieser vorläufige Rückschlag der föderalistischen Idee im europäischen Einigungsprozess mag dazu beigetragen haben, dass sich Rougemont zu Beginn der fünfziger Jahre einer heute zu Unrecht vergessenen Sache hingab, in der anfangs mehrere Schweizer eine herausragende

Rolle spielten. Am 26. Juni 1950 fanden sich in Berlin mit der Unterstützung des amerikanischen Gewerkschaftsbunds mehr als einhundert Intellektuelle zu einem Kongress für kulturelle Freiheit zusammen[20]. Die Teilnehmer rekrutierten sich aus den Zirkeln der europäischen Widerstandsbewegungen, Sozialisten und Sozialdemokraten, europäischen Föderalisten und ehemaligen Kommunisten. Unter ihnen befanden sich Ernst Reuter, Jules Romains, Ignazio Silone, Arthur Koestler.[21] Ihr Ziel war, ihre Opposition gegen die totalitäre Versuchung, die der Marxismus zu jener Zeit auf die europäischen Intellektuellen ausübte, zu bekunden. Zwei Jahre später war Denis de Rougemont zum Präsidenten des Exekutivkomitees des Kongresses ernannt worden, der inzwischen eine ständige Einrichtung geworden war. Ein Sekretariat in Paris koordinierte die Arbeit. Ihm gehörten François Bondy und René Lalive d'Epinay an.[22] Rougemont blieb Präsident des Kongresses bis zu seinem unglücklichen Ende.[23] Er fand sich während dieser ganzen Zeit im Mittelpunkt eines äusserst dichten Netzes von Intellektuellen, das ihm sowohl die Verbreitung seiner eigenen Ideen erleichterte als auch die Ausstrahlungskraft seines Europäischen Kulturzentrums in Genf förderte.

Europa als kulturelle Einheit

In jenen Jahren ging Rougemont neben seiner Tätigkeit im Kongress für kulturelle Freiheit der Frage der kulturellen Grundlage Europas nach. Dieses Thema war bereits in seiner Konferenz an den ‹Rencontres internationales de Genève› zugegen, bedurfte aber einer Vertiefung. 1961 legte Rougemont es in seiner Studie ‹Vingt-huit siècles d'Europe›[24] dar, die einer Genealogie der literarischen und philosophischen Betrachtungen zu Europa seit der Antike gewidmet ist.

Rougemont ist davon überzeugt, dass die europäischen Völker eine gemeinsame Kultur teilen und dass nur diese Einheit Europa definiert: «eine sehr kleine Sache plus eine Kultur».[25] Es hat demnach wenig Sinn, von nationalen Kulturen zu reden, da «eine Kultur nicht durch Grenzsteine und einen Zollgürtel definiert werden kann».[26] Die europäische Kultur hat sich dagegen aus verschiedensten Einflüssen zusammengesetzt: indo-europäischen, griechisch-lateinischen, christlichen und jüdischen, keltischen und germanischen, arabischen und slawischen. Diese Verschiedenheit der Ursprünge ist ihr Charakteristikum. Das Spannungsverhältnis zwischen dem Gemeinsamen und dem Verschiedenen erklärt die Kreativität dieser Kultur, wie sie aber auch ihre «Krankheiten» bedingt: die materialistische Versuchung, ihr universaler Anspruch und die nationalistischen Verirrungen. Die europäische Kultur ist das Ergebnis eines langen Werdens sowohl in der Zeit wie im Raum: sie ist «während Jahrhunderten von der Existenz und der Vitalität lokaler Zentren der Kreativität bedingt gewesen»[27] – ob dies die kleinen Städte der Renaissance waren oder Metropolen wie Paris, London, Berlin und Mailand, Regionen, kleine Staaten oder autonome Universitäten.

Denis de Rougemont mit Robert J. Oppenheimer, dem wissenschaftlichen Leiter des amerikanischen Atombombenprojeks, in Ferney bei Genf

Kundgebung gegen die Kernkraft in Plogoff in der Bretagne. 1980. Der Slogan greift den Titel von Denis de Rougemonts Werk auf

Diese Konzeption der Kultur stimmt mit der föderalistischen Konzeption der politischen Organisation überein, die Rougemont zu eigen ist. Sie geht mit der Notwendigkeit der Öffnung und der Fähigkeit zum Dialog einher: «Die Originalität einer Kultur ist nicht nur durch die Existenz grosser Kunstwerke bedingt, die auf dem internationalen Markt Erfolg erzielen. Ich bin überzeugt davon, dass sie vielmehr ein Ausdruck kultureller Dichte ist, der Aufnahmefähigkeit, Wissenslust und Assimilierungskraft einer Gemeinschaft.»[28]

Das Europa der Regionen

Das Konzept des kulturellen Föderalismus führt Rougemont zu einer radikalen Infragestellung des dominierenden sozialen und politischen Faktors der Neuzeit: des Nationalstaates. Zu klein, um die Zivilisationsprobleme lösen zu können; zu gross, um einen «Raum der Bürgerbeteiligung [...], wo der Mensch der Welt als auch sich selbst bewusst werden kann»[29], zu bieten, hat der Nationalstaat sich selbst überlebt. Nach 1962 entwickelt Rougemont seine Vorstellung der Region. Er interessiert sich für die grenzüberschreitenden Gebiete, die ihm das Konzept der «Regionen variabler Geometrie» eingeben: funktionale Regionen, die ihre Existenz und ihre Notwendigkeit nicht administrativen Grenzen verdanken, sondern den Problemen, die sie in den Bereichen der Erziehung, der Umwelt, der Ressourcen oder des Verkehrs zu lösen haben. Ihre Ausdehnung variiert mit den Aufgaben; ihre Logik ist nicht die der Staaten. Wenn Europa gebaut werden soll, so als «Föderation von Regionen», «Traube von Gemeinden» die auf einer «Pluralität der Zugehörigkeiten» beruhen. Rougemont entwickelt diese Ideen in einer Serie von Schriften und Studien: ‹L'Un et le divers› (1970), ‹Lettre ouverte aux Européens› (1970) und vor allem seine letzte grosse Publikation: ‹L'Avenir est notre affaire› (1977).

Denis de Rougemont gibt in ‹Die Zukunft ist unsere Sache› die Synthese seiner Reflexionen über das Europa der Regionen. Er widmet dieses Buch auch seinem letzten Engagement: dem Umweltschutz. Durch die ersten Berichte des Club of Rome zur ökologischen Krise alarmiert, ist er der Überzeugung, dass die Antwort auf das schwerwiegendste der aktuellen Probleme in der Idee der Region liegt. Er gründet 1976 eine europäische Umweltschutzorganisation: ECOROPA, der er als Präsident vorsteht. Im Oktober 1977 nimmt er mit dem Prinzen Saddrudin Aga Khan an der Gründung der Bellerive-Gruppe teil, die eine bedeutende Anzahl von Wissenschaftlern hohen Ansehens gegen die Nutzung der Atomenergie vereint.

Diese Streitsache beschäftigt Denis de Rougemont bis an das Ende seines Lebens. Er stirbt am 6. Dezember 1985 in Genf.

Die Aktualität Denis de Rougemonts

Die Jahre 1996 und 1997 brachten der Schweiz eine schmerzhafte Auseinandersetzung über ihr Verhalten während des Zweiten Weltkriegs. Hinsichtlich dieser Epoche und der Fragestellungen, die sie erhob, ist es angezeigt, daran zu erinnern, dass Denis de Rougemont zeitlebens einer konsensuellen neutralistischen Sprachregelung und weicher Kompromisse wenig zugeneigt blieb, wovon seine bereits erwähnte emphatische Stellungnahme vom Juni 1940 in der ‹Gazette de Lausanne› zeugen mag. Vergessen wir auch nicht, dass der heutigen Debatte andere zuvorgegangen sind, so zum Beispiel bereits in der Mitte der sechziger Jahre, als Herbert Lüthy mit seinem Artikel ‹Die Schweiz der zwei Zwischenkriegszeiten› eine Polemik auslöste. Lüthy stellte darin dem Bild einer weltoffenen Schweiz nach dem Ersten Weltkrieg das einer abgeschlossenen und «abwesenden» Schweiz nach dem Zweiten entgegen. «Geistig hat sich der zu lange unterbrochene Kontakt der Schweiz mit der Welt nach 1945 nicht retabliert.»[30] Der Schweiz mangelte es «an einer ihrer Dimensionen: jener der Idee»; Lüthy schloss warnend ab, dass «nur tote Länder sich nicht ändern.»[31]

Denis de Rougemont vermag durch seine Präsenz derartige Bilder zweifelsohne berichtigen helfen, wenn seine Singularität das Gesamtbild auch nicht umzupolen vermag. Er war sicherlich einer der wenigen geistigen Wortführer, die einen aktiven und lebendigen Dialog der Schweiz mit der Welt aufrechterhielten. Er schuf, verteidigte und setzte Konzepte durch, die heute zu unserem täglichen Horizont gehören – so das Europa der Kultur, das Europa der Region. Die innovative Tragweite seiner Ideen ist nicht bestreitbar. Rougemont hat keine Denkschule gegründet, aber sein Einfluss ist um so stärker und dauerhafter, als er wie kapillarisch die verschiedensten pro-europäischen Denkströmungen durchdrang. Er inspirierte die Generation all jener, die im Verlauf der vergangenen Jahrzehnte Europa gründeten. Das Nachlesen der heutigen philosophisch-essayistischen Grundlagenliteratur zu Europa zeigt diesen diffusen, aber wirksamen Einfluss.

Der Föderalismus war für Rougemont ein Ausdruck der Ablehnung von Systemen und der Suche nach einem polymorphen und gleichzeitig stimmigen Gedankengebäude. Diese Anschauung brachte ihm Missverständnisse und Ablehnung ein. Es ist aber gerade dieser Aspekt, der eine erneute Lektüre seines Werks so spannungsreich werden lässt.

Liegt der Grundzug der heutigen Epoche nicht in der durch die kurzfristige geschichtliche Entwicklung bedingten Überwerfung der meisten Paradigmen und sozialen Ordnungsgefüge, die wir vom 19. Jahrhundert übernahmen? Die Krise des Individuums, der Nation und des Sozialstaats mögen hier erwähnt sein. Neue Realitäten richten sich ein, die nur schwerlich assimiliert werden. Auf der einen Seite stehen wir vor der Globalisierung und dem Aufbau Europas – letzterer ein Projekt, das in der Geschichte ohne Beispiel und Modell dasteht – und auf der anderen vor dem Wiederauferstehen identitärer nationalistischer Bewegungen, wenn nicht vor der Retribalisierung, vor der Enzensberger in seinen ‹Aussichten auf den Bürgerkrieg› warnte.

Die technologische Entwicklung fügt dem das Ihre hinzu und richtet uns in eine Wandlung ein, die täglich unter unseren Augen fortschreitet. Mehr als nur ein neutrales technisches Objekt, ist das weltweite elektronische Netzwerk Internet eine neue inhaltliche Realität, dessen Bedeutung uns nicht entgehen kann.

Die Zahl der «Cybernauten» ist bedeutender als die der Bürger eines Staates mittlerer Grösse; transnational, kennt das Netzwerk keine Grenzen und bietet eine «alternative Vision der Nation».[32] Eine Nation legitimiert sich durch ihr blosses Bestehen; sie braucht, um funktionieren zu können, ein Territorium mit genau definierten Grenzen, eine politische Organisation, die auf dem Prinzip der Repräsentation fusst; sie braucht Parteien, eine Ideologie und die Zustimmung der Bürger, die auf dem Prinzip der Identität beruht. Internet symbolisiert eine Gegenwelt. Es ist eine Vernetzung von unzähligen lokalen Infrastrukturen, von Natur aus vielgestaltig, ohne politische Repräsentationsmechanismen und vermittelnde Instanzen. Sein Funktionieren wird von seinen Benutzern gesichert. Die Nähe, die es schafft, ist nicht mehr geographischer Natur, sondern definiert sich entsprechend ökonomischer oder intellektueller Interessengemeinschaften. Was zählt und was den Benutzer des Netzwerks zum Cyberbürger macht, ist seine aktive, aber thematisch begrenzte und räumlich fluktuierende Partizipation an den unzähligen speziellen Diskussionsforen, in denen die Benutzer sich als Bürger konstituieren und die sie betreffenden Angelegenheiten bis zum Erreichen eines minimalen Konsens ausdiskutieren. Der Intensität des Engagements entspricht die Dichte der Verbindungen, die über das Netz hergestellt werden. Das Lokale bindet sich an das Globale, ohne vermittelnde Instanzen und ohne Hierarchie. Die Ausübung der bürgerlichen Partizipation ist an den freien Zugang zur Information gebunden.

Es geht hier nicht darum, die Apologie des weltweiten elektronischen Netzwerks zu machen, noch dessen Risiken zu verschweigen. Es erstaunt jedoch, in welchem Masse das Wesen des Netzes mit dem Denkansatz von Denis de Rougemont übereinstimmt: seine Konzeption der Kultur als kreativer Akt, der tagtäglich die Person verpflichtet und aus vielfältigen und sich ständig verändernden Zentren entspringt; seine Vision des Föderalismus und der Zukunft der nationalen Idee; seine Überzeugung von der Unangepasstheit des Nationalstaats an die globalen Herausforderungen; schliesslich sein Konzept der Regionen. «Vernetzung des Territoriums», «funktionale Regionen in variabler Geometrie», «Hort der Bürgerbeteiligung»: Diese Begriffe aus Rougemonts Regionen-Ansatz stimmen mit dem Prinzip des Netzwerks überein. Sie zeugen von seiner Modernität.

In den siebziger Jahren, als die zur Vernetzung der Welt führende technologische Entwicklung nur einem begrenzten Kreis von Forschern bekannt war,[33] erfand Rougemont mit seinem Sinn für prägnante Formulierungen eine Paraphrase von Lenin: «Föderalismus ist regionale

Autonomie plus Computer».[34] An anderer Stelle, in ‹Die Zukunft ist unsere Sache›, schreibt er: «Eines schönen Tages wird man bemerken, dass Europa praktisch schon existiert. An dem Tage, an dem die befragten Computer antworten werden, dass die Summe der konkreten Verbindungen, das Geflecht der zwischen den Regionen geknüpften Beziehungen haltbarer geworden sind als die zwischen jeder Region und ihrer nationalen Hauptstadt bestehenden traditionellen juristischen Bindungen – an jenem Tag wird die europäische Revolution praktisch vollendet sein.»[35]

Unsere Zeit bringt zwei gegenläufige Phänomene hervor: Der Nationalismus holt erneut Atem, und gleichzeitig neigen die materiellen Grenzen ihrer Auslösung zu. Uns stellt sich die Notwendigkeit, die Komplexität der Welt zu begreifen und unser Handeln nach ihr auszurichten. Die geforderten Denkmodelle können sich nicht an überkommenen Interpretationsschemen ausrichten, sondern müssen die Verbindungsglieder einer gebrochenen Kette neu zusammenfügen. Die prophetische Weitsicht von Denis de Rougemont erleichtert uns diese Aufgabe.

Vom Autor aus dem Französischen übertragen

1 Denis de Rougemont, «Confession tendancieuse», in: *Les Cahiers du Mois*, Juni 1926, S. 144.

2 Denis de Rougemont erinnerte mehrmals daran, dass der Begriff des *engagierten Schriftstellers*, der weitverbreitet dem Jean-Paul Sartre der Nachkriegszeit zugeordnet wird, von der personalistischen Bewegung der 30er Jahre heftig diskutiert wurde und dass er das Leitthema seines Buchs *Politique de la Personne*, 1934 in Paris im Verlag ‹Je Sers› erschienen, bildete, wenn Rougemont auch betont, dass er den Begriff nicht erfunden hat. Cf.: Denis de Rougemont, «Contribution à une recherche éventuelle sur les sources de la notion d'engagement de l'écrivain», in: *Cadmos*, no. 1, 1978, S. 17–25.

3 Jean Starobinski, «Denis de Rougemont», in: *Table d'orientation*, Lausanne, Editions L'Age d'Homme, S. 173.

4 Denis de Rougemont im *Post-scriptum* zur französischsprachigen definitiven Ausgabe von «Die Liebe und das Abendland» : *L'Amour et l'Occident*, Paris, Plon, 1972, S. 259.

5 Vor allem infolge der Studie des amerikanischen Historikers und Frankreichkenners Zeev Sternhell, *Ni Droite ni Gauche. L'idéologie fasciste en France*, Paris, Seuil, 1983.

6 Nach dem damaligen deutschen Botschafter Otto Abetz benannt, führte diese Liste die im besetzten Frankreich von den Nationalsozialisten verbotenen Bücher und Autoren auf.

7 Nach der Formel von Mary Jo Deering in ihrer Biographie: *Denis de Rougemont l'Européen*, Lausanne, Fondation Jean Monnet pour l'Europe, 1991.

8 Denis de Rougemont, *Ecrits sur l'Europe*, (*Œuvres complètes III*), hrsg. von Christophe Calame, Paris, La Différence, 1994, 2 Bde. (weitere Bände folgen).

9 Pierre Izard, «Denis de Rougemont: Du Personnalisme au Fédéralisme. 1930–1950», in: *Du Personnalisme au fédéralisme européen. En hommage à Denis de Rougemont*, Genève, Editions du Centre Européen de la Culture, 1989, S. 117.

10 Sein Reisetagebuch erscheint 1932 unter dem Titel *Le Paysan du Danube*.

11 Der Ausdruck ist von Jean-Louis Loubet del Bayle, *Les non-conformistes des années 30. Une tentative de renouvellement de la pensée politique française*, Paris, Seuil, 1969. Die bedeutendsten Wortführer des französischen Personalismus waren Emmanuel Mounier, Arnaud Dandieu, Alexandre Marc, Robert Aron, René Dupuis und Henri Daniel-Rops.

12 Neben diesen zwei personalistischen Zeitschriften war Rougemont auch Mitbegründer der Zeitschrift *Hic et Nunc*, von Karl Barth geprägt. Zwischen 1937 und 1939 leitete er auch *Les Nouveaux Cahiers*.

13 Denis de Rougemont, *Lettre ouverte aux Européens*, Paris, Albin Michel, 1970.

14 Übers.: *Tagebuch eines arbeitslosen Intellektuellen*, Zürich, Büchergilde Gutenberg, 1939 (1991 bei A. Hain, Frankfurt a. M., neu aufgelegt).

15 In deutscher Sprache unter dem Titel *Die Liebe und das Abendland* erschienen. Das schriftstellerische Wirken von Denis de Rougemont ist in zahlreichen wissenschaftlichen Untersuchungen bewertet worden, und wir werden hier diesen Aspekt nicht vertiefen. Siehe hierzu die sehr ausführliche Dissertation von Bruno Ackermann, *Denis de Rougemont. Une biographie intellectuelle*, 2 Bde., Genève, Labor et Fides, 1996.

16 Übers.: *Der Anteil des Teufels*, Wien, Amandus-Verlag, 1949.

17 Übers.: *Über die Atombombe*, Wien, Amandus-Verlag, 1948.

18 Diese Epoche des Lebens von Denis de Rougemont wurde von der amerikanischen Historikerin Mary Jo Deering (op.cit.) beschrieben.

19 Übers.: *Das Wagnis Abendland*, München, Langen-Müller, 1959.

20 Die ausführlichste Studie hierzu ist wohl von Pierre Grémion erstellt worden: *Intelligence de l'anticommunisme. Le Congrès pour la liberté de la culture à Paris*, 1950–1975, Paris, Fayard, 1995.

21 Für die Schweiz nahmen neben Denis de Rougemont u.a. François Bondy, Walther Hofer, Herbert Lüthy und Hans Oprecht teil.

22 Bondy leitete in Paris auch eine der Zeitschriften, die dem Kongress nahestanden: *Preuves*. Das deutschprachige Pendant erschien in Berlin unter dem Titel *Der Monat*.

23 In der Mitte der sechziger Jahre wurde bekannt, dass die finanzielle Unterstützung für den Kongress durch amerikanische Stiftungen und Gewerkschaften in Wirklichkeit aus den Kassen des CIA stammten. Der Kongress löste sich nach Bekanntwerden dieses Manövers sofort auf. Die engagierten Intellektuellen zahlten derart ihren Tribut für die Irrungen des Kalten Krieges.

24 Übers.: *Europa. Vom Mythos zur Wirklichkeit*, München, Prestel, 1962.

25 Denis de Rougemont, «Trois initiales ou raisons d'être et objectifs du C.E.C.», in: *Œuvres complètes*, op.cit., Bd. 1, S. 403 (Text von 1960).

26 *Idem*.

27 Denis de Rougemont, *Fédéralisme culturel*, Neuchâtel, Ed. de la Baconnière, 1965 (Cahiers de l'Institut Neuchâtelois), S. 11.

28 Idem, S. 21. Hier kann auch angeführt werden, dass Rougemont ab 1961 eine Serie von Seminaren und Kongressen über den *Dialog der Kulturen* initiiert hat, ein Begriff, der von der Unesco adoptiert wurde.

29 Denis de Rougemont, *Die Zukunft ist unsere Sache*, Stuttgart, Klett-Cotta, 1980, *S. 305*.

30 Herbert Lüthy, «La Suisse des deux après-guerres», *Jahrbuch der Neuen Helvetischen Gesellschaft*, Nr. 35, 1964, S. 73.

31 Idem, S. 75.

32 Karine Douplitzky, «Quelle citoyenneté pour mon avatar ?», *Anciennes nations, nouveaux réseaux. Les cahiers de médiologie*, Nr. 3, Paris, Gallimard, 1997, S. 108.

33 Internet ist noch in seinen Anfängen. Der erste WWW-Browser ist am Cern in Genf Ende 1991 funktionstüchtig – dasselbe Cern, zu dessen Gründung Rougemont beigetragen hat.

34 Denis de Rougemont, «Information n'est pas savoir», *Diogène*, Nr. 116, Okt.-Dez. 1991, S. 5.

35 Denis de Rougemont, *Die Zukunft ist unsere Sache*, op.cit., S. 348.

Peter K. Wehrli

Schreiben unter dem Kreuz des Südens

Edgar Mittelholzer, Rui Knopfli, Blaise Cendrars, Alfonsina Storni

Edgar Mittelholzer

Edgar Mittelholzer (1909–1965)

Sehr guayanesisch klingt der Name nicht. Und ist der Reisende in Guayana auch an indische, holländische, chinesische, englische Namen gewöhnt, so versetzt es ihn doch in Erstaunen, hier im verdschungelten Land nahe der Amazonas-Mündung immer wieder auf den schweizerischen Klang des Namens Mittelholzer zu stossen. Er fährt durch die Edgar-Mittelholzer-Avenue, sucht Schatten unter den hölzernen Arkaden des Edgar-Mittelholzer-Square und liest über dem Eingang zum Gymnasium verblüfft die Schrift Edgar-Mittelholzer-High School. Seine so geweckte Neugier bleibt nicht lange ungestillt. Fast jeder Passant in den Strassen von Mackenzie, New Amsterdam oder Georgetown, der Hauptstadt von Guayana, vermag seine Frage zu beantworten. Denn Edgar Mittelholzer ist im Land in Äquatornähe nicht nur bekannt, er geniesst fast den Ruhm eines Nationalhelden: Edgar Mittelholzer ist nicht nur der wichtigste Schriftsteller von Guayana, er ist einer der bedeutendsten Romanciers der ganzen englischsprachigen Karibik. Und wenn die Bibliothekarin in der National-Library gar die Namen von Orten wie Appenzell, von Weilern wie Mittelholz oder Rämsen so selbstverständlich ausspricht, als seien es jedermann bekannte Hauptstädte wichtiger Länder, dann weckt sie die Neugier des heutigen Besuchers aus der Schweiz, mehr zu erfahren über die Person, die die Gewichtung von geographischen Bezeichnungen auf der Weltkarte anscheinend nachhaltig verändert hat.

In der Papierwarenhandlung von Buxton, die auch Bücher verkauft, liegen mehrere Exemplare der Taschenbuchausgabe des Romans ‹Kaywana Blood›. In drei ‹Kaywana›-Romanen erzählt Mittelholzer die Geschichte von sechs Generationen der Siedlerfamilie van Groenwegel von 1616 bis 1764. Die Mestizin Kaywana wird zur Stammutter des Geschlechts, das seine «edle» Familientradition wie eine pathetisch wehende Fahne weithin sichtbar durch die Plantagengebiete Guayanas trägt: Die «schwachen» unter den Nachkommen werden bewusst vernachlässigt, fallengelassen oder gar rücksichtslos geopfert, damit das «alte Blut» des Machtwillens weiterhin durch die Adern rauschen kann. Da hat Mittelholzer das Thema weit offengelegt, das ihn durch sein ganzes Schriftstellerleben begleitet: die Fragen der ethnischen Abstammung, die Auswirkungen der Hautfarbe auf die gesellschaftliche Anerkennung und die rassischen Implikationen bei der Klassenzugehörigkeit von Dynastien und Individuen. Mittelholzer hat den Roman des ethischen Niedergangs einer ausbeuterischen Herrenklasse geschrieben, der – die Buchverkäuferin legt darauf Gewicht – dem in viele Rassen aufgefächerten Volk zu einem eigentlichen karibischen Selbstgefühl verholfen habe. Und die Lektüre gibt dem Leser Gelegenheit, das von der Buchhändlerin als Stilmerkmal gelobte Spiel zu verfolgen, das Mittelholzer in diesem Roman mit den übernommenen Versatzstücken der Kolportage betreibt. Doch am Rande der Zeilen beschleicht den Leser hie und da die Vermutung, so ganz bewusst habe Mittelholzer den Kolportageroman nicht als stilistische Kapriole zitiert, er nähre sich vielmehr genüsslich von seinen Ingredienzen. Und dann bleibt da auch die beunruhigende Frage, ob etwa der Autor des Romans, der einem zersprenkelten Volk eine vereinheitlichende Identität gegeben haben soll, nicht doch in seinen Neigungen den Anschluss suche und die Anerkennung gerade jener mächtigen Klasse, die zu kritisieren ihm auch jetzt noch aufgetragen worden ist.

Ein «schwärzlicher» Junge schmollt in die Kamera, weil er statt einer Krawatte einen Seidenkragen tragen muss

Erst nach neugierigem Nachfragen macht die Buchverkäuferin auf einen schmaleren Band aufmerksam, der offenbar nicht zu Mittelholzers karibischen Bestsellern gehört: ‹A Swarthy Boy›, die Autobiographie von Mittelholzers guayanesischen Kinderjahren. Darin verweist er uns gleich zu Beginn schon auf die Initialzündung, welche die Lunte, die als Lebensfaden durch sein Schaffen führt, angesteckt hat: Da schreibt Mittelholzer vom Entsetzen seines Vaters, des «Negrophoben», als Sohn einen dunkelhäutigen, negroiden Knaben im Arm halten zu müssen: «Da er selber hellhäutig war, mit Haaren von ebenso europäischer Textur wie seine Brüder und Schwestern, und seine Frau ebenso hell und europäisch aussah, hatte er angenommen, die Chancen stünden gut, ein hellhäutiges Kind zu bekommen. Aber in einer Gesellschaft wie der unsrigen, und zu jener Zeit, hätte nur ein Übermensch nicht enttäuscht sein können. Ein trüber, rauher Morgen und ein sonniger, trockener Nachmittag, dieser Gegensatz mag dem Kontrast entsprechen zwischen einer ‹schwärzlichen› und einer hellhäutigen Beschaffenheit in New Amsterdam, damals in 1909. Aber da war ein ganz wichtiger Trost für ihn, ich betone: ein wichtiger. Meine Haare wuchsen gerade, steckengerade. Kein Anzeichen von negroiden Spiralen.»

Im Anhang zu diesem Buch dann gibt Mittelholzer einen erschreckend genauen Überblick über die Bevölkerungsstruktur Guayanas und bekundet eigenartigerweise Verständnis für die Vorurteile, die damals (wie heute) das Leben erschwerten, wenn er schreibt: «Wäre ich 1909 schon erwachsen gewesen, so hätte ich möglicherweise den Nachteil meines ‹schwärzlichen› Aussehens zu spüren bekommen, denn damals war die Hautfarbe eine Schranke im Weg des Fortkommens.» Er betont dann, dass nach mehr als einem Jahrhundert britischer Herrschaft über Guayana die Kolonie so stark von britischen Verhaltensnormen imprägniert war, dass die «höfliche Heuchelei der Engländer» jede öffentliche Äusserung von Vorurteil verbot. Dann aber richtet er seine Kritik gegen seinesgleichen: «Traurig, gestehen zu müssen, dass es meine eigene Klasse war – Leute von farbiger Beimischung, aber von hellem oder olivem Aussehen –, die all den Hochmut gegenüber Andersfarbigen zur Schau trug. Es war meine Klasse, die auf die indischen Plantagenarbeiter der Zuckerrohrfelder herabschaute (wir nannten sie «coolies», ob sie nun Arbeiter waren oder Ärzte wurden oder Anwälte oder Beamte). Es war meine Klasse, die die Portugiesen als niedrigere soziale Schicht betrachtete wegen ihres Hausierertums, den Rumschenken, Salzläden und Pfandleihbuden, die sie betrieben, und wegen ihres niederen Lebensstandards. Wir haben auch die chinesischen Süssigkeitenverkäufer und Ladeninhaber mit Herablassung bestraft für ihr Armeleute-Einwanderer-Ansehen. Wir schauten sogar mit einer bestimmten Zurückhaltung auf die jungen Engländer, die als Plantagenaufseher zu uns herübergekommen waren. Wir schimpften sie ‹weissen Pöbel›. Unnötig zu sagen, dass dabei die Schwarzen ihre Aufgaben als Diener hatten. Dies galt als akzeptierte Tradition seit den Zeiten der Sklaverei.» Erstaunlich wiederum, wie gut in diesem Konzert der Diskriminationen die Verursacher des Systems, die Kolonialherren, davonkamen: «Die reinen Weissen waren eine sehr kleine Minorität und konnten es sich nicht leisten, offene Diskriminierung zu zeigen oder unliebsame Arten der Rassentrennung zu praktizieren.»

Angesichts solcher immerwährender Verstimmung ob rassistischer Vorurteile scheint es einleuchtend, dass Edgar Mittelholzer immer wieder sein Herkommen reflektiert und kommentiert hat: Er stammt aus dem Weiler Mittelholz in der Nähe vor Appenzell. Sein offensichtlich von den Engländern eingepflanzter Sinn für Familientradition äusserte sich bald schon in der Suche nach den eigenen «roots»: Fünfzig Meilen landeinwärts von seinem Wohnort New Amsterdam befand sich die Plantage de Vreede. Mitte des 18. Jahrhunderts hatte sie in reicher Blüte gestanden, und noch vor Beginn des 19. ist sie «dem Dschungel, dem sie abgetrotzt worden war, zurückgegeben worden». Auf dieser Plantage, zu der grosse Schiffe aus Europa flussaufwärts dampften, hat der junge Edgar einen Namensvetter aufgespürt, den Verwalter, der sein direkter Vorfahre gewesen war. Er nennt den Deutschschweizer «*Herrn C. Mittelholzer,* den ersten Mittelholzer, den es in diesen Teil der Welt verschlagen hatte». Aus diesem feucht-heissen sumpfigen Land ist Edgar Mittelholzer dann – weil er sich Klarheit verschaffen wollte über sein eigenes Herkommen – in die Schweiz gereist. Jede Frage mit einer Nachfrage verstärkend, besessen recherchierend, hat Mittelholzer sich dort Klarheit zu verschaffen versucht über sich selber und über die Rassen, die sich in seiner Person vermischt hatten.

Und auch heute noch kann der Besucher in Guayana Geschichten vernehmen von den Erlebnissen, die der Schriftsteller in der Schweiz zu bestehen hatte, und vom Aufsehen, das das überraschende Auftauchen eines «schwärzlichen» Mannes in den Weilern rund um Appenzell ausgelöst haben soll. Es war jedenfalls ein Eindruck von surrealer Phantasmagorie, in einer dumpf-schwülen Tropennacht am Demerara-Fluss eine Angestellte der Nationalbibliothek von den Schneestürmen reden zu hören, die in jener Nacht im Hügelland um Appenzell getobt hatten, als Edgar Mittelholzer seine ahnungslosen Verwandten in abgelegenen Gehöften mit seinem Besuch überraschte. Das hört sich tatsächlich an wie eine Szene aus einem der Romane Mittelholzers und prägt sich als Filmszene der Erinnerung ein: *Grossaufnahme:* Das Erschrecken auf den verdutzten Gesichtern der Bauern, die zu einer Stunde, die üblicherweise bereits dem Schlaf gehörte, ein Pochen an der Holztür ihres Hofes vernahmen. *Halbtotal*: Das Zögern, mit dem sie, nachdem sie Mut gefasst hatten, die Tür einen Spalt breit öffneten. *Rückzoom*: Das Gesicht eines «schwärzlichen» Mannes im Türausschnitt und die fetten Schneeflocken, die der Wind in die Öffnung blies. *Subjektive Kamera:* Die Hand, die der im Schnee-

Das *Haus in der Coburg Street:* Mittelholzers langjähriger Wohnsitz

treiben stehende Afrikaner dem zaudernden Appenzeller entgegenstreckte, und das solid hingesprochene Deutsch, mit dem der Schwarze seine Geste begleitete: «Mein Name ist Mittelholzer. Sie heissen auch Mittelholzer. Deshalb möchte ich Sie kennenlernen.» Zum Schluss dann das irritierte Kopfschütteln der angesprochenen Bauern darob, dass ein schwarzhäutiger Mann, den man damals durchaus noch «Neger» zu nennen gewohnt war, Mittelholzer heissen sollte. Und das «Bätziwasser» statt des vertrauten guayanesischen Rums, mit dem der frierende dunkle Unbekannte – nachdem alle Befürchtungen und Missverständnisse ausgeräumt waren – vom Bauern gelabt wurde. Mag die Schilderung dieser ersten appenzellischen Begegnungen auch zu schön sein, als dass sie sich genau so zugetragen haben könnte, Edgar Mittelholzer hat in seinen Schriften den Aufenthalt in Mittelholz und Appenzell als sehr ertragreich beschrieben. Seine Besuchsstrategie hat ihn auch mit dem Tierarzt Dr. Johann Mittelholzer in Kontakt gebracht, der ein erstaunlich vielfältiges familiengeschichtliches Wissen vor dem Besucher aus Guayana auszubreiten bereit war.

Zu des Schriftstellers höchstem Erstaunen klappte der Tierarzt Mittelholzer ein riesiges, vergilbtes Buch vor ihm auf, eine Mischung aus Familienchronik und Geschäftsbericht, ein Foliant, der mit winzigen Buchstaben in deutscher Sprache vollgeschrieben war. Der Appenzeller hatte noch nicht alle diese mikroskopisch kleinen Schriftzeichen zu entziffern vermocht. Doch war ihm klar geworden, dass es sich dabei um den generationenübergreifenden Bericht handelte vom Leben auf einer Plantage in einer der holländischen Kolonien Südamerikas. Und Britisch-Guayana, neben der holländischen Kolonie Surinam gelegen, war ja holländisch gewesen, bis die Engländer ihre Herrschaft errichteten. Eine unbekannte Person habe die Chronik 1866 seinem Vater nach Appenzell geschickt, sagte Johann Mittelholzer, und zwar in Erfüllung des letzten Willens eines ausgewanderten Mittelholzer, der in Südamerika gestorben sei. Das geheimnisvolle Paket aus Guayana enthielt keinen Brief und keine weiteren Erklärungen, sondern neben der verstaubten Chronik rätselhafterweise nur einen silbernen Löffel. Diesem Löffel begegnet nun der Leser in symbolischer Verwandlung immer wieder in einigen von Edgar Mittelholzers neunzehn Romanen. Und mit Hilfe der geheimnisvollen Chronik aus Appenzell war es dem Romanautor dann auch möglich, diesem Verwalter der Plantage de Vreede, dem legendären «Herr C. Mittelholzer», seinen legitimen Vornamen zu geben: Constanz Mittelholzer. Als dieser frühe guayanesische Namensvetter endlich seinen Namen hatte, erwachte in Edgar Mittelholzer das Gefühl, auf den verschlungenen Wegen in seine eigene schweizerische Vergangenheit nun festen Boden unter den Füssen zu haben.

Die Chronik, die Geheimnisse der Vergangenheit birgt, ist seither zum wichtigen Versatzstück in Mittelholzers Romanen und Erzählungen geworden. So lagert sie etwa als unübersehbarer Gegenstand zwischen den Personen der ‹Kaywana›-Trilogie, sie ist geborgen in einem fluchbeladenen Schatzbehälter in ‹Corentyne Thunder›, und sie bestimmt als Unheil versprechendes Manuskript das Verhalten der Figuren im «tropical gothic» der Gespenstergeschichte ‹My Flute and My Bone›. Darin überrascht der Autor, dessen Hang zur Parapsychologie ihm in seinem äquatorialen Heimatland als Instrument zur irrationalen Denunziation der Herrschaftsverhältnisse angerechnet wird, mit dem rationalen Schlüssel zu allem afro-englischen Gespensterspuk: «Es gibt keine Dämonen als diejenigen, die wir mit unserem eigenen Willen hervorbringen.» Die Auseinandersetzung des Aufgeklärten mit den in dumpfem Ahnen Befangenen benutzt Mittelholzer gewissermassen als Spiegeltrick, um den Kampf zwischen Gut und Böse, der sich – eines seiner Hauptmotive – in den meisten Büchern im Innern eines Menschen abspielt, diesmal nun nach aussen zu stülpen, die Innenwelt Aussenwelt werden zu lassen und umgekehrt.

Und schliesslich war es ein der Appenzeller Chronik ähnlicher Band, der schon früh des Knaben Sehnsüchte nach der andern Welt und nach der fremden Heimat entzündete: der stattlich gebundene Bericht der Reise, die Mittelholzers Vater, William Austin Mittelholzer, 1901 – also acht Jahre vor Edgars Geburt – in die Schweiz unternommen hatte. Dass ein vom Vater vor Ort gemaltes Aquarell des Genfersees den Buchdeckel schmückte, daran erinnert sich der Sohn auch noch nach seiner Emigration nach England. Dort erst wird ein kontinuierliches Publizieren des längst Geschriebenen möglich. Literarische Verlage gab es damals in Guayana kaum, denn dieses Land «was not a reading country». Und systematische Leser fanden sich eigentlich nur in den Familien der weissen Gentlemen aus England.

Mit befreiender Ironie schildert Edgar Mittelholzer später, wie er schon als Achtzehnjähriger mit der ersten, in der Sylvesternacht 1927/28 abgeschlossenen Novelle ‹The Doubloon› zur Eroberung der englischen Verlagslandschaft ansetzte und dann unentwegt Text um Text ins Mutterland schickte. Das Schiff aus London brachte die meisten Manuskripte wieder zurück. Edgar setzte zu neuen Angriffen gegen die Bastion der mächtigen Verleger an. Er braucht in seiner Schilderung des verlorenen literarischen Feldzuges vor allem Begriffe aus der Kriegstechnik, der Ballistik, der Strategie, so dass der parodistische Eindruck entsteht, Autoren und Verleger stünden sich auf einem Schlachtfeld der Belletristik gegenüber.

Neben dem Silberlöffel und der südamerikanischen Chronik von Appenzell erwähnt Mittelholzer immer wieder ein drittes Requisit als Belegstück für die Festigung der eigenen verunsicherten Identität: Es ist der Säbel, den er schon als Kind in der Wohnung seines Onkels John in Georgetown an der Wand hat hängen sehen. Mit ihm soll sich sein Altvorderer in den blutigen Aufständen von 1763 gegen den Ansturm der rebellierenden Sklaven verteidigt haben. Sei es als historische Tatsache, sei es als schreckliches Traumgesicht, der Sklavenaufstand von 1763 und der Säbel, der für ihn steht, sind das dritte wiederkehrende Zeichen durch Mittelholzers Werk hindurch. Für den Abbruch einer mit Gewalt aufrechterhaltenen Familientradition steht diese Sklavenrevolution etwa auch in ‹Children of Kaywana›, wo der Autor die dreiundneunzigjährige Nachfahrin der Titelfigur bei der Verteidigung des Familienbesitzes sterben lässt.

Deutlich jedenfalls wird das Bedauern nicht, wenn der Schriftsteller feststellt, es sei sein Urgrossvater gewesen, Jan Vincent Mittelholzer, der in den frühen Jahrzehnten des 19. Jahrhunderts die Schleuse geöffnet habe, «durch die nun schwarzes Blut in die Adern der Familie hineinzufliessen begonnen» habe. Und er flüchtet sich in die Hochachtung für seinen Grossvater John Robert Mittelholzer mit seiner oliven Gesichtsfarbe, dessen Haar «nicht gar so kraus wie Negerhaar, doch zu spiralig und dunkel war, um vollkommen europäisch zu sein». Dieser Grossvater mag als Vorbild gedient haben für den Pastor, der im Buch ‹Shadows move among them› eine Missionsstation zur Bekehrung der Indianer im Dschungel Guayanas unterhält. Zur Zeit, als der Massenselbstmord der amerikanischen Sekte um Reverend Jim Jones im guayanesischen Urwald weltweit die Schlagzeilen bestimmte, hatte dieser – drei Jahrzehnte zuvor verfasste – Roman von Mittelholzer bestürzende Aktualität erhalten. Die Kirche jedenfalls, die der leibhaftige Grossvater John für die einheimischen Indianer errichtet hatte, befand sich neunzig Meilen flussaufwärts am Ufer des Berbice, in einer unwirtlichen Gegend mit dem schönen Namen Maria Henrietta. Mit der Beherrschung der lateinischen, griechischen, hebräischen und deutschen Sprache galt der Grossvater natürlich auch als einer der führenden Intellektuellen im verdschungelten Guayana. So brauchte er sich denn keinerlei Sorgen zu machen um den Zulauf zur Privatschule, die er in seinem Haus für die Söhne der viktorianischen Gentlemen gegründet hatte. Die Schule hatte landesweiten Ruf. Als Reminiszenz an die schweizerische Herkunft seiner Familie hatte ihr Pastor John den Namen «Geneva Academy» gegeben.

Angesichts der Intensität, mit der Edgar Mittelholzer die Erforschung seines Ursprungs vorantrieb, erstaunt es nicht, dass er sich in Guayana entschloss, die deutsche Sprache zu erlernen. Und wieder wird dieser Sachverhalt heute in Georgetown zur Anekdote umgemünzt. «Weisst du, dass es Edgar Mittelholzer war, der den Umlaut ö in den karibischen Raum eingeführt hat?» wird da der Besucher aus der Schweiz von guayanesischen Studenten gefragt. Und weil er es nicht wissen kann, wird er auf die Textstelle verwiesen, in der der Schriftsteller den Ursprung eines folgenreichen Missverständnisses beschreibt: Sein Lehrbuch der deutschen Sprache hatte ihm verraten, dass die Mehrzahl des Wortes «Holz» richtigerweise «Hölzer» lautet. So stieg in ihm der Verdacht auf, sein Grossvater habe, um die englische Schreibweise und Aussprache des Namens zu erleichtern, das ursprüngliche ö durch ein handlicheres o vertauscht. Im Bestreben, seine eigene Identität mit dem Wissen um seine deutschschweizerische Herkunft zu festigen, beschloss Edgar Mittelholzer, die vermeintliche Entscheidung seines Ahnen wieder rückgängig zu machen. Er nannte sich fortan ganz offiziell Edgar Mittelhölzer. Und hat damit einen guayanesischen Zeitungsdrucker veranlasst, die eiserne Letter ö für die Setzmaschine Linotype aus Europa kommen zu lassen. Erst als ihn ein Journalist namens Dr. H. G. Alexander auf den – helvetisch verstärkten – Unterschied zwischen einem Holzer und den Hölzern aufmerksam machte, kehrte Edgar Mittelhölzer zur richtigen Schreibweise ohne Umlaut zurück. Heute mutet es wie eine verschmitzte Hommage an den Romancier an, dass auch die neuesten Auflagen der Taschenbuchausgabe von ‹Children of Kaywana› immer noch den Autorennamen Edgar Mittelhölzer tragen.

Rui Knopfli

Rui Knopfli (1932–1997)

Das legendäre ö, das Mittelholzer in seinen Namen eingebaut hatte, scheint aus einem andern Namen verschwunden. Es ist der Name eines Dichters, der bald als einer der bedeutenden Lyriker der heutigen Welt erkannt werden wird, auch wenn er bislang fast nur in der lusophonen Welt zu Rang und Ruhm gekommen ist. Zu solchen Schlüssen führt das weithallende Echo in der Presse und in der literarischen Öffentlichkeit auf Rui Knopflis Tod: Er ist am 25. Dezember 1997 in Lissabon gestorben. Der Schweizer Reisende, diesmal unterwegs im PALOP (die Bezeichnung für die portugiesischsprachigen Länder Afrikas), reibt sich in einer Buchhandlung in Maputo erstaunt die Augen, wenn er auf einem Buchumschlag den Namen liest: Rui Knopfli. Fehlen da nicht die Punkte auf dem o? In Gesprächen und bei der Lektüre von kulturellen Zeitschriften erfährt er bald, dass Rui Knopfli zweifellos der bedeutendste Lyriker von Moçambique ist. Aber auch in den andern Ländern portugiesischer Sprache ist sein Werk immerhin unübersehbar präsent.

Geboren wurde er am 10. August 1932 in der mozambikanischen Stadt Inhambane, und dort hat er bis 1973 gelebt. Sein Grossvater, Eduard Knopfli, ein Fotograf aus Meilen am Zürichsee, hatte in Lissabon ein Atelier unterhalten; bekannt geworden aber ist er dadurch, dass er Nähmaschinen in Portugal einführte, die den Namen «Knopfli» trugen. In den Dokumenten des Meilemer Gemeindearchivs ist im Jahr 1886 Eduards «Trauung mit einer Portugiesin» vermerkt. Ruis Vater war als portugiesischer Kolonialbeamter nach Moçambique gekommen. Die vielen Wohnungswechsel, zu denen der Beamtenstand des Vaters die Familie zwang, haben dazu geführt, dass der junge Rui selbst entlegene Gebiete seines Heimatlandes eingehend kennenlernte. Und dieses Wissen spricht heute aus Knopflis Schriften und gibt dem Poetischen seinen Anker in der afrikanischen Realität. ‹Caliban› hiess die Zeitschrift, die er mit Grabato Dias und Antonio Quadro herausgegeben hat. Als er 1942 ins Gymnasium eintrat, ins Liceu Salazar, fiel ihm die geringe Zahl von schwarzen Mitschülern auf. Kurz vorher noch hatte er feststellen können: «Das Leben war schön. Wir hatten nicht die geringste Ahnung davon, was Rassismus war.» Erste kulturelle Unternehmungen startete Rui zusammen mit zwei Mitschülern aus der Klasse, die ebenfalls den Vornamen Rui trugen: Ruy Guerra, der mittlerweile als Filmregisseur und als Mitkämpfer des brasilianischen «Cinéma Novo» zu internationalem Ruhm gekommen ist, und Rui Guedes da Silva, dem vorzüglichen Übersetzer und «Dichter ohne gedrucktes Buch». Unter dem Namen «Die drei Ruis» verschaffte sich die Gruppe in Lourenço Marques den Bekanntheitsgrad des Gerüchts und der Legende. Knopfli hat das Gymnasium nicht abgeschlossen, und nachdem auch sein Versuch, in eine Architekturschule in Südafrika aufgenommen zu werden, gescheitert war, geben Gedichtzeilen wie «Ich bin aus meiner Kindheit geflohen …» Hinweise auf Knopflis frühe Neugier und auf seine Wesen. In der Entdeckung der Mechanismen der Politik kündigte sich das Ende seiner Kindheit an. Während des Aufenthaltes in Südafrika hatte er das unverstellte Gesicht des Rassismus zu spüren bekommen, eine Erfahrung, die ihn als Weissen entscheidend prägte. Seine erste Anstellung fand er bei einer Tankstelle. Dank seiner Englischkenntnisse aber wurde er bald PR-Vertreter eines multinationalen Heilmittelkonzerns. Dieser Beruf, den er zwanzig Jahre lang ausübte, führte ihn öfters nach Südafrika, wo ihn das Gespenst der Apartheid einholte, wo er aber auch erstmals mit der nordamerikanischen Literatur in Berührung kam. Diese Entdeckung rückte ihn ab aus dem Geleise mozambikanischer Tradition und öffnete das Gehege lusitanischen Erbes: «Meine Kultur ist mehr europäisch als afrikanisch, und viel mehr angelsächsisch als französisch.» Damit hat Rui Knopfli den Schlüssel geschmiedet, der auch heute noch an sein Werk anzulegen ist.

Als Journalist hat Knopfli für alle möglichen mozambikanischen Zeitschriften geschrieben, ausser für die offiziellen Regierungsorgane. So profilierte er sich mit Vehemenz als einer der führenden Intellektuellen im Umfeld der «Anti-Salazar-Elite». Auf den Befreiungskampf gegen Portugal hin angesprochen, gestand Knopfli: «Ich ersehnte die Unabhängigkeit von Moçambique, aber im selben Augenblick fürchtete ich sie ...» Es schien, als wisse er um den «Sturz aus dem Gleichgewicht», den das Land nach der Befreiung zu durchleiden hatte.

Rückbesinnung auf den Ursprung in Afrika: Motive aus Knopflis poetischer Reise durch Moçambique, *A Ilha de Próspero*

Zuerst aber hatte die Befreiung für Knopfli bedeutungsvolle Folgen: Er, der bislang die Feuilletonseite der Zeitung ‹A Tribuna› geleitet hatte, wurde nun zum Direktor der Zeitung berufen. Als solcher aber geriet er in die Auseinandersetzungen zwischen dem noch von Portugal gestützten Regierungspräsidenten und jenem Teil der Regierung, der zur Frelimo neigte. Rodriques da Silva beschreibt die Situation so: «Mozambikaner, aber Weisser, Unabhängigkeitskämpfer, aber gegen die Frelimo, Afrikaner von Geburt, aber Europäer von Kultur, wird Knopfli Opfer eines jener vielen *Qui pro Quo,* die zu jener Zeit die Kolonie schüttelten.» Knopfli zog die Konsequenzen. Er verabschiedete sich von Moçambique: «Ich werde nie zurückkehren, sondern für immer bleiben ...» Jetzt empfand er sich als den «Verbannten», den er im Titel seines Bandes ‹O Desterro› nennt.

Auch sein Zufluchtsort Lissabon blieb nur Durchgangsstation. Denn schon kurz nach seiner Ankunft in Portugal wird er zum Presseattaché der portugiesischen Botschaft in London ernannt. Auf diesem Posten hat der Dichter sechs Botschafter überlebt, vier Staatspräsidenten Portugals und unzählige Regierungen. Nach zweiundzwanzig Jahren in London ist er 1997 nach Lissabon zurückgekehrt. Dort fand er nun mit dem neuesten Gedichtband ‹O Monhé das Cobras› die gebührende öffentliche Beachtung. Dass aber all die Londoner Jahre für Knopfli eine geschichtslose Zeit waren, zeigt die Tatsache, dass von den dreiunddreissig Gedichten des Bandes lediglich zwei auf diese Zeit verweisen.

Knopfli trat 1959 erstmals mit Gedichten an die Öffentlichkeit. Der erste von ihm publizierte Band trug den Titel ‹O Pais dos Outros›, als Anspielung an die koloniale Situation seines Landes. Schon damals siedelte seine Dichtung in jener imaginären Landschaft, die bis heute die unverwechselbar knopflische Szenerie geblieben ist: «ein dumpfes, verhalten lebendes, verschleiertes Universum». Immer wieder hat er sich in seinen Gedichten auf den Ursprung in Afrika zurückbesonnen; Beispiele dafür sind ‹A Ilha de Prospero› von 1972 oder ‹O Escriba Acocorado› von 1978 und 1997 ‹O Monhé das Cobras›. Darin gibt er der Person des Autors seine zweite «eigene Individualität» zur Seite , die zusammen eine Art Zeremonienmeister eines mozambikanischen Rituals bilden. Und dieser Meister ist es eigentlich, der, dezidierter als der Autor selber, Figuren, Orte, Gegebenheiten, Geschehnisse in die umrissenen Zeitabschnitte einführt. Direkter als in seinen früheren Werken erforscht hier Knopfli den Raum der Erinnerungen an seine afrikanischen Wurzeln. Und er weiss, was es bedeutet, Dichter zu sein für ein Land, das sehr viele Analphabeten und sehr wenige Leser hat. Dieser provozierenden Situation war sich die Gruppe der Dichter bewusst, der sich Rui Knopfli im damaligen Lourenço Marques, der heutigen Hauptstadt Maputo, angeschlossen hatte. Im Hause von Adrião Rodrigues war er Jorge de Sena und David Mourão-Ferreira begegnet, die er als seine «Lehrer ausserhalb der Universität» bezeichnet hat. Mit dieser Gruppe schickte er sich – das hatte durchaus auch experimentellen Charakter – an, dem Analphabetentum die Buchstaben und der gesprochenen Sprache die geschriebene entgegenzusetzen. Unter den Bedingungen, die diese «sprachwillige Gruppe» in ihrem Heimatland antraf, ist es verständlich, dass sich in Moçambique nie eine eigentliche Romanliteratur entwickeln konnte. Die mündliche Erzähltradition des Volkes war dem Rhythmus des Gedichtes immer schon näher als der Prosa. Dies zeigt sich auch im grossen Einfluss, den die Lyrik im Unabhängigkeitskampf gegen die Portugiesen ausübte. Die Gedichte gingen von Mund zu Mund, sie nährten das Selbstbewusstsein der Kolonisierten und schürten das Bedürfnis nach politischer Freiheit. So sind aus vielen Gedichten fast wie selbstverständlich Lieder geworden. In der Angst und der Ungewissheit, ob sie der übermächtige Feind nicht plötzlich anfalle, machten sich die Kämpfer an den nächtlichen Feuern mit Gedichten und Liedern Mut. Auf diesem Hintergrund erhält Knopflis neuester Gedichtband, diese poetische Rückkehr nach Afrika, ästhetische und soziale Brisanz, denn er sucht – Knopfli erklärt dieses Bedürfnis selber – nun auch den Anschluss an die afrikanischen Traditionen der mündlich überlieferten Sprache. Knopflis Name ist bereits auf der Liste der Klassiker der afrikanischen Literatur zu finden.

Blaise Cendrars

Auf eine andere, aktiv eingreifende Weise – nicht wie Mittelholzer durch sein literarisches Sein, das Dasein in kolonialer Umgebung, sondern als Beiträger im Rahmen eines bewusst vollzogenen Austausches – hat ein anderer Schriftsteller die kulturelle Brücke zwischen der Schweiz und Südamerika geschlagen. Blaise Cendrars hat heute in Brasilien eine Präsenz, die den Besucher aus der Schweiz erstaunen muss: er steht im Zentrum vieler Gespräche, nicht nur jener um literarische Themen. Der bedeutende Ethnologe Gilberto Freyre nennt ihn emphatisch einen «Lehrmeister der Brasilianität».

Blaise Cendrars, 1926

Der Weg zu dieser wichtigen Funktion hatte 1923 in einem Antiquariat in Paris begonnen. Dort hatte Blaise Cendrars einen mächtig gebauten, schon physisch beeindruckenden Brasilianer kennengelernt, der sich als Paulo Prado vorgestellt hatte. Im Gespräch zwischen den Regalen erwähnte der junge Cendrars, dass er schreibe. Und Cendrars belohnte das Interesse des Brasilianers damit, dass er ihm seine ersten Gedichtbände mitgab. Nach der Rückkehr liess der Brasilianer Cendrars Gedichte in São Paulo im Freundeskreis zirkulieren. Dort hatten sie eine ungeahnte Wirkung. Die Leser der Bände gehörten zu den aufstrebenden Künstlern und Schriftstellern der brasilianischen Avantgarde. Paulo Prado war ihr Mäzen und Förderer. Und bald schon waren die Texte und Ideen des in Paris ansässigen Schweizers fast tägliches Gesprächsthema in den Ateliers und Schreibstuben von São Paulo. Das Ergebnis dieser Wirkung: Wenig später erreichte Cendrars in Paris die Einladung zu einer Reise nach Brasilien. Gastgeber war Paulo Prado.

Das Schiff, das Cendrars nach Brasilien brachte, die ‹Formosa›, hatte am 5. Februar 1924 zu einem Zwischenhalt im Hafen von Rio de Janeiro geankert. Und noch bevor die ‹Formosa› mit Cendrars an Bord nach Santos weiterdampfte, riefen die Zeitungsjungen im Hafen die Abendzeitungen aus: «Blaise Cendrars war auf der Durchreise nach São Paulo für einige Stunden in Rio!» stand als Schlagzeile auf der Titelseite von ‹A Noite›. Und das Abendblatt ‹O Imparcial› titelte: «Ankunft der ‹Formosa›. Passagiere für Rio. Der Dichter Blaise Cendrars in Transit.» ‹O Jornal› brachte die Überschrift: «In Brasilien trifft der grosse französische Dichter Blaise Cendrars ein. Verwundeter im grossen Krieg.» Am Fuss des Fallreeps hatte ihm zudem eine Gruppe von jungen Leuten einen stürmischen Empfang bereitet. Es waren Graça Aranha, Prudente de Morães, Sergio Buarque de Holanda, Guilherme de Almeida und andere junge Schriftsteller, deren Namen heute die Namen von Strassen und Plätzen in Brasiliens Städten sind. Wahrlich ein überwältigender Empfang für einen jungen Dichter, dessen Werk sowohl in der Schweiz als auch in seiner Wahlheimat Frankreich erst von wenigen Eingeweihten zur Kenntnis genommen worden war. In Brasilien aber wurde der Verkannte fast schon wie eine Weltberühmtheit willkommen geheissen.

Mitten in diesem Begrüssungstrubel schon muss Cendrars geahnt haben, dass der Organisator des Empfangs und der Schlagzeileneuphorie in den Zeitungen niemand anderer sein konnte als der einflussreiche Paulo Prado. Erst jetzt vernahm er, dass sein Freund der millionenschwere Kaffeekönig von São Paulo war, der sich sein öffentliches Ansehen auch als hochherziger Förderer von Künstlern und Literaten erworben hatte. In Cendrars Werken ist Brasilien ein derart zentraler Raum, dass sich bei der Lektüre gar nicht genau eruieren lässt, wie viele weitere Brasilienreisen dieser ersten von 1924 noch folgten. Cendrars überlebende Freunde in Brasilien nehmen an, dass der Dichter einige der in seinen Büchern beschriebenen Reisen lediglich im Geiste vollzogen hat. Seien es nun drei oder sechs Aufenthalte in Brasilien, Tatsache bleibt, dass diese Reisen Auswirkungen auf die brasilianische Kultur hatten, die heute noch anhalten, Tatsache auch, dass das Erlebnis dieses Landes Cendrars' Wahrnehmung und sein literarisches Empfinden tiefgreifend verändert hat: «Die Welt heisst Brasilien!»

Doch Cendrars Begegnung mit dieser Welt wäre um ein Haar verhindert worden: Wütend zerrte der Grenzpolizist im Hafen von Santos am leer von der Schulter hängenden Rockärmel des eben aus Europa angekommenen Passagiers: «Brasilien braucht Arbeitskräfte! Was soll da einer mit nur einem Arm!» Dass sich Cendrars Ankunft in Santos, der Hafenstadt São Paulos, tatsächlich so abgespielt hat, ist in dokumentarischer und in künstlerischer Form überliefert.

In dokumentarischer in den ‹Recordações de Blaise Cendrars› des Autors Rubens Borba de Moraes. Er gehörte zusammen mit Sergio Milliet, Luis Aranha und Couto de Barros zur Gruppe von Künstlern und Schriftstellern, die von Paulo Prado dazu bewegt worden war, Cendrars am 6. Februar im Hafen von Santos vom Schiff abzuholen. An seinem Wohnsitz, einem Bücherparadies inmitten von Kaffeepflanzungen in Bragança Paulista, berichtet Rubens Borba de Moraes noch heute von der Wut, mit der die Gruppe der Wartenden am Zoll auf den Ausruf des Grenzpolizisten reagiert hatte. Der Neuankömmling sei kein arbeitsscheuer Einwanderer, riefen sie dem Beamten zu, sondern ein berühmter Dichter! Und sollte ihm die Einreise verweigert werden, so würden sie – mit Unterstützung des mächtigen Paulo Prado – für einen gewaltigen Skandal in der Presse Brasiliens und Europas sorgen. Angesichts der Beharrlichkeit der aufgebrachten Gruppe gab der Beamte klein bei. Der einarmige Dichter durfte den Boden Brasiliens betreten. Das Hin und Her der Argumente mit den strengen Beamten mag dadurch verstärkt worden sein, dass das aus São Paulo herbeigeeilte Empfangskomitee da einen Blaise Cendrars pries, der Zöllner aber im Schweizer Pass Cendrars bürgerlichen Namen vor Augen hatte: *Frédéric Sauser*.

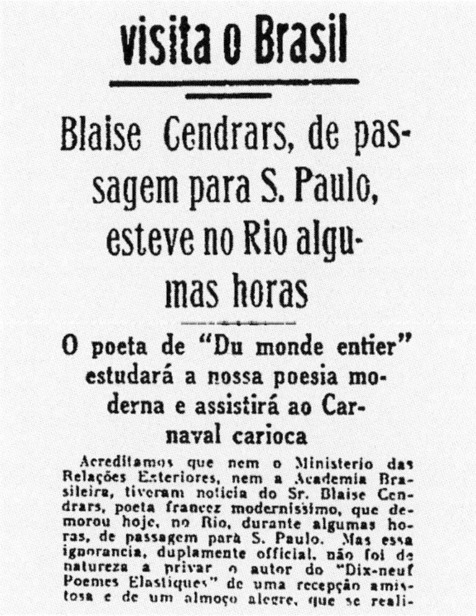

visita o Brasil

Blaise Cendrars, de passagem para S. Paulo, esteve no Rio algumas horas

O poeta de "Du monde entier" estudará a nossa poesia moderna e assistirá ao Carnaval carioca

Acreditamos que nem o Ministerio das Relações Exteriores, nem a Academia Brasileira, tiveram noticia do Sr. Blaise Cendrars, poeta francez modernissimo, que demorou hoje, no Rio, durante algumas horas, de passagem para S. Paulo. Mas essa ignorancia, duplamente official, não foi de natureza a privar o autor do "Dix-neuf Poemes Elastiques" de uma recepção amistosa e de um almoço alegre, que se reali-

Zeitungsnotiz vom 5. Februar 1924

Ankunft und *Empfang* von Blaise Cendrars in Brasilien, Februar 1924

Nicht nur in den Schriften des Borba de Moraes ist diese dramatische Ankunft für den Leser nachzuvollziehen. Der brasilianische Kinobesucher erlebt sie auch auf der Leinwand genau so mit. Im Film ‹O Homen do Pau Brasil› von Joaquim Pedro de Andrade spielt der Schauspieler Marcos Fayad den 1887 in La Chaux-de-Fonds geborenen Schweizer Schriftsteller, der Brasilien bald als seine zweite geistige Heimat erleben wird. Und dieser Spielfilm ist beileibe nicht der einzige Streifen, der Blaise Cendrars als Filmfigur in die brasilianischen Kinos brachte. Diese Filme gilt es als populäre Zeichen zu erwähnen für die Hochschätzung, die Cendrars auch heute noch in der brasilianischen Kulturszene zuteil wird.

In São Paulo nun befindet sich Cendrars mitten im pulsierenden Zentrum der «Modernisten», jener Künstlergruppe, die sich auf ihren häufigen Reisen nach Paris jeweils über die neuesten künstlerischen Entwicklungen in Frankreich orientiert hatte. Nicht nur die allnächtlichen Diskussionen in den Ateliers dieser Künstler, auch die städtebauliche Explosion, die ersten hochschiessenden Wolkenkratzer, alles dies erlebt Cendrars als Ausdruck einer enormen erneuernden Kraft.

Wenige Tage nach Cendrars' Ankunft organisiert die Gönnerin Olivia Guedes Penteado in ihrer hochherrschaftlichen Villa ein Nachtessen, um den Dichter aus Europa ganz offiziell in

Titelblatt des Gedichtbandes *Feuilles de route* mit einer Zeichnung von Tarsila do Amaral. Paris 1924

die Künstlerkreise von São Paulo einzuführen. Der Klatschkolumnist einer grossen Paulistaner Zeitung meldet, dass Cendrars bei diesem Anlass auch Mario de Andrade begegnet sei, dem Autor des Schlüsselwerkes ‹Macunaïma›. Mit diesem Abend beginnt ein intensives Wechselspiel von Anregung und Beeinflussung, das in der westlichen Kulturgeschichte seinesgleichen sucht. Die Künstler des «Modernismus» hatten nämlich zwei Jahre vor Cendrars Ankunft in Brasilien erstmals ihre legendäre «Woche der modernen Kunst» durchgeführt, die den Neubeginn für die brasilianische Kultur dieses Jahrhunderts markiert, die «Semana de Arte moderna» von 1922. «Vintedois», die abgekürzte Jahreszahl, steht in allen Gesprächen für das entscheidende kulturelle Ereignis. Es propagierte die Abkehr von den Normen eines überlebten akademischen Kunstprogramms und die Suche nach dem Anschluss an die internationale Avantgarde, deren Zentrum damals Paris war. Die Malerin Tarsila do Amaral – sie war zugegen, als Paulo Prado in Paris Cendrars getroffen hatte – war eine der Organisatorinnen dieser Veranstaltung eines erwachenden kulturellen Selbstbewusstseins und hat sich früh und mit Nachdruck auf Cendrars berufen, vor allem auf seine Gedichtsammlung ‹Anthologie nègre›. Dieses Buch hat Tarsilas Mitstreitern in Erinnerung gerufen, welch grossen und immer wieder verdrängten Anteil das afrikanische Erbe an Brasiliens Kultur hat.

Um den mittellosen Dichter nicht ganz von den Zuwendungen Paulo Prados abhängig zu halten, organisierten seine Freunde Vortragsabende für Cendrars, deren Erlös ganz ihm zukam. Sie mieteten Säle für eine Reihe von Vorträgen, deren erfolgreichster «Die Literatur der Neger» zum Thema hatte. Die Auswirkungen waren nachhaltig. Der grosse Soziologe und Ethnologe Gilberto Freyre, dessen Hauptwerk ‹Herrenhaus und Sklavenhütte› Cendrars selber ins Französische übersetzen wollte, fasst Cendrars Einfluss auf die Kultur Brasiliens in die euphorisch anmutenden Sätze: «Dieser Schweizer wurde ein Wiederentdecker Brasiliens, lange bevor die Brasilianer selbst so weit waren.» Und Freyre betont, Cendrars' Hauptleistung sei es gewesen, die Brasilianer auf ihr eigenes kulturelles Erbe zurückverwiesen zu haben, auf die – bislang weitgehend verschmähte – Mischkultur des Landes, auf das Ineinanderwirken von afrikanischen, indianischen und europäischen Elementen: Viel intensiver als die europäischen Brasilienbesucher vor ihm habe sich Cendrars dem Einfluss dieser mestizischen und mulattischen Kultur ausgesetzt und sie für sein eigenes Schaffen fruchtbar gemacht. Die Gleichzeitigkeit all dieser bislang fremden Erscheinungen hat Cendrars als eine Abbreviatur der Welt verstanden. «In Brasilien kann alles geschehen – und es geschieht alles»: diesen Leitsatz muss er von Jorge Amado aufgeschnappt haben. ‹Das Zentrum der Welt› heisst einer der allerletzten Texte, die Cendrars kurz vor seinem Tod noch mit zittriger Hand geschrieben hat. Er handelt von Brasilien.

Wirken und Wirkung erfahren, die Impulse funktionieren reziprok: Verändern und verändert werden. Die Mechanismen der gegenseitigen Beeinflussung gipfelten in den Diskussionen im Künstlerkreis, in den Salons der Gönner und im Atelier von Tarsila do Amaral, diesem kulturellen Schnittpunkt von Europa und Lateinamerika. In diesem Umfeld erhält der Vorwurf besonderes Gewicht, den Cendrars seinen Freunden, den «Modernisten», mit Beharrlichkeit immer wieder machte: Ihre «Woche der modernen Kunst» von 1922 sei zu sehr auf die

Zustimmung aus Europa hin angelegt gewesen, pariserische Modernität sei immer noch der (ungeeichte) Massstab gewesen, das eigene Herkommen, die Originalität brasilianischer Kulturformen, bleibe überlagert vom künstlerischen Nährboden Frankreich. Auf diese Weise bewirkte er in seinen Freunden eine – vielerorts belegbare – Rückbesinnung auf die eigenen Wurzeln, die eigenen schöpferischen Kräfte. Es sind die bedeutendsten Bilder in Tarsilas Îuvre, die die Auswirkungen von Cendrars Ermahnungen augenfällig machen: Sie überwand im ersten Schritt die überlieferte Naturnähe der praktizierten Routine des akademischen Kunstprogramms und begann das Gesehene neu zu interpretieren, eigentlich zu ordnen, nach einem bildnerischen Normensatz, den sie vorerst noch der Formensprache der europäischen Ismen der zwanziger Jahre entlehnt hatte. Ihre volle Eigenständigkeit aber erreichte sie, als sie ihren solcherart entwickelten Formenkodex auf brasilianische Themen zu übertragen begann, die Sinnlichkeit und Farbenreichtum der Tropen feierten. Die Malerin wurde zur Bilderfinderin! In ihren hervorragenden Zeichnungen zu Cendrars Werken bekennt sie sich zu dieser Geistesverwandtschaft.

«Cendrars hat die Brasilianer des ‹Modernismus› gezwungen, sich endlich selber zu definieren, zu erkennen», sagt der paulistanische Cendrars-Forscher Alexandre Eulalio, und Gilberto Freyre doppelt nach: «Er hat seine Freunde auf das Eigenste zurückverwiesen. Auf diese Weise wurde er selbst für die Brasilianer zum Lehrmeister der ‹Brasilidade›!»

Diese Funktion muss Cendrars offenbar auch auf der legendären Reise nach Minas Gerais ausgeübt haben, die er zusammen mit den Künstlerfreunden unternahm. «Der Ausflug nach Minas war eminent wichtig, für Cendrars – wie auch für die ganze brasilianische Kultur», stellt Gilberto Freyre fest. Denn Cendrars war mit dabei, als die Reisegruppe im Städtchen Congonhas vor der Kirche Bom Jesus jenen künstlerischen Schatz entdeckte, der sie noch lange beschäftigen sollte: die zwölf Apostelfiguren, die der von Lepra verkrüppelte Bildhauer Aleijadinho Ende des 18. Jahrhunderts geschaffen hatte. Die Entdeckung von Congonhas kam der Rückführung des verkannten Künstlers in die brasilianische Kunstgeschichte gleich. Cendrars überliess es seinen Künstlerfreunden, die Entdeckung künstlerisch und theoretisch zu verarbeiten, er selbst war – die überlebenden Freunde bestätigen es – mehr von der Person des geheimnisvollen invaliden Künstlers als von seinem Werk fasziniert. Bis zu einem gewissen Grade soll er, der einarmige Behinderte, sich gar mit dem Schicksal des Leprakranken Aleijadinho identifiziert haben, der sich Meissel und Hammer von Gehilfen an die von Lepra zerfressenen Armstummel anbinden lassen musste. Die Freunde berichten von der Besessenheit, mit der Cendrars Informationen über Aleijadinho zusammenzutragen begann und davon sprach, ihn zum Helden eines Romans zu machen. Das Buch ist Entwurf geblieben. «Cendrars' Interesse gehörte immer dem Menschen. Deshalb war ihm im Grunde der Künstler wichtiger als die Kunst», berichtet Rubens Borba de Moräes und bestätigt die Vermutung, sein Freund Cendrars, der seinen rechten Arm als Fremdenlegionär im Ersten Weltkrieg verloren hatte, habe im tragischen Leben Aleijadinhos einen Teil seines eigenen Geschicks wiedererkannt.

Diese Faszination für die vom Schicksal Gepeinigten, die Aussenseiter, denen seine Romane gelten, hat in Brasilien reiche Nahrung gefunden: Der «Werwolf von Minas», den die

Reisegruppe in einem kleinen Provinzgefängnis aufgespürt hatte, und «Febronio», der sich mythisch als «Sohn des Lichts» verklärende Mörder, den Cendrars im Gefängnis von Rio besuchte, sind Figuren in seinem Buch ‹La Vie dangereuse› geworden. Brasilien und der brasilianische Mensch mit seiner durch die Rassenvermischug herbeigeführten Unbestimmbarkeit – Cendrars hat gerade sie als Grundlage für Freiheit des individuellen Verhaltens (miss)verstanden: «Im Grunde», sagt Alexandre Eulalio, «war die Reise nach Brasilien für Cendrars der Vorwand für eine Reise in sein eigenes Inneres ... So benutzte er Brasilien als Szenerie für die Entdeckungsreise zu sich selber.»

Cendras' Bereitschaft, sich Fremde anzueignen und dem fremden Land dann «den Gegenwert für alles zu geben, das er von ihm bezogen hat», seine Kraft auch, auf dieses Fremde einzuwirken, Einfluss zu nehmen auf alles, was das Eigentliche, das Genuine, verstellt, hat zu einer Konstellation von Geben und Nehmen geführt, zu einem Widerspiel fruchtbarster Impulse, das Seinesgleichen sucht in der Kulturgeschichte. Die Folgen dieses – gegenseitigen – Einflusses abzuklären, daran arbeitet in Brasilien auch heute noch eine Phalanx von Cendrars-Forschern. Ihnen und uns wirft Gilberto Freyre einen schwerverdaulichen Brocken zu: «Dieser Schweizer hat die Brasilianer brasilianisiert!» Und wenn die intellektuelle Schweiz in Brasilien in hohem Ansehen steht, so ist das weitgehend Cendrars – und natürlich auch Paulo Prado – zu verdanken.

Alfonsina Storni

Nicht aktive Heimatsuche wie beim Südamerikaner Edgar Mittelholzer, nicht aktive Schweizflucht wie bei Blaise Cendrars (der zur Heirat immerhin in seinen Heimatort Sigriswil zurückgekehrt ist): Im Werk von Alfonsina Storni ist Schweiz kein definierter Begriff. «Das Land des Leidens im Kontinent der Liebe» sei ihre eigentliche Heimat, stand in ‹La Razõn›: «Traurige, aschgraue und gleichförmige Strassen, durch die zuweilen ein Zipfel Himmel blinzelt, deine dunkeln Fassaden und der Asphalt über dem Boden haben meinen schüchternen Frühlingsträumen den Garaus gemacht.» Gemeint sind damit die Strassen von Buenos Aires. Die Post von Argentinien hat die Dichterin mit einer Briefmarke geehrt. In vielen Städten benennt ihr Name wichtige Strassen. Ihre Gedichte sind von schwermütigen Sprachfarben gesättigt und trotzdem dezidierte lyrische Manifeste gegen die Gefühlsarmut in der patriarchalischen Gesellschaft, die das Leben in den spanischsprachigen Ländern Südamerikas bestimmt. In den letzten Jahren haben deshalb vor allem auch feministische Zirkel den Kopf der Storni auf ihre Fahne gemalt. Am 22. Mai 1892 ist sie in Sala Capriasca im Tessin geboren worden. Weil ihr Vater Mitbesitzer einer Soda- und Bierfabrik in San Juan war, wanderte die Familie nach Südamerika aus. Im Jahr der Jahrhundertwende aber machte das väterliche Unternehmen Bankrott. Alfonsinas Auffassung vom Mann mag mitgeprägt worden sein von der Qual, bereits im Mädchenalter mitansehen zu müssen, wie die

Alfonsina Storni in Mar del Plata. 1923

Schwermut ihren Vater befiel und wie er sich vom Alkohol Befreiung von diesem Leiden erhoffte. Unter solchen Voraussetzungen musste er auch das Café, das er in Rosario eröffnet hatte, nach wenigen Jahren wieder aufgeben. Von jetzt an war es Aufgabe der Mutter Alfonsinas und ihrer Schwester, den Unterhalt der Familie mit Näharbeiten zu sichern. Die Mutter war es auch, die ihren Kindern den Zugang zur Welt der Musen, zu Kunst, Literatur und Theater geöffnet hat. Sie unterhielt in San Juan einen «Salon», in dem sich die kulturell aktiven Bewohner der Stadt zu Musik, Rezitationen und Diskussionen trafen: ein anregendes Zentrum des geistigen Lebens. Auf der Suche nach Sinnerfüllung schloss sich Alfonsina bereits als Fünfzehnjährige einer Theatertruppe an und zog mit ihr als Schauspielerin durch die Städte Argentiniens. Während dieser Wanderjahre mag sie viele der Erfahrungen gesammelt haben, die sie in ihren Gedichten dann Sprache werden liess. Spürbar ist der Zwiespalt zwischen den idealistischen Zielen der jungen Künstlerin und den Konventionen, die einzugehen die Gesellschaft sie zwang, im ersten Gedichtband ‹La inquietud del rosal› von 1916. Zwei Jahre später ist aus dem Unbehagen in derlei Zwängen bereits subtile Rebellion geworden. Diesen Schritt belegt der Band ‹El dulce dãno› von 1918. Was in Liebesgedichten da angeschlagen wird, löst sich in Trauergesang über die zerfetzten Ideale. Und selbst der Wille, sich aus den Schlingen der Leidenschaften freizukämpfen, bringt nicht die erhoffte Abgeklärtheit und Ruhe, sondern führt unweigerlich weiter zu Willenlosigkeit und Schicksalsergebenheit. Weltschmerz ist der Beiklang solcher Zeilen: «Überlegen bin ich dem Durchschnitt der Männer, die mich umgeben; physisch aber, als Frau, bin ich ihre Sklavin, ihr Modell, bin Ton in ihrer Hand. Frei kann ich den Mann nicht lieben: zu gross ist mein Stolz, mich ihm zu unterwerfen.»

Katherine E. Kellys Anthologie *Modern Drama By Women 1880–1930*, in der Alfonsina Storni neben Djuna Barnes, Hella Wuolijoki, Zinaida Gippius und anderen vertreten ist

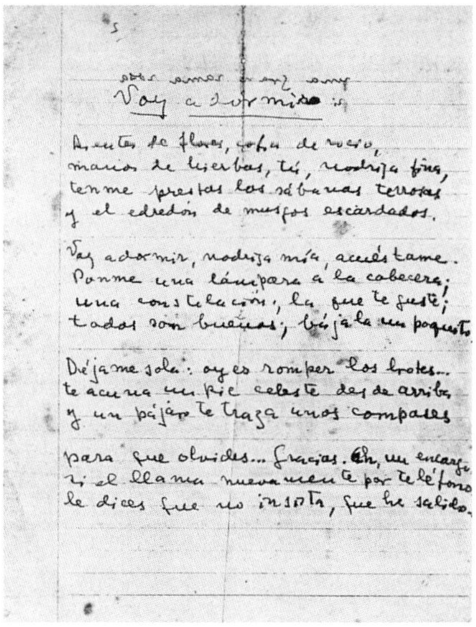

Voy a dormir

Dientes de flores, cofia de rocío,
manos de hierbas, tú, nodriza fina,
tenme prestas las sábanas terrosas
y el edredón de musgos escardados.

Voy a dormir, nodriza mía, acuéstame.
Ponme una lámpara a la cabecera;
una constelación, la que te guste;
todas son buenas; bájala un poquito.

Déjame sola: oyes romper los brotes...
te acuna un pie celeste desde arriba
y un pájaro te traza unos compases

para que olvides... Gracias. Ah, un encargo:
si él llama nuevamente por teléfono
le dices que no insista, que he salido.

«Le dices que no insista, que he salido.»
Die letzten Verse, geschrieben am 22. Oktober 1938, drei Tage vor dem Selbstmord der Autorin

Obwohl ihr schauspielerisches Talent von Publikum und Rezensenten gewürdigt wurde, zog sich die Unstete vom Theater zurück. In Rosario liess sie sich zur Lehrerin ausbilden. Schwanger musste sie von Rosario ins ungeliebte Buenos Aires übersiedeln. (‹Verse an die Traurigkeit von Buenos Aires› heisst das Gedicht, dessen erste Strophe oben zitiert ist.) Den Lebensunterhalt für sich und ihr Kind bestritt sie mit Büroarbeiten. Die Beachtung als Dichterin, zu der ihr der erste Gedichtband verholfen hatte, mehrte nun – wie es bekanntlich in Lateinamerika geschehen kann – ihr soziales Prestige, so dass sie als Leiterin an ein Internat berufen wurde und Mitarbeiterin wichtiger Zeitschriften werden konnte. In ihren journalistischen Arbeiten untersuchte sie die Rolle der Frau vor dem Gesetz, ihre Funktion in der Gesellschaft, ihr Eingreifen in die Entwicklung der Kultur. 1923 wurde sie Dozentin an der Fremdsprachenhochschule.

Ihr 1920 erschienener Gedichtband ‹Languidez› wurde gleich mit zwei wichtigen Literaturpreisen ausgezeichnet, dem Premio Municipal und dem 2. Premio Nacional. Zehn Jahre später muss sie wieder ausgezeichnet worden sein. Die Einladung zu Lesungen und Vorträgen in Spanien benutzte sie zu einem Besuch in Paris und im Tessin. In der Schweizer Literaturzeitschrift ‹Orte› findet sich dazu der eher lapidare Satz: «Als sie 1930 einen nicht übel dotierten Literaturpreis erhielt, benutzte sie ihn, um zu ihrem Geburtshaus in Sala Capriasca zu fahren und in diesem auf den Estrich hinaufzusteigen, auf dem sie einst Träume träumte, die nie Wirklichkeit werden sollten.» ‹Languidez› jedenfalls, dessen Titel zwischen Hinfälligkeit und Schlaffheit pendelt, macht deutlich, dass für sie Liebe immer nur als Enttäuschung erlebbar ist. Und dass sie im Mann stets nur eine Eigenschaft entdeckt: Verständnislosigkeit für das Wesen der Frau. Ihr mit Wehmut oder verhüllter Wut vorgetragenes Thema transportiert sie im 1925 erschienenen Band ‹Ocre› mit unerwarteter Ironie. «Um dem Kompass aller Dinge zu folgen / versuchte ich in der Hast der Zeit / zu denken, zu kämpfen, mit andern zu leben, / als winzige Schraube der Welt.» Diese leise Ironie ist allerdings in den neun Jahren bis zum Erscheinen ihres nächsten Buches verflogen, denn ‹El mundo de siete pozos› zeigt eine bedrohliche und bedrohte Welt, farblos und deprimiert. Der Kern jener romantischen Poetik, der in ihren frühen Bänden noch Natur als reinigende Kraft bestehen liess, ist jetzt zerstampft. Der Ort ist jetzt die Stadt. In ihr wohnt nichts als Einsamkeit. Eine Kulisse bei Probenlicht. Die Sprache muss da formelhaft bleiben und abstrakt, als gälte es die Tonlage vorzubereiten für den letzten Band ‹Mascarilla y trébol› von 1938. Jetzt fordert Alfonsina Storni den Leser und seine Aufnahmebereitschaft stark, bis sie ihn einführt in die hermetische Welt dieser Gedichte. Ihr Weg aus dem lateinamerikanischen Postmodernismo hat sie nun zu einer privaten Avantgarde geführt. Da gibt es keine gefühlsmässige Einstiegshilfe mehr in diese verschlüsselte intellektuelle Zeichenwelt, die aus Assoziationen gebaut ist, die Bestandteile aus Mythen, Psychologie, Symbolarsenal und Zitatenschatz verbinden. Die Befreiung der Sprache wird ihr da erklärtermassen zum wichtigen Schritt zur Befreiung der Frau. Sie gehe schlafen, schrieb sie zum Abschied im Sonett ‹Voy a dormir›, denn «unheilbar krebskrank und liebeskrank», wählte sie 1938 den Freitod. Drei Tage vorher hatte sie dieses Gedicht an die Tageszeitung ‹La Nación› gesandt. Im Badeort Mar del Plata – wo heute ihr Denkmal steht – ging sie ins Meer hinaus. Tags darauf erschienen in der Zeitung diese letzten Zeilen:

Alfonsina Stornis *Denkmal* im Friedhof La Chacarita, 1963.
In der Mitte Alejandro A. Storni, der Sohn der Dichterin

Ach, rasch noch ein Auftrag:
Sollte er sich nochmals am Telephon melden,
sag ihm, sein Drängen sei umsonst, ich sei verreist …

Elisabeth Grossmann

Ein Raum aus Farben und Quadraten

Sophie Taeuber-Arp und die ‹Aubette›

Wie bei manchen grossartigen Kunstwerken geht auch die Entstehung und Realisierung der ‹Aubette› in Strassburg auf eine Reihe von Zufällen zurück – oder müsste man hier besser von Koinzidenz sprechen? Die Wirkungsfelder, die bei diesem aussergewöhnlichen Gesamtkunstwerk zum Tragen kamen, setzten sich aus verschiedenen Ursachen zusammen: dem Wunsch nach dem Wechsel der Staatsangehörigkeit (Jean Arp), dem Zusammentreffen der aussergewöhnlichen Persönlichkeit von Sophie Taeuber mit zwei Strassburger Kunstliebhabern (den «Gebrüdern Horn») sowie dem Traum nach der Verwirklichung eines mehr als ambitiösen Projektes – eines modellhaften zukunftweisenden kosmopolitischen Vergnügungszentrums. Auch wenn die ‹Aubette› nur rund zehn Jahre überdauern sollte, gilt sie bis heute als Vorbild eines im Geiste des Konstruktivismus gehaltenenen, avantgardistischen Gesamtkunstwerkes, welches im Zusammenklang der Raumabfolgen, der verschiedenartig gestalteten einzelnen Räume und Übergänge, der Lichtführung, der verwendeten Baumaterialien und der Möblierung einmalig geblieben ist.

Die Vorgeschichte

1926 gibt der französische Staat bekannt, den deutschgebürtigen Elsässern den Wechsel zur französischen Staatsangehörigkeit zu ermöglichen, falls diese während einiger Monate in Strassburg Wohnsitz nehmen. Jean Arp, der Elsässer (mütterlicherseits) und deutsche Staatsangehörige, nimmt diese Gelegenheit für sich und seine bereits in Strassburg wohnhafte Familie wahr und trifft am 28. März 1926 in Begleitung von Sophie Taeuber-Arp in Strassburg ein.[1]

Sophie Taeuber-Arp im Büro für die Aubette in Strassburg. Um 1927. Anonyme Photographie

Zu diesem Zeitpunkt haben sich Sophie Taeuber und Jean Arp bereits einen Namen als Vertreter der Avantgarde gemacht. Sophie Taeuber (geboren 1889 in Davos) und Hans Arp (1886 in Strassburg), seit 1915 befreundet, haben am 30. Oktober 1923 geheiratet und sind gemeinsam in Zürich wohnhaft. Sophie Taeuber ist seit 1916 als Leiterin der Textilklasse der Kunstgewerbeschule Zürich tätig und hat dort den traditionellen Textilunterricht unter dem Gesichtspunkt moderner Gestaltungsmöglichkeiten revolutioniert. Sie ist als begabte Tänzerin innerhalb der Zürcher Dadabewegung («Café Voltaire») aufgetreten; sie hat mit der konstruktivistischen Gestaltung des Marionettenspieles ‹König Hirsch› 1919 einen grossen Erfolg errungen, und sie ist 1925 als einziges weibliches Jurymitglied – und ausstellende Künstlerin – für den Schweizer Sektor an der programmatischen ‹Exposition Internationale des Arts Décoratifs et Industriels Modernes› in Paris verantwortlich. Kurz: Sie ist eine in den Kreisen der freien und angewandten Kunst bekannte, vielseitig begabte Persönlichkeit, auch wenn sie – was für ihr gesamtes Leben gilt – stets im Schatten des gesellschaftsorientierten Charmeurs Arp gestanden hat. Jean Arp seinerseits hat sich als Mitstreiter des Zürcher Dadaismus einen Ruf erworben und ist ebenso als Plastiker, Poet, Illustrator und Herausgeber innerhalb der Bewegung des Dadaismus und später des Surrealismus bekannt. Beide sind sie Künstler, die zwar innerhalb der Kunst erfolgreich, aber materiell schlecht gestellt sind. So lebt das Ehepaar bis nach Abschluss der ‹Aubette› fast ausschliesslich von den Einkünften aus Taeubers Lehrtätigkeit.[2]

In Strassburg lernt das Ehepaar Taeuber-Arp, durch Arps frühere Kontakte, im Salon von Manon Kunz, die «Gebrüder Horn» kennen: den Architekten Paul und den Apotheker André. Diese haben sich einen Ruf als Liebhaber und Förderer moderner Kunst erworben und sind zudem, was für das Projekt der ‹Aubette› wesentlich ist, als erfolgreiche und risikofreudige Bauunternehmer bekannt. Im Frühling 1926 erteilt der Architekt Paul Horn, von Taeubers Persönlichkeit eingenommen, der jungen Künstlerin den Auftrag, einige Räume seiner privaten Wohnung umzugestalten. Nach dem erfolgreichen Abschluss beauftragt er sie mit dem teilweisen Innenausbau des 1920 eröffneten Hotels Hannong an der Rue du 22 Novembre. Tatsächlich weitet sich die Gestaltung der Hotelräume aus; zu der geplanten

Bar-Dancing des Hotels Hannong in Strassburg in der Gestaltung von Sophie Taeuber Arp. Vollendet 1926, im Zweiten Weltkrieg zerstört

Innengestaltung der Vorhalle kommt die eines Tanzsaales und einer Bar hinzu, die ebenso Wandmalereien als auch die Gestaltung von Glasfenstern umfasst.[3] Rückwirkend gesehen, könnte man versucht sein, den Schluss zu ziehen, dass der Architekt mit diesen beiden Aufträgen die Fähigkeiten von Sophie Taeuber als Innengestalterin zu prüfen suchte. Denn nach Abschluss des zweiten Auftrags macht er sie mit seinem und André Horns grossem «Traum» bekannt – der Umgestaltung des im Zentrum von Strassburg situierten Gebäudes ‹Aubette› zu einem futuristischen Vergnügungszentrum.

‹L'Aubette›

Das Gebäude der ‹Aubette› an der Place Kléber wurde zwischen 1764 und 1767 in der Stadtmitte gebaut und diente vorerst als Militärgebäude, später für unterschiedliche Zwecke.[4] Nach dem Ersten Weltkrieg wurde der gesamte rechte Teil des Gebäudes frei, und der Stadtrat stellte sich die Frage, wie dieses riesige Bauvolumen mitten im Herzen von Strassburg genutzt werden könnte. Während die gesamte Fassade unter Denkmalschutz gestellt war, waren für den Umbau der Innenräume keine Einschränkungen auferlegt. Zwischen 1919 und 1920 gingen beim Bürgermeister Charles Peirotes zahlreiche Mietangebote ein, unter denen am 9. Juni 1920 der ambititöse Vorschlag der Gebrüder Horn berücksichtigt wurde; sie hatten vor, das Modell eines grossstädtischen Etablissements zu errichten und damit, wie sie in ihrem Gesuch schrieben: «faire de l'Aubette un monument public d'un intérêt général»[5]. Anfang des Jahres 1921 sicherten sich Paul und André Horn die Mitarbeit von Ernest Heitz, dem Besitzer des Café de la Paix, zu. Allerdings konnten die Umbaupläne erst 1925 in Angriff genommen werden. Paul Horn zog verschiedene Dekorateure bei, war jedoch von den diversen historisierenden Gestaltungsvorschlägen nicht überzeugt: Was fehlte, war der grosse architektonische Wurf. Erst der Kontakt zu Sophie Taeuber und der Nachweis ihres Könnens setzen dem langen Hin und Her ein Ende: Noch im Herbst 1926 wird Sophie Taeuber – zusammen mit ihrem Mann – definitiv die gesamte Gestaltung der ‹Aubette› übertragen. Die Künstlerin ist sich von Anfang an über die immense Grösse des Umbauprojektes im klaren. Aus diesem Grund zieht das Ehepaar im September 1926 den holländischen Architekten Theo van Doesburg bei, der erst später – möglicherweise erst Anfang 1927 – zu dem bestehenden Gestaltungsteam stösst. Van Doesburg, 1883 in Utrecht geboren, ist Mitbegründer der Zeitschrift ‹de stijl›, als Künstler und Kunsttheoretiker tätig und durch mehrere aufsehenerregende Bauprojekte in Kooperation mit weiteren Künstlern bekannt geworden.[6]

Das Gestaltungsteam Taeuber, Arp, van Doesburg und die Frage der Autorenschaft

Das Raumkonzept der Gebrüder Horn, die der Stadt bis anhin um die vierzig Pläne vorgelegt haben, liegt bereits fest. Nun ist es an den drei Künstlern Taeuber, Arp und van Doesburg sowie dem Architekten Paul Horn und dem Schweizer Architekten Honegger, der als Zeichner zugezogen wird, der erst auf dem Plan bestehenden Abfolge von Räumen und ihren unterschiedlichen Funktionen das avantgardistische Leben einzuhauchen.

Taeuber, Arp und van Doesburg gehen gemeinsam in der Gesamtprojektierung vor, gestalten einzelne Räume jedoch autonom. «Comme nous étions des hommes de directions différentes à collaborer ici», schreibt Van Doesburg 1928, «nous posâmes pour principe que chacun était libre de travailler d'après ses idées»[7]. Diesem Gedanken ist sicherlich eines der raffiniertesten Raumkonzepte der zwanziger Jahre zu verdanken; nur haben es die Historiker unterlassen, die Frage der Autorenschaft im einzelnen zu klären. Während kein Zweifel darüber besteht, für welche Räume van Doesburg verantwortlich zeichnete, wurde die Funktion, die Sophie Taeuber zukam, bis 1989[8] in der Regel vernachlässigt. So darf nicht verwirren, wenn sich vor allem in den älteren Publikationen zu Taeuber, Arp oder van Doesburg die unterschiedlichsten Wertungen vorfinden – fast ausschliesslich zu Ungunsten der Künstlerin.

Der eigentliche Verursacher dieser Verwirrnisse ist in van Doesburg zu finden. Doesburg war zwar ein ausgewiesener Architekt und Künstler, liess aber sowohl im täglichen Umgang mit den Kollegen als auch später als Chronist jeden Hauch von Loyalität vermissen. Nicht nur behauptete er, von den Gebrüdern Horn direkt für den Auftrag der ‹Aubette› berufen worden zu sein, er beanspruchte ebenso die Autorenschaft für die – längst bestehende – Raumkonzeption. In seinem Beitrag für die Zeitschrift ‹de stjil›, Nr. 87/88/89, 1928, die er dem aufsehenerregenden Bau widmete, hebt van Doesburg seinen eigenen Beitrag zwar in allen Einzelheiten hervor, geht aber nur am Rande auf die Beiträge von Sophie Taeuber und Jean Arp ein. So ist z.B. auf den von ihm gezeichneten Grundrissen weder die ‹Aubette-Bar› von Sophie Taeuber im Erdgeschoss noch das von Jean Arp gestaltete Untergeschoss aufgeführt. Zudem verschweigt er Taeubers Rolle als eigentliche Bauchefin und erwähnt sie ausschliesslich in Zusammenhang mit insgesamt zwei Räumen.[9]

Offensichtlich hat sich van Doesburg gleich zu Beginn den Löwenanteil an dem Projekt zugesichert; er übernimmt die Verantwortung für die «Café-Brasserie» und das «Café-Restaurant» im Erdgeschoss, für das Treppenhaus sowie den «Grande salle de fêtes» und den «Grande salle, qui est en même temps dancing et cabaret», auch «Ciné-Dancing» genannt, im ersten Stock. Jean Arp gestaltet – auf den ersten Blick an der surreal inspirierten Handschrift erkennbar – den «Caveau Dancing» und die nicht dokumentierte «Bar Américain» (Untergeschoss). Sophie Taeuber räumt Doesburg nur gerade den «Salon de thé» und die «Aubette-Bar» ein, während er als Autor für den «Salle de billard» (Zwischenstock), die «Foyer-Bar» beziehungsweise die «Petite Salle de fêtes», im ersten Stock und die «Passage» (Erdgeschoss) sowie die Malerei und das Glasbild im Treppenhaus ausschliesslich Jean Arp aufführt.[10] Wie wir sehen werden, sind diese Zuschreibungen in dieser Form verfälscht; denn Taeubers konstruktive Handschrift spricht ganz deutlich auch aus den drei allein Arp zugesprochenen Beiträgen.[11]

Unter van Doesburgs fünf Raumgestaltungen darf das «Ciné-Dancing» ohne Abstriche als epochales Beispiel konstruktiver Innenarchitektur gelten. Doch trifft dies nicht ebenso auf Taeubers Beiträge zu? Über ihren Beitrag verliert der grosse Selbstdarsteller genau drei Sätze, in denen er ihr «beaucoup de goût» attestiert.[12] Die pejorative Wortwahl ist angesichts der reich differenzierten künstlerischen Disposition dieser Räume nun wirklich fehl am Platz; es handelt sich vielmehr um eine der schönsten und anmutigsten Innengestaltungen der konstruktiven Kunst, die hier zur Ausführung kamen.

‹L'Aubette› von Sophie Taeuber

Abgesehen von ihrer Stellung als Hauptverantwortliche des Baus und ihrer nicht aufgeführten Autorenschaft bei verschiedenen wichtigen Details, die nicht mehr eruierbar ist – zum Beispiel die Idee der Glühlämpchenbänder und -felder –, hat Taeuber zusätzlich zu den beiden ihr zugesprochenen Räumen mit Sicherheit an drei Jean Arp zugeschriebenen massgeblich mitgearbeitet. Es ist nicht nachvollziehbar, dass Arp, der sich zu diesem Zeitpunkt bereits der surrealen Sprache zugewandt hat, einerseits zwei Räume in dem neu aufgenommenen organischen Stil gestaltet, die anderen drei aber in der Formulierung der «art froid» – wie die Franzosen die konstruktive Kunst gerne nennen – gezeichnet hätte. Vielmehr ist anzunehmen, dass hier, wie bereits zuvor, Taeuber zusammen mit Arp die Entwürfe erarbeitet hat; denn in der Raffinesse des Form- und Farbvokabulars erkennen wir leicht ihre künstlerische Signatur.[13] Lassen wir einmal die Frage der Mitautorenschaft am Treppenhaus und dem Billardsaal beiseite, und konzentrieren wir uns auf jene Teile – die «Foyer-Bar», die «Passage», den «Salon de thé» und die «Aubette-Bar» –, für die Taeuber nachweislich Pläne entworfen hat.

Die «Foyer-Bar» (erster Stock)

Für die «Foyer-Bar» sind drei sehr unterschiedliche Studien erhalten, von denen bedauerlicherweise keiner (direkt) zur Ausführung gelangte. Der erste sieht eine bewegte Konfiguration von grünen, weissen, grauen und weinroten Farbfeldern vor, die mit schwarzen treppenartig verlaufenden Bändern eingefasst sind und mit ihrem über Boden, Wände und Decken führenden Farb-Formen-Spiel die Statik des Raumes aufheben. Die delikate Gestaltungsidee, die entfernt an die Pompeji-Aquarelle von 1926 erinnert und, analog zur «Aubette-Bar», einen wunderbar zarten Farbraum herausgebildet hätte, wurde unerklärlicherweise verworfen; es wäre durchaus denkbar, dass van Doesburg, der für die beiden links und rechts anstossenden Haupträume – die «Grande salle» und das «Ciné-Dancing» – zuständig war, gegen die Lebhaftigkeit des Konzeptes Einspruch erhob. Zumindest sind die nachfolgenden Entwürfe sehr viel zurückhaltender moduliert; so basiert die letzte Studie ausschliesslich auf rektangulären und trapezoidförmigen Farbfeldern in Pompejirot, Dunkelbraun, Beige und Gold. Wie die vorhergehenden ist auch dieser Entwurf nicht ausgeführt, sondern durch eine weitere, Arp zugerechnete Variante ersetzt worden. Bei näherer Betrachtung ist ebenso diese definitive Version vom konstruktiven Klang von Taeubers Plänen durchsetzt. Dass die Ausführung ohne ihre Vorentwürfe in diese Richtung entwickelt oder ohne ihre direkte Beteiligung so formuliert worden wäre, ist, vom stilgeschichtlichen Gesichtspunkt betrachtet, schlicht unglaubwürdig. Wenn heute auch faktisch nicht mehr zu beweisen ist, ob die Künstlerin alleine oder zusammen mit Arp hier zuständig war, so ist ihre alleinige Autorenschaft zumindest für die drei folgenden Räume gesichert.

Die «Passage» (Erdgeschoss)

Bei der «Passage» handelt es sich um einen von Tür- und Fensterausschnitten durchsetzten Korridor, der die gesamte Schmalseite des Palais Kléber durchquert, den «Salon de thé» von der «Café-Brasserie» van Doesburgs trennt, als auch den Zugang zum ersten Stockwerk erschliesst. Taeuber hat auf das Thema Passage mit der Gestaltung des Fussbodens, unter Verwendung von Bodenkacheln, geantwortet und dem kommunen Durchgang einen künstlerisch Akzent verliehen.[14] Sie entwirft für den gelängten Grundriss eine rhythmisch verlaufende Komposition von farbigen Rechtecken, die in Längsrichtung angeordnet sind. Es ist ein sowohl streng als auch musikalisch zu lesendes Ordnungsprinzip; denn einerseits basiert es auf einem strikt rektangulären Raster, bezieht jedoch einen zusätzlichen Unterteilungsrhythmus mit ein und geht in eine differenzierte Farb- und Hell-Dunkel-Modulation über, in der sich Weiss, Schwarz und Graublau abwechseln: eine elementare Gestaltungsidee, die seither von zahlreichen Architekten aufgegriffen wurde.

«Salon de thé» (Erdgeschoss)

Der in neuzeitlicher Allüre als «Teesalon» bezeichnete Raum ist in seiner Entwicklung in zahlreichen Farbentwürfen und Reliefarbeiten der Künstlerin festgehalten. Von Anfang an steht Sophie Taeuber eine Raumgestaltung vor Augen, die ein zugleich heiter beschwingtes als auch vornehmes Ambiente schafft. Sie fasst die gesamte Decke und drei Wände mit einem durchgehenden Rhythmus zu einer Einheit zusammen. Der Grundton wird mit frei angeordneten grösseren und kleineren Rechteckfeldern in zwei unterschiedlichen Grautönen eröffnet. Zwischen diese sind, wie eine zusätzliche Tonfolge, weisse Paneele eingefügt, in die – auf einer dritten kompositionellen Ebene – freie Variationen aus kleinen grauen, schwarzen, roten und blauen Rechtecken verteilt sind. Die grossen Rechteckfelder sind ihrerseits durch silberne oder weisse Bänder eingerahmt, so dass aus dem Spiel mit den gross- und kleinflächigen orthogonalen Feldern ein melodisches Klanggefüge entsteht, das, wie Théo Wolters 1967 schreibt, «wie schnellere Rhythmen innerhalb eines langsamen Rhythmus» funktioniert[15]. Taeuber hat viel Zeit auf dieses Raumkonzept verwendet. In den mehrfarbigen Unterteilungen der weissen Paneele schliesst sie an die Idee der Figur mit erhobenen Armen an, die sie bereits zuvor im Hotel Hannong formuliert hat, löst sie nun aber zugunsten einer abstrahierten Anordnung auf. Ursprünglich war vorgesehen, diese farbigen Teilungen in Mosaiktechnik anzulegen, doch wird aus Kostengründen darauf verzichtet. Was den «Salon de thé» auszeichnet, ist, dass sich Taeuber nicht allein auf die Wand- und Deckenmalerei beschränkt, sondern die gesamte Architektur in die Komposition mit einbezieht; so werden ebenso die bestehenden Säulen und Heizkörper berücksichtigt als der Raum mit der Anordnung der Spiegel, der silbernen Bänder und der Beleuchtung mit Glühlämpchen nach allen Seiten hin erweitert, unter dem Gesichtspunkt, diesen Aufenthaltsort in ein sinnlich wahrnehmbares Gesamtkunstwerk umzuformen.

Leider ist der «Five o'Clock Tea», wie er auch genannt wird, nur in einigen zeitgenössischen Schwarz-Weiss-Aufnahmen dokumentiert. Aber selbst in diesen Fotografien überträgt

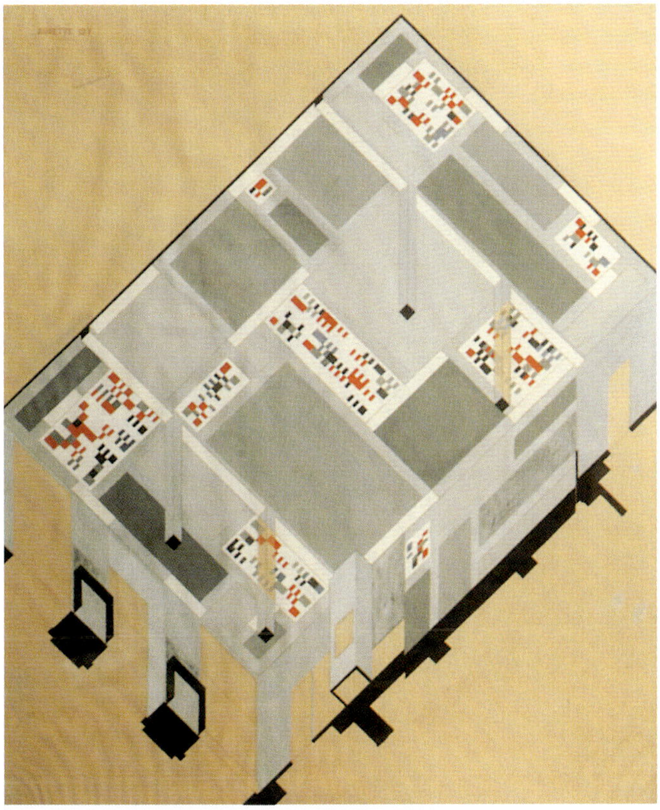

Sophie Taeuber-Arp: *‹Aubette› 127*. Projekt für den Teesalon des Erdgeschosses. 1927

«Teesalon». Raumaufnahme während der Arbeit. Um 1927. Anonyme Photographie

sich der Zauber dieses Raumes auf den heutigen Betrachter. Dieser in wechselnde Farben und Materialien eingetauchte Raum, in dem der Schimmer des Silbers mit dem des Metalls zusammenklang und der durch zahlreiche Reflexionen über die Spiegel und unterschiedlichen Farbflächen eine Vielfalt von ständig wechselnden Wahrnehmungen herausbildete, muss ein wohl einmalig zu nennendes sinnliches Erlebnis gewesen sein.

Die «Aubette-Bar» (Erdgeschoss)

Der als Apéritifbar vorgesehene Raum schliesst am linken Ende des «Salon de thé», Richtung Place Kléber, an. Es handelt sich um einen winzigen unattraktiven Raum von 5 × 3,4 m, der zusätzlich eine Türe zum «Salon de thé», eine Doppelfenstertüre und eine 1,33 m breite Bogentüre aufwies. Für diese intime Bar sind vier Variationen der Künstlerin erhalten, die bei der Realisierung in leicht veränderter Form übernommen wurden. Sophie Taeuber schwebt vor, über eine Komposition, die sich über vier Wand- und die Deckenflächen ausdehnt, den kleinen Raum in einen dreidimensionalen Farbraum zu verwandeln. Auf die vorgegebene Enge reagiert sie mit einer alternierenden Abfolge von monochromen und mit farbigen Quadraten unterteilten Rechteckfeldern, die das Moment eines rhythmisch variierten Format- und Farbwechsels aufnehmen.[16] Als bestimmenden Raumklang entscheidet sie sich für verschiedene Rot- und Gelbtöne, die mit blaufarbig angereicherten Grautönen sowie Schwarz und Weiss zusammengeführt werden. «Die kombinierten Farben», schreibt Nadine Lehni, «waren von erstaunlicher Intensität und Fröhlichkeit: hell- und dunkelblau, orange, gelb, ocker, leuchtend rot, dunkelrot, lila, terra di Siena, wobei die Künstlerin ins Spiel der Kontraste von warmen und kühlen Tönen, mitten in diese farbigen Rhythmen punktuell die Nicht-Farben Weiss, Grau und Schwarz einstreute.»[17] Wie im «Salon de thé» hat Sophie Taeuber auch hier eine silberne Paneele eingefügt. Das Silber ist einerseits unter dem festlichen Farb- und Materialaspekt aufgenommen, ist aber auch in seiner lichtreflektierenden Eigenschaft integriert: So hat die eine silberne Wandpaneele die Funktion, das indirekte Licht der an einer Stange verschiebbaren Leuchte zurückzuwerfen. Im Gegensatz zu der hellen und offenen Raumgestaltung des «Salon de thé» ist die kleine Bar ganz unter dem Gesichtspunkt der Intimität betrachtet. Taeuber setzt ausschliesslich zwei Leuchten ein, die, wie anzunehmen ist, ein für die Apéritifstunde geeignetes gedämpftes Licht ausstrahlen.

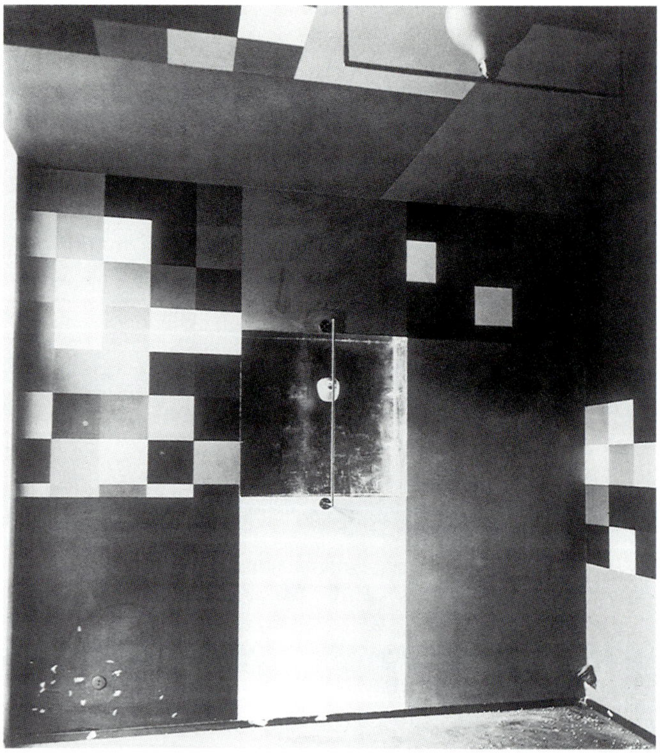

Das *«bureau des travaux de l'Aubette»*, Place Kléber 9, das die Gebrüder Horn den Künstlern zur Verfügung stellten. Um 1927

«Aubette-Bar». Raumaufnahme. Um 1928. Anonyme Photographie

Sophie Taeuber-Arp: *‹Aubette› 198*. Zweites Projekt für die «Aubette-Bar». 1927. Gouache auf Planzeichnung. Entwurf des Farbkonzeptes dreier Wände der «Aubette-Bar»

Sophie Taeuber-Arp: *‹Aubette›* 200. 1927. Aquarell über Bleistift auf Papier, auf Karton aufgezogen.
Es handelt sich mit grosser Wahrscheinlichkeit um einen Entwurf für die Decke der «Aubette-Bar»

Sophie Taeuber-Arp: *‹Aubette›* 199. 1927. Gouache auf Karton. Vermutlich der Entwurf für die vierte Wand der «Aubette-Bar» in Richtung Place Kléber. Das schwarze Quadrat steht für die Aussparung des Heizkörpers.

Auch die «Aubette-Bar» hat nur in einigen Fotografien überlebt. Auch sie ist in ihrer Gesamtgestaltung als aussergewöhnliches Resultat des konstruktiven Geistes zu betrachten. Selbst diesen bescheidenen Raum vermochte Sophie Taeuber, wie Nadine Lehni ausführlich beschreibt, in ein Gesamtkunstwerk überzuführen: «Dieser kleine konzentrierte Ort, der vollständig mit Farbe behandelt und dadurch verwandelt wurde, musste dem Besucher mehr als die anderen, grösseren Räume der ‹Aubette› das Gefühl geben, in ein Kunstwerk einzudringen … und dabei einen Raum zu erfahren, einen magischen Raum, kostbar wie ein Reliquienschrein.»[18]

Situierung und Nachwirkungen der ‹Aubette›

Die Idee der innenarchitektonischen Gesamtkonzeption, wie sie von Taeuber/Arp/van Doesburg in der ‹Aubette› zwischen 1926 und 1928 verwirklicht wurde, ist in den zwanziger Jahren kein Einzelfall.[19] Vor allem die Künstlerbewegung des Konstruktivismus zielt darauf, ihre ethischen und ästhetischen Ansprüche an eine neue Epoche auf die Gestaltung der Umwelt auszudehnen und in der Architektur, dem Innenausbau, dem Mobiliar und Produktedesign zu verwirklichen. Die sozial engagierten Künstler der russischen Revolutionskunst, zum Beispiel A. Rodtschenko und W. Stepanowa, entwerfen vor 1920 Bauten, Mobiliar, Produktedesign und Plakate, deren neue Sprache sich rasch auf ganz Europa ausweitet. Für die «Exposition Internationale des Arts Décoratifs et Industriels Modernes» 1925 in Paris gestaltet Rodtschenko den russischen Arbeiterclub über eine das Mobiliar und die gesamte Einrichtung umfassende ästhetisch und funktional vorbildliche Raumkonzeption; desgleichen entwirft Le Corbusier für diese Ausstellung im gleichen funktionalen Geist den nachhaltig wirkenden «Pavillon de l'Esprit Nouveau». In Deutschland ist es das Bauhaus (1919 bis 1933), das hinsichtlich der Umweltgestaltung eine Laborfunktion übernimmt und mit der Konzeption einer neuen Architektur und Innengestaltung bis heute wegweisend geblieben ist. Sowohl im Bauhaus selbst (Schule und Wohnhäuser) als auch bezüglich der Aufträge für Bauten und innenarchitektonische Gestaltungen ausserhalb zeigt sich, wie umfassend die Idee der Gesamtkonzeption (Raumgliederung, Farbgestaltung, Licht, Mobiliar) umgesetzt wurde. Neben den russischen Konstruktivisten, dem Bauhaus in Deutschland und Le Corbusier in Frankreich beschäftigen sich auch die holländischen Konstruktivisten mit Gesamtkonzeptionen. Eine wesentliche Rolle spielt bei ihnen die Farbe; sie umfasst nicht nur das Mobiliar, die Innengestaltung (Theo van Doesburg, Piet Zwart), sondern wird auch auf den Aussenraum ausgedehnt (J. J. P. Oud). Architektonische Konstruktionselemente, Raum- und Farbgestaltung sowie das Mobiliar werden als künstlerisch-architektonische Gesamtheit konzipiert, die in der Verbindung von Kunst und Technik das Wahrzeichen der Neuen Harmonie markiert. Eines der seltenen unverändert erhaltenen Beispiele für eine solche Gesamtkonzeption ist das Rietveld-Schröder-Haus, das Gerrit Rietveld 1924 für Truus Schröder-Schräder in Utrecht errichtete. Die konstruktive Ästhetik manifestiert sich im Grundriss, der Fassaden- und Innengestaltung sowie dem gesamten Mobiliar, die farblich aufeinander abgestimmt sind. Von den zahlreichen in den zwanziger Jahren entwickelten Gesamtkonzeptionen kam ein grosser Teil allerdings nie über die Studie hinaus: Der allgemeine Zeitgeschmack hinkte hinter diesen utopischen Projekten um Jahrzehnte nach. Von den tatsächlich ausgeführten Projekten sind einige im Rahmen von vorübergehenden Ausstellungen entstanden und später abgebrochen worden, viele wurden im Zweiten Weltkrieg zerstört oder fielen der Nachlässigkeit oder der politischen Willkür zum Opfer.[20]

Die ‹Aubette›, auch sie durch Nachlässigkeit und Willkür zerstört, ist in der Epoche der zwanziger Jahre als einer der eher selteneren Grossaufträge zu betrachten, an denen die Idee der Gesamtkonzeption nicht nur geprüft, sondern auch realisiert werden konnte. Van Doesburg, der sie in der Zeitschrift ‹de stijl› ausgiebig dokumentierte (zumindest seinen eigenen Teil), hat dem Bau damit eine langjährige Präsenz gesichert. Die Zeitschrift war eines der wenigen Podien für neuzeitliche Ideen und hat zahlreiche Künstler und Architekten inspiriert. Man kann nicht behaupten, dass die ‹Aubette› einen direkten Einfluss auf einen Nachfolgebau ausgeübt hätte oder kopiert worden wäre; dafür war sie wohl vom Bauauftrag zu komplex und künstlerisch zu bedeutend. Aber sie galt und gilt als avantgardistisches Idealkonzept, das eine nachhaltige Wirkung auf Architekten und Künstler ausübte.

Die ‹Aubette› heute

Das Unternehmen ‹Aubette› war wohl für die Grösse von Strassburg zu kosmopolitisch ausgefallen. Zwar wurden bei ihrer Eröffnung im Februar 1928 positive Pressestimmen laut, und sie wurde so weit auch gut besucht, doch war ihr Intérieur für die behäbige Stadt zu radikal. Nach nur zehn Jahren fiel die ‹Aubette› einer populistischen Ge-

Drei räumliche Gesamtlösungen aus der Zeit der ‹Aubette›, in denen sich architektonische Elemente, Raum- und Farbgestaltung sowie das Mobiliar im Sinne eines übergreifenden Gesamtkunstwerks als künstlerische Einheit verstehen.

Ansicht des von Alexander Rodtschenko entworfenen Interieurs des *«Arbeiterklubs»*. Auftrag für die Internationale Ausstellung der Dekorativen Künste in Paris. 1925

Erdgeschoss des *Schröder-Hauses,* erbaut um 1924 von Gerrit Rietveld und Trus Schröder-Schrader, Utrecht

Ansicht von Gropius' *Direktorenzimmer* im Bauhaus. Weimar 1923. Herbert Bayer (Isometrie) und Walter Gropius (Entwurf)

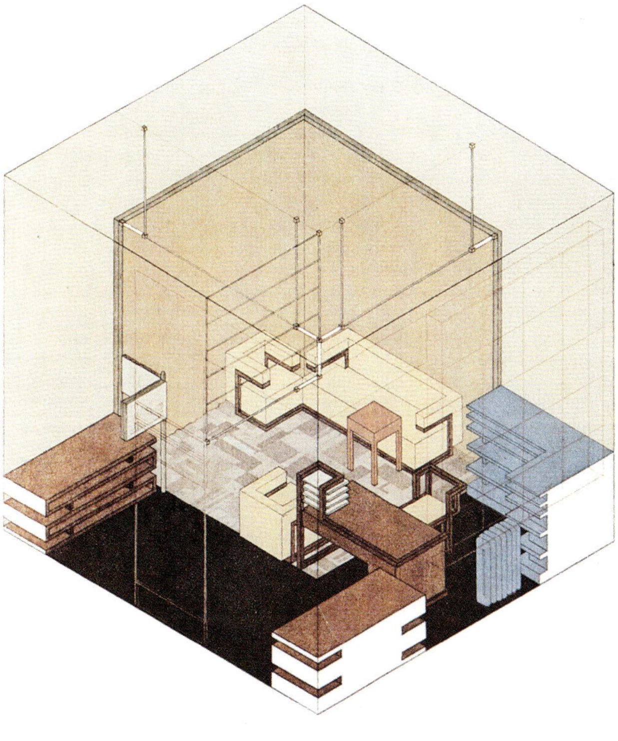

samtrenovation im Sinne des aufkommenden nationalistischen Geschmacks zum Opfer. Noch 1958 schreibt Arp zutiefst enttäuscht: «Sophie Taeuber, Theo van Doesburg und ich haben zwei Jahre lang ausschliesslich an der Ausgestaltung der ‹Aubette› in Strassburg gearbeitet. Alle Reliefs von Sophie Taeuber, alle ‹Kompositionen› von Doesburg, alle meine Wandbilder sind bis zum letzten Strich zerstört worden. Und dies nicht durch den Krieg, sondern durch einen unternehmungslustigen Schwachsinnigen … Unsere Arbeit war eine der wesentlichen Formklärungen zu Beginn der Kunst unserer Zeit gewesen, deren grosser Wert erst anerkannt wurde, als unsere Arbeiten zerstört waren.»[21] Sophie Taeuber hatte anschliessend mehrfach Gelegenheit, ihre Fähigkeiten bei anderen Bauten einzusetzen; über ihre eigene Reaktion auf die Zerstörung ihrer ‹Aubette› ist nichts bekannt.

Was Arp damals nicht wissen konnte: Es wurden nicht alle Arbeiten zerstört. Ob ungerecht oder nicht, ein Teil der Malereien van Doesburgs im ersten Stock ist unter dem Verputz erhalten geblieben und wurde 1995 freigelegt. Taeubers Beitrag allerdings ist für immer verloren: Das Erdgeschoss wurde inwendig so verändert, dass von ihren wunderbaren Räumen nichts erhalten blieb. Was auf die Dauer Bestand hat, sind die Entwürfe und die Fotografien aus der Zeit. Und wir hoffen, dass die Rekonstruktion der «Aubette-Bar», die für diese Ausstellung realisiert wurde, jenen Taeuberschen Geist überträgt, der so anmutig in der Gestaltung der ‹Aubette› zum Ausdruck kam.

Literatur

Zu Taeuber-Arp:

Als Basisliteratur dienten die Recherchen von Nadine Lehni, Konservatorin des Musée d'Art Moderne et Contemporain Strasbourg, die erstmals im Katalog *Sophie Taeuber*, Musée d'Art Moderne de la Ville de Paris/Musée Cantonal des Beaux-Arts, Lausanne 1989 (vergriffen), publiziert wurden. Diese wurden im Katalog *Sophie Taeuber-Arp – Die Raumgestaltung der ‹Aubette› in Strasbourg*, Stiftung für konstruktive und konkrete Kunst Zürich, 1995, ins Deutsche übersetzt und enthalten ein reiches und detailliertes Quellenverzeichnis.

Sophie Taeuber-Arp, 1889–1943, Katalog Aargauer Kunsthaus Aarau/Museo Cantonale d'Arte Lugano/ Museum der Stadt Ulm /Museum Bochum, 1989

Sophie Taeuber-Arp, Hans Arp Besonderheiten eines Zweiklangs, Katalog Staatliche Kunstsammlungen Dresden, Albertinum, 1991

Sophie Taeuber-Arp, 1889–1943, Katalog Stiftung Hans Arp und Sophie Taeuber-Arp e.V., Bahnhof Rolandseck, 1993

Zu van Doesburg und ‹de stijl›:

‹de stijl›: 1917–1931, Visions of Utopia, Katalog Walker Art Center, Minneapolis 1982

Carsten Peter Warncke, *Das Ideal als Kunst, ‹de stijl›, 1917–1931*, Köln, Benedikt Taschen-Verlag, 1990

Zum Thema der zwanziger Jahre:

Die Grosse Utopie – Die Russische Avantgarde 1915–1932, Katalog Stedelijk Museum Amsterdam, 1992 (holl./engl./dt.)

50 jahre bauhaus, Katalog des Württembergischen Kunstvereins Stuttgart, 1968

1 Jean Arp, seine Mutter, der Bruder François, dessen Ehefrau Mary sowie die Tochter Ruth erhalten im Juli desselben Jahres definitiv die französische Staatsangehörigkeit; desgleichen auch die mit Jean Arp verheiratete Schweizerin Sophie Taeuber.

2 Auch wenn diese den Unterricht stets mit grossem Verantwortungsgefühl geleitet hat, fühlt sie sich dennoch entlastet, als sie die Schule im Jahre 1929 aufgeben kann.

3 Die Inneneinrichtung ist nur fragmentarisch dokumentiert und wurde während der deutschen Besetzung zerstört.

4 Der Name geht darauf zurück, dass die Wache hier jeweils bei Tagesanbruch («l'aube») den Tagesbefehl entgegennahm.

5 Zitiert aus: *Sophie Taeuber*, Katalog Musée d'Art Moderne de la ville de Paris und Musée Cantonal des Beaux-Arts, Lausanne, 1989, S. 70, Anmerkung 1.

6 Vgl. Carsten-Peter Warncke, *Das Ideal als Kunst: ‹de stijl› 1917–1931*, Benedikt Taschen-Verlag, Köln, 1990.

7 Zitiert aus: *‹de stijl›*, Nr. 87–89, 1928, S. 615.

8 Nadine Lehnis fundierte Untersuchung über Taeubers Beiträge an die «Aubette» im Katalog ‹Sophie Taeuber›, Musée d'Art moderne de la ville de Paris und Musée Cantonal des Beaux-Arts, Lausanne, 1989.

9 Taeuber hat es, in ihrer sprichwörtlichen Bescheidenheit, nie für nötig befunden, diese Verdrehung der Tatsachen zu korrigieren. Allerdings war die Beziehung zu van Doesburg so weit getrübt, dass das Ehepaar Arp in der Folge vom Projekt eines gemeinsamen Atelierhauses Abstand nahm.

10 Die Namen sind hier im Originaltitel aufgeführt, da es durch falsche Übersetzungen zusätzlich zu Identifikationsschwierigkeiten kam.

11 Hier stellt sich desgleichen die Frage, weshalb Arp es zulassen konnte, dass der Beitrag seiner Frau dermassen amputiert aufgeführt wurde.

12 *‹de stijl›*, Nr. 87–89, 1928.

13 Es ist dieselbe, die sie in den ihr nachfolgend erteilten innenarchitektonischen Aufträgen als auch dem Bau und der Einrichtung des eigenen Atelierhauses in Meudon beweist.

14 Die beiden erhaltenen, unverändert ausgeführten Studien zur «Passage» sind mit Arps Einwilligung 1964 in der Retrospektive Sophie Taeuber als die ihren ausgestellt worden.

15 Zitiert aus: *Sophie Taeuber-Arp – Die Raumgestaltung der ‹Aubette› in Strasbourg*, Stiftung für konstruktive und konkrete Kunst, Zürich, 1995, S. 20, Anmerkung 33.

16 Das Thema des Quadratfeldes steht nicht isoliert im Werk der Künstlerin. Bereits um 1920 hat sie es in lebhaften Fleckengebilden zum Ausdruck gebracht und damit, wie im Teesalon, auf einen vertrauten Themenkreis zurückgegriffen.

17 Ebd., S. 24.

18 Ebd., S. 24.

19 Sie hat sich auch schon zuvor, z.B. in der Aera des Jugendstils, manifestiert.

20 Einige der noch bestehenden Vorbildbauten in der ehemaligen DDR, zum Beispiel das Bauhaus Dessau, wurden in den letzten Jahren renoviert und erstrahlen heute wiederum im alten – und wie man mit Erstaunen sieht – höchst modernen Glanz.

21 Ebd., S. 10, Anmerkung 8.

Gustav Huonker

Begegnungen im Exil – ein Geben und Nehmen

Von nicht ganz freiwilligen Symbiosen

Der Emigrant empfängt, das Gastland gibt – diese Stammtischparole zielt daneben, auch in der Geschichte unseres Landes. Die vertriebenen Locarneser Protestanten in Zürich, die Wiedertäufer im Jura, die Hugenotten in Basel; Namen wie Jean-Jacques Rousseau, Georg Büchner, Gottfried Semper zeugen für vielfältigste gegenseitige Befruchtung. Auch in den dreissiger und vierziger Jahren unseres Jahrhunderts kam es häufig zu Begegnungen zwischen Vertriebenen und Einheimischen, die beide Seiten bereicherten. Max Frisch sprach in seiner Büchnerpreis-Rede 1958 von einer Symbiose, «die von beiden Seiten nicht vorgesehen war». Rolf Kieser handelte sie an vier Schriftstellern im Schweizer Exil ab. Diese durch widrige Zeitläufte erzwungene Symbiose hatte über die mehr oder weniger gesicherte Förderung dichterischen Schaffens im Gastland hinaus auch weitere Folgen: vom politischen Weckruf mit dem ersten bedeutenden KZ-Report und dem Aufbau einer volksnahen Buchgemeinschaft bis zur Geburt eines Dramatikers und einer leistungsfähigen, unserer Armee nützlichen Nachrichtenlinie!

Wenn hier Begegnungen zwischen Vertriebenen und Schweizern von 1933–1945 nachgegangen wird, darf nicht übersehen werden, dass als Partner des Emigranten einzelne, allenfalls Institutionen wie Gewerkschaften, das Hilfswerk für emigrierte Gelehrte oder ein von Nationalrat Hans Oprecht verwalteter SP-Fonds und nicht «die Schweiz» auftrat. Dabei kommt viel Positives zur Sprache, aber die Schwierigkeiten, ja auch Schikanen sollen nicht vergessen gehen, die engstirnige, ängstliche oder unwillige Behörden Hilfswilligen wie Hilfsbedürftigen in den Weg legten.

Wolfgang Langhoff und das Zürcher Schauspielhaus

Der Begegnung des Zürcher Schauspielhausdirektors Ferdinand Rieser mit dem Schauspieler Wolfgang Langhoff standen vorerst 13 Monate Konzentrationslagerhaft im Weg. Am 28. Februar 1933, dem Tag nach dem Reichstagsbrand, hatten die Nazis den Düsseldorfer Schauspieler Langhoff von seiner kranken Frau weg verhaftet. Als aktiver Kommunist, Leiter der von ihm gegründeten Agitproptruppe «Nordwest ran» und Gewerkschaftsobmann des Düsseldorfer Schauspielhauses war Langhoff «der rote Hund», den Braunen längst verhasst. Nach kurzer Gefängnishaft internierten sie ihn im Emsland-Konzentrationslager Börgermoor, später im KZ Lichtenburg.

Rieser kannte Langhoff nicht persönlich; zwei im Frühjahr 1933 neu verpflichtete Emigranten, der Dramaturg Kurt Hirschfeld und der Regisseur Leopold Lindtberg, der Langhoff von seiner Zeit als Oberspielleiter in Düsseldorf kannte, empfahlen ihm Langhoff. Umsichtig und tatkräftig wie stets, machte sich Rieser ans Werk: Im Juli und August meldete er Staatskommissar Hans Hinkel im preussischen Volksbildungsministerium, dem Düsseldorfer Polizeipräsidium und der Gestapo Berlin in drei raffiniert abgefassten Briefen, er habe Langhoff für die Saison 1933/34 engagiert und sei dringend auf ihn angewiesen. Bei der Zürcher Fremdenpolizei erwirkte er dessen Arbeitsbewilligung für die kommende Spielzeit und führte ihn in seiner Pressevorschau kommentarlos als neues Ensemblemitglied auf.

Seine Bemühungen blieben erfolglos; Langhoff kam erst mit der «Osteramnestie» 1934 frei, stand aber weiter unter Gestapokontrolle und erhielt Berufsverbot, was ihn nach anfänglichem Zögern zur Flucht bewog. Ende Juni schmuggelten ihn der Schriftsteller C. F. Vaucher und der Architekt Artaria von Badenweiler her über die Grenze. Rieser hielt nicht nur sein Versprechen, ihn zu engagieren, er nahm den Flüchtling auch für ein paar Wochen in seiner Rüschlikoner Villa auf und liess ihm die im Nazibunker ausgeschlagenen Zähne durch eine Prothese ersetzen. Riesers Einsatz trug reiche Früchte. Mit Langhoff hatte er einen vielseitigen und unermüdlichen Spitzenschauspieler zur Verfügung, neben Heinrich Gretler bald das beliebteste Ensemblemitglied. Trotzdem blieben Langhoff wie seinen Emigrationskollegen die fremdenpolizeilichen Schikanen mit Verhören, Detektivbeobachtung, wiederholten Ausweisungsdrohungen und saftigen Kautionsansprüchen nicht erspart. Im Falle Langhoffs ist dies alles bis heute detailliert dokumentiert, weil seine Polizeiakten im Gegensatz zu vielen andern im Zürcher Stadtarchiv erhalten sind.

Langhoffs Bekanntheit reichte bald über die kleine Schar regelmässiger Schauspielhausbesucher hinaus. Im Frühjahr 1935 erschien sein autobiographischer KZ-Bericht ‹Die Moorsoldaten›. Der irreführende Untertitel «Unpolitischer Tatsachenbericht» ist als Rücksichtnahme auf den gutbürgerlichen Schweizer Spiegel Verlag und das Asylland zu verstehen. Langhoffs Buch wurde in über 30 000 Exemplaren verkauft und rasch in sieben Sprachen übersetzt. Zehntausende von Lesern begriffen seine Aussage als eminent politisches Zeitdokument, stellte es doch den ersten ausführlichen Beleg für die Greueltaten der SA und SS dar. Es bestätigte aufs glaubwürdigste, was 1933/34 im Schauspielhaus mit Stücken wie Bruckners ‹Die Rassen› und Wolfs ‹Professor Mannheim› zu sehen gewesen war. Im Langhoff-Nachlass der ehemaligen Ostberliner Akademie der Künste liegen zahlreiche zustimmende Briefe an den Autor

Ferdinand Rieser, Direktor des Zürcher Schauspielhauses von 1926 bis 1938

Pfingsten 1937: *Leopold Lindtberg, Wolfgang Heinz und Wolfgang Langhoff* beim Kartenspiel. Der Photograph ist Leonard Steckel

Stadtpolizei ZÜRICH

ZÜRICH, den 4. Juli 1934.

In Sachen Stadtpolizei gegen Langhoff, Wolfgang betreffend verbotenem Granzübertritt bei Basel am 2. Juli 1934, ca. 18 Uhr.

Beilagen: 1 E. Rapport. 1 Einvernahme.

An das Polizeikommissariat 5 Zürich 7/8.

Delikt: Verbotener Granzübertritt. (Politischer Flüchtling)
Ort: Basel.
Zeit: Montag, den 2. Juli 1934, ca. 18 Uhr.
Personalien: Langhoff. Wolfgang, von Berlin, geb. 6. Oktober 1901 zu Charlottenburg, Sohn des Gustav und der Martha, geb. Kückenthal, verheir. mit Malacrida, Edwine, Renata, ohne Kinder, Schauspieler, angebl. nicht vorbestraft und nicht vorbemundet, wohnhaft z.Zeit Pension Bickel, Plattenstrasse 52, Zürich 7.
Ehefrau: Langhoff-Edwine, Renata, geb. Malacrida, von Charlottenburg, geb. 4. Dezember 1905 in Zürich, Schauspielerin, wohnhaft z.Zeit Pension Bickel, Plattenstrasse 52 Zürich 7.

Der Ehemann Langhoff ist nicht im Besitze eines gültigen Passes, die Ehefrau dagegen wohl.

Tatbestand:

Mittwoch, den 4. Juli 1934, 12.20 Uhr, erschien auf der Kreiswache 7 vorerwähnter Langhoff, Wolfgang in Begleitung seiner Ehefrau. Langhoff erklärte, dass er politischer Flüchtling sei. Am 1. April 1934 sei er aus dem staatl. Konzentrationslager Lichtenburg- Prettin, Ab.II entlassen worden. Jm Laufe des Sommers sei er als Schauspieler im Stadttheater in Düsseldorf angestellt gewesen. Wegen künstlerischer Darbietungen, die er in Arbeiterkreisen vorgetragen habe, sei er in den Verdacht gekommen, dass er sich als Feind gegen den Nationalsozialismus betätige. Dies sei aber nicht der Fall gewesen, er habe sich nur auf seine künstlerische Laufbahn verlegt.

Langhoff, Wolfgang ist im Besitze eines Anstellungsvertrages des Zürcher- Schauspielhauses, Direktion Rieser, Ferdinand, mit Beginn vom 1. September 1934 bis 30. April 1935. Im Besitze eines gültigen Passes ist er nicht. Ferner ist er im Besitze eines Schreibens von der Direktion des Kantons Zürich, Abteilung Fremdenpolizei ausgestellt vom 26. August 1933, welches ihn zum Aufenthalt und zum Stellenantritt für die Saison 1933/34 berechtigt hat. Betreffend dem Anstellungsvertrag hat Langhoff schon auf der Direktion des Zürcher- Schauspielhauses vorgesprochen, sowie auch bei Herrn Regierungsrat Dr. Wettstein, Kaspar-Escherhaus, Zürich 1. Von diesen Stellen aus wurde Langhoff auf die Polizei gewiesen, zwecks Erlangung der Aufenthaltsbewilligung für Ausländer zum Stellenantritt.

Die Ehefrau Langhoff- Malacrida, ist im Besitze eines gültigen Passes und ist am 2. Juli 1934 bei Basel über die Grenze gekommen (Siehe Vermerk im Pass).

~~Langhoff wurde zur weiteren Verfügung dem Kom. 5 zugeführt.~~

Verfg.: Geht an den Krim.-Kom. Zürich, den -5. JUL 1934

Polizei-Kommissariat 5 Kommissär der Stadt Zürich

Fremdenpolizei der Stadt Zürich -7. JUL. 1934

4. Juli 1934: Die Stadtpolizei Zürich protokolliert den verbotenen Grenzübertritt von Wolfgang Langhoff

der ‹Moorsoldaten›, darunter einer der Gattin des Schriftstellers C. A. Loosli, die hoffte, dass nun auch «die Ober- und Mittelschicht unseres Volkes von Ihren Ausführungen ergriffen wird … Diese Volksteile haben ja die Berichte der Deutschen roter oder rötlicher Färbung nie geglaubt, und viele, die Ihr Buch lasen, stehen nun vor einer Erscheinung, die bestimmt ist, die Gewissen aller aufzurütteln …»

Im Herbst 1945 verliess Langhoff als erster das Emigrantenensemble am Pfauen. Herzlicher ist weder vor noch nach ihm ein Schauspieler in Zürich verabschiedet worden, von der Presse, vom Publikum bei einem Rezitationsabend im überfüllten Kaufleutesaal und vom Stadtrat mit einer Barspende von 1000 Franken.

Bruno Dressler und die Büchergilde Gutenberg

Als der Vorsitzende des «Bildungsverbands der Deutschen Buchdrucker», Bruno Dressler, am 30. November 1933 über Konstanz nach Zürich ausreiste, konnte er hoffen, dass sein in Deutschland zerschlagenes Lebenswerk in der Schweiz fortgesetzt würde. Am 2. Mai 1933 hatten die Nationalsozialisten Gewerkschaftshäuser und andere Besitztümer der Arbeiterbewegung beschlagnahmt, darunter in Berlin das «Haus der Buchdruckerwerkstätte», in dem die 1924 vom Bildungsverband der Deutschen Buchdrucker auf Antrag Dresslers gegründete Büchergilde Gutenberg ihren Sitz hatte. Die Absicht der Gilden-Gründer war einfach und klar: das gute Buch im gediegenen Kleid zum günstigen Preis auch für Arbeiter und Angestellte, bisher oft buchfremde Schichten. Nationalrat Hans Oprecht drückte sich im Juni 1939 im Zürcher Kongresshaus an der Feier «Buch und Volk» klassenkämpferisch aus: Die Büchergilde bekunde «ihre enge Verbundenheit mit dem werktätigen Volk; keine kulturellen Leckerbissen sollen dem armen Mann vom Tisch der Reichen geschenkt werden.»

Bruno Dressler an seinem 60. Geburtstag im Februar 1939. Die Exil-Büchergilde befand sich damals schon auf Erfolgskurs

Die 85 000 Mitglieder zählende Büchergilde wurde 1933 auf braunes Bildungsniveau gleichgeschaltet; Dressler kam für einen Monat hinter Gitter und fand nachher keine Anstellung, was ihn zur Emigration in die Schweiz bewog. In Zürich gab es seit 1927 eine Geschäftsstelle der Büchergilde, wie auch in Wien und Prag.

In Zürich hatte man schlagfertig auf den braunen Raubzug reagiert: Auf Initiative von Nationalrat Oprecht, geschäftsführender Sekretär des VPOD, gründeten die grossen Gewerkschaftsverbände, der Verband schweizerischer Konsumvereine und die wichtigsten Genossenschaftsdruckereien am 16. Mai die selbständige «Genossenschaft Büchergilde Zürich» unter dem Präsidium von Hans Oprecht.

Hans Ernis Porträtskizze von *Hans Oprecht* zu dessen 75. Geburtstag 1969

Die grosse Mehrheit der 6000 Schweizer Mitglieder meldete sich bei der braunen Berliner Gilde ab und trat der Zürcher Genossenschaft bei. «Liebe Büchergilde. Es freut mich von Herzen, dass Du Dich so tapfer wehrst gegenüber dem braunen Gesindel» oder «Gratuliere zu Ihrem Entschluss, denn Berliner Hakenkreuzkost hätte mir schwerlich gut angeschlagen», hiess es in Begleitbriefen zu den Anmeldungen.

Solcher Zuspruch tat gut, türmten sich doch zu Beginn die Schwierigkeiten: die mühselige Vermögensausgliederung mit Berlin, Wien und Prag, die der Zürcher Gilde schliesslich ein Startkapital von 58 000 Franken eintrug; das Loseisen von Berliner Vorräten an Gildenbücher der im Reich verbotenen Autoren wie Arnold Zweig, Upton Sinclair, Max Hodann oder Martin Andersen-Nexö und die Beschaffung von Aufenthalts- und Arbeitsbewilligung für den als Geschäftsführer eingestellten Bruno Dressler, der seinen Posten offiziell erst am 1. Oktober 1934 antreten konnte. Wie Rieser für Langhoff, trabte Oprecht immer wieder bei den Behörden für Dressler vor, auch für andere Emigranten, die mehr oder weniger offen für die Büchergilde arbeiteten: Wilhelm Hoegner etwa, der spätere bayrische Ministerpräsident, als Korrektor und Übersetzer, oder der Schriftsteller Ernst Preczang, einstiger Cheflektor der Berliner Gilde, im Lektorat oder als Autor.

Dressler erhielt erst am 18. Juli 1946, ein knappes halbes Jahr vor seiner Pensionierung bei der Büchergilde, die definitive Niederlassungsbewilligung. Am 7. August 1952 starb er im Zürcher Kantonsspital.

Am meisten Sorge bereitete 1933 der Mangel an guten Autoren, lehnte doch der Buchhändler- und Verlegerverein jede Zusammenarbeit mit der Büchergilde ab, so dass diese in ihren Anfängen keine Werke von Schriftstellern erhalten konnte, die schon anderweitig Verlagsverträge abgeschlossen hatten. Selbstverständlich blieb auch der Buchhandel den Gildenbüchern verschlossen. Versuche Hans Oprechts, der Gilde über Zweigverlage aus der Not zu helfen, fruchteten wenig und mussten meist rasch aufgegeben werden. Es dauerte drei Jahre, bis die Büchergilde über ein ansehnliches Sortiment neuer Werke verfügte. Der Nothelfer der Anfangsjahre hiess B. Traven, mit dem Dressler seit 1926 korrespondierte. Mit dem ‹Totenschiff› hatte er damals die lange Werkreihe des ersten bedeutenden und beliebten Originalautors der Büchergilde eingeleitet.

In den Zürcher Gildenprogrammen von 1933/34 tauchten aber doch schon erste bemerkenswerte Titel von Schweizer Autoren auf: ‹Rückblick auf mein Leben› von Auguste Forel,

‹Schwester Lisa› von Elisabeth Gerter oder Jakob Bührers ‹Sturm über Stifflis›. Die zielbewusste Förderung der Schweizer Literatur – unter anderem durch vier literarische Wettbewerbe zwischen 1935 und 1945 – blieb ein Markenzeichen der Büchergilde Zürich; dem deutschen Geschäftsführer stand mit Jakob Bührer, dem Volkshochschuldirektor Hermann Weilenmann und Dr. Ludwig Wille ein kundiger literarischer Beirat zur Seite. Die Büchergilde brachte neben den Verlagen Emil Oprechts auch eine beachtliche Zahl von Werken des Literaturexils heraus. Von 1935 an standen kontinuierlich Bücher von Westschweizer und Tessiner Autoren im Programm, darunter die wichtigsten Werke von C. F. Ramuz in der Übersetzung von Werner Johannes Guggenheim. Der 1936 gegründeten Guilde du Livre Lausanne stand Ramuz als literarischer Ratgeber tatkräftig zur Seite.

Aus der Zusammenarbeit des Emigranten Dressler mit Hans Oprecht und vielen Helfern auf beiden Seiten entwickelte sich die Büchergilde zu einem Kultur- und Bildungsfaktor erster Ordnung. Vom Bürgertum war sie zu Beginn als interne Familienangelegenheit der Linken abgetan worden – dem 1938 ins Leben gerufenen Patronatskomitee traten aber neben linker Prominenz wie dem Zürcher Stadtpräsidenten Emil Klöti unter andern auch der freisinnige Altbundesrat Robert Haab, NZZ-Feuilletonchef Eduard Korrodi, Fritz Wartenweiler und Max Rychner bei. Als Bruno Dressler Ende 1946 im Alter von 68 Jahren als Geschäftsführer zurücktrat, hatten er und Hans Oprecht die Büchergilde Zürich zum grössten und vielseitigsten Verlagsunternehmen der Schweiz mit nahezu 110 000 Mitgliedern ausgebaut.

Jewish Daily Bulletin, New-York

Fortbildungskurs für deutsche Professoren

Verboten! Verboten! Verboten!

Folgende Gildenbücher sind gemäß § 1 der Verordnung des Reichspräsidenten zum Schutz von Volk und Staat in Deutschland beschlagnahmt, weil durch den Inhalt die öffentliche Sicherheit und Ordnung »gefährdet« wird.
Die Geschäftsstellen Zürich, Wien und Prag können diese Bücher bis auf weiteres noch liefern.

Nr.
3 B. Traven: »Die weiße Rose«.
6 B. Traven: »Der Karren«.
9 B. Traven: »Regierung«.
16 London: »Martin Eden«.
18 London: »Die eiserne Ferse«.
31 London: »Die Zwangsjacke«.
34 Upton Sinclair: »So macht man Dollars«.
35 Upton Sinclair: »Boston«.
71 Dr. Meyenberg: »Zeugung und Zeugungsregelung«.
72 Helmut Wagner: »Sport und Arbeitersport«.
73 Erich Knauf: »Empörung und Gestaltung«.
74 Erich Knauf: »Daumier«.
76 M. Pokrowski: »Russische Geschichte«.
77 Wladimir Woytinsky: »Der erste Sturm«.
78 Boris Sawinkow: »Erinnerungen eines Terroristen«.
86 Erich Knauf: »Ça ira!«
87 Arnold Zweig: »Der Streit um den Sergeanten Grischa«.
90 Herbert Baldus: »Madame Lynch«.
91 Kurt Eisner: »Welt werde froh«.
95 Georg Schwarz: »Kohlenpott«.
96 Otto Bauer: »Rationalisierung und Fehlrationalisierung«.
97 Frederik Parelius: »Weib im Strom«.
99 Ellen Wilkinson: »Die Kluft«.
102 Michael Karpow: »Die fünfte Liebe«.
113 Soschtschenko: »Die Stiefel des Zaren«.
131 Dr. Max Hodan: »Geschlecht und Liebe«.
133 Karl Rössing: »Mein Vorurteil gegen diese Zeit«.
134 Arnold Zweig: »Junge Frau von 1914«.
149 Victor: »General und die Frauen«.
150 Peregudow: »Die Porzellanstadt«.
152 Olbracht: »Der vergitterte Spiegel«.
153 Armin T. Wegner: »Jagd durch das tausendjährige Land«.
154 Rudolf Daumann: »Der Streik«.
156 Dr. Karl Schröder: »Klasse im Kampf«.
160 Nowikow-Priboj: »Die salzige Taufe«.
165 Joh. Schönherr: »Der große Befehl«.

Fortsetzung folgt täglich. Armes Deutschland!

Die Zeitschrift ebenfalls verboten!

Wir erhielten folgende Zuschrift:

Büchergilde Gutenberg, Berlin SW. 61, Dreibundstraße 5

17. Mai 1933.

An alle Vertrauensleute der Büchergilde Gutenberg zur Kenntnisnahme:

Vom Geheimen Staatspolizeiamt, Berlin, erhalten wir soeben folgende Mitteilung:

»Tgb. Nr. 1 a 34 00 467

Zur Aufrechterhaltung der öffentlichen Sicherheit und Ordnung und zur Abwendung auch noch in Zukunft zu erwartender staatsgefährdender Umtriebe wird nach Maßgabe des § 14 PVG. in Verbindung mit § 1 der Verordnung des Reichspräsidenten zum Schutze von Volk und Staat vom 28. Februar 1933 die in Berlin erscheinende periodische Druckschrift »Die Büchergilde« (Zeitschrift der Büchergilde Gutenberg, Berlin) bis auf weiteres verboten.

Zuwiderhandlungen sind nach § 4 der genannten Verordnung strafbar.«

Wir bitten also, *keine Zeitschrift* mehr auszugeben.

Mit deutschem Gildengruß

Büchergilde Gutenberg, Berlin
(Unterschrift unleserlich.)
Beauftragter der NSBO.
(Nationalsozialistische Betriebsorganisation).

Die Nazis im »Geheimen Staatspolizeiamt« verbieten ihren eigenen »Volksgenossen«, die die Büchergilde besetzt haben und für ihre Zwecke umstellen wollten, die Zeitschrift.

Für die Schweiz: Eigentümer, Herausgeber und Verleger: Genossenschaft Schweizerische Büchergilde Gutenberg, Morgartenstrasse 13, Zürich 4 — Postscheck VIII 13.631 — Tel. 35.909 — Verantwortlicher Schriftleiter: J. Wieder, Zürich — Druck: Genossenschaftsdruckerei Zürich — Für die Tschechoslowakei: Büchergilde Gutenberg in der Tschechoslowakischen Republik, Prag II, Smecky 27, linke Stiege.

«Verboten! Verboten! Verboten!» aus der Zeitschrift ‹Die Büchergilde›, Juni 1933.
Die Liste der in Deutschland verbotenen Bücher aus der alten Büchergilde ist lang. Die Exilgilde liefert sie weiter und baut ein eigenes Verlagsprogramm auf, darin auch zeitgenössische Schweizer und Exilautoren

Robert Lejeune und Robert Musil

«Sozipfaff» und Aristokrat – auch eine eindrückliche, im Grunde aber tragisch verlaufende Begegnung im Schweizer Exil: Pfarrer Dr. h.c. Robert Lejeune und Robert Edler von Musil. Als Musil im Herbst 1938 mit seiner jüdischen Gattin aus Österreich über Italien in die Schweiz emigrierte, kannte ihn hierzulande nur eine winzige Minderheit. Der Musikkritiker der Basler ‹National-Zeitung›, Harry Goldschmidt, später Musikwissenschafter in der DDR, hatte Musil zwar im November 1935 drei Lesungen aus dem ‹Mann ohne Eigenschaften› in Zürich und Basel organisiert. Thomas Mann, der es abgelehnt hatte, für Musil eine Einführung zu halten, notierte am 16. November 1935 im Tagebuch: «Kleines Publikum. Frau Hesse, Oprecht, die Herz u.a. Hohes Niveau des M'schen Romans. Verwandtschaft mit Proust. Nachher Soirée im Atelier des Rechtsanwalts Rosenbaum mit Musil.»

Robert Musil in Zürich. Vermutlich im Herbst 1938 oder Winter 1938/39

Dieser hat über die wenig erfolgreiche Lesereise nichts festgehalten; eine weitere für 1937 schon im Detail geplante sagte er kurzfristig ab. In Zürich dachte er 1938 keineswegs an ein dauerhaftes Exil, weil er die Schweiz für sehr gefährdet hielt; er betrieb die Weiterreise in die Vereinigten Staaten. Diese und andere Fluchtpläne zerschlugen sich. Musil musste seine letzten dreieinhalb Lebensjahre in der Schweiz verbringen, in zähem Ringen um die Vollendung seines grossen Romans, der einmal zu den Meisterwerken des Jahrhunderts zählen sollte, damals aber weitgehend Geheimtip war.

Musil war «kein Karrierestratege»[1] wie etwa Thomas Mann. Der wortkarge, sein selbstgewähltes Aussenseitertum bewusst pflegende Dichter, der auch dem behördlichen Arbeitsverbot unterlag, blieb im Exil materiell ganz auf fremde Hilfe angewiesen. Selbstloser, aufopfernder und tatkräftiger Schutzpatron wurde ihm der Neumünster-Pfarrer Robert Lejeune, Herausgeber der Schriften Christoph Blumhardts, des Begründers des religiösen Sozialismus. Als Anhänger von Leonhard Ragaz, durch seine Verkündigung einer umfassenden Solidarität mit notleidenden Mitmenschen und wegen seinem Verständnis für Dienstverweigerer war Lejeune, der in seinen Gottesdiensten für die Juden und die Verfolgten des Naziregimes betete, in den konservativen Kreisen der Zürcher Landeskirche als «Sozipfaff» verschrieen. Er verkehrte und half auch im Emigrantenkreis um den österreichischen Bildhauer Fritz Wotruba, war selbst künstlerisch interessiert und befasste sich mit Honoré Daumier, über den er 1946 bei der Büchergilde eine grosse und erfolgreiche Monographie veröffentlichte.

Bei Wotruba lernte Lejeune Musil kennen, der in einer bescheidenen Pension in Lejeunes Kirchgemeinde untergekommen war. Er griff dem Dichter mit beträchtlichen Geldbeträgen unter die Arme, vorerst als Vorschuss getarnt. Auf die Dauer verfügte Lejeune aber nicht über ausreichende eigene Mittel; er bemühte sich um weitere Kontakte und Mäzene für seinen Schützling, unter anderem beim «Comité pour le placement des intellectuels refugiés» in Genf, welches Musil in einer Genfer Wohnung unterbrachte. Als das Komitee bei Kriegsbeginn die Zahlungen einstellte, musste Lejeune andere Hilfe suchen. Sie traf auch ein: vom Genfer Ehepaar Hall-Church, von Nettie Suttro, von Hans Oprecht, von Carl Seelig – sogar die eidgenössische Fremdenpolizei zeigte sich verständnisvoll: Sie suspendierte Musils auf den 31. Oktober 1939 angesetzten Ausreisebefehl auf unbestimmte Zeit. Im März 1942, wenige Wochen vor Musils Ableben, fasste Kurt Hirschfeld als neuartige Rettungsaktion die Reaktivierung der Musil-Gesellschaft ins Auge, weil er die Bekanntmachung von Musils literarischer Bedeutung ebenso dringlich fand wie finanzielle Unterstützung.

Die Abhängigkeit von fremder Hilfe, der aufreibende Kampf um die Vollendung des dritten Bandes seines Romans, der aber Fragment blieb, zermürbten und verbitterten Musil zusehends und liessen ihn auch gegen Freunde und Helfer ungerecht werden. Neben den Tagebucheinträgen vermitteln die vollständig erhaltenen Briefe Musils an Lejeune Einblicke in ein schicksalhaftes Scheitern im Exil, weniger aus fremder Schuld denn aus wesensbedingten

Das *Arbeitszimmer* in der «Pouponnière», Musils erstem Wohnsitz im Genfer Exil
An Pfarrer Robert Lejeune schreibt er am 11. November 1940: «... hierzulande und heutzutage ist selbst mir kalt geworden, die Wahrheit zu sagen; denn man kann sich doch nicht fortwährend selbst in die Hände blasen. Es sieht aus, als ob ich schon so gut wie nicht da wäre, und da ist es mir nun wirklich ein Trost gewesen, Ihre und der Ihren Teilnahme zu fühlen.»

Pfarrer *Robert Lejeune* (1891–1970). Förderer und Freund Robert Musils im Schweizer Exil

Charakterzügen Musils und einer aristokratischen, allzu ichbezogenen Veranlagung, die sich den Gegebenheiten des Emigrantendaseins nicht anpassen mochte.

Musil starb in Genf am 22. April 1942 an einem Herzschlag. Robert Lejeune hielt vor wenigen Leidtragenden die Gedenkrede auf den «bedeutendsten Dichter deutscher Sprache, der in unserer Zeit lebte».

Ein Grab hat Musil in der Schweiz nicht: Die Witwe zerstreute seine Asche im Salève-Gebiet. Der von ihr 1943 im Selbstverlag herausgebrachte Band mit letzten Romantexten Musils fand kaum Beachtung.

Wie Musil fanden auch andere emigrierte Schriftsteller in der Schweiz ihre Mäzene: Ignazio Silone kam beim Zürcher Getreidekaufmann und Kunstsammler Marcel Fleischmann unter; der proletarisch-revolutionäre Ruhrkumpel Hans Marchwitza konnte bei R. J. Humm und beim Ehepaar Rosenbaum-Ducommun im Baumwollhof seinen autobiographisch beeinflussten Bergarbeiterroman ‹Die Kumiaks› schreiben, bevor er im Sommer 1934 aus der Schweiz ausgewiesen wurde. Humm, selber mausarm, konnte den Emigranten weniger materielle Hilfe als vielmehr Kontakt- und Begegnungsmöglichkeiten bei seinen «Rabenhausabenden» bieten. Das Emigrantenensemble vom Pfauen und Schriftsteller wie Julius Hay, Arthur Koestler, Ferdinand Lion und viele andere fanden hier Anregung, Zuspruch und Aufmunterung, was im Exil ebenso wichtig war wie finanzieller Beistand.

Der junge Max Frisch und das Zürcher Schauspielhaus

«... scheint mir eine grosse Gefahr darin zu liegen, wenn sich ein hiesiges Theater ... zum Ableger verbotener Autoren macht, zum Emigrantentheater ... Wir sind Schweizer und müssen es heute leidenschaftlicher sein als je ... wir haben weder für noch gegen Deutschland zu sein ...» So Max Frisch am 26. August 1934 an seine Geliebte Käte Rubensohn.[2] Ein Jahrzehnt später brachte Kurt Hirschfeld, der Dramaturg des Zürcher Schauspielhauses, Frisch als künftigen Hausautor an eben dieses «Emigrantentheater»! Zuvor stand Frisch im ‹Zürcher Student› und in der ‹Neuen Zürcher Zeitung› aber noch mehrmals zu seiner gutbürgerlich-konservativen Gesinnung, zu einem Schweizertum im Sinne der geistigen Landesverteidigung. Er bekannte sich 1938 in einem peinlichen Brief an den Karikaturisten Gregor Rabinovitch[3] auch erneut zur strikten Gesinnungsneutralität, obschon die Verbrecherfratze des Nationalsozialismus längst über alle Grenzen grinste. Frisch hielt bis weit in den Krieg hinein an seiner Überzeugung fest, dass Politik in der Literatur nichts zu suchen habe.

Es mochte den klugen und belesenen Hirschfeld, der manches aus Frischs dichterischem Frühwerk kannte, reizen, diesem den Star zu stechen und ihn dabei aufs dramatische Feld zu locken. Er lud ihn 1944 zu Aufführungsproben von Giraudoux, Wilder, García Lorca, Claudel und Sartre ein – im August/September schrieb Frisch sein erstes Stück, die Romanze ‹Santa Cruz›. Ein halbes Jahr später entstand wiederum in wenigen Wochen der «Versuch eines Requiems»: ‹Nun singen sie wieder›. Es ging dabei um die Schuldfrage im zu Ende gehenden Krieg, deren Zuweisung Frisch aber ausdrücklich vermied. Er verwarf das später als «neutrale Trauer»[4], nachdem er das bequeme Vergessen und Verdrängen der Deutschen bald nach Kriegsende mitverfolgen musste. Um seiner Aktualität willen kam ‹Nun singen sie wieder› *vor* Frischs dramatischem Erstling am 29. März 1945 im Schauspielhaus zur Uraufführung. Kritik und Publikum waren begeistert.

Am Schauspielhaus und durch Oprechts Verlage erlebte Frisch erstmals intensive Kontakte mit Emigranten; er lernte auch die bedeutendsten Werke der modernen Dramatik kennen; Wilder und Brecht wurden seine Lehrmeister.

«Einige von uns haben einen Freund verloren», begann Frisch seine Rede an der Gedenkfeier für den früh verstorbenen Kurt Hirschfeld am 15. November 1964. «Von seinen Leistungen wird zu sprechen sein, wo immer man die Geschichte des deutschsprachigen Theaters der letzten 25 Jahre schreibt» – und die Ge-

Geheiratet wird standesgemäss im Frack und mit weissen Handschuhen: *Max Frischs Hochzeit* mit Gertrud von Meyenburg 1942. Trauzeuge ist Frischs Freund, der Verlegersohn Werner Coninx

Warten aufs Engagement. 1938. Von links: Ludwig Donath, seit 1934 beim ‹Cabaret Cornichon›, Kurt Hirschfeld, Karl Paryla. An der Wand Bühnenbildentwürfe von Teo Otto, auch er ein Emigrant am Zürcher Schauspielhaus. Nach dem Rausschmiss durch Ferdinand Rieser 1934 wird Hirschfeld 1938 von Oskar Wälterlin neu engagiert. Photo von Leonard Steckel

Ein erprobtes Team: *Max Frisch, Teo Otto und Kurt Hirschfeld* im Gespräch vor der «Würstlibude» im Hof des Zürcher Schauspielhauses während einer Probenpause zu ‹Andorra›. 1961

schichte der Schweizer Literatur; denn Hirschfeld hat in Frisch ja nicht nur den Dramatiker erweckt. Dank der von ihm angeregten und kontinuierlich geförderten Arbeit Frischs am Schauspielhaus lernte dieser auch kritische und in mancherlei Beziehungen aktive Antifaschisten bürgerlicher wie linker Einstellung kennen. Es ging ihm dabei auf, dass Politik sehr wohl mit Kunst und Literatur zu tun hat. 1945/46 zeichneten sich daher die Anfänge eines «neuen» Frisch ab: die Wandlung des geistigen Landesverteidigers zum kritisch engagierten Linksintellektuellen und zornig wachsamen Zeitgenossen.

Rudolf Roessler – Exil zwischen Verlag und Nachrichtendienst

Der deutsche national-konservative Lutheraner Rudolf Roessler und der Luzerner liberale Katholik Xaver Schnieper begegneten sich 1932/33 in Berlin. Roessler war seit 1929 Leiter des Bühnenvolksbunds, einer landesweiten Theaterbesucherorganisation christlicher Observanz; Schnieper studierte Germanistik, Kunstgeschichte und Theaterwissenschaft. Als Alfred Rosenberg 1933 den Bühnenvolksbund gleichschaltete und dabei Roessler der Korruption, Unterschlagung und Bilanzfälschung beschuldigte, folgte dieser Schniepers Rat, sich der drohenden Verhaftung durch Emigration in die Schweiz zu entziehen. Die bitteren Erfahrungen mit Exponenten des Nationalsozialismus wiesen Roessler den Weg zum unerbittlichen Kampf gegen das Dritte Reich.

Im Mai 1934 wurde Roessler Leiter des neugegründeten Vita Nova Verlags in Luzern, dessen Bücher in Zusammenarbeit katholischer und protestantischer Kreise Themen europäischer und christlicher Selbstbehauptung behandeln sollten. Verwaltungsratspräsident war der Luzerner Buchhändler Josef Stocker, Hauptaktionärin Henriette Racine, eine begüterte Reformierte, literarischer Berater der 1925 aus Deutschland eingewanderte, in Luzern eingebürgerte ehemalige Jesuitenpater und Schriftsteller Otto Karrer. Das Verlagsprogramm verfolgte konsequent philosophisch-weltanschauliche Ziele. Autoren waren unter anderen die Exilrussen Fedor Stepun und Nikolaus Berdjajew, der Balte Walter Schubart, Schweizer wie Gonzague de Reynold, Pfarrer Rudolf Grob und der Jesuitenpater Richard Gutzwiller und, mit einem Werk, Walter Benjamin unter dem Pseudonym Detlef Holz.

Über seinen Freund Schnieper, seit 1936 Bibliothekar an der Kantonsbibliothek, fand Roessler Kontakt zur «Arbeitsgemeinschaft junger Katholiken». Schnieper, Hans Ulrich

Rudolf Roessler, Verleger und Leiter des Vita Nova Verlags in Luzern

Xaver Schnieper, Bibliothekar der Kantonsbibliothek Luzern. Im Aktivdienst

Segesser von Brunegg, Arnold Stöckli und Bernhard Mayr von Baldegg gaben von Oktober 1936 bis August 1939 die Zeitschrift ‹Entscheidung. Eidgenössisches Werk-Blatt› in einer Auflage von 2000 Exemplaren heraus, in der sie sich gegen Gleichsetzung von katholischer und konservativer Politik wehrten. Die Herausgeber traten für eine soziale Demokratie auf christlicher Grundlage ein und bekämpften die massgeblichen rechtskatholischen Kreise und deren Sympathien für ständestaatliche und diktatorische Gewaltregimes. ‹Entscheidung› war ein mutiges Blatt des nationalen Widerstands mit klarer Abgrenzung gegen Faschismus und Nationalsozialismus. Roessler, der 1937 aus Deutschland ausgebürgert wurde, gehörte wie Friedrich Wilhelm Foerster, Romano Guardini, Emanuel Mounier und andere zu den Mitarbeitern des Blattes.

Preis der Nr. 25 Cts.

Entscheidung

Eidgenössisches Werk-Blatt

Luzern, 30. November 1936 — 1. Jahrgang Nr. 5

Druck: Schill & Cie., Luzern Administration, Redaktion und Inseratenannahme: Luzern, Rütligasse 1 Telefon 21.079 Postscheck VII 163 Erscheint am 1. und 15. jedes Monats
Abonnementspreis: Fr. 5.— jährlich, Fr. 2.80 halbjährlich; Ausland Fr. 6.— jährlich, Fr. 3.30 halbjährlich. Bei der Post abonniert Fr. 5.30 jährlich, Fr. 2.90 halbjährlich
Inseratenpreise: Die einspaltige Millimeter-Zeile 8 Rp. (Die Inseratseite wird in 6 Spalten eingeteilt)

Der Bolschewismus und wir

Wir haben einige Männer, die durch ihr Ansehen und ihren Einfluß in der schweizerischen Oeffentlichkeit eine führende Rolle spielen, aufgefordert, über Wesen, Gefahr und Bekämpfung des Kommunismus sich in knapper Form grundsätzlich zu äußern. Antworten, die uns zukamen, geben wir im Folgenden wieder. Wie weit wir mit diesen Antworten einig gehen oder Vorbehalte machen, ersehen unsere Leser aus den anschließenden redaktionellen Ausführungen.

Regierungsrat Dr. C. Ludwig, Basel

Dem Ziel nach unterscheidet sich der Kommunismus nur unwesentlich vom orthodoxen Sozialismus. Beide Bewegungen erstreben die Ersetzung der Privatwirtschaft durch die Gemeinwirtschaft. Ihre gemeinsame Gefahr liegt in der Herabwürdigung des einzelnen zum bloßen Bestandteil einer seelenlosen Organisation und dadurch in der Erdrosselung der freien Persönlichkeit. Oeder Materialismus kennzeichnet die beiden Bewegungen in gleicher Weise. Und der Ausgangspunkt im Kommunismus und orthodoxem Sozialismus ist derselbe: die ebenso falsche als trostlose Theorie des unüberbrückbaren Klassengegensatzes in der gegenwärtigen Gesellschaftsordnung.

Das besondere Kennzeichen des Kommunismus besteht in der Kampfmethode. Der Weg, auf dem das erstrebte Ziel erreicht werden soll, ist die Revolution, der Bürgerkrieg. Legaler Reformismus wird als untaugliches Mittel abgelehnt. Die Beteiligung am politischen Leben dient ausschließlich der Vorbereitung der Geister zum blutigen Endkampf. Deshalb wird jede Gelegenheit wahrgenommen, die vorherrschende Unzufriedenheit zu steigern und den Haß gegen alles Bestehende zu schüren. Was von der Gegenseite aus geschieht, findet unter keinen Umständen Anerkennung. Im schlimmsten Fall wird behauptet, man habe es selbst erstrebt: denn unter allen Umständen muß vermieden werden, daß beim Parteivolk die Auffassung entsteht, es gebe auch außerhalb der eigenen Reihen Persönlichkeiten, die nicht vollendete Schurken sind.

Dazu kommt die geradezu sklavische Abhängigkeit von Moskau. Was von dort aus befohlen wird, wird unbedingt befolgt — sonst müßte man ja befürchten, selbst als Ketzer behandelt zu werden und der so lieb gewonnenen Position als einflußreichen Parteifunktionär verlustig zu gehen. In diesem jämmerlichen Verzicht auf jede geistige Selbständigkeit liegt der Grund für den ständigen Stellungsverschub, den man auch bei unseren schweizerischen Kommunisten im politischen Kampf beobachten kann. Wir erinnern nur an die Einstellung gegenüber der sozialdemokratischen Partei, gegenüber den Demokraten und gegenüber der Armee. Die Sozialdemokraten, die noch vor kurzem als Sozialfaschisten beschimpft worden sind, bezeichnet man heute — in Befolgung des Schlagwortes „Einheitsfront" — als Brüder; die Demokratie, die als schändlicher Volksbetrug gebrandmarkt worden ist, ist nun plötzlich die ideale Staatsform geworden, und die überzeugten Pazifisten haben sich in waschechte Militaristen umgewandelt — wenigstens, so weit es die roten Armeen anbelangt. Man muß sich nur wundern, daß das Parteivolk so geduldig alle diese Wandlungen, die sich meistens fast über Nacht vollziehen, mitmacht, und daß die Führer sich nicht vor sich selbst über ihre Wandlungsfähigkeit schämen.

Das beste Mittel zur Bekämpfung des Kommunismus scheint uns, daß man den Kommunismus so darstellt, wie er ist. Wenn es möglich wäre, wäre es übrigens gar nicht so unrecht, den Lesern der „Freiheit" die Jahrgänge 1934 und 1935 des „Kampfes" der des „Basler Vorwärts" nachzuliefern; sie könnten dann selbst erkennen, was ihnen alles von ihren Führern zugemutet wird. In zweiter Linie wird es wesentlich sein, unermüdlich auf die Grundirrtümer des Marxismus — und damit auch des Kommunismus hinzuweisen. Selbstverständlich ist schließlich, daß der Staat sich gegenüber den kommunistischen Staatsfeinden mit aller Energie zur Wehr zu setzen hat, und ebenso selbstverständlich, daß die Politik der antimarxistischen Parteien den Gedanken der Solidarisch-Aller zur unverrückbaren Grundlage haben muß.

M. Albert Picot
Conseiller d'Etat à Genève

1) Un magistrat genevois est bien placé pour répondre au questionnaire du journal « Entscheidung » car le Canton de Genève avec Léon Nicole et ses lieutenants vécu depuis quelques années toute l'experience de ce système politique qui s'appelle *marxisme, communisme ou front populaire*. La méthode est double. Elle consiste a isoler une partie de la population considerée comme opprimée et à la dresser contre l'autre partie considerée comme oppresseur. On exploite toutes les causes de mécontentement, on exagère tous les scandales, on calomnie toutes les bonnes volontés. On creuse un fossé profond et l'on répond dans le canton un air irrespirable de discorde et de haine.

Wissen wir, was uns droht?

Leider muß diese Frage mit aller Schärfe gestellt werden. Liest man unsere Blätter, hört man, was unsere Prominenten in Wirtschaft, Politik und Kultur uns mitten in den katastrophalen Ereignissen der Gegenwart zu sagen wissen, blickt man nach Bern und wägt die Worte und Handlungen der Männer, die an die Spitze unseres Volkes gestellt sind, so gibt es nur einen einzigen Eindruck: Allenthalben opportunistische Selbstberuhigung in einer Politik des Vogel Strauß. Während rings um uns herum die Vorbereitungen zu einer gewaltsamen Veränderung der europäischen Machtverhältnisse und der Landkarte der Welt getroffen werden und in Abessinien und Spanien bereits ihre ersten Kriegsschauplätze gefunden haben, beschäftigt man sich bei uns mit dem ganzen Ablenkungszauber, der — teils selbst produziert, teils in kluger Berechnung von außen geliefert — heute die ungesammelte und ihres Selbstbewußtseins verlustig gegangene Demokratie so schwach macht. Die Getränkesteuer und der Fall Schmucki, der Rekurs gegen den Basler Arbeitsrappen und die Herren und Frauen Doppelverdiener, der Abwertungsoptimismus der Hoteliers und die Franken-gleich-Franken-Theorie unseres Bundesrates, die „Richtlinien"-Bewegung, die keine Bewegung ist, und die Bekämpfung der Arbeitslosigkeit auf eine Weise, die dem Verdienenden und Besitzenden möglichst wenig kostet, — das sind so die Dinge, mit denen wir uns hübsch traditionell unsere Zeit vertreiben. Und während es der ganzen übrigen Welt, von den kommunistischen und faschistischen Diktaturstaaten abgesehen, klar ist, daß nur die entschlossene Ablehnung jeder der einander feindlichen politisch-weltanschaulichen Mächtegruppierungen die allgemeine europäische Katastrophe verhindern kann, tut man bei uns so, als wäre die Entdeckung des Kommunismus als des Weltfeindes Nr. 1 eine spezifische Aufgabe der Schweiz. Statt die paar kommunistischen Hetzapostel aus ihren Mauslöchern (und die nationalsozialistisch-faschistischen aus ihren Klubsesseln dazu!) herauszuholen und sich dann wichtigeren Aufgaben — nämlich denen der Sammlung unseres Volkes zur Verteidigung seiner Existenz und Freiheit — zuzuwenden, übt man das Volk im Fäusteballen gegen die weit entfernten Sowjets und lenkt es von der Gefahr — der geschichtlichen Gefahr unseres Volkes, der Gefahr vor den nahen Nachbarn — ab.

Was wir heute am allernötigsten brauchen in der Schweiz und beim Schweizer, das ist der Mut gegenüber der drohenden, gegenüber der vor der Tür stehenden Gefahr. Wir brauchen einen Selbstbehauptungswillen, der nationalen — nicht kleinbürgerlichen — Charakter hat und die Auseinandersetzung mit realen und uns gefährlichen Kräften der bloßen Spiegelfechterei mit an die Wand gemalten Gegnern vorzieht. Wir brauchen Klarheit darüber, daß wir unsere Armee nicht zur Bekämpfung der paar einheimischen Kommunisten, sondern zu ganz anderen Zwecken nötig haben und daß die Gefahr für die Selbständigkeit unseres Landes mit der Bildung antikommunistischer Staatenbünde in gar keiner Weise sich mindert. Wir müssen endlich erkennen, daß die anti- und die prokommunistischen Parolen, mit denen man heute Europa in zwei Kriegslager zu teilen sucht, nichts anderes als Verkleidungen neuer imperialistischer Ansprüche sind, denen der zuerst zum Opfer fällt, der die Parolen dienstbeflissen aufnimmt — statt sie öffentlich diskreditiert. Und schließlich müssen wir so viel Intelligenz und realistischen Sinn aufbringen, als zur Erkenntnis der modernen Formen und Methoden nötig ist, mit deren Hilfe man ein demokratisches und nicht wachsames Land durch Einschüchterung und Bedrohung, durch Bildung von Bürgerkriegstruppen und nachfolgende Staatseinmischung um seine Selbständigkeit und Freiheit bringt und einer Großmacht unterjocht.

*

Vergeblich sucht man nach Anzeichen, aus denen ein wirkliches, auf Mut und Klarheit beruhendes Verständnis unserer heutigen Schweizer Situation in unserer offiziellen Politik, in unserer öffentlichen Meinung sichtbar wird. Wie wenn wir das Jahr 1870 oder das Jahr 1914 schrieben, als es noch plötzliche politische Hochspannungen und offizielle Kriegserklärungen, rein national bestimmte Gegensätze und Kriegsmotive gab, treiben wir Landesverteidigungspolitik ganz abseits von den Formen, in denen die moderne Zeit über das Schicksal der Völker und Staaten entscheidet und der Ueberfall oder die langsame Unterwerfung sich vollziehen. Wir bilden uns noch immer ein, die Gegner, die uns einst zu schaffen machen könnten, würden es auf die alte Weise machen, die wir aus unseren Schulbüchern kennen: so im Verlauf oder zu Beginn eines Krieges, der nicht unsertwegen entbrennt, über unsere Grenzen kommen und uns nötigen, die Waffen zu ergreifen und uns wie ein Mann gegen den Feind zu erheben. Daß eines Tages die Frage ganz anders lauten kann und daß uns — um ganz theoretisch und unverfänglich zu sprechen — z. B. ein Nachbarland mit betont weltanschaulichem Geltungsanspruch vor die Entscheidung für oder gegen seine Weltmission und für oder gegen die von ihm protegierte Internationale einer Gesinnung stellen kann, wird kaum noch, allen Lehren der jüngsten Vergangenheit zum Trotz, von uns bedacht. Ja, es ist in den letzten Monaten, gerade mit sichtbar wachsender Gefahr, so viel bei uns in falscher Richtung, so viel an Ablenkung und Verwischung des für uns und unsere Neutralität entscheidenden Problems geschehen, daß es höchste Zeit ist, dem Volk zu sagen, woher die Gefahr kommt und aus welchen verfehlten Spekulationen sie droht.

*

Klar und unmißverständlich muß heute im Landesinteresse verlangt werden, daß jede Agitation zugunsten oder zu ungunsten der einander befehdenten politisch-weltanschaulichen Mächtegruppen, die in Spanien bereits halb im Kriegszustand miteinander sind, bei uns unterbunden wird und aufhört. Sie muß unterbunden werden nicht allein deshalb, weil wir weder mit der einen noch mit der anderen Gruppe etwas zu tun haben wollen, sondern vor allem und in erster Linie um der geistigen und moralischen Sicherung der Verteidigung unseres Landes und der Freiheit unseres Volkes willen. Jedes offene oder geheime Paktieren, ja schon das Sympathisieren mit der einen oder anderen Gruppe ist für uns, bei dem imperialistischen und antidemokratischen Charakter der sich hinter den sog. Weltanschauungen verbergenden Kräfte und Absichten, ein tödliches Gift: Selbstaufgabe, freiwillige Unterwerfung, Verrat. Daß die prokommunistische Agitation, wenn sie bei uns überhandnähme, unser Verderben wäre, ist in der Schweiz, von unverbesserlichen Schwätzern abgesehen, allen bekannt. Nicht oder nur sehr wenig bewußt aber scheint gerade unseren führenden Kreisen und Politikern zu sein, was die antikommunistische Rettergeste der bis an die Zähne bewaffneten anderen Front bezweckt und was demjenigen droht, der auf sie hereinfällt und ihr zu Gefallen erst die ererbte demokratische Gesinnung, dann den Frieden im eigenen Haus, schließlich die eigene Verfassung und das Selbstvertrauen und zuguter-

Die Widerstandszeitschrift ‹*Entscheidung*› erschien von Oktober 1936 bis August 1939 und bekämpfte von Luzern aus die rechtskatholischen Kreise und deren Sympathien für ständestaatliche und autoritäre Gewaltregimes.

Roessler unterhielt von Luzern aus Verbindung mit wohlinformierten Kreisen in Deutschland und beeindruckte seine Freunde mit klugen Analysen über die Vorgänge im Reich. Schnieper empfahl ihn deshalb 1939 dem St. Galler Kaufmann Hans Hausammann, der 1933 einen privaten Nachrichtendienst, das «Büro Ha», aufgezogen hatte. Der offizielle, finanziell und personell schwach dotierte Nachrichtendienst der Armee wusste darüber Bescheid. In den Kriegsjahren wurde Roessler zum ergiebigen Nachrichtenlieferanten Hausammanns. Das Nachrichtenmaterial, das Roessler beibrachte, die Raschheit, mit der er auf brisante Rückfragen jeweils Antwort erhielt, lassen darauf schliessen, dass seine Informanten zu einer kleinen Gruppe höchster und besteingeweihter Geheimnisträger im Umkreis des Führerhauptquartiers gehörten. Bis zu seinem Tod 1958 hat Roessler aber seine Quellen verschwiegen.

Über seinen Verlagslektor Christian Schneider und dessen Freundin geriet Roessler, vorerst unwissentlich, in Kontakt mit dem für die Sowjetunion arbeitenden Agentennetz Sandor Rados, eines Obersten der Roten Armee. Von Genf aus wurden Informationen Roesslers, von Ende 1942 an mit seinem Einverständnis, auch an die Sowjets gesendet. Ihre Bedeutung für den Kriegsverlauf im Osten wird in zahlreichen Publikationen kontrovers diskutiert.

Als Rados Gruppe von der eidgenössischen Bundespolizei im Frühjahr 1944 enttarnt wurde, kam Roessler für 111 Tage in Untersuchungshaft, zum grossen Verdruss des Schweizer Nachrichtendienstes – ein wertvoller Informationsstrang war damit gekappt. Auch Hauptmann Mayr von Baldegg, stellvertretender Chef der Nachrichtensammelstelle, geriet in den

Verdacht, zu Rados Netz zu gehören; er wurde vorübergehend verhaftet, aber rasch rehabilitiert. Das Divisionsgericht 2B in Bern sprach Roessler im Oktober 1942 zwar des verbotenen militärischen Nachrichtendienstes schuldig, verzichtete aber auf eine Bestrafung. Von allen Emigranten der Nazizeit hat Roessler, angeregt durch seinen Freund Schnieper, die geheimnisvollste, aber eine dem Gastland in kritischer Zeit zweifellos nützliche Laufbahn eingeschlagen.

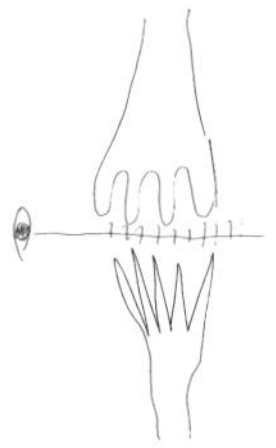

Literatur

Urs Bircher, *Max Frisch 1911–1955 – Vom langsamen Wachsen eines Zorns*, Zürich 1997
Helmut Dressler, *Werden und Wirken der Büchergilde Gutenberg*, Zürich 1947
Luise Maria Dressler, *Erfüllte Träume – Bruno und Helmut Dressler und die Büchergilde Gutenberg*, Frankfurt 1997
Peter Erzinger, *Die Narretei eines Idealisten oder schillernd, böse, grossartig – Ferdinand Rieser und das Schauspielhaus Zürich*, Diss., Wien 1996
Rudolf Jakob Humm, *Bei uns im Rabenhaus*, Zürich 1963/1973
Gustav Huonker, *Literaturszene Zürich – Menschen, Geschichten und Bilder 1914–1945*, Zürich 1985
Gustav Huonker, «Emigranten – Wege, Schicksale, Wirkungen», in: *Das verschonte Haus – Das Zürcher Schauspielhaus im Zweiten Weltkrieg*, Hg. D. Bachmann und R. Schneider, Zürich 1987
Rolf Kieser, *Erzwungene Symbiose – Thomas Mann, Robert Musil, Georg Kaiser, Bert Brecht im Schweizer Exil*, Bern 1984
Werner Mittenzwei, *Exil in der Schweiz*, Leipzig 1978/1981
Werner Rings, *Schweiz im Krieg 1933–1945 – Ein Bericht*, Zürich 1974
Michael Töngi, *Das journalistische und politische Handeln Xaver Schniepers 1936–1953*, Lizentiatsarbeit, Basel 1996

1 Rolf Kieser, *Erzwungene Symbiose – Thomas Mann, Robert Musil, Georg Kaiser, Bert Brecht im Schweizer Exil*, Bern 1984, S. 108.
2 Urs Bircher, *Max Frisch 1911–1955 – Vom langsamen Wachsen eines Zorns*, Zürich 1997, S. 63f.
3 Ebd., S. 82ff.
4 Ebd., S. 262.

Thomas Fleiner

Konflikte begrenzen, Gewalt verhindern, Minderheiten schützen

Problemlösungen für multikulturelle Staaten

Das für diese Jubiläumsausstellung im Institut für Föderalismus hergestellte Computerspiel soll einige wenige Anregungen geben, wie die Schweiz ihre innerstaatliche Vielfalt in einem politischen System aufzufangen versucht, mit dem sich verschiedene Kulturen und Sprachen identifizieren können. Die Spieler werden aufgefordert, Probleme der Tagespolitik eines Vielvölkerstaates mit einfachen Antworten zu lösen. Das Spiel soll aufzeigen, wie solche Probleme im schweizerischen Alltag gelöst werden, und die Spieler, die von den Lösungsbeispielen nicht befriedigt sind, dazu anregen, nach eigenen Lösungen zu suchen.

In der schon mehr als 2000 Jahre alten konfuzianischen Philosophie findet sich eine Weisheit, die die Staaten, aber auch die internationale Gemeinschaft der heutigen Zeit ebenso beherzigen sollten wie die Fürsten der damaligen Zeit:

«Der Schüler fragte seinen Meister: ‹Worüber muss ein Staat notwendigerweise verfügen, wenn er den Menschen Frieden und Gerechtigkeit bringen will?› Der Meister antwortete: ‹Er braucht eine gute Armee, genügend Nahrung und Vertrauen.› Dem Schüler genügte die Antwort nicht: ‹Worauf aber kann der Staat von allen drei Gütern am ehesten verzichten, wenn er nicht alle drei haben kann?› fragte der Wissbegierige seinen Lehrer. ‹Auf die Armee›, lautete die Antwort. ‹Ja, und worauf könnte der Staat dann noch verzichten, wenn er nur eines dieser Güter haben könnte, was ist denn absolut notwendig, damit ein Staat bestehen und damit eine Regierung regieren kann?› wollte der Schüler noch wissen. ‹Vertrauen, ohne Vertrauen gibt es weder einen Staat noch eine Regierung›, antwortete ihm der Meister.»

Die Grundlage für dieses Vertrauen finden wir in der Verfassung und in den staatlichen Institutionen, die dafür zu sorgen haben, dass die Regierung den Schutz der Menschenrechte ernst nehmen muss.

In einem Staat, der wie die Schweiz aus vielen verschiedenen Kultur- und Religionsgemeinschaften zusammengesetzt ist, ist das Vertrauen zum Staat und zur Regierung vor allem auch davon abhängig, dass keine der verschiedenen Kulturgemeinschaften das Gefühl haben muss, eine Mehrheitskultur missbrauche die Staats- und Wirtschaftsmacht, um die Minderheitskulturen auszubeuten.

In der Schweiz leben deutsch-, französisch-, italienisch- und romanischsprachige Schweizerinnen und Schweizer mit katholischer, verschiedenen evangelischen, der israelischen und mehr und mehr auch mit islamischer sowie fernöstlichen Religionen seit Jahrzehnten in friedlichem, manchmal allerdings auch hitzigem oder sich gegenseitig ausgrenzendem Wettstreit zusammen. Warum haben sie sich nicht wie in vielen anderen Staaten der Welt gegenseitig bis aufs Blut bekämpft? Warum leben sie auch heute noch friedlich zusammen, nachdem Staaten wie Jugoslawien, die Tschechoslowakei, die Sowjetunion, Georgien, Afghanistan, Sri Lanka, Ruanda, Nordirland, Spanien entweder auseinandergebrochen oder durch den Terrorismus sezessionistischer Bewegungen lebensgefährlich bedroht sind?

Um ihre demokratischen und föderalen Traditionen zu wahren, haben die Vorfahren der Eidgenossenschaft nach jahrzehntelangen Auseinandersetzungen die Nation der schweizerischen Eidgenossenschaft gebildet, die allerdings heute wie früher um ihre politische Identität und um ihr nationales Selbstverständnis ringen muss. Während sich in der Nachbarschaft im ausgehenden 18. und 19. Jahrhundert die Nationalstaaten Frankreich, Deutschland, Österreich und Italien in schwerer innerer Auseinandersetzung gebildet haben, gelang es den kleinen, mehr oder weniger demokratischen kantonalen Gebietskörperschaften am Rande der drei grossen mitteleuropäischen Sprachgebiete, ihre genossenschaftlichen Strukturen in einem einzigartigen föderalen Staatsgebilde zu einen. Sie konnten damit vor allem ihre genossenschaftlichen Traditionen der mittelalterlichen Agrargesellschaft mit dem Geist der Moderne verbinden und so mit den Erfordernissen der modernen demokratischen National- und Industriestaaten des 20. Jahrhunderts in Einklang bringen.

Keinem europäischen Staat der modernen Zeit ist es bis heute gelungen, eine solche Vielfalt von Sprachen und Religionen während so langer Zeit friedlich zu vereinen. Im Gegenteil, der Übergang zu demokratischen Strukturen hat in allen Staaten Europas zu schweren Auseinandersetzungen geführt, in denen Minderheiten ausgegrenzt, vertrieben und zum Teil grausam vernichtet wurden.

Es ist zu befürchten, dass das 20. Jahrhundert Europas weniger als Epoche des freiheitlich demokratischen Rechtsstaates als vielmehr als Jahrhundert der schweren ethnischen Konflikte – angefangen von der Vertreibung der Armenier aus Griechenland und der Türkei über den unfassbaren Holocaust bis zu den ethnischen Säuberungen der jüngsten Zeit – in die Geschichte der Völker eingehen wird. Ausserhalb Europas haben sich Europäer als Einwanderer in den Kolonien auf Kosten der Eingeborenen breitgemacht, die die europäische Aggressivität mit einem hohen Blutzoll bezahlen mussten.

Bis heute ist es kaum gelungen, Demokratie und Gleichberechtigung verschiedener Kulturen und Rassen miteinander in Einklang zu bringen. Minderheiten werden im besten Fall geduldet, meistens werden sie aber von der Mehrheit unterdrückt, ausgegrenzt oder vertrieben oder gar ausgemerzt. Damit ein Gemeinwesen von verschiedenen gleichberechtigten Kulturen, Sprachen und Religionen gemeinsam getragen werden kann, dafür hat die moderne Demokratie noch kein Rezept entwickelt.

In der Schweiz war es auf Grund besonderer geschichtlicher Umstände möglich, Demokratie und Vielfalt in Einklang zu bringen, weil sich der Kompromiss seit dem Stanser Verkommnis im 15. Jahrhundert als Tugend der Stärke und Weisheit und nicht als nachgeberische Schwäche und Angst vor dem Gegner durchsetzen konnte. Im Stanser Verkommnis haben die eidgenössischen Stände erstmals einen grundlegenden Konflikt zwischen den Stadt- und Landkantonen durch einen politischen Kompromiss gelöst. Die Landkantone befürchteten nämlich, dass sie durch die Vergrösserung der damaligen Eidgenossenschaft um die zwei Stadtkantone Freiburg und Solothurn fortan zu einer ewigen Minderheit würden. Dieser Konflikt war nur zu lösen, indem man die beiden neuen Kantone mit weniger Rechten in den Bund der Eidgenossen aufnahm. Dieser Kompromiss zugunsten der Minderheit sollte auch für zukünftige Konflikte wegweisend werden.

Dass auch kleinste Minderheiten ernst genommen werden, zeigte das kantonalbernische

Verfahren für die Selbstbestimmung der jurassischen Minderheit und die Gründung des Kantons Jura. In diesem Verfahren konnten am Schluss sogar noch kleinste Gemeinden entscheiden, ob sie der jurassischen Minderheit folgen oder beim Kanton Bern bleiben wollen. Hätte man dieses Verfahren, das nun sogar für ein Verfassungsprogramm in Jugoslawien für Kosovo vorgeschlagen wird, bei den verschiedenen Referenden in Kroatien und Bosnien angewendet, hätte der grausame Konflikt möglicherweise verhindert werden können.

Im Gegensatz zum schweizerischen Modell hat sich eben in fast allen Staaten das reine Mehrheitsprinzip als Entscheidverfahren durchgesetzt. Die parlamentarische Demokratie gibt der oppositionellen Minderheit keine Chance. Sie kann nur darauf hoffen, in den nächsten Wahlen zu gewinnen und ihrerseits die gegenwärtige Mehrheitspartei in die Minderheit zu versetzen. Dieses Verfahren ist sicher gerechtfertigt, wenn man über die Verteilung der Steuern, über Soziallasten oder über das staatliche Rechtssystem entscheiden muss. Solche Auseinandersetzungen sind Verteilungskonflikte, bei denen man immer die Chance hat, die Gegenpartei davon zu überzeugen, dass die eigene Position gerechter ist als jene des Gegners.

Geht es aber darum, sogenannte kategorische Konflikte zu entscheiden wie etwa, ob Katholiken oder Protestanten zu privilegieren sind bzw. ob Mischehen zwischen Muslimen und Christen zulässig sein sollen bzw. ob nur Kroaten oder nur Serben die Staatsbürgerschaft erhalten können, kann man nicht auf dem Weg des reinen Mehrheitsprinzips zu gerechten Entscheiden kommen. Hier geht es ja nicht um verteilende Gerechtigkeit, sondern darum, ethnische Gemeinschaften als gleichberechtigte Einheiten des Staates anzuerkennen. Will man solche Konflikte nach Mehrheitsprinzip entscheiden, grenzt man die Minderheit als ewigen Verlierer aus.

Viele Minderheitskonflikte werden aber oft von den angrenzenden Staaten, die von der ethnischen Gemeinschaft beherrscht werden, die im Nachbarstaat in der Minderheit ist, geschürt. Mit anderen Worten: Minderheitskonflikte haben fast immer eine internationale Dimension, der sich ein multikultureller Staat nur durch eine neutrale Haltung entziehen kann.

Auch in der Eidgenossenschaft führte enge kulturelle Verbundenheit der Religions- und Sprachgemeinschaften mit ihren ausländischen Nachbarn nur deshalb nicht zu unlösbaren innerstaatlichen Konflikten, weil sich die Schweiz seit Jahrhunderten aussenpolitisch neutral verhielt. Aussenpolitische Neutralität entsprach immer innenpolitischer Notwendigkeit. Nur so konnte sich seit 1648 ein friedliches Zusammenleben der verfeindeten Protestanten und Katholiken entwickeln, und nur durch Neutralität blieb die Schweiz vom Jahrhundertkonflikt zwischen dem deutschen und französischen Sprachraum verschont.

Zu einem grossen Teil verdanken die Schweizer ihre ungestörte Existenz als Willensnation zweifellos auch ihren Nachbarstaaten, die ihre Neutralität geachtet haben und sich im Gegensatz zu anderen Regionen Europas kaum je in die inneren schweizerischen Angelegenheiten einmischten, um aus den innerstaatlichen Konflikten des Vielvölkerstaates Kapital für ihre eigenen innen- und aussenpolitischen Interessen zu schlagen.

Obwohl sich die Monarchien des benachbarten Auslandes längst in freiheitlich demokratische Staaten umgewandelt haben und als Mitglieder der Europäischen Union höchst attraktiv geworden sind, bestehen auch heute noch kaum Tendenzen schweizerischer Regionen, sich einem Nachbarstaat anzugliedern. Auf die Frage, weshalb es denn die Gemeinde Poschiavo vorziehe, im Kanton Graubünden zu bleiben und sich nicht in das benachbarte Italien integrieren wolle, gab ein Politiker folgende aufschlussreiche Antwort: Wenn die italienische Nachbargemeinde Tirano ein neues Schulhaus bauen wolle, müsse sie die Zustimmung Roms haben. Die Gemeinde Poschiavo muss nicht einmal die kantonale Regierung in Chur, geschweige denn den Bundesrat in Bern anfragen. Die kleine Dorfgemeinschaft kann über ihr Schicksal weitgehend selbst bestimmen, da sie über eigene Steuereinnahmen verfügt und ihre Ausgaben selber budgetieren kann. Die Autonomie der Gemeinden und der Kantone bleiben offensichtlich trotz der europäischen Einigung Trümpfe, die die schweizerische Nation auch in Zukunft attraktiv machen. Kaum jemand wäre bereit, auf die politische Autonomie zu verzichten, um sich dem Zentralismus des benachbarten Auslandes unterzuordnen.

Vielfalt in der Einheit konnte sich über Jahrzehnte aber nicht wegen der besonderen Tugendhaftigkeit des Volkes erhalten. Im Gegenteil, die den Schweizern nachgesagte Traditionsgebundenheit und das Mittelmass sind nicht unbedingt Eigenschaften, die Toleranz und Kompromissbereitschaft erwarten lassen. Das schweizerische Gemeinwesen verdankt seine Existenz wohl viel eher einer besonderen politischen Weltanschauung, die sich dank der direkten und föderalen Demokratie im Laufe der Jahrhunderte allmählich entwickeln konnte. Es war dieser Glaube an die Werte einer föderalen Demokratie, die die multikulturelle Schweiz zu einer politischen Willensnation zusammengeschmiedet hat. Weil für romanischsprachige Reformierte und für französischsprachige Walliser bzw. für italienischsprachige Tessiner das Gemeinwesen Schweiz Werte verkörpert, zu denen sich alle bekennen können, anerkennen sie die Legitimität einer gemeinsamen Sozialversicherung, eines gemeinsamen Vorgehens gegenüber der Europäischen Union und einer eigenständigen schweizerischen Agrarpolitik.

Zu diesen Werten gehört aber auch die Überzeugung, dass vor allem auf dem Gebiet von Schule und Kultur, von Polizei und demokratischer Organisation jeder Kanton, ja zum Teil jede Gemeinde eigenständig entscheiden können soll. Nur wenn die Demokratie von unten nach oben, das heisst von der Gemeinde über den Kanton zum Bund, aufgebaut wird, können die verschiedenen Kulturen und Religionen das Gemeinwesen Schweiz anerkennen.

Auch andere multikulturelle Staaten sowie internationale Organisationen, die staatsähnlichen Charakter haben wie die Europäische Union, werden um einen Staatsaufbau sowie um politische Werte ringen müssen, die gegenüber allen Kulturen und Religionen eine gemeinsame Politik des Gesamtstaates legitimieren.

Föderalismus und Demokratie waren aber nicht nur die Grundlage für die Legitimation eines stark fragmentierten politischen Gemeinwesens, sie haben vor allem Bürgerinnen und Bürger zu gegenseitigem Respekt und Toleranz wie auch zum Misstrauen gegenüber einer überbordenden Staatsmacht erzogen. Die Institutionen der direkten Demokratie und des Föderalismus können zwar den Entscheidungsprozess verlangsamen, sie stellen aber sicher, dass die Durchsetzung der Gesetze einfacher ist, weil sie auf allgemeinem Konsens beruhen, und vor allem wird bei all den Bürgerinnen und Bürgern, die ihren Sachentscheid in die Urne legen, das staatspolitische Verantwortungsbewusstsein gestärkt. Auf diese Weise haben direkte Demokratie und Föderalismus namentlich in Fragen des multikulturellen Zusammenlebens erzieherische Auswirkungen.

Der schweizerische Bundesstaat hat wie alle Staaten auch viele Defizite. Als letzter in der Familie der demokratischen Staaten konnte er sich zur politischen Gleichberechtigung der Frauen durchringen. 20% der Bevölkerung, nämlich die zum Teil schon sehr lange in der Schweiz lebenden Ausländer, haben, abgesehen von einigen wenigen kantonalen Ausnahmen, kein Stimmrecht. Kann sich ein Staat, in welchem nur vier Fünftel der Wohnbevölkerung das Stimmrecht hat, noch «demokratisch» nennen? Auch die Auseinandersetzung über die europäische Integration hat den Bundesstaat neben dem Stadt-Land-Gefälle in ein französischsprachiges Lager einerseits und ein deutsch- und italienischsprachiges Lager andererseits aufgespalten. Wie kann ein kleines Land mitten in Europa gegenüber der auf Wirtschaftlichkeit ausgerichteten europäischen Transportpolitik mit einer eigenen durch Referendumsdrohungen gefährdeten Verkehrs- und Umweltschutzpolitik trotzen?

Völlig unerwartet sieht sich die Nation auch um ihre eigene idealisierte Geschichte des Zweiten Weltkrieges betrogen. So reagiert sie mit Unverständnis auf die harsche Kritik aus dem Ausland. Die Globalisierung der Märkte, die Flucht der Industrie in Billiglohnländer und, damit verbunden, die allmähliche Verarmung des sozialen und solidarischen Gemeinwesens, die sich nach allgemeiner Auffassung nur durch eine innerlich gefestigte und effiziente Regierung überwinden lassen, sind weitere Anzeichen eines Staates, der zwar immer wieder nach Kreativität und Innovation ausschaut, im Grunde genommen aber in seiner Traditionsverbundenheit erstarrt und innere Reformen nur zaghaft angehen kann. Die verstärkte internationale Migration trägt das Ihre dazu bei, die Menschen zu verleiten, bei fundamentalistischen und populistischen Bewegungen Zuflucht zu suchen, die ihnen pauschale und einfache Antworten geben können.

Die schweizerische Geschichte hat uns gelehrt, dass das fragmentierte kleine Land mit seiner konfliktuellen Gesellschaft auch in schweren Krisen seine innere Geschlossenheit immer wieder finden konnte. Denn die Institutionen der direkten Demokratie und des Föderalismus haben dem Staat und der Regierung bisher die erforderliche Legitimität gegeben, um innere Zerrissenheit und äussere Bedrohung zu bewältigen. Ein Land, das seine innere Homogenität nicht in der homogenen Kulturgemeinschaft, sondern nur im einheitlichen politischen Volkswillen findet, zerbricht, wenn es auf Grund der politischen Krisen seine politische Identität verliert. Dies ist denn auch der Grund, weshalb jede Generation der Schweizerinnen und Schweizer mit so grosser Beharrlichkeit um die eigene politische Identität ringen muss.

Mit dem Fall der Berliner Mauer sind die Auseinandersetzungen in der Völkergemeinschaft aber noch bedrohlicher geworden. Die Staaten, die früher ihre Identität im ideologischen Lager der einen oder anderen Seite der aufgeteilten Welt fanden, müssen plötzlich nach einem neuen Selbstverständnis suchen. Sprachgemeinschaften, Religionen und geschichtliche Traditionen ersetzen in vielen Staaten die wertlos gewordene ideologische Staatlichkeit der Vergangenheit. Staaten brechen gewaltsam auseinander, Kulturgemeinschaften fordern Selbstbestimmung und eigene Staatlichkeit. Der Friede der Welt ist durch diese aufbrechende Staatlichkeit bedroht.

Wenn sich die Menschheit nicht in unzählige, kleinste politische Kulturgemeinschaften auflösen will, muss sie nach neuen Modellen suchen, um verschiedene Kulturen in einem politischen Staat zu vereinen. Die Schweiz ist ein kleiner, aber doch innerlich gefestigter Vielvölkerstaat.

Entweder werde die Welt in Zukunft «verschweizern» oder zugrunde gehen, wobei er die zweite Alternative bevorzuge, sagte der grosse Dichter Friedrich Dürrenmatt. Man darf sich mit Fug fragen, ob er auch heute noch, d.h. nach den blutigen Erfahrungen von Jugoslawien, Sri Lanka, Ruanda, Nordirland, im Baskenland, in Tschetschenien, Georgien etc. etc. zu seinem zynischen Nachsatz stehen würde. Es kommt jedenfalls nicht von ungefähr, dass viele vom Bürgerkrieg bedrohte Staaten sich mehr und mehr dafür interessieren, welche Lösungen denn die Schweiz gefunden habe, um ähnliche Konflikte zwischen Religionsgemeinschaften und Sprachkulturen zu vermeiden. Als sich in Südafrika Weiss und Schwarz um gegenseitiges Verständnis bemühten, machte dort der Satz die Runde, «besser 1000 Tage friedliche Verhandlungen als ein Tag Bürgerkrieg», der anlässlich einer Vermittlungstätigkeit im Institut für Föderalismus geboren wurde. Ausländische Forscher besuchen das Institut für Föderalismus, um zu ergründen, welche schweizerischen Staatsprinzipien den Frieden im Lande erhalten, und Verfassungsberatungen des Instituts in Georgien, Jugoslawien, Rumänien, Sri Lanka und nicht zuletzt Russland und anderen Staaten zeigen, dass die Schweiz auch heute noch eine grosse Verantwortung dafür trägt, dass ihr jahrhundertelang erarbeiteter Erfahrungsschatz auch für friedliche Lösungen in anderen Ländern und Kontinenten genutzt werden kann.

Die Schweiz ist allerdings kein Modell, das man tel quel kopieren kann. Die verschiedenen Grundsätze, das heisst die Grundphilosophie des staatlichen Gemeinwesens und ihrer Politik, können aber ebenso wie ihre staatlichen Institutionen zu neuen kreativen Ideen anregen, um eigenständige Modelle der Staatlichkeit für mehrere Kulturen, Religionen und Sprachgemeinschaften zu finden. Wir glauben, dass die Traditionen und vielfältigen Erfahrungen des schweizerischen Vielvölkerstaates in diesem Sinne einen Beitrag zur friedlichen Beilegung solcher Konflikte leisten können.

Literatur

Lidija Basta/Thomas Fleiner (hg.), *Federalism and Multiethnic States. The Case of Switzerland*, PIFF 16, Freiburg i.Ue. 1996
Michael Burgess, «Federalism and European Union: Political Change and Continuity in the European Community», in: *Federal-Type Solutions and European Integration*, Lanham 1995, S. 57 ff.
Daniel J. Elazar (Hg.) et al., *Federalism and Political Integration*, Ramat 1979
Carl J. Friedrich, *Trends of Federalism in Theory and Practice*, London 1968
Alexander Hamilton/James Madison/John Jay, *The Federalist Papers*, New York 1982
Peter Pernthaler et. al., *Der Föderalismus im Alpenraum. Voraussetzungen, Zustand, Ausbau und Harmonisierung im Sinne eines alpenregionalen Leitbildes*, Wien 1982
Ronald Watts, «Canadian Federalism and Pluralism», in: *Power divided: Essays on the Theory and Practice of Federalism*, Berkeley 1989, S. 123ff.

Robert Fürer

Zum Schluss

In der Chance, dass sich unser Land im Jahre 1998 seiner eigenen Identität bewusst wird und sich der ihm innewohnenden Kräfte vergewissert, erkannten die Macher und Träger der Ausstellung ‹Swiss, made. Die Schweiz im Austausch mit der Welt› eine Herausforderung, die es angesichts des bedrohlichen Umbruchs unserer Gesellschaft und des drohenden Auseinanderbrechens unseres Staatswesens unter allen Umständen anzunehmen galt. Allen voran tat dies Beat Schläpfer, der die Grundzüge der Ausstellung bereits 1994 skizzierte. Er war es, der die zahlreichen osmotischen Durchdringungen der Kulturgeschichte unseres Landes in bisher nicht gekannter Verknüpfung darzustellen vermochte. Ihm gebührt dafür unser aufrichtiger Dank. In diesen Dank schliessen wir Harry Zaugg mit ein, der Beat Schläpfer von Anfang an umsetzungs- und darstellungssicher begleitete.

Beat Schläpfer und Harry Zaugg kommt das Verdienst zu, uns die Lebenskraft unserer Kultur erneut zu beweisen, indem sie unsere Offenheit und unsere Neugier all dessen wecken, was von aussen kommt und was den Dialog so fruchtbar macht.

Meinen Dank richte ich aber auch an alle jene, die die Ausstellungsmacher von Beginn weg unterstützt und ihrem Projekt den Weg geebnet haben: den Verantwortlichen bei Pro Helvetia, beim Bundesamt für Kultur, beim Kanton und bei der Stadt Genf, beim Kanton und bei der Stadt Zürich, beim Trägerverein der Frankfurter Buchmesse und beim Kanton Tessin. Das Zusammenwirken all dieser Kräfte im Trägerverein ‹Swiss, made› ist gelungenes Beispiel dafür, dass sprachübergreifendes, grenzüberschreitendes Denken und Handeln – dass eigentlich erst das Verlassen eigener Standpunkte – die Grundlage unserer Kultur bildet: «Le dialogue des cultures».

So wünsche auch ich dieser Ausstellung und diesem Buch «eine neugierige und gute Aufnahme und eine lange Wirkung beim Publikum».

Robert Fürer

Rechtsanwalt, Frauenfeld
Präsident des Trägervereins ‹Swiss, made›

Die Autoren und Autorinnen

Walter Binder, geboren 1931. Ausbildung als Photograph an der Kunstgewerbeschule unter Hans Finsler. 1954–69 eigenes Atelier für Sach- und Architekturphotographie. 1957–76 Hauptlehrer der Photoklasse an der Kunstgewerbeschule Zürich als Nachfolger Hans Finslers. 1977–83 Leiter der Abteilung Film und Photo bei der Kulturstiftung Pro Helvetia. Mitinitiant und Gründungsmitglied der Schweizerischen Stiftung für Photographie, Leiter der Stiftung und seit 1984 vollamtlicher Konservator, verantwortlich für Sammlung und Architektur. Konzeption zahlreicher Photoausstellungen. Mitarbeit an Publikationen der Reihe ‹Schweizer Photographie›.

Pierre Chessex, geboren 1946 in Lausanne. Kunsthistoriker. 1974–79 Assistent der Professoren Enrico Castelnuovo und Philippe Junod an der Universität Lausanne. 1981–83 Forschungsprojekt der Schweizerischen Nationalfonds. 1981/82 Mitglied des Schweizer Instituts in Rom. 1983–86 Ausstellungskommissär bei Pro Helvetia. 1985–90 Konservator am Musée Historique de Lausanne, seit 1990 verantwortlicher Bildredaktor des *Historischen Lexikons der Schweiz* in Bern.
Publikationen: *Roma romantica. Vedute di Roma e dei suoi dintorni,* Milano 1985 [mit Francis Haskell]; *Louis Ducros (1748–1810). Paysages d'Italie à l'époque de Goethe*, Genève 1986 [auch italienische und englische Ausgaben]; *La Suisse et la Révolution française. Images, caricatures, pamphlets*, Lausanne 1989 [mit Sylvie Wuhrmann et al.].

Magdalena Droste, geboren 1948 in Eschweiler, Rheinland. Studium der Kunstgeschichte und der Literaturwissenschaft in Aachen und Marburg, 1977 Promotion zum Thema «Das Fresko als Idee» in Marburg. 1977–79 an der Staatsgalerie Stuttgart und im Lenbachhaus, München, seit 1980 am Bauhaus-Archiv, Berlin. Zahlreiche Ausstellungen und Publikationen zu Künstlern des Bauhauses, unter anderen Herbert Bayer, Wassily Kandinsky, Paul Klee, Hannes Meyer, László Moholy-Nagy, Georg Muche, Gunta Stölzl.
Publikation: *Bauhaus 1919–33,* Köln 1990 [Übersetzung in zehn Sprachen].

Thomas Fleiner, geboren 1938 in Zürich. Professor für Allgemeines Staatsrecht und Schweizerisches Staats- und Verwaltungsrecht, Direktor des Instituts für Föderalismus der Universität Fribourg. Studien in Zürich, Paris und Yale, Gastprofessuren in Jerusalem, Rouen, Belgrad, Trier, Löwen, Brügge und New York. Rechtsberater für Projekte der Schweizerischen Eidgenossenschaft, verschiedener Kantone und des Europarates. Chef von OSZE-Missionen in alle Republiken des ehemaligen Jugoslawien. Vorsitzender der Internationalen Vereinigung für Verfassungsrecht. Mitherausgeber der deutschen ‹Zeitschrift für Gesetzgebung›.
Publikationen: *Recht und Gerechtigkeit. Eine Einführung in rechtliche und staatsphilosophische Grundfragen,* 1975; *Grundzüge des Allgemeinen und des Schweizerischen Verwaltungsrechts,* 1977/²1980; *Allgemeine Staatslehre,* 1980/²1995 [französische Ausgabe 1986]; *Was sind Menschenrechte,* 1996 [serbische Übersetzung 1996].

Urs Frauchiger, geboren 1936 im Emmental. Cello-Studium an den Konservatorien Bern und Basel, Lehramt und Musikwissenschaft an der Universität Bern. Während 20 Jahren Mitglied des Reist-Quartetts. Dienstchef Musik und Studioleiter bei Radio Bern. 1977 Berufung als Direktor der Musikhochschule Bern, 1988 als Generalsekretär der Europäischen Musikschulen, 1991 als Direktor der Schweizer Kulturstiftung Pro Helvetia. Seit 1997 freischaffend. Zahlreiche Publikationen, Radio- und Fernsehsendungen. Honorarprofessor der Universität Bern. Mehrere Buchpreise, 1997 Paul-Haupt-Preis.

Martin Fröhlich, geboren 1940. Architekturstudium an der ETH Zürich, 1974 Promotion zum Thema «Gottfried Semper als Entwerfer und Entwurfslehrer». 1978–90 Sekretär der Eidgenössischen Kommission für Denkmalpfleger. Seit 1990 Denkmalpfleger im Amt für Bundesbauten in Bern und Dozent für Architektur, Architekturgeschichte und Denkmalpflege an der Berner Fachhochschule für Architektur und Technik.

Dario Gamboni, geboren 1954. Lehrtätigkeit an den Universitäten Lausanne, Zürich und Strassburg, Professor für Kunstgeschichte an der Universität Lyon, Mitglied des Institut Universitaire de France. 1996 Ailsa Mellon Bruce Senior Fellow im Center for Advanced Study in the Visual Arts, Washington. Seit 1998 Andrew W. Mellon Professor of Humanities an der Case Western Reserve University, Cleveland, Ohio. Publikationen hauptsächlich über die Kunst des 19. und des 20. Jahrhunderts, darunter *Un iconoclasme moderne. Théorie et pratiques contemporaines du vandalisme artistique*, Zürich und Lausanne 1985; *La géographie artistique* (*Ars helvetica,* vol. 1), Disentis 1987 [auch in deutscher, italienischer und rätoromanischer Sprache erschienen]; *La plume et le pinceau. Odilon Redon et la littérature,* Paris 1989; *The Destruction of Art: Iconoclasm and Vandalism since the French Revolution,* New Haven und London 1997.

Martin Gasser, geboren 1955 in Weinfelden. Diplom in wissenschaftlicher Photographie an der ETH Zürich, Masters Degree in Fine Arts am Rochester Institute of Technology, New York. Studium der Kunstgeschichte und der Geschichte der Photographie an der Princeton University, New Jersey, Promotion über das photographische Werk des Schweizer Fotografen Jakob Tuggener. Neben freier wissenschaftlicher Tätigkeit Sammlungskurator am Fotomuseum Winterthur. Zahlreiche Publikationen zur Geschichte der Photographie, zuletzt über Bill Brandts frühe Bücher. Lebt in Weinfelden.

Elisabeth Grossmann, geboren 1947 in Basel. Studium der Kunstgeschichte in Basel, München und Zürich. Mitarbeiterin des SIK Zürich, der Fondation Le Corbusier Paris, des Kunstmuseums Winterthur, des Museums für Gestaltung Zürich, freiberufliche Tätigkeit als Kunstkritikerin. 1981–83 Konservatorin der Thurgauischen Kunstsammlung, Frauenfeld. 1983–92 Konservatorin des Kunstmuseums des Kantons Thurgau, Kartause Ittingen. Seit 1993 Kuratorin des Hauses für konstruktive und konkrete Kunst Zürich.

Claus Hässig, geboren 1953. Historiker, Generalsekretär des Centre Européen de la Culture in Genf. Ehemaliger wissenschaftlicher Mitarbeiter und Lehrbeauftragter an der Universität Genf. Publikationen im Bereich «Informatik und Geisteswissenschaften», weitere Spezialgebiete: Europa und Intellektuellengeschichte, zuletzt zu diesem Thema: «Intellektuelles Vakuum oder Aufbruchstimmung? Die ‹Rencontres Internationales de Genève›», in: ‹Itinera›, Nr. 18, 1996, pp. 18–31. Mitglied des Redaktionskomitees der Zeitschrift ‹Temps Européens›.

François Hudry, geboren 1952 in Genf, schweizerischer und französischer Nationalität. Produzent bei Radio Suisse Romande, Espace 2, wo er die tägliche Sendung *Carnet de notes* und, seit 1987, jeden Donnerstagabend die vergleichende Schallplattensendung *Disques en lice* leitet. Regelmässige Mitarbeit beim Rundfunkprogramm France Musique und bei verschiedenen Zeitschriften.
Publikationen: *Ernest Ansermet, pionnier de la musique*, 1983; *Orchestre de la Suisse Romande 1918–88*, 1988; *Hugues Cuenod, D'une voix légère*, 1996.

Gustav Huonker, geboren 1922 in Zürich. Sekundarlehrer lic. phil. I, Journalist und Publizist in Zürich. Veröffentlichungen: 1978 Bühnencollage *Zürich, Florhofgasse 1;* 1984 Herausgeber der politischen und kulturpolitischen Schriften Albin Zollingers (= Band V der Werkausgabe); 1985 *Literaturszene Zürich 1914–45*, Ehrengaben von Stadt und Kanton Zürich; 1990 *Liebe Winternuuna, liebes Hasenfritzli*, Katalogbuch und Tucholsky-

Ausstellung im Strauhof Zürich; 1996/97 Mitherausgeber der *Briefe 1933–35* von Kurt Tucholsky [=Bände 20 und 21 der Werkausgabe].

Kjell Keller, geboren 1942 in Wilderswil/Berner Oberland. Musikologe/Musiker. 1974 Promotion mit einer Arbeit über Klaus Huber. Seit 1976 halbtags Musikredaktor bei Schweizer Radio DRS 2 (Neue Musik/Traditionelle nicht-europäische Musiken). Als freischaffender Musiker eigene Musiktheaterprojekte, unter anderem mit Bezügen zum Nahen Orient (*Ich bin Wind und du bist Feuer*, *Hiob 1944*), Performances um Adolf Wölfli. Daneben Musikkurse, Vorträge, Publikationen, so 1996 *Concerto Classico – eine kleine Bildmusik* [mit dem Zeichner Oskar Weiss]. Kulturpolitisches Engagement, unter anderem als Stiftungsrat der Kulturstiftung Pro Helvetia. Lebt in Biel.

Georg Kohler, geboren 1945 in Konolfingen. Studium der Philosophie und der Jurisprudenz in Zürich und Basel, lic. phil. I und lic. iur., 1977 Promotion. 1975–80 Assistent am Philosophischen Seminar der Universität Zürich. 1981–91 Publizist und Unternehmer in Wien, 1987 Habilitation. 1992–94 Vertretung des Lehrstuhls für Politische Philosophie und Theorie am Geschwister-Scholl-Institut für Politische Wissenschaft der Universität München. Seit 1994 ordentlicher Professor für Philosophie an der Universität Zürich. Forschungsschwerpunkte: politische Philosophie, Grundlagen der praktischen Rationalität, Kulturphilosophie.
Neuere Publikationen: *Die Melancholie des Detektivs*, Essays, Wien 1994; *Diskurs und Dezision*, Wien 1990 [hg. mit H. Kleger]; *Handeln und Rechtfertigen*, Frankfurt/M. 1988; *Die schöne Kunst der Verschwendung*, Zürich/München 1988 [mit Alice Villon-Lechner].

Alfred Kölz, geboren 1944 in Solothurn. Rechtsstudium in Zürich und Bern, 1970 Lizentiat, 1973 Doktorat mit *Prozessmaximen im schweizerischen Verwaltungsprozess*, 1975 Zürcher Anwaltspatent. 1979 Habilitation an der Universität Zürich mit *Kommentar zum Verwaltungsrechtspflegegesetz des Kantons Zürich*, Wahl zum Professor für Staats- und Verwaltungsrecht sowie Verfassungsgeschichte an der Universität Zürich. Lehr- und Forschungstätigkeit in Zürich, Mitarbeit als staatsrechtlicher Experte in Bund und Kantonen, publizistische Tätigkeit für die Reform der Schweizer Bundesverfassung.
Zahlreiche Fachpublikationen, unter anderen: *Neuere schweizerische Verfassungsgeschichte. Ihre Grundlinien vom Ende der Alten Eidgenossenschaft bis 1848*, Bern 1992; *Quellenbuch zur neueren schweizerischen Verfassungsgeschichte. Vom Ende der Alten Eidgenossenschaft bis 1848*, Bern 1992; *Verwaltungsverfahren und Verwaltungsrechtspflegegesetz des Bundes*, Zürich 1993 [mit Isabelle Häner]; *Quellenbuch zur neueren schweizerischen Verfassungsgeschichte. Von 1848 bis in die Gegenwart*, Bern 1996; *Allgemeines Staatsrecht. Ein Grundriss*, Basel 1996 [mit Walter Haller].

Walter Labhart, geboren 1944 in Buchs AG. 1964 Ausbildung zum Musikaliensortimenter. 1972 beim Schweizer Fernsehen in Filmanalyse und Regie. Programmgestalter im Studio Zürich (Ressort Kultur). Musikredaktor im Schweizerischen Musik-Archiv in Zürich. Seit 1975 freiberuflich tätig als Ausstellungsgestalter, Musikforscher, Kunstkritiker, Programmberater und Musikschriftsteller. Publikationen über Alkan, Enescu, Falla, Honegger, Mieg, Raff, Ravel, Szymanowski, Vogel, Wehrli und andere. Ausstellungen über Musik im Holocaust, Jazz und E-Musik, polnische, russische, tschechische und schweizerische Musik, über Enescu, Janáček, Liszt, Martinů, Ravel, Roussel, Satie, Schostakowitsch und Vogel.

Peter von Matt, geboren 1937 in Luzern. Studium in Zürich, Nottingham und London. Ordinarius für Neuere Deutsche Literatur an der Universität Zürich. 1980 Gastprofessor an der Stanford University, Kalifornien. 1992/93 Fellow am Wissenschaftskolleg zu Berlin. 1991 Johann-Heinrich-Merck-Preis der Deutschen Akademie für Sprache und Dichtung, 1994 Johann-Peter-Hebel-Preis des Landes Baden-Württemberg. Literaturkritische und kulturpolitische Tätigkeit an verschiedenen Medien.
Unter seinen Publikationen: *... fertig ist das Angesicht. Zur Literaturgeschichte des menschlichen Gesichts*, 1983/89; *Liebesverrat. Die Treulosen in der Literatur*, 1989/91; *Der Zwiespalt der Wortmächtigen*, 1991; *Das Schicksal der Phantasie*, 1994/96; *Verkommene Söhne, missratene Töchter. Familiendesaster in der Literatur*, 1995/97 [französische Ausgabe 1998].

Aram Mattioli, geboren 1961. Zurzeit Lehrstuhlvertreter für Neuere Allgemeine und Schweizer Geschichte an der Hochschule Luzern. Forschungsschwerpunkte: Histoire intellectuelle, Katholizismus im 19. und 20. Jahrhundert, Antisemitismus. Veröffentlichungen: *Erfundene Schweiz. Konstruktionen nationaler Identität*, Zürich 1992 [mit Guy P. Marchal]; *Zwischen Demokratie und totalitärer Diktatur. Gonzague de Reynold und die Tradition der autoritären Rechten in der Schweiz 1918–33*, Zürich 1995; *Krisenwahrnehmungen im Fin de siècle. Jüdische und katholische Bildungseliten in Deutschland und in der Schweiz*, Zürich 1997 [mit Michael Graetz]. Arbeitet mit Michael Graetz an einem Sammelband zum Thema «Antisemitismus in der Schweiz 1848–1933», der 1998 erscheinen soll.

Jérôme Meizoz, geboren 1967 im Wallis. Studium der französischen Literatur in Lausanne und der Soziologie in Paris. Lehrbeauftragter für französische Literatur an der Universität Zürich. Literaturkritiker bei verschiedenen Zeitschriften und Zeitungen, so ‹Domaine public›, ‹Journal de Genève› und ‹Liber›. Publikationen: *Le Toboggan des images. Lecture de Jean-Marc Lovay*, Carouge-Genève 1994; *Ramuz. Un passager clandestin des Lettres françaises*, Carouge-Genève 1997; als Herausgeber: Maurice Chappaz, *Pages choisies II*, Lausanne 1995; C. F. Ramuz, *Critiques littéraires*, Genève 1997. Mitarbeit an der Monographie *Töpffer*, Genève 1996.

Alberto Nessi, geboren 1940 in Mendrisio, aufgewachsen in Chiasso, Lehrerseminar in Locarno, Studium in Fribourg, lebt in Coldrerio. Lehrer und Schriftsteller. Schillerpreis 1976 und 1984. Lyrik: *I giorni feriali*, Lugano 1969/1988; *Ai margini*, Lugano 1975/1988; *Rasoterra*, Bellinzona 1983; *Il colore della malva*, Bellinzona 1992, frz.: *La Couleur de la mauve*, Lausanne 1996; *Con tenera follia – Mit zärtlichem Wahnsinn*, Zürich 1995. Prosa: *Terra matta*, Locarno 1984, frz.: *Terra matta*, Geneve 1988; *Tutti discendono*, Bellinzona 1989, dt.: *Abendzug*, Zürich 1991, frz.: *Le Train du soir*, Geneve 1992; *Fiori d'ombra*, Bellinzona 1997. Kunstpublikationen: *Passegiando*, Gavirate 1987; *Ombre*, Locarno 1987; *Il blanco e il nero*, Basel 1992; *La parola e l'immagine*, Chiasso 1994; *Massimo Cavalli – una ruvida grazia*, Torino 1995. Herausgeber: *Rabbia di vento – un ritratto della Svizzera italiana attraverso scritti e testimonianze*, Bellinzona 1986, frz.: *Le pays oublie*, Genève 1986, dt.: *Grenzraum*, Zürich 1986.

Max Nyffeler, geboren 1941 in Wettingen AG. Studium in Musik, Musikwissenschaft, Germanistik und Philosophie in Zürich, Basel und Köln. 1969 Konzertdiplom für Klavier bei Sava Savoff in Zürich. Anschliessend Interpret und freier Journalist mit Schwerpunkt Neue Musik in Köln. Ab 1980 Redaktor am Bayerischen Rundfunk in München. Ab 1984 Leiter der Informationsabteilung bei der Kulturstiftung Pro Helvetia. 1989–91 Musikredaktor bei Radio DRS. Seit 1991 Leiter der Abteilung Neue Musik beim Musikverlag Riccordi in München. Seit 1991 mehrere Aufenthalte in Salvador de Bahia zu Recherchen über die Komponisten Ernst Widmer u. Walter Smetak.

Giovanni Orelli, geboren 1928 in Bedretto. Schriftsteller und Gymnasiallehrer, lebt in Lugano. Romane: *L'anno della valanga*, Milano 1965; *La festa del ringraziamento*, Milano 1972; *Il gioco del monopoly*, Mondadori, 1979; *Il sogno di Walacek*, Torino 1991 [auch französische Ausgabe]; *Il treno delle italiane*, Roma 1995 [auch ungarische Ausgabe]; Lyrik: *Sant'Antoni dai padü* [Dialektgedichte], Milano 1986; *Concertino per rane*, Bellinzona 1990; *Né timo né maggiorana*, Milano 1995.

Adrien Pasquali, geboren 1958 im Wallis. Literaturstudium, Promotion über Ramuz. Lebt als Romanautor und Literaturkritiker in

Paris. Lehrauftrag an der Universität Genf. Unter seinen Publikationen die Romane *Eloge du migrant*, Lausanne 1984; *Un amour irrésolu*, Lausanne 1988; *La Matta*, Carouge-Genève 1993 und der Essai *Nicolas Bouvier – Un galet dans le torrent du monde*, Carouge-Genève 1996.

Michel Porret, geboren 1955. Studium in Genf, Pisa und Princeton, New Jersey. Nach der Promotion Lehr- und Forschungstätigkeit in Neuerer Geschichte an der Universität Genf. Forschungsschwerpunkte: Rechts- und Politikkultur des Ancien Régime, Republikanismus der Aufklärung, Geschichte der Strafgerichtsbarkeit und der Rechtsmedizin bis zum Ende des 19. Jahrhunderts. Mitherausgeber der ‹Annales de la Société Jean-Jacques Rousseau› und der Kollektivwerke *La peur au XVIIIe siècle*, Genève, 1994, und *Etre riche au siècle de Voltaire*, Genève 1996. Neuere Buchpublikationen: *Le crime et ses circonstances. De l'esprit de l'arbitraire au siècle des Lumières selon les réquisitoires des procureurs généraux de Genève*, Genève 1995 [Prix Montesquieu 1995]; *Cesare Beccaria et la culture juridique des Lumières*, Genève 1997.

Ronald Roggen, geboren 1943 in Luzern. Führt in Bern eine Agentur für Kommunikationsberatung. Studium der Geschichte in Zürich und Fribourg. Promotion in Fribourg mit einer Kommunikationsanalyse zum Hauptwerk Karl Ludwig von Hallers, *«Restauration». Kampfruf. Schimpfwort* [mit umfassenden Angaben zur Haller-Literatur]. Zwölf Jahre aktiver Journalist, zuerst als Kantonsredaktor des ‹Luzerner Tagblatts›, dann als Inlandredaktor der ‹Neuen Zürcher Zeitung› und schliesslich als Chefredaktor der ‹Berner Zeitung›. Verschiedene Publikationen zur Lokalgeschichte (*Luzerner Altstadt*, Luzern 1978) und über Verbände und Unternehmen. Erster Preis des ofa-Jubiläumsfonds für die Herausgabe einer Anleitung für Lokaljournalisten (*Lokalbericht*, Zürich 1991).

Peter Rüedi, geboren 1943 in Basel. Studium der Germanistik, Geschichte und Psychologie in Basel. 1968–72 verantwortlicher Feuilletonredaktor bei ‹Zürcher Woche/Sonntagsjournal›. 1974–79 Ressortleiter Kultur bei der ‹Weltwoche›. 1980–82 Dramaturg an den Staatlichen Schauspielbühnen Westberlin (Schiller-Theater). 1982–89 Chefdramaturg am Schauspielhaus Zürich. Seit 1989 wieder bei der ‹Weltwoche›, 1994–96 als verantwortlicher Leiter der literarischen Beilage ‹Weltwoche-Supplement›, zurzeit als Kolumnist (Jazz, Wein). Lebt in Tremona TI und arbeitet an einer Biographie über Friedrich Dürrenmatt.

Isabelle Rüf, geboren 1943 in Montreux. Studium der Ethnologie in Paris. Unterrichtstätigkeit an Lausanner Gymnasien. Seit den achtziger Jahren Literaturjournalistin, bei ‹L'Hèbdo›, und Radio Suisse Romande, Espace 2.

Theo Ruff, geboren 1948. Studium der Kunstgeschichte und der Volkskunde in Zürich. Mit Peter K. Wehrli Herausgeber des *Gratisbuchs*, eines Kompendiums der kritischen Schweizer Literatur. Verleger und freier Journalist, unter anderem für das ‹Magazin› der ‹Basler Zeitung›. Lebt in Zürich.

Detlev Schneider, geboren 1948 in Plauen. Kultur- und Theaterwissenschaftler. Publikationen und Ausstellungen zum historischen und aktuellen Theater und dessen Grenzformen zu den bildenden Künsten und den Medien, zu Szenografie, Theaterarchitektur und theatralen Räumen. Mitbegründer und Vorsitzender des internationalen Fördervereins zur Einrichtung einer Europäischen Werkstatt für Kunst und Kultur im Festspielhaus Hellerau, Leiter des künstlerischen Programms dort. Lebt in Berlin und Dresden.

Jean Starobinski, geboren 1920 in Genf. Professor für Ideengeschichte und französische Literatur an der Universität Genf, Lehrtätigkeit an der Johns Hopkins University, Baltimore, am Collège de France und an der Universität Basel.
Medizinstudium in Genf und Lausanne, 1960 Promotion über die Geschichte der Behandlung der Melancholie. Zahlreiche Veröffentlichungen über die Melancholie, darunter *Trois fureurs*, Paris 1971, und *La Mélancholie au miroir*, Paris 1989. Seit seinem Werk *Montesquieu*, Paris 1953/neue, vermehrte Ausgabe 1994, und seiner Studie über Rousseau, *La Transparence et l'obstacle*, 1957/²1970, verschiedene Werke über Literatur und Kunst des 18. Jahrhunderts: *L'Invention de la liberté*, Genève 1964, *1789: Les emblèmes de la raison*, Paris 1973, *Montaigne en mouvement*, Paris 1982, *Diderot dans l'espace des peintres*, Paris 1991. Sein neustes Werk, *Largesse*, Paris 1994 [deutsch: *Gute Gaben, schlimme Gaben*, 1994; italienisch: *A piene mani*, 1995] wurde von einer Ausstellung im Louvre begleitet.

Franz-Joachim Verspohl, geboren 1946. 1968–74 Studium Kunstgeschichte, Archäologie, Psychologie, Philosophie und Soziologie in München, Köln und Marburg, Promotion 1974. 1975–86 Wissenschaftlicher Assistent und Hochschulassistent an der Universität Osnabrück, Habilitation 1984. 1986–89 Professor für Kunstgeschichte an der Universität Osnabrück.1989–93 Professor für Kunstgeschichte an der Universität Dortmund. 1992/93 Fellow am Collegium Budapest, Institute for Advanced Study. Seit 1993 Lehrstuhl für Kunstgeschichte an der Friedrich-Schiller-Universität Jena.

Adolf Max Vogt, geboren 1920. Studium der Kunstgeschichte, der klassischen Archäologie und der Germanistik. 1950–60 Redaktor für das Kunstressort bei der ‹Neuen Zürcher Zeitung›. 1961–85 Professor für Kunstgeschichte an der Eidgenössischen Technischen Hochschule in Zürich, 1986 Gastdozent am MIT, Cambridge/Mass.
Ausgewählte Publikationen: *Grünewald – Meister gegenklassischer Malerei*, Zürich 1957; *Bouillées Newton-Denkmal – Sakralbau und Kugelidee*, Basel 1969; *Russische und französische Revolutionsarchitektur*, Köln 1974/Braunschweig/Wiesbaden 1990; *Propyläen-Kunstgeschichte: Architekturteil*, Berlin 1978; *Architektur 1940–80 – ein kritisches Inventar*, Berlin 1980; *Karl Friedrich Schinkel: Blick in Griechenlands Blüte – Ein Hoffnungsbild für «Spree-Athen»*, Frankfurt 1985; *E. L. Bouillée: Architekturtraktat* [deutsche Übersetzung mit Kommentar], Zürich 1987.

Peter K. Wehrli, geboren 1939. Studium der Kunstgeschichte in Zürich und Paris, Redaktor beim Schweizer Fernsehen, Redaktionsmitglied der Literaturzeitschrift ‹Orte›, Vizepräsident des eurobrasilianischen Kulturzentrums ‹Julia Mann› in Paraty. Seit 24 Jahren mit dem Erarbeiten seines *Kataloges von Allem* beschäftigt, der in Einzellieferungen in der Edition Theo Ruff erscheint.
Zahlreiche Reisedokumentationen, unter anderen über eine Autofahrt Zürich–Madras 1964 in der Textsammlung *Ankünfte*, über eine Eisenbahnfahrt Zürich-Beirut im *Katalog der 134 wichtigsten Beobachtungen während einer langen Eisenbahnfahrt*. Weitere Publikationen: *Alles von Allem*, Text, Bild und Schallplatte zur multimedialen Aktion; *Eigentlich Xurumbambo*, Texte aus drei Jahrzehnten; *Der Schweizer Katalog*, Edition Howeg Zürich; *Katalog der Unmöglichkeiten – mit einem Anhang über das Mögliche*, Zürich 1997.

Giorgio Zanchetti, geboren 1966 in Siena. Studium der Literatur und der Kunstgeschichte in Mailand, Promotion in Literaturtheorie, Literaturgeschichte und Kunstwissenschaft. Ab 1988 Konservator des Archivio di Nuova Scrittura di Milano. Ab 1990 Leiter der Videothek für Geschichte der zeitgenössischen Kunst und seit 1997 Dozent für Methodologie der Kunstgeschichte an der Università Cattolica del Sacro Cuore in Mailand. Weitere Forschungsschwerpunkte: Italienische Skulptur, besonders des 19. Jahrhunderts, Beziehung zwischen Kunst und Sprache, Performance, Videokunst. Zahlreiche Publikationen und Ausstellungen in Italien und im Ausland zur zeitgenössischen Kunst und zum Verhältnis Schrift–Wort–Bild. Forschungstätigkeit zum Tessiner Bildhauer Vincenzo Vela, Mitarbeiter des Museo Vela in Ligornetto.

Ausstellungsimpressum

Swiss, made.
Die Schweiz im Austausch mit der Welt
Ein Projekt zum 150jährigen Bestehen des Schweizerischen Bundesstaates 1998
Projektleitung: Beat Schläpfer, Kulturelle Konzepte, Zürich

Trägerschaft
Präsident des Trägervereins:
Robert Fürer, Rechtsanwalt, Frauenfeld
Vizepräsident des Trägervereins:
Jean-Pierre Hoby, Präsidialdepartement der Stadt Zürich

Daten und Orte
Musée d'art et d'histoire, Genève:
20 février – 17 mai 1998
Museen Strauhof und Helmhaus, Zürich:
6. Juni – 23. August 1998
Naxos-Halle, Frankfurt am Main:
18. September – 8. November 1998
Museo Vela, Ligornetto/Tessin:
Juni – September 2000

Kommissare
Musées d'art et d'histoire, Genève:
Livio Fornara
Museen Strauhof und Helmhaus, Zürich:
Nicolas Baerlocher, Präsidialdepartement der Stadt Zürich
Naxos Halle, Frankfurt am Main:
Christoph Vitali und Ulrike Schiedermair, Verein «Die Schweiz – Gast der Frankfurter Buchmesse 1998»
Museo Vela, Ligornetto:
Gianna A. Mina
Reproduktionsfassung:
Christoph Eggenberger, Stiftung Pro Helvetia, Zürich

Dank
Trägerverein und Projektleitung danken allen Organisationen und Personen, die sich tatkräftig und grosszügig für die Ausstellung und diese Publikation eingesetzt haben. Allen voran danken wir den Autoren und Autorinnen für die anregende und gute Zusammenarbeit und den Leihgebern und Leihgeberinnen für ihre Bereitschaft zur Ausleihe sowie die freundliche Erlaubnis zur Verwendung ihrer Abbildungen in der Ausstellung und in diesem Buch.
Für das Zustandekommen der Ausstellungen in Genf, Zürich, Frankfurt und Ligornetto danken wir allen Mitarbeitern und Mitarbeiterinnen der betreffenden Museen, deren Einsatz und Anstrengung das Gelingen zu verdanken ist.

Zudem möchten wir uns bei allen Personen bedanken, die uns wichtige Informationen und Hinweise für unsere Arbeit geliefert haben oder uns anderweitig über das übliche Mass hinaus behilflich gewesen sind:

Farsin Banki, Erlenbach
Marcella Barth Hellmann, Valença, Bahia, Brasilien
Tobia Bezzola, Kunsthaus Zürich
Walter Binder, Schweizerische Stiftung für die Photographie, Zürich
Jura Brüschweiler, Genève
Martin Dreier, Schweizerische Theatersammlung, Bern
Christoph Eggenberger, Pro Helvetia, Zürich
Jean-Louis Faure, Musée de la ville de Strasbourg, Strassburg
Claudio Fleiner, Adliswil
Urs Frauchiger, Stiftung Pro Helvetia, Zürich
Thomas Gartmann, Stiftung Pro Helvetia, Zürich
Reinhard Gross, Bauforschung und Dokumentation, Berlin
Walter Haffner, Washington
Franz Hausegger, Stiftung Pro Helvetia, Zürich
Isabelle Hirt, Institut Jaques-Dalcroze, Genève
Christine Hofmann, Bundesamt für Kultur, Bern
Ruth Huber, Lissabon
Micaël Jaquet, La Tour-de-Peilz
Kaschka Knapkiewicz, Zürich
Mathias Knauer, Zürich
Knoll International, Peter Jufer
Markus Kutter, Basel
Paul Lang, SIK, Zürich
Gregor Loepfe, Cully
Karin Mölling, Zürich
Ulrich Mosch, Paul Sacher Stiftung, Basel
Thomas Oeschger, Winterthur
Ulrich Pfister, Credit Suisse, Zürich
Ilse Pollak, Sankt Andrä im Salzkammergut
Carlo Piccardi, RSI, rete 2, Lugano
Albert Portmann, Fribourg
Miriam Prongué, Krakow
Bruno Raccuia, Ingenieurschule Bern
Dietbert Reich, Opernhaus Zürich
Christoph Schifferli, Zürich
Klaudiusz Slezak, Tychy
Urs Staub, Bundesamt für Kultur, Bern
Astrid Staufer, Zürich
Peter Studer, Fernsehen DRS, Zürich
Marc Vuillemier, Genève
Hugo Wagner, Bern
Ueli Weber, Schweizerisches Literaturarchiv, Bern
Ralph Weingarten, Zürich
Daniel Weiss, gta ETH Zürich
Stephan Winkler, Brasilia
Fabian Zimmermann, Berlin

Ausstellungsorganisation

Konzept:
Beat Schläpfer, Kulturelle Konzepte, Zürich und Harry Zaugg, Bern
Inhaltliche Realisierung:
Beat Schläpfer
Ausstellungsgestaltung:
Harry Zaugg, Rudolf Steiner
Gesamtkoordination:
Kati Schmid
Koordination Recherchen und Leihgaben:
Catja Loepfe
Spezialrecherchen:
Christoph Guggenbühl, Simon Netzle, Juri Steiner, Sibylle Thali
Ausstellungstexte:
Beat Schläpfer
Übersetzungen Ausstellungstexte und andere:
François Grundbacher, Paris; Jacques und Nelly Lasserre, Vevey; Cathrine Schelbert, Bettwil; Françoise Senger, Genève; Floriana Vismara, Adelsago; Eileen Walliser, Riehen
Beleuchtungskonzept:
Matí Licht- und AV-Gestaltung, Wädenswil, Cri Bertozzi und Hanspeter Keller
Tontechnik:
Matí Licht- und AV-Gestaltung, Wädenswil, Cri Bertozzi und Hanspeter Keller
Ausstellungsgraphik:
Markus Bruggisser, Designer SID, SGV, SGD, SWB, Zürich
Reproduktionen:
Fotoplast AG, Zürich
Ausstellungsbau:
Marcel Meier Expo AG, Brügg/Biel
Vitrinen und Stahlkonstruktionen allgemein:
Hans Egger, Stahl- und Metallbau, Bern
Vitrinen Klaus Huber:
Friedhelm Klaedtke, Firma Böhm, Tägerwilen
Seilbahntechnik:
Kaba Gilgen AG, Schwarzenburg
Herstellung Seilbahnfiguren: Kathy Moser, Defacto, Zürich
Herstellung der Hörsessel:
Willi Paul Paulussen, WPP, Allschwil, Basel
CD-Produktion für Hörsessel:
Matí Licht- und AV-Gestaltung, Wädenswil, Hanspeter Keller
Interaktive Technik:
Leo Ellerkamp, Audiovision Ganz, Zürich
Koordination Öffentlichkeitsarbeit:
Kati Schmid
Vorprospekt:
Werner Jeker, Lausanne
Plakatgestaltung, Einladungskarte und Ausstellungsprospekt:
Urs Husmann, Claudia Huber, Atelier Hajnoczky und Husmann, Winterthur
Buchführung:
Verena Conte Treuhand, Zürich
Revisoren:
Urs Frauchiger, Küsnacht; Rolf Keller, Zürich; Christoph Eggenberger, Zollikerberg

Mitarbeit

«Le tocsin de la Liberté». Fragen an einen Buchdrucker und einen Staatsanwalt
Text: Michel Porret, Genève
Übersetzungen: Kati Schmid, Floriana Vismara
Staatsanwalt: Hanspeter Müller
Buchdrucker: Hanspeter Müller
Kostüme: Marion Steiner, Baden
Maske: Erich Müller, Zürich
Kamera: Katrin Oettli
Produktion: Matí Licht- und AV-Gestaltung Wädenswil, Cri Bertozzi, Hanspeter Keller

«Die Baumschule der Freiheitsbäume»
Herstellung: Dieter von Arx-Statzkowski, Kaiseraugst

Der «Flüsterturm» der Restauration
Stimme: Hanspeter Müller, Zürich
Produktion: Matí Licht- und AV-Gestaltung Wädenswil, Hanspeter Keller

«Turm des Feuers» von Johannes Itten
Rekonstruktion: Glasmalerei Ernst Kraus, Weimar und Rainer Zöllner, Theaterplastik, Weimar mit besonderem Dank für die Betreuung durch Michael Siebenbrodt, Bauhaus Museum Weimar

«Aubette-Bar» von Sophie Taeuber-Arp
Farbbestimmung und -betreuung: Jean-Louis Faure, Musées de la ville de Strasbourg und Ruedi Bienz, Bern

«Das Ei und die Welt»
Das Finsler-Ei wurde von Giuseppe Reichmuth, Zürich, gemalt.

«Das kulinarische Reduit»
Food-Repliken: Replica Food, London
Fotospezialbehandlung, Stefan Rebsamen, Bern

«Der Klang über die Grenzen»
Kalligraphie: Marc Renfer, Bern

«Der Klangalchimist von Bahia»
Repliken der Klangplastiken von Walter Smetak: Ubirijara Reis, Salvador de Bahia, Brasilien mit besonderem Dank an Barbara Smetak, Salvador de Bahia

«Gottfried-Keller-Traum zu Gottfried Semper»
Stimme: Hanspeter Müller, Zürich
Produktion: Matí Licht- und AV-Gestaltung Wädenswil, Hanspeter Keller

«Adolphe Appia»
Produktion Modell Festspielhaus Hellerau bei Dresden und Modell Beleuchtungstechnik Festspielhaus Hellerau: Bruno Raccuia, Ingenieurschule Bern HTL, und Stefan Dellenbach, Architekt, Thun

«Histoire du Soldat»
Herstellung des Bühnenmodells «Histoire du Soldat»: Dieter von Arx-Statzkowski, Kaiseraugst

«Föderalismus-Spiel»
Nach einer Idee von Beat Schläpfer und Kati Schmid erarbeitet vom Institut du Fédéralisme, Université de Fribourg: Prof. Dr. Thomas Fleiner, Nicole Töpperwien, Rodrigo Rodriguez, Harald Zeiter.
Technische Beratung: Claudio Fleiner

Leihgeber

Akademie der Künste, Berlin
Amt für Bundesbauten, Bern
Appenzeller Medienhaus, Herisau, Peter Schläpfer
Archives d'Etat, Genève
Musée d'art et d'histoire, Ville de Genève
Musée d'art et d'histoire, Cabinet des Estampes, Ville de Genève
Musée des Beaux-Arts, La Chaux-de-Fonds
Bauhaus-Archiv, Museum für Gestaltung, Berlin
Museum Bellerive, Zürich
United Colors of Benetton, Milano
Bernisches Historisches Museum, Bern
Bibliothèque cantonale et universitaire, Fribourg
Bibliothèque publique et universitaire, Neuchâtel
Bildarchiv Preussischer Kulturbesitz, Berlin
Bilderdienst Süddeutscher Verlag, München
Walter Binder, Zürich
Jacques de Boccard, Dumaguete City, Philippines
Bundesamt für Messwesen, Wabern
Schweizerisches Bundesarchiv, Bern
Bundesrepublik Deutschland, Bundesarchiv
Theres Bütler, Luzern
Musée Carnavalet, Paris
Leo Castelli, New York
Centre de recherches sur les lettres romandes, Université de Lausanne
Centre d'iconographie genevoise, coll. BPU, Genève
Centre Européen de la Culture, Genève
Pierre Chessex, La Tour-de-Peilz
Museo Civico di Lugano
Deutsches Historisches Museum, Berlin
Patrick Devanthéry, Ines Lamunière, Comité Exposition «Le Corbusier à Genève 1922–32», Genève 1987
Document Center, Berlin
Schweizerische Eidgenossenschaft, Bundesamt für Kultur, Bern
Musée d'ethnographie de la Ville de Genève, Collection Simon Jargy
Festspielhaus Bayreuth
Fondazione Marguerite Arp, Locarno
Fotomuseum Winterthur
Robert Frank, courtesy of the National Gallery of Art, Washington D.C.
Max Frisch Archiv, Zürich
Martin Fröhlich, Bern
Martin Gasser, Bürglen
Institut für Geschichte und Theorie der Architektur (gta), ETH Zürich: Semper-Archiv
Pace Wildenstein Mac Gill, New York
Musée gruérien, Bulle
Florence-Guggenheim-Archiv, Zürich
Coll. A.L'H., Genève
Hamburger Kunsthalle, Hamburg
Sammlung Herzog, Schweizerisches Landesmuseum, Zürich
Klaus Huber, Bremen
Gustav Huonker, Zürich
Fritz-Hüser-Institut, Dortmund, Nachlass Dressler
Israelitische Kultusgemeinde Endingen, J. Bloch
Schweizerisches Israelitisches Alters- und Pflegeheim, Lengnau
Klaus Itten, Zürich
Musée Jenisch, Musée des Beaux-Arts de Vevey
The Jewish National & University Library, Jerusalem
Laurent Kasper-Ansermet, Genève
Kjell Keller, Biel
Charlotte Kerr, Neuchâtel
Erica Kessler, Locarno
Keystone Press AG, Zürich
Knoll International, Zürich, Peter Jufer
Kunsthaus Zürich, Graphische Sammlung
Kunstmuseum Bern
Kunstmuseum Bern, Schenkung Marguerite Arp-Hagenbach
Kunstmuseum Solothurn, Josef-Müller Stiftung
Öffentliche Kunstsammlung Basel, Kunstmuseum
Öffentliche Kunstsammlung Basel, Kupferstichkabinett, Depositum des Vereins der Freunde des Kunstmuseums
Kupferstich-Kabinett Dresden
Dokumentationsbibliothek Walter Labhardt, Endingen
Landesamt für Denkmalpflege Sachsen, Dresden
Schweizerische Landesbibliothek, Bern
Schweizerisches Landesmuseum, Zürich
Library of Congress, Washington D.C.
Schweizerisches Literaturarchiv, Bern
Riccardo Malipiero, Milano
Staatliche Galerie Moritzburg Halle, Landeskunstmuseum Sachsen-Anhalt
National Gallery of Art, Washington D.C.
NZZ-Archiv, Zürich
Office for Metropolitan Architecture, Rotterdam
Opernhaus Zürich
Ortsmuseum Stäfa
Collection particulière, Prilly
Carlo Piccardi, Orselina
Privatsammlung, Leihgabe im Kunsthaus Zürich
Schweizerische Kulturstiftung Pro Helvetia, Zürich
Musée de Pully, Pully
Collection O. Rigaud, Ville de Reims
Rychenberg-Stiftung, Stadtbibliothek Winterthur
Paul-Sacher-Stiftung, Basel – Sammlung Igor Strawinsky
Sächsisches Hauptstaatsarchiv, Amtsgericht Dresden
Ernst Scheidegger, Zürich
Schiller-Literatur-Archiv, Marbach
Detlev Schneider, Dresden-Hellerau
Annemarie Schnieper, Kriens
Klaudiusz Slezak, Tychy, Polska
Barbara Smetak, Salvador de Bahia
Société d'Histoire et d'Archéologie, Genève
Sozialarchiv Zürich
Staatliches Museum zu Berlin, Kupferstichkabinett
Staatsarchiv Kanton Bern
Staatsarchiv Kanton Freiburg
Staatsarchiv Luzern
Stadtarchiv Zürich
Juri Steiner, Zürich
Stiftung für konstruktive und konkrete Kunst, Zürich
Schweizerische Stiftung für die Photographie, Zürich
Alejandro Storni, Buenos Aires
Bruno Storni, Adliswil
Studienbibliothek zur Geschichte der Arbeiterbewegung, Zürich
Musée des Suisses à l'Etranger, Chambésy
Theater-Museum, München
Schweizerische Theatersammlung, Bern
Institut für Theaterwissenschaft, Universität Köln
Thelma Film AG, Zürich
Oliviero Toscani, Milano
Commune de La Tour-de-Peilz
Universitätsbibliothek Basel, Porträtsammlung
Universitäts- und Landesbibliothek Bonn
Museo Vela, Ligornetto
Franz-Joachim Verspohl, Jena
Idmarie Vogel-Tschudi, Zürich
Adolf Max Vogt, Zürich
VPOD Verbandssekretariat, Zürich
Richard-Wagner-Museum, Bayreuth
Robert Walser Archiv, Zürich
Peter K. Wehrli, Zürich
Ernst Widmer Nachlass, Aarau
Kurt Wyss, Basel
Zentralbibliothek Luzern
Zentralbibliothek Zürich, Sammlung Alte Drucke
Zentralbibliothek Zürich, Graphische Sammlung
Zentralbibliothek Zürich, Musikabteilung

Bildnachweis

Amt für Bundesbauten, Bern: 163
Archives d'Etat, Ville de Genève: 42, 181
Musée d'art et d'histoire, Ville de Genève: 108, 140
Musée d'art et d'histoire, Cabinet des Estampes, Ville de Genève: 37
Bauhaus-Archiv, Museum für Gestaltung, Berlin: 260, 261, 263, 264, 265, 267
Musée des Beaux-Arts, La Chaux-de-Fonds: 107
Musée des Beaux-Arts, Dijon: 41
United Colors of Benetton, Milano, Oliviero Toscani: 271
Bernisches Historisches Museum, Bern: 132
Bibliothèque Nationale de France, Paris: 34, 122
Bibliothèque publique et universitaire, Neuchâtel: 308, 310, 311
Walter Binder, Zürich / © Serge Libiszewski: 286
Burgerbibliothek Bern: 42, 111
Theres Bütler, Luzern: 68
Musée Carnavalet, Paris / Photothèque des Musées de la Ville de Paris: 36
Leo Castelli, New York: 150
Pierre Chessex, La Tour-de-Peilz: 126, 132
The Cleveland Museum of Art, Cleveland, Ohio: 128
Patrick Devanthéry & Ines Lamunière, Carouge: 108
Hans Erni, Luzern: 346
Musée d'ethnographie de la Ville de Genève, Collection Simon Jargy: 54
Festspielhaus Bayreuth: 146
Max-Frisch-Archiv, Zürich: 350
Archiv Martin Fröhlich, Bern: 160, 161, 163, 164
Dario Gamboni, Cleveland, Ohio: 72
Claudio Gasparrini, Roma: 58
Martin Gasser, Weinfelden: 87, 89
Institut für Geschichte und Theorie der Architektur (gta), ETH Zürich: 151, 152, 154, 155, 159, 160, 161
Florence-Guggenheim-Archiv, Zürich: 179, 184
Solomon R. Guggenheim Museum, New York: 208
Hamburger Kunsthalle, Hamburg / Photo Elke Walford, Hamburg: 35
Musée Historique, Lausanne: 133
Klaus Huber, Bremen: 52, 53
Musée Jenisch, Vevey: 127
Laurent Kasper-Ansermet, Genève: 290
Archiv Charlotte Kerr / Photo Philipp Keel: 196
Photo Winnie Kloz, New York: 146
Nachlass Rui Knopfli, Lissabon: 321, 322
Kunsthaus Zürich / © by Kunsthaus, Zürich: 219
Kunsthaus Zürich / © Schweizerisches Institut für Kunstwissenschaft, Zürich: 217, 218, 220
Kunstmuseum Bern: 263
Kunstmuseum Solothurn, Josef-Müller-Stiftung / © Schweizerisches Institut für Kunstwissenschaft, Zürich: 220
Öffentliche Kunstsammlung Basel, Kunstmuseum: 299
Öffentliche Kunstsammlung Basel, Kupferstichkabinett: 287
Kunstsammlungen zu Weimar, Weimar: 262
Dokumentationsbibliothek Walter Labhart, Endingen: 245, 246, 249, 250, 254, 257
Lord Leicester Collection, Holkham: 222
Library of Congress, Washington D.C.: 37
Schweizerisches Literaturarchiv, Bern: 119
Schweizerisches Literaturarchiv, Bern / © Diogenes Verlag, Zürich: 188, 189, 194, 195
Musée du Louvre, Paris: 223
Nachlass Edgar Mittelholzer, London: 315, 316, 318
Musil-Archiv, Klagenfurt: 349
Arbeitsstelle für Robert-Musil-Forschung, Saarbrücken: 349
National Gallery of Art, Washington / © Board of Trustees: 81, 83, 85, 88
Neue Pinakothek, München: 223
Opernhaus Zürich: 145
Verlag Oprecht, Zürich: 303
Anja Ott, Seeshaupt: 344, 351
Privatbesitz Schweiz: 289
Private Collection, New York: 122
Public Library, New York, Museum for the Performing Arts at Lincoln Center: 147
Musée de Pully, Pully: 171, 295
Harry Ransom Humanities Research Center, Austin, Texas: 123
Collection O. Rigaud, Ville de Reims: 225
Algemeen Rijksarchief, 's Gravenhage: 182
Museo del Risorgimento, Milano: 69
Rychenberg-Stiftung, Stadtbibliothek Winterthur: 289, 296
Paul-Sacher-Stiftung, Basel: 292, 294, 301
Sächsisches Hauptstaatsarchiv, Dresden: 155
Schaubühne Berlin / Photo Ruth Walz: 148
Friedrich-Schiller-Universität, Jena: 207
Archiv Detlev Schneider, Dresden-Hellerau: 141, 145
Barbara Smetak, Salvador de Bahia, Brasil: 199, 200, 201, 203, 205
Sozialarchiv Zürich: 345, 347, 352
Staatsbibliothek, Preussischer Kulturbesitz, Berlin: 247
Stadtarchiv Zürich: 189, 345, 351
Stiftung Hans Arp und Sophie Taeuber-Arp e.V., Rolandseck: 339
Stiftung für konstruktive und konkrete Kunst, Zürich: 331, 337, 338
Schweizerische Stiftung für die Photographie, Zürich: 75, 86, 91
Schweizerische Stiftung für die Photographie, Zürich / © Staatliche Galerie Moritzburg, Halle, Landeskunstmuseum Sachsen-Anhalt: 274, 275
Schweizerische Stiftung für die Photographie, Zürich / © Schule für Gestaltung, Zürich: 276, 277, 278, 279
Schweizerische Stiftung für die Photographie, Zürich / © Werner Bischof, Magnum Photos: 280
Schweizerische Stiftung für die Photographie, Zürich / © bei den Autoren und Autorinnen und ihren Rechtsnachfolgern: 281, 282, 283, 284, 285, 286
Bruno Storni, Adliswil: 328, 329, 330
Studienbibliothek Zürich: 132
Musée des Suisses à l'Etranger, Chambésy: 118
Verein «Swiss, made», Zürich: 131
Theater-Museum, München: 145
Österreichisches Theatermuseum, Wien: 303
Schweizerische Theatersammlung, Bern: 140, 296
Institut für Theaterwissenschaft, Universität Köln: 146, 148
Collectif du Théâtre du Soleil, Vincennes, Paris: 149
Thelma Film AG, Zürich: 193
Commune de La Tour-de-Peilz: 129
Wissenschaftliche Forschungsabteilung der Staatlichen Tretjakow Galerie, Moskau: 147
Universitätsbibliothek Basel: 178, 182
Museo Vela, Ligornetto / Photos: Christian Senn: 59, 67; Bernard Nicod: 63; Mauro Zeni: 60, 64, 72, 73
Franz-Joachim Verspohl, Jena: 213, 214
Idmarie Vogel-Tschudi, Zürich: 251, 253, 255
Archiv Adolf Max Vogt, Zürich: 104, 105, 106, 108, 109
Richard-Wagner-Museum, Bayreuth: 136
Marc-Joachim Wassmer, Bern: 76
Archiv Peter K. Wehrli, Zürich: 323, 325, 326
© Kurt Wyss, Basel: 47, 55
Zentralbibliothek Luzern: 112, 353
Zentralbibliothek Zürich: 114, 123, 179, 181, 185, 225
Zentralbibliothek Zürich, Graphische Sammlung: 181, 182